DIGITAL THERAPEUTICS FOR MENTAL HEALTH AND ADDICTION

정신건강 및 심리치료의 새 흐름

디지털 치료제

Nicholas C. Jacobson · Tobias Kowatsch · Lisa A. Marsch 편저

이슬아 · 허효선 · 양진원 · 허심양 공역

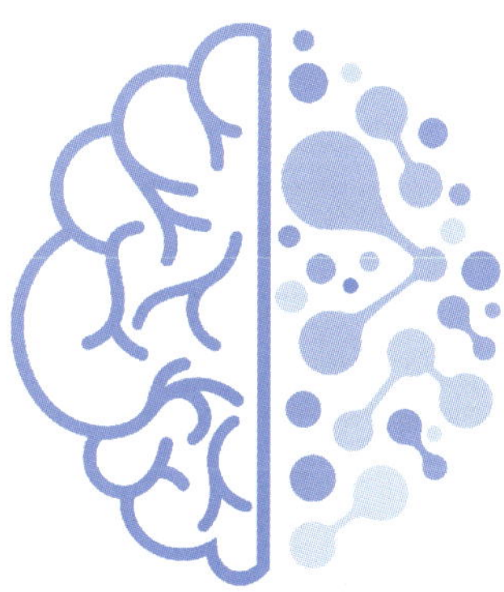

학지사

Digital Therapeutics for Mental Health and Addiction: The State of the Science and Vision for the Future
by Nicholas C. Jacobson, Tobias Kowatsch, and Lisa A. Marsch

ISBN: 9780323900454

Publisher's note: Elsevier takes a neutral position with respect to territorial disputes or jurisdictional claims in its published content, including in maps and institutional affiliations.

본 출판물의 한국어 번역은 (주)학지사가 맡았으며 전적인 책임을 갖습니다. 의료진과 연구진은 본 출판물의 내용을 평가하고 사용함에 있어 항상 자신의 경험과 지식에 의존해야 합니다. 의학의 지속적인 발전으로 인해 진단 및 약물 용량에 대한 독립적인 검증이 이루어져야 합니다. Elsevier나 저자, 편집자 또는 기고자는 이 번역과 관련하여 또는 본 출판물의 사용으로 인해 발생한 것으로 간주되는 피해에 대해 법의 범위 내에서 어떠한 책임도 지지 않습니다.

역자 서문

디지털 기술이 발전하면서 우리의 일상 및 건강 관리 방식도 빠르게 변화하고 있습니다. 디지털 치료제(Digital Therapeutics, DTx)는 정신건강 분야에서 혁신적인 가능성을 보여 주며, 전통적인 치료 방식의 한계를 보완하는 중요한 도구로 자리 잡고 있습니다. 2017년, 미국에서는 물질 사용 장애 치료를 위한 reSET이 첫 FDA 승인을 받았습니다. 이 중요한 첫걸음을 계기로, 디지털 치료제의 가능성은 우리의 상상 이상으로 빠르게 성장하였습니다. 저 또한 디지털 치료제라는 새로운 분야에 대한 관심으로 2022년에 이 책을 처음 접하게 되었고, 번역을 결심하게 되었습니다.

이후 2023년 2월, 국내에서 불면증 치료를 위한 디지털 치료제 '솜즈'가 첫 식품의약품안전처 승인을 받으면서, 국내에서도 디지털 치료제 및 디지털 헬스케어에 대한 관심이 더욱 확대되었습니다. 이제 디지털 치료제는 단순히 치료 보조 수단을 넘어서, 실제 임상 현장에서 핵심적인 역할을 할 수 있는 중요한 치료 도구로 자리 잡을 것입니다. 따라서 지금이 디지털 치료제에 대한 입문서가 필요한 시점이라고 여겨집니다.

이 책은 디지털 치료제의 개념부터 실제 임상 적용, 그리고 연구 및 산업적 측면에서의 다양한 도전 과제까지 포괄적으로 다루고 있습니다. 책의 초반부에서는 디지털 치료제가 등장하게 된 배경과 기존 치료법이 가지는 한계를 짚어보며, 이를 어떻게 보완할 수 있는지 살펴봅니다. 그 이후에는 정신건강 및 중독 치료를 위한 다양한 디지털 개입 방식을 소개하고, 독립형 프로그램과 앱 기반 개입이 어떻게 발전해 왔는지를 차근차근 설명합니다. 또한 디지털 치료제가 기존의 의료 시스템에 어떻게 잘 통합될 수 있는지를 분석하며, 개입이 효과적으로 적용될 수 있도록 취약성과 수용도를 분석할 필요가 있다는 점을 제시합니다. 더불어, 디지털 치료제의 개발 및 적용 과정에서 반드시 인지해야 할, 윤리적 문제, 개인정보 보호 및 보안, 문화적 적응에 대해서도 심층적인 논의를 제공하고 있습니다. 마지막으로, 디지털 치료제의 미래 전망과 앞으로의 연구 방향을 제시하여, 이 분야가 지속적으로 발전할 수 있는 가능성을 탐색합니다.

각 장에서는 디지털 치료제에 대한 세부적인 주제를 다루고 있습니다. 제2장에서는 기존 정신건강 및 중독 치료에서 나타나는 격차와 한계를 해결하기 위해 디지털 개입이 어떻게 활용될 수 있는지를 설명합니다. 제3장과 제4장에서는 확장 가능한 디지털 치료제의 발전 과정을 다루면서, 독립형 인터넷 기반 프로그램과 모바일 앱 기반 개입이 어떻게 치료 효과를 높여 왔는지를 보여 줍니다. 제5장에서는 의료 시스템 내에서 디지털 치료제를 효과적으로 통합하는 방법을 제시하며, 제6장과 제7장은 디지털 치료제의 수용성과 개별 맞춤형 개입의 중요성을 다루고 있습니다. 제8장부터 제10장까지는 스마트폰과 웹에서 활용되는 대화형 에이전트 기술을 제시하며, 제11장에서는 디지털 치료제를 설계하고 평가하는 과정에서 신중하게 고려해야 할 사항들을 다룹니다. 제12장에서 제16장까지는 문화적 적응, 산업화, 윤리적 문제, 개인정보 보호, 보안 등의 여러 중요한 이슈를 중심으로 논의가 이루어집니다. 마지막 장인 제17장에서는 디지털 치료제의 미래를 전망하며, 이를 실무에서 어떻게 잘 구현할 수 있는지를 제안합니다.

이 책을 번역하면서, 디지털 치료제가 단순한 기술적 혁신을 넘어서, 보다 많은 사람이 효과적인 정신건강 지원을 받을 수 있도록 돕는 중요한 역할을 한다는 점을 깊이 실감했습니다. 디지털 치료제는 기존 치료법의 한계를 보완하고, 치료 접근성을 넓히며, 개인 맞춤형 개입을 실현하는 중요한 도구로 자리 잡을 것입니다.

이 책이 나오기까지 많은 분의 도움이 있었습니다. 디지털 치료제에 관심을 갖고 함께 공부한 동료 허효선, 양진원, 허심양 선생님께 깊은 애정과 감사의 마음을 전합니다. 또한 이 책이 세상에 나올 수 있도록 아낌없는 지원을 해 주신 학지사 김진환 사장님, 꼼꼼하게 교정과 편집을 맡아 주신 백소현 선생님께도 진심으로 감사드립니다. 끝으로, 이 책이 정신건강 전문가, 연구자, 그리고 디지털 치료제에 관심 있는 모든 분에게 작은 도움이 되기를 바랍니다.

2025년 3월

역자 대표 이슬아

추천 서문

이 책은 디지털 치료제의 광범위한 영역에 걸쳐 다양한 주제를 다루고 있다. 휴대전화나 개인용 컴퓨터를 통해 접근할 수 있는 디지털 치료제는 병을 예방, 치료 또는 관리하기 위해 설계된 소프트웨어로, 지난 10년 동안 헬스케어 영역에서 계속해서 성장해 왔다. 코로나19 팬데믹은, 전통적인 치료 제공 방법에는 제한이 있고 접근이 어렵거나 심지어 불가능할 수 있다는 점에서 원격으로 제공되는 개입의 가치를 강조한다. 따라서 추가적인 치료 옵션이 시급하게 필요하다.

디지털 치료제는 중요한 공중 보건 문제를 해결할 수 있는 빠르게 확장되는 기회를 제공한다. 수천 개의 개입법이 현재 대중에게 제공되고 있지만, 많은 경우 효과가 검증된 바 없다. 그러나 검증된 개입 수는 증가하고 있고, 일부 개입은 미국 식품의약국(Food and Drug Administration, FDA)의 승인을 받았으며, 다른 개입은 엄격한 테스트를 거쳐 의료 기관에서 사용되고 있다. 이런 기술은 정신건강, 대사질환, 물질 사용 등 다양한 치료 영역을 다루고 있다. 공중 보건과 안녕감을 촉진하는 이런 기술의 잠재력은 시작에 불과하다. 예를 들어, 최근 미국 백악관 마약통제정책국(Office of National Drug Control Policy, ONDCP)은 "… 중독 문제에 대한 동기 부여 인센티브 및 디지털 치료제에 대한 환급…"을 포함하여 근거 기반 치료에 대한 접근성 확대의 필요성을 분명히 밝히면서 이러한 우선순위 영역을 확인했다.

디지털 치료제 개입이 보편화되고 산업이 계속해서 크게 성장함에 따라, 학술 연구자들은 흥미롭고 효과적이며 궁극적으로 새로운 디지털 치료제를 널리 채택할 수 있는 중요한 기회를 얻게 된다. 이 책은 디지털 치료제의 영역을 다루며 그 효능, 효과, 확장성 및 비용 대비 효과성에 대한 기존 문헌을 다룰 것이다. 또한 디지털 치료제는 현재 실시간으로 제공되는 개인 맞춤형 개입을 포함하여 새로운 방향으로 확장되고 있다. 디지털 치료제가 어떻게 시장성을 갖추고 확장될 수 있는지, 윤리적 문제, 문화적 적응, 개인정보 보호 및 보안 문제, 그리고 잠재적인 위험을 포함하여 광범위한 채택과 관련된 문제가 고려되어야 한다. 이러한 중요한 주제들은 효과적인 디지털 치료 개입을 개발하고 유지하는 데 필요한 경로, 요구

사항 및 능력을 명확하게 할 것이다.

그러나 디지털 치료제의 개발 속도가 빨라지면서 치료제의 효과 정도를 파악하려는 노력이 무색해졌다. 예를 들어, 시장에는 수백 개의 금연 앱이 있지만 매우 적은 수가 표준 임상 지침을 따르고, 임상 검증의 근거가 불분명하다. 대상 집단에 대한 검증의 중요성은 디지털 치료제에서도 전통적인 의약품만큼이나 중요하다. 그러나 디지털 치료제의 경우 클리닉에서 치료로 이끄는 경로는 훨씬 다양하다. 미국에서 모든 의약품은 의사가 처방하기 전에 미국 식품의약국의 승인을 받아야 한다. 반면, 몇몇 디지털 개입은 미국 식품의약국의 검토와 승인 없이 환자에게 제공될 수 있다. 동료 검토를 거친 기초적인 연구에 기반을 두는 것이 중요하다. 디지털 치료제 연구는 적절하게 설계된 무작위 임상 시험을 통해 임상 결과를 평가해야 하며, 가능하면 일반적인 치료 또는 승인된 관련 치료와 비교해야 한다.

안전하고 효과적인 디지털 치료제 옵션의 개발은 연구를 안내하고 모든 개입 설비를 추가하는 데 중요할 것이다. 디지털 치료제는 고유한 치료 옵션과 높은 충실도 및 최첨단 치료법을 제공할 기회를 준다. 이 중요한 책은 디지털 치료제 분야에 대한 포괄적인 개요를 제공하여, (1) 생체공학, 건강 정보학, 생체 의학 데이터 과학, 소프트웨어 공학 및 컴퓨터 과학 분야의 연구자와 대학원생, (2) 디지털 헬스 분야 및 헬스케어 업계에서 일하는 사람들, 그리고 (3) 법률 및 인문학 분야부터 정책 입안자와 디지털 정신건강을 연구하는 사람들을 안내하는 데 도움이 될 것이다. 이러한 전문 분야와 관련 분야가 힘을 합쳐, 필요한 사람들에게 매우 효과적이고 지속 가능한 디지털 치료 옵션을 제공하는 데 중요한 역할을 할 것이다.

Will M. Aklin 박사

미국 국립보건원(National Institutes of Health, NIH),

미국 국립약물남용연구소(National Institute on Drug Abuse, NIDA)

치료제 및 의료 결과 부문

행동치료 개발 프로그램 책임자

차례

제5장 의료 시스템 안에 디지털 치료제를 혼합하기 111

제6장 모바일 헬스 개입에 대한 수용성 153

제7장 취약성 및 수용성에 따른 적시 개입 조정: 개념적, 방법론적 고려 사항 179

제8장

디지털 정신건강에서의 디지털 치료 동맹 201

제9장

스마트폰과 웹에서의 대화형 에이전트 227

제12장 디지털 치료제의 문화적 적응 337

제13장 디지털 치료 산업의 구축: 규제, 평가, 그리고 구현 367

제14장 잠재적 함정과 교훈 389

제1장

소개: 디지털 치료제 분야의 비전

Nicholas C. Jacobson, Tobias Kowatsch and Lisa A. Marsch

1. 이 책을 왜 읽어야 하는가

이 책의 목적은 디지털 치료제의 주제를 널리 소개하는 것이다. 정신건강 및 중독에 대한 전통적인 치료법은 치료를 필요로 하거나 치료를 원하는 많은 사람을 충족시킬 수 있을 정도의 충분한 규모로 확장되지 못했다. 병리를 예방, 치료 또는 관리하도록 설계된 소프트웨어인 디지털 치료제는 광범위한 대상에게 저렴한 비용의 개입을 제공함으로써 오랫동안 지속되어 온 치료 접근성의 문제를 해결하는 데 도움이 될 수 있다. 지난 10년 동안 디지털 치료제는 급격히 성장해 왔지만, 현재 과학적 현황에 대한 문헌은 잘 통합되어 있지 않다. 정신건강 임상가와 연구자 모두 소비자에게 직접 제공되는 독립형 디지털 치료제에 대한 증거, 전통적인 의료 환경 내에서 디지털 치료를 통합하는 것의 효과, 현재 및 미래의 디지털 치료 분야를 보다 개인화되고 적응 가능하며 흥미로운 치료 모델로 변화시키고 있는 최근의 혁신 등과 같은 주제의 발전을 따라잡는 데 어려움을 겪고 있다. 이 책의 목표는 이러한 주제를 소개하고, 최첨단 발전 사항에 대해 논의하며, 디지털 치료제를 구현할 때 고려해야 할 중요한 사항들을 제시하는 것이다. 저자들은 이러한 사항들의 조합은 지금까지 다른 어떤 책에서도 제공되지 않았다고 생각한다.

2. 이 책은 누구를 위한 책인가

이 책의 대상 독자는 다음과 같다: (1) 의생명공학, 보건정보학, 생체의학 데이터 과학, 소프트웨어 공학, 컴퓨터 과학 분야의 연구자 및 대학원생, (2) 디지털 건강 분야의 업계 종사자 및 헬스케어 비즈니스 종사자, (3) 디지털 정신건강을 법적 또는 인문학적 관점에서 연구하는 정책 입안자 및 연구자. 이 책은 정신건강 및 물질 사용에 대한 배경지식이 없는 사람들에게 정신건강 및 중독 분야에서 직면한 문제들과 디지털 치료제가 어떻게 이러한 사람들을 치료하고 전통적인 치료 시스템의 격차를 메우는 데 활용될 수 있는지를 소개하는 중요한 문헌으로 기획되었다. 비록 이 책이 폭넓은 기술적 배경을 가진 독자들을 대상으로 하지만, 임상 심리학, 상담 심리학, 상담학, 정신의학, 물질 사용 상담, 사회 복지 프로그램 등 정신건강 관련 배경을 가진 독자에게도 유용할 수 있다.

3. 이 책에서 다루는 주제는 무엇인가

첫째, 디지털 치료제 분야에 대한 포괄적인 개요와 그 효능, 효과, 확장성, 비용 효율성에 관한 연구를 소개한다. 둘째, 디지털 치료제가 현재 확장되고 있는 새로운 방향, 특히 실시간으로 제공되는 개인 맞춤형 개입에 대해 소개한다. 셋째, 디지털 치료제를 둘러싼 중요한 고려 사항들을 검토한다. 여기에는 디지털 치료제의 수익화 및 확장 방법, 윤리적 문제, 문화적 적응, 개인정보 보호 및 보안 우려, 그리고 잠재적인 함정들이 포함된다.

1) 첫 번째 섹션: 디지털 치료제 소개

다음 장(제2장: 정신건강 및 중독에 관한 전통적 치료에 존재하는 격차 및 실패를 해결하기 위해 디지털 치료를 사용하기)에서는 전통적인 정신건강 및 중독 치료 시스템의 현재 격차와 실패에 대한 개요를 제공한다. 여기에는 정신건강 치료가 필요한 대부분의 사람들이 치료를 받지 못하는 원인과 이유가 포함된다. 그런 다음 디지털 치료제를 소개하고 정의하며, 디지털 치료제를 사용하여 전통적인 치료 시스템의 격차를 메울 수 있는 방법에 대해 논의한다.

전통적인 치료 시스템에서 직면한 문제들을 소개한 후, 다음 장에서는 확장 가능한 디지털 치료제의 첫 번째 물결에 대해 설명한다(제3장: 확장 가능한 디지털 치료제의 첫 번째 물결: 정신건강 및 중독에 대한 소비자 직접 치료를 위한 독립형 인터넷 기반 프로그램). 이 장에서는 대중을 위한 근거 기반 확장 가능한 치료제로서의 첫 번째 주요 물결을 소개하며, 특히 인터넷 기반 치료제를 통해 직접 소비자에게 제공되는 치료(의료 시스템 외부)에 초점을 맞춘다. 이 장에서는 디지털 치료 분야의 선구자들이 이룩한 중요한 발전을 소개하고 현재의 근거 기반을 검토한다.

디지털 치료제의 첫 번째 물결에 대해 논의한 후, 다음 장(제4장: 확장 가능한 디지털 치료제의 두 번째 물결: 소비자 직접 치료를 위한 독립형 정신건강 및 중독 치료 앱)에서는 증상 모니터링 및 독립형 개입을 위해 사용되고 소비자에게 직접 제공되는 스마트폰 앱의 출현에 대해 논의한다. 또한 이러한 도구들이 웹 기반의 디지털 치료제와 어떻게 차별화되는지를 강조하고, 현재의 근거 기반에 대해 검토한다.

제3장과 제4장에서 주로 독립형 치료에 대해 초점을 맞추는 반면, 다음 장(제5장: 의료 시스템 안에 디지털 치료제를 혼합하기)에서는 정신건강 및 중독에 관한 전통적인 치료법을 확장하고 보강하기 위해 디지털 치료제와 전통적인 치료법의 통합을 검토한다.

2) 두 번째 섹션: 새로운 개척지

이 책의 두 번째 섹션에서는 디지털 치료제가 최근의 기술 발전을 활용하여 보다 효과적인 개입을 제공하는 방법에 대해 논의한다. 이 섹션의 첫 번째 장(제6장: 모바일 헬스 개입에 대한 수용성)에서는 모바일 헬스 개입에 대한 참여와 수용성의 중요성을 소개한다. '이상적인' 모바일 헬스 개입과 수용성과 관련된 특정 프로세스, 즉 지원받기, 처리하기, 사용하기 등에 대해 설명한 후, 관련된 수용성 연구들을 검토한다. 그런 다음, 수용성 상태를 감지하고 예측하는 데 도움이 되는 관련 요인들을 요약한다. 이 장은 수용성 기능을 갖춘 모바일 헬스 개입을 개발할 때 개입 저자들이 직면하는 다양한 기술적 도전 과제로 마무리된다.

다음 장(제7장: 취약성 및 수용성에 따른 적시 개입 조정: 개념적, 방법론적 고려 사항)에서는 효과적인 적시 적응형 개입(just-in-time adaptive interventions, JITAI)의 설계에 대해 설명한다. 적시 적응형 개입은 대상자의 집중적인 종단 데이터를 활용하고 이를 문맥 정보와 결합하여 가장 적절한 지원을 적절한 순간에 제공한다. 저자들은 적시 적응형 개입에서 취약성과 수용성의 정의와 운영 방식을 명확히 하고, 개입 연구자가 관찰 연구 또는 미세 무작위 시험과 같은 가장 적합한 연구 설계를 식별하는 데 도움이 되는 구체적인 연구 질문을 제시한다.

치료 동맹은 환자와 의료진 간의 중요한 관계의 질로, 치료 성공과 밀접하게 관련된다. 제8장(디지털 정신건강에서의 디지털 치료 동맹)에서는 이러한 치료적 관계가 개인과 특정 디지털 치료제 사이에서도 발전할 수 있는 방법을 설명한다. 특히 사람의 도움을 받거나 받지 않는 디지털 정신건강 개입(순수하게 기술적인 개입)에서의 치료적 동맹에 대해 논의한다. 또한 디지털 치료 동맹을 측정하는 방법, 디지털 정신건강 개입의 결과에 미치는 영향, 디지털 치료제와의 치료 동맹을 촉진하기 위해 개입 저자들이 할 수 있는 일에 대해 논의한다.

제9장(스마트폰과 웹에서의 대화형 에이전트)에서는 대화형 에이전트를 소개하고, 인간과의 의사소통을 모방하는 이러한 컴퓨터 프로그램을 건강 서비스 제공에 어떻게 활용할 수 있는지 소개한다. 특히 정신건강과 중독에 대한 확장 가능한 개입을 제공하는 웹과 스마트폰에 배포된 대화형 에이전트에 대해 논의한다. 저렴한 비용, 접근성, 가용성 등과 같은 대화형 에이전트의 장점과 안전 문제뿐 아니라 대화형 에이전트의 혜택에 대해서도 설명한다.

예를 들어, 사람들은 정신건강이나 중독에 대해 대화형 에이전트와 대화할 때 인간 건강 코치와 대화하는 것보다 낙인을 덜 느낄 수 있다.

제9장을 보완하는 제10장(감지 및 지원을 위한 음성 기반 대화형 에이전트: 학계 및 업계의 사례)에서는 직관적이고 흥미로운 방식으로 의료 서비스를 제공할 수 있는 잠재적 채널로서 음성 어시스턴트의 부상에 대해 자세히 설명한다. 또한 이러한 기술이 취약한 상태를 감지하는 데 사용할 수 있는 음향 데이터 스트림의 잠재력에 대해서도 논의한다. 또한 저자들은 학계와 산업계의 다양한 음성 어시스턴트 사례를 제시하고 정신건강 및 중독 치료의 잠재력을 개괄적으로 설명한다. 이 장은 자동화된 음성 분석을 통한 음성 생체지표 사용이나 데이터 및 대화 프라이버시에 대한 우려 등 음성 어시스턴트 개발자들이 직면하는 다양한 도전 과제에 대한 논의로 마무리된다.

3) 세 번째 섹션: 구조적 고려 사항

제11장(디지털 치료제의 준비, 최적화 및 평가를 위한 설계에 대한 고려 사항)에서는 디지털 치료제 분야의 광범위한 구조적 고려 사항에 초점을 맞춘 섹션을 시작한다. 이 장에서는 디지털 치료제의 초기 개발, 최적화, 평가, 구현 및 유지를 포함하여 개발 기간 전반에 걸쳐 개발자에게 지침을 제공하기 위해 설계된 프레임워크를 소개한다. 이 프레임워크는 최대한 효과적이고, 참여도가 높으며, 실행 가능하고, 지속 가능한 디지털 치료제의 개발을 지원할 수 있다.

제12장(디지털 치료제의 문화적 적응)에서는 다양한 문화, 언어, 맥락에 맞게 디지털 치료제를 적응시키는 중요한 주제를 다룬다. 이 장에서는 근거 기반 개입의 문화적 적응을 위한 프레임워크 개요, 이러한 적응을 뒷받침하는 증거, 이 분야를 발전시키기 위한 권장 사항을 제공한다.

다음 장(제13장: 디지털 치료 산업의 구축: 규제, 평가, 그리고 구현)에서는 디지털 치료제 산업의 발전 상황을 개괄한다. 이 장에서는 디지털 치료제가 전 세계에서 어떻게 상용화되고, 확장되고, 규제되고 있는지 등 디지털 치료제의 비즈니스 모델을 검토한다.

다음으로 제14장(잠재적 함정과 교훈)에서는 지난 10년간 정신건강과 물질 사용에 적용된 디지털 치료제의 연구 및 개발에서 얻은 주요 교훈을 검토한다. 또한 전 세계적으로 임상적으로 검증된 디지털 치료제의 활용도, 참여도, 접근성을 높이기 위한 전략들을 제시한다.

다음 장(제15장: 디지털 치료제에서의 개인정보 보호와 보안)에서는 디지털 치료제의 성장이 이러한 개입에 내재된 개인정보 보호 및 보안 취약성을 동시에 해결해야 하는 전례 없는 필요성을 어떻게 제기하는지에 대해 논의한다. 이 장에서는 디지털 치료제에서 환자 데이터와 관련된 일반적인 위험을 검토하고, 관련 규제 환경을 탐색하기 위한 전략을 제안하며, 디지털 치료제의 보안 및 개인정보 보호 문제를 평가하고 해결하는 방법에 대해 논의한다.

제16장(정신건강을 위한 디지털 치료제의 윤리적 고려 사항)에서는 디지털 치료제를 사용하는 연구자와 임상가가 직면하는 윤리적 도전 과제들을 소개한다. 여기에는 투명성, 자율성, 공정성, 품질과 관련된 문제가 포함된다. 또한 이러한 윤리적 고려 사항을 해결하는 데 있어 의료진이 수행할 수 있는 역할에 대해 개괄한다.

이 책의 마지막 장(제17장: 2040년 디지털 치료제 전망 및 임상가와 기관이 이를 실현하는 방법)에서는 향후 10~20년 동안 디지털 치료제가 어떻게 발전하고 변화할지에 대한 비전을 제시한다. 새로운 기술 혁신이 성숙하고 발전함에 따라 현재의 도구들이 어떻게 조정될 것인지에 대해 논의한다.

4. 독자는 무엇을 배우게 되는가

이 책을 읽고 나면, 독자들은 정신건강 및 물질 사용에 대한 현재의 치료 시스템의 체계적 부족함을 해결하는 데 있어서 디지털 치료제가 갖는 현재의 유용성을 이해할 수 있는 강력한 기반을 갖게 될 것이다. 또한 독자들은 독립형 치료제로서뿐만 아니라 기존 치료 시스템에 통합된 치료제로서 디지털 치료제가 갖는 현재의 근거 기반에 대해 이해할 수 있을 것이다. 그리고 디지털 치료 분야의 최근 및 현재 진행 중인 발전에 대해 알게 될 것이다. 여기에는 치료제가 장소와 시간에 맞게 유동적으로 조정되어 환자가 가장 필요한 순간에 치료가 제공되는 방법, 환자와 디지털 치료제 사이에 관계가 형성되는 방식 등이 포함된다. 독자들은 일련의 장치에서 대화 패턴을 모방하는 언어적 상호작용을 통해 개발된 디지털 치료제에 대해 배우게 될 것이다. 독자들은 디지털 치료제를 평가하고 최적화하는 데 사용되는 연구 설계, 문화적 차이를 통합하기 위해 디지털 치료제를 맞춤화하는 것, 개인정보 보호, 보안, 윤리적 고려 사항 등과 같은 잠재적인 우려 사항과 함정에 대해 이해할 수 있다. 마지막으로, 독자들은 디지털 치료 분야의 괄목할 만한 성장과 시간이 지남에 따라 어떻게 발전할 것인지에 대해, 이 분야가 전 세계적으로 어떻게 정신건강 및 중독 치료 모델을 근본적으로 개선할 수 있을지에 대해 이해하게 될 것이다.

제 2 장

정신건강 및 중독에 관한 전통적 치료에 존재하는 격차 및 실패를 해결하기 위해 디지털 치료를 사용하기

Nicholas C. Jacobson, Rachel E. Quist, Camilla M. Lee, and Lisa A. Marsch

1. 정신건강 및 물질 사용 장애의 유병률 및 영향

전 세계적으로 5명 중 1명은 기분 장애, 불안 장애, 물질 남용 장애를 앓고 있으며(Steel et al., 2014), 아동은 7명 중 1명꼴로 정신 장애의 기준을 충족한다(Ferrari et al., 2022). 성소수자(lesbian, gay, bisexual, and transgender, LGBT)는 평생 정신 장애를 겪을 확률이 두 배 이상 높고(Semlyen, King, Varney, & Hagger-Johnson, 2016), 성소수자 청소년의 약 1/3이 장애의 기준을 충족한다(Mustanski, Garofalo, & Emerson, 2010). 소득 불평등 또한 정신건강에 영향을 미치는데, 저소득층이 고소득층보다 정신건강 문제를 겪을 확률이 두 배나 높다(Patel, Araya, de Lima, Ludermir, & Todd, 1999). 모든 정신 장애의 첫 발병은 유아기 또는 청소년기에 시작되며, 평생 발병 사례의 절반은 14세, 3/4은 24세에 시작된다(Kessler et al., 2005). 만성 질환을 앓는 사람의 최대 79%는 평생 동안 정신 장애를 경험한다(Solano, Gomes, & Higginson, 2006). 또한 미국에서는 약 890만 명의 사람들이 정신건강 및 물질 사용 장애를 동반하고 있는 것으로 추정된다(Substance Abuse and Mental Health Services Administration(SAMHSA), 2016). 따라서 정신 장애는 전 세계적으로 심각하고 중요한 문제이며, 일부 집단에서는 정신건강 문제의 발생률이 훨씬 더 높다.

이러한 장애가 전 세계적으로 미치는 영향은 여러 방면에서 매우 중요하다. 미국의 경우, 우울증 외래 치료에 대한 국가 지출만 170억 달러로 추산되며(Hockenberry, Joski, Yarbrough, & Druss, 2019), 매년 약 2억 일(days)의 업무 손실이 추정된다(Conti & Burton, 1994). 미국 근로자의 생산성 손실로 인해 매년 440억 달러의 비용이 고용주에게 발생하는데, 이는 우울증이 없는 근로자들의 손실 비용이 130억 달러인 것과는 대조적이다(Stewart et al., 2003). 2010년에 정신건강 및 물질 사용 장애는 1억 8,390만의 장애보정 생존연수(Disability Adjusted Life Years, DALY)[1]를 차지했으며, 이는 전 세계 비율의 7.4%에 해당한다

1 (역자 주) 장애보정 생존연수(disability adjusted life years, DALY)는 질병으로 인해 조기 사망하여 손실된 수명(years of life lost, YLL)과 장애를 안고 생활하는 연수(years lived with disability, YLD)를 합하여 산출된다. 세계보건기구(World Health Organization, WHO)에서 전반적인 질병 부담을 측정하기 위해 정의한 개념으로, 질병으로 인해 삭감된 건강한 수명을 수치화한 지표이다.

(Whiteford et al., 2013). 이 수치는 조기 사망으로 인한 수명 손실 연수와 장애로 인한 건강한 수명 손실 연수를 합하여 전 세계 질병 부담을 계산한다. 그러나 실제 수치는 전 세계의 전체 장애보정 생존연수의 13%에 가까울 수 있으며, 정신 장애는 월평균 6.8일의 건강수명 감소에 기여한다(Vigo, Thornicroft, & Atun, 2016).

건강한 삶의 손실과 관련하여, 정신 장애가 있는 사람은 정신 장애가 없는 사람보다 건강 관련 삶의 질(health-related quality of life, HRQoL)을 낮게 평가하였다(Spitzer et al., 1995). 정신 장애를 지닌 사람들의 건강 관련 삶의 질은 요통, 당뇨병, 고혈압과 같은 다른 만성 질환을 앓는 사람들에 비해 현저히 낮았다(Cook & Harman, 2008). 또한 사회불안 및 기분부전증과 같은 만성 정신 장애는 삽화적 장애(episodic disorders)보다 건강 관련 삶의 질이 더 나쁜 것으로 나타났다(Saarni et al., 2007). 일반적으로 정신 장애가 있는 사람들의 사망률은 더 높으며, 그 결과 기대 수명의 중앙값은 10년 정도 감소한다(Walker, McGee, & Druss, 2015). 전 세계적으로 물질 사용은 전체 사망의 4%, 전 세계 질병 부담의 5.4%를 차지한다(World Health Organization, 2010). 따라서 물질 사용 장애를 포함한 정신 장애의 전 세계적 유병률은 경제 및 전 세계 보건에 큰 부담이 되고 있다.

2. 전통적인 진료 시스템에서의 치료 부족

이러한 장애의 높은 유병률 및 이와 관련된 인적, 경제적 결과에도 불구하고, 전 세계 성인의 약 41%, 청소년의 약 45%만이 정신 장애에 대해 어떤 형태로든 치료를 받았으며, 이들 중 상당수는 해당 장애에 대해 최소한의 적절한 치료를 받지 못하고 있다. 여기서 최소한의 적절한 정신건강 치료는 적합한 약물 치료를 최소 2개월 이상 받고 의사를 최소 4회 방문하는 것, 혹은 약물 치료 없이 정신건강 전문가와 최소 8회 방문하는 것으로 정의된다. 치료에 대한 접근성 부족은 인종, 성별, 사회경제적 지위와 같은 인구통계학적 요인과 관련된다(Wang, Demler, & Kessler, 2002). 이러한 인구통계학적 요인으로 인해, 심각한 삶의 사건에 직면했을 때 자율성을 갖는 것, 선택 가능한 자원에 대한 접근성을 갖는 것, 가족이나 친구 및 정신건강전문가의 지원을 받는 것 등의 정신건강 문제에 대한 보호 요인이 방해받을 수 있다(World Health Organization, 2004).

캘리포니아의 한 연구에 따르면 남성, 라틴계, 아시아계, 청년, 고령자, 저학력자, 보험에 가입하지 않은 성인, 영어 능력이 제한된 개인이 치료를 받지 못했을 가능성이 훨씬 더 높았다(Tran & Ponce, 2017). 미국에서 라틴계 및 아프리카계 미국인 부모는 정신건강 문제가 있는 자녀를 위해 전문가의 도움을 받기보다 가족이나 지역사회 기반의 도움을 구할 가능성이 더 높다(McMiller & Weisz, 1996). 시골에 거주하는 사람들은 도시 인구에 비해 치료를 받을 가능성이 낮으며(Crumb, Mingo, & Crowe, 2019), 특히 여성의 경우 시골 인구가 도시 인구와 동등하거나 더 높은 비율로 정신 질환을 겪음에도 불구하고(Hauenstein, Boyd, Submission, & H., 1994), 치료를 받을 가능성은 더 낮다. 성소수자는 비성소수자보다 치료받지 않을 가능성이 더 높다(Whaibeh, Mahmoud, & Vogt, 2020). 전 세계적으로 정신건강 문제에 대한 치료를 받는 데에는 태도적 요인과 구조적 요인이 모두 장애가 되지만, 일부 연구에 따르면 경증 또는 중등도의 정신 장애 치료는 태도적 행동의 영향을 더 많이 받는 반면, 심각한 정신 장애는 구조적 장벽의 영향을 더 많이 받을 수 있다(Andrade et al., 2014). National Combidity Survey Replication 연구에서 응답자들은 치료를 받지 않는 일반적인 이유로 낮은 치료 필요성을 꼽았으며, 치료 필요성을 지각한 응답자들 사이에서는 구조적 장벽보다 태도적 이유가 더 흔하였다(Mojtabai et al., 2011). 중증 정신 장애는 일반적으로 광범위한 입원 및 외래 치료로 이어지며, 하나 이상의 주요 삶의 영역에서 심각한 장해를 초래하는 정신 장애 진단으로 정의된다(Parabiaghi, Bonetto, Ruggeri, Lasalvia, & Leese, 2006).

3. 전통적 치료에서의 장벽: 낙인, 개인적 신념 및 문화적 역량

전 세계 인구의 최대 57%가 중독을 포함한 정신 장애를 지닌 사람과 매일 접촉하고 있다고 보고했음에도 불구하고(Seeman, Tang, Brown, & Ing, 2016), 치료에 관한 가장 큰 태도적 장벽 중 하나는 정신건강 문제의 치료를 둘러싼 낙인이다. 정신 장애를 생물학적, 의학적 질병으로 보는 모델을 널리 알리려는 노력에도 불구하고, 지난 20년 동안 전 세계 문화권에서 정신 장애를 지닌 사람들에 대한 부정적인 편견은 비교적 안정적으로 유지되고 있다(Schomerus et al., 2012). 성소수자 인구의 경우, 정신 장애에 대한 낙인은 성 정체성을 둘러싼 낙인과 교차될 수 있으며, 차별과 내면화된 수치심으로 이어져 치료 접근성을 더욱 어렵게 만들 수 있다(Wainberg et al., 2017). 남성과 비백인이 정신 장애 또는 물질 사용 장애를 지닌 사람들을 향한 낙인을 보고할 가능성이 더 높다. 하지만 유색인종이 보고하는 낙인이 증가한 것은 사회경제적 지위 및 정체성으로 인한 차별에 의해 혼동될 수 있다(Corrigan & Watson, 2007).

물질 사용 장애를 지닌 사람들은 다른 정신과적 장애가 있는 사람보다 더 높은 수준의 낙인과 차별에 직면한다. 물질 사용 장애가 있는 사람들 중 지난 1년간 전문적 도움을 받은 사람은 11%에 불과하였다(SAMHSA, 2019). 대중적 관점에서 물질 사용 장애를 지닌 사람은 위험하고 예측할 수 없고 치료나 재정 관련 결정을 내릴 수 없다고 여겨지며, 자신의 상태에 대한 비난을 받을 가능성이 높다(Yang, Wong, Grivel, & Hasin, 2017). 의료 전문가들조차도 다른 정신건강 문제가 있는 사람보다 물질 사용 장애가 있는 사람에 대해 더 부정적인 태도를 보인다(van Boekel, Brouwers, van Weeghel, & Garretsen, 2013).

낙인은 가족, 친구, 사회로부터의 낙인 외에도 정신 장애를 지닌 사람이 지닌 개인적인 신념에서 비롯될 수 있다. 종교적 참여가 정신 장애를 예방하는 요인이 될 수 있음도 불구하고(Levin & Chatters, 1998), 정신 장애 환자와 가족 및 친구들은 정신 장애를 종교적 유대감이 결여되었기 때문이라고 여길 수 있다(Crumb et al., 2019). 전 세계적으로 경증 또는 중등도 정신 장애인이 치료를 시작하지 않는 가장 흔한 이유는 낮은 필요성 인식이다. 치료가 필요하다고 인식하는 사람들 사이에서 치료를 받지 않는 가장 흔한 이유는 스스로 문제를 해결하려는 욕구 때문이었다(Andrade et al., 2014). 또 다른 이유는 치료가 부적절하다고 인식했기 때문이다. 심각한 정신 장애로 치료를 받은 사람 중 38.9%만이 이 장의 앞부분에서 정의한 '최소한의 적절한' 치료를 받았다(Wang et al., 2002). 마찬가지로 우울증 환자 중 상당수가 우울증에 대해 부적절한 치료를 받았으며, 최근 자살을 시도한 적이 있는 사람들도 그렇지 않은 사람과 마찬가지로 부적절한 치료를 받았다(Oquendo, Malone, Ellis, Sackeim, & Mann, 1999). 전 세계적으로 정신건강 치료를 중단하는 가장 흔한 이유는 치료가 효과적이지 않다고 인식하는 것 때문이다(Andrade et al., 2014).

4. 전통적 치료에서의 장벽: 문화적 역량

정신건강 전문가의 문화적 역량이 일부 집단에게는 치료의 장벽이 되기도 한다. 문화적 역량은 "성별, 인종, 민족, 성적 지향, 연령, 종교, 장애, 언어, 출신 국가, 이민 신분 및 사회경제적 지위가 다양한 인구의 요구를 충족하는 건강관리를 제공하는 것"으로 정의된다(Bassey & Melluish, 2013). 정신건강 치료에 대한 문화적 태도 장벽에는 인지적 장벽(cognitive barriers), 정서적 장벽(affective barriers), 가치지향 장벽(value orientation barriers)이 포함되며, 효과적인 임상가는 이러한 장벽이 환자와 어떻게 관련되는지 이해할 수 있어야 한다(Leong & Kalibatseva, 2011). 이러한 영역에 대한 이해가 부족하면 정신건강 서비스의 활용도가 떨어지거나 유지율이 낮아질 수 있다(Whaibeh et al., 2020).

정신 장애를 앓고 있는 개인이 태도적 장벽을 극복하고 치료를 받으려 해도, 치료에 대한 접근을 제한할 수 있는 구조적 장벽이 많다. 가장 자주 언급되는 치료의 구조적 장벽 중 하나는 지불 능력이다(Andrade et al., 2014). 대부분의 의료 분야와 마찬가지로 정신 장애에 대한 평가와 치료는 비용이 많이 든다. 2006년의 평균 가구 소득이 48,450달러(Statistical Abstract of the United States, 2006)였던 반면, 중증 정신 장애와 물질 사용 장애의 입원 치료비는 하루 766달러에서 1,000달러 이상(인플레이션 조정 시 각각 1,060달러와 1,833달러)에 달하였다(Stensland, Watson, & Grazier, 2012). 2013년 미국의 우울증 관리 비용은 증상의 심각도에 따라 연평균 8,662달러에서 16,375달러에 이르렀고(Chow et al., 2019), 조현병 관리에 드는 연평균 비용은 약 21,672달러에 달했다(Fitch, Iwasaki, & Villa, 2014). 이에 비해 2013년 평균 가구 소득은 52,250달러였다(Noss, 2012). 이는 보험 없이 정신 장애를 치료하는 데만 평균 가구 소득의 40% 이상이 소요될 수 있음을 의미한다.

5. 전통적 치료에서의 장벽: 높은 비용과 보험 적용 범위 부족

재정적 비용 때문에 대부분의 선진국이나 개발도상국에서 보험 적용(insurance coverage)은 개인이 치료를 받을 수 있는지 여부를 결정하는 가장 중요한 요소 중 하나다(Mechanic, 2002). 미국에서는 2,800만 명이 보험에 가입하지 않았고, 수백만 명이 1년 중 일부 기간 동안 보험에 가입하지 않은 상태였다(Keisler-Starkey & Bunch, 2021). 2010년 의사와 정신과 의사를 비교한 결과, 의사의 약 90%가 민간 보험에 가입한 반면 정신과 의사는 55%만이 민간 보험에 가입한 것으로 나타났다(Bishop, Press, Keyhani, & Pincus, 2014). 이는 주로 관리형 케어(managed care)가 환급률을 결정하는 방식 때문인데, 임상가들은 보험금을 지불금으로 받을 때 본인 부담금을 받는 것보다 보수가 더 적다. 또한 임상적 판단의 유연성 저하, 치료를 받을 수 있는 사람에 대한 제한, 처방에 대한 압력 증가 등 관리형 케어가 부과하는 한계로 인해 치료자들은 의욕을 상실하게 된다(Cohen, Marecek, & Gillham, 2006). 또한 중증 정신 장애를 앓고 있는 성인이 치료를 받는 비율은 가장 낮은 반면, 공공 보험에 가입한 성인은 가장 높은 비율을 차지한다(Rowan, McAlpine, & Blewett, 2013). 중증 정신 장애를 앓고 있는 성인의 37%는 1년 중 적어도 일부 기간 동안 보험에 가입하지 않은 반면, 중증 정신 장애가 없는 성인은 28%에 불과하다. 3개 이상의 만성 정신 장애를 지닌 성인의 40%, 1개 이상의 만성장애를 지닌 성인의 20%는 최소 2년 동안 본인 부담금과 보험료가 소득의 5%를 초과한다(Cunningham, 2009).

개인이 치료를 받으려는 의지가 있고 보험에 가입하여 비용을 지불하더라도, 정부지원 건강보험에서는 정신건강 보장이 부족한 경우가 많다. 예를 들어, 미국에서 메디케어(Medicare)[2] 수급자의 치료 접근성 제한은 메디케어를 수락하는 의료기관의 가용성에 달려있다. 시골 지역의 상담자 중 약 48.6%는 메디케어 자격이 되지 않아 기존 내담자를 다른 상담사에게 의뢰하였다. 이러한 치료 중 의뢰(mid-treatment referrals)는 치료 동맹을 방해하고, 제한된 접근성과 긴 치료 대기 문제를 야기한다(Fullen, Brossoie, Dolbin-MacNab, Lawson, & Wiley, 2020). 민간 보험을 이용하면 네트워크 내의 치료자를 찾는 것이 좀 더 쉽지만, 그래도 여전히 어렵다. 일부 민간 보험은 보장하는 입원 일수에 제한이 있어 입원 치료가 필요한 중증 정신 장애나 물질 사용 장애 환자에게는 해로울 수 있다(Cohen et al., 2006).

의료보험의 부족은 미국에만 국한된 문제가 아니다. 약 50개국이 보편적 의료보험을 달성한 반면, 다른 많은 국가에서는 보험률이 0에 가깝다. 아프리카의 경우, 본인 부담 의료비가 전체 의료비 지출의 약 45%를 차지한다. 아시아의 경우, 한국, 중국과 같은 국가들은 거의 보편적인 의료보험을 제공하는 반면, 인도의 보장 수준은 인구의 10% 미만이다. 칠레와 코스타리카와 같은 부유한 라틴아메리카 국가들은 거의 보편적인 의료보험 보장을 지닌 반면, 콜롬비아처럼 가난한 국가들은 의료보험 보장률이 30% 정도에 불과하다. 유럽은 보편적 의료보험이 적용되는 국가 수가 가장 많지만, 이 지역의 많은 국가들에서 의료보험 제도에 대한 효과적인 접근은 여전히 문제로 남아 있다(International Labour Office, 2008).

6. 전통적 치료에서의 장벽: 교통 및 예약 가능 여부

정신건강 치료를 받는 데 있어 또 다른 구조적 장벽은 치료를 원하는 개인이 의료 서비스 제공자에게 접근할 수 있는 능력이 있는지 여부이다. 이용할 수 있는 교통편이 부족한 것은 오랫동안 정신건강 및 물질 사용에 대한 치료를 가로막는 중요한 장벽이었다(Sommers, 1989). 시골 지역의 생활 환경은 이러한 접근성 부족 문제를 더욱 악화시키는데, 시골 지역에 거주하는 호주인들은 도시 지역에 거주하는 사람들에 비해 1년 이상 치료 시기를 늦출 확률이 20배 가까이 높았다(Green, Hunt, & Stain, 2012). 교통편이 무료로 제공되는 경우, 치료까지의 거리가 정신건강 치료 프로그램의 이용률을 감소시키지 않는다(Whetten et al.,

---

2 (역자 주) 메디케어(Medicare): 미국에서 시행되는 노인 의료보험제도로서, 사회보장세를 20년 이상 납부한 65세 이상의 노인과 장애인을 대상으로, 연방 정부가 의료비의 50%를 지원한다.

2006).

시골 지역에는 대중교통이 부족하기 때문에 운전 거리가 훨씬 더 먼 경우가 많다. 정신건강 및 신체건강 상태 사이에 환자의 운전 능력을 방해하는 공존병리가 있는 경우가 많기 때문에 환자는 정신건강 치료를 받기 위해 스스로 운전하지 못할 수도 있다. 지난 수십 년 동안 정신 및 신체적 상태의 공존병리 유병률은 크게 증가하였다(Sartorious, 2013). 공존병리는 젊은 연령대에서도 빠르게 증가하고 있다. 공존병리가 간과되는 경우가 많지만, 정신과 의사와 기타 임상의는 심리적 요소와 신체적 요소가 모든 상태에 관여한다는 점을 홍보하는 것이 권장된다(Sartorious, 2013). 정신 장애는 만성질환 발병의 위험 요소이며, 그 반대의 경우도 마찬가지이다. 심리적 요소와 신체적 요소의 공존은 더 높은 치료 비용, 삶의 질 저하, 증상 부담 증가와 관련된다(Sartorius, 2018).

게다가 예약 장소와 예약 가능 시간이 환자의 치료에 방해가 될 수 있다. 많은 의료 전문가들은 근무 시간 내에 치료를 하므로 내담자가 휴가를 내거나 육아를 하거나 가족과 함께 하는 시간을 희생해야 할 수 있다(Harvey & Gumport, 2015). 예약의 불편함 및 예약에 실패하는 것은 치료를 받지 못하게 하는 또 다른 구조적 장벽이다(Sareen et al., 2007). 1년간 『정신질환 진단 및 통계 편람 4판(DSM-IV)』 장애를 가진 응답자를 대상으로 한 the National Comorbidity Survey Replication 연구에 따르면, 결혼했거나 파트너와 동거하는 사람들이 더 높은 수준의 구조적 장벽을 보고하였는데, 이는 경미한 정신건강 사례에서만 나타났다. 이러한 연구 결과는 결혼이 가족에 대한 책임감 증가와 어떻게 관련되는지, 그리고 결과적으로 시간 및 재정적 자원이 더 많이 요구되는 것과 어떻게 연관되어 있는지를 반영하는 것일 수 있다(Mojtabai et al., 2011). 치료를 찾는 것에 대한 장벽은 증상이 더 심각한 경우에만 극복될 수 있다.

7. 전통적 치료에서의 장벽: 정신건강 전문가의 부족

5명 중 1명이 정신 장애를 겪는다는 의미는, 현재 전 세계에 살고 있는 52억 명의 성인 중 약 13억 명이 정신 장애를 앓고 있으며, 7억 6,200만 명은 어떤 형태의 치료도 받지 못하고 있다는 뜻이다. 치료를 받지 못하는 정신 장애 환자의 수에는 앞서 언급한 태도적, 구조적 장벽이 여러 가지로 영향을 미친다. 그러나 보험, 접근성, 낙인을 둘러싼 모든 문제가 해결되더라도 정신건강 전문가의 수가 너무 적기 때문에 적절한 정신건강 치료를 받지 못하는 수백만 명의 사람들이 여전히 존재할 것이다. 전 세계적으로 인구 100,000명당 평균 10.7명의 정신건강 전문가가 있다(Morris, Lora, McBain, & Saxena, 2012). 이들 중 2만 명(또는 5명 중 1명)이 정신 장애를 앓고 있다면, 정신건강 전문가 한 명이 매년 1,869명의 환자를 치료해야 한다. 이것이 분명 이치에 맞는 수치는 아니지만, 몇 가지 계산을 통해 이것이 얼마나 터무니없는 수치인지 확인할 수 있다.

한 심리학자가 일반적으로 주당 40시간 근무하고 한 번에 45분 동안 내담자와 상담하는 데 모든 시간을 보낸다고 가정해 보자. 한 주가 끝나면, 이 사람은 약 53명을 도울 수 있다. 이 수치는 대부분의 심리치료자에게 타당하지 않다는 점에 유의해야 한다. 실제로 대부분의 심리치료자는 치료만 하는 것이 아니라 임상 기록, 치료 보고서, 전화 통화, 청구 등 다른 업무도 병행하기 때문에, 평균적으로 25~30명 정도의 내담자를 담당한다. 한 상담 센터의 대규모 데이터 세트(N = 18,322명)를 활용한 결과, 2016년 월평균 내담자 수(지난 30일 동안 치료자가 치료한 고유한 개별 내담자의 추정치 참조)는 26.45명이었으며, 이는 2009년에서 2017년 중 내원한 평균 내담자 수 중 가장 높은 수치였다(Bailey, Erekson, Goates-Jones, Andes, & Snell, 2021). 2008년에 내담자와 직접 상호작용하는 평균 시간은 22시간으로 나타났다(Michalski, Mulvey, & Kohout, 2008).

하지만 지금은 치료자의 내담자 수가 최대 53명인 시나리오를 가정해 보자. 이 사람의 업무 능력이 매우 뛰어나서, 각 내담자가 10회기 치료만 받으면 더 이상 치료를 받을 필요가 없다고 가정해 보자. 그러면 이 심리학자는 10주마다 53명의 개인을 돕게 된다. 한 명의 전문가가 1년의 52주 중에서 50주 동안 최선을 다해 일하면 약 265명의 환자를 도울 수 있는데, 이는 현 시스템에서 치료 부족을 해결하기 위해 필요한 예상 환자 수의 12%에 불과하다. 이 통계는 모두 추정치이므로 여기에서 도출된 수치는 정확하지 않다. 그러나 여기에 제시된 사례는 전 세계의 정신건강 치료 수요를 충족하는 게 얼마나 어려운지를 보여 주는 냉정한 예시이다.

위에서 언급한 정신건강의학과 전문의의 치료 기간과 사례 수는 모두 상당히 비현실적이다. 예를 들어, 영국 국립보건임상연구소(National Institute for Health and Care Excellence, NICE)의 지침에서는 우울증 환자에게 1620회의 인지행동치료 회기를 권장하고 있다. 또한 치료 기간에 관한 연구에 따르면, 환자의 절반이 평균 15~20회 치료 후 회복되는 것으로 추정된다. 임상적으로 유의미하게 개선되는 데 필요한 치료 기간은 12~16주 정도이다. 치료자와 환자는 치료 목표를 유지하거나 완치율을 높이기 위해 6개월 이상 회기를 연장하는 것을 선호하기도 한다. 공존병리와 성격 장애가 있는 경우 12~18개월의 치료가 필요할 수 있다(American Psychological Association, Division 12, 2017). 일주일에 20~35명의 내담자를 만나는 것조차도 한 명의 정신건강 전문가에게는 과중한 업무일 수 있다. 한 시골 지역의 지역사회 정신건강 센터장 29명을 대상으로 한 설문조사에서, 2/3가 높은 정서적 소진과 낮은 개인적 성취감을 느낀다고 답했으며(Rohland, 2000), 캘리포니아 북부 지역 정신건강 전문가의 54%가 높은 정서적 소진을 느낀다고 응답하였다(Webster & Hackett, 1999). 이러한 소진과 낮은 성취감은, 환자에 대한 부정적인 태도를 포함하여 의료진과 환자 간 더 나쁜 상호작용과 관련된다(Holmqvist & Jeanneau, 2006). 종합적으로 이 연구는 앞서 제시한 수요를 감당할 수 있는 정신건강 전문가가 턱없이 부족함에도 불구하고, 사례 수, 치료 효과, 치료 효율성 모두에 대해 비현실적이며 지나치게 낙관적인 추정치를 제시하고 있기 때문에, 실제 상황은 훨씬 더 심각할 수 있다.

결국 치료를 받을 수 있게 된 사람들도 상당한 시간이 지난 후에 정신건강 전문가의 도움을 받는 경우가 많다. 초기 평가까지 걸리는 평균 대기 시간은 문제에 따라 최대 110일이 될 수 있다(Kowalewski, McLennan, & McGrath, 2011). 치료 대기 시간이 길어지면 노쇼율(no-show rate)이 증가하며, 자살위험 증가를 포함하여 내담자의 증상 심각도가 높아진다(DiMino & Blau, 2012; Williams, Latta, & Conversano, 2008). 대기 시간은 결국 치료를 시작했을 때 치료에 반응할 가능성이 감소하는 것과도 관련된다. 임상적으로 유의미하고 신뢰할 수 있는 수준으로 환자 결과가 악화되는 것은 증가된 대기시간 때문에 증폭되며, 대기 시간이 3개월에서 12개월 사이일 때 그 영향이 유의미하게 나타난다(Reichert & Jacobs, 2018).

정신건강 서비스에 대한 접근성 부족은 정신건강 전문가의 고용 부족 때문이 아니다. 실제로 미국에서 심리학자와 상담자의 실업률은 1.5%로 전국 실업률인 5.2%보다 훨씬 낮다(Bureau of Labor Statistic, 2021). 정신 장애와 정신건강 전문가 간의 격차를 줄이는 방법에 대해서는 몇 가지 제안이 있었다. 아마도 가장 확실하며 가장 자주 제안되는 해결책은 더 많은 정신건강 전문가를 양성하는 것이다. 이는 영국 전역에서 시행되는 심리치료 접근성 향상 프로그램(Improving Access to Psychological Treatments Program, IAPT Program)의 주요 초점이다. 그러나 정신건강 치료의 격차를 적절히 해소하기 위해 필요한 정신건강 전문가의 수가 너무 많기 때문에, 정신건강 전문가의 수를 늘리려면 대대적인 홍보, 인센티브 제공, 교육 노력이 필요하며, 이를 실행하고 효과를 거두려면 몇 세대가 걸릴 가능성이 높다.

몇몇 해결책에서는 정신건강 분야에서 일하는 데 관심이 있는 사람들이 더 쉽게 접근할 수 있도록 온라인으로 교육 프로그램을 제공할 것을 주장한다(Fairburn & Patel, 2014). 인터넷 기반 교육 프로그램은 기존 교육 프로그램보다 확장성이 뛰어나지만, 여전히 정신건강 분야 취업에 대한 관심이 높아질 필요가 있다. 정신건강 분야는 다른 모든 의학 분야에 비해 비용, 교육 기간, 높은 업무량 및 낮은 보상으로 인해 잠재적인 직업 분야로 거부당하는 경우가 많기 때문에, 필요한 규모를 늘리려면 대규모 인센티브 프로그램이 필요하다(Dial,

Haviland, & Pincus, 2005).

전 세계적으로 정신건강 전문가의 수를 충분히 늘릴 수 있다고 해도, 개인이 필요한 치료를 받지 못하게 막는 다른 중요한 장벽이 있다. 이러한 장벽 중 일부는 개인적인 문제이다. 치료를 받으려면 높은 수준의 주도성이 필요하며, 내담자는 변화할 준비가 되어 있고 외부에서 도움받을 수 있음을 인정하는 것과 같은 불편한 생각을 받아들여야 한다. 실제로 너무 일찍 치료를 받도록 권유하는 것은 적극적인 자살 사고 위험의 증가 등 부작용을 초래할 수 있다(Jacobson et al., 2020). 정신 장애를 지닌 사람들은 자신의 문제가 충분히 심각하지 않다고 생각하거나 스스로 문제를 해결할 수 있다고 믿기 때문에 치료를 받지 않는 경우가 많다(Andrade et al., 2014). 반면에 심각한 정신 장애를 가진 사람들도 대면 치료를 받을 가능성이 낮다. 예를 들어 광장 공포증이 있는 사람은 집 밖으로 나가지 않을 가능성이 높고, 심한 우울증이 있는 사람은 침대에서 일어나지 않을 가능성이 높다(American Psychiatric Association, 2013).

정신건강에 대한 치료가 지연되거나 접근성이 떨어지면 청소년과 성인 모두에게 장기적이고 중대한 영향을 미친다. 청소년의 경우 주의력 결핍-과잉 행동 장애(attention deficit-hyperactivity disorder, ADHD)와 같은 행동 장애는 불안과 같은 다른 장애보다 더 자주 치료받는다. ADHD 아동의 약 72%가 어떤 형태로든 치료를 받는 반면, 불안 장애 아동은 41%에 불과하다(Wang et al., 2005). 청소년이 치료를 늦게 받거나 치료를 받지 못할 경우 발생할 수 있는 개인적 위험은 매우 다양하다. 이러한 위험 중 상당수는 수면 문제, 학업 장애, 비행 행동 증가와 같이 성인이 되어서도 지속될 수 있는 장기적인 결과이다(Jolliffe et al., 2019; Mazzone et al., 2007). 또한 치료되지 않은 불안이 우울증으로 이어지거나 그 반대의 경우처럼, 한 가지 정신 장애에 대한 치료가 부족하면 다른 장애와 동반될 수 있다는 증거도 있다(Jacobson & Newman, 2017). 그뿐만 아니라, 청소년기에 치료를 받지 못하면 성인이 되어서도 치료를 받을 가능성이 낮아질 수 있다(Sheppard, Deane, & Ciarrochi, 2018). 가장 우려스러운 점은 청소년의 정신건강 문제를 해결하지 않으면, 우울증과 불안이 역치 이하일지라도 자살률 증가와 직결된다는 것이다(Kessler et al., 2005). 전 세계적으로 자살은 15~19세 청소년의 사망 원인 중 네 번째로 높은 비율을 차지하고 있다.

성인의 경우 정신 장애로 인해 가장 큰 영향을 받는 분야 중 하나는 고용이다. 전 세계적으로 장애를 안고 생활하는 연수의 14%는 우울증, 불안 및 기타 정신 장애로 인해 발생하는 것으로 알려져 있다(James et al., 2018). 게다가 치료되지 않은 정신 장애는 성인의 실업률을 높이고, 이러한 실업은 다시 더 심각한 정신과적 증상과 인지 기능에 영향을 미친다(McGurk & Mueser, 2003; Yoo et al., 2016). 실업은 빈곤으로 이어지고, 빈곤은 다시 정신 장애의 가능성을 높인다. 전 세계적으로 한 지역사회에서 소득이 가장 낮은 사람들은 소득이 가장 높은 사람들보다 우울증, 불안 및 기타 일반적인 정신 장애를 1.5~3배 더 자주 앓고 있다(Lund et al., 2010). 또한 정신건강을 치료하지 않으면 대인관계의 어려움이 발생하고 자살이 증가한다(Davidson, Wingate, Grant, Judah, & Mills, 2011; Huh, Kim, Yu, & Chae, 2014). 전 세계적으로 매년 약 50만 건의 자살이 보고되고 있으며, 이는 조기 사망의 1.4%에 해당한다. 종교적 신념, 낙인, 법규 등으로 인해 자살이 과소 보고되는 비율은 보고된 총 자살의 20%에서 100%에 달할 수 있다(Bachmann, 2018).

8. 전통적 치료에서의 장벽: 환자의 이야기

치료를 받기 어려운 정도를 전달하기 위해서, 아래에 정신건강 치료를 받으려는 세 사람의 이야기를 소개한다.

존(John)은 보험과 가처분 소득(disposable income)[3]이 있는 상류층이다. 그는 치료에 대한 본인 부담금을 지불할 여유가 있다. 네트워크 내 치료에 대해 걱정할 필요가 없기 때문에 그의 주요 과제는 새로운 환자를 맡을 수 있는 치료자를 찾는 것이다. 그는 치료를 받기 전에 여러 치료자에게 전화해야 할 수도 있고, 도움을 받기 전에 대기자 명단에 이름을 올려야 할 수도 있다. 치료실은 이미 예약이 꽉 차서 환자를 돌려보내는 경우가 많다. 그러나 그는 더 넓은 범위의 정신건강 전문가들에 접근할 수 있기 때문에, 몇 주 안에 치료를 시작할 수 있을 것 같다.

메리(Mary)는 보험에 가입한 중산층이다. 그녀는 치료를 받을 수 있는 치료자를 찾는 데 있어 존과 같은 어려움을 겪고 있지만, 본인 부담금을 감당할 수 없기 때문에 더 큰 제약이 있다. 그녀는 보험을 받을 수 있을 뿐만 아니라 자신이 가입한 특정 브랜드의 보험을 받는 치료자를 찾아야 한다. 네트워크 내 치료자들은 존이 이용할 수 있는 치료자보다 대기자 명단이 더 길고, 메리는 네트워크 내 치료자를 만나기 위해 더 멀리 이동할 가치가 있는지 결정해야 할 수도 있다. 메리는 네트워크 내 치료를 선호하지만, 함께 부담하는 것(내담자 개인이 비용의 일부를 지불), 네트워크 외 치료에 대한 환급(보험에서 일부를 지불), 차등제 수수료(고객 소득에 따른 수수료) 등 몇 가지 다른 옵션이 있다.

3 (역자 주) 가처분 소득(disposable income): 개인 소득 중 소비, 저축을 자유롭게 할 수 있는 소득을 의미하는 용어이다.

헨리(Henry)는 저소득층이며 정부지원 건강보험을 통해 보험에 가입되어 있다. 헨리는 고액의 치료비를 감당할 수 없기 때문에 치료를 받는 것은 거의 불가능하다. 헨리는 위기 상담 전화나 지역사회 지원 단체와 같은 다른 옵션을 찾아야 한다. 가장 가까운 지역사회 지원 단체는 헨리의 집에서 15마일 떨어진 곳에 있으며, 헨리의 주요 교통수단인 버스로는 이 단체에 직접 접근할 수 없다. 치료를 받는 데 장애물이 너무 많기 때문에 헨리는 더 이상 노력할 가치가 없다고 판단한다. 필요한 치료를 받지 못하면 상태가 악화될 가능성이 높다.

9. 디지털 치료제를 활용하여 정신건강 및 물질 사용 장애의 치료 모델 혁신하기

앞에서 살펴본 여러 요인들을 볼 때, 정신건강 및 물질 사용 장애의 효과적인 치료법에 대한 접근성을 확대할 수 있는 해결책이 시급히 필요하다. 디지털 치료제는 이 문제를 해결하기 위한 해결책의 핵심적인 부분이며, 정신건강 치료의 미래를 재정의한다. 디지털 치료제는 의학적 장애나 질병을 예방, 치료, 관리하는 데 사용되는 소프트웨어이다(Digital therapeutics alliance, 2022). 디지털 치료제는 전체적인 치료 모델을 통합되고 원활한 디지털 전달 시스템으로 패키지화한다.

디지털 치료제는 다양한 건강 영역에 적용되어 왔지만, 특히 정신건강과 물질 사용 분야에 큰 변화를 가져왔다. 이 책의 많은 장을 포함하여 점점 더 많은 문헌들은 정신건강 및/또는 물질 사용에 관한 디지털 치료제의 강력하고 반복검증 가능한 임상적 효과성을 입증하고 있다(Deady et al., 2017). 여기에는 인지행동치료, 수반성 관리, 문제 해결 치료, 행동 활성화와 같은 디지털 방식으로 제공되는 치료법이 포함된다(Budney, Borodovsky, Marsch, & Lord, 2019; Deady et al., 2017; Naslund et al., 2017). 그리고 이러한 디지털 개입에는 현재 정신건강 서비스 모델에서 효과적인 치료에 접근하는 데 있어 발생하는 수많은 문제를 해결하는 많은 기능이 있다.

첫째, 디지털 치료제는 언제 어디서나 정신건강 치료를 제공한다. 모바일 기기를 통해 24시간 연중무휴로 접속할 수 있으며, 필요에 따라 치료 지원을 받을 수 있다. 전 세계 인구의 대다수가 모바일 기기를 보유하고 있으며, 일반적으로 모바일 기기는 손이 닿을 수 있는 거리에 있다(Pew Research Center, 2019b). 또한 전 세계적으로 모바일 기기에 대한 접근은 정신건강 및 물질 사용 장애가 있는 사람들과 저소득 및 중산층 국가 등 전통적으로 서비스가 부족했던 많은 인구에서도 기하급수적으로 증가하고 있다(BankMyCell, 2022). 현재 전 세계적으로 모바일 가입은 100억 건을 넘어선다(BankMyCell, 2022). 전 세계 인구 수보다 더 많은 휴대전화가 가입되어 있다는 점을 감안할 때, 디지털 치료제는 정신건강 치료에 대한 접근성을 변화시킬 수 있는 잠재력이 있다.

이는 또한 디지털 치료제가 인구 수준에서 정신건강 치료에 대한 접근성을 확장할 수 있다는 것을 의미한다. 전 세계적으로 정신건강에 대한 수요가 증가하고 있지만 이를 충족시킬 정신건강 관리 인력이 부족하다는 점을 고려할 때, 이는 매우 중요한 것이다. 따라서 디지털 치료제는 정신건강 전문가 인력 범위와 영향력(치료를 받는 사람들에게 제공되는 추가적인 치료 자원)을 확장할 수 있고, 독립적인 도구로도 기능하여 다른 방법으로는 치료를 받기 어려운 사람에게 치료를 제공할 수 있다. 디지털 치료제가 임상가 제공 치료(clinician-delivered care)와 함께 혼합 치료 모델로 제공되면, 치료 과정을 더 효율적이고 효과적으로 만들 수 있다. 또한 의료진이 더 많은 환자를 치료할 수 있도록 시간을 확보하고 긴 치료 대기자 명단을 줄일 수 있다.

또한 디지털 치료제는 지리적 경계를 초월하고 온디맨드(on-demand)[4] 치료 지원을 제공하므로 기존 치료 프로그램을 받기 위해 이동하는 데 따르는 많은 교통상의 장벽을 극복할 수 있다. 또한 치료자와 동시적 커뮤니케이션(synchronous communication)이 필요하지 않으므로, 특정 예약 시간에만 치료를 받는 것과 관련된 많은 시간적 제약을 극복할 수 있다. 이러한 이점은 특히 디지털 치료제가 임상가 제공 치료 모델과 함께 제공되지 않고 독립형 도구로 제공될 때 더욱 두드러진다.

게다가 디지털 플랫폼에서 제공되는 치료 지원은 기존의 많은 정신건강 치료 모델에서의 낙인보다 훨씬 덜할 수 있다(Muñoz, 2010). 또한 익명으로 자신의 집에서 프라이버시를 지키며 이용할 수 있다. 이는 물질 사용 및 기타 위험 행동과 같은 민감한 주제를 다룰 때 개인에게 특히 매력적일 수 있다.

디지털 치료제의 또 다른 매력은 일반적으로 광범위한 임상 평가, 특정 예약 시간, 적절한 보험 적용, 긴 대기자 명단 등이 필요한 전통적인 치료 모델에 비해 진입 장벽이 낮다는 점이다. 이는 더 많은 사람이 정신건강 문제를 치료받도록 유도할 뿐만 아니라 더 이른 단계에서 치료를 받을 수 있다는 것을 의미할 수도 있다. 따라서 개인은 정신건강 문제가 악화되는 것을 방지하거나 정신건강 문제로 인한 장기간의 고통을 줄일 수 있다. 그리고 개인이 다양한 디지털 치료제들을 쉽게 접할 수 있기 때문에, 자신에게 가장 적합한 디지털 치료제

4 (역자 주) 온디맨드(on-demand): 공급 중심이 아닌 소비자의 수요에 맞춘 시스템이나 전략을 총칭. 정보통신기술 인프라를 통해 소비자의 수요에 맞춰 즉각적으로 맞춤화된 서비스를 제공하는 활동이다.

를 찾기 위해 여러 가지를 시도해 볼 수 있다. 디지털 치료제를 탐색하고 스스로 선택하는 이러한 과정은 치료의 지속적인 참여도를 높여 치료에서 일반적으로 나타나는 높은 중도 탈락률을 해결할 수 있다(Yardley et al., 2016).

디지털 치료제는 또한 많은 사람이 전통적인 치료 모델에서 경험하는 비용 장벽을 해결할 수 있는 좋은 기회이기도 하다. 임상적으로 검증된 디지털 치료제는 개발 및 평가에 상당한 초기 비용이 들 수 있지만, 이를 배포하고 유지하는 데 드는 비용은 의료 환경에서 임상의가 제공하는 치료 비용보다 훨씬 적다. 이는 디지털 치료제가 이미 공급이 부족한 전통적인 정신건강 치료 모델을 대체해야 한다는 뜻이 아니라, 치료의 범위를 넓히는 데 디지털 치료제가 유용하다는 점을 강조하기 위한 것이다. 정신건강 치료 분야에서 디지털 치료의 비용 효율성이 점점 더 많이 입증되고 있으며(Aspvall et al., 2021; Velez et al., 2021; Wang, Gellings Lowe, Jalali, & Murphy, 2021), 비용 효율적인 치료는 헬스케어 분야에서 점점 더 인기를 얻고 있는 성과급(pay-for-performance) 또는 가치 기반 환급 지불자(value-based reimbursement payer) 모델의 핵심적인 특징이다(Stewart, Lareef, Hadley, & Mandell, 2017). 최근 맥킨지(McKinsey)가 독일 관리형 케어 협회(the German Managed Care Association)와 협력하여 실시한 연구에 따르면, 독일 의료 시스템이 환자 자가 치료 및 환자 자가 관리를 위해 사용가능한 모든 디지털 해결책을 채택했다면 2018년에 최대 43억 유로의 잠재적 의료비 절감을 실현할 수 있었을 것으로 추정했다(Hehner, Biesdorf, & Möller, 2018).

나아가 디지털 치료제는 가장 근거 기반 실무에 충실하도록 정신건강 치료를 제공한다. 이는 전 세계적으로 정신건강 치료의 질이 매우 다양하다는 점(종종 비효율적인 치료가 제공되기도 함)을 고려할 때 중요한 의미를 갖는다. 또한 과학이 계속 발전함에 따라 모범 사례는 디지털 치료제의 내용 및 기능에 쉽게 통합될 수 있으며, 과학적 혁신이 널리 접근 가능해지고 사람들의 일상에 영향을 미칠 수 있는 속도를 가속화할 수 있다.

또한 디지털 치료제는 시간이 지남에 따라 변화하는 개인의 임상적 궤적에 맞춰, 지속적이고 적응적인 치료를 제공할 수 있다. 이는 개인마다 정신건강 및 약물 사용 경험, 위험 요인, 치료 필요성이 다르다는 점을 고려할 때 임상적으로 중요하다. 그리고 특정 시점과 다양한 기간 동안 치료 지원이 필요할 수 있다. 디지털 치료제가 정적일 필요는 없으며 개인 간 또는 개인 내에서 항상 동일한 방식으로 작동할 필요도 없지만, 동적 계산 모델(dynamic computational models)을 통해 시간이 지남에 따라 변화하는 사람들의 요구, 목표, 임상적 궤적을 예측하고 대응할 수 있다(Carpenter, Menictas, Nahum-Shani, Wetter, & Murphy, 2020; Goldstein et al., 2017; Nahum-Shani, Hekler, & Spruijt-Metz, 2015). 디지털 기기는 개인의 임상적 상태와 필요를 실시간으로 측정할 수 있다(예: 수면, 사회적 상호작용, 신체 활동, 피부 전도도, 심전도 등 개인의 행동과 생리를 지속적으로 측정하거나 임상 상태 및 기능에 대한 간단한 질문에 응답하도록 유도하는 수동적이고 눈에 거슬리지 않는 생태학적 감지(ecological sensing)를 수행). 이러한 데이터는 개인 맞춤형 디지털 치료제에 정보를 제공하여 개인의 필요에 따라 즉각적으로 치료 지원을 제공할 수 있다. 생태학적 순간 개입(ecological momentary intervention, EMI) 또는 적시 적응형 개입(just-in-time adaptive intervention, JITAI)이라고 하는 이러한 개입은 남용 물질을 갈망하거나 자해 위험이 있는 경우와 같이 개인의 건강상의 필요에 직접적으로 반응하도록 설계되었다.

또한 디지털 치료제는 문화적으로 적합한 치료를 제공할 수 있다. 실제로 디지털 치료제는 다양한 인구, 언어, 상황에 맞게 쉽게 조정될 수 있어, 개개인에게 더 매력적이고 관련성 높은 치료를 제공할 수 있다(디지털 치료제의 문화적 적응에 대해서는 이 책의 제12장 참조).

디지털 치료제는 또한 단일 건강 영역에 국한된 치료 모델을 넘어서 동시 발생적인 개인의 요구들을 해결할 수 있는 큰 가능성을 제공한다. 예를 들어, 물질 사용 장애는 불안이나 우울증과 같은 다른 정신건강 상태와 함께 발생하는 경우가 많지만(예: 미국 성인의 약 4% 또는 920만 명이 약물 사용과 다른 정신 장애를 모두 경험함)(SAMHSA, 2016), 물질 사용 장애를 치료하도록 훈련받은 대부분의 임상가들은 다른 정신건강 상태를 치료하도록 훈련받지 않은 경우가 많다. 디지털 치료제는 범진단적이며, 개인의 필요 및 목표가 어떤 것이든 모두 수용할 수 있다.

중요한 것은 디지털 치료제가 전 세계 의료 환경에서 드러나는 치료의 접근성 및 치료의 질에 대한 현저한 격차를 크게 줄일 수 있다는 점이다. 예를 들어, 미국에서는 물질 사용 장애가 있는 흑인과 라틴계/아메리카계가 백인에 비해 치료에 접근하고, 치료를 완료하고, 만족스러운 경험을 하는 데 더 큰 장벽이 있다는 사실이 잘 알려져 있다(Marsh, Cao, Guerrero, & Shin, 2009; Mennis & Stahler, 2016). 실제로 흑인 미국인과 라틴계 미국인은 백인 미국인과 비교할 때, 물질 사용 치료를 완료할 확률이 각각 69%와 75%에 불과하다(Mennis & Stahler, 2016). 또한 물질 사용 치료 모델에서 인식되는 낙인과 사회적 지원 부족은 백인보다 흑인에게 더 큰 영향을 미치는 것으로 나타났다(Pinedo, Zemore, & Mulia, 2020). 또한 시골 지역은 치료자와 치료기관이 적어 물질 사용 치료 역량이 낮으며, 시골 지역 주민들은 도시 및 교외 지역에 비해 치료를 받기 위해 이동하는 시간이 더 길다.

백인 미국인(82%)이 흑인 58%, 라틴계/아메리카계 57%에 비해 집에 데스크탑이나 노트북 컴퓨터를 보유한 비율이 높지만, 흑인과 라틴계/아메리카계 미국인은 백인만큼 스마트폰에 접근할 가능성이 높고 백인보다 휴대폰으로 건강 정보를 찾는 비율이 더 높다(Pew Research Center, 2019b). 미국 시골 지역의 사람들도 모바일 기기에 대한 접근성이 눈에 띄게 증가하고 있다(Pew Research Center, 2019a). 따라서 모바일 플랫폼에서 치료개입을 제공하는 것은 많은 전통적인 치료 모델에 내재된 불균형을 극복할 수 있는 큰 잠재력을 가지고 다(Gibbons, 2008; Zhang et al., 2017, 2019). 또한 코로나19 팬데믹으로 인해 원격 치료 모델로의 전환이 두드러진 상황에서 디지털 치료제는 그 어느 때보다 시의적절하고 중요한 역할을 할 수 있다(Guthrie, 2022).

10. 디지털 치료제를 통해 정신건강 및 물질 사용에 관한 치료 모델을 혁신할 수 있는 기회

지금은 디지털 치료제의 역사에서 흥미진진한 순간이다. 이 장에서 살펴본 바와 같이, 디지털 치료제는 전 세계적으로 효과적인 정신건강 및 물질 사용 치료에 접근하는 데 걸림돌이 되는 수많은 장벽을 효과적으로 극복한다. 그리고 지금은 디지털 치료제를 새로운 건강 및 의료 모델에 도입하는 것에 대한 관심과 활동이 전례 없이 급증하고 있다.

최근 몇 년간 디지털 치료제 분야에 대한 투자가 전 세계적으로 폭발적으로 증가하였다. 디지털 치료제에 초점을 맞춘 기술 스타트업의 수는 최근 3년 사이에 엄청나게 증가했으며, 대형 글로벌 제약사들도 디지털 치료제 출시 계획을 점점 더 많이 시작하고 있다(Hendrickson, 2019). 지난해 인사이더 인텔리전스(Insider Intelligence)의 예측에 따르면 디지털 치료제 시장은 향후 3~5년 내에 급성장하여 2025년에는 시장 규모가 2019년의 30억 달러에서 90억 달러로 증가할 것으로 예상된다(Burrone, Graham, & Bevan, 2022). 그러나 놀랍게도 전 세계적인 코로나19 팬데믹의 장기적인 영향과 정신건강 및 만성 질환의 유병률 증가로 인해 디지털 치료제 시장의 예상 가치가 2025년까지 560억 달러로 크게 증가하였다(Insider Intelligence, 2020). 디지털 치료제에 대한 투자와 수요가 증가하는 가운데, 정신건강 및 물질 사용 장애의 치료 자원에 대한 접근성을 확대하는 데 초점을 맞춘 디지털 치료제에 대한 투자도 급증하고 있다(Stotz & Zweig, 2018). 또한 맥킨지 앤드 컴퍼니(McKinsey and Company)가 최근 실시한 국제 설문조사에 따르면 전체 환자의 75% 이상이 디지털 서비스를 사용할 것으로 예상하고 있다(Park, Garcia-Palacios, Cohen, & Varga, 2019).

게다가 임상적으로 검증된 디지털 치료제를 개인에게 배포할 수 있는 경로가 점점 더 다양해지고 있다. 이러한 경로는 자격을 갖춘 의료인의 디지털 치료제 처방에서부터 민간 또는 정부의 지불자(private or governmental payor), 고용주, 약국 혜택 관리자(pharmacy benefit manager)가 지원하는 디지털 치료제 활성화 코드에 이르기까지 다양하다. 또한 몇몇 국가에서는 디지털 치료제에 대한 국가적 보장 프레임워크를 지원한다(이 책의 11장 디지털 치료제 산업 구축: 규제, 평가 및 실행 참조).

그리고 학계에서는 다양한 건강 영역에 걸쳐 디지털 헬스 연구가 확대되고 있다. 그리고 디지털 치료제에 대한 연구 자금도 눈에 띄게 증가하고 있다. 예를 들어, 미국 국립보건원(National Institutes of Health, NIH)은 2000년대에는 디지털 치료제에 연간 약 200~250건의 연구비를 지원했지만, 스마트폰이 거의 보편화되면서 현재는 그 두 배에 가까운 연간 연구비를 디지털 치료제에 지원하고 있다(Riley, Oh, Aklin, & Wolff-Hughes, 2019). 주목할 만한 점은 이와 같은 디지털 의료 보조금의 증가가 미국 국립보건원의 총 경쟁 수상 건수가 상대적으로 제자리걸음인 기간에 이루어졌다는 점이다.

마지막으로, 점점 더 많은 업계, 과학계, 정부, 임상계, 보험사, 지역사회 이해관계자들이 디지털 치료의 모범 사례를 구현하기 위한 협력 활동에 참여하고 있다. 이제 우리는 정신건강 및 물질 사용 치료를 혁신하여 전 세계 개인의 삶을 개선하기 위해 디지털 치료제의 지속 가능한 경로를 만들 준비가 되어 있다.

참고문헌

American Psychiatric Association, A. P. A. (2013). Diagnostic and statistical manual of mental disorders. (DSM-5). American Psychiatric Association, Washington, DC.

American Psychological Association, Division 12 (2017). How long will it take for treatment to work? Retrieved January 26, 2022, from https://www.apa.org/ptsd-guideline/patients-and-families/length-treatment.

Andrade, L.H., Alonso, J., Mneimneh, Z., Wells, J.E., Al-Hamzawi, A., Borges, G., et al. (2014). Barriers to mental health treatment: Results from the WHO World Mental Health surveys. *Psychological Medicine, 44*(6), 1303-1317. https://doi.org/10.1017/S0033291713001943.

Aspvall, K., Sampaio, F., Lenhard, F., Melin, K., Norlin, L., Serlachius, E., et al. (2021). Cost-effectiveness of internet-delivered vs in-person cognitive behavioral therapy for children and adolescents with obsessive-compulsive disorder. *JAMA Network Open, 4*(7), e2118516. https://doi.org/10.1001/jamanetworkopen.2021.18516.

Bachmann, S. (2018). Epidemiology of suicide and the psychiatric perspective. *International Journal of Environmental Research and Public Health, 15*(7), 1425. https://doi.org/10.3390/ijerph15071425.

Bailey, R.J., Erekson, D.M., Goates-Jones, M., Andes, R.M. & Snell, A.N. (2021). Busy therapists: Examining caseload as a potential factor in outcome. *Psychological Services, 18*(4), 574-583.

https://doi.org/10.1037/ser0000462.

Balázs, J., Miklósi, M., Keresztény, Á., Hoven, C.W., Carli, V., Wasserman, C., et al. (2013). Adolescent subthreshold-depression and anxiety: Psychopathology, functional impairment and increased suicide risk. *Journal of Child Psychology and Psychiatry, 54*(6), 670–677. https://doi.org/10.1111/jcpp.12016.

BankMyCell (2022). How many people have smartphones worldwide. Retrieved January 27, 2022, from https://www.bankmycell.com/blog/how-many-phones-are-in-the-world.

Bassey, S. & Melluish, S. (2013). Cultural competency for mental health practitioners: A selective narrative review. *Counselling Psychology Quarterly, 26*(2), 151–173. https://doi.org/10.1080/09515070.2013.792995.

Bishop, T.F., Press, M.J., Keyhani, S. & Pincus, H.A. (2014). Acceptance of insurance by psychiatrists and the implications for access to mental health care. *JAMA Psychiatry, 71*(2), 176–181. https://doi.org/10.1001/jamapsychiatry.2013.2862.

Budney, A.J., Borodovsky, J.T., Marsch, L.A. & Lord, S.E. (2019). Technological innovations in addiction treatment. The assessment and treatment of addiction, Elsevier, pp. 75–90. https://doi.org/10.1016/B978-0-323-90045-4.00005-5.

Bureau of Labor Statistics (2021). Unemployment rate drops to 5.2 percent in August 2021: The Economics Daily: U.S. Bureau of Labor Statistics. Retrieved July 21, 2022, from https://www.bls.gov/opub/ted/2021/unemployment-rate-drops-to-5-2-percent-in-august-2021.htm.

Burrone, V., Graham, L., & Bevan, A. (2022). Digital therapeutics: past trends and future prospects. Evidera. Retrieved January 27, from https://www.evidera.com/digital-therapeutics-past-trends-and-future-prospects/.

Carpenter, S.M., Menictas, M., Nahum-Shani, I., Wetter, D.W. & Murphy, S.A. (2020). Developments in mobile health just-in-time adaptive interventions for addiction science. *Current Addiction Reports, 7*(3), 280–290. https://doi.org/10.1007/s40429-020-00322-y.

Chow, W., Doane, M. J., Sheehan, J., Alphs, L., & Le, H. (2019). Economic burden among patients with major depressive disorder: an analysis of healthcare resource use, work productivity, and direct and indirect costs by depression severity. 4.

Cohen, J., Marecek, J. & Gillham, J. (2006). Is three a crowd? Clients, clinicians, and managed care. *The American Journal of Orthopsychiatry, 76*(2), 251–259. https://doi.org/10.1037/0002-9432.76.2.251.

Collins, K.M., Armenta, R.F., Cuevas-Mota, J., Liu, L., Strathdee, S.A. & Garfein, R.S. (2016). Factors associated with patterns of mobile technology use among persons who inject drugs. *Substance Abuse, 37*(4), 606–612. https://doi.org/10.1080/08897077.2016.1176980.

Conti, D. J., & Burton, W. N. (1994). The Economic Impact of Depression in a Workplace. *Journal of Occupational and Environmental Medicine, 36*(9), 983–988.

Cook, E.L. & Harman, J.S. (2008). A comparison of health-related quality of life for individuals with mental health disorders and common chronic medical conditions. *Public Health Reports, 123*(1), 45–51. https://doi.org/10.1177/003335490812300107.

Corrigan, P.W. & Watson, A.C. (2007). The stigma of psychiatric disorders and the gender, ethnicity, and education of the perceiver. *Community Mental Health Journal, 43*(5), 439–458. https://doi.org/10.1007/s10597-007-9084-9.

Crumb, L., Mingo, T.M. & Crowe, A. (2019). 'Get over it and move on': The impact of mental illness stigma in rural, low-income United States populations. *Mental Health & Prevention, 13*, 143–148. https://doi.org/10.1016/j.mhp.2019.01.010.

Cunningham, P.J. (2009). Chronic burdens: The persistently high out-of-pocket health care expenses faced by many Americans with chronic conditions. *Issue Brief (Commonwealth Fund), 63*, 1–14.

Davidson, C.L., Wingate, L.R., Grant, D.M., Judah, M.R. & Mills, A.C. (2011). Interpersonal suicide risk and ideation: The influence of depression and social anxiety. *Journal of Social and Clinical Psychology, 30*(8), 842–855. https://doi.org/10.1521/jscp.2011.30.8.842.

Deady, M., Choi, I., Calvo, R.A., Glozier, N., Christensen, H. & Harvey, S.B. (2017). eHealth interventions for the prevention of depression and anxiety in the general population: A systematic review and meta-analysis. *BMC Psychiatry [Electronic Resource], 17*(1), 310. https://doi.org/10.1186/s12888-017-1473-1.

Dial, T.H., Haviland, M.G. & Pincus, H.A. (2005). Datapoints: M.D. faculty salaries in psychiatry and all faculty departments, 1980–2001. *Psychiatric Services, 56*(2), 142. https://doi.org/10.1176/appi.ps.56.2.142 142.

Digital Therapeutics Alliance. (2022). Retrieved January 27, 2022, from https://dtxalliance.org/.

DiMino, J. & Blau, G. (2012). The relationship between wait time after triage and show rate for intake in a nonurgent student population. *Journal of College Student Psychotherapy, 26*(3), 241–247. https://doi.org/10.1080/87568225.2012.685857.

Fairburn, C.G. & Patel, V. (2014). The global dissemination of psychological treatments: a road map for research and practice. *American Journal of Psychiatry, 171*(5), 495–498. https://doi.org/10.1176/appi.ajp.2013.13111546.

Ferrari, A.J., Santomauro, D.F., Herrera, A.M.M., Shadid, J., Ashbaugh, C., Erskine, H.E., et al. (2022). Global, regional, and national burden of 12 mental disorders in 204 countries and territories, 1990–2019: A systematic analysis for the Global Burden of Disease Study 2019. *The Lancet Psychiatry, 9*, 137–150. https://doi.org/10.1016/S2215-0366(21)00395-3.

Fitch, K., Iwasaki, K. & Villa, K.F. (2014). Resource utilization and cost in a commercially insured population with schizophrenia. *American Health & Drug Benefits, 7*(1), 18–26.

Fullen, M.C., Brossoie, N., Dolbin-MacNab, M.L., Lawson, G. & Wiley, J.D. (2020). The impact of the Medicare mental health coverage gap on rural mental health care access. *Journal of Rural Mental Health, 44*(4), 243–251. https://doi.org/10.1037/rmh0000161.

Gibbons, M.C. (2008). An overview of healthcare disparities, In: Gibbons, M.C. (Eds.) Ehealth solutions for healthcare disparities, Springer, Baltimore, Maryland, pp. 3–10. https://doi.org/10.1007/978-0-387-72815-5_1.

Goldstein, S.P., Evans, B.C., Flack, D., Juarascio, A., Manasse, S., Zhang, F., et al. (2017). Return of the JITAI: Applying a just-in-time adaptive intervention framework to the development of m-health solutions for addictive behaviors. *International Journal of Behavioral Medicine, 24*(5), 673–682. https://doi.org/10.1007/s12529-016-9627-y.

Green, A.C., Hunt, C. & Stain, H.J. (2012). The delay between symptom onset and seeking professional treatment for anxiety and depressive disorders in a rural Australian sample. *Social Psychiatry and Psychiatric Epidemiology, 47*(9), 1475–1487. https://doi.org/10.1007/s00127-011-0453-x.

Guthrie, T. (2022).(n.d.). How COVID–19 will accelerate a digital therapeutics revolution. Forbes. Retrieved January 27, from https://www.forbes.com/sites/columbiabusinessschool/2020/04/21/how-covid-19-will-accelerate-a-digital-therapeutics-revolution/.

Harvey, A.G. & Gumport, N.B. (2015). Evidence-based psychological treatments for mental disorders: Modifiable barriers to access and possible solutions. *Behaviour Research and Therapy, 68*, 1–12. https://doi.org/10.1016/j.brat.2015.02.004.

Hauenstein, E.J., Boyd, M.E., Submission, Features, H.C. (1994). Depressive symptoms in young women of the piedmont. *Women & Health, 21*(2–3), 105–123. https://doi.org/10.1300/J013v21n02_07.

Hehner, S., Biesdorf, S., & Möller, M. (2018). Digitizing healthcare—Opportunities for Germany | McKinsey. Retrieved January 27, 2022, from https://www.mckinsey.com/industries/healthcare-systems-and-services/our-insights/digitizing-healthcare-opportunities-for-germany.

Hendrickson, Z. (2019). Big pharma is breaking into the $3 billion digital therapeutics market. *Business Insider*. https://www.businessinsider.com/pharma-edging-into-digital-therapeutics-2019-9.

Hockenberry, J.M., Joski, P., Yarbrough, C. & Druss, B.G. (2019). Trends in treatment and spending for patients receiving outpatient treatment of depression in the United States, 1998–2015. *JAMA Psychiatry, 76*(8), 810–817 https://doi.org/10/ggxb7n.

Holmqvist, R. & Jeanneau, M. (2006). Burnout and psychiatric staff's feelings towards patients.

Psychiatry Research, 145(2), 207–213. https://doi.org/10.1016/j.psychres.2004.08.012.

Huh, H.J., Kim, S.-Y., Yu, J.J., Chae, J.-H. (2014). Childhood trauma and adult interpersonal relationship problems in patients with depression and anxiety disorders. *Annals of General Psychiatry, 13*(1), 26. https://doi.org/10.1186/s12991-014-0026-y.

Intelligence, Insider (2020). The digital theraputics report. Business Insider.

International Labour Office, International Labour Office, & Social Security Department (2008). Social health protection: An ILO strategy towards universal access to health care. ILO, Geneva, Switzerland.

Jacobson, N.C. & Newman, M.G. (2017). Anxiety and depression as bidirectional risk factors for one another: A meta-analysis of longitudinal studies. *Psychological Bulletin, 143*(11), 1155–1200. https://doi.org/10.1037/bul0000111.

Jacobson, N.C., Yom-Tov, E., Lekkas, D., Heinz, M., Liu, L. & Barr, P.J. (2020). Impact of online mental health screening tools on help-seeking, care receipt, and suicidal ideation and suicidal intent: Evidence from internet search behavior in a large U.S. cohort. *Journal of Psychiatric Research, 145*, 276–283 S0022395620310694. https://doi.org/10.1016/j.jpsychires.2020.11.010.

James, S.L., Abate, D., Abate, K.H., Abay, S.M., Abbafati, C., Abbasi, N., et al. (2018). Global, regional, and national incidence, prevalence, and years lived with disability for 354 diseases and injuries for 195 countries and territories, 1990–2017: A systematic analysis for the Global Burden of Disease Study 2017. *The Lancet, 392*(10159), 1789–1858. https://doi.org/10.1016/S0140-6736(18)32279-7.

Jolliffe, D., Farrington, D.P., Brunton-Smith, I., Loeber, R., Ahonen, L. & Palacios, A.P. (2019). Depression, anxiety and delinquency: Results from the Pittsburgh Youth Study. *Journal of Criminal Justice, 62*, 42–49. https://doi.org/10.1016/j.jcrimjus.2018.08.004.

Keisler-Starkey, K., & Bunch, L. N. (2021). Health insurance coverage in the United States: 2020. 40.

Kessler, R.C., Berglund, P., Demler, O., Jin, R., Merikangas, K.R. & Walters, E.E. (2005). Lifetime prevalence and age-of-onset distributions of DSM-IV disorders in the national comorbidity survey replication. *Archives of General Psychiatry, 62*(6), 593. https://doi.org/10.1001/archpsyc.62.6.593.

Kowalewski, K., McLennan, J.D. & McGrath, P.J. (2011). A preliminary investigation of wait times for child and adolescent mental health services in Canada. *Journal of the Canadian Academy of Child and Adolescent Psychiatry, 20*(2), 112–119.

Leong, F.T.L. & Kalibatseva, Z. (2011). Cross-cultural barriers to mental health services in the United States. *Cerebrum: The Dana Forum on Brain Science*, 2011, 5.

Levin, J.S. & Chatters, L.M. (1998). Religion, health, and psychological well-being in older adults: Findings from three national surveys. *Journal of Aging and Health, 10*(4), 504–531. https://doi.

org/10.1177/089826439801000406.

Lund, C., Breen, A., Flisher, A.J., Kakuma, R., Corrigall, J., Joska, J.A., et al. (2010). Poverty and common mental disorders in low and middle income countries: A systematic review. *Social Science & Medicine (1982), 71*(3), 517–528. https://doi.org/10.1016/j.socscimed.2010.04.027.

Marsh, J.C., Cao, D., Guerrero, E., Shin, H.-C. (2009). Need-service matching in substance abuse treatment: Racial/ethnic differences. *Evaluation and Program Planning, 32*(1), 43–51. https://doi.org/10.1016/j.evalprogplan.2008.09.003.

Mazzone, L., Ducci, F., Scoto, M.C., Passaniti, E., D'Arrigo, V.G. & Vitiello, B. (2007). The role of anxiety symptoms in school performance in a community sample of children and adolescents. *BMC Public Health [Electronic Resource], 7*(1), 347. https://doi.org/10.1186/1471-2458-7-347.

McGurk, S.R. & Mueser, K.T. (2003). Cognitive functioning and employment in severe mental illness. *The Journal of Nervous and Mental Disease, 191*(12), 789–798. https://doi.org/10.1097/01.nmd.0000100921.31489.5a.

McMiller, W.P. & Weisz, J.R. (1996). Help-seeking preceding mental health clinic intake among African-American, Latino, and Caucasian Youths. *Journal of the American Academy of Child & Adolescent Psychiatry, 35*(8), 1086–1094. https://doi.org/10.1097/00004583-199608000-00020.

Mechanic, D. (2002). Removing barriers to care among persons with psychiatric symptoms. *Health Affairs, 21*(3), 137–147. https://doi.org/10.1377/hlthaff.21.3.137.

Mennis, J. & Stahler, G.J. (2016). Racial and ethnic disparities in outpatient substance use disorder treatment episode completion for different substances. *Journal of Substance Abuse Treatment, 63*, 25–33. https://doi.org/10.1016/j.jsat.2015.12.007.

Michalski, D., Mulvey, T., & Kohout, J. (2010). 2008 Apa Survey of Psychology Health Service Providers. https://www.apa.org/workforce/publications/08-hsp/report.pdf.

Mojtabai, R., Olfson, M., Sampson, N.A., Jin, R., Druss, B., Wang, P.S., et al. (2011). Barriers to mental health treatment: Results from the National Comorbidity Survey Replication. *Psychological Medicine, 41*(8), 1751–1761. https://doi.org/10.1017/S0033291710002291.

Morris, J., Lora, A., McBain, R. & Saxena, S. (2012). Global mental health resources and services: A WHO survey of 184 countries. *Public Health Reviews, 34*(2), 3. https://doi.org/10.1007/BF03391671.

Muñoz, R.F. (2010). Using evidence-based internet interventions to reduce health disparities worldwide. *Journal of Medical Internet Research, 12*(5), e1463. https://doi.org/10.2196/jmir.1463.

Mustanski, B.S., Garofalo, R. & Emerson, E.M. (2010). Mental health disorders, psychological distress, and suicidality in a diverse sample of lesbian, gay, bisexual, and transgender youths. *American Journal of Public Health, 100*(12), 2426–2432. https://doi.org/10.2105/AJPH.2009.178319.

Nahum-Shani, I., Hekler, E.B., Spruijt-Metz, D. (2015). Building health behavior models to guide the development of just-in-time adaptive interventions: A pragmatic framework. *Health Psychology, 34S*, 1209–1219. https://doi.org/10.1037/hea0000306.

Naslund, J.A., Aschbrenner, K.A., Araya, R., Marsch, L.A., Unützer, J., Patel, V. & Bartels, S.J. (2017). Digital technology for treating and preventing mental disorders in low-income and middle-income countries: A narrative review of the literature. *The Lancet Psychiatry, 4*(6), 486–500. https://doi.org/10.1016/S2215-0366(17)30096-2.

Noss, A. (2012). Household Income: 2013. 6.

Oquendo, M.A., Malone, K.M., Ellis, S.P., Sackeim, H.A. & Mann, J.J. (1999). Inadequacy of antidepressant treatment for patients with major depression who are at risk for suicidal behavior. *American Journal of Psychiatry, 156*(2), 190–194. https://doi.org/10.1176/ajp.156.2.190.

Parabiaghi, A., Bonetto, C., Ruggeri, M., Lasalvia, A. & Leese, M. (2006). Severe and persistent mental illness: A useful definition for prioritizing community-based mental health service interventions. *Social Psychiatry and Psychiatric Epidemiology, 41*(6), 457–463. https://doi.org/10.1007/s00127-006-0048-0.

Park, S., Garcia-Palacios, J., Cohen, A. & Varga, Z. (2019). From treatment to prevention: The evolution of digital healthcare. *Nature, 573*(7775). https://www.cheric.org/research/tech/periodicals/view.php?seq=1774536.

Patel, V., Araya, R., de Lima, M., Ludermir, A. & Todd, C. (1999). Women, poverty and common mental disorders in four restructuring societies. *Social Science & Medicine (1982), 49*(11), 1461–1471. https://doi.org/10.1016/s0277-9536(99)00208-7.

Pew Research Center (2019). Some digital divides between rural, urban, suburban America persist. Retrieved January 27, 2022, from https://www.pewresearch.org/fact-tank/2021/08/19/some-digital-divides-persist-between-rural-urban-and-suburban-america/.

Pew Research Center (2019). Smartphone ownership is growing rapidly around the world, but not always equally. Retrieved January 27, 2022, from https://www.pewresearch.org/global/2019/02/05/smartphone-ownership-is-growing-rapidly-around-the-world-but-not-always-equally/.

Pew Research Center (2021). Black, Hispanic adults less likely to have broadband or traditional PC than White adults. Retrieved January 27, 2022, from https://www.pewresearch.org/fact-tank/2021/07/16/home-broadband-adoption-computer-ownership-vary-by-race-ethnicity-in-the-u-s/.

Pinedo, M., Zemore, S. & Mulia, N. (2020). Black-White differences in barriers to specialty alcohol and drug treatment: Findings from a qualitative study. *Journal of Ethnicity in Substance Abuse, 21*, 112

−126. https://doi.org/10.1080/15332640.2020.1713954.

Reichert, A. & Jacobs, R. (2018). The impact of waiting time on patient outcomes: Evidence from early intervention in psychosis services in England. *Health Economics, 27*(11), 1772−1787. https://doi.org/10.1002/hec.3800.

Riley, W.T., Oh, A., Aklin, W.M., Wolff-Hughes, D.L. (2019). National Institutes of Health Support of digital health behavior research. *Health Education & Behavior, 46*(2_suppl.), 12S−19S. https://doi.org/10.1177/1090198119866644.

Rohland, B.M. (2000). A survey of burnout among mental health center directors in a rural state. *Administration and Policy in Mental Health and Mental Health Services Research, 27*(4), 221−237. https://doi.org/10.1023/A:1021361419155.

Rowan, K., McAlpine, D.D. & Blewett, L.A. (2013). Access and cost barriers to mental health care, by insurance status, 1999−2010. *Health Affairs, 32*(10), 1723−1730. https://doi.org/10.1377/hlthaff.2013.0133.

Saarni, S.I., Suvisaari, J., Sintonen, H., Pirkola, S., Koskinen, S., Aromaa, A., et al. (2007). Impact of psychiatric disorders on health-related quality of life: General population survey. *The British Journal of Psychiatry, 190*(4), 326−332. https://doi.org/10.1192/bjp.bp.106.025106.

Sareen, J., Jagdeo, A., Cox, B.J., Clara, I., ten Have, M., Belik, S.−L., et al. (2007). Perceived barriers to mental health service utilization in the United States, Ontario, and the Netherlands. *Psychiatric Services (Washington, D.C.), 58*(3), 357−364. https://doi.org/10.1176/ps.2007.58.3.357.

Sartorious, N. (2013). Comorbidity of mental and physical diseases: A main challenge for medicine of the 21st century. *Shanghai Archives of Psychiatry, 25*(2), 68−69. https://doi.org/10.3969/j.issn.1002-0829.2013.02.002.

Sartorius, N. (2018). Comorbidity of mental and physical disorders: A key problem for medicine in the 21st century. *Acta Psychiatrica Scandinavica, 137*(5), 369−370. https://doi.org/10.1111/acps.12888.

Schomerus, G., Schwahn, C., Holzinger, A., Corrigan, P.W., Grabe, H.J., Carta, M.G., et al. (2012). Evolution of public attitudes about mental illness: A systematic review and meta-analysis. *Acta Psychiatrica Scandinavica, 125*(6), 440−452. https://doi.org/10.1111/j.1600-0447.2012.01826.x.

Seeman, N., Tang, S., Brown, A.D. & Ing, A. (2016). World survey of mental illness stigma. *Journal of Affective Disorders, 190*, 115−121. https://doi.org/10.1016/j.jad.2015.10.011.

Semlyen, J., King, M., Varney, J., Hagger-Johnson, G. (2016). Sexual orientation and symptoms of common mental disorder or low wellbeing: Combined meta-analysis of 12 UK population health surveys. *BMC Psychiatry [Electronic Resource], 16*(1), 67. https://doi.org/10.1186/s12888-016-0767-z.

Sheppard, R., Deane, F.P. & Ciarrochi, J. (2018). Unmet need for professional mental health care among adolescents with high psychological distress. *Australian & New Zealand Journal of Psychiatry, 52*(1), 59–67. https://doi.org/10.1177/0004867417707818.

Solano, J.P., Gomes, B. & Higginson, I.J. (2006). A comparison of symptom prevalence in far advanced cancer, AIDS, heart disease, chronic obstructive pulmonary disease and renal disease. *Journal of Pain and Symptom Management, 31*(1), 58–69. https://doi.org/10.1016/j.jpainsymman.2005.06.007.

Sommers, I. (1989). Geographic location and mental health services utilization among the chronically mentally Ill. *Community Mental Health Journal, 25*(2), 132–144. https://doi.org/10.1007/BF00755385.

Spitzer, R.L., Kroenke, K., Linzer, M., Hahn, S.R., Williams, J.B.W., deGruy, F.V. III , et al. (1995). Health-related quality of life in primary care patients with mental disorders: results from the PRIME–MD 1000 study. *JAMA, 274*(19), 1511–1517. https://doi.org/10.1001/jama.1995.03530190025030.

Statistical Abstract of the United States: (2006). 59. https://www.census.gov/library/publications/2005/compendia/statab/125ed.html.

Steel, Z., Marnane, C., Iranpour, C., Chey, T., Jackson, J. W., Patel, V., & Silove, D. (2014). The global prevalence of common mental disorders: A systematic review and meta-analysis 1980–2013. *International Journal of Epidemiology, 43*(2), 476–493. https://doi.org/10.1093/ije/dyu038.

Stensland, M., Watson, P.R. & Grazier, K.L. (2012). An examination of costs, charges, and payments for inpatient psychiatric treatment in community hospitals. *Psychiatric Services, 63*(7), 666–671. https://doi.org/10.1176/appi.ps.201100402.

Stewart, R.E., Lareef, I., Hadley, T.R. & Mandell, D.S. (2017). Can we pay for performance in behavioral health care?. *Psychiatric Services (Washington, D.C.), 68*(2), 109–111. https://doi.org/10.1176/appi.ps.201600475.

Stewart, W. F., Ricci, J. A., Chee, E., Hahn, S. R., & Morganstein, D. (2003). Cost of lost productive work time among US workers with depression. *JAMA, 289*(23), 3135–3144. https://doi.org/10.1001/jama.289.23.3135.

Stotz, C., & Zweig (2018, November 5). Going digital to disrupt the addiction epidemic | Rock Health. https://rockhealth.com/insights/going-digital-to-disrupt-the-addiction-epidemic/.

Substance Abuse and Mental Health Services Administration [SAMHSA]. (2016). Key substance use and mental health indicators in the United States: Results from the 2015 National Survey on Drug Use and Health. Center for Behavioral Health Statistics and Quality, HHS Publication No. SMA 16–4984, NSDUH Series H–51. Retrieved from https://www.samhsa.gov/data/.

Substance Abuse and Mental Health Services Administration [SAMHSA] (2019). Key substance use and mental health indicators in the United States: Results from the 2018 National Survey on Drug

Use and Health (HHS Publication No. PEP19−5068, NSDUH Series H−54). Center for Behavioral Health Statistics and Quality, Substance Abuse and Mental Health Services Administration, Rockville, MD.

Tran, L.D. & Ponce, N.A. (2017). Who gets needed mental health care? Use of mental health services among adults with mental health need in California. *Californian Journal of Health Promotion, 15*(1), 36−45.

van Boekel, L.C., Brouwers, E.P.M., van Weeghel, J., Garretsen, H.F.L. (2013). Stigma among health professionals towards patients with substance use disorders and its consequences for healthcare delivery: Systematic review. Drug and Alcohol Dependence, 131(1), 23−35. https://doi.org/10.1016/j.drugalcdep.2013.02.018.

Velez, F.F., Luderer, H.F., Gerwien, R., Parcher, B., Mezzio, D. & Malone, D.C. (2021). Evaluation of the cost-utility of a prescription digital therapeutic for the treatment of opioid use disorder. *Postgraduate Medicine, 133*(4), 421−427. https://doi.org/10.1080/00325481.2021.1884471.

Vigo, D., Thornicroft, G. & Atun, R. (2016). Estimating the true global burden of mental illness. *The Lancet Psychiatry, 3*(2), 171−178. https://doi.org/10.1016/S2215-0366(15)00505-2.

Wainberg, M.L., Scorza, P., Shultz, J.M., Helpman, L., Mootz, J.J., Johnson, K.A., et al. (2017). Challenges and opportunities in global mental health: a research-to-practice perspective. *Current Psychiatry Reports, 19*(5), 28. https://doi.org/10.1007/s11920-017-0780-z.

Walker, E.R., McGee, R.E. & Druss, B.G. (2015). Mortality in mental disorders and global disease burden implications: A systematic review and meta-analysis. *JAMA Psychiatry, 72*(4), 334−341. https://doi.org/10.1001/jamapsychiatry.2014.2502.

Wang, P.S., Berglund, P., Olfson, M., Pincus, H.A., Wells, K.B. & Kessler, R.C. (2005). Failure and delay in initial treatment contact after first onset of mental disorders in the National Comorbidity Survey Replication. *Archives of General Psychiatry, 62*(6), 603−613. https://doi.org/10.1001/archpsyc.62.6.603.

Wang, P.S., Demler, O. & Kessler, R.C. (2002). Adequacy of treatment for serious mental illness in the United States. *American Journal of Public Health, 92*(1), 92−98. https://doi.org/10.2105/AJPH.92.1.92.

Wang, W., Gellings Lowe, N., Jalali, A. & Murphy, S.M. (2021). Economic modeling of reSET−O, a prescription digital therapeutic for patients with opioid use disorder. *Journal of Medical Economics, 24*(1), 61−68. https://doi.org/10.1080/13696998.2020.1858581.

Webster, L. & Hackett, R.K. (1999). Burnout and leadership in community mental health systems. *Administration and Policy in Mental Health and Mental Health Services Research, 26*(6), 387−399. https://doi.org/10.1023/A:1021382806009.

Whaibeh, E., Mahmoud, H. & Vogt, E.L. (2020). Reducing the treatment gap for LGBT mental health needs: the potential of telepsychiatry. *The Journal of Behavioral Health Services & Research, 47*(3), 424–431. https://doi.org/10.1007/s11414-019-09677-1.

Whetten, R., Whetten, K., Pence, B.w., Reif, S., Conover, C. & Bouis, S. (2006). Does distance affect utilization of substance abuse and mental health services in the presence of transportation services?. *Aids Care, 18*, 27–34. https://doi.org/10.1080/09540120600839397.

Whiteford, H.A., Degenhardt, L., Rehm, J., Baxter, A.J., Ferrari, A.J., Erskine, H.E., et al. (2013). Global burden of disease attributable to mental and substance use disorders: Findings from the Global Burden of Disease Study 2010. *The Lancet, 382*(9904), 1575–1586. https://doi.org/10.1016/S0140-6736(13)61611-6.

Williams, M.E., Latta, J. & Conversano, P. (2008). Eliminating the wait for mental health services. *The Journal of Behavioral Health Services & Research, 35*(1), 107–114. https://doi.org/10.1007/s11414-007-9091-1.

World Health Organization (2004). Prevention of mental disorders. World Health Organization., Geneva, Switzerland. https://public.ebookcentral.proquest.com/choice/publicfullrecord.aspx?p=4978589.

World Health Organization, (2010). Atlas on substance use (2010): Resources for the prevention and treatment of substance use disorders (p. 138). Geneva, Switzerland.

Yang, L., Wong, L.Y., Grivel, M.M. & Hasin, D.S. (2017). Stigma and substance use disorders: An international phenomenon. *Current Opinion in Psychiatry, 30*(5), 378–388. https://doi.org/10.1097/YCO.0000000000000351.

Yardley, L., Spring, B.J., Riper, H., Morrison, L.G., Crane, D.H., Curtis, K., et al. (2016). Understanding and promoting effective engagement with digital behavior change interventions. *American Journal of Preventive Medicine, 51*(5), 833–842. https://doi.org/10.1016/j.amepre.2016.06.015.

Yoo, K.-B., Park, E.-C., Jang, S.-Y., Kwon, J.A., Kim, S.J., Cho, K., et al. (2016). Association between employment status change and depression in Korean adults. *BMJ Open, 6*(3), e008570. https://doi.org/10.1136/bmjopen-2015-008570.

Zhang, X., Hailu, B., Tabor, D.C., Gold, R., Sayre, M.H., Sim, I., et al. (2019). Role of health information technology in addressing health disparities: Patient, clinician, and system perspectives. *Medical Care, 57*(Suppl. 2), S115–S120. https://doi.org/10.1097/MLR.0000000000001092.

Zhang, X., Pérez-Stable, E.J., Bourne, P.E., Peprah, E., Duru, O.K., Breen, N., et al. (2017). Big data science: Opportunities and challenges to address minority health and health disparities in the 21st century. *Ethnicity & Disease, 27*(2), 95–106. https://doi.org/10.18865/ed.27.2.95

제 3 장

확장 가능한 디지털 치료제의 첫 번째 물결:
정신건강 및 중독에 대한 소비자 직접 치료[1]를 위한 독립형 인터넷 기반 프로그램

Aimee N.C. Campbell, Christina A. Brezing, Matisyahu Shulman

1 (역자 주) 소비자 직접 치료(direct-to-consumer, D2C, DTC)는 중간 유통 단계를 제외하고 판매자와 소비자를 직접 연결하여 서비스를 제공하는 방식을 의미한다.

1. 인터넷 기반 프로그램 개발

물질 사용 장애 및 기타 정신건강 장애를 치료하기 위한 인터넷 기반 프로그램(internet-based program, IBP)은 1990년대 후반에 시작되었으며, 2000년대 초반에 인터넷 기반 프로그램에 대한 무작위 대조 시험(randomized controlled research trials, RCT)가 본격적으로 등장하였다. 인터넷 사용자가 1995년 1,600만 명(전 세계 인구의 0.4%)에서 2005년 말 10억 명(전 세계 인구의 15.7%) 이상으로 증가하는 등 전 세계적으로 인터넷 사용이 광범위하게 확산되면서, 인터넷 기반 프로그램도 증가하였다(Internet World Stats, 2021). 2021년 전 세계 인터넷 사용 인구는 49억 명으로 전 세계 인구의 63%를 차지하고 있다(International Telecommunication Union, 2021).

인터넷 기반 프로그램이 본래 역점을 둔 역량은 치료의 접근성을 높이고, 임상가의 개입과 유사한 효과를 나타내도록 근거 기반 치료를 충실하게 전달하는 것이었다. 물질 사용 및 기타 정신 장애를 치료하기 위해서는 행동 건강 관리의 필요성이 높은 반면, 근거 기반 서비스의 가용성, 수용성 및 접근성은 크게 부족하였는데, 이것이 인터넷 기반 프로그램을 추진하게 된 주요 원동력이 되었다.

지난 30년간 치료의 필요성과 치료를 받는 비율 간의 격차는 거의 변하지 않은 것으로 잘 알려져 있다. 미국 물질 남용 및 정신건강 서비스국(SAMHSA)이 실시한 2019년 National Survey on Drug and Health 자료에 따르면, 미국인 1,930만 명(7.7%)은 물질 사용 장애를 보고하였고, 5,150만 명(20.6%)은 정신 장애를 보고하였다(950만 명은 물질 사용과 정신 장애의 공병을 보고함)(SAMHSA, 2020). 물질 사용으로 인한 사회적 비용은 연간 7,400억 달러에 달하는 것으로 보고되며(NIDA, nd), 정신 장애로 인한 사회적 비용은 연간 1,930억 달러 이상으로 추정된다(Kessler et al., 2008). 이러한 중대한 필요에도 불구하고, 지난 한 해 동안 물질 사용 장애 환자의 약 12%만이 전문 기관에서 치료를 받았으며, 젊은 층의 경우 그 비율은 더욱 낮았다(SAMHSA, 2020). 정신 장애가 있는 사람의 약 26%는 작년에 서비스를 이용하고자 하는 욕구가 충족되지 않았다고 인식하였다(SAMHSA, 2020). 정신건강 치료의 수요가 충족되지 못한 가장 큰 두 가지 이유에는, 비용 문제(43.9%)와 어디로 가야 할지 모르기 때문이라는 이유(33.1%)가 있었다(SAMHSA, 2020). 최근 약물 과다복용으로 인한 사망에 대한 잠정 데이터에 따르면, 2020년에는 2019년 대비 30% 증가한 93,398명이 사망한 것으로 나타났다(Ahmad, Rossen, & Sutton, 2021). 이는 2020년 초부터 시작된 코로나19 팬데믹이 치료 격차를 더욱 악화시켰을 수 있음을 시사하며, 행동 건강 개입의 접근성과 효과를 개선해야 할 필요성을 더욱 강조한다.

행동 건강에 관한 치료 격차는 여러 이유 때문에 계속되고 있는데, 그중 상당수는 인터넷 기반 프로그램을 통해 효과적으로 해결할 수 있다. 여기에는 (1) 물질 사용 및 정신 장애에 관한 낙인, (2) 정보 부족, 지리적 장벽/교통편, 서비스의 시기(예: 업무 일정에 맞추기), 대규모 의료 시스템 내의 통합성 부족, 비용 등으로 인한 치료 접근성 문제, (3) 전문 치료의 필요성에 대한 인식 부족, (4) 개인정보 및 비밀보장 관련 우려, (4) 일관되지 않은 서비스 제공 및 치료 표준화 부족, (5) 보다 개인화된 치료 계획의 필요성 등이 포함된다(Campbell, Muench, & Nunes, 2014). 요약하면, 인터넷 기반 프로그램은 개인이 준비되어 있거나 동기가 부여되었을 경우, 혹은 염려 수준은 높지만 행동 건강 문제에 관한 치료 서비스를 받는 것에 대해서는 양가감정이 있는 경우에도, 언제 어디서나 충실하게(그리고 임상가에 대한 지속적인 교육과 감독 없이) 비밀이 보장된 개인 맞춤형 평가, 교육 및 치료를 제공할 수 있다. 연구에 따르면 인터넷 기반 프로그램은 비용 효율적으로 제공될 수 있으며 대면 치료와 유사한 결과를 가져올 수 있다(Barak, Hen, Boneil-Nissim, & Shapira, 2008); Carlbring, Andersson, Cuijpers, Riper, & Hedman-Lagerlöf, 2018; Chebli, Blaszczynski, & Gainsbury, 2016; Hedman, Ljótsson, & Lindefors, 2012; Mitchell, Joshi, Patel, Lu, & Naslund, 2021; Olmstead, Ostrow, & Carroll, 2010).

오랜 치료 격차를 해소한 인터넷 기반 프로그램뿐만 아니라, 정신 장애 및 물질 사용 장애 치료 분야에서 축적된 연구 결과들도 모바일 헬스가 출현하는 데 기여하였다. Andersson (2018)은 행동 건강 분야에서의 인터넷 기반 프로그램을 개발하는 데 세 가지 핵심 특징이 도움이 된다고 설명한다: (1) 표준 치료로서의 근거 기반 개입이 출현한 것(즉, 핵심적 요소를 갖춘 효과적인 개입을 명확하게 입증한 연구 지식의 축적), (2) 인터넷 기반 플랫폼으로 더 쉽게 구현할 수 있는 자조 연습(예: 기술 훈련, 호흡법, 마음챙김, 이완)에 관한 문헌이 늘어난 것, (3) 컴퓨터화된 평가 및 다른 유형의 개입을 장기적으로 사용하여 대면 치료의 대안으로서 인터넷 기반 프로그램을 고려할 수 있는 맥락을 조성하는 것. 근거기반 치료의 공통적인 핵심 구성요소는 초기의 인터넷 기반 프로그램에서 발견된다. 기술 기반 개입(인지행동치료, 재발 방지, 동기강화 면담)이 매뉴얼화되면서, 인터넷 기반 플랫폼에서 구현될 수 있는 콘텐츠가 제공되었다. 예를 들어, 단기 알코올 개입(예: Cunningham, Wild, Cordingley, van

Mierlo, & Humphreys, 2009; Hester, Squires, & Delaney, 2005)은 고위험 음주를 평가하고, 객관적이며 규준에 근거한 피드백을 사용자에게 제공하며, 행동 변화를 유도하는 동기강화 치료의 요소(예: 변화에 대한 자신감 및 가능성)를 포함하도록 설계되었다. 정신건강에 관한 대다수의 인터넷 기반 프로그램은 인지행동치료(즉, 인터넷 기반 인지행동치료(iCBT))의 형식으로 제공되어 심리교육, 행동 활성화, 인지 재구성, 목표설정, 대처기술, 과제를 포함하고 있다(예: Andersson, Bergstrom, Carlbring, Kaldo, & Ekselius, 2005; Kumar, Sattar, Bseiso, Khan, & Rutkofsky, 2017).

당연하게도 인터넷의 등장과 기술의 발전은 인터넷 기반 프로그램의 사용 및 전망에 필수적이다. 앞서 언급하였듯, 전 세계 인터넷 사용자는 전 세계 인구의 63%에 해당하는 49억 명에 달한다(International Telecommunication Union, 2021). 특히 2019년부터 2021년까지는 인터넷 사용자가 17% 증가했는데, 이는 '코로나 연결성 증가(COVID connectivity boost)'로 인해 원격 의사소통의 필요성이 더욱 중요해졌기 때문이라고 여겨진다(International Telecommunication Union, 2021). 인터넷을 사용한다고 답한 미국 성인의 비율은 2000년 52%에서 2010년 76%로 증가했으며, 2021년에는 93%에 달한다(Pew Research Center, 2021a). 따라서 미국 성인 인구의 7%를 제외한 모든 사람은 잠재적으로 인터넷 기반 프로그램에 접근할 수 있다. 그러나 연결성은 지역(예: 국가 개발 현황, 시골 대 도시 지역)에 따라 크게 달라질 수 있으므로, 인터넷 기반 프로그램을 개발하고 보급할 때 이러한 요소를 고려하는 것이 중요하다. 예를 들어, 최빈국에서는 인구의 거의 3/4이 인터넷에 접속한 적이 없다(International Telecommunication Union, 2021).

2007년 스마트폰, 특히 사용자 친화적인 아이폰(iPhone)이 등장하면서, 24시간 내내 휴대할 수 있는 디지털 치료제의 옵션은 더욱 다양해졌다. 스마트폰 보유율은 2011년 미국 성인 인구의 35%에서 2021년 85%로 증가하였다(Pew Research Center, 2021b). 연령대(예: 65세 이상 중 61%만이 스마트폰 소유), 경제적 지위(예: 3만 달러 미만 소득자의 76%가 스마트폰 소유), 지리적 위치(예: 시골 지역 거주자 80%가 스마트폰 소유)에 따라 스마트폰 소유에는 차이가 있다(Pew Research Center, 2021b). 그러나 전반적으로 미국 성인의 대다수는 인터넷과 모바일 기기에 접속하여 인터넷을 활용할 수 있다. 최근 연구에 따르면 물질 사용 장애가 있는 사람들도 모바일 기술 사용률이 높은 것으로 나타났는데, 특정 하위 집단(노인과 주거가 불안정한 사람 등)에서는 접근성이 낮으며(Collins et al., 2016), 방해 받지 않고 데이터 사용을 유지하는 데 어려움을 겪는 것으로 나타났다.

1) 인터넷 기반 프로그램 대 모바일 앱

인터넷 기반 프로그램과 모바일 앱 간의 유사점과 차이점은 장단점으로 이어진다(모바일 앱의 등장에 대한 정보는 제5장 참조). 인터넷 기반 프로그램이나 모바일 웹사이트(인터넷 브라우저 사용)는 모든 기기에서 접근할 수 있지만 기기에 저장되지는 않는다. 따라서 인터넷 기반 프로그램은 개별 스마트폰에 설치된 모바일 앱처럼 사용자가 프로그램을 수동으로 업데이트할 필요가 없다(Turner-McGrievy et al., 2007). 마찬가지로 인터넷 기반 프로그램은 특정 운영 체제(예: 안드로이드, iOS)를 필요로 하지 않으므로 운영 체제가 업그레이드되거나 이전 버전이 더 이상 지원되지 않을 경우 일부 모바일 앱이 쓸모없게 될 수 있다. 인터넷 기반 프로그램(및 웹사이트)은 모바일 앱에 비해 비용이 저렴하고 개발 및 파일럿 테스트에 소요되는 시간이 짧다는 장점이 있다(Turner-McGrievy et al., 2007). 반면, 인터넷 기반 프로그램의 단점으로는 (1) 모바일 앱은 모바일 기기에서 즉시 사용할 수 있지만, 인터넷 기반 프로그램에 접근하려면 특정 웹사이트로 이동해야 한다는 점, (2) 모바일 앱은 카메라와 같은 전화 기능, 웨어러블 센서(wearable sensors)와 같은 데이터 수집 메커니즘, 간편한 푸시 알림을 사용할 수 있다는 점, (3) 모바일 앱은 오프라인에서 작동할 수 있지만, 모바일 웹사이트는 인터넷 연결이 필요하다는 점 등이 있다(Turner-McGrievy et al., 2007). Turner-McGrievy 등(2007)에 따르면, 백엔드 데이터 보안과 같은 문제가 있는 인터넷 프로그램 및 모바일 프로그램 모두에서 데이터 보안에는 위험이 있을 수 있다. 인터넷 기반 프로그램에 접근하면 인터넷 해킹 피해를 입을 가능성이 있다(자세한 내용은 개인정보 보호 및 보안의 뒷부분 참조).

2. 물질 사용 장애를 위한 인터넷 기반 프로그램

물질 사용 장애에 관한 여러 개의 자동화된 심리사회적 개입이 개발되고, 테스트를 거쳤으며, 더 광범위하게 사용할 수 있게 되었다. 인터넷과 디지털로 연결된 생태계가 발전함에 따라 이러한 개입 프로그램 중 다수는 애플리케이션으로 구현되어 더 널리 보급되고 있다. 인터넷 기반 프로그램을 전반적으로 검토한 결과, 이러한 개입은 무처치 집단에 비해 더 효과적이며, 표준 대면 치료와 비교하여 유사한 효과를 보이는 것으로 나타났다(Chebli et al., 2016; Gainsbury & Blaszczynski, 2011). 이러한 연구들은 매우 다양한 심리사회적 개입을 포함하고 있는데, 인지행동치료와 동기 강화 면담에 기초한 개입이 가장 일반적이며, 자동화된 프로그램과 인터넷을 통한 원격 치료가 모두 포함된다. 또한 이러한 연구는 다양한 인구

집단을 포함하고 있고, 다양한 물질을 대상으로 하였다.

그러나 물질 사용 장애에 관한 인터넷 기반 프로그램을 리뷰한 연구(Chebli et al., 2016; Gainsbury & Blaszczynski, 2011)에서는 여러 연구에서 방법론적 문제가 일관되게 나타난다는 점을 확인하였다. 대부분의 연구에는 무선 할당과 대조군 또는 비교군이 포함되어 있었지만, 일부 연구는 그렇지 못했다. 또한 많은 연구에는 특정 학교나 대학 등 특정 인구집단에서 추출한 비교적 작은 표본 규모(100명 미만)가 포함되었다. 표집 편향 또한 잠재적인 방법론적 문제로 지적되었는데, 주로 온라인 치료에 관심이 있는 개인을 대상으로 하였으므로 일반 인구집단을 반영하지 못할 수 있다. 보다 최신의 연구에서는 더 다양한 표본 및 지리적 영역에 걸쳐 인터넷 기반 프로그램을 검증함으로써, 이러한 한계를 극복할 수 있다. 다음 섹션에서는 가장 광범위한 연구 기반을 가진 세 가지 인터넷 기반 프로그램을 검토할 것인데, 이 프로그램들은 현재 모두 애플리케이션으로 전환되어보다 일반적인 임상용으로 보급되고 있다.

1) 치료교육시스템

치료교육시스템(therapeutic education system, TES)은 물질 사용 장애에 대한 자동화된 치료 개입 중 최초로 개발되고 광범위하게 연구되어 왔다(Bickel, Marsch, Buchhalter, & Badger, 2008; Campbell et al., 2014). 치료교육시스템은 지역사회 강화 접근법(Community Reinforcement Approach, CRA)을 모델로 하며, 표준 치료와 물질 사용 장애 환자를 위한 신경행동치료(neurobehavioral therapy)를 함께 제공하도록 설계되었다. 치료교육시스템은 온라인 포털로 접속할 수 있는 일련의 대화형 수업으로서, 지역사회 강화 접근법에 기초한 치료를 제공한다. 치료 강좌는 인지행동치료 요소와 기술 훈련으로 구성되어 있고, 10~15분이 소요된다. 치료 강좌의 내용은 주로 강의식으로 제공되는데, 동영상, 애니메이션, 그래픽을 포함할 수 있고, 절제(abstinence)와 회복을 지원하는 인지행동적 재발방지 생활습관 기술에 대한 주제를 다룬다. 각각의 강좌를 하나씩 먼저 순서대로 완료하면 이후 모든 강좌를 들을 수 있으며, 주당 4개 이상의 강좌를 수강하도록 권장한다. 임상가는 환자 개개인의 필요에 따라 강좌를 완료(혹은 반복)하도록 독려하여 치료에 참여할 수 있다.

이 프로그램에는 보상을 사용한 수반성 관리가 포함되는데(예: 다양한 수준의 상품으로 교환할 수 있는 가상의 상품 그릇 추첨), 이때 (1) 치료 강좌의 완료 여부, (2) 물질 사용에 관한 독성학 선별 검사에서의 음성 판정 여부에 따라 보상이 제공된다. 대부분의 연구에서는 페트리의 '상품 그릇' 방식(Stitzer & Petry, 2006)에 따라 추첨을 하며, 비교적 저렴한 비용으로 수반성 관리를 시행한다. 보상은 대부분 격려 메시지(예: "잘했어" "계속 잘해 나가자")이고, 일부는 약 1~5달러의 적은 상품, 때로는 약 20달러, 혹은 약 100달러의 큰 상품을 제공한다. 일부의 연구에서는 보다 정교한 보상 계획을 사용하여, 총 보상을 더 높여 긍정적인 행동을 더욱 강력하게 강화하는 방식을 사용하기도 한다. 다른 연구에서는 수반성 관리를 사용하지 않고도 지역사회 강화 접근법 모듈이 효과적임을 입증하였다(Marsch et al., 2014).

(1) 치료교육시스템에 대한 연구 기반

치료교육시스템은 물질 사용 장애에 관한 자동화된 개입 중 가장 많이 연구되어 왔다. 여러 초기 연구들은 이 개입이 물질 사용 장애 문제를 개선하는 데 효과적이라는 가능성을 검증하였다(Bickel et al., 2008; Marsch et al., 2011). 8개의 지역사회 물질 사용 장애 클리닉을 대상으로 한 대규모 다기관 연구에 따르면, 치료교육시스템 프로그램은 비아편성 물질(알코올 및 불법 약물 사용) 사용 장애에 대한 치료 12주 후에 물질 사용 결과를 개선하였다(Campbell et al., 2014).

아편 사용 장애 치료제를 복용하지 않는 아편 사용 장애 환자에게는 치료교육시스템 프로그램의 효과가 나타나지 않았지만, 수정된 버전의 치료교육시스템을 아편 사용 장애 치료제인 메타돈(methadone)(Marsch et al., 2014)과 부프레노르핀(buprenorphine)(Christensen et al., 2014)과 함께 사용할 때는 효과적이었다.

(2) 상업적으로 이용 가능한 애플리케이션으로 전환

치료교육시스템 프로그램에 대한 권리는 기술 스타트업인 페어 테라퓨틱스(Pear Therapeutics)가 구매하였다. 위의 임상시험 정보(Campbell et al., 2014)를 바탕으로, 미국 식품의약국(Food and Drug Administration, FDA)에 데이터가 제출되었고, 2017년 처방용 디지털 치료제로 시판 허가를 받았다. 치료교육시스템은 현재 리셋(ReSET) 및 리셋-오(ReSET-O) 애플리케이션으로 판매되고 있고, 비아편성 물질 사용 장애와 아편 사용 장애에 대한 처방전이 있으면 사용할 수 있다. 수반성 관리는 보상 제공에 직접적인 비용이 들기 때문에, 그동안에는 지역사회에 수반성 관리 치료를 보급하는 것이 어려운 일로 인식되어 왔다. 현재 시판 중인 치료교육시스템 프로그램에서는 일부 민간 보험 및 메디케이드(Medicaid) 보험의 보장 범위를 사용하여 지역사회에서 수반성 관리에 필요한 보상을 제공할 수 있다.

2) 체스-에이체스 프로그램(The CHESS-ACHESS program)

에이체스(ACHESS)는 애플리케이션으로 제작되어 널리 보급된 초기 디지털 치료제이다. 1989년에 처음 개발된 체스(CHESS)는 가장 초기의 디지털 치료제 중 하나로서, 다양한 종류의 물질 사용 장애 및 다양한 인구집단에 효과적인 것으로 밝혀졌다(Gustafson, Bosworth, Hawkins, Boberg, & Bricker, 1992, 2002, 2014; Hochstatter et al., 2021; Johnson et al., 2016). 가장 초기 버전의 체스에는 소프트웨어 프로그램과 지역 대학 네트워크를 통해 제공되는 아홉 가지 서비스가 포함되어 있다. 다양한 텍스트 기반 형식과 토론 그룹으로 정보가 제공된다(Gustafson, Bosworth, Hawkins, Boberg, & Bricker, 1992). 이 프로그램은 물질 사용 장애를 포함한 다양한 건강 상태를 다루기 위해 고안되었다. 이 프로그램은 스마트폰 기반 개입으로 확장되어 사용되었고, 알코올 및 기타 물질 사용 장애에 효과적인 것으로 나타났다.

이 개입은 자율성, 유능성, 관계성의 세 욕구를 충족하면 개인의 적응 기능이 향상된다는 자기 결정 이론(self-determination theory, SDT)에 기반을 두고 있다. 에이체스의 서비스에서는 (1) 다양한 서비스 중에서 참여자에게 가장 개인적으로 의미 있는 서비스를 선택하여 자율성(내재적 동기)을 높이고, (2) 유능성을 높이기 위한 정보, 모니터링 및 도구를 제공하며, (3) 관계성을 향상시킨다.

3) CBT4CBT

세 번째로 잘 연구된 초기 인터넷 기반 프로그램에는 CBT4CBT(인지행동치료를 위한 컴퓨터 기반 훈련) 프로그램이 있다. 이 프로그램에서는 비디오, 퀴즈, 상호작용 연습을 통해 7개의 영역에 걸쳐 회복 기술을 가르치며, 각 영역마다 약 1시간이 소요된다. CBT4CBT의 일곱 가지 강좌에는 (1) 촉발요인 인식하기, (2) 갈망에 대처하기, (3) 스스로를 위해 일어서기, (4) 당황하지 않도록 계획하기, (5) 멈추고 생각하기, (5) 플로우에 저항하기, (6) 안전하게 유지하기가 있다. 각 강좌는 반복 수강할 수 있고, 각 강좌에는 강좌를 마친 뒤 언제든 복습할 수 있는 연습 문제가 제공된다. CBT4CBT는 여러 무작위 대조 시험을 통해 그 효과가 입증되었다(Carroll et al., 2008, 2014a, 2014b; Kiluk et al., 2016; Shi, Henry, Dwy, Orazietti, & Carroll, 2019). CBT4CBT의 작용 메커니즘에 대한 연구들도 진행되어 왔는데, 여러 연구에서 프로그램 완료 후 대처 기술이 향상된다는 점이 입증되었다(Kiluk et al., 2017; Sugarman, Nich, & Carroll, 2010). CBT4CBT는 상업적인 임상 보급을 위해 패키지화되었고, 체스 헬스(CHESS health)에서 판매하는 앱에 포함되어 있다(https://www.chess.health /solutions/참조).

4) 이중 진단 환자

여러 디지털 치료제가 이중 진단 환자를 위해 만들어졌으며, 하나 이상의 임상시험 연구에서 효과가 입증된 바 있다. 이 치료제들에는 대부분 텍스트, 비디오, 오디오로 제공되는 인지행동치료 모듈이 포함되어 있다. 대표적으로는 셰이드(SHADE, 알코올 및 기타 물질 사용과 우울증을 위한 자조 훈련)(Kay-Lambkin, Baker, Lewin, & Carr, 2009; 2011)와 브레이킹 프리 온라인(Breaking Free Online)(Elison, Davies, & Ward, 2015; Elison, Humphreys, Ward, & Davies, 2014, 2017)이 있다.

5) 예방 및 선별

일반 인구와 다양한 환경(예: 일차 진료, 응급실, 학교, 직장 등)에서 광범위하게 필요하기 때문에, 인터넷 기반 프로그램은 물질 사용 장애의 예방 및 선별 검사에 이상적인 도구이다. 이러한 목적을 위해 여러 개입이 개발되고 검증되었으며, 그중 다수는 임상시험을 통해 효과적인 것으로 검증되었다. 이들 중 다수는 특정 집단을 대상으로 하는데, 청소년이나 대학생(Ganz et al., 2018; Hausheer, Doumas, & Esp, 2018; Hustad, Barnett, Borsari, & Jackson, 2010; Jander, Crutzen, Mercken, Candel, & de Vries, 2016; Martinez-Montilla et al., 2020), 고위험 또는 문제적 알코올 사용 성인(Postel et al., 2010) 등을 대상으로 한다.

3. 정신건강을 위한 인터넷 기반 프로그램(비물질 관련 장애)

물질 사용 장애와 마찬가지로, 인지적 기법에 관한 명확하고 구조화된 프로토콜을 통해 대면 치료, 심리교육, 행동 활성화를 제공하는 비물질 관련 장애에 대한 근거 기반 치료는 인터넷 기반 방법으로 시도된 최초의 심리치료이다. 이러한 심리치료에는 마음챙김 훈련, 인터넷 기반 인지행동치료(iCBT), 변증법적 행동치료(DBT), 대인관계 심리치료(IPT), 수용전념치료(ACT)가 포함된다(Cuijpers et al., 2021; Washburn, Yu, Rubin, & Zhou, 2021). 이러한 인터넷 기반 심리치료는 기분, 불안, 섭식, 성격, 정신증, 트라우마, 신경발달, 인지 등에 초점을 둔 다양한 정신건강에 관해 연구되어 왔으며, 그 활용도와 효과에 대한 충분한 근거가 있다(Simon, Robertson, & Lewis, 2021; Taylor, Graham, Flatt, Waldherr, & Fitzsimmons-Craft, 2021).

많은 연구에 따르면, 임산부(Bright, Mughal, & Wajid, 2019), 의학적 질환이 있는 사람들(HIV, 암, 코로나19 등)을 포함한 특수한 집단의 정신 장애에 적용된 인터넷 기반 프로그램은 대면 치료와 유사한 효과를 지닌 것으로 입증되었다(Nissen, O'Connor, & Kaldo, 2020). 정신 장애에 대한 인터넷 기반 심리치료 개입은 생애주기 전반에 걸쳐 유용한데, 그동안 기술적 유창성이 제한되어 추가적인 안내와 지원이 필요하다고 여겨졌던 노인(Chen et al., 2020)과 어린이(Aspvall, Andersson, & Melin, 2021)에게도 효과적으로 사용된다고 보고한 연구 결과들이 있다(Barnard, Bradley, Hodgson, & Lloyd, 2013). 약간의 수정을 거쳐, 이러한 인터넷 기반 프로그램은 그동안 소외되어 온 집단의 독특한 요구를 지원하도록 맞춤화되어 왔는데, 여기에는 비주택 거주자, 성소수자 청소년(Strauss et al., 2019), 중증 및 만성 정신질환자(Beentjes, van Gaal, Goossens, & Schoonhoven, 2016) 등 행동건강 장애로 어려움을 겪는 사람들이 포함된다. 정신 장애에 대한 이러한 개입은 다양한 민족 및 인종적 배경을 가진 사람들과의 관련성을 높이고 참여를 향상시키기 위해서 사회적, 문화적으로 더 도움이 되도록 맞춤화되었다(Bansa et al., 2018). 다양한 인터넷 기반 프로그램은 내담자나 환자를 치료하는 데 초점을 둘 뿐만 아니라 치료자, 의사, 가족, 동료 기타 간병인과 같은 지원 네트워크를 위한 플랫폼을 제공하는 데에도 중점을 두고 있다. 이 장에서는 가장 널리 연구되고 가장 폭넓게 활용되고 있는, 기분 및 불안 장애에 대한 인터넷 기반 프로그램에 초점을 맞추고자 한다.

1) 기분 및 불안 장애

기분 및 불안 장애는 개인의 기능에 상당한 부정적인 영향을 미치고, 의학적 이환율 및 사망률이 증가하는 것과 관련되며, 전반적인 삶의 질을 떨어뜨린다(Donohue & Pincus, 2007). 기분 및 불안 장애에 효과적인 근거 기반 치료법은 많지만, 특히 시골의 경우 이러한 치료법에 숙련된 전문가가 부족하므로, 이 장의 앞부분에서 언급한 것처럼 우울증 환자의 대다수가 치료를 받지 못하고 있다(Collins, Westra, Dozois, & Burns, 2004). 대안적으로, 우울 및 불안에 대한 인터넷 기반 프로그램이 단계적 치료의 일환으로 사용될 수 있는데, 우선 인터넷을 통해 심리치료를 처음 시도한 후에 환자의 증상이 완전히 완화되지 않으면 추가적인 치료를 위한 평가 및 의뢰를 하도록 할 수 있다(Aspvall et al., 2021). 기분 및 불안 장애에 대한 인터넷 기반 프로그램은 현재의 정신건강관리 시스템의 격차를 해소할 수 있는 해결책 중 하나로 여겨지고 있다.

기분 및 불안 장애에 관한 인터넷 기반 프로그램 연구 대부분은 주요우울장애 또는 공황 장애와 같은 장애별 개입에 초점을 맞추었지만, 완료된 연구의 25% 이상은 범진단적 적용을 포함한다(Dear et al., 2015). 기분 및 불안 장애를 위한 인터넷 기반 프로그램에 관한 연구 가운데, 일상적인 치료 환경에서 두 가지 이상의 심리치료 양식을 결합한 '혼합 치료'를 제시하는 연구는 거의 없다(Erbe, Eichert, Riper, & Ebert, 2017). 인지행동치료를 사용한 개입은 인터넷 기반 개입에 적합한 가장 일반적인 심리치료로서, 인지행동치료를 활용한 개입에는 전통적인 치료장면과 유사하게 평균 8개의 '회기'가 포함된다. 많은 연구에서는 행정적 지원부터 치료 동기 부여에 이르기까지 연구원이 안내해야 할 사항을 포함하고 있으므로, 얼마나 많은 인터넷 기반 프로그램이 독립적으로 운영될 수 있는지는 불분명하다. 연구 참여의 일부로 이루어지는 보조적인 연락 방식으로는 문자메시지 알림, 이메일, 전화 통화, 대면 연락 등이 있다(Etzelmueller, Vis, & Karyotaki, 2020). 우울증에 대한 인터넷 기반 프로그램의 경우, 많은 연구에서는 자살과 같은 안전 문제를 평가 및 모니터링하는 시스템을 포함하는데, 만약 임상적으로 심각한 악화가 발생한 경우에는 참여자에게 연락을 취한 후 구조화된 위험 평가를 실시하고 필요한 경우 추가 치료를 의뢰한다(Ebert & Baumeister, 2017).

수많은 연구에서는 일상적인 치료와 함께, 불안 및 우울에 대한 인터넷 기반 프로그램의 타당성(feasibility)을 평가하였다. 타당성에는 등록, 순응도, 참여자 특성의 평가, 인터넷 제공 개입의 다양한 요소에 대한 참여자 만족도와 같은 요소가 포함되었다. 우울 및 불안에 관한 개입을 통합한 한 메타분석에 따르면, 참여자의 대부분은 여성이고 평균 연령은 38세였으며 온라인 회기의 평균 61.2%를 완료하였고 참여자의 61.3%가 완전한 순응도(즉, 모든 치료 요소 완료)를 달성하였다(Etzelmueller et al., 2020). 그러나 연구 결과들 가운데 우울 및 불안의 온라인 개입 순응도에 대한 상반된 연구결과가 나타났는데, 일부 연구에서는 상당한 이탈을 보인 반면(Christensen, Griffiths, & Farrer, 2009; Kelders, Kok, Ossebaard, & Van Gemert-Pijnen, 2012; Lintvedt et al., 2011; Richards et al., 2015), 다른 연구에서는 참여자의 80%가 완전한 순응도를 달성한 것으로 나타났다(Andrews, Cuijpers, Craske, McEvoy, & Titov, 2010). 우울증에 대한 인터넷 기반 프로그램의 순응도를 예측하는 요인을 조사한 연구 결과, 연령, 건강에 대한 인식, 기저선 대비 우울 심각도의 변화가 순응도와 정적인 관련이 있는 것으로 나타났다(Castro, López-del-Hoyo, & Peake, 2018). 다른 연구에서는 인터넷 기반 프로그램의 전반적인 '수용성(acceptability)'이 참여자들의 참여와 순응도를 예측하는 것으로 나타났다(Gulliver et al., 2021). 환자의 개별적인 특성도 수용성에 영향을 미치는데, 여기에는 동의 가능성, 진단 및 치료에 대한 낮은 낙인 수준, 보다 긍정적인 도움추구 태도 등이 포함된다(Gulliver et al., 2021).

참여와 순응도를 정의하고 측정하는 방법 또한 중요하게 고려해야 할 요소이다. 행동 건강에 관한 인터넷 기반 프로그램의 순응도는 약물 순응도와는 다르다. 인터넷 기반 프로그램의 순응도에서는 의도된 사용(intended use)의 개념을 고려해야 하는데, 이는 개발자가 정의한 최대 효과를 얻기 위해 참여자가 경험하는 개입 내용의 양으로 정의된다(Kelders et al., 2012). 참여자가 모든 모듈이나 권장 용량까지 완료하지 못할 수 있지만, 더 낮은 비율의 순응도로 인해 정신과적 증상이 현저히 개선될 수도 있다(Sieverink, Kelders, & van Gemert-Pijnen, 2017). 인터넷 기반 프로그램의 개발 초기에는 의도된 사용량(intended usage)을 예측하기 어려운 경우가 많기 때문에, 의도된 사용의 개념이 연구에서 명확하게 정의되거나 특징지어지지 않을 수 있다. 정신건강을 위한 인터넷 기반 프로그램 참여에 기여하는 요인에 대해서는 추후 더 많은 이해가 필요하다.

환자 만족도는 불안 및 우울에 대한 인터넷 기반 프로그램 연구에서 주로 평가되지만(메타분석에 포함된 전체 연구의 58% 이상(Josephine, Josefine, Philipp, David, & Harald, 2017)), 합의된 기준이나 일관된 도구가 거의 없어 결과를 해석하기 어렵다. 환자 만족도를 평가한 연구에서 참여자들은 일반적으로 자신의 치료 만족도를 '높음'에서 '매우 높음'으로 평가한다(Nguyen, Attkisson, & Stegner, 1983). 하지만 일부 연구에서는, 참여자가 연구에 충분히 오래 참여하여 만족도를 부풀릴 수도 있는 피드백을 제공한다는 점에서, 눈에 띄는 선택 편향(selection bias)이 있다(Rothwell, 2005).

수많은 연구에서 기분 및 불안 장애에 대한 인터넷 기반 프로그램의 효과를 조사하였다. 우울 및 불안에 대한 인터넷 기반 인지행동치료 연구 19건에 대한 메타분석 결과, 우울의 경우 효과 크기가 1.78, 불안의 경우 0.94로 나타났으며, 효과크기의 범위는 0.42~1.88로 다양하였다(Etzelmueller et al., 2020). 다른 연구에 따르면, 치료자 개입이 없는 인터넷 기반 프로그램의 경우, 적어도 치료자의 개입이 일부 포함된 경우에 비해 효과 크기가 더 작았다. 치료자의 추가적인 지원이 포함된 연구들은 기분 및 불안 장애에 대한 전통적인 대면 심리치료와 더 유사하였다(Andersson et al., 2006). 이러한 연구 결과를 고려하면, 기분 및 불안 장애에 대한 인터넷 기반 프로그램 연구들에서 치료자와의 접촉 정도와 유형이 치료 효과에 영향을 미치고, 접촉이 적을수록 효과 크기가 낮아지며 접촉이 많을수록 효과 크기가 증가한다는 것을 시사한다(Johansson & Andersson, 2012). 또 다른 연구에서는 공포증(Andersson, Cuijpers, Carlbring, Riper, & Hedman, 2014; Andrews, Davies, & Titov, 2011)과 공황장애(Bergrstom et al., 2010)에 대한 자기주도형 인터넷 기반 프로그램과 대면 치료 간 치료 효과의 차이가 없다고 입증되었다. 특정한 기분 및 불안 장애 진단을 받은 경우에는, 치료자의 지원이 없는 인터넷 기반 프로그램으로 치료를 하는 것이 더 혹은 덜 적합할 수 있다. 하지만 광범위한 치료의 경우, 일반적으로 인터넷 기반 프로그램이 대면 인지행동치료보다 열등하지 않으며, 치료기간 동안 근거 기반 프로토콜에 더 일관되게 충실하다는 것이 인정되고 있다(Wagner, Horn, & Maercker, 2014).

우울 및 불안을 위한 인터넷 기반 프로그램은, 인터넷을 사용할 수 있는 모든 기기에서 쉽게 이용할 수 있기 때문에 확장 가능하고 비용 효율적이다. 인터넷을 통해 근거 기반 심리치료 모듈을 이용하게 되면서, 웹 기반 애플리케이션이 개발되고 광범위하게 사용할 수 있는 치료 프로토콜이 상용화되었다. 인터넷 기반 인지행동치료는 범진단적인 정신 장애를 대상으로 다양한 플랫폼 및 환경에 적용되고 있으며, 특히 우울 및 불안을 대상으로 가장 많이 사용되고 있다(Rosso et al., 2017; Carl et al., 2020). 학교나 교도소 등과 같이, 지자체 내 대규모 인구를 대상으로 인터넷 기반 프로그램을 활용하는 것은 점점 더 보편화되고 있는데, 이를 통해 대면 치료자가 충분하지 않은 상황에서 우울 및 불안에 대한 양질의 치료 수요를 해결할 수 있다(Teesson et al., 2020; Woodhouse et al., 2016).

현재까지의 연구 문헌을 요약하면, 기분 및 불안 장애에 대한 인터넷 기반 프로그램은 매우 방대하며, 이질적이지만 효과적이다. 이 분야의 수많은 옵션을 고려할 때, 임상가는 무작위 대조 시험을 통해 검증된 인터넷 기반 프로그램을 내담자에게 추천해야 한다. 이 분야에서는 향후 개별 환자 수준의 데이터(patient-level data)에 대한 고급 분석을 활용해야 한다. 치료 과정에서 환자 수준의 데이터 분석이 이루어지면, 인터넷 기반 프로그램에 유용한 요소, 덜 유용한 요소, 잠재적으로 해로운 요소를 밝혀낼 수 있을 것이다. 또한 특정 환자에 대한 개입을 맞춤화하고 개별화하도록 통찰력을 제공하여, 기분 및 불안에 관한 긍정적인 성과를 도출하도록 활용도, 참여도, 효과성을 향상시킬 수 있다(Furukawa, Suganuma, & Ostinelli, 2021).

4. 물질 사용 및 정신 장애의 인터넷 기반 프로그램에 대한 요약 및 향후 방향

현재 물질 사용 및 정신 장애에 관한 인터넷 기반 프로그램은 광범위한 근거를 통해 효과가 지지되고 있다. 인터넷 기반 프로그램은 저비용으로 개발할 수 있고, 사용자의 프로그램 및 스마트폰 운영체제 변경 모니터링에 대한 부담이 적고, 인터넷을 사용할 수 있는 기기로 서비스를 이용할 수 있다는 여러 가지 강점이 있으므로, 광범위한 대상에게 근거 기반 행동건강 개입을 제공할 수 있다.

중요한 문제를 해결하기 위한 앞으로의 연구 방향도 명확하다. 첫째, 여러 연구에서 인터넷 제공 개입과 임상가 제공 개입 간의 비교 가능성이 입증되었고(Bickel et al., 2008; Chaple et al., 2016), 인터넷 기반 프로그램이 대면 서비스 일부를 대체하여 우수한 결과를 보이는 것으로 나타났으나(Campbell et al., 2014), 향후 연구에서는 이러한 비교 가능성이 언제, 어디에서 존재하는지 파악할 필요가 있다. 예를 들어, 최근 불안에 대한 인지행동적 개입에 대한 체계적 문헌 고찰 연구에 따르면, 무작위 대조 시험에서 인터넷 기반 프로그램이 대면 프로그램에 비해 열등하지 않다는 근거는 제한적일 수 있고, 이를 검증하기 위해서는 특별히 설계된 연구를 수행하는 것이 권장된다(O'Kearney, Kim, Dawson, & Calear, 2019). 또한 최근 불안과 우울에 대한 인터넷 기반 프로그램에 대한 체계적 문헌 고찰 연구에서는 27건의 연구 중 81%가 비용 대비 효과성(cost-effectiveness)이 있다고 나타나, 인터넷 기반 프로그램의 비용 대비 효과성이 입증되었다(Mitchell et al., 2021). 그러나 저자들은 적절한 통제집단 및 잘 구체화된 비용 요소들을 사용한 추가적인 연구가 필요하며, 자원이 더 빈약한 환경과 보다 최신의 기술이 사용되는 맥락에서의 비용도 고려해야 한다고 경고하였다. 이러한 권고 사항은 지난 5년간 수행된 다른 리뷰 연구에서도 제시되어 있다(Erbe et al., 2017; Jimenez-Molina et al., 2019; Sin et al., 2020).

세 번째로 추가 연구가 필요한 영역은, 다른 디지털 치료제와 마찬가지로, 다양한 인구집단을 대상으로 행동 건강에 관한 인터넷 기반 프로그램들의 효과성을 검증하는 것이다. 많은 연구에 따르면, 인터넷 기반 프로그램은 역사적으로 소외되어 왔던 인종 및 민족집단의 사용자들에게 동등하게 효과적이거나 더 효과적일 수 있다. 예를 들어, 컴퓨터 지원 인지행동치료의 무작위 대조 시험에서 흑인 참여자의 불안 및 우울은 유의하게 감소하였으나 백인 참여자는 그렇지 않은 것으로 나타났다(Jonassaintet et al., 2020). Campbell 등(2017)에 따르면, 물질 사용 장애에 관한 컴퓨터 지원 심리교육 개입은 비히스패닉 흑인, 비히스패닉 백인, 히스패닉/라틴계 참여자들 모두에게 다양한 약물 사용 결과를 개선하는 데 동등한 효과를 나타냈다. 그러나 다양한 인구집단에 특화되어 개발되었거나 이차적 분석을 수행할 만큼 충분한 수의 다양한 참여자를 포함한 인터넷 기반 프로그램은 적다. 따라서 본래 주류 집단/일반 인구집단을 대상으로 개발된 인터넷 기반 프로그램이 체계적인 문화적 적응(cultural adaption)이 가능한지 고려하면서, 이러한 연구가 수행될 필요가 있다. James와 동료들(James, Harville, Sears, Efunbumi, & Bondoc, 2017)은 e-헬스와 모바일 헬스 연구에 참여하는 흑인 참여자에 대한 체계적 문헌 고찰을 통해, 전반적으로 흑인 참여자의 대표성이 낮고, 참여를 위해서는 타깃 조건, 인구집단, 지역사회에 특화되도록 인센티브, 모집 및 유지 전략을 맞춤화해야 한다는 결론을 내렸다. 디지털 치료제의 문화적 적응에 대한 내용은 이후의 장에서 확인할 수 있다.

다운로드 가능한 앱이 확산되면서 인터넷 기반 프로그램의 매력은 떨어지는데, 특히 스마트폰 앱은 개입의 일부로 스마트폰 기능까지 사용할 수 있기 때문이다. 웹 앱과 스마트폰 앱의 참여 및 순응도는 상당한 관심사인데(Batterham et al., 2021; Birnbaum, Lewiw, Rosen, & Ranney, 2015), 인터넷 기반 프로그램과 비교할 때 스마트폰 앱은 참여도 및 순응도 문제를 해결할 수 있는 더 많은 옵션을 가질 수 있다. 예를 들어, 프로그램에 '게임' 요소를 포함하는 것은 참여도를 높이고 지속적 사용을 장려할 수 있는 전략 중 하나다. 인터넷 접속 여부와 관계 없이 탭 한 번으로 쉽게 이용할 수 있으며 직접 알림을 제공하는 스마트폰 앱을 사용하면, 이러한 목표를 달성하기 더 쉬울 수 있다. 최근 35개 연구에 대한 체계적 문헌 고찰 연구에서는 사용자 경험 및 참여를 향상시키는 모바일 헬스 디자인 요소에 대한 체크리스트를 만들었는데, 여기에는 개인화(personalization), 강화(reinforcement), 의사소통(communication), 탐색(navigation), 신뢰성(credibility), 메시지 표시(message presentation), 인터페이스 미학(interface aesthetics) 등이 포함된다(Wei et al., 2020). 이는 인터넷 기반 프로그램의 개발에 사용자를 참여시키고, 직접적으로 더 높은 순응도를 가져올 수 있는 메커니즘을 이해하는 것이 중요함을 강조한다.

마지막으로, 특히 물질 사용 장애에 대한 근거 기반 인터넷 기반 프로그램을 확대하는 것은 현재 진행되고 있는 문제이다. 두 가지의 중요한 과제가 남아 있는데, 이는 (1) 인터넷 기반 프로그램을 유지하면서 사용자의 비용을 낮게 유지하는 메커니즘이나 사업 계획을 찾는 것, (2) 인터넷 기반 프로그램으로 혜택을 받을 수 있는 사람들(특히 치료를 받지 못하고, 적절하고, 수용 가능하며, 효과적이며, 이용 가능한 인터넷 기반 프로그램을 쉽게 소개해 줄 전문가를 만날 수 없는 사람들)에게 효과적인 인터넷 기반 프로그램을 보급할 수 있는 최선의 방법을 이해하는 것이다(예: Grady, Yoong, Sutherland, Hopin, & Nathan, 2018). 프로그램 구축 비용을 절감하고, 변화하는 기술 환경에 발을 맞추며, 광범위한 보급을 위한 개입을 지속하도록 지원을 설계하는 등의 과제를 해결하려면, 인터넷 기반 프로그램을 설계하고 검증하는 동안의 체계적인 실행 계획이 중요하다(Li et al., 2019). 행동 건강 인터넷 기반 프로그램의 강점 및 과제를 이해하면 디지털 치료제의 개입을 지속적으로 유지할 수 있으므로, 계속적인 연구와 보급을 위해 실행할 수 있는 옵션으로 고려해야 한다.

참고문헌

Ahmad, F. B., Rossen, L. M., & Sutton, P. (2021). Provisional drug overdose death counts. National Center for Health Statistics. https://www.cdc.gov/nchs/nvss/vsrr/drug-overdose-data.htm.

Andersson, G. (2018). Internet interventions: Past, present, and future. *Internet Intervention, 12*, 181–188.

Andersson, G., Bergstrom, J., Carlbring, P., Kaldo, V. & Ekselius, L. (2005). Internet-based self-help for depression: Randomised controlled trial. *British Journal of Psychiatry, 187*, 456–461.

Andersson, G., Carlbring, P., Holmström, A., Sparthan, E., Furmark, T., Nilsson-Ihrfelt, E., et al. (2006). Internet-based self-help with therapist feedback and in vivo group exposure for social phobia: A randomized controlled trial. *Journal of Consulting and Clinical Psychology, 74*(4), 677–686.

Andersson, G., Cuijpers, P., Carlbring, P., Riper, H. & Hedman, E. (2014). Guided internet-based vs. face-to-face cognitive behavior therapy for psychiatric and somatic disorders: A systematic review and meta-analysis. *World Psychiatry, 13*(3), 288–295.

Andrews, G., Cuijpers, P., Craske, M.G., McEvoy, P. & Titov, N. (2010). Computer therapy for the anxiety and depressive disorders is effective, acceptable and practical health care: A meta-analysis. *Plos One, 5*, e13196.

Andrews, G., Davies, M. & Titov, N. (2011). Effectiveness randomized controlled trial of face to face versus Internet cognitive behaviour therapy for social phobia. *Australian New Zealand Journal of Psychiatry, 45*(4), 337–340.

Aspvall, K., Andersson, E., Melin, K., Norlin, L., Eriksson, V., Vigerland, S., et al. (2021). Effect of an internet-delivered stepped-care program vs in-person cognitive behavioral therapy on obsessive-compulsive disorder symptoms in children and adolescents: A randomized clinical trial. *JAMA, 325*(18), 1863–1873.

Bansa, M., Brown, D., DeFrino, D., Mahoney, N., Saulsberry, A., Marko-Holguin, M., et al. (2018). A little effort can withstand the hardship: Fielding an internet-based intervention to prevent depression among urban racial/ethnic minority adolescents in a primary care setting. *Journal of the National Medical Association, 110*(2), 130–142.

Barak, A., Hen, L., Boneil-Nissim, M. & Shapira, N.A. (2008). Comprehensive review and a meta-analysis of the effectiveness of internet-based psychotherapeutic interventions. *Journal of Technology in Human Services, 26*(2–4), 109–160.

Barnard, Y., Bradley, M.D., Hodgson, F. & Lloyd, A.D. (2013). Learning to use new technologies by older adults: Perceived difficulties, experimentation behaviour and usability. *Computational Human Behavior, 29*(4), 1715–1724.

Batterham, P.J., Calear, A.L., Sunderland, M., Kay-Lambkin, F., Farrer, L.M., Christensen, H., et al. (2021). A brief intervention to increase uptake and adherence of an internet-based program for depression and anxiety (enhancing engagement with psychosocial interventions): Randomized controlled trial. *Journal of Medical Internet Research, 23*(7), e23029.

Beentjes, T.A.A., van Gaal, B.G.I., Goossens, P.J.J. & Schoonhoven, L. (2016). Development of an e-supported illness management and recovery programme for consumers with severe mental illness using intervention mapping, and design of an early cluster randomized controlled trial. *BMC Health Services Research, 19*(16), 20.

Bergrstom, J., Andersson, G., Ljotsson, B., Ruck, C., Andreewitch, S., Karlsson, A., et al. (2010). Internet-versus group-administered cognitive beahviour therapy for panic disorder in a psychiatric setting: A randomized trial. *BMC Psychiatry [Electronic Resource], 2*(10), 54.

Bickel, W.K., Marsch, L.A., Buchhalter, A. & Badger, G. (2008). Computerized behavior therapy for opioid dependent outpatients: A randomized, controlled trial. *Experimental and Clinical Psychopharmacology, 16*, 132–143.

Birnbaum, F., Lewiw, D.M., Rosen, R. & Ranney, M.L. (2015). Patient engagement and the design of digital health. *Academy of Emergency Medicine, 22*(6), 754–756.

Bright, K.S., Mughal, M.K., Wajid, A., Lane-Smith, M., Murray, L., Roy, N., et al. (2019). Internet-based interpersonal psychotherapy for stress, anxiety, and depression in prenatal women: Study protocol for a pilot randomized controlled trial. *Trials, 20*, 814.

Campbell, A.N., Mongomery, L., Sanchez, K., Pavlicova, M., Hu, M., Newville, L., et al. (2017). Racial/ethnic subgroup differences in outcomes and acceptability of an internet-delivered intervention for substance use disorders. *Journal of Ethnicity in Substance Abuse, 16*(4), 460–478.

Campbell, A.N., Nunes, E.V., Matthews, A.G., Stitzer, M., Miele, G.M., Polsky, D., et al. (2014). Internet-delivered treatment for substance abuse: A multisite randomized controlled trial. *American Journal of Psychiatry, 171*(6), 683–690.

Campbell, A.N.C., Muench, F. & Nunes, E.V. (2014). Technology-based behavioral interventions for alohol and drug use problems, In: Marsch, L., Lord, S., Dallery, J. (Eds.) Behavioral healthcare and technology: Using science-based innovations to transform practice, Oxford University Press, Inc, New York.

Carl, J.R., Miller, C.B., Henry, A.L., Davis, M.L., Stott, R., Smits, J.A.J., et al. (2020). Efficacy of digital cognitive behavioral therapy for moderate-to-severe symptoms of generalized anxiety disorder: A randomized controlled trial. *Depression and Anxiety, 37*(12), 1168–1178.

Carlbring, P., Andersson, G., Cuijpers, P., Riper, H., Hedman-Lagerlöf, E. (2018). Internet-based vs. face-to-face cognitive behavior therapy for psychiatric and somatic disorders: An updated systematic review and meta-analysis. *Cognitive Behaviour Therapy, 47*(1), 1–18.

Carroll, K.M., Ball, S.A., Martino, S., Nich, C., Babuscio, T.A., Nuro, K.F., et al. (2008). Computer-assisted delivery of cognitive-behavioral therapy for addiction: A randomized trial of CBT4CBT. *American Journal of Psychiatry, 165*(7), 881–888.

Carroll, K.M., Kiluk, B.D., Nich, C., DeVito, E.E., Decker, S., LaPaglia, D., et al. (2014). Toward empirical identification of a clinically meaningful indicator of treatment outcome: Features of candidate indicators and evaluation of sensitivity to treatment effects and relationship to one year follow up cocaine use outcomes. *Drug and Alcohol Dependence, 137*, 3–19.

Carroll, K.M., Kiluk, B.D., Nich, C., Gordon, M.A., Portnoy, G.A., Marino, D.R., et al. (2014). Computer-assisted delivery of cognitive-behavioral therapy: Efficacy and durability of CBT4CBT among cocaine-dependent individuals maintained on methadone. *American Journal of Psychiatry, 171*(4), 436–444.

Castro, A., López-del-Hoyo, Y., Peake, C., Mayoral, F., Botella, C., García-Campayo, J., et al. (2018). Adherence predictors in an Internet-based Intervention program for depression. *Cognivtive Behavioral Therapy, 47*(3), 246–261.

Chaple, M., Sacks, S., McKendrick, K., Marsch, L.A., Belenko, S., Leukefeld, C., et al. (2016). A comparative study of the therapeutic education system for incarcerated substance-abusing offenders. *The Prison Journal, 96*(3), 485–508.

Chebli, J., Blaszczynski, A. & Gainsbury, S.M. (2016). Internet-based interventions for addictive behaviours: A systematic review. *Journal of Gambling Studies, 32*(4), 1279–1304.

Chen, A.T., Slattery, K., Tomasino, K.N., Rubanovich, C.K., Bardsley, L.R. & Mohr, D.C. (2020). Challenges and benefits of an internet-based intervention with a peer support component for older adults with depression: qualitative analysis of textual data. *JMIR, 22*(6), e17586.

Christensen, H., Griffiths, K.M. & Farrer, L. (2009). Adherence in internet interventions for anxiety and depression. *JMIR, 11*, e13.

Christensen, D.R., Landes, R.D., Jackson, L., Marsch, L.A., Mancino, M.J., Chopra, M.P., et al. (2014). Adding an internet-delivered treatment to an efficacious treatment package for opioid dependence. *Journal of Consulting and Clinical Psychology, 82*(6), 964.

Collins, K.A., Westra, H.A., Dozois, D.J. & Burns, D.D. (2004). Gaps in accessing treatment for anxiety and depression: Challenges for the delivery of care. *Clinical Psychology Review, 24*, 583–616.

Collins, K.M., Armenta, R.F., Cuevas-Mota, J., Liu, L., Strathdee, S.A. & Garfein, R.S. (2016). Factors associated with patterns of mobile technology use among persons who inject drugs. *Substance Abuse, 37*(4), 606–612.

Cuijpers, P., Pineda, B.S., Quero, S., Karyotaki, E., Struijs, S.Y., Figueroa, C.A., et al. (2021). Psychological interventions to prevent the onset of depressive disorders: A meta-analysis of randomized controlled trials. *Clinical Psychology Review, 83*, 101955.

Cunningham, J.A., Wild, T.C., Cordingley, J., van Mierlo, T. & Humphreys, K. (2009). A randomized controlled trial of an internet-based intervention for alcohol abusers. *Addiction, 104*, 2023–2032.

Dear, B.F., Staples, L.G., Terides, M.D., Karin, E., Zou, J., Johnston, L., et al. (2015). Transdiagnostic versus disorder-specific and clinician-guided versus self-guided internet-delivered treatment for generalized anxiety disorder and comorbid disorders: A randomized controlled trial. *Journal of Anxiety Disorders, 36*, 63–77.

Donohue, J.M. & Pincus, H.A. (2007). Reducing the societal burden of depression: A review of economic costs, quality of care and effects of treatment. *Pharmacoeconomics, 25*(1), 7–24.

Ebert, D.D. & Baumeister, H. (2017). Internet-based self-help interventions for depression in routine care. *JAMA Psychiatry, 74*(8), 852–853.

Elison, S., Davies, G. & Ward, J. (2015). An outcomes evaluation of computerized treatment for problem drinking using Breaking Free Online. *Alcoholism Treatment Quarterly, 33*(2), 185–196.

Elison, S., Humphreys, L., Ward, J. & Davies, G. (2014). A pilot outcomes evaluation for computer assisted therapy for substance misuse–an evaluation of Breaking Free Online. *Journal of Substance Use, 19*(4), 313–318.

Elison, S., Jones, A., Ward, J., Davies, G. & Dugdale, S. (2017). Examining effectiveness of tailorable computer-assisted therapy programmes for substance misuse: Programme usage and clinical outcomes data from Breaking Free Online. *Addictive Behaviors, 74*, 140–147.

Erbe, D., Eichert, H., Riper, H. & Ebert, D.D. (2017). Blending face-to-face and internet-based interventions for the treatment of mental disorders in adults: Systematic review. *JMIR, 19*(9), e306.

Etzelmueller, A., Vis, C., Karyotaki, E., Baumeister, H., Titov, N., Berking, M., et al. (2020). Effects of internet-based cognitive behavioral therapy in routine care for adults in treatment for depression and anxiety: Systematic review and meta-analysis. *JMIR, 22*(8), e18100.

Furukawa, T.A., Suganuma, A., Ostinelli, E.G., Andersson, G., Beevers, C.G., Shumake, J., et al. (2021). Dismantling, optimising, and personalising internet cognitive behavioural therapy for depression: A systematic review and component network meta-analysis using individual participant data. *Lancet Psychiatry, 8*(6), 500–511.

Gainsbury, S. & Blaszczynski, A. (2011). A systematic review of internet-based therapy for the treatment of addictions. *Clinical Psychology Review, 31*(3), 490–498.

Ganz, T., Braun, M., Laging, M., Schermelleh-Engel, K., Michalak, J. & Heidenreich, T. (2018). Effects of a stand-alone web-based electronic screening and brief intervention targeting alcohol use in university students of legal drinking age: A randomized controlled trial. *Addictive Behaviors, 77*, 81–88.

Grady, A., Yoong, S., Sutherland, R., Hopin, L. & Nathan, N. (2018). Improving the public health impact of eHealth and mHealth interventions. *New Zealand Journal of Public Health, 42*(2), 118–119.

Gulliver, A., Calear, A.L., Sunderland, M., Kay-Lambkin, F., Farrer, L.M. & Batterham, P.J. (2021).

Predictors of acceptability and engagement in a self-guided online program for depression and anxiety. *Internet Interventions, 25*, 100400.

Gustafson, D.H., Bosworth, K., Hawkins, R.P., Boberg, E.W. & Bricker, E. (1992). CHESS: A computer-based system for providing information, referrals, decision support and social support to people facing medical and other health-related crises. Proceedings/the … annual symposium on computer applications in medical care, American Medical Informatics Association, Bethesda, pp. 161–165.

Gustafson, D.H., Hawkins, R.P., Boberg, E.W., McTavish, F., Owens, B., Wise, M., et al. (2002). CHESS: 10 years of research and development in consumer health informatics for broad populations, including the underserved. *International Journal of Medical Informatics, 65*(3), 169–177.

Gustafson, D.H., McTavish, F.M., Chih, M-Y., Atwood, A.K., Johnson, R.A., Boyle, M.G., et al. (2014). A smartphone application to support recovery from alcoholism: A randomized clinical trial. *JAMA Psychiatry, 71*(5), 566–572.

Hausheer, R., Doumas, D.M. & Esp, S. (2018). Evaluation of a web-based alcohol program alone and in combination with a parent campaign for ninth-grade students. *Journal of Addictions & Offender Counseling, 39*(1), 15–30.

Hedman, E., Ljótsson, B. & Lindefors, N. (2012). Cognitive behavior therapy via the Internet: A systematic review of applications, clinical efficacy and cost–effectiveness. *Expert Review of Pharmacoeconomics & Outcomes Research, 12*(6), 745–764.

Hester, R.K., Squires, D.D. & Delaney, H.D. (2005). The Drinker's check-up: 12–month outcomes of a controlled clinical trial of a stand-alone software program for problem drinkers. *Journal of Substance Abuse Treatment, 28*, 159–169.

Hochstatter, K.R., Gustafson, D.H. Sr , Landucci, G., Pe-Romashko, K., Cody, O., Maus, A., et al. (2021). Effect of an mHealth intervention on hepatitis C testing uptake among people with opioid use disorder: randomized controlled trial. *JMIR mHealth and uHealth, 9*(2), e23080.

Hustad, J.T., Barnett, N.P., Borsari, B. & Jackson, K.M. (2010). Web-based alcohol prevention for incoming college students: A randomized controlled trial. *Addictive Behaviors, 35*(3), 183–189.

International Telecommunications Union (ITU). (2021, November 30). 2.9 billion people still offline. Accessed January 25, 2022 from https://www.itu.int/en/ITU–D/Statistics/Pages/stat/default.aspx.

Internet World Stats (2021, July 3). Internet growth statistics. Accessed January 25, 2022 from https://www.internetworldstats.com/emarketing.htm.

James, D.C., Harville, I.I.C., Sears, C., Efunbumi, O. & Bondoc, I. (2017). Participation of African Americans in eHealth and mHealth studies: A systematic review. *Telemedicine and e-Health, 23*(5), 351–364.

Jander, A., Crutzen, R., Mercken, L., Candel, M., de Vries, H. (2016). Effects of a web-based computer-tailored game to reduce binge drinking among Dutch adolescents: A cluster randomized controlled trial. *JMIR, 18*(2), e4708.

Jimenez-Molina, A., Fanco, P., Martinez, V., Martinez, P., Rojas, G. & Araya, R. (2019). Internet-based interventions for the prevention and treatment of mental disorders in Latin America: A scoping review. *Frontiers in Psychiatry, 10*, 664.

Johansson, R. & Andersson, G. (2012). Internet-based psychological treatments for depression. *Expert Review of Neurotherapeutics, 12*, 861–870.

Johnson, K., Richards, S., Chih, M-Y., Moon, T.J., Curtis, H. & Gustafson, D.H. (2016). A pilot test of a mobile app for drug court participants. *Substance Abuse: Research and Treatment, 10*(SART), S33390.

Jonassaint, C.R., Belnap, B.H., Huang, Y., Karp, J.F., Abebe, K.Z. & Rollman, B.L. (2020). Racial differences in the effectiveness of internet-delivered mental health care. *Journal of General Internal Medicine, 35*(2), 490–497.

Josephine, K., Josefine, L., Philipp, D., David, E. & Harald, B. (2017). Internet- and mobile-based depression interventions for people with diagnosed depression: A systematic review and meta-analysis. *Journal of Affective Disorders, 223*, 28–40.

Kay-Lambkin, F.J., Baker, A.L., Kelly, B. & Lewin, T.J. (2011). Clinician-assisted computerised versus therapist-delivered treatment for depressive and addictive disorders: A randomised controlled trial. *Medical Journal of Australia, 195*, S44–S50.

Kay-Lambkin, F.J., Baker, A.L., Lewin, T.J. & Carr, V.J. (2009). Computer-based psychological treatment for comorbid depression and problematic alcohol and/or cannabis use: A randomized controlled trial of clinical efficacy. *Addiction, 104*(3), 378–388.

Kelders, S.M., Kok, R.N., Ossebaard, H.C., Van Gemert-Pijnen, J.E.W.C. (2012). Persuasive system design does matter: A systematic review of adherence to web-based interventions. *JMIR, 14*, e152.

Kessler, R.C., Heeringa, S., Lakoma, M.D., Petukhova, M., Rupp, A.E., Schoenbaum, M., et al. (2008). Individual and societal effects of mental disorders on earnings in the United States: Results from the national comorbidity survey replication. *American Journal of Psychiatry, 165*(6), 703–711.

Kiluk, B.D., DeVito, E.E., Buck, M.B., Hunkele, K., Nich, C. & Carroll, K.M. (2017). Effect of computerized cognitive behavioral therapy on acquisition of coping skills among cocaine-dependent individuals enrolled in methadone maintenance. *Journal of Substance Abuse Treatment, 82*, 87–92.

Kiluk, B.D., Devore, K.A., Buck, M.B., Nich, C., Frankforter, T.L., LaPaglia, D.M., et al. (2016). Randomized trial of computerized cognitive behavioral therapy for alcohol use disorders: Efficacy as a virtual stand-alone and treatment add-on compared with standard outpatient treatment. *Alcoholism: Clinical and Experimental Research, 40*(9), 1991–2000.

Kumar, V., Sattar, Y., Bseiso, A., Khan, S. & Rutkofsky, I.H. (2017). The effectiveness of internet-based cognitive behavioral therapy in treatment of psychiatric disorders. *Cureus, 9*(8), e1626.

Li, D.H., Brown, C.H., Gallo, C., Morgan, E., Sullivan, P.S., Young, S.D., et al. (2019). Design considerations for implementing eHealth behavioral interventions for HIV prevention in evolving sociotechnical landscapes. *Current HIV/AIDS Report, 16*(4), 335–348.

Lintvedt, O.K., Griffiths, K.M., Sorensen, K., Ostvik, A.R., Wang, C.E.A., Eisemann, M., et al. (2011). Evaluating the effectiveness and efficacy of unguided internet-based self-help intervention for the prevention of depression: A randomized controlled trial. *Clinical Psychology and Psychotherapy, 20*, 10–27.

Marsch, L.A., Grabinski, M.J., Bickel, W.K., Desrosiers, A., Guarino, H., Muehlbach, B., et al. (2011). Computer-assisted HIV prevention for youth with substance use disorders. *Substance Use & Misuse, 46*(1), 46–56.

Marsch, L.A., Guarino, H., Acosta, M., Aponte-Melendez, Y., Cleland, C., Grabinski, M., et al. (2014). Web-based behavioral treatment for substance use disorders as a partial replacement of standard methadone maintenance treatment. *Journal of Substance Abuse Treatment, 46*(1), 43–51.

Martinez-Montilla, J.M., Mercken, L., de Vries, H., Candel, M., Lima-Rodríguez, J.S., Lima-Serrano, M. (2020). A web-based, computer-tailored intervention to reduce alcohol consumption and binge drinking among Spanish adolescents: Cluster randomized controlled trial. *JMIR, 22*(1), e15438.

Mitchell, L.M., Joshi, U., Patel, V., Lu, C. & Naslund, J.A. (2021). Ecomonic evaluations of internet-based psychological interventions for anxiety disorders and depression: A systematic review. *Journal of Affective Disorders, 284,* 157–182.

National Institute on Drug Abuse (NIDA). (nd). Cost of substance abuse. Accessed at https://archives.drugabuse.gov/trends-statistics/costs-substance-abuse.

Nguyen, T.D., Attkisson, C. & Stegner, B.L. (1983). Assessment of patient satisfaction: Development and refinement of a service evaluation questionnaire. *Evaluation and Program Planning, 6*(3–4), 299–313.

Nissen, E.R., O'Connor, M., Kaldo, V., Højris, I., Borre, M., Zachariae, R., et al. (2020). Internet-delivered mindfulness-based cognitive therapy for anxiety and depression in cancer survivors: A randomized controlled trial. *Psycho-Oncology, 29*(1), 68–75.

O'Kearney, R., Kim, S., Dawson, R.L. & Calear, A.L. (2019). Are claims of non-inferiority of Internet and computer-based cognitive-behavioural therapy compared with in-person cognitive-behavioural therapy for adults with anxiety disorders supported by the evidence from head-to-head randomised controlled trials? A systematic review. *Australian and New Zealand Journal of Psychiatry, 53*(9), 851–865.

Olmstead, T.A., Ostrow, C.D. & Carroll, K.M. (2010). Cost-effectiveness of computer-assisted training in cognitive-behavioral therapy as an adjunct to standard care for addiction. *Drug and Alcohol Dependence, 110*(3), 200–207.

Pew Research Center. (April, 2021a). Internet/broadband fact sheet. Accessed from https://www.pewresearch.org/internet/fact-sheet/internet-broadband/. Washington, D.C.

Pew Research Center. (April, 2021b). Mobile fact sheet. Accessed from https://www.pewresearch.org/internet/fact-sheet/mobile/. Washington, D.C.

Postel, M.G., de Haan, H.A., Huurne Ter, E.D., Becker, E.S., de Jong, C.A. (2010). Effectiveness of a web-based intervention for problem drinkers and reasons for dropout: Randomized controlled trial. *JMIR, 12*(4), e68.

Richards, D., Timulak, L., O'Brien, E., Hayes, C., Vigano, N., Sharry, J., et al. (2015). A randomized controlled trial of an internet-delivered treatment: Its potential as a low-intensity community intervention for adults with symptoms of depression. *Behaviour Research and Therapy, 75*, 20–31.

Rosso, I.M., Killgore, W.D., Olson, E.A., Webb, C.A., Fukunaga, R., Auerbach, R.P., et al. (2017). Internet-based cognitive behavior therapy for major depressive disorder: A randomized controlled trial. *Depression and Anxiety, 34*(3), 236–245.

Rothwell, P. M. (2005). External validity of randomised controlled trials: `to whom do the results of this trial apply?' *Lancet, 365*(9453), 82–93.

Shi, J.M., Henry, S.P., Dwy, S.L., Orazietti, S.A. & Carroll, K.M. (2019). Randomized pilot trial of web-based cognitive-behavioral therapy adapted for use in office-based buprenorphine maintenance. *Substance Abuse, 40*(2), 132–135.

Sieverink, F., Kelders, S.M., van Gemert-Pijnen, J.E.W.C. (2017). Clarifying the concept of adherence to eHealth technology: Systematic review on when usage becomes adherence. *JMIR, 19*(12), e402.

Simon, N., Robertson, L., Lewis, C., Roberts, N.P., Bethell, A., Dawson, S., et al. (2021). Internet-based cognitive and behavioural therapies for post-traumatic stress disorder (PTSD) in adults. *Cochrane Database Systematic Review, 5*(5), 1–108.

Sin, J., Galeazzi, G., McGregor, E., Collom, J., Taylor, A., Barrett, B., et al. (2020). Digital interventions for screening and treating common mental disorders or symptoms of common mental illness in adults: Systematic review and meta-analysis. *JMIR, 22*(9), E20581.

Stitzer, M. & Petry, N. (2006). Contingency management for treatment of substance abuse. *Annual Review of Clinical Psychology, 2*, 411–434.

Strauss, P., Morgan, H., Wright, Toussaint, D., Lin, A., Winter, S., et al. (2019). Trans and gender diverse young people's attitudes towards game-based digital mental health interventions: A qualitative investigation. *Internet Interventions, 18*, 100280.

Substance Abuse and Mental Health Services Administration (SAMHSA) (2020). Key substance use and mental health indicators in the United States: Results from the 2019 National Survey on Drug Use and Health (HHS Publication No. PEP20-07-01-001, NSDUH Series H-55). Center for Behavioral Health Statistics and Quality, Substance Abuse and Mental Health Services Administration, Rockville, MD Retrieved from. https://www.samhsa.gov/data/.

Sugarman, D.E., Nich, C. & Carroll, K.M. (2010). Coping strategy use following computerized cognitive-behavioral therapy for substance use disorders. *Psychology of Addictive Behaviors, 24*(4), 689.

Taylor, C.B., Graham, A.K., Flatt, R.E., Waldherr, K., Fitzsimmons-Craft, E.E. (2021). Current state of scientific evidence on internet-based interventions for the treatment of depression, anxiety, eating disorders and substance abuse: An overview of systematic reviews and meta-analyses. *European Journal of Public Health, 31*(S1), i3-i10.

Teesson, M., Newton, N.C., Slade, T., Chapman, C., Birrell, L., Mewton, L., et al. (2020). Combined prevention for substance use, depression, and anxiety in adolescence: A cluster-randomised controlled trial of a digital online intervention. *Lancet Digit Health, 2*(2), e74-e84.

Turner-McGrievy, G.M., Hales, S.B., Schoffman, D.E., Valafar, H., Brazendale, K., Weaver, R.G., et al. (2007). Choosing between responsive-design websites versus mobile apps for your mobile behavioral intervention: Presenting four case studies. *Translational Behavioral Medicine, 7*(2), 224-232.

Wagner, B., Horn, A.B. & Maercker, A. (2014). Internet-based versus face-to-face cognitive-behavioral intervention for depression: A randomized controlled non-inferiority trial. *Journal of Affective Disorders, 152-154*, 113-121.

Washburn, M., Yu, M., Rubin, A. & Zhou, S. (2021). Web-based acceptance and commitment therapy (ACT) for symptoms of anxiety and depression: Within-group effect size benchmarks as tools for clinical practice. *Journal of Telemedicine and Telecare, 27*(5), 314-322.

Wei, Y., Zheng, P., Deng, H., Wang, X., Li, X. & Fu, H. (2020). Design features for improving mobile health interventions user engagement: Systematic review and thematic analysis. *JMIR, 22*(12), e21687.

Woodhouse, R., Neilson, M., Martyn-St James, M., Glanville, J., Hewitt, C. & Perry, A.E. (2016). Interventions for drug-using offenders with co-occurring mental health problems: A systematic review and economic appraisal. *Health Justice, 4*(1), 10.

제 4 장

확장 가능한 디지털 치료제의 두 번째 물결:

소비자 직접 치료를 위한 독립형 정신건강 및 중독 치료 앱

Patricia A. Areán and Ryan Allred

1. 디지털 치료제의 두 번째 물결: 개요

디지털 정신 및 행동 건강 치료의 두 번째 물결은 사람들의 기분과 행동 관리를 돕기 위한 다양한 기술로 구성되어 있다. 이러한 기술에는 SMS(텍스트 기반) 기술이나 앱 프로그램을 통해 기분, 행동 관리를 위한 디지털 심리교육 및 전략을 제공하는 모바일 폰 기반 어플리케이션(mobile-phone-based application), 사용자가 목표, 증상, 부작용을 추적하도록 하는 증상 추적기(symptom trackers), 명상 기법에 기반한 마음챙김 애플리케이션(mindful applications), 정신건강 문제를 관리하는 데 타인의 지지를 받는 온라인 동료 커뮤니티(online peer communities), 비디오 게임처럼 보이는 알고리즘 기반 프로그램으로 치료하는 기능형 게임(serious games) 등 여러 형태가 있다. 이러한 디지털 치료제들은 100개 이상의 무작위 대조 시험에서 매우 효과적인 것으로 밝혀졌으나(Andrews et al., 2018; Firth et al., 2017a, 2017b), 어떤 유형의 디지털 치료제가 가장 효과적인지에 대해서는 상당한 편차가 있다(Arean et al., 2016; Karyotaki et al., 2017; Kenter et al., 2015; Weisel et al., 2019; Wright et al., 2005). 이 장의 목적은 2세대 디지털 치료제 사용을 지지하는 최신 근거, 이 도구를 사용할 때의 어려움, 실제로 사용하는 방법, 자기주도형(self-guided) 정신건강 도구의 연구 및 개발에 대한 향후 방향을 검토하는 것이다.

2. 2세대 디지털 치료제에 대한 근거

현재 정신건강 및 스트레스 감소를 위한 디지털 치료제는 10,000~20,000개에 달한다(Clay, 2021). 이러한 앱은 우울과 불안(Andersson, Cuijpers, Carlbring, Riper, & Hedman, 2014; Andrews et al., 2018; Linardon, Cuijpers, Carlbring, Messer, & Fuller-Tyszkiewicz, 2019), 외상 후 스트레스 장애(post traumatic stress disorder, PTSD)(Olthuis et al., 2016), 물질 사용 장애(Tofighi, Chemi, Ruiz-Valcarcel, Hein, & Hu, 2019), 그리고 수면 장해와 같은 증상별 문제(Zachariae, Lyby, Ritterband, & O'Toole, 2016)에 대한 치료법으로 사용되고 있다. 또한 이러

한 기술은 경증, 중등도, 중증 행동 및 정신건강 문제를 관리하는 데 매우 유용하며, 전 생애에 걸쳐 효과적인 것으로 나타났다(Anguera, Gunning, & Arean, 2017; Ebert et al., 2015; Pratap et al., 2018). 이러한 도구는 제공하는 기능의 개수가 다양하다. 어떤 도구에서는 심리치료적 원리에 기반하여 증상 관리 및 기능에 대한 교육과 자기주도형 전략을 제공하고, 일부는 간단한 기분 추적 체계로서 기분 개선에 도움이 되는 조언을 제공한다. 일부는 마음챙김 전략을 가르치며, 일부는 사람들과의 접촉을 통해 지지를 제공하고, 일부는 기능형 게임이다. 그리고 이러한 앱이 정신건강 문제를 관리한다는 주장을 지지하는 근거의 정도도 다양한데, 대부분의 근거는 정신건강 전문가나 코치의 안내가 포함된 디지털 치료제를 뒷받침한다(Mohr et al., 2021; Wang, Varma, & Prosperi, 2018)([그림 4.1] 참조).

	우울 및 불안	외상 후 스트레스 장애	물질 사용	종합
코치 안내형 앱 (coach-guided apps)	66	8	30	104
자기주도형 앱 (self-guided apps)	18	5	2	25
마음챙김 앱 (mindfulness apps)	16	4	2	22
온라인 동료 커뮤니티 (online peer communities)	10	0	3	13
게임형 앱 (serious game)	9	2	0	11
추적 앱† (tracking apps)	0	0	0	0

† 기초적인 증상 모니터링 앱만 포함하며, 개입이나 근거 기반 전략이 통합된 추적 앱은 제외된 수치임

[그림 4.1] 앱 사용이 임상 결과 개선으로 이어진다는 결과를 보고한 대략적인 연구 개수
(앱 유형과 정신건강 상태별로 구분)

이 섹션에서는 정신건강 앱 유형 각각에 대한 근거를 논의하고 검토하여, 현시점에서 이용 가능한 근거를 바탕으로 어떤 디지털 치료제에 투자할 가치가 있는지 살펴보고자 한다. 각 유형에 대하여 연구용 디지털 치료제(임상시험에 사용된 앱)의 구성요소를 설명한 뒤, 상업용 디지털 치료제가 연구용 제품과 어떻게 다른지 설명할 것이다. 디지털 치료제의 표준에 대한 두 차례의 대규모 포럼에서, 전문가들은 상업용 디지털 치료제가 연구용 버전에 있

던 기능을 사용한다면, 모든 상업용 디지털 치료제가 무작위 대조 시험을 거쳐야 할 필요는 없다고 제안하였다(Mohr et al., 2021; National Institute of Mental Health, 2015). 현재 사용할 수 있는 약 20,000개의 2세대 디지털 치료제를 여기서 모두 소개할 수는 없지만, 임상가와 소비자가 연구용 치료제와 가장 유사한 상업용 도구를 선택할 수 있도록 대표적 도구를 몇 가지 예시로 제시하고 검색 엔진을 추천할 것이다.

1) 안내형 디지털 치료제

(1) 안내형 디지털 치료제의 개념

안내형 디지털 치료제(guided digital therapeutics)는 잘 알려진 근거 기반 심리치료 및 행동적 개입을 기반으로 하는 모바일 애플리케이션으로서, 치료 패키지의 일부로 임상가나 코치와의 소통이 포함된다. 연구용 디지털 치료제는 일반적으로 (1) 교육적 요소(앱 사용 방법, 근거 기반 치료에 대한 설명), (2) 인앱 활동(in-app activities, 습관 조절이나 기분 관리를 위한 근거 기반 전략을 배우도록 설계), (3) 실제 임상가나 훈련된 코치의 지원(인앱 활동 사용 지원, 화상 채팅이나 문자 메시지로 실제 상담 제공)이 포함된 모바일폰 기반 애플리케이션으로 설계되었다. 안내형 디지털 치료제에는 다음과 같은 기능이 포함된다(Bakker, Kazantzis, Rickwood, & Rickard, 2016):

- 근거 기반 개입 전략의 사용(특히 인지행동치료, 변증법적 행동치료, 문제해결 치료, 행동 활성화, 노출치료)
- 활동/목표 설정 및 추적
- 행동/기분 추적
- 대처 방법에 대한 교육
- 임상가나 코치와의 접촉
- 실시간 참여

이러한 도구가 효과적이려면 코치나 치료자와의 접촉이 중요하다. 연구에 따르면 임상가나 코치가 참여하면, 소비자의 참여, 책임감이 향상되고, 잠재적으로 더 나은 안전 모니터링을 보장할 수 있다(Mohr et al., 2021). 최근의 근거에 따르면, 개입이나 코치를 실시간으로 이용하면 정말 필요할 순간에 조언과 도구를 적용할 수 있으므로, 소비자의 기술 습득을 최적화할 수 있다(Depp et al., 2010; Donker et al., 2013). 인앱 활동이 임상적, 행동적 결과 개선에 어느 정도 기여하는지에 대해서는 아직 불분명한데, 대부분의 연구에서는 임상가의 지원 없이 앱 내 도구를 사용하는 것은 임상가 지원과 도구 사용을 함께 하는 것만큼 효과적이지는 않다고 보고되며(Wright et al., 2019), 전통적인 대면 상담과 디지털 기술을 사용한 상담 간에는 유의미한 결과 차이가 없다는 적은 수의 개념 증명(proof-of-concept)[1] 연구만이 이루어져 있는 실정이다(Broglia, Millings, & Barkham, 2019). 이는 안내형 디지털 치료의 강력한 요소가 코치나 상담사와의 임상적 상호작용이라는 것을 시사한다. 연구용 기능 중 어떤 것이 치료 성과에 중요한지 밝히기 위해서는 더 많은 연구가 필요하다.

상업적 사례를 살펴보면, 전세계적으로 81개에 달하는 기업이 안내형 디지털 치료제를 국가 의료 시스템의 일부로(Duffy, Enrique, Connell, Connolly, & Richards, 2019; National Institute for Health and Clinical Excellence(NICE), 2006, 2009; Richards et al., 2020; Titov et al., 2017), 근로자 지원 프로그램(EAP)의 일부로, 의료보험으로, 유료 서비스 모델로 제공하고 있다(Mohr et al., 2021). 상업용 제품이 연구용 기능에 의존하는 정도에는 다양한 차이가 있다. 일부 회사에서는 앱 내 치료적 도구에 의존하여 도구 사용을 지원하기 위한 코칭을 제공하지만, 다른 서비스에서는 소비자와 제공자 간의 기술 기반 의사소통 플랫폼을 제공하는 것이 주가 되어 소비자가 도구 라이브러리를 이용할 수는 있으나 이 도구가 치료의 중심이 되지는 않는 것도 있다. 이 책에서는 이러한 기업의 다섯 사례를 소개하겠다.

두 개의 대형 미국 기업인 토크스페이스(Talkspace)와 베터헬프(Betterhelp)는 면허를 소지한 임상가(licensed clinician)가 시행하는 온디맨드 문자메시지 기반 치료를 제공하며, 원격 심리상담과 흡사한 가상 방문 옵션을 추가할 수 있다. 이 두 회사에서는 메시지 기반 치료가 도구의 핵심이다. 원격 심리치료는 매우 강력한 근거를 가지고 있지만, 독립형 메시지 기반 치료는 그렇지 않다(Hoermann, McCabe, Milne, & Calvo, 2017). 하지만 필요한 순간에 바로 치료 받을 수 있다는 것은 강력한 개입이 될 수 있다고 가정할 수 있다(Hull, Malgaroli, Connolly, Feuerstein, & Simon, 2020). 그러나 이 기능은 아직 엄격하게 검증되지 않았으며, 현재 토크스페이스는 미국 국립정신건강연구소(National Institute of Mental Health, NIMH)의 지원을 받아 메시지 기반 치료와 원격 심리치료를 비교하는 순차적 다중 배정 무작위 시험(sequential multiple assignment randomized trial)을 진행하고 있다[시험 등록 번호: NCT04513080].

다른 세 기업(2개의 미국 기업 및 1개의 영국 기업)은 소비자에게 연구용 정신건강 앱과 유

1 (역자 주) 개념 증명(proof-of-concept): 제품, 기술, 정보 시스템 등이 조직의 특수 문제 해결을 실현할 수 있다는 증명 과정. 아직 시장에 나오지 않은 신제품에 대한 사전 검증을 위해 사용된다.

사한 서비스 조합을 제공한다. 산벨로(Sanvello), 진저.아이오(Ginger.io), 실버클라우드(SilverCloud)는 자기주도형 도구와 치료자와의 상담을 제공하며, 소비자는 자기주도형 도구와 정기적인 원격 심리치료(온디맨드 문자 메시지 포함)를 모두 이용할 수 있다(진저.아이오와 산벨로의 경우). 또한 산벨로와 진저.아이오는 추가 지원 도구가 포함되어 있는데, 진저.아이오의 온디맨드 서비스는 일반인 코치가 관리하고, 산벨로는 면허를 소지한 임상가의 도움을 받거나 받지 않은 동료 지원을 제공한다.

(2) 안내형 디지털 치료제의 근거 기반

우울 및 불안 관리를 위한 디지털 치료제는 지금까지 가장 강력한 근거 기반을 지니고 있다. 현재 최소 66건의 잘 설계된 무작위 대조 시험에서 안내형 디지털 치료제가 우울 및 불안 장애에 효과적이며, 기존의 대면 치료만큼 우수하다는 사실이 밝혀졌다(Andersson et al., 2014; Andrews et al., 2018; Linardon et al., 2019). 연구용 디지털 치료제는 대부분 인지행동치료, 행동 활성화 기법을 기반으로 한다. 현재 존재하는 대부분의 근거는 단기적인 효과에 관한 것으로서, 대부분의 연구에서는 참여자를 12주 이내로 추적 관찰한다. 추적 관찰 기간이 더 긴 소수의 연구에서는 우울과 불안 모두에서 통제집단에 비해 효과성이 아주 적은 경향이 있었다(Linardon et al., 2019).

외상 후 스트레스 장애(PTSD)는 복합적인 문제이므로, 이 장애를 치료하기 위해서는 임상가와 정기적으로 접촉하고 대면이나 서면으로 진행되는 노출 기반 치료를 완료해야 한다. 노출치료 훈련에서는 소비자의 상당한 성찰이 필요하며, PTSD 증상과 인지적 재처리(cognitive reprocessing)를 관리하도록 돕기 위한 임상가의 구체적인 지침도 필요하다. 상상할 수 있듯이, 소비자가 직접 마주하는 치료적 경험을 모방한 모바일 헬스 도구를 만드는 것이 복잡하기 때문에, 안내형 디지털 치료제가 필요해 보인다. 자기주도형 도구가 존재하지만, 대면 치료와 함께 사용하도록 되어 있다(Owen et al., 2018). 디지털 치료제를 PTSD 치료에 적용하는 것은 치료자와 더 자주 접촉할 수 있다는 장점이 있다. 인지처리치료 및 노출치료와 같은 개입은 본래 주 1회 이상 제공되도록 만들어졌지만, 더 이상 널리 이용되지 않고 있다(Vinograd & Craske, 2020). PTSD에 대한 안내형 디지털 치료제 연구는 적지만, 연구 결과는 전도유망하다. 현재까지 8건의 임상시험에서는 이러한 치료제가 효과적임을 검증하였다(Olthuis et al., 2016). 하지만 최근의 체계적 문헌 고찰 연구에 따르면, 대부분의 연구용 PTSD 앱이 전통적인 임상 치료와 잘 통합되도록 설계되지 않았으며, 소비자의 참여 및 앱 수용성에 중요한 문제가 있는 것으로 나타났다(Rodriguez-Paras et al., 2017).

처음에 디지털 치료제는 습관 조절, 건강 증진, 알콜 오남용을 개선하기 위해 개발되었다

(Marsch et al., 2020). 디지털 치료제에 관한 최근의 한 체계적 문헌 고찰 연구에서는 물질 남용 분야에서 30건의 임상시험 연구를 확인하였는데, 연구 결과 안내형 치료제는 습관 조절 및 갈망 관리에 매우 효과적인 것으로 나타났다(Steinkamp et al., 2019). 그러나 아편 사용 장애에 특화된 치료제의 경우 시중에 출시된 제품이 거의 없다. 대부분은 임상가를 만나 약물 적정화(medication titration)[2]를 논의하도록 지원하는 데 초점을 두고 있는데, 이러한 기술을 뒷받침하는 근거가 있는 제품은 없다(Nuamah, Mehta, & Sasangohar, 2020). 이 분야의 연구는 수십 년 동안 활발히 진행되어 왔지만, 물질 사용 장애와 관련하여 안내형 스마트폰 앱의 사용은 여전히 발전 중이다.

2) 자기주도형 2세대 디지털 치료제

(1) 자기주도형 2세대 디지털 치료제의 개념

자기주도형 디지털 치료제란 코치나 임상가의 도움 없이, 근거 기반 실무에 기초한 앱 내 훈련을 제공하는 독립형 모바일 애플리케이션이다. 이러한 점에서, 연구용 자기주도형 디지털 치료제는 안내형 디지털 치료제와 유사하다. 앞서 언급했듯이, 자기주도형 디지털 치료제는 중등도~중증의 정신 및 행동건강 문제에는 효과적이지 않지만, 경도의 정신건강 문제에는 효과가 있다(Arean et al., 2016; Cuijpers et al., 2011; Drissi, Ouhbi, Janati Idrissi, & Ghogho, 2020; Pratap et al., 2018; Rathbone & Prescott, 2017). 그러나 일부 연구에서는 디지털 치료제가 전체 심각도 수준에 걸쳐 효과적일 수 있다고 보고되므로, 증상 심각도만으로 자기주도형 디지털 치료제 사용 여부를 결정해서는 안 된다(Mohr, Kwasny, Meyerhoff, Graham, & Lattie, 2021).

근거 기반이 있는 연구용 자기주도형 도구는 안내형 도구와 마찬가지로, 인지행동치료(Cuijpers et al., 2011), 문제해결치료(Arean et al., 2016), 변증법적 행동치료(O'Grady et al., 2020), 수용전념치료(Järvelä-Reijonen et al., 2018) 등 근거 기반 치료에 기반해 있다. 근거 기반의 자기주도형 앱에는 다음과 같은 특징이 있다:

- 근거 기반 행동 개입 전략 사용
- 활동/목표 설정 및 추적

2 (역자 주) 약물 적정화(medication titration): 약물 치료 시 초기에는 아주 적은 양으로 시작한 뒤 서서히 증량하면서, 개인에게 효과적인 약물 용량을 찾는 것을 의미한다.

- 행동/기분 추적
- 대처 방법에 대한 교육

연구용 디지털 치료제와 비교했을 때, 상업용 디지털 치료제는 위에 언급된 모든 기능을 갖춘 제품에서부터 전혀 없는 제품까지 다양하다. 인지행동치료나 행동 활성화에 기반한 상업용 앱을 검토한 연구에서, 저자들은 앱 및 플레이 스토어에서 이러한 치료에 기반해 있다고 주장하는 117개의 앱을 확인하였지만, 위에 언급된 품질 기준을 충족한 앱은 12개에 불과하였다(Huguet et al., 2016). 또한 자기주도형 앱은 규제가 제대로 이루어지지 않고 있다(Parker, Bero, Gillies, Raven, & Grundy, 2018; Torous et al., 2019). 그러나 이 문제는 모든 2세대 디지털 치료제에 해당되는 문제이므로, 향후 해결할 필요가 있다. 자기주도형 디지털 치료제의 또 다른 문제는 코치의 지도 없이는, 개발자가 의도한 대로 소비자가 사용하지 않는다는 것이다. 최근 한 연구에 따르면, 자기주도형 디지털 치료제에 관한 연구 참여자와 비교할 때 이 도구를 구매한 소비자는 다른 방식으로 참여하는 경향이 있었는데, 소비자들은 다운로드 후 첫 몇 주 동안에는 치료도구를 반복적으로 사용하지만 이후에는 사용하지 않았다(Baumel & Kane, 2018). 이 연구에서는 임상적 결과를 수집할 수 없었기 때문에, 이러한 유형의 참여가 최적인지(optimal), 차선인지(suboptimal)는 불분명하다는 점을 유의해야 한다. 자기주도형 디지털 치료제의 소비자는 즉각적으로 증상을 완화할 수 있는 근거 기반이 없는 도구를 찾을 수도 있지만, 이러한 도구는 일반적으로 앱 및 플레이 스토어에서 소비자 만족도가 낮다(Baumel, Torous, Edan, & Kane, 2020). 이 장의 뒷부분에서 참여도에 대한 문제를 논의하겠지만, 여기서 이 문제를 제기하는 이유는 자기주도형 디지털 치료제의 참여도는 안내형 디지털 치료제와 현저히 다르며, 이로 인해 안내형 디지털 치료제에 비해 효과가 떨어질 수 있기 때문이다(Mohr et al., 2019). 마지막으로, 이러한 디지털 치료제에 대한 근거는 전도유망하지만, 많은 연구에 따르면 사람들은 이러한 도구가 전통적인 치료를 대체한다고 여기지는 않으며(Chan & Honey, 2021), 많은 사람은 이러한 치료 접근법이 책임감 부족으로 인해 효과가 미미할 것이라고 생각한다(Renn, Hoeft, Lee, Bauer, & Arean, 2019).

(2) 자기주도형 디지털 치료제의 근거 기반

자기주도형 디지털 치료제에 대한 무작위 대조 시험은 안내형 도구에 비해 매우 적으며, 이 분야의 많은 논문은 주로 개념 증명 참여(proof-of-concept engagement) 전략과 앱 디자인에 초점을 맞추고 있다(Miralles et al., 2020). 현재까지 수행된 대부분의 연구는 우울 및 불안 관리에 초점을 맞추었는데(Miralles et al., 2020), 자기주도형 디지털 치료제를 사용하는 것은 치료를 하지 않거나 근거 기반 치료를 제공하지 않는 대조군보다 더 효과적이었다(Park et al., 2020). PTSD 분야에서는 PTSD 평가 및 치료를 위한 앱이 201개 이상 존재하고, 이 중 45개는 근거 기반 PTSD 치료에 특화된 앱이다(Rodriguez-Paras et al., 2017). 그러나 최근의 체계적 문헌 고찰에 따르면, PTSD용 앱에 대한 임상시험은 거의 없는 실정이며, 근거 기반 치료에 기반한 도구는 독립형 개입이 아니다(Rodriguez-Paras et al., 2017). 마지막으로, 알코올 사용 장애 치료를 위한 자기주도형 디지털 치료제에 대해 작지만 새로운 근거가 있는데(다른 물질 사용 문제에는 근거가 덜하지만), 자기 결정 이론에 기반한 자기주도형 도구는 고위험 음주행동을 감소시키는 데 유망한 것으로 나타난다(Tofighi, Abrantes, & Stein, 2018).

3) 기분 추적 앱

(1) 기분 추적 앱의 개념

명칭에서 알 수 있듯, 기분 추적 앱은 소비자의 기분 및 관련 증상을 정기적으로 모니터링하고 추적하여, 증상에 대한 인식을 높이기 위한 것이다. 기분 추적 앱은 일반적으로 치료나 개입을 제공하지는 않지만, 종종 기분 장애에 관한 정보를 얻는 데 도움이 될 수 있다(Scherr & Goering, 2020). 기분 추적은 많은 근거 기반 치료의 중요한 특징이며, 인지행동치료에서는 중요한 치료 요소로 간주된다. 기분 추적 앱에는 일반적으로 증상 기록(symptom logging), 일지 작성(journaling), 스마트폰 센서를 통한 활동 및 기분 데이터의 정기적 수집, 생태학적 순간 평가(ecological momentary assessments, EMA)[3]와 같은 기능이 포함된다. 최신 기분 추적 앱은 다양한 내장 센서(built-in sensor)를 통해 신체 활동을 추적할 수 있는 핏빗(FitBit)이나 애플워치(Apple watch)와 같은 '웨어러블' 기기와 함께 사용되는 경우가 많다. 웨어러블은 백그라운드에서 데이터가 자동으로 수집되기 때문에, 시간이나 노력을 들이지 않고 자연스러운 환경에서 데이터를 수집함으로써 간소화된 기분 추적 방법을 제공한다.

최고 등급의 기분 추적 앱인 해피파이(Happify), 마이스트렝스(myStrength), PTSD 코치(PTSD Coach), 데일리오(Daylio)에는 일반적으로 단순한 증상 추적 외에 부가적인 활동 및 자원이 포함되어 있다(MindTools.io, 2021; One Mind PsyberGuide, 2021). 해피파이는 짧은 설문을 사용하여 기분을 추적하고, 응답을 통해 기분 향상 활동을 제안한다. 마찬가지로 마이스트렝스는 설문 응답을 사용하여 개인에게 맞춤화된 활동과 비디오 클립, 오디오 클립 및

3 (역자 주) 생태학적 순간 평가(ecological momentary assessment, EMA): 간단하고 자동화된 설문지 질문으로, 사용자가 잦은 간격으로 그 순간의 기분을 기록하도록 유도한다.

기타 유용한 정보 라이브러리를 제공한다. 해피파이 및 마이스프렝스와 마찬가지로, PTSD 코치는 사용자가 증상을 추적할 수 있도록 하며, 진단 체크리스트, 증상 개선에 도움이 되는 기술, 지원을 받을 수 있는 정보 등 강력한 자원 라이브러리도 포함하고 있다. 데일리오와 같은 앱은 보다 기본적인 디지털 기분일기 역할을 하며, 기타 추적 앱에서도 시간이 지나면서 사용자의 증상이 어떻게 변화했는지를 확인할 수 있도록 '진전(progress)' 섹션을 제공한다.

(2) 기분 추적 앱의 근거 기반

많은 디지털 치료제 앱과 마찬가지로, 기분 추적 앱은 가장 흔한 정신건강상태인 우울, 불안, PTSD에 초점을 맞추고 있다. 하지만 대부분의 기분 추적 앱은 치료가 아닌 증상 추적에 초점을 맞추기 때문에, 이러한 장애에 대한 임상 결과를 연구한 시험은 거의 없다. 그 대신, 대부분의 연구는 추적 앱의 유용성(usability) 및 타당성(feasibility)에 초점을 두었다(Sequeira et al., 2020). 우울 및 불안에 대한 추적 앱을 조사한 연구들은 대체로 높은 타당성을 보여 주는데(McCall, Ali, Yu, Fontelo, & Khairat, 2021; Sequeira et al., 2020), 가장 타당성이 높은 앱 기능은 웰니스 추적, 간단한 개인 맞춤형 개입(Hetrick et al., 2018), 자가 보고를 완료하라는 메시지, 격려해 주는 지지 메시지(Shrier & Spalding, 2017) 등이었다. 마찬가지로, 연구에 따르면 PTSD와 관련된 기분 추적 앱은 대체로 수용 가능하며 타당성이 있는 것으로 나타났다. 한 연구에서는 재향군인의 79%가 코기토 컴패니언(Cogito Companion) 앱을 사용 가능하다고 답하였고(Betthauser et al., 2020), T2 우드 트래커(T2 Mood Tracker) 앱을 조사한 다른 연구에서는 참여자의 100%가 이 앱을 '어느 정도' 또는 '매우' 사용하기 쉽다고 평가하였다(Bush, Ouellette, & Kinn, 2014).

근거 기반에서는 기분 추적 앱이 자원 탐색에 미치는 영향도 검토하였다. 연구에 따르면, 기분 추적 앱에서 자신의 우울 증상을 자가 모니터링하는 것은 우울증과 관련된 자원을 더 많이 탐색하는 것과 관련될 수 있다(Scherr & Goering, 2020).

4) 마음챙김 앱

(1) 마음챙김 앱의 개념

마음챙김 앱은 사용자가 마음챙김 명상의 원리를 배울 수 있도록 설계되었다. 연구에 따르면, 보통 10~20분 동안 신체 인식에 집중하는 명상을 규칙적으로 하면 지각된 스트레스, 불안, 우울, 심리적 안녕감을 개선할 수 있다(Gál, Ștefan, & Cristea, 2021). 효과적인 마음챙김 앱에는 일반적으로 명상 지침, 타이머, 알림이 있는 안내형 명상이 포함되어 있다. 마음챙김 훈련을 지원하는 2세대 디지털 치료제는 2015년 이래 2,500개의 앱이 출시되고 있다(Gál et al., 2021).

가장 높은 평가를 받는 상업용 마음챙김 앱은 헤드스페이스(Headspace)와 캄(Calm)으로서, 두 앱 모두 안내형 명상 훈련을 포함하고 있다(Gál et al., 2021). 그러나 이 두 앱은 안녕감/웰빙의 다른 측면을 목표로 한다. 헤드스페이스에는 우울, 불안, 습관 조절에 특화된 모듈이 포함되어 있고, 안내형 명상은 이러한 장애에 영향을 미치는, 여러 유형의 방해물 및 사고에 보다 구체적으로 초점을 맞춘다. 그러나 캄에는 정신건강 상태에 관한 특정한 모듈은 없으며, 수면과 같이 정신 및 행동 건강을 매개하는 행동에 초점을 맞춘다.

(2) 마음챙김 앱의 근거 기반

마음챙김 앱에 대한 근거 기반은 비교적 적은 편이며, 가장 일반적으로 연구된 개입으로는 헤드스페이스가 있다(Howells, Ivtzan, & Eiroa-Orosa, 2016; Rosen, Paniagua, Kazanis, Jones, & Potter, 2018). 이러한 연구들에서는 가장 일반적으로 측정된 결과는 우울, 안녕감이며, 불안, PTSD, 물질 사용 장애에 대한 연구는 소수에 불과하다. 마음챙김은 스트레스(Goyal et al., 2014), 우울, 불안, 물질 사용 장애(Goldberg et al., 2018)에 긍정적인 영향을 미칠 수 있으며, PTSD에 대해서는 다소 제한적으로 지지된다(Hilton et al., 2017). 최근 이러한 앱에 관한 연구를 메타 분석한 결과, 34건의 무작위 대조 시험 연구에서 마음챙김 앱은 전통적인 명상 수행과 마찬가지로 동일한 상태에 효과적인 것으로 나타났다. 하지만 이러한 앱의 효과크기 및 표본 규모에는 상당한 이질성이 있기 때문에, 데이터의 해석에는 신중을 기해야 한다(Gál et al., 2021). 마지막으로, 모든 2세대 디지털 치료제와 마찬가지로, 참여도는 개발자가 원하는 수준보다 낮다. 하지만 한 연구에 따르면, 모든 앱 유형이 효과가 있으나, 소비자는 안내형 명상이 포함된 앱을 훨씬 더 선호하였다(Mani, Kavanagh, Hides, & Stoyanov, 2015).

5) 온라인 동료 커뮤니티

(1) 온라인 동료 커뮤니티의 개념

동료 간 지원(peer-to-peer support)[4]라고도 하는 온라인 동료 커뮤니티는 개개인들이 가상으로 서로 연결되며, 자신의 경험을 토론하고, 자원 및 정서적 지지를 서로 공유할 수 있

4 (역자 주) 동료 간 지원(peer-to-peer support): 동일한 집단에 있는 사람, 혹은 동일한 경험을 공유하는 사람으로부터 받는 지지를 의미한다.

게 한다. 연구에 따르면, 이러한 온라인 동료 커뮤니티는 정신건강 치료에 대한 접근성을 높이며, 낙인을 줄이는 데 도움이 될 수 있다(Ali, Farrer, Gulliver, & Griffiths, 2015; Naslund, Aschbrenner, Marsch, & Bartels, 2016). 인터넷에 접속할 수 있는 인구의 비율이 계속 증가하면서(미국 내 젊은 성인의 약 93%(Lenhart, Purcell, Smith, & Zickuhr, 2010)), 이러한 사람들에게 온라인 동료 커뮤니티는 특히나 확장성이 뛰어난 디지털 치료제로 큰 인기를 얻고 있다.

동료 커뮤니티는 주로 SNS와 그룹 포럼 사이트(group forum sites)[5]에 있으며, 스마트폰 앱을 통한 커뮤니티도 일부 존재한다. SNS 중에서는 페이스북(Facebook)이 동료 커뮤니티로 가장 인기가 많은데, 이는 페이스북이 가장 큰 SNS 중 하나이자 건강 문제에 특화된 개방형 지지 집단을 더 많이 운영하기 때문이다(Prescott, Rathbone, & Brown, 2020; Ridout & Campbell, 2018). 네트워킹 사이트의 또 다른 유형에는 중재형 온라인 사회적 치료(moderated online social therapy, MOST)가 있는데, 이는 동료 간 지원을 위해 의도적으로 만든 플랫폼으로, 일반적으로 우울이나 불안과 같은 특정한 정신건강 상태에 초점을 맞춘다(Ridout & Campbell, 2018). 동료 간 지원을 위한 스마트폰 앱 중에서 가장 많이 사용되는 앱은 세븐 컵스 오브 티(seven cups of tea, 7Cups)이다. 7Cups는 훈련된 자원봉사자와의 일대일 채팅, 그룹 채팅, 커뮤니티 등 여러 방식으로 동료 지원을 제공한다(MindTools.io, 2021).

(2) 온라인 동료 커뮤니티의 근거 기반

온라인 동료 커뮤니티에 대한 최신 근거는 여러 무작위 임상시험을 포함하고 있으며, 대부분 페이스북과 같은 소셜 미디어 플랫폼을 살펴본다. 이는 페이스북이 동료 간 지원을 위한 가장 인기 있는 수단이라는 연구 결과와도 일치한다(Prescott et al., 2020). 정신건강 결과와 관련해서는 우울과 불안이 가장 많이 연구되었는데, 최소 10건의 임상시험에서 우울 증상이 개선되었고(Griffiths, Calear, & Banfield, 2009), 최소 1건의 임상시험에서 불안 증상이 개선되었다(Ellis, Campbell, Sethi, & O'Dea, 2011). 동료 간 지원은 물질 사용, 특히 담배 사용을 단기적으로 개선하는 데에도 어느 정도 예비적인 효과를 보여 준다(Woodruff, Edwards, Conway, & Elliott, 2001, 2007). 하지만 PTSD의 경우, 온라인 동료 커뮤니티가 결과 개선에 효과가 있다고 검증된 임상시험은 아직 없다.

온라인 동료 커뮤니티의 임상적 결과에 대한 근거는 아직 미미하지만, 정신건강에 어려움을 겪는 사람들, 특히 젊은이들에게 도움이 되는 것으로 입증되었다(Ali et al., 2015;

---

5 (역자 주) 그룹 포럼 사이트(group forum site): 우리나라에서는 생소한 용어지만, 다음 카페, 네이버 카페, duckoo, dcinside 등의 커뮤니티 사이트와 유사하다고 볼 수 있다.

Pretorius, Chambers, & Coyle, 2019; Ridout & Campbell, 2018). 이러한 유형의 지원은 특히 우울 및 불안을 경험하는 사람들에게 연결감을 높이고, 유용한 자원을 제공하며, 정신건강 상태에 대한 낙인을 줄일 수 있다(Ali et al., 2015; Naslund et al., 2016; Pretorius et al., 2019; Ridout & Campbell, 2018). 온라인 우울증 커뮤니티를 대상으로 한 횡단 연구에 따르면, 온라인 우울증 커뮤니티를 자주 이용하는 사람들(heavy users)은 '나는 다양한 치료법에 대한 지식을 얻는다'라는 문항에 얼마나 동의하는지에 대해 5점 만점 중 평균 4.24점을, '나는 다른 사람들과 연결되어 있다고 느낀다.'는 문항에 대해서는 5점 만점 중 평균 4.35점을 부여한 것으로 나타났다(Nimrod, 2013).

6) 기능형 게임

(1) 기능형 게임의 개념

기능형 게임(serious game)은 놀이 이상의 목적을 위해 고안된 비디오 게임이다. 이 장에서 말하는 기능형 게임은 사용자의 기분이나 인지 기능을 향상시키기 위해 고안된 게임을 뜻한다. 초기의 기능형 게임은 모두 컴퓨터로 제공되었지만, 현재 몇몇 기능형 게임은 모바일 앱으로 제공된다(Fleming et al., 2017; Lau, Smit, Fleming, & Riper, 2016). 현시점에, 디지털 치료제로서의 기능형 게임은 여전히 새로운 분야이며, 이에 대한 연구도 제한적이다(Johnson et al., 2016). 하지만 일반적인 정신적 안녕감을 개선하고자 인지 훈련을 사용하는 기능형 게임은 존재하며, 일부는 우울증과 같은 기분 장애를 대상으로 하기도 한다. 성공적인 기능형 게임에서는 효과적인 인지적 개선을 위하여, 적응형 알고리즘(adaptive algorithm)과 멀티태스킹 패러다임이라는 두 가지 중요한 기능을 사용한다. 개념 증명 연구에서 가장 효과가 큰 기능형 게임에서는 생산적 투쟁(productive struggle)이라는 기준을 사용하여 사용자의 플레이 시도 중 80%에서 성공할 수 있도록 게임을 설정한다(Anguera et al., 2017). 사용자의 실력이 향상될수록(혹은 지칠수록), 해당 게임은 사용자가 최적의 생산적 투쟁을 경험할 수 있도록 조정된다. 두 번째 기능인 멀티태스킹은 사용자가 두 가지 주의분산적 과제를 완료하는 것으로 구성된다. 최근 미국 식품의약국(Food and Drug Administration, FDA)의 승인을 받은 기능형 게임인 엔디버알엑스(EndeavourRx)에서, 사용자는 장애물 코스를 통과하는 동시에 비슷하게 생긴 여러 물체 중에서 미리 정해진 물체를 선택해야 한다.

인지적 훈련을 위한 최고 등급의 기능형 게임으로는 스마트폰 앱인 코그니핏(CogniFit), 해피뉴런프로(HAPPYneuron PRo), 루모시티(Lumosity)가 있다. 이러한 모든 앱에서는 작업기억, 시각적 처리, 속도 및 주의력과 같은 인지 기능을 표적으로 한 게임을 사용한다(One

Mind PsyberGuide, 2021). 기분 장애나 기타 정신건강 상태에 특히 특화된 게임으로는 스파스(Sparx, 우울 및 불안을 위한 인지행동치료 기반의 비디오 게임), 저니 오브 더 와일드 디바인(Journey of the Wild Divine)과 엔디버알엑스(ADHD 아동을 위한 게임), 퍼스널 젠(Personal Zen, 스트레스 및 불안 감소를 목표로 하는 모바일 앱 기반 게임) 등이 있다.

(2) 기능형 게임의 근거 기반

기능형 게임에 대한 근거는 아직 부족하다. 인지 기능에 관한 기능형 게임에 대한 연구는 많지만, 정신건강 장애의 임상 결과에 대한 무작위 임상시험은 거의 없다. 저자가 알기로는, 아직까지 기능형 게임이 PTSD, 불안, 물질 사용의 결과를 개선할 수 있다는 근거는 충분하지 않다. 하지만 PTSD가 있는 퇴역 군인이 비디오 게임을 할 가능성이 더 높다는 점에 주목해야 하는데, 이는 향후 PTSD 치료 연구에서 기능형 게임이 실행 가능한 옵션이 될 수 있다는 것을 뜻한다(Grant, Spears, & Pedersen, 2018). 기능형 게임이 우울증 치료에 효과적일 수 있다는 예비적 증거도 일부 존재한다(Anguera et al., 2017; Fleming et al., 2017; Gunning, Anguera, Victoria, & Arean, 2021; Lau et al., 2016; Li, Theng, & Foo, 2014). 하지만 이러한 근거는 아직 초기 단계이며, 우울증에 대한 기능형 게임의 효과를 뒷받침하기 위해서는 더 많은 연구가 필요하다.

3. 2세대 디지털 치료제의 주의 사항 및 제한 사항

소비자 직접 치료를 위한 독립형 정신건강 앱이 정신건강 문제로 치료를 받으려는 사람들 모두에게 적합한 것은 아니다. 이러한 도구는 매우 빠르게 개발되고 발전되어 왔는데, 곧바로 실제 장면에 사용되고 나서야 우리는 디지털 치료제를 사용할 때의 문제가 무엇인지 배우기 시작하고 있다. 이러한 문제는 참여도, 접근성, 데이터 보안 및 개인정보 보호, 위험 관리와 같은 주요 테마로 분류할 수 있다.

1) 참여도

참여도는 사용자가 디지털 치료제를 사용하는 정도로서, 그 정도는 행동 및 정서에서의 장기적인 변화를 보장할 수 있는 최적의 기간(치료 용량) 동안 사용하도록 설계된다(Cole-Lewis, Ezeanochie, & Turgiss, 2019). 여러 연구에 따르면, 사람들은 개발자가 의도한 대로 참여하지 않고, 장기적인 참여가 저조하였다(Hatch, Hoffman, Ross, & Docherty, 2018; Lattie et al., 2019; Ng, Firth, Minen, & Torous, 2019; Yeager & Benight, 2018). 실제로, 최근 연구용 디지털 치료제에 대한 연구 참여도와 실생활에서의 디지털 치료제 참여도를 비교한 결과, 연구 참여자가 실제 소비자보다 동일한 기술의 제품에 참여할 가능성이 4배 더 높은 것으로 나타났다(Baumel, Edan, & Kane, 2019; Kelders, Kok, Ossebaard, & Van Gemert-Pijnen, 2012). 소비자가 임상가 및 코치와 접촉하면 참여도가 더 높아지는 경향이 있지만, 안내형 디지털 치료제를 이용하는 소비자 중에서 모든 회기를 완료하는 비율은 1% 미만에 불과하다(Gilbody et al., 2015).

하지만 참여도와 결과 간의 연관성은 잘 알려져 있지 않다. 근거에 따르면, 많은 사람은 2주 동안의 디지털 치료제 사용으로 혜택을 볼 수 있고(Arean et al., 2016), 디지털 건강 기술에 대한 참여는 주기적이다. 도구가 개인의 목표 및 맥락에 얼마나 적합한지에 따라, 사람들은 시간이 지나면서 많은 일시적 악화(lapse) 및 재참여를 반복한다(Epstein, Ping, Fogarty, & Munson, 2015; Lin, Althoff, & Leskovec, 2018). 따라서 최적의 참여가 모든 상황에서 다 똑같은 것이 나타나는 것은 아니다. 실제로 연구진들의 자체 연구에서 소비자에게 전통적인 치료와 디지털 치료제에 대한 선호도를 물었을 때, 많은 사람은 이러한 서비스가 행동 및 정신건강 문제에 어떤 도움이 될지는 불분명하다고 답하였다(Renn et al., 2019). 또한 코로나19 기간 동안 디지털 치료제 회사에 서비스를 요청하는 사람들의 수는 크게 증가하였지만, 도움이 필요한 사람들 중 16%만이 디지털 치료제를 대처 수단으로 고려한 적이 있음을 확인하였다(Arean et al., 2021). 따라서 이러한 기술은 효과적이지만, 소비자는 개발자가 고려하지 않은 방식으로 사용하는 것을 선호할 수 있으며, 기술을 사용하는 것이 이상적인 치료 제공 방법이라고 생각하지 않을 수도 있다.

2) 접근성

2세대 디지털 치료제 개발자들이 잘 고려하지 않은 또 다른 문제는 모든 사람이 도구를 이용할 수 있는지 여부이다. 저소득층, 광대역(broadband)에 접근할 수 없는 지역에 거주하는 사람들, 장애가 있는 사람들은 디지털 치료제 개발 과정에서 간과되는 경우가 많다. 예를 들어, 시각 및 청각 장애가 있는 사람들은 이러한 기기를 사용할 수 없는 경우가 많다. 스마트폰과 노트북에는 시각 및 청각 장애를 위한 편의 기능이 있지만, 많은 앱이 편의 기능을 지원하는 운영체제 도구가 작동하지 않도록 만들어져 있다(Sayal, Subbalakhmi, & Saini, 2020). 저소득층은 최신 애플리케이션과 호환되지 않는 구형 휴대폰을 사용하는 경우가 많다. 구형 휴대폰에서 새로운 앱을 사용하면 배터리 소모, 데이터 요금제 제한으로 인한 비용 증가 등 여러 가지 문제가 발생한다(Liu et al., 2020). 마지막으로, 시골에 거주하는 사람들은 연결을 안정적으로 하지 못하여, 온디맨드 서비스를 제공하는 치료법을 사용할 수 없는 경우가 많다(Liu et al., 2020). 그러나 이러한 문제는 극복할 수 없는 것이 아니며, 향후 개발자들은 이러한 접근 장벽을 완화하는 도구를 개발하는 방법을 고려해야 한다.

3) 개인정보 보호 기준

유럽연합(European Union, EU)과 영국은 소비자의 스마트폰 데이터를 보호하기 위한 규정을 만들었지만, 미국에서는 이러한 규제가 엄격하지 않다(Huckvale, Torous, & Larsen, 2019). 이 문제는 페이스북과 케임브리지 애널리티카(Cambridge Analytica)가 연루된 데이터 유출 스캔들을 계기로 변화하고 있다. 개인정보 보호 규칙과 기준을 지키기 어려울 수 있지만, 개인정보를 보호하고 위험을 최소화하려면 디지털 치료제를 선택하기 전에 개인정보 보호 규칙을 반드시 읽어보아야 한다.

4) 위험 관리

현시점에서 디지털 치료제가 해롭다는 증거는 없다(Ebert et al., 2016). 그러나 일부 상업적 도구에서는 효과에 대한 충분한 근거 없이 도구의 엄격성이나 잠재적 치료 효과를 주장할 수 있다. 실제로 인지기능에 대한 기능형 게임인 루모시티는 근거 없는 주장을 했다는 이유로 미국 연방거래위원회로부터 200만 달러의 벌금을 지불하라는 명령을 받았다(Federal Trade Commission, 2016). 회사의 주장에 따라 도구를 선택할 때는 주의해야 한다.

4. 효과적인 2세대 디지털 치료제를 찾는 방법

앱은 빠르게 나타나고 사라지고 있으며, 모바일 기술의 최신 발전에 맞춰, 2세대 디지털 치료제의 세계는 끊임없이 변화하고 있다. 우리는 이러한 기술에 어떤 기능이 있어야만 근거 기반 기술로 볼 수 있는지에 대해 입문서를 제공할 수 있지만, 일반 소비자나 임상가가 수만개의 앱 중에서 어떤 앱이 최고의 기능을 갖고 있는지를 판단하는 것은 매우 어려울 수 있다. 2세대 디지털 치료제가 근거 기반이어야 한다는 필요성뿐만 아니라, 위에서 잠재적 한계로 언급하였던 참여도, 접근성, 개인정보 보호, 위험 관리와 같은 문제도 고려해야 한다. 다행스럽게도 소비자와 임상가를 위해 이러한 작업을 수행할 수 있는 기업들이 등장하기 시작하였다.

원 마인드 사이버가이드(One Mind PsyberGuide), 오르차(ORCHA, 치료 및 건강 애플리케이션 검토를 위한 기구), 마인드앱스(Mindapps)와 마인드툴.아이오(Mindtools.io)와 같은 기관은 근거 기반 디지털 치료제에 대해 알아보는 데 유용하며 신뢰할 수 있다. 이러한 기관에서는 정신건강 앱에 대한 체계적 문헌 고찰 연구를 활용하여, 가장 신뢰할 수 있으며 근거 기반 치료로 지지되는 앱을 찾아낸다. 각각의 플랫폼은 고유한 데이터 표시 방식과 다양한 명칭의 평가 범주를 지니고 있지만, 모든 플랫폼은 유사한 앱 특성과 구성을 평가한다(Carlo, Hosseini Ghomi, Renn, & Arean, 2019). 각 기관의 웹사이트에서 사용자는 특정 상태(예: 우울, 불안, 외상 후 스트레스 장애 등), 치료 유형(예: 인지행동치료, 변증법적 행동치료 등)으로 앱을 검색할 수 있다. 검색 결과가 제시될 때는 신뢰도(credibility), 사용자 경험(user experience), 개인정보 투명성(privacy transparency) 등의 평점을 기준으로, 선택한 범주에서 가장 높은 평점을 받은 앱이 표시된다. 사용자는 각 앱의 목적 및 기능에 대한 요약을 확인할 수 있다. 이러한 도구 중 일부(예: 원 마인드 사이버가이드)에서는 사용자가 검토할 수 있게끔 앱에 대한 연구 결과도 링크로 제공한다. 이러한 사이트는 접근이 용이하며, 광범위한 앱 데이터베이스를 제공하고, 신뢰할 수 있는 근거 기반 결과를 제공하므로, 디지털 치료제를 사용하려는 모든 사람들에게 유용한 도구이다([그림 4.2] 참조).

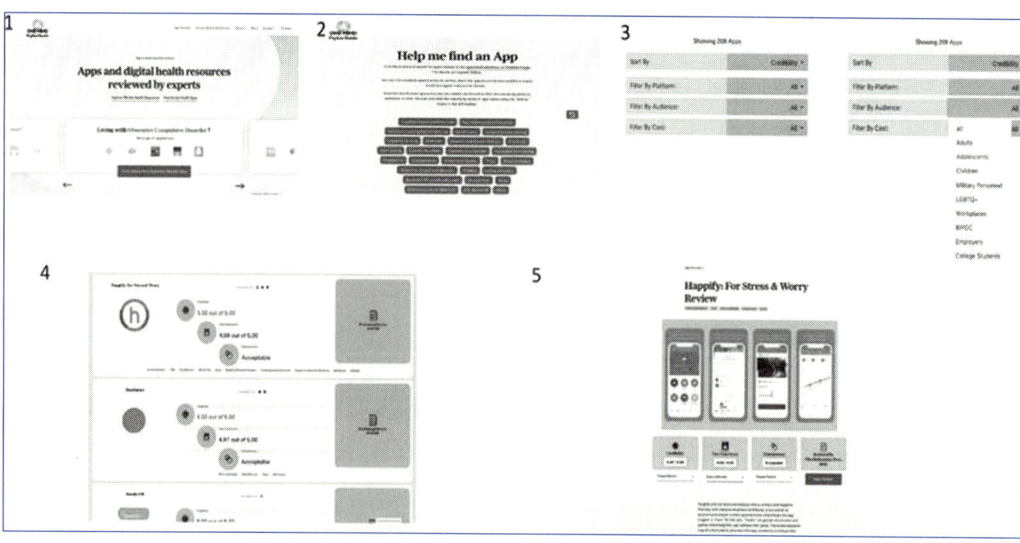

[그림 4.2] 원 마인드 사이버가이드 플랫폼. (1) 관심 있는 조건 선택, (2) 도구의 초점/목적 선택, (3) 가장 중요하다고 생각하는 기준에 따라 정렬, (4) 도구 목록 제공, (5) 도구에 대한 독립적 검토

5. 실무에서 2세대 디지털 치료제를 사용하는 방법

임상가와 소비자는 행동 및 정신건강 관리에서 이러한 기술을 사용함으로써 잠재적으로 혜택을 받을 수 있다. 임상가가 2세대 디지털 치료제를 실무에 통합하도록 하는 데에는 여러 의견이 있지만, 사실 이러한 도구를 임상 실무의 일부로 사용할 최선의 방법이 무엇인지에 대한 근거 기반 지침은 거의 없다. 현실적으로, 비슷한 경험을 겪고 있는 다른 사람들의 도움을 받을 수 있는 동료지지 도구를 제외하면, 안내형 디지털 치료제는 이미 어떤 형태로든 상담을 제공하기 때문에 임상가에게 도움이 될 가능성이 적다.

2세대 디지털 치료제는 결과를 평가하고 모니터링하기 위한 전자적 방법으로 성공적으로 사용될 수 있는데, 이는 소비자에게 지필 방식으로 자신의 기분을 추적하도록 하는 것과 비슷하다. 증상 추적 도구는 소비자가 매일 자신의 기분을 추적하는 데 편리한 방법일 수 있지만, 이 중에는 기존의 전자 의료 시스템과 호환되는 도구가 거의 없기 때문에 임상가 입장에서는 데이터 접근 및 보호가 복잡하다는 실질적인 문제가 있다(Connolly, Kuhn, Possemato, & Torous, 2021). 임상가가 도구를 선택하였는데 소비자 데이터를 의료 기록에 안전하게 통합하거나 공유할 수 있는 수단이 없다면, 지필 양식과 마찬가지로 임상가는 전자 데이터를 검토하는 데 시간을 소비해야 할 것이다.

자기주도형 디지털 치료제는 지속적인 동기 부여 및 실시간으로 치료 전략에 접근하는 게 필요한 소비자에게 특히 유용할 수 있다. 임상가가 자신의 치료에서 인지행동치료를 제공하지 않는다면, 앱 선택에 다소 제한이 있을 것이다. 임상가가 사용하는 치료 방법과 일치하지 않는 치료 모델에 기반해 앱을 추천하면, 소비자에게 혼란을 야기할 수 있다. 위에서 논의했듯, 일부 2세대 디지털 치료제는 근거 기반 치료의 보조 도구로 특별히 설계되었기 때문에(예: 외상 후 스트레스 장애용 앱), 임상가가 내담자의 회기 외 활동을 실시간으로 모니터링하고 매일 추적하도록 도울 수 있게 설계되었다([그림 4.3] 참조).

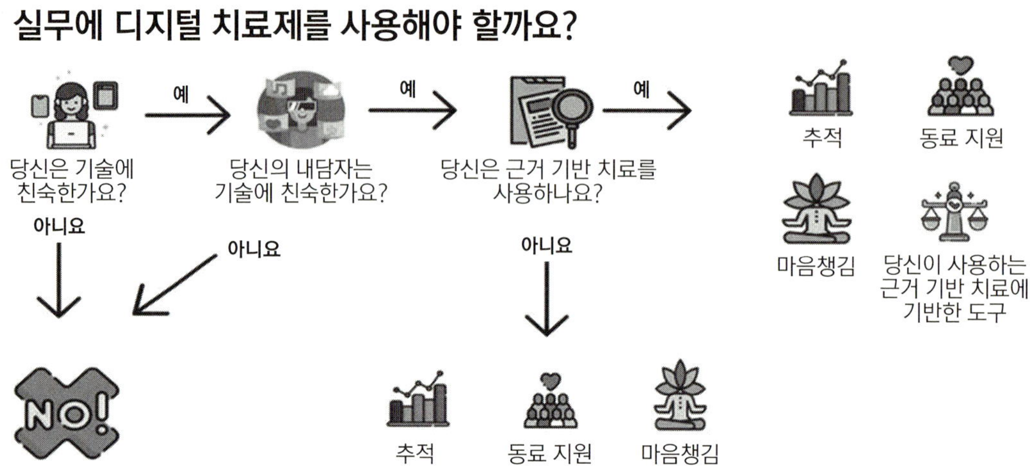

[그림 4.3] 디지털 치료제 의사결정 나무

6. 요약 및 향후 방향

요약하면, 2세대 디지털 치료제는 정신 및 행동 건강 상태를 관리하는 데 효과적이라고 볼 수 있는 충분한 근거가 있다(Andrews et al., 2018; Anguera et al., 2017; Fleming et al., 2017; Gál et al., 2021; Goldberg et al., 2018; Griffiths et al., 2009; Gunning et al., 2021; Lau et al., 2016; Li et al., 2014; Linardon et al., 2019; Olthuis et al., 2016; Park et al., 2020; Steinkamp et al., 2019). 하지만 사용 가능한 기능에 따라 근거는 다양하다. 안내형 앱이 가장 강력한 근거를 지니고 있지만, 경도의 정신 및 행동 장애를 가진 사람들을 위한 자기주도형 도구가 사용할 수 있는 옵션으로 부상하기 시작했다. 동료 지원과 기능형 게임에 관해서는 아직 더 많은 연구와 조사가 필요한데, 작지만 가능성 있는 근거를 보여 주고 있다. 앱은 전통적인 정신건강 치료의 보조 도구로 효과적으로 사용될 수 있으나, 내담자가 회복을 위해 이 도구를 어떻게 사용할지에 대한 선호가 있을 수 있음을 임상가가 인식하고 있어야 한다. 내담자는 이 도구를 목표 설정 및 증상 추적을 위해 사용하고, 목표에 도달하게 되면 도구가 다시 필요하다고 느낄 때까지 따로 보관하는 것을 선호할 수 있다. 이러한 도구에 대한 참여는 아직 제대로 파악되지 않았으며, 임상적 결과를 개선하기 위한 최적의 참여 방법이 무엇인지 결정하려면 더 많은 연구가 필요하다. 가장 중요한 것은 2세대 디지털 치료제를 결정하고 개발하는 데 소비자를 참여시켜야 한다는 점이다. 소비자 선호도에 대한 기존 연구에 따르면, 여전히 많은 사람이 치료를 받을 때 디지털 치료제를 사용하는 것보다 임상가를 만나는 것을 선호하며, 기술이 회복에 어떻게 기능할 것이라고 생각하는지도 아직 불분명하다. 따라서 추후 연구에서는 일반적인 소비자가 디지털 치료제에서 원하는 것이 무엇인지, 회복에 있어 디지털 치료제가 어떤 역할을 해야 한다고 생각하는지, 최적의 참여를 어떻게 정의해야 할지에 대해 탐구해야 한다.

참고문헌

Ali, K., Farrer, L., Gulliver, A. & Griffiths, K.M. (2015). Online peer-to-peer support for young people with mental health problems: A systematic review. *JMIR Mental Health, 2*(2), e19. https://doi.org/10.2196/mental.4418.

Andersson, G., Cuijpers, P., Carlbring, P., Riper, H. & Hedman, E. (2014). Guided internet-based vs. face-to-face cognitive behavior therapy for psychiatric and somatic disorders: A systematic review and meta-analysis. *World Psychiatry, 13*(3), 288–295. https://doi.org/10.1002/wps.20151.

Andrews, G., Basu, A., Cuijpers, P., Craske, M.G., McEvoy, P., English, C.L., et al. (2018). Computer therapy for the anxiety and depression disorders is effective, acceptable and practical health care: An updated meta-analysis. *Journal of Anxiety Disorders, 55*, 70–78. https://doi.org/10.1016/j.janxdis.2018.01.001.

Anguera, J.A., Gunning, F.M. & Arean, P.A. (2017). Improving late life depression and cognitive control through the use of therapeutic video game technology: A proof-of-concept randomized trial. *Depression and Anxiety, 34*(6), 508–517. https://doi.org/10.1002/da.22588.

Arean, P.A., Hallgren, K.A., Jordan, J.T., Gazzaley, A., Atkins, D.C., Heagerty, P.J., et al. (2016). The use and effectiveness of mobile apps for depression: Results from a fully remote clinical trial. *Journal of Medical Internet Research, 18*(12), e330. https://doi.org/10.2196/jmir.6482.

Arean, P.A., Mata-Greve, F., Johnson, M., Pullmann, M., Griffith Fillipo, I., Comtois, K., et al. (2021). Mental health and perceived usability of digital mental health tools among essential workers and unemployed during COVID–19: A remote survey study. *JMIR Mental Health*. https://doi.org/10.2196/28360.

Bakker, D., Kazantzis, N., Rickwood, D. & Rickard, N. (2016). Mental health smartphone apps: Review and evidence-based recommendations for future developments. *JMIR Mental Health, 3*(1), e7. https://doi.org/10.2196/mental.4984.

Baumel, A., Edan, S. & Kane, J.M. (2019). Is there a trial bias impacting user engagement with unguided e-mental health interventions? A systematic comparison of published reports and real-world usage of the same programs. *Translational Behavioral Medicine, 9*(6), 1020–1033. https://

doi.org/10.1093/tbm/ibz147.

Baumel, A. & Kane, J.M. (2018). Examining predictors of real-world user engagement with self-guided eHealth interventions: Analysis of mobile apps and websites using a novel dataset. *Journal of Medical Internet Research, 20*(12), e11491. https://doi.org/10.2196/11491.

Baumel, A., Torous, J., Edan, S. & Kane, J.M. (2020). There is a non-evidence-based app for that: A systematic review and mixed methods analysis of depression– and anxiety-related apps that incorporate unrecognized techniques. *Journal of Affective Disorders, 273*, 410–421. https://doi.org/10.1016/j.jad.2020.05.011.

Betthauser, L.M., Stearns-Yoder, K.A., McGarity, S., Smith, V., Place, S. & Brenner, L.A. (2020). Mobile app for mental health monitoring and clinical outreach in veterans: Mixed methods feasibility and acceptability study. *Journal of Medical Internet Research, 22*(8), e15506. https://doi.org/10.2196/15506.

Broglia, E., Millings, A. & Barkham, M. (2019). Counseling with guided use of a mobile well-being app for students experiencing anxiety or depression: Clinical outcomes of a feasibility trial embedded in a student counseling service. *JMIR MHealth and UHealth, 7*(8), e14318. https://doi.org/10.2196/14318.

Bush, N.E., Ouellette, G. & Kinn, J. (2014). Utility of the T2 Mood Tracker mobile application among army warrior transition unit service members. *Military Medicine, 179*(12), 1453–1457. https://doi.org/10.7205/MILMED–D–14–00271.

Carlo, A.D., Hosseini Ghomi, R., Renn, B.N. & Arean, P.A. (2019). By the numbers: Ratings and utilization of behavioral health mobile applications. *NPJ Digital Medicine, 2,* 54. https://doi.org/10.1038/s41746–019–0129–6.

Chan, A.H.Y., Honey, M.L.L. (2021). User perceptions of mobile digital apps for mental health: Acceptability and usability — An integrative review. *Journal of Psychiatric and Mental Health Nursing, 29*(1), 147–168. https://doi.org/10.1111/jpm.12744.

Clay, R.A. (2021). Mental health apps are gaining traction. *Monitor on Psychology, 52*(1), 55.

Cole-Lewis, H., Ezeanochie, N. & Turgiss, J. (2019). Understanding health behavior technology engagement: Pathway to measuring digital behavior change interventions. *JMIR Formative Research, 3*(4), e14052. https://doi.org/10.2196/14052.

Connolly, S.L., Kuhn, E., Possemato, K. & Torous, J. (2021). Digital clinics and mobile technology implementation for mental health care. *Current Psychiatry Reports, 23*(7), 38. https://doi.org/10.1007/s11920–021–01254–8.

Cuijpers, P., Donker, T., Johansson, R., Mohr, D.C., van Straten, A. & Andersson, G. (2011). Self-guided psychological treatment for depressive symptoms: A meta-analysis. *Plos One, 6*(6), e21274.

https://doi.org/10.1371/journal.pone.0021274.

Depp, C.A., Mausbach, B., Granholm, E., Cardenas, V., Ben-Zeev, D., Patterson, T.L., et al. (2010). Mobile interventions for severe mental illness: Design and preliminary data from three approaches. *The Journal of Nervous and Mental Disease, 198*(10), 715–721. https://doi.org/10.1097/NMD.0b013e3181f49ea3.

Donker, T., Petrie, K., Proudfoot, J., Clarke, J., Birch, M.-R. & Christensen, H. (2013). Smartphones for smarter delivery of mental health programs: A systematic review. *Journal of Medical Internet Research, 15*(11), e247. https://doi.org/10.2196/jmir.2791.

Drissi, N., Ouhbi, S., Janati Idrissi, M.A. & Ghogho, M. (2020). An analysis on self-management and treatment-related functionality and characteristics of highly rated anxiety apps. *International Journal of Medical Informatics, 141*, 104243. https://doi.org/10.1016/j.ijmedinf.2020.104243.

Duffy, D., Enrique, A., Connell, S., Connolly, C. & Richards, D. (2019). Internet-delivered cognitive behavior therapy as a prequel to face-to-face therapy for depression and anxiety: A naturalistic observation. *Frontiers in Psychiatry, 10*, 902. https://doi.org/10.3389/fpsyt.2019.00902.

Ebert, D.D., Donkin, L., Andersson, G., Andrews, G., Berger, T., Carlbring, P., et al. (2016). Does internet-based guided-self-help for depression cause harm? An individual participant data meta-analysis on deterioration rates and its moderators in randomized controlled trials. *Psychological Medicine, 46*(13), 2679–2693. https://doi.org/10.1017/S0033291716001562.

Ebert, D.D., Zarski, A.-C., Christensen, H., Stikkelbroek, Y., Cuijpers, P., Berking, M., et al. (2015). Internet and computer-based cognitive behavioral therapy for anxiety and depression in youth: A meta-analysis of randomized controlled outcome trials. *Plos One, 10*(3), e0119895. https://doi.org/10.1371/journal.pone.0119895.

Ellis, L., Campbell, A., Sethi, S., O'Dea, B. (2011). Comparative randomized trial of an online cognitive-behavioral therapy program and an online support group for depression and anxiety. *Journal of CyberTherapy and Rehabilitation, 4*, 461–467.

Epstein, D.A., Ping, A., Fogarty, J. & Munson, S.A. (2015). A lived informatics model of personal informatics. Proceedings of the 2015 ACM international joint conference on pervasive and ubiquitous computing, pp. 731–742. https://doi.org/10.1145/2750858.2804250.

Federal Trade Commission. (2016, January 5). Lumosity to pay $2 million to settle FTC deceptive advertising charges for its 'Brain Training' program. Federal Trade Commission. https://www.ftc.gov/news-events/press-releases/2016/01/lumosity-pay-2-million-settle-ftc-deceptive-advertising-charges.

Firth, J., Torous, J., Nicholas, J., Carney, R., Pratap, A., Rosenbaum, S., et al. (2017). The efficacy of smartphone-based mental health interventions for depressive symptoms: A meta-analysis of randomized controlled trials. *World Psychiatry, 16*(3), 287–298. https://doi.org/10.1002/wps.20472.

Firth, J., Torous, J., Nicholas, J., Carney, R., Rosenbaum, S. & Sarris, J. (2017). Can smartphone mental health interventions reduce symptoms of anxiety? A meta-analysis of randomized controlled trials. *Journal of Affective Disorders, 218*, 15–22. https://doi.org/10.1016/j.jad.2017.04.046.

Fleming, T.M., Bavin, L., Stasiak, K., Hermansson-Webb, E., Merry, S.N., Cheek, C., et al. (2017). Serious games and gamification for mental health: Current status and promising directions. *Frontiers in Psychiatry, 7*, 215. https://doi.org/10.3389/fpsyt.2016.00215.

Gál, É., Ştefan, S. & Cristea, I.A. (2021). The efficacy of mindfulness meditation apps in enhancing users' well-being and mental health related outcomes: A meta-analysis of randomized controlled trials. *Journal of Affective Disorders, 279*, 131–142. https://doi.org/10.1016/j.jad.2020.09.134.

Gilbody, S., Littlewood, E., Hewitt, C., Brierley, G., Tharmanathan, P., Araya, R., et al. (2015). Computerised cognitive behaviour therapy (cCBT) as treatment for depression in primary care (REEACT trial): Large scale pragmatic randomised controlled trial. BMJ (Clinical Research Ed.), 351, h5627. https://doi.org/10.1136/bmj.h5627.

Goldberg, S.B., Tucker, R.P., Greene, P.A., Davidson, R.J., Wampold, B.E., Kearney, D.J., et al. (2018). Mindfulness-based interventions for psychiatric disorders: A systematic review and meta-analysis. *Clinical Psychology Review, 59*, 52–60. https://doi.org/10.1016/j.cpr.2017.10.011.

Goyal, M., Singh, S., Sibinga, E.M.S., Gould, N.F., Rowland-Seymour, A., Sharma, R., et al. (2014). Meditation programs for psychological stress and well-being: A systematic review and meta-analysis. *JAMA Internal Medicine, 174*(3), 357–368. https://doi.org/10.1001/jamainternmed.2013.13018.

Grant, S., Spears, A. & Pedersen, E.R. (2018). Video games as a potential modality for behavioral health services for young adult veterans: Exploratory analysis. *JMIR Serious Games, 6*(3), e15. https://doi.org/10.2196/games.9327.

Griffiths, K.M., Calear, A.L. & Banfield, M. (2009). Systematic review on internet support groups (ISGs) and depression (1): Do ISGs reduce depressive symptoms?. *Journal of Medical Internet Research, 11*(3), e40. https://doi.org/10.2196/jmir.1270.

Gunning, F.M., Anguera, J.A., Victoria, L.W. & Arean, P.A. (2021). A digital intervention targeting cognitive control network dysfunction in middle age and older adults with major depression. *Translational Psychiatry, 11*(1), 1–9. https://doi.org/10.1038/s41398-021-01386-8.

Hatch, A., Hoffman, J.E., Ross, R. & Docherty, J.P. (2018). Expert consensus survey on digital health tools for patients with serious mental illness: Optimizing for user characteristics and user support. *JMIR Mental Health, 5*(2), e46. https://doi.org/10.2196/mental.9777.

Hetrick, S.E., Robinson, J., Burge, E., Blandon, R., Mobilio, B., Rice, S.M., et al. (2018). Youth codesign of a mobile phone app to facilitate self-monitoring and management of mood symptoms in young people with major depression, suicidal ideation, and self-harm. *JMIR Mental Health, 5*(1), e9. https://doi.org/10.2196/mental.9041.

Hilton, L., Maher, A.R., Colaiaco, B., Apaydin, E., Sorbero, M.E., Booth, M., et al. (2017). Meditation for posttraumatic stress: Systematic review and meta-analysis. *Psychological Trauma: Theory, Research, Practice and Policy, 9*(4), 453−460. https://doi.org/10.1037/tra0000180.

Hoermann, S., McCabe, K.L., Milne, D.N. & Calvo, R.A. (2017). Application of synchronous text-based dialogue systems in mental health interventions: Systematic review. *Journal of Medical Internet Research, 19*(8), e267. https://doi.org/10.2196/jmir.7023.

Howells, A., Ivtzan, I., Eiroa-Orosa, F.J. (2016). Putting the 'app' in happiness: A randomised controlled trial of a smartphone-based mindfulness intervention to enhance wellbeing. *Journal of Happiness Studies, 17*(1), 163−185 https://doi.org/10/f7788d.

Huckvale, K., Torous, J. & Larsen, M.E. (2019). Assessment of the data sharing and privacy practices of smartphone apps for depression and smoking cessation. *JAMA Network Open, 2*(4), e192542. https://doi.org/10.1001/jamanetworkopen.2019.2542.

Huguet, A., Rao, S., McGrath, P.J., Wozney, L., Wheaton, M., Conrod, J., et al. (2016). A systematic review of cognitive behavioral therapy and behavioral activation apps for depression. *Plos One, 11*(5), e0154248. https://doi.org/10.1371/journal.pone.0154248.

Hull, T.D., Malgaroli, M., Connolly, P.S., Feuerstein, S. & Simon, N.M. (2020). Two-way messaging therapy for depression and anxiety: Longitudinal response trajectories. *BMC Psychiatry [Electronic Resource], 20,* 297. https://doi.org/10.1186/s12888−020−02721−x.

Järvelä-Reijonen, E., Karhunen, L., Sairanen, E., Muotka, J., Lindroos, S., Laitinen, J., et al. (2018). The effects of acceptance and commitment therapy on eating behavior and diet delivered through face-to-face contact and a mobile app: A randomized controlled trial. *The International Journal of Behavioral Nutrition and Physical Activity, 15*(1), 22. https://doi.org/10.1186/s12966−018−0654−8.

Johnson, D., Deterding, S., Kuhn, K.−A., Staneva, A., Stoyanov, S. & Hides, L. (2016). Gamification for health and wellbeing: A systematic review of the literature. *Internet Interventions, 6*, 89−106. https://doi.org/10.1016/j.invent.2016.10.002.

Karyotaki, E., Riper, H., Twisk, J., Hoogendoorn, A., Kleiboer, A., Mira, A., et al. (2017). Efficacy of self-guided internet-based cognitive behavioral therapy in the treatment of depressive symptoms: A meta-analysis of individual participant data. *JAMA Psychiatry, 74*(4), 351. https://doi.org/10.1001/jamapsychiatry.2017.0044.

Kelders, S.M., Kok, R.N., Ossebaard, H.C., Van Gemert-Pijnen, J.E.W.C. (2012). Persuasive system design does matter: A systematic review of adherence to web-based interventions. *Journal of Medical Internet Research, 14*(6), e152. https://doi.org/10.2196/jmir.2104.

Kenter, R.M.F., van de Ven, P.M., Cuijpers, P., Koole, G., Niamat, S., Gerrits, R.S., et al. (2015). Costs and effects of internet cognitive behavioral treatment blended with face-to-face treatment: Results from a naturalistic study. *Internet Interventions, 2*(1), 77–83. https://doi.org/10.1016/j.invent.2015.01.001.

Lattie, E.G., Adkins, E.C., Winquist, N., Stiles-Shields, C., Wafford, Q.E. & Graham, A.K. (2019). Digital mental health interventions for depression, anxiety, and enhancement of psychological well-being among college students: Systematic review. *Journal of Medical Internet Research, 21*(7), e12869. https://doi.org/10.2196/12869.

Lau, H.M., Smit, J.H., Fleming, T.M. & Riper, H. (2016). Serious games for mental health: Are they accessible, feasible, and effective? A systematic review and meta-analysis. *Frontiers in Psychiatry, 7*, 209. https://doi.org/10.3389/fpsyt.2016.00209.

Lenhart, A., Purcell, K., Smith, A. & Zickuhr, K. (2010). Social media & mobile internet use among teens and young adults. Pew Research Center, Millenials.

Li, J., Theng, Y.-L. & Foo, S. (2014). Game-based digital interventions for depression therapy: A systematic review and meta-analysis. *Cyberpsychology, Behavior and Social Networking, 17*(8), 519–527. https://doi.org/10.1089/cyber.2013.0481.

Lin, Z., Althoff, T. & Leskovec, J. (2018). I'll be back: On the multiple lives of users of a mobile activity tracking application. Proceedings of the 2018 world wide web conference, pp. 1501–1511. https://doi.org/10.1145/3178876.3186062.

Linardon, J., Cuijpers, P., Carlbring, P., Messer, M., Fuller-Tyszkiewicz, M. (2019). The efficacy of app-supported smartphone interventions for mental health problems: A meta-analysis of randomized controlled trials. *World Psychiatry, 18*(3), 325–336. https://doi.org/10.1002/wps.20673.

Liu, P., Astudillo, K., Velez, D., Kelley, L., Cobbs-Lomax, D. & Spatz, E.S. (2020). Use of mobile health applications in low-income populations. *Circulation: Cardiovascular Quality and Outcomes, 13*(9), e007031. https://doi.org/10.1161/CIRCOUTCOMES.120.007031.

Mani, M., Kavanagh, D.J., Hides, L. & Stoyanov, S.R. (2015). Review and evaluation of mindfulness-based iPhone apps. *JMIR MHealth and UHealth, 3*(3), e82. https://doi.org/10.2196/mhealth.4328.

Marsch, L.A., Campbell, A., Campbell, C., Chen, C.-H., Ertin, E., Ghitza, U., et al. (2020). The application of digital health to the assessment and treatment of substance use disorders: The past, current, and future role of the National Drug Abuse Treatment Clinical Trials Network. *Journal of Substance Abuse Treatment, 112S*, 4–11. https://doi.org/10.1016/j.jsat.2020.02.005.

McCall, T., Ali, M.O., Yu, F., Fontelo, P. & Khairat, S. (2021). Development of a mobile app to support self-management of anxiety and depression in African American women: A usability study. *JMIR Formative Research, 17;5*(8), e24393. https://doi.org/10.2196/24393.

MindTools.io. (2021). MindTools.io. MindTools.Io. https://mindtools.io/.

Miralles, I., Granell, C., Díaz-Sanahuja, L., Van Woensel, W., Bretón-López, J., Mira, A., et al. (2020). Smartphone apps for the treatment of mental disorders: systematic review. *JMIR MHealth and UHealth, 8*(4), e14897. https://doi.org/10.2196/14897.

Mohr, D.C., Azocar, F., Bertagnolli, A., Choudhury, T., Chrisp, P., Frank, R., et al. (2021). Banbury forum consensus statement on the path forward for digital mental health treatment. *Psychiatric Services (Washington, D.C.), 72*(6), 677–683. https://doi.org/10.1176/appi.ps.202000561.

Mohr, D.C., Kwasny, M.J., Meyerhoff, J., Graham, A.K. & Lattie, E.G. (2021). The effect of depression and anxiety symptom severity on clinical outcomes and app use in digital mental health treatments: Meta-regression of three trials. *Behaviour Research and Therapy, 147*, 103972. https://doi.org/10.1016/j.brat.2021.103972.

Mohr, D.C., Schueller, S.M., Tomasino, K.N., Kaiser, S.M., Alam, N., Karr, C., et al. (2019). Comparison of the effects of coaching and receipt of app recommendations on depression, anxiety, and engagement in the IntelliCare platform: Factorial randomized controlled trial. *Journal of Medical Internet Research, 21*(8), e13609. https://doi.org/10.2196/13609.

Naslund, J.A., Aschbrenner, K.A., Marsch, L.A. & Bartels, S.J. (2016). The future of mental health care: Peer-to-peer support and social media. *Epidemiology and Psychiatric Sciences, 25*(2), 113–122. https://doi.org/10.1017/S2045796015001067.

National Institute for Health and Clinical Excellence (NICE) (2006). Computerised cognitive behaviour therapy for depression and anxiety. National Institute for Health and Clinical Excellence (NICE), London.

National Institute for Health and Care Excellence (NICE) (2009). Depression in adults: Recognition and management. National Institute for Health and Care Excellence (NICE), London, England. https://www.nice.org.uk/guidance/CG90.

National Institute of Mental Health (2015). Opportunities and challenges of developing information technologies on behavioral and social science clinical research. National Institute of Mental Health. https://www.nimh.nih.gov/about/advisory-boards-and-groups/namhc/namhc-workgroups/namhc-bssr-workgroup-charge.

Ng, M.M., Firth, J., Minen, M. & Torous, J. (2019). User engagement in mental health apps: A review of measurement, reporting, and validity. *Psychiatric Services (Washington, D.C.), 70*(7), 538–544. https://doi.org/10.1176/appi.ps.201800519.

Nimrod, G. (2013). Challenging the internet paradox: Online depression communities and well-being.

International Journal of Internet Science, 8, 30–48.

Nuamah, J., Mehta, R. & Sasangohar, F. (2020). Technologies for opioid use disorder management: Mobile app search and scoping review. *JMIR MHealth and UHealth, 8*(6), e15752. https://doi.org/10.2196/15752.

O'Grady, C., Melia, R., Bogue, J., O'Sullivan, M., Young, K. & Duggan, J. (2020). A mobile health approach for improving outcomes in suicide prevention (SafePlan). *Journal of Medical Internet Research, 22*(7), e17481. https://doi.org/10.2196/17481.

Olthuis, J.V., Wozney, L., Asmundson, G.J.G., Cramm, H., Lingley-Pottie, P. & McGrath, P.J. (2016). Distance-delivered interventions for PTSD: A systematic review and meta-analysis. *Journal of Anxiety Disorders, 44*, 9–26. https://doi.org/10.1016/j.janxdis.2016.09.010.

One Mind PsyberGuide (2021). One Mind PsyberGuide. One Mind PsyberGuide. https://onemindpsyberguide.org.

Owen, J.E., Kuhn, E., Jaworski, B.K., McGee-Vincent, P., Juhasz, K., Hoffman, J.E., et al. (2018). VA mobile apps for PTSD and related problems: Public health resources for veterans and those who care for them. *MHealth, 4*, 28. https://doi.org/10.21037/mhealth.2018.05.07.

Park, C., Zhu, J., Ho Chun Man, R., Rosenblat, J.D., Iacobucci, M., Gill, H., et al. (2020). Smartphone applications for the treatment of depressive symptoms: A meta-analysis and qualitative review. *Annals of Clinical Psychiatry, 32*(1), 48–68.

Parker, L., Bero, L., Gillies, D., Raven, M. & Grundy, Q. (2018). The 'hot potato' of mental health app regulation: A critical case study of the Australian policy arena. *International Journal of Health Policy and Management, 8*(3), 168–176. https://doi.org/10.15171/ijhpm.2018.117.

Pratap, A., Renn, B.N., Volponi, J., Mooney, S.D., Gazzaley, A., Arean, P.A., et al. (2018). Using mobile apps to assess and treat depression in Hispanic and Latino populations: Fully remote randomized clinical trial. *Journal of Medical Internet Research, 20*(8), e10130. https://doi.org/10.2196/10130.

Prescott, J., Rathbone, A.L. & Brown, G. (2020). Online peer to peer support: Qualitative analysis of UK and US open mental health Facebook groups. *Digital Health, 6*. https://doi.org/10.1177/2055207620979209.

Pretorius, C., Chambers, D. & Coyle, D. (2019). Young people's online help-seeking and mental health difficulties: Systematic narrative review. *Journal of Medical Internet Research, 21*(11), e13873. https://doi.org/10.2196/13873.

Rathbone, A.L. & Prescott, J. (2017). The use of mobile apps and SMS messaging as physical and mental health interventions: Systematic review. *Journal of Medical Internet Research, 19*(8), e295. https://doi.org/10.2196/jmir.7740.

Renn, B.N., Hoeft, T.J., Lee, H.S., Bauer, A.M. & Arean, P.A. (2019). Preference for in-person psychotherapy versus digital psychotherapy options for depression: Survey of adults in the U.S. *NPJ Digital Medicine, 2*, 6. https://doi.org/10.1038/s41746-019-0077-1.

Richards, D., Enrique, A., Eilert, N., Franklin, M., Palacios, J., Duffy, D., et al. (2020). A pragmatic randomized waitlist-controlled effectiveness and cost-effectiveness trial of digital interventions for depression and anxiety. *NPJ Digital Medicine, 3*(1), 1-10. https://doi.org/10.1038/s41746-020-0293-8.

Ridout, B. & Campbell, A. (2018). The use of social networking sites in mental health interventions for young people: Systematic review. *Journal of Medical Internet Research, 20*(12), e12244. https://doi.org/10.2196/12244.

Rodriguez-Paras, C., Tippey, K., Brown, E., Sasangohar, F., Creech, S., Kum, H.-C., et al. (2017). Posttraumatic stress disorder and mobile health: App investigation and scoping literature review. *JMIR MHealth and UHealth, 5*(10), e156. https://doi.org/10.2196/mhealth.7318.

Rosen, K.D., Paniagua, S.M., Kazanis, W., Jones, S. & Potter, J.S. (2018). Quality of life among women diagnosed with breast cancer: A randomized waitlist controlled trial of commercially available mobile app-delivered mindfulness training. *Psycho-Oncology, 27*(8), 2023-2030. doi:10.2196/mhealth.7318.

Sayal, R., Subbalakhmi, C. & Saini, H.S. (2020). Mobile app accessibility for visually impaired. *International Journal of Advanced Trends in Computer Science and Engineering, 9*(1), 182-185. https://doi.org/10.30534/ijatcse/2020/27912020.

Scherr, S. & Goering, M. (2020). Is a self-monitoring app for depression a good place for additional mental health information? Ecological momentary assessment of mental help information seeking among smartphone users. *Health Communication, 35*(8), 1004-1012. https://doi.org/10.1080/10410236.2019.1606135.

Sequeira, L., Perrotta, S., LaGrassa, J., Merikangas, K., Kreindler, D., Kundur, D., et al. (2020). Mobile and wearable technology for monitoring depressive symptoms in children and adolescents: A scoping review. *Journal of Affective Disorders, 265*, 314-324. https://doi.org/10.1016/j.jad.2019.11.156.

Shrier, L.A. & Spalding, A. (2017). 'Just take a moment and breathe and think': Young women with depression talk about the development of an ecological momentary intervention to reduce their sexual risk. *Journal of Pediatric and Adolescent Gynecology, 30*(1), 116-122. https://doi.org/10.1016/j.jpag.2016.08.009.

Steinkamp, J.M., Goldblatt, N., Borodovsky, J.T., LaVertu, A., Kronish, I.M., Marsch, L.A., et al. (2019). Technological interventions for medication adherence in adult mental health and substance use disorders: A systematic review. *JMIR Mental Health, 6*(3), e12493. https://doi.org/10.2196/12493.

Titov, N., Dear, B.F., Staples, L.G., Bennett-Levy, J., Klein, B., Rapee, R.M., et al. (2017). The first 30 months of the MindSpot clinic: Evaluation of a national e-mental health service against project objectives. *The Australian and New Zealand Journal of Psychiatry, 51*(12), 1227−1239. https://doi.org/10.1177/0004867416671598.

Tofighi, B., Abrantes, A. & Stein, M.D. (2018). The role of technology-based interventions for substance use disorders in primary care: A review of the literature. *The Medical Clinics of North America, 102*(4), 715−731. https://doi.org/10.1016/j.mcna.2018.02.011.

Tofighi, B., Chemi, C., Ruiz-Valcarcel, J., Hein, P. & Hu, L. (2019). Smartphone apps targeting alcohol and illicit substance use: Systematic search in commercial app stores and critical content analysis. *JMIR MHealth and UHealth, 7*(4), e11831. https://doi.org/10.2196/11831.

Torous, J., Andersson, G., Bertagnoli, A., Christensen, H., Cuijpers, P., Firth, J., et al. (2019). Towards a consensus around standards for smartphone apps and digital mental health. *World Psychiatry, 18*(1), 97−98. https://doi.org/10.1002/wps.20592.

Torous, J., Firth, J., Huckvale, K., Larsen, M.E., Cosco, T.D., Carney, R., et al. (2018). The emerging imperative for a consensus approach toward the rating and clinical recommendation of mental health apps. *The Journal of Nervous and Mental Disease, 206*(8), 662−666. https://doi.org/10.1097/NMD.0000000000000864.

Vinograd, M. & Craske, M.G. (2020). Chapter 1—History and theoretical underpinnings of exposure therapy, In: Peris, T.S., Storch, E.A., McGuire, J.F. (Eds.) Exposure therapy for children with anxiety and OCD, Elsevier, Amsterdam, The Netherlands, pp. 3−20. https://doi.org/10.1016/B978−0−323−90045−4.00001−9.

Wang, K., Varma, D.S. & Prosperi, M. (2018). A systematic review of the effectiveness of mobile apps for monitoring and management of mental health symptoms or disorders. *Journal of Psychiatric Research, 107*, 73−78. https://doi.org/10.1016/j.jpsychires.2018.10.006.

Weisel, K.K., Fuhrmann, L.M., Berking, M., Baumeister, H., Cuijpers, P. & Ebert, D.D. (2019). Standalone smartphone apps for mental health—A systematic review and meta-analysis. *NPJ Digital Medicine, 2*(1), 1−10. https://doi.org/10.1038/s41746−019−0188−8.

Woodruff, S.I., Conway, T.L., Edwards, C.C., Elliott, S.P. & Crittenden, J. (2007). Evaluation of an internet virtual world chat room for adolescent smoking cessation. *Addictive Behaviors, 32*(9), 1769−1786. https://doi.org/10.1016/j.addbeh.2006.12.008.

Woodruff, S.I., Edwards, C.C., Conway, T.L. & Elliott, S.P. (2001). Pilot test of an internet virtual world chat room for rural teen smokers. *The Journal of Adolescent Health, 29*(4), 239−243. https://doi.org/10.1016/s1054−139x(01)00262−2.

Wright, J.H., Owen, J.J., Richards, D., Eells, T.D., Richardson, T., Brown, G.K., et al. (2019). Computer-assisted cognitive-behavior therapy for depression: A systematic review and meta-analysis. *The Journal of Clinical Psychiatry, 80*(2), 18r12188. https://doi.org/10.4088/JCP.18r12188.

Wright, J.H., Wright, A.S., Albano, A.M., Basco, M.R., Goldsmith, L.J., Raffield, T., et al. (2005). Computer-assisted cognitive therapy for depression: Maintaining efficacy while reducing therapist time. *The American Journal of Psychiatry, 162*(6), 1158–1164. https://doi.org/10.1176/appi.ajp.162.6.1158.

Yeager, C.M. & Benight, C.C. (2018). If we build it, will they come? Issues of engagement with digital health interventions for trauma recovery. *MHealth, 4*, 37. https://doi.org/10.21037/mhealth.2018.08.04.

Zachariae, R., Lyby, M.S., Ritterband, L.M., O'Toole, M.S. (2016). Efficacy of internet-delivered cognitive-behavioral therapy for insomnia—A systematic review and meta-analysis of randomized controlled trials. *Sleep Medicine Reviews, 30*, 1–10. https://doi.org/10.1016/j.smrv.2015.10.004.

제 5 장

의료 시스템 안에 디지털 치료제를 혼합하기

Olivia Clare Keller, Alan Jeffrey Budney, Cara Ann Struble
and Gisbert Wilhelm Teepe

1. 서론

이 장에서는 정신 장애 및 물질 사용 장애에 대한 혼합 치료(blended care)의 역사와 현황에 대한 통찰을 제공한다. 혼합 치료는 심리치료의 요소와 디지털 치료제를 결합한 것으로, 개인 대 개인(person-to-person)의 전통적인 심리치료에 대한 대안이라고 볼 수 있다. 이러한 유형의 치료를 정의하려고 시도한 연구자는 거의 없었는데, 그 이유 중 하나는 다양한 맥락에서 시도한 다양한 혼합 치료 개입이 이미 존재하기 때문이다. 따라서 이 장의 주요 기여점은 혼합 치료에 대한 실제적인 정의를 제공하는 것이다.

혼합 치료는 기술 발전에 크게 의존하기 때문에 독립형 앱과 컴퓨터화된 자조 개입이 개발된 맥락에서 혼합 치료를 이해하는 것이 중요하다. 인터넷 기반 치료 프로그램에 대한 배경지식을 알기 위해서는 이 책의 제3장 '확장 가능한 디지털 치료제의 첫 번째 물결: 정신건강 및 중독에 대한 소비자 직접 치료를 위한 독립형 인터넷 기반 프로그램'을 먼저 읽어보는 것이 좋다. 이와 마찬가지로, 독립형 치료 앱에 대한 배경지식이 필요하다면, 제4장 '확장 가능한 디지털 치료제의 두 번째 물결: 소비자 직접 치료를 위한 독립형 정신건강 및 중독 치료 앱'을 먼저 읽은 후, 이 장을 읽는 것이 좋다. [그림 5.1]은 독립형 치료와 개인 대 개인 치료의 맥락에서 혼합 치료를 살펴본 것이다.

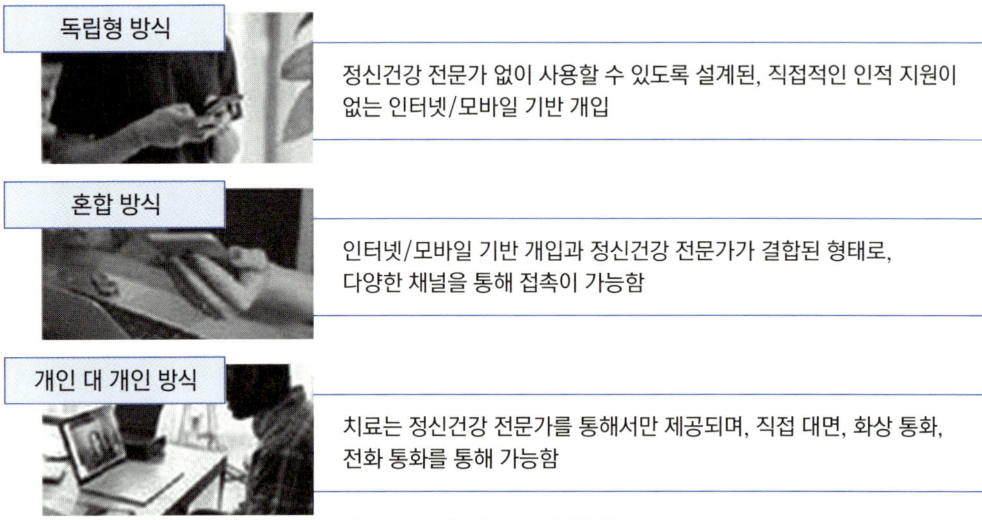

[그림 5.1] 맥락별 혼합 치료

독립형 앱과 인터넷 기반 치료 프로그램이 전통적인 심리치료의 충분한 대안이 되지 못하는 이유에 대해 의문을 가질 수 있다. 기술이 심리치료의 일부가 되는 것이 필요한가? 혼합 치료가 전통적인 심리치료를 대체할 수는 없겠지만, 심리치료에 기술의 발전이나 통합을 촉진하려는 많은 변화의 동인이 있었다. 기술의 발전, 모바일 앱에 대한 유비쿼터스 접근, 온라인 개입 효과를 평가하는 연구, 치료 접근성을 높이되 비용을 절감해야 할 필요성 등과 같은 문화적 진보를 통해, 기술이 심리치료를 향상시킬 수 있는 방법을 자연스럽게 모색하게 되었다.

기술을 기존 서비스에 통합하기 위해 노력한 사례를 살펴보는 것도 유용하다. 영국의 심리치료 접근성 향상(The Improving Access to Psychological Therapies, IAPT) 프로그램(National Health Service, 2021)은 지난 15년 동안 이러한 유형의 치료를 일차 의료 서비스에 통합하여, 컴퓨터화된 자가 치료(computerized self-help)를 발전시켰다. 미국에서는 일부 건강 보험사가 디지털 헬스 기술에 투자하여 많은 내담자가 독립형 및 혼합 치료 서비스를 이용할 수 있게 되었다. 비록 드물기는 하지만, 심리치료 서비스에 혼합 치료를 체계적으로 통합하면서 품질 관리가 이루어지고, 장애 특정적(disorder-specific) 프로그램이 개선되었다. 이는 독일, 영국, 호주와 같은 국가에서 볼 수 있는데, 이들 국가에서는 내담자에게 다양한 혼합 치료를 무료 혹은 할인된 비용으로 제공하고 있다.

혼합 치료의 잠재적인 부가 가치는 무엇일까? 혼합 치료는 의료진의 기술과 의견을 바탕으로, 효과적이고 내담자 중심의 치료를 제공할 수 있다. 양질의 전통적 심리치료도 효과적인 치료를 제공할 수 있지만, 혼합 치료는 내담자와 의료진의 부담을 줄일 수 있을 뿐만 아니라, 치료를 안내하고 서비스를 개선할 수 있는 데이터를 수집하고 모니터링하도록 촉진할 수 있다. 영국의 심리치료 접근성 향상 프로그램은 혼합 치료가 치료에 대한 접근성을 높이는 비용 효율적인 방법이 될 수 있음을 입증하였다.

혼합 치료가 무엇으로 구성되어 있는지는 아직 명확하게 정의되지 않았지만, 연구자, 서비스 시스템, 치료자, 내담자 모두가 관심을 갖고 있는 주제이다. 기술이 빠르게 발전하고 있을 뿐만 아니라, 민간 업계에서 개발된 많은 혼합 치료 개입이 독점적이기 때문에, 현재 연구 결과와 혼합 치료 실무 간에는 상당한 격차가 존재한다. 시장에 등장한 수많은 혼합 치료와 디지털 치료제에 대한 근거를 검토하는 것은 이 장의 범위를 훨씬 뛰어넘는 것이다. 이 장에서는 일부 국가의 규제에 초점을 맞추어 혼합 치료가 어떻게 시행되고 있는지에 대한 사례를 살펴볼 것이며, 이를 통해 전 세계의 혼합 치료 채택 현황을 설명하고자 한다.

혼합 치료가 많은 잠재적 혜택을 제공하는 것처럼 보이지만 혼합 치료를 채택하고 접근하는 데에는 상당한 어려움이 있으며, 이는 정신 장애 및 물질 사용 장애에 대한 치료를 발전시키기 위해 다뤄야 할 핵심 영역이다. 따라서 우리는 내담자, 치료자, 의료 시스템의 관점에서 혼합 치료를 적용하고 활용하는 것에 대해 논의할 것이다. 이 장의 마지막 섹션에서는 미래를 전망하면서, 정신 장애 및 물질 사용 장애 환자에게 양질의 치료를 제공할 수 있는 혼합 치료를 발전시킬 수 있도록 기술 발전, 연구 방향, 치료자 훈련, 발전하고 있는 혼합 치료의 모델들에 대해 다룰 것이다.

2. 혼합 치료의 주요 용어

1) 인터넷 제공 치료

이 장에서는 인터넷 기반 치료가 빠르게 발전하는 정신 장애 및 물질 사용 장애의 치료 모델임을 인식하면서 이에 대한 실무적인 정의를 제공하는 것을 목표로 한다. 디지털 치료, 인터넷 제공 치료, 인터넷 및 모바일 기반 개입 등 디지털 기반 심리치료를 설명하는 포괄적인 용어가 많이 존재하고 있다. 예를 들어, Kenter 등(2015)은 다음과 같이 제안하였다. 인터넷 제공 치료는 "근거 기반 치료에 기반하여 인터넷을 통해 제공되는 구조화된 프로그램이다. 환자들은 이러한 프로그램을 독립적으로 수행할 수 있다." 혹은 이러한 프로그램은 "환자의 동기를 유지하고 기술 및 과제를 더 잘 이해할 수 있도록 전화, 이메일, 대면을 통한 코칭이 함께 제공될 수도 있다." 이 정의는 '독립형' 또는 일부에서는 '자기주도형' 디지털 개입

(치료자의 지원이나 안내가 포함되지 않음; Christensen, Griffiths, Mackinnon, & Brittliffe, 2006)과 e-코치나 정신건강 전문가의 지원을 받는 '안내형' 디지털 개입을 결합한 것이다. 안내형 개입은 제공되는 지원이나 안내의 양과 내용, 그리고 지원이 제공되는 맥락에 따라 상당히 다를 수 있다. 일차 진료 환경의 정신건강 전문가는 때때로 우울이나 불안 장애에 대한 인터넷 기반 인지행동치료(iCBT, 혹은 컴퓨터화된 인지행동치료(cCBT))와 같은 자기주도형 디지털 개입을 추가 지원 서비스 없이 처방하는 경우가 있기 때문에, 디지털 개입을 명명하는 작업은 더 어려워진다(Weisel et al., 2019). 이는 심리치료자를 비롯한 의료진을 시행해 온 전통적인 독서 치료(bibliotherapy)의 진화를 어느 정도 반영하고 있다(Marks, Cavanagh, & Gega, 2007). 이와는 대조적으로, 동일한 개입의 안내형 버전인 불안, 우울 장애에 대한 인터넷 기반 인지행동치료는 종종 일차나 이차 의료 서비스를 통해 접근할 수 있는데, 예를 들어 영국에서는 이 개입을 광범위하게 이용할 수 있으며, 심리치료 접근성 향상 프로그램의 구조 안에서 제공된다(National Health Service, 2021). 또한 내담자의 다양한 지원 요구를 고려하여, 일부 프로그램에서는 내담자가 디지털 치료를 받으면서 요청하거나 예약할 수 있는 '온디맨드(on-demand)' 지원의 형태로 절충안을 제공한다. 모든 유형의 디지털 개입에서, 디지털 플랫폼에서 인터넷 직접 연결, 수동 감지(passive sensing) 및 증상 추적과 같은 기술적 기능을 제공하므로, 내담자는 보다 표적화되고 개인화된 지원을 받는 경향이 있다.

2) 혼합 치료

혼합 치료(blended care)란 '혼합 치료(blended treatment)'(Erbe, Eichert, Riper, & Ebert, 2017; Wentzel, van der Vaart, Bohlmeijer, & van Gemert-Pijnen, 2016) 또는 '혼합 개입(blended intervention)'(Erbe et al., 2017)으로도 불린다. 이는 기술적 구성요소(예: 플랫폼 또는 앱)와 의료진의 지원을 활용하며, 동시적이고('실시간') 비동시적인('실시간으로 실시되지 않음') 치료 요소를 통합하여 부가 가치가 있는 치료 패키지를 생성한다. 기존의 대면 심리치료와 비교할 때, 혼합 치료는 '두 가지 형태의 치료에 관한 장점은 유지하면서 단점을 줄이는 것을 목표로 한다(Erbe et al., 2017).' 처음에 혼합 치료는 대면 회기와 온라인 치료 회기를 혼합한 것으로 정의되었다(Kooistra et al., 2014). 그러나 수많은 개인 대 개인의 개입들이(대면, 혹은 디지털을 이용한 대면) 개발되고 시행되고 있다. 그중 일부에서는 전통적인 치료 과정에 온라인 구성요소를 통합하였으며, 다른 것에서는 화상, 전화, 문자 기반 치료를 제공하였다(Wentzel et al., 2016). 대면 회기와 디지털 구성요소를 조합할 때는, 각 형식을 통합하거나 순차적으로 사용할 수 있다(Erbe et al., 2017).

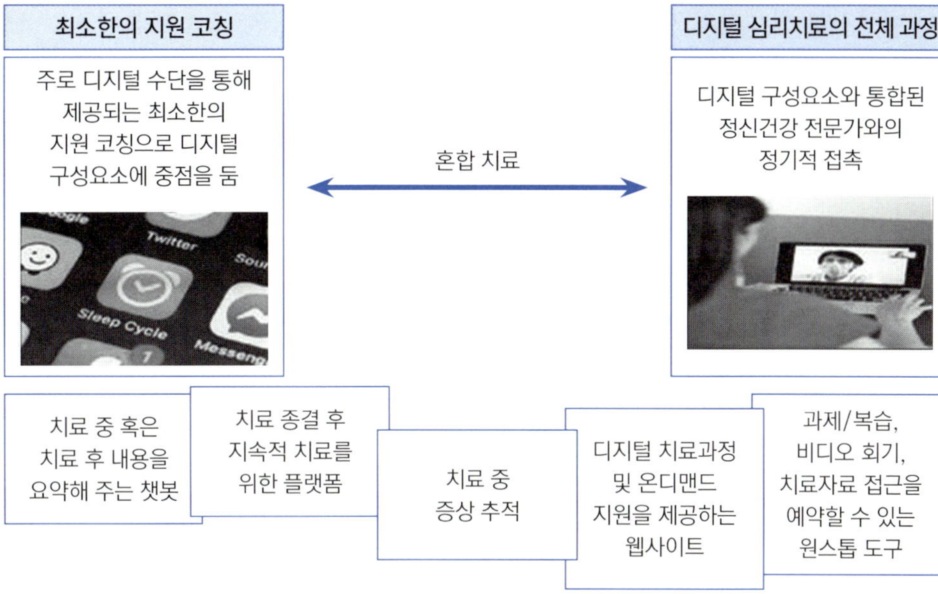

[그림 5.2] 혼합 치료의 연속체

안타깝게도 현재로서는 혼합 치료와 대면 치료, 혹은 혼합 치료와 자기주도형 디지털 치료 간의 치료 결과를 평가한 비교 연구가 부족하며, 대면과 디지털 구성요소 간의 최적 비율을 알려주는 자료도 거의 없다(Erbe et al., 2017). 혼합 치료는 계속 발전하고 있기 때문에, 혼합 치료를 연속선상에서 이해하는 것이 가장 좋은데, 이때 이상적인 혼합 치료는 디지털 치료 요소와 숙련된 임상가(예: 면허를 소지한 임상심리학자나 심리치료자)의 정기적 치료 회기를 높은 수준으로 통합한 것이다. 그러나 혼합 치료는 디지털 요소에 중점을 두고 코칭은 최소한으로 지원하는 것에서부터, 치료 과정 및 결과를 지원하려고 설계된 디지털 요소에 전체 심리치료 과정을 통합한 것에 이르기까지 다양하다. [그림 5.2]에서는 혼합 치료의 스펙트럼을 보여 준다. 따라서 내담자의 임상적 필요에 따라 혼합 치료의 유형을 결정하는 것이 이상적이다. 예를 들어, 영국의 국민건강서비스(National Health Service)에서 내담자의 필요에 따라 치료 수준을 맞추고 조정하는 것은 '단계적 치료모델(stepped care model)'에서 핵심적으로 고려해야 할 사항이다. 예를 들어, 경도에서 중등도의 공황 장애 증상이 있는 내담자는 심리치료자의 치료를 받는 동시에 회기 사이에 인터넷 기반 프로그램을 병행하는 혼합 치료를 받을 수 있다. 또는 교통사고로 인한 심각한 외상 후 스트레스 장애를 겪는 내담자는 보다 높은 수준의 지원을 받을 수 있다. 이러한 내담자는 인지행동 치료자와 대면 치료를 하면서, 외상 관련 자극에 대한 공포 반응을 감소시키기 위한 가상현실 노출치료(virtual reality exposure therapy, VRET)를 통합하여 사용하도록 선택할 수 있다. 두 경우 모두에서 내담자는 치료자의 지원 및 기술의 지원을 모두 받으며, 두 요소는 효과적인 성과를 위해 긴밀하게 협력한다. 정신 장애 및 물질 사용 장애에 관한 혼합 치료는 아직 개발 초기에 머물러 있다. 앞으로 혼합 치료가 전 세계의 다양한 의료 시스템에 어떻게 통합될지, 다양한 내담자 집단에 적용하기 위해 어떻게 발전할지 관찰하는 것은 흥미로울 것이다.

3. 혼합 치료의 구성요소 및 구조

1) 치료적 지원

혼합 치료 개입을 최적으로 개발하고, 확장하여 효과적으로 적용하기 위해서는 혼합 치료에 얼마나 많은 지원과 개인화를 포함해야 할지 고려해야 한다. 위험을 적절히 평가하고 위기 상황에 대처하는 것을 예로 생각해 볼 수 있듯, 분명히 치료자의 인적 지원 요소를 포함하는 것은 중요하다(Berger & Andersson, 2009; Cuijpers, Riper, & Karyotaki, 2018). 하지만 최적의 지원 유형 및 수준은 검증되는 중인데, 내담자 집단과 개별적 치료 요구, 즉, 주요 문제의 유형 및 심각도에 따라 달라질 수 있다. 우울에 대한 인터넷 기반 프로그램을 종합한 최근의 메타 분석 연구에 따르면, 안내형 인터넷 기반 인지행동치료가 자기주도형 인터넷 기반 인지행동치료보다 훨씬 효과적이었으며, 효과의 크기는 이메일이 가장 낮고, 전화는 중간, 대면 지원이 가장 큰 것으로 나타나, 이 집단에서는 보다 개인적이며 동시적인 지원이 더 높은 효과와 관련되는 것으로 나타났다(Wright et al., 2019).

또한 누가 이러한 전문적 지원을 제공해야 하는지도 중요하게 고려해야 한다. 평가 연구에서 다양한 의료진(예: 일차 진료 종사자, 심리학자, 코치)이 지원과 안내를 제공하였지만, 서비스 제공자의 유형이나 이들의 수련 수준을 비교한 연구는 거의 없다. 한 체계적 문헌 고찰 연구에서는 정신 장애에 관한 안내형 인터넷 기반 인지행동치료를 사용하는 코치들의 수련 수준을 비교하였는데, 유의미한 효과를 발견하지 못하였다(Baumeister, Reichler, Munzinger, & Lin, 2014). 불안 장애에 대한 안내형 디지털 개입을 평가한 대조군 시험(controlled trial)에서 코치 진행 집단과 임상가 진행 집단은 GAD-7 점수를 제외하고는, 치료 후 유의한 차이가 없는 것으로 나타났다(Johnson, Titov, Andews, Spence, & Dear, 2011). 서비스 제공자 유형의 효과는 개별적 치료 요구의 심각도와 복잡도에 따라 달라질 수 있다. 따라서 보다 경미한 정신건강 문제를 지닌 내담자의 경우, 혼합 치료에 적용된 구체적인 치료 프로토콜에 대해 적절한 훈련을 받은 코치(심리치료자가 아닌)와 작업하는 것으로 쉽게 도움을 받을 수 있다. 이러한 아이디어는 영국의 심리치료 접근성 향상 프로그램에서 디지털 심리치료를 포함한 '단계적 치료모델'을 통해 실현되고 있다(National Collaborating Centre for Mental Health, 2021). 전반적으로, 혼합 치료 개입 전반에 걸쳐 성과를 극대화하는 데 필요한 지원의 유형 및 수준이 미치는 차별적 영향을 파악하기 위해서는 훨씬 더 많은 비교 연구가 필요하다.

2) 디지털 구성요소

디지털 증상 모니터링 도구는 치료자가 내담자를 지원하기 위해 자주 사용한다. 혼합 치료에서는 온라인 연습, 알림, 메시지 기능 등 각 내담자의 필요에 맞게 조정할 수 있는 다양한 디지털 구성요소를 제공한다. 이러한 요소들이 이상적으로 통합되면, 내담자를 위한 개별화된 치료 패키지가 된다. 전통적인 임상 실무에서 개별화된 치료는 문제와 목표에 맞게 치료를 맞춤화하는 데 중요한데, 이러한 전제는 혼합 치료에도 동일하게 적용된다. 혼합 치료 개입 연구에서의 어려운 점은 기술적인 지원과 인적인 지원을 분리하는 것이다. 첨단 기술은 전통적으로 치료자의 안내를 통해 달성되었던, 순응도 효과에 영향을 미칠 수 있다. 예를 들어, Baumeister 등(2014)은 자동화 이메일, 문자메시지 안내, 웹 디자인, 상호작용 과제를 통해 순응도가 향상될 수 있다고 지적하였다. 물론 반대 효과, 즉, 디지털 구성요소가 순응도를 방해하는 경우도 관찰될 수 있다. 예를 들어, 내담자의 인터넷 연결이 불안정하여 혼합 치료 플랫폼이 디지털 일기(예: 행동 일기)를 저장하지 못하는 경우, 혹은 플랫폼에서 예정된 알람이 제공되지 않는 경우, 내담자는 동기를 잃어버릴 수 있다. 따라서 혼합 치료 개입을 사용하는 치료자는 내담자와 정기적으로 디지털 구성요소 사용을 논의하고, 발생할 수 있는 문제를 해결해야 한다(van der Vaart et al., 2014).

[그림 5.3]에서는 혼합 치료의 치료적 구성요소 및 디지털 구성요소에 대한 예시를 보여주며, 이러한 요소들이 치료 패키지로 사용될 수 있는 방법도 제시하고 있다.

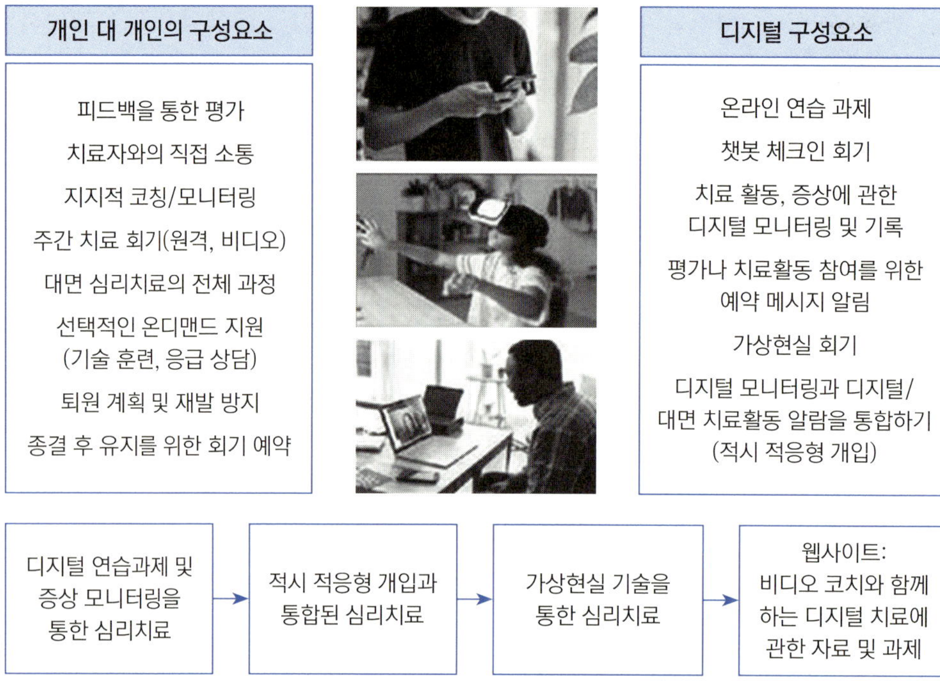

[그림 5.3] 혼합 치료의 구성요소

3) 혼합 치료의 구조

혼합 치료는 치료의 개인화를 향상시키고 최적화할 수 있는 기회를 제공한다. 예를 들어, 치료자는 내담자가 자신의 문제에 가장 적합한 온라인 콘텐츠를 선택하고 조정하도록 지원해 줄 수 있다. 심리치료 회기와 디지털 구성요소를 통합하여 내담자에게 개인화되고 근거기반 치료 계획을 제공하는 것이 모든 혼합 치료의 핵심 특징이 되어야 하지만, 이를 효과적으로 수행하는 데에는 몇몇 어려움이 있을 수 있다(van der Vaart et al., 2014). 예를 들어, 이를 위한 전제 조건은 치료자가 디지털 구성요소의 콘텐츠 및 기능에 모두 친숙해야 한다는 것이다. 따라서 치료자는 디지털 기능이 어떻게 작동하는지 이해하고, 내담자가 플랫폼을 사용하면서 최대한의 혜택을 얻을 수 있게 지원할 수 있도록, 정기적으로 디지털 플랫폼에 접속하는 시간을 확보해야 한다.

혼합 치료에서 제공되는 치료 구성요소의 순서는 여러 요인에 따라 달라질 수 있다. Erbe 등(2017)은 혼합 치료의 구조를 설명할 때, 치료 과정에서 치료자의 지원이 제공되는 시기에 따라 '통합적 혼합 개입(integrated blended intervention)'와 '순차적 혼합 개입(sequential blended intervention)'이라는 용어를 제안한다. Baumeister 등(2014)은 '대안적 접근 방식 중 하나는 초기에는 더 많은 안내를 하고, 개입이 진행되면서 안내(guidance)를 자기관리(self-management)로 전환하는 것'이라고 제안한다. 순차적 프로그램은 다양한 수준의 치료를 제공할 때 가장 유용하게 사용할 수 있다. 예를 들어, 대면 치료를 대기하는 동안 디지털 치료를 실시할 수 있고, 대면 치료의 종결 단계에서 재발 예방의 일환으로 디지털 치료제를 사용할 수도 있으며, 대면 치료의 전 과정을 마친 후 사후 관리로 사용할 수도 있다. Wentzel 등(2016)은 "적절한 맞춤형 치료 계획을 마련하기 위해 치료 양식들을 통합"하는 기회로서 혼합 치료에 접근해야 한다고 제안하였지만, "어떠한 혼합 유형이 누구에게, 왜 효과가 있는지는 불분명"하며, "혼합 치료를 사용하는 근거가 부족한 경우가 많다."고 인정하였다.

4. 혼합 치료의 치료 접근

여러 혼합 치료 개입들이 대면 치료나 디지털 구성요소를 제시하는 접근은 유형 및 질의 측면에서 서로 다르다. 정신 장애 및 물질 사용 장애에 대한 여타의 치료와 마찬가지로, 혼합 치료에 사용되는 치료 유형은 높은 수준의 치료 표준을 기초로 해야 하며, 근거 기반 치료의 지침을 준수해야 한다(Kendrick & Pilling, 2012). 이러한 문제를 다루는 데 가장 적합한 치료 접근은 무엇인가? 많은 정신건강 문제에서 인지행동치료는 가장 널리 활용되는 치료이며, 대부분의 정신 장애 및 물질 사용 장애에 대한 효능(efficacy)도 수많은 경험적 연구를 통해 뒷받침되고 있다.

인터넷 기반 인지행동치료는 회기 중, 회기 사이의 기술 훈련을 강조한다. 치료의 기술적 구성요소는 심리교육 및 특정한 훈련(예: 인지재구성, 지속 노출)을 제공하며, 치료자와의 회기는 치료를 맞춤화하고, 연습을 수행하며, 장애물을 해결하는 데 유용하다. Cuijpers 등(2018)은 '인지행동치료는 심리교육, 과제, 회기 외 활동에 상당히 많이 의존하므로, 혼합 치료가 사용될 수 있는 좋은 출발점이다.'라고 언급하면서, 인지행동치료가 왜 치료적 접근으로 자주 선택되는지에 대한 근거를 제시한다. 또한 인지행동치료는 개별화된 치료 계획을 개발하도록 협력적 접근을 강조한다. 이는 혼합 치료 개입을 맞춤화하고 개인화할 수 있는 기회가 늘어나고 있는 추세와 일치되는 것이다. 전세계적으로 인터넷 기반 인지행동치료 프로그램이 개발되고 있으며, 인터넷 기반 인지행동치료의 효과성에 관한 지속적인 연구를 통해 어떤 내담자가 이러한 유형의 치료를 통해 가장 큰 혜택을 얻는지에 대한 통찰력이 높아지고 있다. 최근에는 혼합 치료의 맥락에서 대안적인 치료 접근(예: 수용전념치료, 범진단적 접근, 가상현실 도구 등)의 사용을 평가하는 여러 연구가 진행되었다.

수용전념치료(ACT)는 수용에 기반한 정서 조절과 개인적 가치에 따른 삶에 초점을 두는, 인지행동치료의 '제3의 물결'에 속하는 근거 기반 치료이다(Hayes, 2004). 수용전념치료는 최근 몇 년 동안 행동 심리학자들 사이에서 더 많이 받아들여지고 인기를 얻었으며, 혼합 치료의 맥락에서 연구되기 시작하였다. 예를 들어, Witlox 등(2021)은 혼합형 수용전념치료(대면 심리치료 4회기 및 수용전념치료 콘텐츠가 있는 온라인 플랫폼 이용)가 노년기 불안을 치료하는 데 있어서, 인지행동치료의 대안이 될 수 있는 유용한 치료라는 것을 확인하였다.

범진단적 접근은 높은 관심을 불러일으켰고, 정신 장애 및 물질 사용 장애에서 나타나는 높은 공병률을 고려할 때, 혼합 치료의 발전에 있어 상당히 전도유망하다(Roca et al., 2009). 이러한 개입은 장애들 기저의 공통된 메커니즘을 대상으로 하므로(Păsărelu, Andersson, Bergman Nordgren, & Dobrean, 2017), 공존 장애를 지닌 대부분의 내담자를 포함하여, 더 광범위한 임상 인구집단에 적용될 수 있다. 범불안 장애, 사회 불안 장애, 공황 장애 환자를 대상으로 한 범진단 기반 혼합 치료(인터넷 기반 인지행동치료)는 초기의 대조군 시험에서 전도유망한 연구 결과를 나타냈다(Johnson et al., 2011). 이 치료에는 회기 중, 회기 간 과제를 포함한 8개의 온라인 모듈, 그리고 매주 코치나 임상가와의 연락이 포함되었다. 이 때 연락은 전화, 이메일, 메시지 기능을 통해 실시간으로 이루어졌다. 제공하는 지원 유형에 따라 코치와 임상가의 역할이 구분되었는데, 코치는 임상적 질문에 답하기보다는 온라인 콘텐츠로 재안내하였다. 코치나 임상가의 지원을 받은 집단은 대기통제집단보다 우월한 임상적 결과를 나타냈으며, 중간~큰 효과크기가 추후 평가까지 유지되었다. 범진단적 접근이 특정한 진단에 맞춤화된 것은 아니지만, 혼합 치료의 개인화(가상 코치, 예약 알림, 추가 지원이나 콘텐츠에 대한 반응형 알림, 온디맨드 통화 기능, 메시징 기능 등)가 발전되면서 범진단적 접근은 혼합 치료를 통해 개인화된 치료계획을 세우는 데 높은 잠재력을 가진 접근이 되었다.

가상현실 노출치료는 전통적인 대면 심리치료의 지속노출 모델에 따라 노출 훈련을 수행할 수 있는 가상 몰입형 환경을 제공하며, 주로 불안 장애 치료에 적용된다. 가상현실 노출치료를 통해 내담자는 공포를 유발하는 상황을 실생활에서 직접 찾아가지 않고도 체험할 수 있다. 주제범위 문헌고찰(scoping review) 연구에 따르면, 우울 및 불안 장애를 치료하는 데 가상현실 노출치료를 사용한 관련 연구의 약 1/4이 인지행동치료로 가상현실 노출치료를 보완하여 사용한 것으로 나타났다(Baghaei et al., 2021). 따라서 가상현실 노출치료는 인지행동치료를 대체하는 대안이 아니며, 인지행동치료를 최적화하고, 실생활이 아닌 가상환경에서 기술을 연습할 수 있도록(즉, 실제노출의 대안으로) 돕는 도구임을 인식하는 것이 중요하다. 이러한 가상 상황은 쉽게 변화시킬 수 있으며(Botella, Fernández-Álvarez, Guillén, García-Palacios, & Baños, 2017), 가상현실 노출치료를 통해 치료자가 내담자의 관점을 취할 수 있어 내담자를 이해할 수 있도록 돕는다(Botella et al., 2017).

5. 혼합 치료의 발전 및 가치

1) 혼합 치료의 발전

많은 근거 기반 치료자들은 일부 유형의 혼합 치료 개입이 발전하는 것을 자연스러운 과정으로 여길 수 있다. 전통적으로 대부분의 인지행동치료 개입에서는 치료 과정을 보완하고, 강화하고, 안내하고 향상시키기 위해서 물리적 자료를 통합해왔다. 여기에는 일반적으로 심리교육적 자조 서적(독서 치료), 유인물, 회기 간 연습이나 주요 과정, 기제, 목표한 효과 등의 모니터링을 돕는 워크시트 등을 예로 들 수 있다. 기능분석(functional analysis)이나 기분추적(tracking mood)도 포함된다. 또한 대처 활동이나 전략에 대한 알림(예: 스트레스 관리, 이완 오디오 테이프), 혹은 치료적 행동 사용을 상기하고 촉발하는 물리적 촉진(prompts)에 중점을 둔 자원도 있다. 현대 문화가 스마트폰, 스마트워치, 태블릿, 개인용 컴퓨터 등의 기술을 점점 더 많이 받아들이면서, 이러한 치료적 '보조물'의 상당수가 디지털 형식으로 변환되었다. 또한 실용성, 효율성, 편의성을 이유로, 치료자와 내담자는 이를 직관적으로 활용하여, 치료활동을 평가하고, 모니터링하고, 촉진한다. 예를 들어, 치료자들은 다음과 같은 것들을 제안할 수 있다: 마음챙김이나 이완 앱을 다운로드하기, 스마트폰이나 스마트워치의 수면추적기나 걸음수 카운터 사용하기, 스마트폰 앱이나 컴퓨터 프로그램에서 행동 모니터링 및 차트 작성하기, PC 사용자들을 대상으로 인지적, 행동적 과제를 PDF 버전의 지침이나 편집가능한 워크시트로 제공하기.

혼합 치료가 의료 시스템에 적용되거나 모범 사례 지침 및 정책을 수립하는 현장 지도자들이 사용하기 위해서는 혼합 치료의 개발 및 사용경로가 다소 복잡하다. 인터넷 다운로드가 가능한 앱, 혹은 개인용 컴퓨터나 태블릿 사용을 위해 구매할 수 있는 소프트웨어 프로그램, 소위 독립형 디지털 개입이 출현하면서, 많은 대중들은 자기주도형 '치료' 프로그램을 손쉽게 이용할 수 있게 되었다. 하지만 이러한 디지털 개입 대부분은 그 효능을 뒷받침하는 경험적 연구가 없으므로, 치료자들은 정신 장애 및 물질 사용 장애 환자에게 디지털 개입을 추천하는 것을 주저할 수 있다. 학계 및 산업계에서는 독립형 치료를 개발하고 검증하기 위해 노력해 왔으나, 이를 통해 혼합 치료(치료자 및 디지털 앱을 모두 포함)가 독립형 개입보다 일반적으로 더 우월한 치료 성과를 보이며, 전통적인 대면 심리치료와 비교할 때는 최소 동등한 성과를 보인다는 결론에 도달하게 되었다(Carroll et al., 2008; Kay-Lambkin, Baker, Lewin, & Carr, 2009). 일부 독립형 자조 디지털 개입의 경우, 전통적인 치료를 받지 않았던 사람들이 긍정적인 성과를 얻을 수 있기 때문에 실제로 혜택을 제공할 수 있다. 현 시점에서, 치료를 받고자 하는 많은 내담자들에게 혼합 치료 옵션은 치료 성과를 향상시킬 가능성이 더 높다. 이에 대해서는 우울증에 대한 혼합 치료를 검토할 때 자세히 설명할 것이다.

2) 혼합 치료의 가치

혼합 치료 개입을 개발하고 실행하려는 동기는 다면적이다. 많은 근거 기반 개입의 경우, 디지털 도구를 통해 결과를 향상시킬 수 있는 여지가 많다. 특히 미국을 비롯한 많은 국가에서 치료에 대한 접근성은 열악하다. 혼합 치료는 치료 및 회복의 다양한 단계에 걸쳐 정신 장애 및 물질 사용 장애에 대한 의료 접근성을 향상시킬 수 있는 해결책 중 하나다. 예를 들어, 문턱이 낮은 인터넷 기반 인지행동치료는 후속 대면 치료를 대기하는 시간을 줄이기 위해 초기 단계에서 시행되어 왔다(Erbe et al., 2017). 혼합 치료는 전통적인 대면 심리치료와 디지털 개입의 강점을 결합하여 독립형 모델의 한계를 극복하고, 이에 따라 내담자, 치료자, 의료 시스템에 여러 잠재적 혜택을 제공한다.

(1) 내담자 및 의료진에 대한 혜택

내담자: 혼합 치료는 내담자에게 24시간 연중무휴로까지 특정한 유형의 치료를 제공해 줄 수 있고(Carlbring & Andersson, 2006), 다양한 전통적인 치료 장벽(예: 교통, 보육, 가용성)의 영향을 줄일 수 있다. 또한 혼합 치료의 디지털 구성요소를 통해, 내담자가 치료의 전 과정 동안 자기 자신의 속도에 맞춰 작업하도록 도울 수 있다(Erbe et al., 2017). 이러한 개입은 내담자의 중도 탈락을 낮추고(Campbell et al., 2014) 동기 부여 및 참여를 강화하는 것으로 나타났으며(Walters, Vader, & Harris, 2007), 장기적인 긍정적 성과의 핵심 요소인 자기 숙달(self-mastery)과 임파워먼트(empowerment)를 촉진할 수 있다(Wentzel et al., 2016). 혼합 치료는 치료적 관계를 유지함으로써 만성 정신 장애 환자들의 치료 옵션을 확대하여, 더 집중적인 대면 치료 이후의 보다 포괄적인 사후 관리나 장기적인 지원을 제공할 수 있다(Erbe et al., 2017). 연구에 따르면, 내담자들은 디지털 치료 구성요소를 받아들이고 있다(Materia & Smyth, 2021; Wright & Wright, 1997). 내담자들은 치료의 일부에 원격으로 접속하는 편리함을 누리고 있으며, 진행 상황을 추적하는 혜택을 누리고 있다. 하지만 데이터 보안에 대한 걱정, 적합한 기기에 대한 접근성 부족, 전통적 심리치료에 대한 선호 등등의 이유 때문에, 모

든 내담자들이 혼합 치료의 디지털 구성요소를 매력적으로 여기지는 않을 수 있다.

의료진: 혼합 치료는 개입의 빈도, 강도, '용량(dose)'을 늘리는 동시에, 치료자에게 많은 디지털 옵션과 더 큰 유연성을 제공할 수 있다. 혼합 치료는 일부 심리치료 기법을 디지털 방식으로 시행하여, 대면 치료 회기 수를 줄일 수 있으며, 치료자가 더 많은 내담자에게 서비스를 제공할 수 있는 시간 및 가용성을 늘릴 수 있다(Budney, Borodovsky, Marsch, & Lord, 2019). 치료자는 위기 내담자(예: 자살, 살인), 복잡한 공존 질환이 있는 내담자(예: 인지 장애)와 같이, 매주 대면 회기가 필요한 내담자에게 더 중점을 두고 시간을 사용할 수 있다. 치료자는 내담자의 개별적인 치료 요구를 충족하기 위해 치료의 디지털 구성요소를 조정하거나 보강할 수 있다. 예를 들어, 치료자는 내담자에게 스마트폰 앱을 사용하여 회기 간의 생각, 감정, 행동을 모니터링하도록 요청할 수 있다. 모바일 기술은 수동 감지(passive sensing)나 생태학적 순간 평가를 통해 실시간으로 내담자 데이터(예: 환경적, 생리적)를 수집하여, 개별화된 적시 적응형 개입(just-in-time adaptive interventions, JITAIs)을 제공하거나 고위험 상황이나 행동이 나타날 때 연습할 기술을 제공할 수 있다(Nahum-Shani et al., 2018). 또는 지지적인 디지털 메시지를 통해 동기를 강화할 수 있고, 혹은 감지된 스트레스 요인에 대응하여 대처를 도울 수도 있다. 마지막으로, 혼합 치료는 다양한 학습 양식(예: 시청각 보조), 문화적 고려 사항, 치료 선호도에 맞게 조정할 수 있다(Milward, Drummond, Fincham-Campbell, & Deluca, 2018). 혼합 치료는 비교적 새로운 형태의 치료이므로, 치료자에게 있어 훈련, 장비, 과정과 관련된 많은 장벽이 여전히 존재하는 건 놀라운 일은 아니다.

(2) 정신건강 서비스에 대한 혜택

많은 혼합 치료 모델의 공통점 중 하나는 혼합 치료가 치료의 일부로 데이터 수집 기회를 제공한다는 것이다. 더 나은 데이터는 결과적으로 내담자 및 치료자에게 여러 방면으로 도움이 될 수 있다. 예를 들어, 결과 측정치를 수집하고 회기 내/회기 간 과제를 문서화하면, 내담자와 치료자는 치료의 진행 상황을 더 잘 이해할 수 있고, 치료과정이나 목표를 적절히 조정할 수 있다. 또한 집계된 데이터를 사용하여 특정한 내담자 인구집단에 제공되는 치료 유형을 변경하고, 치료자에게 추가적인 교육을 제공할 수도 있다.

수행검사(performance tests) 및 자기보고 측정치를 포함한 디지털 평가가 발전하면서, 치료자들은 혼합 치료 모델에 대한 더 많은 옵션을 사용할 수 있다. 대면 시행 방식을 통해 높은 비용 및 많은 훈련이 필요하였던 표준화된 평가 프로토콜은 디지털 방식으로 프로그램되었다(Bultler et al., 2001). 모바일의 발전(예: 스마트폰 앱, 스마트워치)에 따라 수동 감지 및 생태학적 순간 평가 옵션이 확장되면서, 덜 침입적인 수단으로 적시 적응형 개입을 촉진할 수 있는, 연속적인 신체적/행동적 데이터 수집이 가능해졌다. 예를 들어, 전통적인 평가에서 과소보고되는 경향이 있는, 사회불안증상(Jacobson, Summers, & Wilhelm, 2020) 및 기타 정신건강 상태(Jacobson & Chung, 2020)에 대한 평가 정확성을 높이기 위해 디지털 방법을 사용할 수 있다. 최근 메타분석 연구에서는 행동 및 내담자 상태 변화 감지를 포함한 수동 감지의 이점이 보고되었다(Cornet & Holden, 2018). 또한 가상현실은 평가에 대한 또 다른 새로운 접근법으로 유망한 것으로 나타났다(Parsons & Carlew, 2016; Parsons, Bowerly, Buckwalter, & Rizzo, 2007). 연구에 따르면, 디지털 도구를 사용하면 자살 및 물질 사용 등의 위험한 행동을 더 잘 드러내는 것으로 밝혀져(Butler, Villapiano, & Malinow, 2009; Proudfoot et al., 2003), 디지털 도구가 선별 및 모니터링에 유용하게 사용될 수 있다는 점이 지지된다.

의료 시스템에서 대면접촉 횟수를 줄이면 치료 비용이 절감된다(Budney et al., 2019; Erbe et al., 2017). 혼합 치료는 치료의 질을 향상시킬 수 있는데, 비전문 클리닉(non-specialty clinics)이나 일차 진료 환경 등 개입이 제한된 곳에서도, 대조군 임상시험 연구에서 타당화된 디지털 개입들이 제공될 수 있기 때문이다. 이러한 환경에서 고도로 훈련된 치료자의 필요가 줄어들게 되므로, 의료 시스템의 부담도 줄어든다. 근거 기반 요소가 디지털으로 제공될 때, 혼합 치료 모델에서 비전문 제공자의 지지적인 대면 접촉은 이점을 제공한다(Budney et al., 2019). 끝으로, 근거 기반 개입을 디지털 방식으로 전달하면 치료를 온전하고 충실하게 제공하게 되는데, 개인 대 개인의 대면 전달에서는 항상 그렇지는 않다(Moller et al., 2017).

요약하면, 전통적인 대면 치료와 디지털 기술의 강점을 결합한 혼합 치료는 전도 유망한 가치가 있다. 혼합 치료는 다양한 정신건강 문제를 지닌 사람들에게, 다양한 치료 단계에 걸쳐 치료 접근성을 향상시키면서, 전통적인 심리치료의 성과를 강화할 수 있다. 혼합 치료는 내담자의 동기 부여, 참여 및 순응도(Figueroa, DeMasi, Hernandez-Ramos, & Aguilera, 2021)와 자기 숙달감(Wentzel et al., 2016)을 향상시키는 동시에, 충실도 높은 근거 기반 개입의 빈도와 강도를 높일 수 있는 잠재력을 가지고 있다. 치료자는 디지털 기술을 활용하여, 다양한 방식으로 치료나 평가를 강화하여 내담자의 개별화된 요구를 충족하는 동시에 내담자의 부담과 치료 제공 비용을 줄일 수 있다. 또한 기술은 시간의 흐름에 따른 상태 추적의 정확성과 빈도를 향상시키는, 새로운 평가 접근을 제시한다. 끝으로 혼합 치료 모델은 특히 비전문 클리닉에서 충실도 높은 치료에 대한 접근성을 향상시키고, 치료 비용을 절감하는 방법이 될 수 있다.

6. 예시

1) 의료 시스템에서 사용할 수 있는 정신 장애에 관한 혼합 치료 개입 예시

다음 섹션에서는 전세계 의료 시스템에서 정신 장애를 치료하기 위한 혼합 치료 개입 사례와 함께, 선택된 정신 장애의 배경을 설명한다.

(1) 우울증

우울증은 효과적이며 접근 가능한 개입이 필요한, 흔하고 심각한 정신 장애이다. 우울증에 관한 다양한 임상적 접근에 대해서는 많은 근거가 축적되어 왔으나, 어떤 치료법이 가장 효과적인지에 대한 명확한 합의는 이루어지지 않았다(Cuijpers, Cristea, Karyotaki, Reijnders, & Huibers, 2016; Cuijpers, Huibers, Ebert, Koole, & Andersson, 2013; Cuijpers, Van Straten, Andersson, & Van Oppen, 2008; Wampold & Imel, 2015). 내담자 수준에서의 효과성은 상당히 이질적인데(Hofmann, Asnaani, Vonk, Sawyer, & Fang, 2012; Loerinc et al., 2015), 일부 연구에 따르면 우울증 치료를 받는 내담자의 30%만이 첫 번째 치료 삽화에서 관해에 도달한다(Rush et al., 2006). 혼합 치료는 우울증 치료의 대안이자 더 효과적인 치료법으로서 15년 이상 연구가 진행되어 왔는데, 초기 연구 결과에서 혼합 치료는 예방 및 치료 모두에서 강력한 잠재력을 보여 주었다. 보다 최신의 연구들에 따르면, 우울증에 대한 자기주도형 개입과 혼합 치료를 비교하였을 때 혼합 치료의 효과 크기가 컸으며(Andersson et al., 2009; Baumeister et al., 2014; Cowpertwait & Clarke, 2013; Richards & Richardson, 2012; Spek et al., 2007), 우울증에 대한 심리교육과 혼합 치료를 비교했을 때는 중간에서 큰 효과가 있었다(Beiwinkel, Eißinag, Telle, Siegmund-Schultze, & Rössler, 2017; Buntrock et al., 2015; Nobis et al., 2015).

그러나 우울증에 대한 독립형 디지털 개입과 혼합 치료에 대한 체계적 문헌 고찰 및 메타분석에 따르면, 두 치료 유형 모두 우울 증상과 심각도에 유익한 효과를 나타냈고, 둘 간의 유의미한 차이는 나타나지 않았다(Koenigbauer, Letsch, Doebler, Ebert, & Baumeister, 2017). 다른 정신 장애나 물질 사용 장애에 대한 혼합 치료와 마찬가지로, 일부 연구에서는 증상 심각도의 프로파일에 따라 고유한 혼합 치료 접근법이 필요하거나 단계적 치료 모델이 유용할 수 있다고 제시하였다. 치료 과정 중에, 혹은 치료 후 치료효과를 유지하는 데 도움이 되도록, 우울증에 대한 혼합 치료 구성요소 및 해결 방안을 설계하고 정교화할 수 있다(Reins, Boß, Lehr, Berking, & Ebert, 2019). 비용 대비 효과성이 향상되는지에 대해서는 어떤 연구에서도 조사되지 않았지만(Koenigbauer et al., 2017), Buntrock 등(2015)은 역치 이하의 우울 증상을 다룰 때, 비용 대비 이익 비율(cost-benefit ratio)이 수용할 수 있을만한 수준이라고 보고 하였다.

① 헬로베터

공적으로 이용할 수 있는 혼합 치료의 예시로는 독일 회사 헬로베터(HelloBetter)의 강좌를 들 수 있다. 이 회사의 여러 강좌 중 하나는 스트레스와 번아웃을 다루는 독립형 치료이며, 우울증, 공황 장애, 불면증 등 다양한 정신건강 문제를 다루는 나머지 강좌는 혼합 치료로 설계되었다(HelloBetter Online Classes Producer, 2022). 독일의 공공 의료보험(statutory health insurance, SHI) 시스템 내에서 일부 보험은 혼합 치료를 보장하며, 스트레스와 번아웃에 대한 독립형 과정은 최근 도입된 디지털 건강관리법(Digitale-Versorgung-Gesetz, DVG) 내에서 의약품이나 의료 기기로 처방될 수 있다. 헬로베터 내 다양한 강좌들의 효과성을 조사하기 위해 총 37건의 무작위 대조 시험이 출판되었다(HelloBetter Research PRoducer, 2022). 헬로베터 내의 혼합 치료 강좌는 공인 심리학자 및 심리치료자의 온라인 지원 및 온라인 콘텐츠로 구성되어 있다. 여기에서는 우울증 예방 및 급성 우울증에 관한 강좌를 간략히 설명하고, 효과성에 대한 근거를 요약하여 제시하겠다.

우울증 예방을 위한 혼합 치료 강좌는 6주 과정이며, 영어와 독일어로 제공된다(HelloBetter Depression Prevention Producer, 2022). 1시간씩 진행되는 6개 온라인 강좌는 매주 완료하도록 권장되는데, 이 강좌에서 내담자는 기분을 개선하고, 단계별 문제 해결 전략을 개발하고, 관계를 강화하기 위한 인지행동치료 기반 전략을 학습한다. 각각의 하위 강좌를 완료하면, 서면 피드백 형태로 심리학자의 개별 지원이 이루어진다. 이 과정은 몇몇 독일 건강보험에서 보장되며, 혹은 유료로 직접 예약할 수도 있다. 이 온라인 과정의 효과성에 관해서는 헬로베터에서 무작위 대조 시험 결과를 인용하고 있다(HelloBetter Depression Prevention Producer, 2022).

우울증 예방을 위한 혼합 치료와 마찬가지로, 급성 우울증에 대한 혼합 치료 과정도 1시간 강좌 6개로 구성되며, 매주 완료되도록 설계되어 있다(HelloBetter Acute Depression Producer, 2022). 각 강좌에는 인지행동치료의 기분 개선 전략이 포함된다. 사용자의 대시보드 화면에는 주요 주제, 완료한 회기 수, 질문에 대한 답변, 완료 및 복습해야 할 여러 과제에 대한 개요가 표시된다. 참여자는 기분 일기를 통해 자신의 기분을 추적한다. 전반적인 진행 상황, 제출한 과제 및 기분 일기 항목에 대해, 공인 심리학자의 서면 피드백이 제공된다. 심리학자에 대한 정보('프로필 보기')와 심리학자의 메시지도 사용자의 대시보드 화면에 제공된다. 배정된 심리학자와의 화상 통화는 제공되지 않는다. 이 과정은 여러 보험에서 보장받거나 유료로 이용할 수 있다. 4건의 대조군 시험을 통해 이 과정의 효과성이 경험적으로 지지되었다(HelloBetter Acute Depression Producer, 2022).

(2) 불안 장애

불안 장애는 전세계 수백만 명의 사람들에게 영향을 미치는 정신 장애로서, 우울증에 이어 두 번째로 주요한 정신 장애이다(Baxter, Scott, Vos, & Whiteford, 2013). 다양한 유형의 불안 장애는 광범위한 증상 및 심각도를 지니고 있다. 여기에서는 몇 가지 일반적인 유형의 불안 장애를 효과적으로 치료하기 위해 혼합 치료가 어떻게 활용되었는지에 대한 사례를 소개할 것이다.

범불안 장애는 걱정을 통제하지 못하는 것이 특징으로, 종종 불면증이나 공황과 같은 불안의 신체 증상을 야기하기도 한다. 다양한 유형의 혼합 치료 개입이 범불안 장애 증상 및 심각도를 줄이는 데 도움이 될 수 있다. 예를 들어, 대면 수용전념치료와 웹 기반 모듈의 디지털 콘텐츠를 통합한 혼합 치료는 불안 증상이 있는 고령 내담자를 위한 대안적 치료로서 긍정적인 성과를 나타냈고(Witlox et al., 2021), 범불안 장애에 대한 인터넷 기반 인지행동치료는 여러 연구에서 대면 치료와 비교하였을 때 유망한 결과를 나타냈다(Andrews et al., 2018). 최근에는 정서장애의 범진단적 치료에 대한 통합 프로토콜을 사용한 연구들이 증가하고 있는데(Barlow, Farchione, Fairholme, Ellard, Boisseau, Allen, & Ehrenreich-May, 2011; Richards, Richardson, Timulak, & McElvaney, 2015), 이를 통해 범불안 장애의 특징적인 증상을 표적으로 삼을 수 있다.

광장 공포증을 동반한 공황 장애와 사회 불안 장애는 모두 내담자의 삶을 상당히 제한하며 예기불안을 유발하는 장애이다. 두 장애는 모두 노출치료 프로토콜을 통해 큰 효과를 볼 수 있다. 노출치료와 가상현실 노출치료를 결합한 안내형 혼합 치료는 광장 공포증을 동반한 공황 장애에 유망한 결과를 나타냈다(Carl et al., 2019; Domhardt, Schröder, Geirhos, Steubl, & Baumeister, 2021). 주의 편향 훈련에 중점을 둔 인터넷 기반 인지행동치료 및 혼합 치료 개입은 사회 불안 장애에 대해 비일관적인 결과를 나타냈다(Amir et al., 2009; Carlbring, Andersson, Cuijpers, Riper, & Hedman-Lagerlöf, 2018; Schmidt, Richey, Buckner, & Timpano, 2009; Williams, O'Moore, Mason, & Andrews, 2014). 37건의 연구에 대한 메타분석에서는 자기주도형 및 안내형 인터넷 기반 인지행동치료, 가상현실 노출치료가 사회 불안 장애 치료에 효과적이라고 결론 내렸으며(Kampmann, Emmelkamp, & Morina, 2016), 주제범위 문헌 고찰 연구에서는 사회 불안 장애에 대한 여러 연구에서 인지행동치료와 가상현실을 통합하는 것이 불안 증상 감소에 효능이 있었음을 설명하였다(Baghaei et al., 2021). 출판된 임상 지침에서는 사회 불안 장애에 대한 혼합 치료의 기능 몇 가지를 예시로 제시하는데, 예를 들어, 웹

캠을 통해 사회적 상황을 재현하여 자기초점적 주의 및 안전 행동을 수정하는 행동을 모델링하고 연습할 수 있다(Warnock-Parkes et al., 2020).

특정 공포증은 가장 흔한 불안 장애 중 하나로, 일반적으로 어린 시절에 발병한다. 모든 특정 공포증이 치료가 필요한 것은 아니지만, 특정 공포증은 일상생활에 지장을 줄 수 있다. 두려운 자극을 피할 수 없는 경우, 특정 공포증은 상황을 회피하는 행동과 고통을 유발한다. 10년 전만 해도 특정 공포증에 대한 인터넷 기반 치료는 거의 연구되지 않았으며, 거미 공포증(Andersson et al., 2009), 뱀 공포증(Andersson et al., 2013)에 관한 무작위 대조 시험이 몇 건 이루어진 것에 불과하였다. 보다 최근에는, 기술 발전으로 360° 몰입형 경험과 같은 기능을 구현할 수 있게 되면서(Donker et al., 2019), 공포증에서 공포 자극에 대한 반응을 소거하는 데 가상현실 노출치료가 효능이 있다는 점이 입증되었다. 전반적으로 특정 공포증에 관한 혼합 치료 효과를 검증한 연구는 상대적으로 부족한 실정이다(Mor et al., 2021).

① 마인드스팟 웰빙 코스

호주의 마인드스팟 웰빙 코스(MindSpot Wellbeing course)(MindSpot Producer, 2022)는 우울증과 불안 장애의 기저 메커니즘을 표적으로 한, 웹 기반의 범진단적 혼합 치료 프로그램이다.

마인드스팟은 호주 정부의 지원을 받아 운영되는 연구 센터로서, 호주인들에게 무료로 근거 기반 치료 서비스를 제공한다. 웰빙 과정은 마인드스팟에서 제공하는 여러 디지털 건강 프로그램 중 하나이다. 웰빙은 심리교육, 생각을 알아차리고 도전하기, 회피, 지속노출, 재발 방지에 관한 5개의 웹 기반 모듈로 이루어져 있다. 이 프로그램을 통해 내담자들은 초기 평가를 받을 수 있으며, 매주 예약된 임상가의 지원, 혹은 온디맨드 지원을 받을 수 있다. 웰빙 과정은 8주 동안 진행되며, 내담자는 회기 내/회기 간 과제를 완료해야 한다. 웰빙 범진단적 프로그램의 효과는 여러 무작위 대조 시험에서 평가되었고, 사회불안 장애(Dear et al., 2016), 범불안 장애(Dear et al., 2015)에 대한 유망한 결과를 나타냈다.

② 옥스퍼드 가상현실

옥스퍼드 대학교의 옥스퍼드 가상현실(Oxford VR)(OVR Producer, 2022)은 가상현실에서 프로토콜화된 몰입형 경험을 제공하며, 인지행동치료에 기반하고 있다. 옥스퍼드 가상현실은 불안 장애 치료에 가상현실 노출치료의 효능을 검증한 여러 연구 결과를 바탕으로, 옥스퍼드 대학교와 협력하여 개발되었다(Freeman et al., 2017, 2018). 고소공포증과 같은 특정 공포증, 사회불안, 정신증 등이 치료 대상에 포함된다. 옥스퍼드 가상현실은 영국 국립보건원(National Health Services, NHS) 등과 협력하에 처방된 앱으로 사용되는데, VR 헤드셋과 가상 코치를 통해 자동화된 치료를 제공하며, 때로는 대면 치료 회기도 함께 진행한다(NHS Oxford Health Fudation Trust Producer, 2021). 이 프로그램을 개발한 게임 엔지니어들은 참여적이며 사실적으로 프로그램을 개발하였다. 내담자는 30분 회기에 접속하여, 안전한 환경에서 점진적 노출 훈련에 참여한다. 내담자는 자신의 문제에 특화된 가상현실 환경에 들어가, 가상 코치의 안내를 받아 공포스러운 자극에 점진적으로 직면하도록 인지행동치료 기술을 사용한다(예: 엘리베이터 타기, 붐비는 군중 속에서 이동하기). 옥스퍼드 가상현실에서 개발한 프로그램 중 하나인 '사회적 참여(Social Engagement)'에서는 내담자가 사회 불안의 회피 증상을 극복하도록 돕는 것을 목표로 한다. 영국 내에서 이 프로그램은 처방받은 성인들이 이용할 수 있으며, 영국 국립보건원의 심리치료에 대한 접근성 향상 프로그램을 통해서도 이용 가능하다.

③ 이에소 디지털헬스

이에소 디지털헬스(Ieso DigitalHealth)는 특정 공포증, 불안 장애, 외상 후 스트레스 장애, 강박 장애 등 다양한 정신 장애에 대해 인지행동치료 기반 혼합 치료를 제공하는 회사이다. 영국의 많은 지역에서 영국 국립보건원의 일차 진료 서비스를 통해 이에소 헬스를 무료로 이용할 수 있다. 이에소는 우울증에 대한 채팅형 인터넷 기반 인지행동치료의 효과를 검증한 무작위 대조 시험 연구를 포함하여 2009년부터 실시된 많은 연구에 기초하여 치료를 개발하였으며, 우울증 회복에 유망한 것으로 나타났다(Kessler et al., 2009). 비디오나 채팅 기능을 통해 치료 예약이 이루어지며, 메시징 기능 및 회기 기록과 같은 추가 기능을 통해 내담자가 치료 내용을 검토하고 회기 간 과제를 완료할 수 있도록 돕는다. 내담자가 효과적인 치료를 받을 수 있도록 하는 치료의 몇 가지 측면을 살펴보자. 첫째, 치료 예약 시에는 대면 인지행동치료 회기에서 이루어지는 의제 설정이 포함된다. 둘째, 치료는 내담자와 협력하여 개인 맞춤형으로 이루어진다. 셋째, 내담자의 주요 문제를 인지행동치료 근거 기반 매뉴얼 중 하나로 매칭한다. 내담자들은 브라우저나 앱 중 하나를 선택하여 로그인하고 치료에 접속할 수 있다. 앱을 사용하면 개인 컴퓨터를 이용할 수 없는 성인도 이러한 유형의 혼합 치료를 이용할 수 있다. 또한 대면이나 화상 회기가 어려운 내담자들은 채팅 기능으로 치료자와 상담할 수 있다. 이에소는 기록과 메시지를 통해 데이터를 수집하고, 이 데이터를 분석하여 치료를 더 개선하고 있다.

2) 의료 시스템에서 사용할 수 있는 물질 사용 장애에 대한 혼합 치료 개입 예시

물질 사용 장애에 대한 많은 혁신적인 혼합 치료 개입이 연구를 통해 효능 검증이 이루어져왔다. 지역사회 클리닉에서 실시된 효과 검증 연구 등의 대조군 시험을 통해, 이보다 훨씬 더 적은 수만이 임상적으로 유의미한 것으로 입증되었다. 그리고 이 중 일부만이 의료 시스템에 사용하기에 적합한 형태로 변환되어 치료자들에게 제공되었다. 의료 시스템에 도입된 물질 사용 장애에 관한 혼합 치료 개입은 일반적으로 기존의 근거 기반의 매뉴얼화된 행동 치료를 변환시킨 것으로서, 스마트폰, 태블릿, 개인용 컴퓨터를 통해 대부분의 활동적인 콘텐츠를 제공하고(일반적으로 대처기술 훈련, 긍정적 강화), 치료자는 동기 부여, 모니터링, 개인 및 정서적 지원을 제공하여 내담자가 혼합 치료에 성공적으로 순응하고 완료하도록 한다. 이러한 혼합 치료 프로그램은 외래 진료환경에서 물질 사용 장애나 동반 이환 장애 치료를 받으려는 사람들을 위해 설계되고 검증되었다. 여기에서는 현재 치료자와 물질 사용 장애 환자들이 이용할 수 있는 몇 가지 혼합 치료 개입(ReSET/ReSET-O, SHADE, CBT4CBT/A-CHESS) 사례를 제시할 것이다.

(1) 리셋/리셋-오(치료교육시스템)

모바일 앱인 리셋@(ReSET@)은 미국 식품의약국(Food and Drug Administration, FDA)에서 물질 사용 장애에 대한 심리사회적, 약물치료의 처방 전용 보조제로 승인한 최초의 디지털 치료제이다. 따라서 의료진은 내담자의 치료 프로그램 일부로 리셋(ReSET)을 처방할 수 있고, 대부분의 경우 내담자의 건강 보험에서 비용이 지원된다. 리셋은 디지털 치료인 치료교육시스템(treatment education system, TES)의 여러 대조군 임상시험 결과에 기초해 있는데, 치료교육시스템은 아편계, 대마, 메스암페타민 사용 장애에 관한 긍정적 치료 성과를 나타내고 HIV 위험 행동을 감소시켰으며, 임상가가 진행하는 근거 기반 치료와 유사한 수준의 결과를 나타냈다(Bickel, Marsch, Buchhalter, & Badger, 2008; Campbell et al., 2014; Marsch et al., 2015).

물질 사용 장애에 대한 근거 기반 치료인 지역사회 강화 접근법과 인지행동치료를 기반으로 한 치료교육시스템은 65개 이상의 자기 주도적 개입 모듈을 포함하며, 대처기술을 가르치고 향상시키며 심리사회적 기능을 개선하도록 설계되어 있다. 멀티미디어 기능은 상호작용형 치료 연습을 촉진하고, 대안적인 학습 양식 및 기술을 제공하도록 통합되어 있다. 또한 치료교육시스템에서는 인센티브 기반 수반성 관리 프로그램(지역사회 강화 접근법의 중요한 구성요소)을 지원하는 시스템이 포함되어 있으며, 대면 회기를 안내하도록 치료자에게 내담자의 치료 진행 상황을 요약해 준다. 치료자들은 일반적으로 체크인을 활용하여 치료교육시스템 모듈 완료에 관한 문제를 모니터링하고 해결하며, 급성 문제 및 의뢰에 대한 지원, 안내 및 도움을 제공한다.

리셋은 현재 물질 사용 장애에 대한 대면 치료, 원격치료를 보완할 수 있는 임상적 도구로 판매되고 있다(Pear Therapeutics Producer, 2018; U.S. Food and Drug Administration FDA Producer, 2017). 아편계 마약 위기에 대응하기 위해 리셋의 특수 버전인 리셋-오(ReSET-O)가 개발되었다. 리셋과 리셋-오 앱은 모두 외국 식품의약국 승인 치료제로서, 처방하에 이용할 수 있고, 공인 치료자와 협력하여 이용할 수 있으며(독립형으로 사용되지 않음), 미국 내 일부 건강 보험의 적용을 받는다.

(2) 셰이드(알콜 및 기타 물질 사용, 우울증에 관한 자조 개입)

호주 정부는 디지털 정신건강(디지털 모바일 헬스) 도구의 잠재력을 강력하게 받아들였고, 호주 전역의 연구자 및 의료 시스템과 긴밀히 협력하여 자국민에게 모바일 헬스 서비스에 대해 교육하고 쉽게 접근할 수 있는 경로를 제공하는 온라인 시스템을 개발하였다(Department of Health Australian Government Producer, 2021; Head to Health Producer, 2022). 혼합 치료 프로그램 중 하나인 셰이드(SHADE)는 대조군 시험에서 개발되고 평가되었다. 많은 연구 결과에 따르면, 셰이드는 대면 치료와 유사한 정도로, 우울증 증상과 알코올 및 대마 사용을 유의미하게 감소시켰다는 근거가 축적되었다(Glasner et al., 2018; Kay-Lambkin et al., 2009; Kay-Lambkin, Simpson, Bowman, & Childs, 2014).

셰이드는 60분씩 진행되는 주간 온라인 모듈 10개로 구성되어 있고, 물질 사용 장애 및 우울증에 관한 인지행동치료에 기반해 있다. 인지행동치료 기법에는 기분, 생각, 물질 사용에 대한 모니터링, 문제해결, 장단점 파악, 약물 거절 기술(drug refusal skills) 등이 포함되어 있다. 우울 증상과 물질 사용 간의 관계도 제시된다. 셰이드는 치료 과정 전반에 걸쳐 동기 강화 치료 기법을 통합한다. 첫 회기는 평가 피드백을 포함한 대면 동기 강화 회기로 시작된다. 개입 전반에 걸쳐서는 후속 인지행동치료 기술 훈련(예: 목표 수립, 변화 계획 개발)에 대한 교육 및 계획, 행동 변화 및 유지에 대한 비직면적 토론이 통합되어 제시된다(Kay-Lambkin et al., 2009). 각 회기가 끝날 때마다 구조화된 10~15분의 치료자 체크인이 매주 이루어진다. 점검 시에는 간단한 평가를 진행하고, 기분 모니터링 및 이전 온라인 모듈에서 다룬 인지행동치료 기술에 대한 워크시트 등의 연습 활동을 검토하며(예: 과제 검토), 다음 주 동안의 과제 수행을 계획한다(Glasner et al., 2018; Kay-Lambkin, Baker, Kelly, & Lewin, 2011).

호주에서는 뉴사우스웨일즈 주정부에서 관리하는 모바일 헬스 웹사이트인 이클립스(Electronic Clinical Pathways to Service Excellence, eCliPSE)를 통해 셰이드를 무료로 이용할 수 있다. 이클립스를 통해 개인이 직접 셰이드에 참여하여 독립형 프로그램으로 사용할 수 있다. 등록 후(Eclipse Producer, 2022), 내담자는 간단한 온라인 평가를 완료한다. 이클립스에서는 설문 응답을 바탕으로 치료를 추천해 준다. 모든 콘텐츠(예: 모듈, 워크시트, 과제)는 온라인으로 이용할 수 있다. 또는 치료자가 셰이드에 등록하면, 콘텐츠에 접속하고 내담자를 검색할 수 있다. 이러한 혼합 치료 옵션이 강력하게 권장된다. 셰이드는 미국 및 기타 지역에서 Cobalt Therapeutics, LLC's/Magellan Health's Computerized Cognitive Behavioral Therapy(CCBT) 프로그램을 통해 상업적으로 이용할 수 있다.

(3) CBT4CBT(인지행동치료를 위한 컴퓨터 기반 훈련)

CBT4CBT는 물질 사용 장애 치료를 위해 개발된 효과적이고, 잘 연구된 혼합 치료로서, 개인용 컴퓨터, 태블릿, 휴대폰을 통해 웹으로 제공된다(Carroll et al., 2008). 다양한 물질 사용 장애 표본을 대상으로 한 여러 무작위 대조 연구에 따르면, CBT4CBT가 대면 인지행동치료와 통합될 때 물질 사용 중단(drug abstinence)을 유도하고 유지할 수 있음이 입증되었다(Carroll et al., 2008, 2014). 최근에는 부프레노르핀(buprenorphine)[1] 치료에 심리교육을 통합한 CBT4CBT–부프레노르핀이 표준 부프레노르핀 치료에 보조적으로 포함될 때 물질 사용 중단을 증가시키는 것으로 밝혀졌다(Shi, Henry, Dwy, Orazietti, & Carroll, 2019). CBT4CBT는 알코올 사용 장애에 대한 소규모 대조군 임상시험에서도 금주에 긍정적인 영향을 미치는 것으로 입증되었다(Kiluk et al., 2016).

리셋 및 셰이드와 마찬가지로, CBT4CBT는 6개의 모듈로 구성된 자기주도형 프로그램으로, 주로 물질 사용 장애에 대한 인지행동치료를 기반으로 한 내용으로 이루어져 있다. 각 모듈의 심리교육 및 기술 훈련 자료는 참여적인 그래픽, 비디오, 텍스트 및 오디오와 같은 다양한 형식으로 제공되며, 각 모듈에는 상호작용적 평가와 연습 훈련이 포함되어 있다. 물질 사용 패턴을 파악하고, 의사 결정, 대처, 문제해결 및 약물 거절 기술을 강화하는 기법들이 CBT4CBT 전반에 걸쳐 통합되어 있다. 비디오 데모와 연습 과제를 통해 표적 치료 행동 및 기술의 개발이 촉진되고 사용이 강화된다(Carroll et al., 2008).

미국에서는 공인 치료자가 직접 구매할 수 있는 물질 사용 장애용 CBT4CBT가 온라인

1 (역자 주) 부프레노르핀(buprenorphine): 아편 중독에 의한 금단 증상을 완화하는 효과를 지닌 길항성 진통제

에서 상업적으로 판매된다(CBT4CBT LLC Producer, 2022). CBT4CBT는 현재 보험으로 환급되지 않으나, 치료자는 적합한 내담자에게 CBT4CBT를 처방할 수 있다. CBT4CBT(물질 사용 장애, 알코올, 부프레노르핀 용)는 체스 헬스(CHESS Health)의 중독관리 '커넥션'(Addiction Management 'Connections') 디지털 플랫폼을 통해, 웹이나 스마트폰으로 제공받을 수도 있다. 여기에서 CBT4CBT는 재발 방지에 기초한 혼합 치료인, 에이체스와 함께 제공된다.

(4) 에이체스(중독-통합적 건강 증진 지원 시스템)

에이체스(A-CHESS)는 미국에서 13세 이상의 내담자들이 이용할 수 있는 모바일 헬스 스마트폰 앱으로서, 물질 사용 장애의 대면치료에 대한 보조 수단으로 사용되어 치료 순응도를 높이고 재발을 줄인다. 에이체스는 다양한 물질 사용 장애 표본 및 치료 환경에서 여러 무작위 대조 연구로 평가되었는데, 여기에는 아편계 약물 사용 장애에 대한 약물 보조 치료를 받는 내담자(Gustafson et al., 2016), 시골 지역의 여성 물질 사용 장애 환자(Johnston, Mathews, Maus, & Gustafson, 2019), 법원의 마약 중독 범죄자[2](Johnson et al., 2016) 등이 포함된다. 무작위 대조 시험 연구 결과, 에이체스 참여자는 통제집단에 비해 과음 일수가 단기적으로 감소하였고, 종결 후 최대 12개월까지 더 높은 금주율을 나타냈다(Gustafson et al., 2014). 일부 데이터에 따르면, 여러 물질을 사용하고 동반이환된 정신 장애가 없는 사람들의 경우, 에이체스 앱을 더 많이 사용할수록 더 나은 성과를 보이는 것으로 밝혀졌다(Gustafson et al., 2014; McTavish, Chih, Shah, & Gustafson, 2012).

에이체스는 내담자에게 24시간 이용 가능한 온디맨드 지원 및 자원(예: 오디오로 안내되는 이완훈련)을 연결하여, 갈망, 금단 증상 및 고위험 상황에 대처하게 도와 재발을 방지한다. 이 앱에는 사회적 연결 및 동기부여 전략도 통합되어 있다. 또한 에이체스에는 GPS(global positioning system) 기술과 같은 적응형 모니터링 기능이 포함되어 있어, 내담자 개개인이 확인된 위험 장소에 언제 접근하는지 추적하고, 해당 장소에 있을 것인지 여부를 묻는 알림을 전달할 수 있다. 또한 에이체스에는 재발 위험이 높아지는 동안 사회적 지지 체계에 연락할 수 있는 비상 버튼(panic button)이 포함되어 있다. 매주 이루어지는 12개 문항의 설문은 재발을 예측하는 데 유용한 모니터링 도구로 사용된다(Chih et al., 2014). 이 설문에서는 라이프 스타일의 균형, 수면의 질, 부정 정서, 최근의 약물 사용 여부 등을 평가한다. 에이체스 사용자는 치료자가 설문 결과 데이터에 접근할 수 있도록 허용할 수 있으며, 설문이 미완료

2 (역자 주) 법원의 마약 중독 범죄자(drug court participants): 법원의 마약 중독 치료 프로그램에 참여한 중독 범죄자

된 경우 에이체스 알림을 받을 수 있다(Chih et al., 2014). 치료자가 사용하는 앱인 컴패니언(Companion)은 통합적인 치료를 촉진할 수 있도록 치료자에게 내담자 및 보조자료를 연결해 준다.

에이체스는 커넥션스(Connections) 스마트폰 앱을 통해 상업적으로 이용할 수 있다(Center for Health Care Strategies Producer, 2021). 이 근거 기반 플랫폼은 세 가지 구별되는 기능으로 이루어져 있는데, 치료자 검색 및 의뢰(eIntervention), 대면 치료의 보조로 사용되는 CBT4CBT(eTherapy), 에이체스를 통한 재발 방지(eRecovery) 기능이다. 미국에서는 물질 사용 장애 치료자, 주 정부/지방 정부, 병원, 건강보험에서 커넥션스를 구매할 수 있다. 혼합 치료 형식에서는 내담자를 위한 치료자 코드가 필요하다(ChessHealth Producer, 2022).

7. 혼합 치료 채택에 대한 도전 과제

이 장의 5절에서 설명한 바와 같이, 정신 장애 및 물질 사용 장애에 대한 혼합 치료 접근 방식은 거의 모든 이해관계자(내담자, 의료진 및 의료 시스템)에게 많은 흥미로운 이점을 제공해 준다. 그렇다면 왜 이러한 장애를 치료하려는 사람들에게 혼합 치료가 최우선의 옵션으로 제공되지 않았을까? 여기에서는 의료 시스템이 디지털 치료, 특히 혼합 치료의 잠재력을 최대한 활용하기 전에 해결해야 할 여러 가지 요인에 대해 논의할 것이다.

아이러니하게도 근거 기반의 효과적 개입에 대한 접근성이 부족한 문제는 디지털 치료제의 개발을 촉진하기도 했지만, 다른 한편으로는 정신 장애 및 물질 사용에 대한 혼합 치료가 광범위하게 사용되지 못하게 하는 주요 장벽이 되기도 한다. 기술 기기가 보편화되어 있는 것처럼 보이지만, 상당수의 청소년과 성인은 대부분의 혼합 치료 서비스에 필요한 기기(스마트폰, 태블릿, 개인용 컴퓨터)를 갖고 있지 않거나 안정적으로 쉽게 사용할 수 없으며, 기기를 사용할 수 있는 경우에도 인터넷에 제한적으로만 접속할 수 있다. 또한 구형 개인용 컴퓨터나 스마트폰으로는 새로운 기술에 접속할 수 없는 경우가 많다. 일부 기술은 아직 가정용으로 확장하여 사용할 수 있도록 조정 중이다. 예를 들어, 가상현실 노출치료의 획기적인 접근 방식은 여전히 값비싼 VR 헤드셋에 크게 의존하고 있다(Baghaei et al., 2021). 안타깝게도 정신 장애 및 물질 사용 장애 가장 취약한 소외 계층은 많은 혼합 치료 프로그램에 효과적으로 참여하는 데 필요한 디지털 플랫폼에 대한 접근성이 가장 낮은 계층이기도 하다. 또한 양질의 의료 서비스를 이용하는 데 부담이 큰 고령자 및 시골 지역 거주자와 같은 특정 집단은 기술 기기를 소유하고 익숙하지 않거나(고령자) 인터넷 접속 환경이 열악할 가능성이 높다(시골 지역 거주자).

의료진의 관점에서도 몇 가지 어려움이 있다. 혼합 치료 개입에 대한 인식이 낮고, 많은 국가에서 혼합 치료 모델을 어디서 어떻게 구매하거나 이용할 수 있는지 명확하지 않다. 또한 혼합 치료 모델을 실무에 통합하는 최선의 방법에 대한 교육이 쉽게 제공되지 않고, 혼합 치료 옵션을 권장하는 연구 시연 및 모범 사례 지침이 널리 공개되지 않는다. 마지막으로 많은 의료 서비스 모델에서 디지털 요소를 통합하는 의료진의 시간과 노력이 어떻게 보상될지도 명확하지 않다. 그러나 혼합 치료의 접근성 및 보급을 강화하기 위한 직접적 노력은 진행 중이다. 예를 들어, 미국심리학회는 임상적 치료에 기술을 통합하는 방법(예: 문자 및 이메일, 평가 및 자가 모니터링, 완전한 자조 및 안내식 자조 프로그램)과 윤리적 및 개인정보 보호 고려 사항에 대한 지속적인 교육 훈련을 제공한다(American Psychological Association, 2022). 이와 유사하게, 팔로알토 대학교의 m2헬스(m2Health) 센터에서는 임상 현장에서 기술을 사용할 수 있도록 교육 및 상담을 제공한다(Center For m2Health & Palo Alto, 2022). 의료 시스템 관점에서는 다음과 같은 장애물을 해결해야 한다. 먼저 혼합 치료에 대한 승인, 청구 및 환급 구조를 고려해야 하며, 변경된 업무량을 고려하여 인력을 재편성해야 한다. 혼합 치료를 효율적으로 수용하고 제공하기 위한 책무, 교육 및 전문지식도 요구된다. 그리고 의료진을 일정 부분 대체하고 의료진의 가치를 최소화하는 디지털 절차를 채택하도록 요청하는 경우, 의료진의 사기나 열정에 부정적인 영향이 발생할 수 있음을 고려해야 한다. 또한 디지털 기기 및 도구 사용에는 초기 비용이 들고 혼합 치료를 통합하는 인프라를 구축하는 것도 필요한데, 이는 이미 오래되고 부족한 디지털 역량으로 스트레스를 받는 많은 기관들의 운영에 어려움을 줄 수 있다.

디지털 기술이 발전하면서 내담자, 의료진, 의료 시스템의 개인정보 보호에 대한 우려가 높아졌다. 이 주제는 제15장 '디지털 치료제에서의 개인정보 보호와 보안'에서 자세히 설명할 것이다. 비밀보장의 한계와 데이터 보안 문제로 인해 추가적인 윤리적 문제가 발생할 수 있으며, 이는 혼합 치료 채택에 중대한 도전이 된다. 데이터 보안의 측면에서, 정보 사용 및 공개에 대한 동의서는 일반적으로 개발자가 관리한다. 또한 수동 감지는 사용자 모르게 개인정보를 비의도적으로 수집하고 저장하거나 제3자에게 전송할 수 있다. 보안 위험에는 데이터 수집이나 전송 중의 비밀보장 침해 문제, 암호화 문제, 멀티웨어 공격에 취약하게 하는 기타 보안 결함 등이 포함된다(Hall & McGraw, 2014). 이는 혼합 치료에만 국한되지는 않으며, 물질 사용 장애나 정신 장애 치료를 받는 내담자에게 개인정보 보호, 비밀보장 및 데이터 보안은 중요한 문제이다. 혼합 치료 모델에서 내담자들은 일부 디지털 치료 구성요소의 개인정보 보호 및 보안에 대한 추가 제한 사항을 안내 받고 동의를 하게 되는데, 이로 인해 결과적으로 혼합 치료를 사용하는 위험에 대해 추가적으로 걱정할 수도 있다(Ozair, Jamshed, Sharma, & Aggarwal, 2015). 의료진들도 내담자 정보의 개인정보 보호 및 보안에 대한 통제가 제한되어 있어, 의료진들 또한 이러한 기술에 대한 신뢰가 부족할 수 있다. 또 다른 문제는 보안 기능의 규제 약화로 인해 의료진이 건강보험 이동성과 결과 보고 책무 활동(Health Insurance Portability and Accounting Act, HIPAA; Hale & Kvedar, 2014; Hall & McGraw, 2014)을 위반하게 될 수 있다는 것이다. 일부 의료 시스템에서는 현재의 규제나 제한으로 인해 디지털 도구를 도입하지 못할 수 있으며, 이러한 환경에서는 혼합 치료 도입이 더욱 늦어질 수 있다(Ramsey, Lord, Torrey, Marsch, & Lardiere, 2016).

많은 디지털 치료 구성요소(예: 온디맨드 메시지, 모니터링에 대한 자동화된 프롬프트(prompt), 대처 활동)가 혼합 치료의 치료 순응도 및 유지 결과를 개선하는 것으로 제안되었으나(예: Campbell et al., 2014), 디지털 구성요소의 참여 순응도에도 중요한 문제가 나타나고 있으며, 치료 참여가 어려운 집단에서 특히 문제가 있다(예: 물질 사용 장애; Ramos et al., 2021). 예를 들어, 물질 사용 장애 환자들을 대상으로 한 연구에 따르면, 동기가 높은 짧은 초기 치료 기간이 지나면 상당한 비율의 환자들이 디지털 도구 사용을 중단하는 것으로 나타났다(Attwood, Parke, Larsen, & Morton, 2017; Tait et al., 2014). 또한 일부 디지털 도구가 최적의 효과를 발휘하려면 의료진이 일관성 있게 업무를 수행해야 하는데, 일부 연구에서는 이러한 일관성이 전제될 수 없다고 제시한다. 따라서 혼합 치료 모델을 채택이 필요하다는 긍정적인 결과를 얻으려면, 내담자와 의료진이 디지털 치료 요소에 지속적으로 참여하도록 촉진하는 기술이 필요하다.

8. 향후 방향 및 결론

혼합 치료 모델은 정신 장애 및 물질 사용에 대한 근거 기반 치료의 성과를 향상시키고, 접근성을 개선할 수 있는 상당한 기회를 제공한다. 또한 기술 및 분석적 접근이 지속적으로 발전하고 있어, 현재 혼합 치료의 가능성과 옵션이 더욱 확장될 만한 잠재력이 있다. 예를 들어, 적시 적응형 개입은 개인 대 개인의 행동 치료에 쉽게 통합될 수 있으며, 혼합 치료 도입 시 자주 나타나는 장벽을 해결하고 성과를 향상시킬 수 있는 잠재력이 있다. 적시 적응형 개입은 모바일 기술을 활용해 수동 감지나 생태학적 순간 평가에서 실시간으로 데이터를 수집하여, 개인의 현재 환경과 내부의 정서적, 생리적 상태를 기반으로 개인화된 개입을 촉진한다. 적시 적응형 개입은 여러 실험 연구에서 가능성을 나타냈지만, 머신 러닝 등의 빅데이터 분석이나 수동 감지 기술에서 지속적인 발전이 필요하다. 이러한 기술의 발전은 특정 앱을 최적화하고 타당화하는 데 필요하며, 특정 앱이 개인 대 개인의 치료로 변환되고 통합되어 실현 가능하고 매력적이며 효과적인 혼합 치료 모델이 만들어질 수 있다.

혼합 치료의 실무를 발전시키기 위해서는 의료진의 수용 및 순응도에 많은 관심과 노력을 기울여야 한다. 일반적으로 새로운 발견과 혁신을 적용하는 데는 상당한 시간이 걸린다(Morris, Wooding, & Grant, 2011; Rogers, 2010). 위에서 논의한 바와 같이, 우리는 디지털 치료의 적용 과정을 방해하는 몇 가지 주요 요인을 확인했으며, 그 중 다수는 근거 기반 심리개입을 채택할 때 직면하는 문제와 유사하다(Aarons, Wells, Zagursky, Fettes, & Palinkas, 2009; Lilienfeld, Ritschel, Lynn, Cautin, & Latzman, 2013; Lord, Moore, Ramsey, Dinauer, & Johnson, 2016; McGovern, Fox, Xie, & Drake, 2004). 혼합 치료를 도입하려면 시스템 차원의 노력과 제공자 차원의 여러 노력이 필요하다. 의료진 교육이 쉽게 이루어질 수 있어야 하며, 기존의 학술, 전문적 교육 프로그램에 수용되고 통합되어야 한다. 그리고 혼합 치료 개입을 포함한 실무 지침이 제공되어야 하며, 혼합 치료를 보장할 수 있는 지불 모델도 마련되어야 한다. 또한 혼합 치료를 실행할 수 있도록 지원하는 의료 시스템 인프라가 구축되어야 하며, 데이터 보안 및 개인정보 보호 절차 등을 강화 및 표준화하고 관련된 교육 프로그램을 마련하여 의료진과 내담자를 안심시켜야 한다.

많은 연구 문헌 및 시장에서 다양한 혼합 치료 모델이 등장하고 각 모델마다 빠르게 여러 옵션을 디지털 구성요소에 통합하고 있다. 이에 따라 의료진 및 내담자들이 효과적이라고 검증된 디지털 앱을 탐색하기 위해서는 훨씬 더 많은 지침이 필요하다. 보험사가 혼합 치료를 수용하고 승인하기 위해서는 의료 시스템 및 보건 경제학 연구를 통해 혼합 치료의 가치를 입증하는 근거가 절실히 필요하다. 이러한 데이터를 어떻게 대규모로 수집하여 효능을 입증할 수 있을까? 혼합 치료 모델의 효과적인 치료 요소를 확인하는 통제된 임상 시험은 매우 부족하며, 혼합 치료 옵션에 대한 지침을 개발하는 데 더 많은 연구가 필요하다. 또한 많은 의료 시스템에서는 의료진이 혼합 치료를 사용하도록 동기를 부여하고 적용을 최적화하는 교육 모델을 아직 개발하지 못하였다. 그러나 디지털 치료 및 교육에 투자하고 있는 국가들로부터 많은 것을 배울 수 있다. 예를 들어, 영국과 호주 등의 국가 보건 서비스에서는 혼합 치료의 효과와 경제성을 대규모로 입증하기 위해 관련 데이터를 수집하고 있다. 이러한 데이터는 다른 국가와 의료 환경에서 혼합 치료 프로그램을 시작하고 적용하는 데 활용될 수 있다.

내담자 수준에서 혼합 치료의 디지털 구성요소를 수용하고 순응하는 것도 만만치 않은 과제이다. 연구 및 개발 시에는 데이터 개인정보 보호, 기술의 가용성 및 문해력, 심리적 문제에 관한 비전통적인 디지털 치료제를 수용하는 것 등의 문제에 대해 우려를 완화하는 것이 필요하다. 뿐만 아니라, 대부분의 정신 장애 및 물질 사용 장애는 만성적인 문제여서 진전된 상태를 유지하고 재발의 가능성 및 심각도를 줄이려면 내담자가 지속적으로 노력하는 게 중요하므로, 시간이 지나도 혼합 치료에 지속적으로 참여할 수 있게 하는 방법을 검증하는 데 초점을 맞추어야 한다. 내담자의 노력이나 부담이 적고 시간이 지나도 유지될 수 있는 건강한 대처/모니터링 프로그램을 개발하는 개인 맞춤형 프로그램이 내담자, 의료진, 의료 시스템 모두에게 가장 매력적일 수 있다. 혼합 치료 플랫폼이나 앱을 통해 재발 방지 체크인 및 알림을 제공하면, 내담자가 치료 기술을 계속 사용할 수 있게 지원할 수 있고, 다시 치료를 시작하러 재방문하는 내담자 수를 줄일 수 있다. 백그라운드에서 데이터를 수집하고 모니터링하면 행동 패턴을 파악하여 개인화된 개입에 대한 정보를 제공할 수 있다. 적시 적응형 개입은 적시에 개입을 제공하기 위해 내담자의 상태를 파악하는 데 도움이 된다. 미래에 혼합 치료의 디지털 기능이 발전되면, 수동적인 모니터링을 통해 내담자의 부담을 줄일 수 있을 것이며, 더 높은 수준의 개인화가 이루어질 것이다.

마지막으로, 혼합 치료는 치료 옵션 및 전문적인 치료를 더욱 확대할 수 있는 잠재력이 있다. 전세계적으로, 훈련된 심리치료자는 지역적으로 다양하게 분포되어 있다. 의학과 마찬가지로, 내담자들이 정신건강 필요에 적합한 치료 유형을 항상 찾을 수 있는 것은 아닌데, 이는 정신 장애 치료에 대한 두려움과 치료자의 분포가 불균등하기 때문이다(World Health Organization, 2013). 소수 집단 특유의 부정적 경험(Sue, Capodilupo, Torino, Bucceri, Holder, Nadal, & Esquilin, 2007)과 암묵적인 편견도 치료의 질에 영향을 미칠 수 있다. 혼합 치료를 통해 특정 소수 집단을 반영하는 콘텐츠를 제작하고 내담자를 전문적인 원격 진료에 연결하여, 소외된 집단의 치료 접근성과 치료의 질을 높일 수 있다.

결론적으로, 혼합 치료는 아직 개발 초기 단계에 있으며 잠재력을 최대한 발휘하기 위해서는 아직 많은 지침과 지원이 필요하다. 하지만 연구, 의료진 교육 및 규제에 대한 투자를 통해, 더 많은 내담자에게 양질의 의료 서비스를 제공하고, 더 적은 부담으로 더 많은 치료 옵션을 제공하며, 내담자, 의료진 및 의료 시스템의 비용을 절감할 수 있다는 큰 가능성을 가지고 있다. 이는 이미 영국 국립보건원(National Health Service, NHS)과 미국에서 출시 예정인 정신 장애 및 물질 사용 장애를 위한 혁신적인 혼합 치료 프로그램을 통해 입증되었다. 혁신적인 기술 기능과 수동적 추적 데이터를 결합하면, 내담자와 의료진은 치료 과정에 대한 새로운 통찰력을 얻을 수 있고, 전통적으로 구분되어 온 평가, 치료, 회복 단계를 연결하여 보다 개인 맞춤화된 치료 경험을 얻을 수 있다.

참고문헌

Aarons, G.A., Wells, R.S., Zagursky, K., Fettes, D.L. & Palinkas, L.A. (2009). Implementing evidence-based practice in community mental health agencies: A multiple stakeholder analysis. *American Journal of Public Health, 99*(11), 2087–2095.

American Psychological Association. (2022). Continuing education: Incorporating technology into clinical practice. Retrieved January 11. https://www.apa.org/education-career/ce/1360496.

Amir, N., Beard, C., Taylor, C.T., Klumpp, H., Elias, J., Burns, M., et al. (2009). Attention training in individuals with generalized social phobia: A randomized controlled trial. *Journal of Consulting and Clinical Psychology, 77*(5), 961.

Andersson, G., Waara, J., Jonsson, U., Malmaeus, F., Carlbring, P., Öst, L.G. (2009). Internet-based self-help versus one-session exposure in the treatment of spider phobia: A randomized controlled trial. *Cognitive Behaviour Therapy, 38*(2), 114–120.

Andersson, G., Waara, J., Jonsson, U., Malmaeus, F., Carlbring, P., Öst, L.–G. (2013). Internet-based exposure treatment versus one-session exposure treatment of snake phobia: A randomized controlled trial. *Cognitive Behaviour Therapy, 42*(4), 284–291.

Andrews, G., Basu, A., Cuijpers, P., Craske, M., McEvoy, P., English, C., et al. (2018). Computer therapy for the anxiety and depression disorders is effective, acceptable and practical health care: An updated meta-analysis. *Journal of Anxiety Disorders, 55*, 70–78.

Attwood, S., Parke, H., Larsen, J. & Morton, K.L. (2017). Using a mobile health application to reduce alcohol consumption: A mixed-methods evaluation of the drinkaware track & calculate units application. *BMC Public Health [Electronic Resource], 17*(1), 1–21.

Baghaei, N., Chitale, V., Hlasnik, A., Stemmet, L., Liang, H.–N. & Porter, R. (2021). Virtual reality for supporting the treatment of depression and anxiety: Scoping review. *JMIR Mental Health, 8*(9), e29681.

Barlow, D.H., Farchione, T.J., Fairholme, C.P., Ellard, K.K., Boisseau, C.L., Allen, L.B., Ehrenreich-May, J. (2011). Unified protocol for transdiagnostic treatment of emotional disorders: Therapist guide. Oxford University Press.

Baumeister, H., Reichler, L., Munzinger, M. & Lin, J. (2014). The impact of guidance on internet-based mental health interventions—A systematic review. *Internet Interventions, 1*(4), 205–215.

Baxter, A.J., Scott, K.M., Vos, T. & Whiteford, H.A. (2013). Global prevalence of anxiety disorders: A systematic review and meta-regression. *Psychological Medicine, 43*(5), 897–910.

Beiwinkel, T., Eißing, T., Telle, N.–T., Siegmund-Schultze, E., Rössler, W. (2017). Effectiveness of a web-based intervention in reducing depression and sickness absence: Randomized controlled trial. *Journal of Medical Internet Research, 19*(6), e6546.

Berger, T. & Andersson, G. (2009). Internet-based psychotherapies: Characteristics and empirical evidence. *Psychotherapie, Psychosomatik, Medizinische Psychologie, 59*(3–4), 159–170.

Bickel, W.K., Marsch, L.A., Buchhalter, A.R. & Badger, G.J. (2008). Computerized behavior therapy for opioid-dependent outpatients: A randomized controlled trial. *Experimental and Clinical Psychopharmacology, 16*(2), 132–143.

Botella, C., Fernández-Álvarez, J., Guillén, V., García-Palacios, A., Baños, R. (2017). Recent progress in virtual reality exposure therapy for phobias: A systematic review. *Current Psychiatry Reports, 19*(7), 1–13.

Budney, A.J., Borodovsky, J.T., Marsch, L.A. & Lord, S.E. (2019). Technological innovations in addiction treatment. In: I. Danovitch & L. J. Mooney (Eds.), The Assessment and treatment of addiction, Elsevier, St. Louis, Missouri, pp. 75–90.

Bultler, S.F., Budman, S.H., Goldman, R.J., Newman, F.J., Beckley, K.E., Trottier, D., et al. (2001). Initial validation of a computer-administered Addiction Severity Index: The ASI–MV. *Psychology of Addictive Behaviors, 15*(1), 4.

Buntrock, C., Ebert, D., Lehr, D., Riper, H., Smit, F., Cuijpers, P., et al. (2015). Effectiveness of a web-based cognitive behavioural intervention for subthreshold depression: Pragmatic randomised controlled trial. *Psychotherapy and Psychosomatics, 84*(6), 348–358.

Butler, S.F., Villapiano, A. & Malinow, A. (2009). The effect of computer-mediated administration on self-disclosure of problems on the Addiction Severity Index. *Journal of Addiction Medicine, 3*(4), 194.

Campbell, A.N., Nunes, E.V., Matthews, A.G., Stitzer, M., Miele, G.M., Polsky, D., et al. (2014). Internet-delivered treatment for substance abuse: A multisite randomized controlled trial. *American Journal of Psychiatry, 171*(6), 683–690.

Carl, E., Stein, A.T., Levihn-Coon, A., Pogue, J.R., Rothbaum, B., Emmelkamp, P., et al. (2019). Virtual reality exposure therapy for anxiety and related disorders: A meta-analysis of randomized controlled trials. *Journal of Anxiety Disorders, 61*, 27–36.

Carlbring, P. & Andersson, G. (2006). Internet and psychological treatment. How well can they be combined?. *Computers in Human Behavior, 22*(3), 545–553.

Carlbring, P., Andersson, G., Cuijpers, P., Riper, H., Hedman-Lagerlöf, E. (2018). Internet-based vs. face-to-face cognitive behavior therapy for psychiatric and somatic disorders: An updated systematic review and meta-analysis. *Cognitive Behaviour Therapy, 47*(1), 1–18.

Carroll, K.M., Ball, S.A., Martino, S., Nich, C., Babuscio, T.A., Nuro, K.F., et al. (2008). Computer-assisted delivery of cognitive-behavioral therapy for addiction: A randomized trial of CBT4CBT. *American Journal of Psychiatry, 165*(7), 881–888.

Carroll, K.M., Kiluk, B.D., Nich, C., Gordon, M.A., Portnoy, G.A., Marino, D.R., et al. (2014). Computer-assisted delivery of cognitive-behavioral therapy: Efficacy and durability of CBT4CBT among cocaine-dependent individuals maintained on methadone. *American Journal of Psychiatry, 171*(4), 436–444.

CBT4CBT LLC (Producer). (2022). Retrieved January 11. https://cbt4cbt.com/.

Center for Health Care Strategies (Producer). (2021). A–Chess. Retrieved 2022, January 11. https://www.chcs.org/digital-health-products/a-chess/.

Center for m2Health, Palo Alto University. (2022). Continuing education courses. Retrieved July 13. https://www.m2health.paloaltou.edu/continuing-education-courses.

ChessHealth (Producer). (2022). Customers. Retrieved January 11. https://www.chess.health/customers/.

Chih, M.–Y., Patton, T., McTavish, F.M., Isham, A.J., Judkins-Fisher, C.L., Atwood, A.K., et al. (2014). Predictive modeling of addiction lapses in a mobile health application. *Journal of Substance Abuse Treatment, 46*(1), 29–35.

Christensen, H., Griffiths, K., Mackinnon, A. & Brittliffe, K. (2006). Online randomized controlled trial of brief and full cognitive behaviour therapy for depression. *Psychological Medicine, 36*(12), 1737–1746.

Cornet, V.P. & Holden, R.J. (2018). Systematic review of smartphone-based passive sensing for health and wellbeing. *Journal of Biomedical Informatics, 77*, 120–132.

Cowpertwait, L. & Clarke, D. (2013). Effectiveness of web-based psychological interventions for depression: A meta-analysis. *International Journal of Mental Health and Addiction, 11*(2), 247–268.

Cuijpers, P., Cristea, I.A., Karyotaki, E., Reijnders, M. & Huibers, M.J. (2016). How effective are cognitive behavior therapies for major depression and anxiety disorders? A meta-analytic update of the evidence. *World Psychiatry, 15*(3), 245–258.

Cuijpers, P., Huibers, M., Ebert, D.D., Koole, S.L. & Andersson, G. (2013). How much psychotherapy is needed to treat depression? A metaregression analysis. *Journal of Affective Disorders, 149*(1–3), 1–13.

Cuijpers, P., Riper, H. & Karyotaki, E. (2018). Internet-based cognitive-behavioral therapy in the treatment of depression. *Focus: Journal of Life Long Learning in Psychiatry, 16*(4), 393.

Cuijpers, P., Van Straten, A., Andersson, G., Van Oppen, P. (2008). Psychotherapy for depression in adults: A meta-analysis of comparative outcome studies. *Journal of Consulting and Clinical Psychology, 76*(6), 909.

Dear, B., Staples, L., Terides, M., Fogliati, V., Sheehan, J., Johnston, L., et al. (2016). Transdiagnostic versus disorder-specific and clinician-guided versus self-guided internet-delivered treatment for social anxiety disorder and comorbid disorders: A randomized controlled trial. *Journal of Anxiety Disorders, 42,* 30–44.

Dear, B., Staples, L., Terides, M., Karin, E., Zou, J., Johnston, L., et al. (2015). Transdiagnostic versus disorder-specific and clinician-guided versus self-guided internet-delivered treatment for generalized anxiety disorder and comorbid disorders: A randomized controlled trial. *Journal of Anxiety Disorders, 36,* 63–77.

Department of Health Australian Goverment (Producer). (2021). Digital mental health services. Retrieved March 3. https://www.health.gov.au/initiatives-and-programs/digital-mental-health-services.

Domhardt, M., Schröder, A., Geirhos, A., Steubl, L. & Baumeister, H. (2021). Efficacy of digital health interventions in youth with chronic medical conditions: A meta-analysis. *Internet Interventions, 24,* 1–12.

Donker, T., Cornelisz, I., Van Klaveren, C., Van Straten, A., Carlbring, P., Cuijpers, P., et al. (2019). Effectiveness of self-guided app-based virtual reality cognitive behavior therapy for acrophobia: A randomized clinical trial. *JAMA Psychiatry, 76*(7), 682–690.

Eclipse (Producer). (2022). Ehealth programs on eclipse. Retrieved January 11. https://eclipse.org.au/ehealth-programs-on-eclipse.

Erbe, D., Eichert, H.-C., Riper, H. & Ebert, D.D. (2017). Blending face-to-face and internet-based interventions for the treatment of mental disorders in adults: Systematic review. *Journal of Medical Internet Research, 19*(9), e306.

Figueroa, C.A., DeMasi, O., Hernandez-Ramos, R. & Aguilera, A. (2021). Who benefits most from adding technology to depression treatment and how? An analysis of engagement with a texting adjunct for psychotherapy. *Telemedicine and e-Health, 27*(1), 39–46.

Freeman, D., Haselton, P., Freeman, J., Spanlang, B., Kishore, S., Albery, E., et al. (2018). Automated psychological therapy using immersive virtual reality for treatment of fear of heights: A single-blind, parallel-group, randomised controlled trial. *The Lancet Psychiatry, 5*(8), 625–632.

Freeman, D., Reeve, S., Robinson, A., Ehlers, A., Clark, D., Spanlang, B., et al. (2017). Virtual reality in the assessment, understanding, and treatment of mental health disorders. *Psychological Medicine, 47*(14), 2393–2400.

Glasner, S., Kay-Lambkin, F., Budney, A.J., Gitlin, M., Kagan, B., Chokron-Garneau, H., et al. (2018). Preliminary outcomes of a computerized CBT/MET intervention for depressed cannabis users in psychiatry care. *Cannabis, 1*(2), 36–47.

Gustafson, D.H., Landucci, G., McTavish, F., Kornfield, R., Johnson, R.A., Mares, M.-L., et al. (2016). The effect of bundling medication-assisted treatment for opioid addiction with mHealth: Study protocol for a randomized clinical trial. *Trials, 17*(1), 1-12.

Gustafson, D.H., McTavish, F., Chih, M., Atwood, A., Johnson, R. & Boyle, M. (2014). A smartphone application to support recovery from alcoholism: A randomized clinical trial. *JAMA Psychiatry, 71*(5), 566-572. doi:10.1001/jamapsychiatry.2013.4642.

Hale, T.M. & Kvedar, J.C. (2014). Privacy and security concerns in telehealth. *AMA Journal of Ethics, 16*(12), 981-985.

Hall, J.L. & McGraw, D. (2014). For telehealth to succeed, privacy and security risks must be identified and addressed. *Health Affairs, 33*(2), 216-221.

Hayes, S.C. (2004). Acceptance and Commitment Therapy and the New Behavior Therapies: Mindfulness, Acceptance, and Relationship, In: Hayes, S.C., Follette, V.M., Linehan, M.M. (Eds.) Mindfulness and acceptance: Expanding the cognitive-behavioral tradition, Guilford Press, New York, pp. 1-29.

Head to Health (Producer). (2022). Find digital mental health resources from trusted service providers. Retrieved January 11. https://www.headtohealth.gov.au/.

HelloBetter Research (Producer). (2022). Spitzenforschung von weltweit führenden Fachexperten seit 2008. Retrieved January 11. https://hellobetter.de/forschung/.

HelloBetter Acute Depression (Producer). (2022). Acute depression. Retrieved January 11. https://hellobetter.de/en/online-courses/acute-depression/.

HelloBetter Depression Prevention (Producer). (2022). Depression prevention. Retrieved January 11. https://hellobetter.de/en/online-courses/depression-prevention/.

HelloBetter Online Classes (Producer). (2022). Psychologische Online-Kurse – wirksam von HelloBetter. Retrieved January 11. https://hellobetter.de/online-kurse/.

Hofmann, S.G., Asnaani, A., Vonk, I.J., Sawyer, A.T. & Fang, A. (2012). The efficacy of cognitive behavioral therapy: A review of meta-analyses. *Cognitive Therapy and Research, 36*(5), 427-440.

iesohealth (Producer). (2022). Beat anxiety and depression with online CBT on the NHS. Retrieved January 11. https://www.iesohealth.com/en-gb.

Jacobson, N.C. & Chung, Y.J. (2020). Passive sensing of prediction of moment-to-moment depressed mood among undergraduates with clinical levels of depression sample using smartphones. *Sensors, 20*(12), 3572.

Jacobson, N.C., Summers, B. & Wilhelm, S. (2020). Digital biomarkers of social anxiety severity: Digital phenotyping using passive smartphone sensors. *Journal of Medical Internet Research, 22*(5), e16875.

Johnson, K., Richards, S., Chih, M.-Y., Moon, T.J., Curtis, H. & Gustafson, D.H. (2016). A pilot test of a mobile app for drug court participants. *Substance Abuse: Research and Treatment, 10*, 1–7.

Johnson, L., Titov, N., Andews, G., Spence, J. & Dear, B.F. (2011). A RCT of a transdiagnostic internet-delivered treatment for three anxiety disorders: Examination of support roles and disorder-specific outcomes. *Plos One, 6*(11), e28079.

Johnston, D.C., Mathews, W.D., Maus, A. & Gustafson, D.H. (2019). Using smartphones to improve treatment retention among impoverished substance-using Appalachian women: A naturalistic study. *Substance Abuse: Research and Treatment, 13*, 1178221819861377.

Kampmann, I.L., Emmelkamp, P.M. & Morina, N. (2016). Meta-analysis of technology-assisted interventions for social anxiety disorder. *Journal of Anxiety Disorders, 42*, 71–84.

Kay-Lambkin, F.J., Baker, A.L., Kelly, B. & Lewin, T.J. (2011). Clinician-assisted computerised versus therapist-delivered treatment for depressive and addictive disorders: A randomised controlled trial. *Medical Journal of Australia, 195,* S44–S50.

Kay-Lambkin, F.J., Baker, A.L., Lewin, T.J. & Carr, V.J. (2009). Computer-based psychological treatment for comorbid depression and problematic alcohol and/or cannabis use: A randomized controlled trial of clinical efficacy. *Addiction, 104*(3), 378–388.

Kay-Lambkin, F.J., Simpson, A.L., Bowman, J. & Childs, S. (2014). Dissemination of a computer-based psychological treatment in a drug and alcohol clinical service: An observational study. *Addiction Science & Clinical Practice, 9*(1), 1–9.

Kendrick, T. & Pilling, S. (2012). Common mental health disorders—Identification and pathways to care: NICE clinical guideline. *British Journal of General Practice, 62*(594), 47–49.

Kenter, R.M., van de Ven, P.M., Cuijpers, P., Koole, G., Niamat, S., Gerrits, R.S., et al. (2015). Costs and effects of internet cognitive behavioral treatment blended with face-to-face treatment: Results from a naturalistic study. *Internet Interventions, 2*(1), 77–83.

Kessler, D., Lewis, G., Kaur, S., Wiles, N., King, M., Weich, S., et al. (2009). Therapist-delivered internet psychotherapy for depression in primary care: A randomised controlled trial. *The Lancet, 374*(9690), 628–634.

Kiluk, B.D., Devore, K.A., Buck, M.B., Nich, C., Frankforter, T.L., LaPaglia, D.M., et al. (2016). Randomized trial of computerized cognitive behavioral therapy for alcohol use disorders: Efficacy as a virtual stand-alone and treatment add-on compared with standard outpatient treatment. *Alcoholism: Clinical and Experimental Research, 40*(9), 1991–2000.

Koenigbauer, J., Letsch, J., Doebler, P., Ebert, D.D. & Baumeister, H. (2017). Internet-and mobile-based depression interventions for people with diagnosed depression: A systematic review and meta-analysis. *Journal of Affective Disorders, 223*, 28–40.

Kooistra, L.C., Wiersma, J.E., Ruwaard, J., van Oppen, P., Smit, F., Lokkerbol, J., et al. (2014). Blended vs. face-to-face cognitive behavioural treatment for major depression in specialized mental health care: Study protocol of a randomized controlled cost-effectiveness trial. *BMC Psychiatry [Electronic Resource], 14*(1), 1–11.

Lilienfeld, S.O., Ritschel, L.A., Lynn, S.J., Cautin, R.L. & Latzman, R.D. (2013). Why many clinical psychologists are resistant to evidence-based practice: Root causes and constructive remedies. *Clinical Psychology Review, 33*(7), 883–900.

Loerinc, A.G., Meuret, A.E., Twohig, M.P., Rosenfield, D., Bluett, E.J. & Craske, M.G. (2015). Response rates for CBT for anxiety disorders: Need for standardized criteria. *Clinical Psychology Review, 42,* 72–82.

Lord, S., Moore, S.K., Ramsey, A., Dinauer, S. & Johnson, K. (2016). Implementation of a substance use recovery support mobile phone app in community settings: Qualitative study of clinician and staff perspectives of facilitators and barriers. *JMIR Mental Health, 3*(2), e4927.

Marks, I. M., Cavanagh, K.,& Gega, L. (2007). Hands-on Help: Computer-aided Psychotherapy. Maudsley Monographs No. 49. Hove, United Kingdom: Psychology Press.

Marsch, L.A., Guarino, H., Grabinski, M.J., Syckes, C., Dillingham, E.T., Xie, H., et al. (2015). Comparative effectiveness of web-based vs. educator-delivered HIV prevention for adolescent substance users: A randomized, controlled trial. *Journal of Substance Abuse Treatment, 59*, 30–37.

Materia, F.T. & Smyth, J.M. (2021). Acceptability of intervention design factors in mHealth intervention research: experimental factorial study. *JMIR mHealth and uHealth, 9*(7), e23303.

McGovern, M.P., Fox, T.S., Xie, H. & Drake, R.E. (2004). A survey of clinical practices and readiness to adopt evidence-based practices: Dissemination research in an addiction treatment system. *Journal of Substance Abuse Treatment, 26*(4), 305–312.

McTavish, F.M., Chih, M.-Y., Shah, D. & Gustafson, D.H. (2012). How patients recovering from alcoholism use a smartphone intervention. *Journal of Dual Diagnosis, 8*(4), 294–304.

Milward, J., Drummond, C., Fincham-Campbell, S. & Deluca, P. (2018). What makes online substance-use interventions engaging? A systematic review and narrative synthesis. *Digital Health, 4,* 2055207617743354.

MindSpot (Producer). (2022). A digital mental health clinic for all Australians. Retrieved January 11. https://www.mindspot.org.au/.

Moller, A.C., Merchant, G., Conroy, D.E., West, R., Hekler, E., Kugler, K.C., et al. (2017). Applying and advancing behavior change theories and techniques in the context of a digital health revolution: Proposals for more effectively realizing untapped potential. *Journal of Behavioral Medicine, 40*(1), 85–98.

Mor, S., Grimaldos, J., Tur, C., Miguel, C., Cuijpers, P., Botella, C., et al. (2021). Internet-and mobile-based interventions for the treatment of specific phobia: A systematic review and preliminary meta-analysis. *Internet Interventions, 26*, 100462.

Morris, Z.S., Wooding, S. & Grant, J. (2011). The answer is 17 years, what is the question: Understanding time lags in translational research. *Journal of the Royal Society of Medicine, 104*(12), 510–520.

Nahum-Shani, I., Smith, S.N., Spring, B.J., Collins, L.M., Witkiewitz, K., Tewari, A., et al. (2018). Just-in-time adaptive interventions (JITAIs) in mobile health: Key components and design principles for ongoing health behavior support. *Annals of Behavioral Medicine, 52*(6), 446–462.

National Collaborating Centre for Mental Health. (2021). The improving access to psychological therapies manual. Retrieved January 11. https://www.england.nhs.uk/wp-content/uploads/2018/06/the-iapt-manual-v5.pdf.

National Health Service [NHS]. (2021). Adult improving access to psychological therapies programme. Retrieved December 16. https://www.england.nhs.uk/mental-health/adults/iapt/.

NHS Oxford Health Fudation Trust (Producer). (2021). OxfordVR Apps for health. Retrieved December 16. https://www.oxfordhealth.nhs.uk/apps/oxfordvr/.

Nobis, S., Lehr, D., Ebert, D.D., Baumeister, H., Snoek, F., Riper, H., et al. (2015). Efficacy of a web-based intervention with mobile phone support in treating depressive symptoms in adults with type 1 and type 2 diabetes: A randomized controlled trial. *Diabetes Care, 38*(5), 776–783.

OVR (Producer). (2022). Transforming mental health for millions with VR therapy. Retrieved January 11. https://ovrhealth.com/.

Ozair, F.F., Jamshed, N., Sharma, A. & Aggarwal, P. (2015). Ethical issues in electronic health records: A general overview. *Perspectives in Clinical Research, 6*(2), 73–76.

Păsărelu, C.R., Andersson, G., Bergman Nordgren, L. & Dobrean, A. (2017). Internet-delivered transdiagnostic and tailored cognitive behavioral therapy for anxiety and depression: A systematic review and meta-analysis of randomized controlled trials. *Cognitive Behaviour Therapy, 46*(1), 1–28.

Parsons, T.D., Bowerly, T., Buckwalter, J.G. & Rizzo, A.A. (2007). A controlled clinical comparison of attention performance in children with ADHD in a virtual reality classroom compared to standard neuropsychological methods. *Child Neuropsychology, 13*(4), 363–381.

Parsons, T.D. & Carlew, A.R. (2016). Bimodal virtual reality stroop for assessing distractor inhibition in autism spectrum disorders. *Journal of Autism and Developmental Disorders, 46*(4), 1255–1267.

Pear Therapeutics (Producer). (2018). Sandoz Inc. and Pear Therapeutics obtain FDA clearance for reSET–OTM to treat opioid use disorder. Retrieved 14 January, 2022. https://peartherapeutics.com/

sandoz-inc-and-pear-therapeutics-obtain-fda-clearance-for-reset-o-to-treat-opioid-use-disorder/.

Proudfoot, J., Swain, S., Widmer, S., Watkins, E., Goldberg, D., Marks, I., et al. (2003). The development and beta-test of a computer-therapy program for anxiety and depression: Hurdles and lessons. *Computers in Human Behavior, 19*(3), 277–289.

Ramos, L.A., Blankers, M., van Wingen, G., de Bruijn, T., Pauws, S.C. & Goudriaan, A.E. (2021). Predicting success of a digital self-help intervention for alcohol and substance use with machine learning. *Frontiers in Psychology, 12*, 3931.

Ramsey, A., Lord, S., Torrey, J., Marsch, L. & Lardiere, M. (2016). Paving the way to successful implementation: Identifying key barriers to use of technology-based therapeutic tools for behavioral health care. *The Journal of Behavioral Health Services & Research, 43*(1), 54–70.

Reins, J.A., Boß, L., Lehr, D., Berking, M. & Ebert, D.D. (2019). The more I got, the less I need? Efficacy of internet-based guided self-help compared to online psychoeducation for major depressive disorder. *Journal of Affective Disorders, 246*, 695–705.

Richards, D. & Richardson, T. (2012). Computer-based psychological treatments for depression: A systematic review and meta-analysis. *Clinical Psychology Review, 32*(4), 329–342.

Richards, D., Richardson, T., Timulak, L. & McElvaney, J. (2015). The efficacy of internet-delivered treatment for generalized anxiety disorder: A systematic review and meta-analysis. *Internet Interventions, 2*(3), 272–282.

Roca, M., Gili, M., Garcia-Garcia, M., Salva, J., Vives, M., Campayo, J.G., et al. (2009). Prevalence and comorbidity of common mental disorders in primary care. *Journal of Affective Disorders, 119*(1–3), 52–58.

Rogers, E.M. (2010). Diffusion of Innovations. 4th Ed., Simon and Schuster, New York.

Rush, A.J., Trivedi, M.H., Wisniewski, S.R., Nierenberg, A.A., Stewart, J.W., Warden, D., et al. (2006). Acute and longer-term outcomes in depressed outpatients requiring one or several treatment steps: A STAR* D report. *American Journal of Psychiatry, 163*(11), 1905–1917.

Schmidt, N.B., Richey, J.A., Buckner, J.D. & Timpano, K.R. (2009). Attention training for generalized social anxiety disorder. *Journal of Abnormal Psychology, 118*(1), 5.

Shi, J.M., Henry, S.P., Dwy, S.L., Orazietti, S.A. & Carroll, K.M. (2019). Randomized pilot trial of web-based cognitive-behavioral therapy adapted for use in office-based buprenorphine maintenance. *Substance Abuse, 40*(2), 132–135.

Spek, V., Cuijpers, P., Nyklíček, I., Riper, H., Keyzer, J. & Pop, V. (2007). Internet-based cognitive behaviour therapy for symptoms of depression and anxiety: A meta-analysis. *Psychological Medicine, 37*(3), 319–328.

Sue, D. W., Capodilupo, C. M., Torino, G. C., Bucceri, J. M., Holder, A., Nadal, K. L., & Esquilin,

M. (2007). Racial microaggressions in everyday life: implications for clinical practice. *American psychologist, 62*(4), 271.

Tait, R.J., McKetin, R., Kay-Lambkin, F., Carron-Arthur, B., Bennett, A., Bennett, K., et al. (2014). A web-based intervention for users of amphetamine-type stimulants: 3-month outcomes of a randomized controlled trial. *JMIR Mental Health, 1*(1), e3278.

U.S. Food and Drug Administration [FDA] (Producer). (2017). FDA permits marketing of mobile medical application for substance use disorder. Retrieved February 14. https://www.fda.gov/news-events/press-announcements/fda-permits-marketing-mobile-medical-application-substance-use-disorder.

van der Vaart, R., Witting, M., Riper, H., Kooistra, L., Bohlmeijer, E.T., van Gemert-Pijnen, L.J. (2014). Blending online therapy into regular face-to-face therapy for depression: Content, ratio and preconditions according to patients and therapists using a Delphi study. *BMC Psychiatry [Electronic Resource], 14*(1), 355. doi:10.1186/s12888-014-0355-z.

Walters, S.T., Vader, A.M. & Harris, T.R. (2007). A controlled trial of web-based feedback for heavy drinking college students. *Prevention Science, 8*(1), 83-88.

Wampold, B.E. & Imel, Z.E. (2015). The great psychotherapy debate: The evidence for what makes psychotherapy work. 2nd Ed., Routledge, New York.

Warnock-Parkes, E., Wild, J., Thew, G.R., Kerr, A., Grey, N., Stott, R., et al. (2020). Treating social anxiety disorder remotely with cognitive therapy. *The Cognitive Behaviour Therapist, 13*, 1-20.

Weisel, K.K., Fuhrmann, L.M., Berking, M., Baumeister, H., Cuijpers, P. & Ebert, D.D. (2019). Standalone smartphone apps for mental health-a systematic review and meta-analysis. *NPJ Digit Med, 2*(1), 118. doi:10.1038/s41746-019-0188-8.

Wentzel, J., van der Vaart, R., Bohlmeijer, E.T., van Gemert-Pijnen, J.E. (2016). Mixing online and face-to-face therapy: How to benefit from blended care in mental health care. *JMIR Mental Health, 3*(1), e9.

Williams, A.D., O'Moore, K., Mason, E. & Andrews, G. (2014). The effectiveness of internet cognitive behaviour therapy (iCBT) for social anxiety disorder across two routine practice pathways. *Internet Interventions, 1*(4), 225-229.

Witlox, M., Garnefski, N., Kraaij, V., de Waal, M.W., Smit, F., Bohlmeijer, E., et al. (2021). Blended acceptance and commitment therapy versus face-to-face cognitive behavioral therapy for older adults with anxiety symptoms in primary care: Pragmatic single-blind cluster randomized trial. *Journal of Medical Internet Research, 23*(3), e24366.

World Health Organization. (2013). Mental health action plan 2013-2020 [Internet]. Retrieved 2021, July 22, 1-50. https://www.who.int/publications/i/item/9789241506021.

Wright, J.H., Owen, J.J., Richards, D., Eells, T.D., Richardson, T., Brown, G.K., et al. (2019). Computer-assisted cognitive-behavior therapy for depression: A systematic review and meta-analysis. *The Journal of Clinical Psychiatry, 80*(2). doi:10.4088/JCP.18r12188.

Wright, J.H. & Wright, A.S. (1997). Computer-assisted psychotherapy. *The Journal of Psychotherapy Practice and Research, 6*(4), 315–329.

제 6 장

모바일 헬스 개입에 대한 수용성

Roman Keller, Florian v. Wangenheim, Jacqueline Mair
and Tobias Kowatsch

1. 서론

정신 장애 및 물질 사용 장애를 포함한 비전염성 질병의 건강 및 경제적 부담이 늘어나고 있는 상황에서, 디지털 치료제는 이러한 부담을 해결할 수 있는 잠재력을 가지고 있다(Ferrari et al., 2022; L Murray et al., 2020; Murphy et al., 2020; Vos et al., 2020). 모바일 헬스 개입(mobile health intervention, MHI)은 스마트폰, 웨어러블, 기타 모바일 기기 등 모바일 정보통신 기술을 질병 예방 및 관리에 사용하는 디지털 치료제이다(Birkmeyer, Wirtz, & Langer, 2021; Kowatsch & Fleisch, 2021; Noorbergen, Adam, Roxburgh, & Teubner, 2021). 모바일 헬스 개입은 인간 전문가의 건강 서비스를 보완하거나(Kowatsch et al., 2021b; Stasinaki et al., 2021)(5장 참조), 독립적으로 사용할 수 있으며(3장 및 4장 참조)(예: Kramer et al., 2020; Mönninghoff et al., 2021), 건강한 사람들과 일반 대중을 위한 확장 가능한 건강 서비스의 형태, 혹은 특정 질병을 진단받은 환자에 대한 처방의 형태로 제공된다(BfArM, 2020; Stern, Matthies, Hagen, Brönneke, & Debatin, 2020).

정신건강과 중독의 예방 및 관리에 있어서, 모바일 헬스 개입이 지닌 큰 잠재력은 일상생활의 가장 적절한 순간에 도움이 필요한 사람들을 지원할 수 있는 능력이 있다는 것이다. 적시 적응형 개입(just-in-time adaptive interventions, JITAI)이 이상적으로 적용되는 경우(Nahum-Shani, Hekler, & Spruijt-Metz, 2015, 2018), 모바일 헬스 개입은 개인이 취약한지의 여부, 지원을 받고 처리하고 사용할 수 있는지의 여부를 예측하여 적절한 순간을 예상할 수 있다. 이러한 이상적인 모바일 헬스 개입은 여전히 희소하고, 적어도 저자들이 아는 한 디지털 헬스 분야에서 개발 및 제공되지 않았으며, 모바일 헬스 개입의 설계자, 환자, 공중 보건기관, 보험회사, 의료진과 같은 다양한 이해관계자가 채택하지 않았다(Kowatsch & Fleisch, 2021). 그러나 과학계에서는 최근 이러한 모바일 헬스 개입이 점점 더 주목을 받고 있다(Choi et al., 2019; Guarino, Acosta, Marsch, Xie, & Aponte-Melendez, 2016; Haug et al., 2020; Hébert et al., 2018; Keller et al., 2022; Klasnja et al., 2019; Kramer et al., 2020; Mishra et al., 2021; Schembre et al., 2018; Mair et al., 2022; Teepe et al., 2021)(제7장 및 11장 참조).

적시 적응형 개입 설계의 핵심 과제 중 하나는 '제공된 지원을 받고, 처리하고, 사용할 수 있는 상태'로 정의되는 수용 상태(receptive state)를 감지하고, 기술적으로 가능하다면 예측까지 하는 것이다(Nahum-Shani et al., 2015). 모바일 헬스 개입에서는 최근의 센서 기술의 발전을 활용하여, 수용 상태를 감지하고 예측할 수 있다(Künzler et al., 2019; Mishra et al., 2021). 이러한 예측은 가능한 한 눈에 띄지 않게 취약한 개인에게 적절한 순간 개입할 가능성을 높이는 것을 전반적인 목표로 하는데, 이는 개인에게 추가적인 부담을 주는 자가 보고식 '탐지(detection)'와 다르다. 예를 들어, 과도한 음주나 흡연이 재발할 가능성이 있거나 우울증으로 인해 폭식하는 경향이 있다면, 대상자가 수용적인 상태(예: 운전/근무 중이 아님)일 때 지원을 제공하는 게 더 효과적일 가능성이 높다.

반대로 어떤 사람이 곧 취약한 상태가 될 것은 알고 있지만, 스마트폰이나 음성 비서를 통해서 '완벽한' 근거 기반의 맞춤형 개입이 잘못된 시기에 제공되면 어떤 일이 벌어질까? 그러면 대상자는 모바일 헬스 개입을 받지 못할 가능성이 높으며, 경우에 따라서는 개입 효과가 감소하여 의도치 않게 생명을 위협하는 심각한 사건으로 이어질 수 있다. 또한 '잘못된' 시기에 개입을 실시하면 스트레스가 증가하거나 생산성 및 안녕감이 저하되는 것과 같은 의도치 않은 부작용이 발생할 수도 있다(Califf, Sarker, & Sarker, 2020; Jenkins et al., 2016; Throuvala et al., 2021). 따라서 개인이 지원을 받고, 처리하고, 사용할 수 있는 조건을 이해하는 게 중요하다.

이를 위해 모바일 헬스 개입에 대한 수용성은 취약한 상태를 감지하여(Bent et al., 2021b; Bent, Lu, Kim, & Dunn, 2021a; Coravos, Khozin, & Mandl, 2019; Lekkas, Price, & Jacobson, 2022; Rassouli et al., 2020; Sahandi Far, Stolz, Fischer, Eickhoff, & Dukart, 2021; Sieberts et al., 2021; Teepe et al., 2021), 정밀한 지원을 하도록(Haug et al., 2020; Hekler, Tiro, Hunter, & Nebeker, 2020; Kramer et al., 2020; Mishra et al., 2021; Schembre et al., 2018) 연결하는 것이므로, 중요하게 고려해야 한다.

또한 수용성을 감지하고 예측하는 것은 모바일 헬스 개입의 의도에 맞게 실제로 사용할 수 있게 하므로 중요하다(Jakob et al., 2022; Sieverink, Kelders, & Gemert-Pijnen, 2017). 취약한 사람들에게 적절한 순간에 적절한 지원이 제공되면, 모바일 헬스 개입에 대해 긍정적인 태도를 가질 가능성이 높다. 이러한 태도는 모바일 헬스 개입의 유용성, 즐거움, 사용 편의성을 인식하는 데 긍정적인 영향을 미치는데, 이는 기술 채택과 사용에 관해 잘 알려진 예측 인자이기도 하다(Akter, D'Ambra, & Ray, 2013; Birkmeyer et al., 2021; Davis, 1989; Turner, Kitchenham, Brereton, Charters, & Budgen, 2010; Venkatesh, Thong, & Xu, 2012).

이 장의 나머지 부분은 다음과 같이 구성된다. 먼저 '이상적인' 모바일 헬스 개입의 구조를 제시하고 구성요소에 대해 설명할 것이다. 그 다음에는 수용성을 갖춘 모바일 헬스 개입(receptivity-capable MHI)을 설계할 때 고려해야 할 세 가지 핵심 과정, 즉, 지원을 받고, 처리하고, 사용하는 과정에 대해 논의할 것이다. 이후에는 수용성에 대한 연구 결과를 살펴보고, 적절한 개입 시점을 감지하고 예측하는 데 도움이 되는 관련 요인들을 요약할 것이다. 이 장의 마무리에서는 수용성을 갖춘 모바일 헬스 개입 실행과 관련된 과제와 향후 작업에 대한 제안 사항을 살펴볼 것이다.

2. '이상적인' 모바일 헬스 개입

적시 적응형 개입의 원칙을 따르는 모바일 헬스 개입은 달성 가능한 보다 작은 결과, 즉 근거리 결과(proximal outcome)[1](예: 재발 없는 날, 주간 운동 목표 달성, 일주일 간 충분한 수면 취하기)를 통하여, 잘 정의된 원거리 결과(distal outcome)[2](예: 장기적인 삶의 질)를 개선하도록 설계되었다. 메타 분석, 과정 연구, 최적화 시험, 무작위 대조 시험에서 도출된 근거리 결과와 원거리 결과 간의 인과 구조를 고려할 때(Collins, 2018; Collins et al., 2011), '이상적인' 모바일 헬스 개입은 대상자에 대한 정보(예: 연령, 성별, 위치, 게놈(genome), 후성유전체(epigenome), 미생물, 혈구 수, 성격 특성, 생리적 데이터, 특정한 건강 이상 행동/상태)를 사용하며, 가장 눈에 띄지 않는 방법으로 대상자의 상황(예: 하루 중 시간, 기상 조건, 가까운 가족이나 친구)에 초점을 맞춰 취약한 상태 및 수용적인 상태를 예측한다. 눈에 거슬리지 않게 이러한 상태를 예측하려면, 모바일 헬스 개입 사용의 부담을 최소화하는 (최상의 시나리오로는 비침습적이고 비접촉적인) 센서와 기타 기술을 사용해야 하는 경우가 많다(Jakob et al., 2022; Keller et al., 2022; Teepe et al., 2021).

적시 적응형 개입에 대한 이전 연구와 일관되게, 저자들은 취약한 상태를 '건강에 좋지 않은 결과를 경험하거나 부적응적인 행동을 하는 개인의 일시적인 경향'으로 정의한다(Nahum-Shani et al., 2015). 예를 들어, 기존 연구들에서는 컴퓨터 마우스의 움직임을 통해 직장 내 스트레스를 감지할 수 있는지(Banholzer, Feuerriegel, Fleisch, Bauer, & Kowatsch, 2021) 또는 스마트폰으로 호흡 패턴(Shih et al., 2019), 감정(Boateng & Kowatsch, 2020), 성격(Rüegger et al., 2020), 야행성 기침(Barata et al., 2020)을 감지할 수 있는지 검증해왔다. 이러한 초기 연구의 노력을 통해, 모바일 헬스 개입에 사용할 수 있는 타당한 디지털 생체 지표(biomarker)가 마련될 수 있었다(Bent et al., 2021b; Coravos et al., 2019).

---

1 (역자 주) 근거리 결과(proximal outcome): 시간적으로 더 가까운 결과이자 보다 단기간에 달성 가능한 결과. 단기적 결과와 유사하게 사용된다.

2 (역자 주) 원거리 결과(distal outcome): 시간적으로 더 먼 결과이자, 달성하는 데 더 오랜 시간이 걸리는 결과. 장기적 결과와 유사하게 사용된다.

마찬가지로 수용성에 대한 연구는 아직 초기 단계에 있으며, 수용 상태를 예측하는 요인을 명확하게 규명한 경험적 연구 결과도 거의 없다(Chan, Sapkota, Mathews, Zhang, & Nanayakkara, 2020; Choi et al., 2019; Künzler et al., 2017, 2019; Mishra et al., 2021). 이 장의 뒷부분에서는 수용성에 관한 연구 결과들을 제시할 것이다.

취약한 상태 및 수용적인 상태를 고려하고 나면, 모바일 헬스 개입에서 최적의 용량(dose)을 결정하고, 근거리 결과를 대상으로 최상의 근거 기반 개입 옵션을 제공한다. 모바일 헬스 개입의 취약성 및 수용성에 관한 연구와 마찬가지로, 적시 적응형 개입에 대한 경험적 연구 결과도 아직 제한적이다. 그럼에도 불구하고, 이와 관련하여 점점 더 많은 문헌(Haug et al., 2020; Keller et al., 2022; Klasnja et al., 2019; Kramer et al., 2020; Schembre et al., 2018; Teepe et al., 2021), 특히 미세 무작위 시험(microrandomized trials)(Qian et al., 2022), 부분 요인 시험(fractional factorial trials)(Collins, 2018)과 같은 최적화 시험 등을 평가해 보기 바란다.

마지막 단계에서, 모바일 헬스 개입은 제공한 개입이 취약한 상태에 긍정적인 영향을 미쳤는지 여부를 결정한다. 이 영향에 따라 대상자의 취약성을 최소화하는 목표를 갖고, 이 피드백 제어 시스템(closed-loop system) 내의 다음 반복 시행을 계획할 수 있다. 각각의 반복 시행을 통해, 대상자의 특정 상태와 상황에 따라 어떤 개입 옵션이 가장 효과적인지 더 살펴볼 수 있다(Hekler et al., 2018).

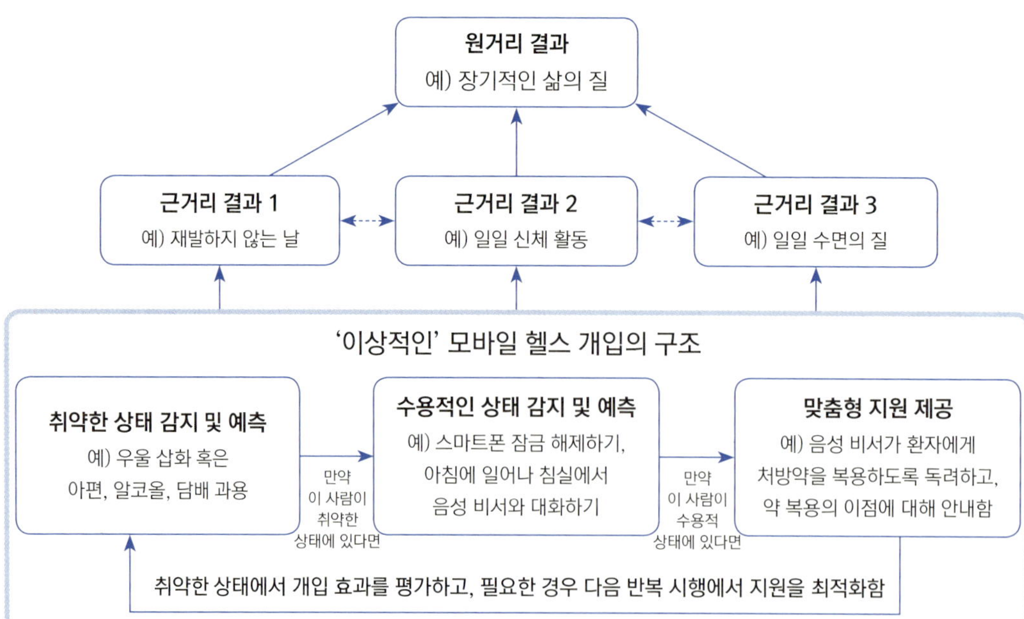

[그림 6.1] '이상적인' 모바일 헬스 개입의 구조, 근거리 결과를 통해 원거리 결과를 표적화하는 방법

주. 점선 화살표는 근거리 결과가 상호 영향을 미칠 수 있음을 나타냄

[그림 6.1]에는 '이상적인' 모바일 헬스 개입의 구조와 세 가지 근거리 결과를 통해 원거리 결과를 목표로 하는 방법에 대한 개요가 제시되어 있다. 이러한 배경을 바탕으로, 이제 수용성을 갖춘 모바일 헬스 개입을 설계할 때, 개입 개발자와 엔지니어가 고려해야 할 사항을 더 자세히 논의할 것이다.

3. 수용성의 핵심 과정: 지원을 받고, 처리하고, 사용하는 것

어떤 사람이 수용적인지 아닌지의 여부는 다양한 요인에 따라 달라진다. 수용성의 정의에 따라, 다음의 세 가지 질문으로 수용적 상태를 감지하고 예측할 때 고려해야 할 요인을 이해할 수 있다:

(1) 대상자는 지원이 제공되는 시점에 예상한 지원을 *받을 수 있는가?*
(2) 대상자는 예상한 지원에 대한 정보를 *처리하기에 충분한 인지 능력을 가지고 있는가?*
(3) 대상자는 예상한 지원에 대한 정보를 처리한 후 그 지원을 *실행할 수 있는가?*

첫째, 대상자가 지원을 받을 수 있는지 여부를 감지하거나 예측하려면, 해당 대상자가 특정 순간에 중단될지 여부를 알아야 한다. 예를 들어, 이 사람이 수면 중인지, 회의 중인지, 다른 사람과 대화 중인지, 알림이 꺼지는 데스크톱 컴퓨터 · 스마트폰 · 스마트워치의 집중 모드를 켰는지, 스마트폰의 배터리 상태는 어떤지(예: 충전 중), 자전거를 타거나 자동차를 운전하는 중인지, 단순히 성실성이 높은/낮은 사람인지 등등이 모두 지원을 받을 수 있는지의 여부에 잠재적으로 영향을 미칠 수 있다. 또한 모바일 헬스 개입의 개발자는 지원을 제공할 때 가장 적합한 의사소통 채널에 대해서도 고려해야 한다. 예컨대, 아침에 양치를 하거나 자전거나 자동차를 운전하는 동안에는 스마트폰, 스마트워치의 텍스트 기반 알림보다 음성 비서의 메시지가 더 적절할 수 있다. 예를 들어, 차량 내의 음성 비서가 교통 모니터링 기능이 있는 자동차 내비게이션 시스템에 연결되어 운전자가 다른 사람과 대화를 하고 있지 않은지 감지할 수 있다면, '교통량이 적고' '대화가 없는' 순간에 지원을 제공할 수 있다. 또한 모바일 헬스 개입은 다양한 전달 모드와 기술을 결합하는데, 일례로 스마트폰(예: 음성 애니메이션을 통한 건강 정보 이해 능력(health literacy) 콘텐츠)과 증강현실 안경(예: 실시간 피드백이 제공되는 신체 운동)을 통해 지원을 제공하는 대화형 헬스케어 에이전트는 하나의 전달 채널(예: 스마트폰)로 주의를 끈 다음, 다른 채널(예: 증강현실 헤드셋)로 지원을 제공할 수 있다(Kowatsch et al., 2021a, 2021b).

둘째, 모바일 헬스 개입 개발자는 대상자가 언제 중단이 될지 뿐만 아니라, 예상한 지원에 관한 정보를 처리하기에 충분한 인지 능력이 있는지 여부도 고려해야 한다. 이러한 처리 과정에는 (1) 지원 제공자에 대한 평가("누가 내 주의를 끌려고 하는가? 제공자를 알고 신뢰하고 있나? 모바일 헬스 개입 및 제공 기관을 신뢰하는가?), (2) 지원의 내용(예: '무엇에 대한 정보인가? 나와 관련이 있나(예: 곧 발생할 부정적인 사건을 예방할 수 있나?)'), (3) 지원 결과로 나타나는 구체적 행동의 의미('내가 무엇을 해야 하는가? 제때에 실행할 수 있는가?') 등이 포함된다. 이 평가에 따라, 사람들은 지원의 관련성을 평가하여 예상한 행동에 참여할지 여부를 결정할 것이다.

개인의 인지능력을 감지하기 위해 디지털 치료제에서는 눈에 띄지 않는 심리생리학적 측정도구를 사용할 수 있는데, 일례로 혈압, 광학 이미징을 통한 뇌 혈류, 피부전도도를 측정하기 위해 웨어러블 기기를 사용할 수 있다(Lohani, Payne, & Strayer, 2019). 미래의 인지 능력을 실시간으로 예측하는 연구는 아직 초기 단계이지만(Boehm et al., 2021), 효과적인 수용상태를 예측하는 것에 대해서는 고려해 볼 만한 가치가 있다. 또한 치료자와 내담자 간의 중요한 관계의 질을 뜻하는 작업 동맹(Horvath & Greenberg, 1989)은 치료 성공과 강건한 관련성이 있는 것으로 알려져 있다(Del Re, Flückiger, Horvath, & Wampold, 2021; Flückiger, Del Re, Wampold, Symonds, & Horvath, 2012, 2018). 또한 사람들은 확장 가능한 대화형 건강관리 에이전트 같은 컴퓨터와도 작업 동맹을 구축할 수 있다(Bickmore & Picard, 2005; Kowatsch et al., 2021b). 따라서 대상자의 인지 능력을 예측할 수 있고, 지원되는 정보의 신뢰성과 관련성을 높이도록 작업 동맹을 구축할 수 있는 모바일 헬스 개입을 개발하는 것이 권장된다.

셋째, 개입 개발자와 엔지니어는 대상자가 예상한 지원을 제때 실행할 수 있는지 여부도 고려해야 한다. 즉, 지원 메시지의 목적에 따라, 제안된 행동을 실행하는 데 드는 시간과 노력이 수용 상태를 감지하고 예측하는 데 중요한 역할을 할 수 있다. 예를 들어, 일일 신체 활동 목표 달성을 알리는 메시지에는 후속 행동이 필요하지 않지만, 20분 더 걷기를 제안하는 메시지에는 후속 행동이 필요하다. 따라서 수용 상태를 고려한 모바일 헬스 개입에서는 대상자의 가용성에 대한 모든 정보를 활용하거나(예: 전자 달력), 학습된 행동 패턴을 통해 역동적으로 행동을 실행할 기회를 제공해야 한다(Dua, Singh, & Semwal, 2021). 또한 몇 시간이나 며칠 전의 실행 의도(implementation intention) 회기에서 구체적인 행동 실천을 하기로 한 정보를 제공하면(Hagerman, Hoffman, Vaylay, & Dodge, 2021; Warner et al., 2022), 지원을 활용하는 데 긍정적인 영향을 미칠 수 있다.

마지막으로, 수용성을 갖춘 모바일 헬스 개입이 수용 상태를 감지하고 예측하려면 추가적으로 고려해야 할 사항이 있다. 이는 지원이 제공되는 채널에 따라 다르다. 예를 들어, 오늘날 사람들이 다루는 정보량이 방대하기 때문에, 모바일 헬스 개입은 다양한 웹 기반, 모바일 앱과 경쟁해야 하는 상황에 처하게 된다(Bhargava & Velasquez, 2021; Throuvala et al., 2021). 따라서 지원 제공의 필요성을 매우 신중하게 고려하고, '오탐지(false positive)' 알람이나 알림의 총량을 최소화하는 등 개인의 부담을 줄이는 것이 가장 중요하다. 너무 많은 알림이 제시되면, 좋은 의도로 시작한 지원이 득보다 실이 많아져 대상자를 더 취약하게 만들 수 있다(Jenkins et al., 2016). 반대로, 심각하거나 심지어 생명을 위협하는 취약한 상태가 예측된다면, 적시에 지원을 제공하기 위해서 모두는 아닐지라도 위에서 논의한 일부 요인들을 무시해야 한다. 즉, '인지능력이 낮은' 상황에서도 말이다. 이것은 대상자나 중요한 타인(가족, 연인, 의료진)에게 반복적으로 알림을 보내는 것도 포함될 수 있다.

[그림 6.2]에 모바일 헬스 개입 수용성에 관한 세 가지 과정의 개요가 제시되어 있다. 또한 이러한 과정 접근에서는 수용성을 갖춘 모바일 헬스 개입이 예상한 지원을 제공하기 전에 수용 상태를 지속적으로 재평가한다는 점도 강조한다. 수용 상태를 실시간에 준하여 모니터링하는 게 기술적 문제나 대상자의 추가적인 부담을 초래할 수 있다. 다음 섹션에서 수용 상태에 대한 경험적 근거를 검토한 후, 이번 장 마지막에서는 이러한 문제 및 기타 과제를 논의할 것이다.

4. 수용 상태에 관한 연구 결과

이 섹션에서는 수용 상태의 관련 요인을 파악하기 위해 연구 결과를 검토한다. 수용성의 정의에는 여러 측면, 특히 제공된 지원을 받고, 처리하고, 사용하는 개인의 능력이 포함되지만, 대부분의 기존 연구에서는 지원을 받는 것에만 초점을 맞추었다. 또한 적시 적응형 개입에 대한 관심이 증가하면서, 수용 상태가 건강 개입 연구 분야에서 중요한 개념이 되기 전에도, 이 주제는 이미 유비쿼터스 컴퓨팅 영역의 중단 가능성(interruptibility) 연구와 높은 관련을 갖고 연구되었다(Ho & Intille, 2005). 이러한 연구 흐름에서는 푸시 알림을 사용하여 사람들의 관심을 끌면서도, 알림으로 인한 사용자 부담 및 중단을 줄이는 것을 연구한다. 대부분의 기존 수용성 연구는 이 분야에서 이루어진 것이므로, 모바일 헬스 개입에서의 수용성을 더 잘 이해하는 것이 중요하다. 따라서 먼저 중단 가능성에 대한 초기 연구를 검토한 후, 모바일 헬스 개입의 수용성에 대한 최근 연구를 살펴볼 것이다. 수용 상태의 감지 및 예측에 관련되는 요인을 요약하는 것으로 이 섹션을 마무리할 것이다.

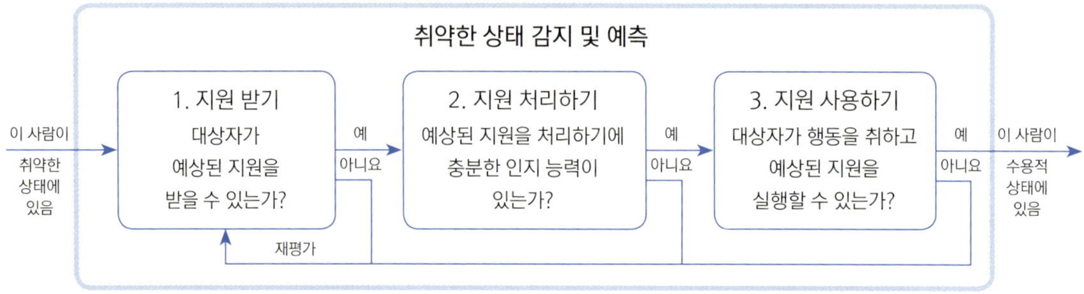

[그림 6.2] 모바일 헬스 개입의 수용성 감지 및 예측과 관련된 핵심 과정

주. 후속 행동(예: 일일 걸음 수 목표 달성을 알림)이 필요하지 않은 경우, 3단계(지원 사용하기)는 관련되지 않을 수 있음

중단 가능성에 대한 초기 연구의 대부분은 알림의 타이밍, 내용 및 상황, 그리고 중단 부담을 줄이거나 실제로 수용성을 높일 수 있는 방법에 초점을 맞추었다. 연구에 따르면, 활동이 전환되는 도중(예: 서 있다가 앉았다가 일어설 때)이나 자연스럽게 발생하는 중단 시점(예: 모바일 사용을 마칠 때)에 메시지를 전달하면, 지각된 부담을 줄이고 사용자 수용성을 향상시킬 수 있다(Fischer, Greenhalgh, & Benford, 2011). 하루 중 특정 시간대, 즉 아침과 저녁 시간대에는, 사람들이 집에 있는 경향이 있기 때문에 수용성이 더 높은 것으로 나타났다(Mashhadi, Mathur, & Kawsar, 2014). 타이밍과 함께, 알림의 내용 및 알림을 받는 상황도 중요하게 고려해야 할 요소이다. 예를 들어, 오락적 가치, 관련성, 사용자 흥미, 실행가능성에 관한 알림 내용의 질은 수용성과 관련된다(Fischer et al., 2010). 또한 사람들은 시스템, 도구, 미디어 및 음악과 관련된 알림보다 가족 채팅 및 업무용 이메일 알림과 같은 특정 범주의 알림에 더 민감하게 반응하며(Mehrotra, Musolesi, Hendley, & Pejovic, 2015), 대가족이나 서비스 제공자보다 파트너 및 직계가족과 같은 특정 발신자에게 더 민감하게 반응한다(Mehrotra, Pejovic, Vermeulen, Hendley, & Musolesi, 2016). 아무것도 하지 않는(idle) 상태(Choi et al., 2019; Mehrotra, Pejovic, Vermeulen, Hendley, & Musolesi, 2016) 또는 차량 이동(Mehrotra, Musolesi, Hendley, & Pejovic, 2015)과 같은 특정 활동 및 작업은 수용성이 높은 반면, 의사소통(Mehrotra, Pejovic, Vermeulen, Hendley, & Musolesi, 2016), 공부나 운동(Yuan, Gao, & Lindqvist, 2017) 같은 다른 특정 작업은 수용성이 낮은 것과 관련된다. 또한 지각된 작업 복잡성(복잡한 vs. 덜 복잡한)과 수용성 사이에는 부적 관련이 있다(Mehrotra, Pejovic, Vermeulen, Hendley, & Musolesi, 2016). 마지막으로 위치도 영향을 미친다. 사람들은 실외에서 더 많은 반응을 보이지만(Sarker et al., 2014), 쇼핑몰, 직장(Yuan et al., 2017), 사회적 환경(Choi et al., 2019)에서는 덜 반응하는 것으로 나타났다.

Okoshi 등(2015a, 2015b)은 중단과 인지적 과부하를 최소화하기 위해 사용자의 자연스러운 중단 시점까지 알림 전달을 연기하는 시스템을 제안하였다. 이 시스템에서는 기기의 상호작용이 발생하는 경우(예: 화면 보기, 창 전환, 알림 상태 변경)에 알림을 전달하였다. 37명이 참여한 대조군 연구(controlled study) 및 27명이 참여한 16일간의 '현장(in-the-wild)' 연구에서, 중단 시점 시스템(breakpoint system)을 사용하는 것은 무작위적 시간 알림을 사용하는 것보다 사용자의 인지 부하가 46%와 33%까지 감소하였다(Okoshi et al., 2015a). 또한 무작위적인 타이밍보다 중단 시점 시스템을 사용해 알림이 전달될 때 반응 시간이 단축되는데, 이는 이 시스템이 푸시 알람을 보내기에 적절한 순간을 식별할 수 있음을 나타낸다. 후속 연구에서는 신체 활동 인식 기능이 포함된 새로운 버전의 중단 시점 감지 시스템을 배포하고, 41명의 참여자를 대상으로 한 1개월간의 연구를 통해 그 효과를 검증하였다(Okoshi et al., 2015b). 새로운 시스템은 이전 시스템에 비해 사용자가 체감하는 부담을 약 72% 더 많이 감소시켰다. 마지막으로 또 다른 연구에서는 68만 명의 사용자를 대상으로 3주 동안 유사한 시스템을 검증하였다(Okoshi, Tsubouchi, Taji, Ichikawa, & Tokuda, 2017). 이러한 대규모의 '현장' 연구 결과에 따르면, 더 중단하기 쉬운 순간으로 알림 전달을 늦추면, 즉시 알림을 전달할 때에 비해 반응 시간이 약 50% 감소된다.

개인의 요인도 수용성에 중요한 영향을 미친다. 연구에 따르면 사람들은 성격 유형에 따라 달리 반응하는데, 예를 들어 외향적인 사람은 알림에 더 민감하게 반응하는 경향이 있다(Mehrotra, Pejovic, Vermeulen, Hendley, & Musolesi, 2016; Yuan et al., 2017). 또한 스트레스를 받을 때보다 기분이 좋거나 행복할 때 더 잘 중단하고(Sarker et al., 2014; Yuan et al., 2017), 지루할 때 더 수용적이다(Pielot, Dingler, San Pedro, & Oliver, 2015).

중단 가능성 분야의 초기 연구는 대부분 표본 크기가 작은 단기 연구였지만, 수용성에 대한 최근 연구 중 일부는 보다 많은 연구 대상자를 포함하였다. Künzler 등(2019)은 189명의 참여자를 대상으로 6주간 실시한 모바일 헬스 연구에서 수용성과 내재적 요인(기기 유형, 연령, 성별, 성격) 및 상황적 요인(전달 시간, 배터리 잔량, 기기 상호작용, 신체 활동, 위치) 간의 관계를 조사하였다. 연구 결과, 더 높은 응답률은 고령, 신경증, 하루 중 시간(오전 10시~오후 6시), 위치(집이나 직장), 높은 배터리 잔량, 활발한 기기 상호작용, 신체활동 유형(걷기)과 관련되었다. 연구자들은 이 데이터를 바탕으로 수용성을 감지하기 위해 내재적 요인과 상황적 요인을 모두 통합한 머신러닝 모델을 구축하였다. 그리고 이 모델은 기준 모델에 비해 수용성을 감지하고 측정하는 데 상당히 향상된 결과를 나타냈다.

앞서 언급했듯이 대부분의 기존 연구는 적시성(just-in-time) 지원을 수신하는 측면에 초점을 맞추는데, 이는 사용자가 알림을 성공적으로 인지할 수 있는지 여부와 관련된다. 하지만 사용자가 이후에 개입 콘텐츠에 참여하는지, 예상된 지원을 처리할 수 있는지에 대한 연구는 거의 존재하지 않는다. Pielot 등(2017)의 한 연구에서는 337명의 참여자에게 여덟 가지 유형의 콘텐츠(게임, 뉴스 항목, 인기 동영상, 문화 기사, 인기 GIF, 재미있는 사실, 심리측정검사)를 전달하고 참여자의 수용성에 미치는 영향을 관찰하였다. 참여자들은 4주 동안 알림을 받은 짧은 설문지를 통해 기분을 보고하였다. 그러나 이 연구의 실제 목적은 설문지 마지막에 제시된 다양한 콘텐츠에 대한 자발적인 참여도를 분석하는 것이었다. Künzler 등(2019)과 마찬가지로, 휴대폰 배터리 잔량이 많을수록 콘텐츠 참여가 높아지며, 휴대폰 상호작용 시에는 마지막 전화 통화 이후 시간이 길수록, 마지막 문자메시지 이후 시간이 짧을수록, 이미 받은 알림 수가 적을수록 콘텐츠 참여가 높다. 또한 주변 소음 수준이 더 높을수록, 주변 조도의 변화가 더 적을수록, 연령이 더 높을수록, 이전 60분 동안의 신체 활동 변화가 더 많을수록, 하루 중 더 늦은 시간일수록 콘텐츠 참여가 높다. 수동적으로 수집한 데이터를 사용하여 수용성을 추론하는 예측 모델을 구축한 결과, 이러한 모델이 기준 모델에 비해 66% 이상 더 나은 예측을 보였다.

일부 연구에서는 수용성을 실시간으로 감지하고 예측하는 머신 러닝 모델을 구축하였다. Morrison 등(2017)은 탐색적 연구에서 모바일 스트레스 관리 개입을 사용하여 알림의 타이밍과 빈도가 여러 수용성 지표에 미치는 영향을 조사하였다. 77명의 참여자를 세 집단으로 무작위 배정하여 각 집단이 서로 다른 방식으로 푸시 알림을 수신하도록 하였다. 한 집단은 72시간 이내에 가끔씩 알림을 받았고, 두 번째 집단은 매일 알림을 받았으며, 세 번째 집단은 예측 모델에 의해 결정된 '지능형' 알림을 받았다. 하지만 이 연구에서는 예측 모델에서 추론한 적절한 시점에 알림이 전달되는 것의 유의미한 효과를 발견하지 못하였다.

보다 최근의 연구에서는 스마트폰을 기반으로 챗봇이 제공한 신체활동 개입을 실시하고 두 가지 다른 모델을 사용하여 수용성을 예측하였다(Mishra et al., 2021). 첫 번째 모델은 다른 연구 표본의 데이터로 사전 학습되었고(Künzler et al., 2019), 연구과정 동안 모든 참여자에 대해 일정하게 유지되었다. 두 번째 모델은 적응형 모델로서, (기저선 단계 이후) 연구가 진행됨에 따라 매일 새로운 정보로 업데이트되었다. 이 모델에서는 요일(평일 대 주말), 하루 중 시간, 배터리 정보, 기기 상호작용, 신체 활동 등의 정보를 사용하였다. 유용성을 비교하기 위해 무작위 시간에 알림을 보내는 대조 모델(control model)도 포함시켰다. 83명의 참여자를 대상으로 3주 동안 연구를 진행한 결과, 처음 두 모델이 대조 모델에 비해 사용자 수용성을 최대 40%까지 향상시켰다. 또한 적응형 모델로 전달되는 알림에 대한 수용도가 연구과정 동안 지속적으로 증가하는 것으로 관찰되었다. 이러한 적응형 모델의 수행은 연구가 더 오래 진행될수록, 그리고 수용 상태를 예측하는 데 사용할 수 있는 맥락 정보가 더 많을

수록 향상될 것이다.

현재까지 중단 가능성에 관한 연구를 체계적으로 요약하는, 메타분석을 활용한 체계적 문헌 고찰 연구는 단 한 건에 불과하다(Künzler, Kramer, & Kowatsch, 2017). 이 연구에서는 보다 적절한 순간에 개입하도록 설계된 시스템이 알림에 대한 응답률을 높인다는 사실을 발견하였다. 또한 응답 시간을 단축할 수 있다는 근거도 일부 있었다. 하지만 표본의 크기가 작고 연구 참여자들 간의 동질성이 높아서, 결과를 일반화할 수 없다고 지적하였다.

위에서 설명한 경험적 연구 결과를 바탕으로, 〈표 6.1〉에서는 모바일 헬스 개입의 개발자 및 엔지니어가 수용 상태를 감지하고 예측하기 위해 고려할 요인에 대한 개요를 제시한다. 조사된 맥락적 요인의 대부분은 휴대폰을 사용해 수동적으로 수집할 수 있지만(예: 기기 상호작용, 블루투스 신호), 일부 요인은 식별하기 더 어렵고 보다 광범위한 분석 방법(예: 중단 시점 식별)이 필요하거나 참여자의 자기보고 측정치(예: 기분)가 필요할 수 있다.

<표 6.1> 모바일 헬스 개입에 대한 수용성을 감지하고 예측하는 신호를 전달하는 요인

#	요인	출처	근거 요약
1	활동	Choi et al., 2019; Künzler et al., 2019; Mehrotra, Pejovic, Vermeulen, Hendley, & Musolesi, 2016; Mishra et al., 2021; Pielot et al., 2017; Yuan et al., 2017	(1) 덜 복잡한 과제를 완료한 사람이 더 잘 수용하는 경향이 있음 (2) 공부, 이완, '아무것도 하지 않는 상태(being idle)'는 수용성에 긍정적인 영향을 미침 (3) 신체활동의 유형(예: 걷기, 달리기, 움직이지 않음)이 수용성에 미치는 영향에 대해서는 혼재된 결과를 보임
2	중단 시점	Fischer et al., 2011; Ho and Intille, 2005; Okoshi et al., 2015a, 2015b, 2017	(1) 중단 시점은 알림을 보내기 적절한 순간을 나타낼 수 있음(예: 통화 후, 문자 수신 후) (2) 사람들은 활동이 전환되는 동안(예: 앉았다가 서 있다가 걷는 등의 전환) 더 잘 수용함
3	위치	Choi et al., 2019; Künzler et al., 2019; Pielot et al., 2017; Sarker et al., 2014; Yuan et al., 2017	위치(예: 집/직장, 여행, 운전, 쇼핑 등)가 수용성과 관련된다는 근거는 혼재되어 있음
4	시간	Künzler et al., 2019; Mashhadi, Mathur, & Kawsar, 2014; Mishra et al., 2021; Pielot et al., 2015, 2017	(1) 사람들은 아침 시간대에는 수용성이 떨어지고 하루가 진행될수록 수용성이 높아지는 경향이 있음 (2) 요일이 수용성에 미치는 영향에 대한 결과는 혼재되어 있음(예: 평일 대 주말)

5	성격	Künzler et al., 2019; Mehrotra, Pejovic, Vermeulen, Hendley, & Musolesi, 2016; Yuan et al., 2017	성실성이나 신경증이 높은 사람은 수용성이 높은 경향이 있음
6	발신자	Mehrotra, Musolesi, Hendley, & Pejovic, 2015, 2016; Yuan et al., 2017	사람들은 중요한 타인(예: 가족, 직장동료)이 보낸 알림을 더 잘 수용함
7	기기 배터리 상태	Künzler et al., 2019; Mishra et al., 2021; Pielot et al., 2017	휴대폰의 배터리 충전 상태가 높을수록 수용성이 더 높음. 하지만 완전히 충전된 배터리는 오히려 낮은 수용성과 관련됨
8	기기 상호작용	Künzler et al., 2019; Mishra et al., 2021; Pielot et al., 2017	스마트폰을 최근에 사용한 사람일수록(예: 잠금/잠금해제 행동으로 측정) 더 잘 받아들이는 경향이 있음
9	연령	Künzler et al., 2019; Pielot et al., 2017	연령이 높을수록 더 수용적인 경향이 있음
10	기분	Sarker et al., 2014; Yuan et al., 2017	(스트레스를 많이 받는 사람보다는) 오히려 행복하고 활기찬 사람들이 더 수용적인 경향이 있음
11	블루투스 신호	Pejovic & Musolesi, 2014	블루투스 환경의 변화(예: 주변의 블루투스 기기의 수)는 사용자 수용성이 높아지는 것과 관련될 수 있음
12	의사소통 패턴	Pielot et al., 2015	마지막으로 전화나 문자메시지를 받은 후 시간이 얼마 지나지 않았을수록 더 수용적인 경향이 있음
13	알림 양식	Mehrotra, Pejovic, Vermeulen, Hendley, & Musolesi, 2016	알림 유형을 무음, 소리로 설정한 사람보다 진동으로 설정한 사람이 더 수용적인 경향이 있음
14	기기 유형	Künzler et al., 2019	Apple보다 Android 스마트폰을 사용하는 사람들이 더 수용적인 경향이 있음
15	사회적 상황	Choi et al., 2019	혼자 있거나 사회적 상호작용이 없는 상태는 수용성에 긍정적 영향을 미침(예: 혼자 TV를 보거나 버스에 앉아있는 경우 vs. 친구와 대화하거나 수업을 듣는 경우)
16	알림 콘텐츠	Fischer et al., 2010	알림에 대한 오락적 가치, 관련성, 실행가능성, 사용자 흥미는 수용성에 긍정적 영향을 미침

주. 요인들의 순위는 조사 횟수에 따라 매겨짐

5. 과제 및 향후 작업

수용성 연구는 아직 초기 단계이다. 타이밍, 콘텐츠, 맥락, 개인적 특성 등 다양한 요인이 수용성에 미치는 영향이 일부 밝혀졌으나, 인과관계에 대해 결정적으로 결론이 내려지지는 않았다. 지금까지, 이 분야에 대한 이해는 소수의 준실험 연구에서 비롯된 것으로 일반적으로 횡단적, 비무선적, 단기적인 연구이며, 소규모의 동질적인 표본으로 구성되어 있다. 그럼에도 불구하고 이 분야는 점점 성장하는 연구 분야이며, 수용성을 실시간으로 감지하고 예측하는 모델을 포함하는 더 큰 규모의 연구들도 등장하기 시작하였다. 마지막으로 수용성 연구의 현 과제 및 향후 작업에 대한 권고 사항으로 이 장을 마무리할 것이다.

수용성에 대한 기존 연구의 한계로는 근거의 질(quality)과 강건성(robustness)을 들 수 있다. 지금까지의 연구는 예비 연구이며, 상대적으로 작은 표본으로 구성되고(보통 20~50명의 참여자), 일반적으로 건강한 젊은 사람(예: 대학생)을 대상으로 하였다. 적시 적응형 개입의 맥락에서, 많은 개입은 고위험 집단이나 이미 건강상의 문제가 있는 사람들을 대상으로 한다. 따라서 수용 상태에 대한 과학적 근거가 대표성을 갖지 못할 가능성이 높다. 스마트워치와 같은 웨어러블 기기 사용이 늘어나면서 수용성을 감지하고 예측할 수 있는 새로운 기회가 생기고 있지만, 사회경제적 지위가 낮은 취약계층처럼 비전염성 질병의 영향을 가장 많이 받는 고위험 집단에서는 이러한 경향이 나타나지 않는다(Chandrasekaran, Katthula, & Moustakas, 2021). 이전 연구들의 또 다른 한계로는 짧은 연구 기간을 들 수 있다. 예를 들어, 모바일 헬스 개입의 수용성이 장기간에 걸쳐 어떻게 발전하는지, 그리고 수용성의 '탈락' 비율이 나타나는지, 아니면 다른 신기 효과(novelty effects)가 나타나는지 여부는 여전히 불분명하다. 따라서 효과적인 수용성 예측을 체계적으로 파악하려면, 평가 기간이 더 길어야 하며, 미세 무작위 시험(microrandomized trials)(최적화 시험에 대한 11장 참조)과 같은 보다 강건한 실험 설계가 필요하다. 또한 향후 연구에서는 더 많은 환자 집단을 포함한 더 광범위한 사람들을 참여시켜야 하며, 더 취약한 집단에서 웨어러블 기기의 접근성과 활용도를 높일 수 있는 방법을 조사해야 한다.

현재 수용성 연구의 가장 일반적인 한계 중 하나는 감지 및 예측 목적으로 사용되는 일부 요소는 여전히 센서를 통해 안정적으로 측정할 수 없다는 것이다. 예를 들어, 기분이나 우울 증상과 같은 특정 정신 상태는 아직 모바일 생리학 센서를 사용하여 안정적으로 감지할 수 없다(Teepe et al., 2021). 따라서 지금까지는 참여자가 완료하기 부담스러운 이러한 특징을 감지하기 위해서, 생태학적 순간 평가에 연구 노력을 집중해왔다(Sarker et al., 2014). 일부 연구자들은 생태학적 순간 평가를 완료하는 부담을 줄이기 위해 미세 인센티브

(microincentives)를 사용하여 연구 참여자의 참여를 유도한다(Pielot et al., 2017; Sarker et al., 2014). 그러나 인센티브를 사용하여 동기를 부여하는 것은 참여 수준을 편향시킬 수 있고 연구 참여자의 실제 동기를 반영하지 못할 수 있다. 그럼에도 불구하고 스마트폰 센서 데이터를 이용한 순간적 영향에 관한 예측 모델이 등장하기 시작하였다(Jacobson & Bhattacharya, 2022; Jacobson & Chung, 2020; Lekkas et al., 2022). 센서 및 모바일 기술이 지속적으로 발전되면서, 가까운 미래에는 다양한 새로운 기능(예: 지속적인 혈압 모니터링)으로 신뢰할 만한 감지가 가능할 것이며, 이러한 기능을 통해 눈에 띄지 않게 사용자 부담을 최소화하면서 데이터를 수집하여 수용성을 향상시킬 수 있을 것이다.

수용성을 갖춘 모바일 헬스 개입을 설계하는 데 있어서 또 다른 문제는 모바일 운영 체제의 소프트웨어 업데이트가 잦고, 새로운 세대의 스마트폰이 지속적으로 출시된다는 점이다. 일 년에 자주/ 몇 차례씩 소프트웨어 업데이트나 스마트폰 세대가 바뀔 때마다 소프트웨어 엔지니어는 스마트폰과 웨어러블 기기를 통해 데이터 수집 스트림(data collection streams)의 정확성을 업데이트하고 유지하는 데 엄청난 어려움을 겪는다. 최악의 경우에는 예상치 못하게 모바일 운영 체제의 앱 프로그래밍 인터페이스가 변경되면서, 모바일 헬스 개입 구성요소가 취약한 상태나 수용적 상태를 감지하지 못할 수 있다. 이러한 문제를 통해, 모바일 헬스 개입 엔지니어가 항상 특정한 기술 플랫폼에서 작동 가능한 것에 크게 의존하고 있음을 알 수 있다.

또한 모바일 헬스 개입 엔지니어는 취약한 상태 및 수용적 상태를 결정하기 위해 필요한 수동적 데이터 수집과 모바일 기기의 에너지 가용성 사이에서 적절한 균형을 찾아야 한다. 데이터 표집 빈도가 높을수록 필연적으로 배터리 소모가 더 빨라지며, 결국 더 자주 충전할 필요가 생기는 등 모바일 기기의 부담이 늘어나게 된다. 따라서 모바일 운영 체제 제공업체는 기기 및 운영 체제에 대한 사용자 경험을 가능한 한 높게 유지하기 위해서, 모바일 앱이 배터리 소모에 미치는 영향을 점점 더 자주 모니터링하고 사용자에게 알린다. 이러한 조치로 인해 사람들은 불안정감을 느끼고 스마트폰에서 모바일 헬스 개입을 삭제할 수 있다.

모바일 헬스 개입이 적극적으로 사용되지 않고, 백그라운드에서 개인의 취약한 상태와 수용적 상태에 대한 데이터를 수동적으로 수집하여 적절한 개입 시점을 예측할 때에도 비슷한 결과를 예상해야 한다. 즉, 그 사람은 앱을 열지 않고 상호작용하지 않는 상태이다. 이러한 상황에서 모바일 운영 체제가 간섭하여, 앱 사용에 비해 배터리 소모량이 많다는 이유로 앱을 삭제할 것을 제안할 수 있다. 따라서, 안타깝게도 적시 적응형 개입의 개념과는 약간 위배되지만, 이러한 잠재적 부작용에 대해 사용자에게 적극적으로 알리고 다소 정기적이고 적극적인 상호작용이 필요한 개입 요소를 시행할 필요가 있다.

수용 상태를 감지하고 예측하기 위해 다양한 데이터 스트림을 사용할 때, 데이터 개인정보 보호 및 보안 문제는 중요한 우려 사항 중 하나이다(개인정보 보호 및 보안에 대한 제15장 참조). 무음, 진동, 소리 모드와 같이 일부 데이터는 덜 침해적일 수 있지만, 알림 내용(예: 중요한 생체 인식 값이 전달되는 경우) 같은 다른 데이터는 개인정보와 더 관련된다. 또한 모바일 헬스 개입의 엔지니어는 수용적 상태를 감지하고 예측하는 기술 요소에 관하여, 항상 다양한 데이터 익명화 접근 방식을 고려해야 한다.

수용 상태에 관련된 또 다른 우려 사항은 소위 스택 알림(stacked notification), 즉 동일한 앱에서 보내는 여러 개의 알림에 대해 개인이 어떻게 반응하는가 하는 것이다. 이 경우에 사용자는 스택에서 가장 최근의 알림에만 집중하거나 중요하지 않다고 판단되는 알림을 모두 무시할 수 있으며, 이는 개입 결과에 큰 영향을 미칠 수 있다.

마지막으로, 현재 수용성에 대한 대부분의 연구는 여전히 유비쿼터스 컴퓨팅 영역의 중단 가능성 관리의 맥락에서 이루어지고 있다. 지금까지 모바일 헬스 개입 분야에서 수행된 연구는 거의 없다. 따라서 모바일 헬스 개입을 더 참여적이며 효과적으로 만드는 수용성을 결정하는 요인들을 더 잘 이해하기 위해서는, 행동 의학, 임상 심리학, 정보 시스템 연구, 소프트웨어 엔지니어링 및 컴퓨터 과학이 융합된 연구가 강력히 권장된다. 수용 상태를 감지하고 예측할 수 있는 잠재적인 기회가 있으며, 상용화된 모바일 헬스 개입에서 여전히 적시 적응형 개입이 완전히 실현되지는 않았으므로(Keller et al., 2022; Teepe et al., 2021), 효과성을 높이고 사용자 부담을 줄이기 위해서는 업계 개발자들이 이러한 모델 사용을 점점 더 고려할 필요가 있다.

참고문헌

Akter, S., D'Ambra, J. & Ray, P. (2013). Development and validation of an instrument to measure user perceived service quality of mHealth. *Information and Management, 50*(4), 181–195. https://doi.org/10.1016/j.im.2013.03.001.

Banholzer, N., Feuerriegel, S., Fleisch, E., Bauer, G.F. & Kowatsch, T. (2021). Computer mouse movements as an indicator of work stress: Longitudinal observational field study. *Journal of Medical Internet Research, 23*(4), e27121. https://doi.org/10.2196/27121.

Barata, F., Tinschert, P., Rassouli, F., Steurer-Stey, C., Fleisch, E., Puhan, M.A., et al. (2020). Automatic recognition, segmentation, and sex assignment of nocturnal asthmatic coughs and cough epochs in smartphone audio recordings: Observational field study. *Journal of Medical Internet Research, 22*(7), e18082. https://doi.org/10.2196/18082.

Bent, B., Lu, B., Kim, J. & Dunn, J.P. (2021). Biosignal compression toolbox for digital biomarker discovery. *Sensors (Switzerland), 21*(2), 1–11. https://doi.org/10.3390/s21020516.

Bent, B., Wang, K., Grzesiak, E., Jiang, C., Qi, Y., Jiang, Y., et al. (2021). The digital biomarker discovery pipeline: An open-source software platform for the development of digital biomarkers using mHealth and wearables data. *Journal of Clinical and Translational Science, 5*(1), e19. https://doi.org/10.1017/cts.2020.511.

BfArM. (2020). The fast-track process for digital health applications (DiGA) according to Section 139e SGB V a guide for manufacturers, service providers and users. https://www.bfarm.de/SharedDocs/Downloads/EN/MedicalDevices/DiGA_Guide.pdf;jsessionid=2EDA98779BEFE02CF5A1A7DD89193244.1_cid329?__blob=publicationFile&v=2.

Bhargava, V.R. & Velasquez, M. (2021). Ethics of the attention economy: The problem of social media addiction. *Business Ethics Quarterly, 31*(3), 321–359. https://doi.org/10.1017/BEQ.2020.32.

Bickmore, T.W. & Picard, R.W. (2005). Establishing and maintaining long-term human-computer relationships. *ACM Transactions on Computer-Human Interaction, 12*(2), 293–327. https://doi.org/10.1145/1067860.1067867.

Birkmeyer, S., Wirtz, B.W. & Langer, P.F. (2021). Determinants of mHealth success: An empirical investigation of the user perspective. *International Journal of Information Management, 59*(August), 102351. https://doi.org/10.1016/J.IJINFOMGT.2021.102351.

Boateng, G. & Kowatsch, T. (2020). Speech Emotion Recognition among Elderly Individuals using Multimodal Fusion and Transfer Learning. In: Companion Publication of the 2020 International Conference on Multimodal Interaction (ICMI '20 Companion), ACM, New York, NY, USA, pp. 12–16. https://doi.org/10.1145/3395035.3425255.

Boehm, U., Matzke, D., Gretton, M., Castro, S., Cooper, J., Skinner, M., et al. (2021). Real-time prediction of short-timescale fluctuations in cognitive workload. *Cognitive Research: Principles and Implications, 6*(1). https://doi.org/10.1186/S41235-021-00289-Y.

Califf, C.B., Sarker, S. & Sarker, S. (2020). The bright and dark sides of technostress: A mixed-methods study involving healthcare IT. *MIS Quarterly, 44*(2), 809–856. https://doi.org/10.25300/MISQ/2020/14818.

Chan, S.W.T., Sapkota, S., Mathews, R., Zhang, H. & Nanayakkara, S. (2020). Prompto: Investigating receptivity to prompts based on cognitive load from memory training conversational agent. *Proceedings of the ACM on Interactive, Mobile, Wearable and Ubiquitous Technologies, 4*(4), 121. https://doi.org/10.1145/3432190.

Chandrasekaran, R., Katthula, V. & Moustakas, E. (2021). Too old for technology? Use of wearable healthcare devices by older adults and their willingness to share health data with providers. *Health*

Informatics Journal, 27(4), 1−14. https://doi.org/10.1177/14604582211058073.

Choi, W., Park, S., Kim, D., Lim, Y., Lee, U., Woohyeok, Choi, et al. (2019). Multi-stage receptivity model for mobile just-in-time health intervention. *Proceedings of the ACM on Interactive, Mobile, Wearable and Ubiquitous Technologies, 3*(2), 39. https://doi.org/10.1145/3328910.

Collins, L.M. (2018). Optimization of behavioral, biobehavioral, and biomedical interventions-The multiphase optimization strategy (MOST), Springer., New York, NY, USA. http://link.springer.com/10.1007/978−3−319−72206−1.

Collins, L.M., Baker, T.B., Mermelstein, R.J., Piper, M.E., Jorenby, D.E., Smith, S.S., et al. (2011). The multiphase optimization strategy for engineering effective tobacco use interventions. *Annals of Behavioral Medicine, 41*(2), 208−226. https://doi.org/10.1007/S12160−010−9253−X.

Coravos, A., Khozin, S. & Mandl, K.D. (2019). Developing and adopting safe and effective digital biomarkers to improve patient outcomes. *NPJ Digital Medicine, 2*, 14. https://doi.org/10.1038/s41746−019−0090−4.

Davis, F.D. (1989). Perceived usefulness, perceived ease of use, and user acceptance of information technology. *MIS Quarterly, 13*(3), 319−339. https://doi.org/10.2307/249008.

Del Re, A.C., Flückiger, C., Horvath, A.O. & Wampold, B.E. (2021). Examining therapist effects in the alliance−outcome relationship: A multilevel meta-analysis. *Journal of Consulting and Clinical Psychology, 89*(5), 371−378. https://doi.org/10.1037/CCP0000637.

Dua, N., Singh, S.N. & Semwal, V.B. (2021). Multi-input CNN−GRU based human activity recognition using wearable sensors. *Computing, 103*(7), 1461−1478. https://doi.org/10.1007/S00607−021−00928−8.

Ferrari, A.J., Santomauro, D.F., Herrera, A.M.M., Shadid, J., Ashbaugh, C., Erskine, H.E., et al. (2022). Global, regional, and national burden of 12 mental disorders in 204 countries and territories, 1990−2019: A systematic analysis for the Global Burden of Disease Study 2019. *The Lancet Psychiatry, 9*(February), 137−150. https://doi.org/10.1016/s2215−0366(21)00395−3.

Fischer, J.E., Greenhalgh, C. & Benford, S. (2011). Investigating episodes of mobile phone activity as indicators of opportune moments to deliver notifications.: Proceedings of the 13th International Conference on Human Computer Interaction with Mobile Devices and Services (MobileHCI '11), ACM, New York, NY, USA, pp. 181−190. https://doi.org/10.1145/2037373.2037402.

Fischer, J.E., Yee, N., Bellotti, V., Good, N., Benford, S. & Greenhalgh, C. (2010). Effects of content and time of delivery on receptivity to mobile interruptions. In: Proceedings of the 12th International Conference on Human Computer Interaction with Mobile Devices and Services (MobileHCI '10), ACM, New York, NY, USA, pp. 103−112. https://doi.org/10.1145/1851600.1851620.

Flückiger, C., Del Re, A.C., Wampold, B.E. & Horvath, A.O. (2018). The alliance in adult psychotherapy: A meta-analytic synthesis. *Psychotherapy (Chicago, Ill.), 55*(4), 316–340. https://doi.org/10.1037/PST0000172.

Flückiger, C., Del Re, A.C., Wampold, B.E., Symonds, D. & Horvath, A.O. (2012). How central is the alliance in psychotherapy? A multilevel longitudinal meta-analysis. *Journal of Counseling Psychology, 59*(1), 10–17. https://doi.org/10.1037/A0025749.

Guarino, H., Acosta, M., Marsch, L.A., Xie, H., Aponte-Melendez, Y. (2016). A mixed-methods evaluation of the feasibility, acceptability, and preliminary efficacy of a mobile intervention for methadone maintenance clients. *Psychology of Addictive Behaviors, 30*(1), 1–11. https://doi.org/10.1037/ADB0000128.

Hagerman, C.J., Hoffman, R.K., Vaylay, S. & Dodge, T. (2021). Implementation intentions to reduce smoking: A systematic review of the literature. *Nicotine & Tobacco Research, 23*(7), 1085–1093. https://doi.org/10.1093/NTR/NTAA235.

Haug, S., Castro, R.P., Scholz, U., Kowatsch, T., Schaub, M.P. & Radtke, T. (2020). Assessment of the efficacy of a mobile phone – Delivered just-in-time planning intervention to reduce alcohol use in adolescents: Randomized controlled crossover trial. *JMIR MHealth and UHealth, 8*(5), e16937. https://doi.org/10.2196/16937.

Hébert, E.T., Stevens, E.M., Frank, S.G., Kendzor, D.E., Wetter, D.W., Zvolensky, M.J., et al. (2018). An ecological momentary intervention for smoking cessation: The associations of just-in-time, tailored messages with lapse risk factors. *Addictive Behaviors, 78*, 30–35. https://doi.org/10.1016/J.ADDBEH.2017.10.026.

Hekler, E., Tiro, J.A., Hunter, C.M. & Nebeker, C. (2020). Precision health: The role of the social and behavioral sciences in advancing the vision. *Annals of Behavioral Medicine, 54*(11), 805–826. https://doi.org/10.1093/abm/kaaa018.

Hekler, E.B., Rivera, D.E., Martin, C.A., Phatak, S.S., Freigoun, M.T., Korinek, E., et al. (2018). Tutorial for using control systems engineering to optimize adaptive mobile health interventions. *Journal of Medical Internet Research, 20*(6), e214. https://doi.org/10.2196/JMIR.8622.

Ho, J. & Intille, S.S. (2005). Using context-aware computing to reduce the perceived burden of interruptions from mobile devices.: Proceedings of the SIGCHI Conference on Human Factors in Computing Systems (CHI '05), ACM, New York, NY, USA, pp. 909–918. https://doi.org/10.1145/1054972.1055100.

Horvath, A.O. & Greenberg, L.S. (1989). Development and validation of the working alliance inventory. *Journal of Counseling Psychology, 36*(2), 223–233. https://doi.org/10.1037/0022-0167.36.2.223.

Jacobson, N.C. & Bhattacharya, S. (2022). Digital biomarkers of anxiety disorder symptom changes:

Personalized deep learning models using smartphone sensors accurately predict anxiety symptoms from ecological momentary assessments. *Behaviour Research and Therapy, 149*, 104013. https://doi.org/10.1016/J.BRAT.2021.104013.

Jacobson, N.C. & Chung, Y.J. (2020). Passive sensing of prediction of moment-to-moment depressed mood among undergraduates with clinical levels of depression sample using smartphones. *Sensors, 20*(12), 3572. https://doi.org/10.3390/S20123572.

Jakob, R., Harperink, S., Rudolf, A.M., Fleisch, E., Haug, S., Mair, J.L., et al. (2022). Factors influencing adherence to mHealth Apps for prevention or management of noncommunicable diseases: Systematic review. *Journal of Medical Internet Research, 24*(5), e35371. https://doi.org/10.2196/35371.

Jenkins, J.L., Anderson, B.B., Vance, A., Kirwan, C.B., Eargle, D. & Katz, J.M. (2016). More harm than good? How messages that interrupt can make us vulnerable. *Information Systems Research, 27*(4), 880–896. https://doi.org/10.1287/isre.2016.0644.

Keller, R., Hartmann, S., Teepe, G.W., Lohse, K.-M., Alattas, A., Tudor Car, L., et al. (2022). Digital behavior change interventions for the prevention and management of type 2 diabetes: Systematic market analysis. *Journal of Medical Internet Research, 24*(1), e33348. https://doi.org/10.2196/33348.

Klasnja, P., Smith, S., Seewald, N.J., Lee, A., Hall, K., Luers, B., et al. (2019). Efficacy of contextually tailored suggestions for physical activity: A micro-randomized optimization trial of heart steps. *Annals of Behavioral Medicine, 53*(6), 573–582. https://doi.org/10.1093/abm/kay067.

Kowatsch, T., & Fleisch, E. (2021). Digital health interventions. In: O. Gassmann, & F. Ferrandina (Eds.), Connected Business (pp. 71–95). Springer International Publishing. https://doi.org/10.1007/978-3-030-76897-3_4.

Kowatsch, T., Lohse, K.M., Erb, V., Schittenhelm, L., Galliker, H., Lehner, R., et al. (2021). Hybrid ubiquitous coaching with a novel combination of mobile and holographic conversational agents targeting adherence to home exercises: Four design and evaluation studies. *Journal of Medical Internet Research [Electronic Resource], 23*(2), E23612. https://doi.org/10.2196/23612.

Kowatsch, T., Schachner, T., Harperink, S., Barata, F., Dittler, U., Xiao, G., et al. (2021). Conversational agents as mediating social actors in chronic disease management involving health care professionals, patients, and family members: Multisite single-arm feasibility study. *Journal of Medical Internet Research [Electronic Resource], 23*(2), E25060. https://doi.org/10.2196/25060.

Kramer, J.N., Künzler, F., Mishra, V., Smith, S.N., Kotz, D., Scholz, U., et al. (2020). Which components of a smartphone walking app help users to reach personalized step goals? Results from an optimization trial. *Annals of Behavioral Medicine, 54*(7), 518–528. https://doi.

org/10.1093/abm/kaaa002.

Künzler, F., Kramer, J.N. & Kowatsch, T. (2017). Efficacy of mobile context-aware notification management systems: A systematic literature review and meta-analysis.: 2017 IEEE 13th International Conference on Wireless and Mobile Computing, Networking and Communications (WiMob), IEEE, New York, NY, USA, pp. 131–138. https://doi.org/10.1109/WiMOB.2017.8115839.

Künzler, F., Mishra, V., Kramer, J.N., Kotz, D., Fleisch, E. & Kowatsch, T. (2019). Exploring the state-of-receptivity for mHealth interventions. *Proceedings of the ACM on Interactive, Mobile, Wearable and Ubiquitous Technologies, 3*(4), 140. https://doi.org/10.1145/3369805.

Lekkas, D., Price, G.D. & Jacobson, N.C. (2022). Using smartphone app use and lagged-ensemble machine learning for the prediction of work fatigue and boredom. *Computers in Human Behavior, 127*, 107029. https://doi.org/10.1016/j.chb.2021.107029.

L Murray, C. J., Aravkin, A. Y., Zheng, P., Abbafati, C., Abbas, K. M., Abbasi-Kangevari, M., et al. (2020). Global burden of 87 risk factors in 204 countries and territories, 1990–2019: A systematic analysis for the Global Burden of Disease Study 2019. https://doi.org/10.1016/S0140-6736(20)30752-2.

Lohani, M., Payne, B.R. & Strayer, D.L. (2019). A review of psychophysiological measures to assess cognitive states in real-world driving. *Frontiers in Human Neuroscience, 13*, 57. https://doi.org/10.3389/FNHUM.2019.00057.

Mehrotra, A., Musolesi, M., Hendley, R., & Pejovic, V. (2015). Designing content-driven intelligent notification mechanisms for mobile applications. Proceedings of the 2015 ACM International Joint Conference on Pervasive and Ubiquitous Computing (UbiComp '15). ACM, New York, NY, USA, 813–824. https://doi.org/10.1145/2750858.2807544.

Mair, J.L., Hayes, L.D., Campbell, A.K., Buchan, D.S., Easton, C. & Sculthorpe, N. (2022). A personalized smartphone-delivered just-in-time adaptive intervention (JitaBug) to increase physical activity in older adults: mixed methods feasibility study. *JMIR Formative Research, 6*(4), e34662. JMIR Form Res, 6(4), e34662. https://doi.org/10.2196/34662.

Mashhadi, A., Mathur, A. & Kawsar, F. (2014). The myth of subtle notifications. In: Proceedings of the 2014 ACM International Joint Conference on Pervasive and Ubiquitous Computing: Adjunct Publication (UbiComp '14 Adjunct), ACM, New York, NY, USA, pp. 111–114. https://doi.org/10.1145/2638728.2638759.

Mehrotra, A., Pejovic, V., Vermeulen, J., Hendley, R. & Musolesi, M. (2016). My Phone and Me: Understanding People's Receptivity to Mobile Notifications, ACM, In: Proceedings of the 2016 CHI Conference on Human Factors in Computing Systems. New York, NY, USA, pp. 1021–1032. https://doi.org/10.1145/2858036.2858566.

Mishra, V., Künzler, F., Kramer, J.N., Fleisch, E., Kowatsch, T. & Kotz, D. (2021). Detecting receptivity for mHealth interventions in the natural environment. Proceedings of the ACM on Interactive, Mobile, Wearable and Ubiquitous Technologies, 2nd ed., 5, ACM, 74., New York, NY, USA, 74. https://doi.org/10.1145/3463492.

Mönninghoff, A., Kramer, J.N., Hess, A.J., Ismailova, K., Teepe, G.W., Car, L.T., et al. (2021). Long-term effectiveness of mHealth physical activity interventions: Systematic review and meta-analysis of randomized controlled trials. *Journal of Medical Internet Research, 23*(4), e26699. https://doi.org/10.2196/26699.

Morrison, L.G., Hargood, C., Pejovic, V., Geraghty, A.W.A., Lloyd, S., Goodman, N., et al. (2017). The effect of timing and frequency of push notifications on usage of a smartphone-based stress management intervention: An exploratory trial. Plos One, 12(1), e0169162. https://doi.org/10.1371/JOURNAL.PONE.0169162.

Murphy, A., Palafox, B., Walli-Attaei, M., Powell-Jackson, T., Rangarajan, S., Alhabib, K.F., et al. (2020). The household economic burden of non-communicable diseases in 18 countries. *BMJ Global Health, 5*(2), e002040. https://doi.org/10.1136/bmjgh−2019−002040.

Nahum-Shani, I., Hekler, E.B., Spruijt-Metz, D. (2015). Building health behavior models to guide the development of just-in-time adaptive interventions: A pragmatic framework. *Health Psychology, 34*(0), 1209−1219. https://doi.org/10.1037/hea0000306.

Nahum-Shani, I., Smith, S.N., Spring, B.J., Collins, L.M., Witkiewitz, K., Tewari, A., et al. (2018). Just-in-time adaptive interventions (JITAIs) in mobile health: Key components and design principles for ongoing health behavior support. *Annals of Behavioral Medicine, 52*(6), 446−462. https://doi.org/10.1007/s12160−016−9830−8.

Noorbergen, T.J., Adam, M.T.P., Roxburgh, M. & Teubner, T. (2021). Co-design in mHealth systems development: Insights from a systematic literature review. *AIS Transactions on Human-Computer Interaction, 13*(2), 175−205. https://doi.org/10.17705/1thci.00147.

Okoshi, T., Ramos, J., Nozaki, H., Nakazawa, J., Dey, A.K. & Tokuda, H. (2015). Attelia: Reducing user's cognitive load due to interruptive notifications on smart phones.: 2015 IEEE International Conference on Pervasive Computing and Communications, PerCom 2015, pp. 96−104. https://doi.org/10.1109/PERCOM.2015.7146515.

Okoshi, T., Ramos, J., Nozaki, H., Nakazawa, J., Dey, A.K. & Tokuda, H. (2015). Reducing users' perceived mental effort due to interruptive notifications in multi-device mobile environments.: UbiComp 2015−Proceedings of the 2015 ACM International Joint Conference on Pervasive and Ubiquitous Computing, pp. 475−486. https://doi.org/10.1145/2750858.2807517.

Okoshi, T., Tsubouchi, K., Taji, M., Ichikawa, T. & Tokuda, H. (2017). Attention and engagementawareness in the wild: A large-scale study with adaptive notifications.: IEEE International Conference on Pervasive Computing and Communications, PerCom 2017, IEEE, New York, NY, USA, pp. 100–110. https://doi.org/10.1109/PERCOM.2017.7917856.

Pejovic, V. & Musolesi, M. (2014). InterruptMe: designing intelligent prompting mechanisms for pervasive applications. Proceedings of the 2014 ACM International Joint Conference on Pervasive and Ubiquitous Computing (UbiComp 14). ACM, New York, NY, USA, 897–908. https://doi.org/10.1145/2632048.2632062.

Pielot, M., Cardoso, B., Katevas, K., Serrà, J., Matic, A. & Oliver, N. (2017). Beyond interruptibility: Predicting opportune moments to engage mobile phone users. *Proceedings of the ACM on Interactive, Mobile, Wearable and Ubiquitous Technologies, 1*(3), 91. https://doi.org/10.1145/3130956.

Pielot, M., Dingler, T., San Pedro, J. & Oliver, N. (2015). When attention is not scarce-Detecting boredom from mobile phone usage.: Proceedings of the 2015 ACM International Joint Conference on Pervasive and Ubiquitous Computing (UbiComp '15), ACM, New York, NY, USA, pp. 825–836. https://doi.org/10.1145/2750858.2804252.

Qian, T., Walton, A.E., Collins, L.M., Klasnja, P., Lanza, S.T., Nahum-Shani, I., et al. (2022). The microrandomized trial for developing digital interventions: Experimental design and data analysis considerations. Psychological Methods Advance online publication. https://doi.org/10.1037/met0000283.

Rassouli, F., Tinschert, P., Barata, F., Steurer-Stey, C., Fleisch, E., Puhan, M.A., et al. (2020). Characteristics of asthma-related nocturnal cough: A potential new digital biomarker. *Journal of Asthma and Allergy, 13*, 649–657. https://doi.org/10.2147/JAA.S278119.

Rüegger, D., Stieger, M., Nißen, M., Allemand, M., Fleisch, E. & Kowatsch, T. (2020). How are personality states associated with smartphone data?. European *Journal of Personality, 34*(5), 687–713. https://doi.org/10.1002/per.2309.

Sahandi Far, M., Stolz, M., Fischer, J.M., Eickhoff, S.B. & Dukart, J. (2021). JTrack: A digital biomarker platform for remote monitoring of daily-life behaviour in health and disease. *Frontiers in Public Health, 9,* 763621. https://doi.org/10.3389/fpubh.2021.763621.

Sarker, H., Sharmin, M., Ali, A.A., Rahman, M.M., Bari, R., Hossain, S.M., et al. (2014). Assessing the availability of users to engage in just-in-time intervention in the natural environment.: Proceedings of the 2014 ACM International Joint Conference on Pervasive and Ubiquitous Computing (UbiComp '14), ACM, New York, NY, USA, pp. 909–920. https://doi.org/10.1145/2632048.2636082.

Schembre, S.M., Liao, Y., Robertson, M.C., Dunton, G.F., Kerr, J., Haffey, M.E., et al. (2018). Just-in-time feedback in diet and physical activity interventions: Systematic review and practical design framework. *Journal of Medical Internet Research, 20*(3), e106. https://doi.org/10.2196/jmir.8701.

Shih, C.H., Tomita, N., Lukic, Y.X., Reguera, Á.H., Fleisch, E. & Kowatsch, T. (2019). Breeze: Smartphone-based acoustic real-time detection of breathing phases for a gamified biofeedback breathing training. *Proceedings of the ACM on Interactive, Mobile, Wearable and Ubiquitous Technologies, 3*(4), 152. https://doi.org/10.1145/3369835.

Sieberts, S.K., Schaff, J., Duda, M., Pataki, B.Á., Sun, M., Snyder, P., et al. (2021). Crowdsourcing digital health measures to predict Parkinson's disease severity: The Parkinson's Disease Digital Biomarker DREAM Challenge. *NPJ Digital Medicine, 4*(1), 53. https://doi.org/10.1038/s41746−021−00414−7.

Sieverink, F., Kelders, S.M., Gemert-Pijnen, V. (2017). Clarifying the concept of adherence to eHealth technology: Systematic review on when usage becomes adherence. *Journal of Medical Internet Research, 19*(12), e402. https://doi.org/10.2196/jmir.8578.

Stasinaki, A., Büchter, D., Shih, C.H.I., Heldt, K., Güsewell, S., Brogle, B., et al. (2021). Effects of a novel mobile health intervention compared to a multi-component behaviour changing program on body mass index, physical capacities and stress parameters in adolescents with obesity: A randomized controlled trial. *BMC Pediatrics, 21*(1), 308. https://doi.org/10.1186/s12887−021−02781−2.

Stern, A.D., Matthies, H., Hagen, J., Brönneke, J.B. & Debatin, J.F. (2020). Want to see the future of digital health tools? Look to Germany. Harvard Business Review. https://hbr.org/2020/12/want-to-see-the-future-of-digital-health-tools- look-to-germany.

Teepe, G.W., da Fonseca, A., Kleim, B., Jacobson, N.C., Sanabria, A.S., Car, L.T., et al. (2021). Just-in-time adaptive mechanisms of popular mobile apps for individuals with depression: Systematic app search and literature review. *Journal of Medical Internet Research, 23*(9), e29412. https://doi.org/10.2196/29412.

Throuvala, M.A., Pontes, H.M., Tsaousis, I., Griffiths, M.D., Rennoldson, M. & Kuss, D.J. (2021). Exploring the dimensions of smartphone distraction: Development, validation, measurement invariance, and latent mean differences of the smartphone distraction scale (SDS). *Frontiers in Psychiatry, 12*(March), 642634. https://doi.org/10.3389/fpsyt.2021.642634.

Turner, M., Kitchenham, B., Brereton, P., Charters, S. & Budgen, D. (2010). Does the technology acceptance model predict actual use? A systematic literature review. *Information and Software Technology, 52*(5), 463−479. https://doi.org/10.1016/j.infsof.2009.11.005.

Venkatesh, V., Thong, J.Y.L. & Xu, X. (2012). Consumer acceptance and use of information technology: Extending the unified theory of acceptance and use of technology. *MIS Quarterly, 36*(1), 157−178. https://doi.org/10.2307/41410412.

Vos, T., Lim, S.S., Abbafati, C., Abbas, K.M., Abbasi, M., Abbasifard, M., et al. (2020). Global burden of 369 diseases and injuries in 204 countries and territories, 1990–2019: A systematic analysis for the Global Burden of Disease Study 2019. *The Lancet, 396,* 1204–1222. https://doi.org/10.1016/S0140-6736(20)30925-9.

Warner, L.M., Fleig, L., Wolff, J.K., Keller, J., Schwarzer, R., Nyman, S., et al. (2022). What makes implementation intentions (in)effective for physical activity among older adults?. What makes implementation intentions (in)effective for physical activity among older adults? *British Journal of Health Psychology, 27*(2), 571–587. https://doi.org/10.1111/BJHP.12563.

Yuan, F., Gao, X. & Lindqvist, J. (2017). How busy are you? Predicting the interruptibility intensity of mobile users. CHI '17: Proceedings of the 2017 CHI Conference on Human Factors in Computing Systems, ACM, New York, NY, USA, pp. 5346–5360. https://doi.org/10.1145/3025453.3025946.

제 7 장

취약성 및 수용성에 따른 적시 개입 조정:

개념적, 방법론적 고려 사항

Inbal Nahum-Shani, David W. Wetter and Susan A. Murphy

1. 서론

강력한 모바일 및 감지 기술은 적시 적응형 개입(just-in-time adaptive interventions, JITAI)을 실시할 수 있는 엄청난 기회를 제공한다(Dillingham et al., 2018; Guarino, Acosta, Marsch, Xie, & Aponte-Melendez, 2016; Hébert et al., 2018; Witkiewitz et al., 2014). 적시 적응형 개입은 개인의 내적 상태(예: 갈망, 스트레스) 및 상황(예: 물리적 위치)에 역동적으로 변화하는 정보를 사용하여, 일상생활에서 실시간으로 개입 여부와 방법을 추천해 준다. 적시 적응형 개입은 담배(Businelle et al., 2016; Hébert et al., 2020; Naughton et al., 2016), 알코올(Gustafson et al., 2014; Kizakevich et al., 2018; Witkiewitz et al., 2014) 및 기타 약물(Coughlin et al., 2021)을 포함한 물질 사용 장애 예방 및 치료를 위해 개발되어 왔다. 적시 적응형 개입은 정신건강 증진에도 활용되어, 스트레스나 저조한 기분 등 문제가 되는 정서 반응을 관리하는 데 중점을 두고 있다(Marciniak et al., 2020; Wang & Miller, 2020 참조). 부정적인 결과(예: 흡연 일시적 악화(lapse))에 대한 취약성 상태(예: 높은 충동)와 적시 개입(예: 간단한 자기 조절 전략을 권장하는 모바일 기기 프롬프트)에 대한 수용성 상태(예: 조용하고 차분한 환경에 있을 때)는 효과적인 적시 적응형 개입을 구성하는 데 중요한 역할을 한다(Nahum-Shani et al., 2018; Nahum-Shani, Hekler, & Spruijt-Metz, 2015). 그러나 취약성과 수용성은 여러 분야 및 연구에 따라 다양한 방식으로 정의되고 운영되고 있다. 게다가 적시 개입에 대한 취약성 및 수용성 상태에 대한 과학적 질문을 답하기 위해 흔히 두 가지 접근 방식이 사용된다. 한 접근에서는 관찰적 집중 종단 데이터(intensive longitudinal data, ILD)를 분석하는 데 초점을 맞추며, 다른 접근에서는 미세 무작위 시험(microrandomized trials, MRT)의 집중 종단 데이터를 사용하는 데 초점을 맞춘다. 이러한 서로 다른 접근 방식은 종종 비슷해 보이는 과학적 질문(예: 어떤 조건에서 개인이 특정한 부정적 결과에 취약한가, 혹은 어떤 조건에서 개인이 적시 개입을 잘 수용할 수 있는가)을 해결하기 위해 사용된다. 그러나 이러한 질문은 각 접근에 따라 달리 운영되며, 결과의 해석 및 적시 적응형 개입에 정보를 제공하는 방식에도 영향을 미친다. 이 장의 목표는 두 가지이다. 첫째, 부정적 결과에 대한 취약성과 적시 개입에 대한 수용성의 정의와 운영 방식을 명확히 한다. 둘째, 취약성 및 수용성 상태에 대한 질문을 보다 구체적으로 공식화할 것이다. 이러한 정확도가 향상되면 연구자들이 관찰 연구 혹은 미세 무작위 시험연구 중 어떤 것이 가장 적합한지 결정하는 데 도움이 될 것이다. 본서에서는 부정적 결과의 순간적 위험(예: 일시적 악화의 위험, 물질 사용 위험)을 다루기 위한 적시 적응형 개입의 공식화에만 초점을 맞추지만, 긍정적인 변화(예: 신체활동 증가, 새로운 기술 습득)의 기회가 나타나는 순간을 활용하기 위해 적시 적응형 개입을 설계할 수도 있다.

2. 적시 적응형 개입

적시 적응형 개입은 스마트 기기가 개인의 역동적인 상태(예: 현재의 갈망, 스트레스, 신체적 위치, 최근의 물질 사용 등)에 대한 순간 데이터를 감지하거나 수집하는 기능을 활용하도록 특별히 설계되었다. 적시 적응형 개입은 이러한 데이터를 사용하여 의사결정 규칙에 근거하여 개인에게 적합한 개입을 제공한다. 의사결정 규칙의 목적은 불필요한 치료를 피하고 부담을 최소화하면서 특정 순간에 개인에게 가장 적합한 개입 옵션을 제공하는 것이다(Nahum-Shani et al., 2015, 2018). 이해를 돕기 위해서, 금연을 시도하는 흡연자가 실시간으로 자기 조절 전략에 참여하도록 설계된 간단한 가상 적시 적응형 개입을 예로 들어 보자. 여기서 자기 조절 전략이란 사람들이 자신의 생각, 감정 및 행동을 통제하고 지시하는 데 도움이 되는 활동(예: 행동 대체, 마음챙김 주의)을 뜻한다(Fiske & Taylor, 1991). 모바일 기기에서는 참여자에게 약 2시간 간격으로 하루에 6번씩 생태학적 순간 평가(ecological momentary assessments, EMA)를 통해 자신의 정서 및 경험을 기록하라는 프롬프트를 표시한다. 만약 해당 개인이 부정적 정서를 겪거나 다른 흡연자가 있다고 보고하면서 자동차 운전을 하지 않고 있는 경우, 모바일 기기를 통해 자기 조절 전략에 참여하라고 권장하는 프롬프트가 즉각적으로 전달된다(예: 5분간 산책하기, 비판단적으로 현재 순간에 일어나는 경험에 주의를 기울이기). 그렇지 않은 경우에는 프롬프트가 전달되지 않는다.

3. 적시 적응형 개입의 구성요소

위에서 설명한 적시 적응형 개입의 예시는 다음의 의사결정 규칙을 통해 프로토콜화할 수 있다:

Every 2 hours,IF negative affect=Yes or presence of other smokers=Yes; and driving = NoTHEN, intervention option=Deliver a prompt recommending self-regulatory strategiesELSE, intervention option=No prompt

위의 의사결정 규칙에는 네 가지 핵심 요소가 포함되어 있다:

(1) 결정 시점: 이는 개입 제공에 대한 결정을 내려야 하는 시점을 말한다. 이 예시에서는 2시간마다 의사 결정이 이루어진다.
(2) 맞춤형 변수: 여기에는 개인의 내적 상태 및 상황에 대한 정보가 포함된다. 이 정보는 개입 제공 여부와 방법을 결정하는 데 사용된다. 이 예시에서 맞춤형 변수는 부정적 정서 여부, 다른 흡연자의 존재 여부, 운전 여부이다.
(3) 개입 옵션: 여기에는 각 결정 시점에서 고려 중인 다양한 개입 유형, 강도, 전달 방식이 포함된다. 이 예시에는 자기 조절 전략을 권장하는 프롬프트 제공되는 것, 프롬프트가 제공되지 않는 것의 두 가지 개입 옵션이 있다.
(4) 한 개입 옵션과 다른 개입 옵션을 제공해야 하는 조건들을 변별하는 맞춤형 변수의 임계값(혹은 수준): 이 예시에서 맞춤형 변수의 임계값은 프롬프트를 전달해야 하는 조건(즉, 개인이 부정적 정서를 겪거나 다른 흡연자가 있고, 자동차를 운전하지 않는 경우)과 프롬프트를 전달하지 않아야 하는 조건(즉, 개인이 부정적 정서를 겪지 않고 다른 흡연자가 없거나, 자동차를 운전하는 경우)을 명시하고 있다.

적응 과정(adaptation process)은 개인에 관한 지속적인 정보를 사용하여 개입 시기와 방법을 결정하는 것을 의미하며, 맞춤형 변수, 임계값(혹은 수준) 및 개입 옵션을 통해 실행된다. 구체적으로, 적응 과정에는 개인의 내적 상태와 맥락을 지속적으로 모니터링하여 맞춤형 변수에 대한 정보를 얻고, 맞춤형 변수의 임계값(또는 수준)을 사용하여 제공할 개입 옵션을 결정하고, 적절한 개입 옵션을 제공하는 것이 포함된다. 이러한 적응 과정은 의사 결정 지점에서 시작되고, 근거리 결과에 영향을 주어, 미리 지정한 원거리 결과(예: 12주차까지 금연)를 달성하는 목표에 따라 안내된다. 근거리 결과는 적응의 단기 목표로서, 일반적으로 적응 과정과 원거리 결과 사이의 경로에서 변화의 핵심 메커니즘을 반영한다. 예를 들어, 위의 적시 적응형 개입 예시에서 근거리 결과는 개인이 향후 2시간 내에 흡연 삽화를 경험할지 여부일 수 있다. 근거리 결과는 적시 적응형 개입이 달성하려고 하는 궁극적인 목표(즉,

원거리 결과)에 비추어 신중하게 선택해야 한다. 기존의 근거를 바탕으로, 이러한 선택은 근거리 결과를 변화시키는 것이 왜 원거리 결과에서의 원하는 변화를 가져오는지를 설명하는 과학적 모델에 따라 이루어질 수 있다(Nahum-Shani et al., 2015, 2018).

4. 취약성 및 수용성 상태

중독을 대상으로 하는 많은 적시 적응형 개입에서는 취약성을 나타내는 실시간의 실제 상황을 다루고 싶어 한다. 여기서 취약성이란 특정한 부정적 결과가 발생할 위험이 높은 상태로 정의된다. 이러한 적시 적응형 개입에서 적응의 주요 목표는 위험이 증가된 상황과 부정적인 결과 사이의 연결을 끊는 것이다. 위의 적시 적응형 개입 예시에서는 부정적 정서를 겪거나 다른 흡연자의 존재가 가까운 시간 안에 흡연 삽화의 위험을 증가시키며, 여기서는 이후 2시간으로 작동한다. 따라서 개인이 부정정서나 다른 흡연자의 존재를 자가보고할 때 자기 조절 전략을 권장하는 프롬프트가 전달되는데, 이 프롬프트의 목표는 취약한 상태와 이후의 흡연 사이의 연결고리를 끊는 것이다. 또한 취약성을 나타내는 상황이 일상에서 발생할 가능성이 높고, 취약한 상황에서도 개인은 다른 여러 요구에 맞게 주의를 기울이고 노력해야 하므로, 개인이 수용적일 때에만 개입을 제공하면 개입 부담은 줄어든다.

수용성이란 개인이 특정 개입에 인지적, 정서적, 신체적 에너지를 투여할 가능성(참여할 가능성)이 높아진 상태로 정의된다(Nahum-Shani et al., 2022 참조). 수용성은 개입 특정적(intervention-specific)인데, 예를 들어, 회의 중에는 간단한 내용이 포함된 프롬프트에는 수용적일 수 있지만, 오디오 콘텐츠가 포함된 프롬프트에는 수용적이지 않을 것이다. 수용성은 특정 개입에 대해 참여하도록 하는 근거리 경로/매개 요인(mediator)과의 관계에서 정의된다. 여기에서 참여는 과제나 자극에 인지적, 정서적, 신체적 노력을 투여하는 것으로 정의된다(Nahum-Shani et al., 2022). 예를 들어, 자기 조절 전략을 권장하는 프롬프트를 신속하게 전달하면, 수신자가 프롬프트를 읽고 내용을 이해한 후 권고를 따를 경우에만, 다른 흡연자의 존재가 흡연으로 이어지는 것을 막을 수 있다. 위의 간단한 적시 적응형 개입의 예에서, 개인이 자동차를 운전하지 않는 경우 자가조절 전략을 권장하는 프롬프트에 대한 수용적이라고 볼 수 있다.

수용성과 취약성은 참여를 통해 상호연관되어 있으며, 참여는 취약한 상태를 경험할 때 특정한 적시 개입을 통해 근거리의 부정적 결과를 예방하는 경로이다([그림 7.1] 참조). 예를 들어, 개인이 부정적 정서나 다른 흡연자의 존재를 자가 보고하면(즉, 개인이 흡연 삽화에 취약한 상태일 때), 개인이 자동차를 운전하지 않는 경우에만(즉, 개인이 자기 조절 전략을 권유하는 프롬프트에 수용적인 상태일 때), 자기 조절 전략을 권고하는 프롬프트가 전달될 수 있을 것이다.

5. 적시 적응형 개입 개발의 취약성 및 수용성에 대한 과학적 질문

효과적인 적시 적응형 개입을 개발하는 데 있어 가장 큰 어려움은, 개인이 부정적인 결과에 취약하고 특정 적시 개입에 수용적인 조건들을 결정할 수 있는 충분한 경험적인 근거가 없다는 것이다. 예를 들어, 위의 적시 적응형 개입은 몇 가지 가정에 근거하는데, (1) 부정적 정서를 겪거나 다른 흡연자의 존재가 흡연에 취약한 상태를 나타낸다, (2) 금연하려는 흡연자가 흡연에 취약한 상태에 있을 때, 자기 조절 전략을 권장하는 모바일 기반 프롬프트가 흡연을 예방할 가능성이 있다, (3) 금연하려는 흡연자는 자동차를 운전하는 상황이 아니라면, 일반적으로 자기 조절 활동을 권장하는 프롬프트를 수용한다 등의 가정에 기반하고 있다. 그러나 실제로는 금연하려는 흡연자에게 효과적인 적시 적응형 개입을 개발하는 데에는, 현재의 경험적 근거와 실무적 고려만으로 답할 수 없는 과학적 의문이 많이 남아 있다. 이러한 질문에는 (1) 개인이 특정한 부정적 결과에 취약한 정적인, 동적인 조건은 어떻게 구성되는가(예: 이후 2시간 내 흡연 삽화), (2) 개인이 취약한 상태에 있을 때 특정한 적시 개입을 제공할 때 어떤 이점이 있는가, (3) 개인이 특정 적시 개입에 수용적인 조건은 무엇인가, (4) 개인이 취약한 상태에 있을 때 특정 적시 개입을 수용할 수 있는가, (5) 일반적으로 한 유형의 적시 개입이 다른 유형보다 더 수용되는 조건은 무엇인가와 같은 것이 있다([그림 7.1]).

연구자들은 적시 개입 개발에서 취약성 및 수용성 상태에 관한 질문에 답하기 위해 두 가지 일반적인 접근 방식을 자주 사용한다. 두 접근 방식 모두, '각 대상자 내에서 나타나는 변화 과정을 5회 이상의 순차적으로 측정(Bolger & Laurenceau, 2013)'하는 집중 종단 데이터를 분석하는 데 중점을 둔다. 그러나 한 접근에서는 관찰 연구를 통한 집중 종단 데이터 분석에 중점을 두는 반면, 다른 접근에서는 미세 무작위 시험을 통한 집중 종단 데이터 분석에 중점을 둔다. 다음에서는 각 접근 방식에 대해 논의하고 각 접근 방식이 답하고자 하는 과학적 질문에 어떤 차이가 있는지 제시할 것이다.

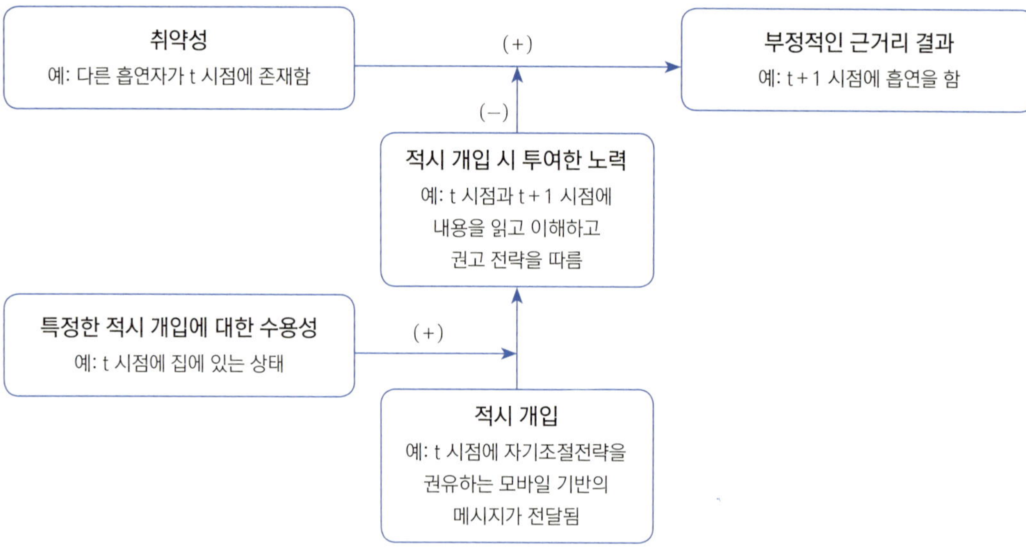

[그림 7.1] 적시 개입의 취약성과 수용성에 대한 과학적 모델

6. 적시 적응형 개입 개발에 정보를 제공하는 관찰적 집중 종단 데이터 분석

여기서는, 적시 적응형 개입 결정 시점에서 적시 개입 옵션에 대한 무선 할당이 아닌 연구의 데이터를 지칭하기 위해 관찰적 집중 종단 데이터라는 용어를 사용한다. 다음에서 두 가지 연구 사례를 소개할 것인데, 하나는 관찰적 집중 종단 데이터를 사용하여 근거리 부정적 결과에 취약한 상태를 파악하는 데 초점을 맞춘 연구(예시 1)이고, 다른 하나는 관찰적 집중 종단 데이터를 사용하여 적시 개입에 대한 수용성 상태를 파악하는 데 초점을 맞춘 연구(예시 2)이다. 이러한 예시를 사용하여, 적시 개입에 대한 취약성 및 수용성 상태를 조사하는 데 관찰적 집중 종단 데이터로 답할 수 있는 질문의 유형이 무엇인지 강조할 것이다.

예시 1. 흡연에 대한 취약성 상태를 확인하기 위한 관찰적 집중 종단 데이터 연구. Break free(Chatterjee et al., 2020) 연구는 아프리카계 미국인 흡연자(N=300)를 대상으로 흡연의 일시적 악화(lapse) 및 절제(abstinence)와 관련된 개인적 및 상황적 요인을 조사한 관찰 연구이다. 참여자들은 오토센스(AutoSense, 가볍고 눈에 거슬리지 않는 가슴 및 손목 밴드 장치를 포함하는 센서 제품군), GPS, 생태학적 순간 평가를 사용하여 연속 2주 동안(금연 4일 전부터 10일 후까지) 평가를 받는다. 이 연구는 엠세레브럼(mCerebrum)(Hossain et al., 2017)을 사용하였는데, 이는 무선 라디오를 통해 오토센스 센서에서 측정치를 수집하고, 이러한 측정치에서 수십 가지 특징을 추출한 후 머신러닝 알고리즘을 적용하여 흡연과 스트레스를 감지하는 스마트폰용 소프트웨어 프레임워크이다(Ali et al., 2012; Ertin et al., 2011; Plarre et al., 2011). 하루에 최대 세 번 사용되는 생태학적 순간 평가는 정서(예: 행복, 자랑스러움, 분노, 슬픔), 개인 내적 요인(예: 충동, 자기 효능감, 결과 기대, 동기) 및 맥락적 요인(예: 담배의 가용성, 타인의 흡연, 음주, 사회적 지지)을 평가한다. 집중 종단 데이터는 현재 고급 머신러닝 기법(예: 이벤트 시간 예측 모델(event-time prediction model), Dempsey et al., 2017)으로 분석되어, 특정 시점에 측정한 데이터 요약(패턴 마이닝 결과 및 행동 이론을 기반으로 얻은) 중 어떤 것이 근거리 흡연 삽화(예: 이후 2시간 이내)를 가장 잘 예측하는지를 조사한다. 목표는 금연을 시도하는 흡연자가 근거리 흡연에 취약한 상태를 확인하여, 흡연 삽화를 예방하기 위한 적시 개입의 혜택을 받을 수 있게 하는 것이다.

이 예시에 동기를 부여해 준 과학적 질문은 개인이 근거리 흡연 삽화에 취약한 조건에 관한 것이다. 구체적으로, 목표는 (1) t 시점에 측정된 동적(예: 스트레스, 충동, 담배의 가용성) 및 정적(기저선 자기 효능감, 충동성, 금연 동기) 요인의 어떤 구성이 t+1 시점에(예: 이후 2시간 이내) 후속 흡연 삽화를 예측하는지, (2) 이러한 예측 요인들을 사용하여 t+1 시점에 흡연 삽화를 경험하는 사람과 그렇지 않은 사람을 정확히 변별할 수 있는 분류자(classifier)를 구성하는 방법을 확인하는 것이다. 여기서 예측은 미래 사건의 예상 경로에 관련되며, 분류자를 구성하는 것은 각 개체들을 집단으로 배열하는 규칙이나 원칙을 만드는 것과 관련된다(Gottfredson, 1987). 중요한 점은 이 연구의 동기가 일련의 독립 변수(예: 스트레스, 충동, 흡연 여부)가 종속 변수(예: 흡연)를 유발하는지 여부를 조사하는 것이 아니라, 관찰된 독립 변수 값을 기반으로 종속 변수를 정확하게 예측하는 공식을 개발하는 데 있다는 것이다.

부정적 정서가 높을 때, 그리고 낮거나 중간 정도일 때, 각각 이후 2시간 이내의 흡연과 비흡연을 정확하게 변별할 수 있다고 가정해 보자. 실제로 이러한 결과는 높은 부정적 정서가 근거리 흡연에 취약한 상태이므로, 개인이 이러한 상태를 경험할 때 개입이 필요함을 시사한다. 그러나 이러한 결과는 개인이 부정적 정서를 경험할 때 어떤 개입이 근거리 흡연을 예방하는 데 도움이 되는지, 개인이 이러한 상태를 경험할 때 특정 적시 개입을 수용할 수 있는지에 대한 질문에는 답할 수 없다. 이 연구에서는 적시 개입이 제공되지 않았기 때문에, 이 결과는 개입이 필요한 조건을 이해하는 데만 사용할 수 있다. 이러한 결과는 향후 연구에서 개인이 취약한 상태를 경험할 때 적시 개입을 제공해야 하는지 여부 및 그 유형을 조사하는 데 기초 자료로 사용될 수 있다.

예시 1에서 적시 개입이 없었다는 점을 감안할 때, 이 연구의 목표를 보다 정확하게 설명하는 방법은 적시 개입이 없는 상황에서 정적 및 동적 정보를 사용하여 근거리 흡연을 예측하는 공식을 개발하는 것이다. 예시 1의 연구에는 니코틴 패치 요법, 자조 자료, 현재의 임상적 실무 지침에 기반한 간단한 금연 조언과 같은 다른 유형의 개입이 포함되어 있다. 여기서 목표는 적시 개입 형태의 추가 지원이 필요한, 표준 치료 세팅 밖의 실제 상황을 실시간으로 확인하여, 기존의 금연 치료(니코틴 패치 요법, 자조 자료, 간단한 금연 조언)를 개선할 수 있는 방법을 조사하는 것이다.

근거리 부정적 결과에 대한 취약성에 초점을 둔 관찰 연구에도 특정 적시 적응형 개입이 포함될 수 있다. 예시 1의 연구에서, 만약 개인이 생태학적 순간 평가를 통해 높은 부정적 정서를 자가 보고하면 t 시점에 자기 조절 전략을 권장하는 프롬프트를 즉시 전달하고, 그렇지 않으면 프롬프트를 전달하지 않는다고 가정해 보자. t 시점의 생태학적 순간 평가 및 센서 기반 평가는 t+1 시점에 흡연 삽화를 경험한 사람과 경험하지 않은 사람을 정확히 변별하는 분류자(classifiers)를 개발하는 데 사용될 수 있다. 그러나 이러한 경우, 근거리 흡연에 취약한 추가적인 조건(높은 부정적 정서 외에도)을 확인하여 특정 적시 적응형 개입(높은 부정적 정서를 자가 보고하면 프롬프트를 표시하고 그렇지 않으면 프롬프트를 표시하지 않는 적시 적응형 개입)을 개선하는 방법을 조사하는 것이 목표가 될 것이다. 이전과 마찬가지로, 이러한 가설적 연구 결과는 취약성을 나타내는 조건에서 적시 개입을 제공해야 하는지 여부 및 그 유형에 대한 질문에 답하는 데에는 사용할 수 없다.

예시 2. 적시 신체 활동 개입에 대한 수용성 상태를 확인하기 위한 관찰적 집중 종단 데이터 연구. Künzler 등(Künzler et al., 2019)은 6주 동안 189명의 참여자를 대상으로, 신체 활동을 촉진하는 적시 개입에 대한 수용성과 관련된 요인을 조사하는 연구를 수행하였다. 챗봇 기반 디지털 코치인 앨리(Ally)가 개입을 제공하였다. 참여자들은 하루에 여러 번 앨리의 메시지를 받았다. 각 대화는 "안녕, 조이스" 또는 "좋은 저녁이야, 조이스"와 같은 일반적인 인사말로 시작되었다. 코치는 참여자가 인사말 메시지에 응답하는 경우에만 개입 메시지를 보내기 시작한다. (1) 참여자가 10분 이내에 인사말 메시지에 응답했는지 여부, (2) 메시지와 참여자 응답 사이의 시간, (3) 참여자가 인사말 메시지를 받은 후 10분 이내에 2개 이상의 메시지에 응답했는지 여부(즉, 봇과의 대화에 참여했는지 여부)의 세 가지 지표를 사용하여, 개입에 대한 근거리 참여를 측정하였다. 머신 러닝 방법(랜덤 포레스트(Random Forests))으로 데이터를 분석하여 정적 요인(예: 나이, 성별, 성격)과 동적 요인(예: 요일/시간, 휴대폰 배터리, 휴대폰 상호작용, 신체활동 및 위치)이 근거리 참여를 얼마나 정확하게 예측하고 분류하는지 탐색하였다.

이 예시의 동기를 부여해 준 과학적 질문은 개인이 챗봇의 프롬프트를 받아들이는 조건에 관한 것이다. 관찰적 집중 종단 데이터를 기반으로 취약한 상태를 확인하는 것과 비슷하게,

이 질문은 예측 문제로 구성된다. 예를 들어, 목표는 t 시점에 관찰된 정적 및 동적 요인의 무엇이 이후 10분(t+1 시점) 내에 인사말 메시지에 응답하는 것을 예측하는지, 그리고 이러한 요인들이 10분 이내 응답하는 사람과 응답하지 않는 사람을 정확히 변별하는 분류기(즉, 규칙)를 만드는 데 어떻게 사용될 수 있는지를 확인하는 것이다. 취약한 상태를 확인하기 위해 집중 종단 데이터를 사용하는 것과 비슷하게, 여기서의 목표는 일련의 독립 변수(예: 성격, 연령, 신체활동, 위치)가 종속 변수(예: 10분 이내에 인사말 메시지에 응답)를 유발하는지 여부를 조사하는 것이 아니라, 관찰된 독립 변수 값을 기반으로 종속 변수를 예측하는 공식을 개발하는 것이다.

위에서 논의한 것처럼, 취약성의 개념과 달리, 정의상 수용성의 개념은 개입 특정적이다. 따라서 취약성에 초점을 맞춘 연구에는 (동기 부여가 되는 과학적 질문이 무엇인지에 따라) 적시 개입이 포함될 수도 있고 포함되지 않을 수도 있지만, 수용성은 과학적 관심사인 특정한 적시 개입을 제공하지 않고서는 조사할 수 없다. 예시 2에서, 이러한 특정 적시 개입은 챗봇의 인사말 메시지이다. 인사말 메시지는 과학적 및 실용적 고려 사항에 기반하여, 개입이 필요할 가능성이 있는 특정한 결정 시점(여기서는 하루 중 특정 시간대 내의 임의적 시간)에 전송된다. 예를 들어, 매일 오전 8시에서 10시 사이에 그날의 걸음 수 목표를 설정하는 인사말 메시지가 전달되고, 오후 8시에는 참여자가 목표를 달성했는지 알려주고 향후 목표를 달성하도록 격려하는 또 다른 인사말 메시지가 전송된다. 연구 기간 동안 각 결정 시점에 동일한 유형의 인사말 메시지가 전달되었으므로, 이 데이터는 개인이 어떤 유형의 프롬프트(예: 코치의 인사말 메시지)를 다른 유형(예: 코치의 동기부여 메시지)보다 더 잘 받아들이는지 그 조건에 대한 질문을 해결하는 데 사용할 수 없다. 즉, 이 데이터는 다양한 유형의 적시 개입에 대한 수용성을 체계적으로 비교하기보다는 특정 유형의 적시 개입(예: 코치의 인사말 메시지)에 대한 수용성에 관한 결론을 내리는 데만 사용할 수 있다.

수용성에 관한 관찰 연구에서의 중요한 가정은 특정한 적시 개입이 필요한 조건이 알려져 있다는 것이다. 예를 들어, 예시 2에서는 오후 8시에 목표 달성에 대한 피드백을 시작하기 위해 인사말 메시지가 필요하다고 가정한다. (기존의 근거와 실용적인 고려 사항에 기반을 둔) 이러한 가정에서는 오후 8시에 이 프롬프트를 전달하면, 개인이 챗봇의 인사 메시지에 참여하는 경우, 근거리 신체 활동(예: 다음 날)이 향상될 것이라고 가정한다. 하지만 오후 8시에 이 메시지를 전달하는 것이 근거리 신체 활동을 개선할지 여부를 결정하기에는 기존의 근거와 실제적 고려 사항이 충분하지 않다고 가정해 보자. 예를 들어, 연구자들은 개인이 오후 8시 메시지를 접하더라도 그 시간에 제공되는 피드백의 효과(salience)가 금방 사라져서 다음 날의 신체 활동이 증가되지 않을지도 모른다고 우려할 수 있다. 인사말 메시지는 항상 오후 8시에 전달되었기 때문에, 예시 2의 데이터는 오후 8시에 메시지를 전달할 때와 전달하지 않을 때의 효과(effect)를 비교하는 질문을 해결하는 데는 사용할 수 없다. 구체적으로 설명하면, 이 데이터는 피드백이 필요한 가설적 상태(예: 하루 일과가 끝날 때)에서, 목표 달성에 대한 피드백을 시작하기 위해 챗봇 기반 인사말 프롬프트를 전달하는 것이 (전달하지 않는 것과 비교할 때) 유익한지(예: 다음 날 신체 활동 증가 측면에서) 여부를 조사하는 데 사용할 수 없다. 특정한 적시 개입을 제공할 때와 제공하지 않을 때를 비교할 때 근거리 결과 상의 이점이 무엇인지를 살펴보는 이러한 질문에 답하려면, 다른 연구 설계가 필요하다.

7. 미세 무작위 시험에서 집중 종단 데이터 분석하기

미세 무작위 시험(microrandomized trials, MRT)는 적시 적응형 개입 구성에 관한 일련의 과학적 질문에 답하는 데 사용할 수 있는 실험 설계이다. 미세 무작위 시험은 신속한 순차적 무선화를 포함하는데, 각 개인은 연구가 진행되는 동안에, 여러 결정 시점마다 서로 다른 적시 개입 옵션에 무선 배정된다. 즉, 미세 무작위 시험에서 참여자들은 수백, 혹은 수천 회씩 서로 다른 개입 옵션에 순차적으로 무선 배정됩니다. 금연을 시도하는 흡연자를 자기 조절 활동에 참여시키기 위한 적시 적응형 개입을 개발하는 데 도움을 주기 위한 다음 미세 무작위 시험을 살펴보자.

예시 3. 금연을 시도하는 흡연자를 위한 적시 적응형 개입 개발에 대한 미세 무작위 시험. 흡연 조절을 위한 모바일 지원(the mobile assistance for regulating smoking, MARS)(Nahum-Shani et al., 2021)에 대한 연구에서는 생태학적 순간 평가, 무선 센서(모션센스 HRV(MotionSense HRV))(Holtyn et al., 2019), GPS를 사용하여, 금연 3일 전부터 금연 후 7일까지 금연을 시도하는 흡연자를 평가한다. 연구 시작 시, 참여자는 간단한 인지적 및 행동적 전략, 그리고 보다 노력이 필요한 인지적, 마음챙김 기반 훈련을 제공하는 마르스(MARS) 모바일 앱을 사용하도록 권장된다. 또한 참여자는 이러한 자기 조절 전략 사용에 대한 간단한 교육을 받는다. 그런 다음 참여자는 스마트폰을 통해 하루에 6번씩 다른 흡연자의 유무와 부정적 정서에 대한 간단한 2문항에 응답한다. 설문 완료 직후(설문을 완료하지 않은 경우에는 설문 참여 메시지가 전달된 지 5분 후), 참여자는 다음 중 하나로 미세 무작위 배정을 받게 된다. 이 조건에는 (1) 저노력 프롬프트 조건-2문항에 대한 참여자 응답에 맞춰 간단한 인지적, 행동적 전략을 권장하는 프롬프트를 받음(예: 다른 흡연자가 있고 개인이 부정적 정서를 겪는 경우, '흡연 유혹이 사라질 때까지 상황을 떠나거나 지지적인 친구에게 전화하세요. 스트레스에 대해 이야기하면 기분이 나아지는 도움이 될 수 있습니다.'라는 메시지를 받음), (2) 고노력 프롬프트 조건–상대적으로 더 노력이 필요한(5~10분) 자기 조절 전략을 권유하는 프롬프트를 받음(예: 스트레스가 되는 생각과 감정이 변동할 때 '파도를 타듯' 관리하는 방법에 초점을 둔 '기분 파도타기(무드 서프(Mood Surf))' 등의 인지적, 마음챙김 기반 훈련을 모바일 기기로 제공), 혹은 (3) 프롬프트 없는 조건이 있다. 각각의 미세 무작위 배정 후 약 1시간 뒤에, 참여자는 생태학적 순간 평가를 완료해야 한다(즉, 하루에 6번의 생태학적 순간 평가 실시). 이러한 생태학적 순간 평가는 자기 조절 전략에 대한 참여도(주요 근거리 결과)를 평가하고, 정서, 흡연, 인지 및 상황에 대한 정보를 수집한다.

이러한 미세 무작위 시험의 목표는 자기 조절 전략을 권장하는 메시지의 수용성에 대한 질문에 답하는 것이다. 주요 질문은 자기 조절 전략을 권장하는 메시지를 전달할 때(전달하지 않을 때와 비교), 다음 시간 동안 (자가 보고된) 자기 조절 전략에 대한 참여도가 높아지는지 여부이다. 부차적인 질문은 다음 시간 동안 자기 조절 전략에 대한 참여도를 촉진하는 데 있어, 저노력 전략을 추천하는 것(고노력 전략을 추천하는 것과 비교)이 더 유리한지 여부이다. 탐색적 목표로는, 프롬프트 전달이 근거리 참여를 유도하려면 어떤 정적(예: 기저선의 인지에 대한 요구, 개인적 건강 문해력 및 자기효능감), 동적(예: 장소, 시간대, 기분) 조건이 구성되어야 하는지 이해하는 데 중점을 둔다. 이러한 질문은 특정한 적시 개입(즉, 자기 조절 전략을 권장하는 프롬프트)에 대한 근거리 참여에 초점을 둔다. 즉, 이러한 질문은 특정한 적시 개입의 수용성에 대한 질문이다.

연구자들은 미세 무작위 시험에서의 무선화를 통해 인과적 효과를 추정할 수 있다. 다른 실험 설계와 마찬가지로, 무선화는 서로 다른 개입 옵션에 배정된 집단들 사이의 관찰되지 않은 변수 분포의 균형을 개선함으로써, 개입 효과를 제외한 대안적 설명을 배제하기 위해 사용된다. 마르스에 관한 미세 무작위 시험에서, 무선화는 저노력 프롬프트, 고노력 프롬프트, 프롬프트 없음에 할당된 결정 지점 간의, 관찰되지 않은 변수 분포의 균형을 향상시킨다. 따라서 미세 무작위 시험의 결과는, 프롬프트가 근거리 참여를 유도하는 데 원하는 효과가 있는지 여부, 이러한 효과가 정적 및 동적 조건에 따라 달라지는지 여부에 대한 인과적 질문을 해결하는 데 사용될 수 있다.

미세 무작위 시험의 데이터 분석에는, 시간에 따라 달라지는 개입 프롬프트의 인과적 효과를 편향 없이 추정할 수 있게 하는 회귀 분석의 일반화가 포함된다(Boruvka, Almirall, Witkiewitz, & Murphy, 2018; Liao, Klasnja, Tewari, & Murphy, 2016). 이러한 분석에서는 모든 연구 참여자에 걸쳐, 시간에 따라 달라지는 종단적 데이터를 수집한다. 예를 들어, 다음 시간 동안의 자기 조절 전략 참여도와 관련하여, 자기 조절 전략을 권장하는 메시지를 전달할 때와 전달하지 않을 때를 비교한 마르스의 미세 무작위 시험의 주요 질문이 있다고 가정해 보자. t1은 자기 조절 프롬프트가 제공되거나 제공되지 않는 시점을 나타내며, t1의 범위는 1에서 60(10일 × 하루 6회)까지에 걸쳐 있다. 근거리 결과는 이원적으로 평가된다(t2에서 참여함, 혹은 참여하지 않음). 두 결과에 대한 프롬프트의 효과는 로그-선형 유형 모델(log-linear type model)을 통해 검증할 수 있다(Qian, Yoo, Klasnja, Almirall, & Murphy, 2021; Rabbi et al., 2017). 자기 조절 전략을 권장하는 메시지의 인과적 효과는 (로그) '위험률(risk-ratio)' 척도, 즉, t1 시점에 프롬프트가 전달되었을 때 t2 시점에서 근거리 참여가 발생할 확률('위험')을, t1 시점에 프롬프트가 전달되지 않았을 때 t2 시점에서 근거리 참여가 발생할 확률로 나누어 측정하는 척도로 표현할 수 있다. 만약 자기 조절 프롬프트를 전달(전달하지 않는 것과 비교)하는 것이 다음 시간 동안 자기 조절 전략에 참여할 확률에 인과적인 영향을 미치는다면, 위험 비율은 1보다 클 것이다.

이 모델을 확장하여, 개인이 자기 조절 전략을 권장하는 프롬프트를 수용하는 조건에 대한 질문에 답할 수 있다. 이는 프롬프트 전달(혹은 미전달)의 효과가 달라진다는 가설에 기반하여, 조절변인이 될 수 있는 후보(기저선, 및 시간에 따라 달라지는 공변인)를 추가하여 수행할 수 있다(자세한 내용은 Qian et al., 2021 참조). 중요한 점은, 예시 2의 관찰 연구에서는 개인이 적시 개입(예: 코치의 인사 메시지)을 수용하는 조건에 관한 질문에 답할 수 있는 반면, 예시 3에서는 이러한 질문이 인과 관계 질문으로 작동한다는 점이다. 구체적으로 말하면, 현재의 예시 3에서는 자기 조절 전략을 권장하는 메시지를 전달할 때(전달하지 않을 때와 비교) 자기 조절 전략에 대한 근거리 참여를 유발하는 조건들을 조사하는 것이 목표이다. 또한 예시 3의 무작위 개입 옵션에는 두 가지 유형의 프롬프트가 포함되어 있기 때문에, 위에서 설명한 모델을 확장하여 저노력(대 고노력) 프롬프트 전달이 근거리 참여에 미치는 인과적 효과를 조사하고, 이러한 인과 효과에 작용할 수 있는 조절요인 후보들을 조사할 수 있다. 이를 통해 과학자들은 한 유형의 프롬프트 대 다른 유형의 프롬프트의 수용성에 대한 질문에 답할 수 있다.

이러한 미세 무작위 시험의 데이터는 수용성 및 취약성에 대한 추가적 질문에 답하는 데에도 사용할 수 있다. 예를 들어, 연구자들은 금연을 시도하는 흡연자가 흡연 삽화에 취약할 때, 자기 조절 활동을 권장하는 프롬프트를 잘 수용할 수 있는지를 이해하는 데 관심이 있을 수 있다. 이전의 경험적 근거에 기반하여, 연구자들이 자가 보고된 부정적 정서나 다른 흡연자의 존재가 근거리 흡연에 취약한 상태라고 간주한다고 가정해 보자. 예시 3의 미세 무작위 시험 데이터를 사용하여, t 시점의 자기 조절 전략에 대한 프롬프트(대 프롬프트 없음)가 t+1 시점의 자기 조절 전략 참여에 미치는 인과적 효과가, t 시점의 부정적 정서나 다른 흡연자의 존재 여부(2문항)에 따라 달라지는지 조사할 수 있다. 연구자들은 또한 금연을 시도하는 흡연자가 취약한 상태에 있을 때, 자기 조절 전략을 권장하는 프롬프트를 보내는 것이 근거리 흡연 삽화를 예방하는 데 도움이 되는지 이해하고 싶어할 수 있다. 예시 3의 데이터를 사용하여 자기 조절 프롬프트가 있는 경우 대 프롬프트가 없는 경우에, 참여자가 부정적 정서나 다른 흡연자의 존재를 보고한 결정 시점 t에서 이후 2시간(t+1 시점) 이내에 흡연 삽화를 경험할 확률이 어떠한지 비교함으로써 이러한 질문에 답할 수 있다.

마지막으로, 금연을 시도하는 흡연자가 근거리 흡연에 취약한 정적 및 동적 조건을 확인하는 것과 관련된 예시 1의 질문을 생각해 보자. 이 질문도 예시 3의 미세 무작위 시험 데이터를 사용하여 답할 수 있지만, 결과의 해석은 다를 수 있다. 구체적으로, 예시 1에서 설명한 것과 동일한 예측 방법을 예시 3의 미세 무작위 시험 데이터에 사용하여, t+1 시점의 후속 흡연 삽화를 예측하는 t 시점의 동적 및 정적 요인 조합을 조사할 수 있다. 그런 다음 이러한 예측 요인을 사용하여, t+1 시점에 흡연 삽화를 경험한 사람과 경험하지 않은 사람을 정확히 변별할 수 있는 규칙을 개발할 수 있다. 예시 3에서 t 시점까지 전달된 프롬프트의 이력도 이러한 요인에 포함될 수 있다. 가장 중요하게, 예시 1의 연구에는 모바일 개입이 포함되지 않았던 반면, 예시 3에는 자기 조절 전략에 참여하게 하는 모바일 기반 메시지가 포함된다. 따라서 예시 1과 유사한 예측 방법을 예시 3의 미세 무작위 시험 데이터에 적용하면, 연구자는 다음과 같은 질문에 답할 수 있다. '모바일 개입으로 금연을 시도하는 흡연자에게 하루 평균 세 번 자기 조절 전략을 사용하도록 촉진하면, t 시점에서의 정적 및 동적 요인 중 어떤 조합이 t+1 시점의 흡연 삽화를 예측할 수 있는가?'

<표 7.1> 예시 1~3에 사용될 수 있는 과학적 질문 요약

#	과학적 질문의 예시	조작적인(보다 구체적인) 과학적 질문	자료 유형	사용된 방법
1	어떤 조건에서 개인이 특정한 부정적 결과에 취약한가?	모바일 개입이 없는 경우, t 시점까지 관찰된 정적 및 동적 요인의 어떤 구성이 이후 2시간(t+1 시점) 이내의 흡연을 예측할 수 있는가?	예시 1의 관찰적 집중 종단 데이터	예측 및 분류 방법
		개인이 하루 평균 세 번 자기 조절 전략을 사용하도록 모바일 개입을 하는 경우, t 시점까지 관찰된 정적 및 동적 요인 중 어떤 구성이 이후 2시간(t+1 시점) 이내의 흡연을 예측할 수 있는가?	예시 3의 미세 무작위 시험 집중 종단 데이터	예측 및 분류 방법

2	개인이 취약한 상태에 있을 때 적시 개입이 유익한가?	금연을 시도하는 흡연자가 t시점에 부정적 정서나 다른 흡연자의 존재를 보고하는 경우, 이후 2시간(t+1 시점) 이내에 금연 실패 확률을 줄이고자 자기 조절 전략을 권장하는 프롬프트를 전달하는(또는 전달하지 않는) 것이 유익한가?	예시 3의 미세 무작위 시험 집중 종단 데이터	회귀 분석의 일반화
3	어떤 구성으로 정적 및 동적 구성이 나타날 때, 개인이 특정한 적시 개입을 수용할 수 있는가?	t 시점까지 관찰된 정적 및 동적 요인의 구성 가운데, 챗봇 기반 디지털 코치의 프롬프트에 10분 내로(t+1 시점) 참여(응답)하는 사람과 참여하지 않는 사람을 정확하게 예측하고 분류하는 구성은 어떤 것인가?	예시 2의 관찰 집중 종단 데이터	예측 및 분류 방법
		t 시점까지 관찰된 정적 및 동적 요인의 구성 가운데, 어떤 구성이 t 시점에 자기 조절 전략을 권장하는 프롬프트를 전달하여(또는 전달하지 않음) 다음 시간(t+1 시점)에 그 전략을 시행하게 할 수 있는가?	예시 3의 미세 무작위 시험 집중 종단 데이터	회귀 분석의 일반화
4	개인이 취약한 상태에 있을 때 특정 적시 개입을 수용할 수 있는가?	금연을 시도하는 흡연자가 t시점에 부정적 정서나 다른 흡연자의 존재를 보고하는 경우, 자기 조절 전략을 권장하는 프롬프트를 전달(또는 전달하지 않음)하면 다음 시간(t+1 시점)에 자기 조절 전략에 참여하게 될까?	예시 3의 미세 무작위 시험 집중 종단 데이터	회귀 분석의 일반화
5	일반적으로 한 유형의 적시 개입을 다른 유형에 비해 더 잘 수용할 것인가?	평균적으로, t 시점에 간단한 자기 조절 전략을 권장하는 프롬프트를 제공하면(더 노력이 많이 필요한 전략을 권장하는 프롬프트와 비교), 다음 시간(t+1 시점)에 자기 조절 전략에 더 많이 참여하게 되는가?	예시 3의 미세 무작위 시험 집중 종단 데이터	회귀 분석의 일반화

6	어떤 조건에서 한 유형의 적시 개입을 다른 유형에 비해 더 잘 수용할 것인가?	어떤 조건에서 t 시점에 간단한 자기 조절 전략을 권장하는 프롬프트(더 노력이 많이 필요한 전략을 권장하는 프롬프트와 비교)를 제공하면, 다음 시간(t+1 시점)에 자기 조절 전략에 더 많이 참여하게 되는가?	예시 3의 미세 무작위 시험 집중 종단 데이터	회귀 분석의 일반화

8. 결론

어떤 연구에서든 마찬가지로, 과학적 질문은 연구 설계와 데이터 분석의 원동력이 되어 적시 적응형 개입을 구축한다. 근거리 부정적 결과에 대한 취약성과 적시 개입에 대한 수용성에 대한 과학적 질문이 관찰적 집중 종단 데이터 연구와 미세 무작위 시험 연구 모두에 동기를 부여한다. 어떤 경우에는 관찰적 집중 종단 데이터 연구의 질문(예: 어떤 조건에서 개인이 특정한 근거리 부정적 결과에 취약한가? 어떤 동적 및 정적 조건에서 개인이 특정한 적시 개입을 잘 수용할 수 있는가?)이 미세 무작위 시험 연구의 질문과 비슷해 보일 수 있지만, 그 운영 방식은 상당히 다를 수 있다(〈표 7.1〉 참조). 과학적 질문이 작동하는 방식은 결과를 해석하고 결론을 도출하며 결과의 재현가능성에 영향을 미친다(Goodman, Fanelli, & Ioannidis, 2016). 따라서 연구에 동기를 부여하는 취약성 및 수용성에 대한 과학적 질문을 구체화함으로써, 적시 적응형 개입 구축과 관련된 이론 및 실무가 크게 발전할 수 있다.

이 장에서는 적시 적응형 개입 구축에 필요한 취약성과 수용성 상태를 경험적으로 확인하는 데 초점을 맞추고 있지만, 다른 도전 과제들이 효과적인 적시 적응형 개입을 개발하고자 하는 연구자들을 동기 부여해 줄 수 있다. 이러한 도전에는 적시 적응형 개입에 대한 참여자의 참여를 촉진하는 방법(예: 제공되는 개입 옵션, 맞춤형 변수에 대한 정보 제공), 비교적 빠른 간격으로 제공되는 구성요소(예: 몇 시간마다 전달되는 간단한 자기 조절 전략 권장 프롬프트)와 느린 간격으로 제공되는 구성요소(예: 주간 코칭 회기) 사이의 조합을 최적화하는 방법이 있다. 또한 고정된 결정 규칙(즉, 동일한 맥락에서 모든 개인에게 개입을 제공할지 여부와 제공하는 방법을 구체화하는 규칙)을 지닌 적시 적응형 개입을 넘어서, 다양한 맥락에서 다양한 개입 옵션에 대한 개인의 반응성을 추적함으로써 한 개인이 개입과 상호작용하면서 결정 규칙을 향상시키는 적시 적응형 개입으로 나아갈 수 있는 방법을 고민할 수도 있다(Qian et al., 2022). 이러한 도전은 효과적인 적시 적응형 개입을 구축하기 위한 새로운 방법론을 개발할 수 있는 유익한 길을 제시해 준다.

감사의 말

저자들은 미국 국립보건원(National Institutes of Health)의 지원(P50 DA054039, U01 CA229437, R01 DA039901, R01 CA224537, P41 EB028242, UG3 DE028723, R01 MD010362, R01 CA190329) 및 환자 중심 결과 연구소(Patient-Centered Outcomes Research Institute)의 지원(PCS-2017C2-7613)을 받았다.

참고문헌

Ali, A., Hossain, M., Hovsepian, K., Rahman, M., al'Abisi, M. & Ertin, E. (2012). Automated detection of smoking in the mobile environment from respiration measurements.: Proceedings of the ACM ISPN, pp. 269–280.

Bolger, N., Laurenceau, J.-P. (2013). Intensive longitudinal methods: An introduction to diary and experience sampling research. Guilford Press, New York, NY.

Boruvka, A., Almirall, D., Witkiewitz, K. & Murphy, S.A. (2018). Assessing time-varying causal effect moderation in mobile health. *Journal of the American Statistical Association*, 1112–1121 accepted for publication.

Businelle, M.S., Ma, P., Kendzor, D.E., Frank, S.G., Vidrine, D.J. & Wetter, D.W. (2016). An ecological momentary intervention for smoking cessation: Evaluation of feasibility and effectiveness. *Journal of Medical Internet Research, 18*(12), e321.

Chatterjee, S., Moreno, A., Lizotte, S.L., Akther, S., Ertin, E., Fagundes, C.P., et al. (2020). SmokingOpp: Detecting the smoking 'opportunity' context using mobile sensors. *Proceedings of the ACM on Interactive, Mobile, Wearable and Ubiquitous Technologies, 4*(1), 1–26.

Coughlin, L.N., Nahum-Shani, I., Philyaw-Kotov, M.L., Bonar, E.E., Rabbi, M., Klasnja, P., et al. (2021). Developing an adaptive mobile intervention to address risky substance use among adolescents and emerging adults: Usability study. *JMIR mHealth and uHealth, 9*(1), e24424.

Dempsey, W.H., Moreno, A., Scott, C.K., Dennis, M.L., Gustafson, D.H., Murphy, S.A., et al. (2017). isurvive: An interpretable, event-time prediction model for mHealth.: International conference on machine learning.

Dillingham, R., Ingersoll, K., Flickinger, T.E., Waldman, A.L., Grabowski, M., Laurence, C., et al. (2018). PositiveLinks: A mobile health intervention for retention in HIV care and clinical outcomes with 12-month follow-up. *AIDS Patient Care and STDs, 32*(6), 241–250.

Ertin, E., Stohs, N., Kumar, S., Raij, A., al'Absi, M., Kwon, T., et al. (2011). AutoSense: Unobtrusively wearable sensor suite for inferencing of onset, causality, and consequences of stress in the field.: Proceedings of the 9th ACM conference on embedded networked sensor systems (SenSys).

Fiske, S.T. & Taylor, S.E. (1991). Social cognition. Mcgraw-Hill Book Company, New York.

Goodman, S.N., Fanelli, D. & Ioannidis, J.P. (2016). What does research reproducibility mean?. *Science Translational Medicine, 8*(341) 341ps312–341ps312.

Gottfredson, D.M. (1987). Prediction and classification in criminal justice decision making. *Crime and Justice, 9*, 1–20.

Guarino, H., Acosta, M., Marsch, L.A., Xie, H., Aponte-Melendez, Y. (2016). A mixed-methods evaluation of the feasibility, acceptability, and preliminary efficacy of a mobile intervention for methadone maintenance clients. *Psychology of Addictive Behaviors, 30*(1), 1.

Gustafson, D.H., McTavish, F.M., Chih, M.-Y., Atwood, A.K., Johnson, R.A., Boyle, M.G., et al. (2014). A smartphone application to support recovery from alcoholism: A randomized clinical trial. *JAMA Psychiatry, 71*(5), 566–572.

Hébert, E.T., Ra, C.K., Alexander, A.C., Helt, A., Moisiuc, R., Kendzor, D.E., et al. (2020). A mobile just-in-time adaptive intervention for smoking cessation: Pilot randomized controlled trial. *Journal of Medical Internet Research, 22*(3), e16907.

Hébert, E.T., Stevens, E.M., Frank, S.G., Kendzor, D.E., Wetter, D.W., Zvolensky, M.J., et al. (2018). An ecological momentary intervention for smoking cessation: The associations of just-in-time, tailored messages with lapse risk factors. *Addictive Behaviors, 78*, 30–35. https://doi.org/10.1016/j.addbeh.2017.10.026.

Holtyn, A.F., Bosworth, E., Marsch, L.A., McLeman, B., Meier, A., Saunders, E.C., et al. (2019). Towards detecting cocaine use using smartwatches in the NIDA clinical trials network: Design, rationale, and methodology. *Contemporary Clinical Trials Communications, 15*, 100392.

Hossain, S.M., Hnat, T., Saleheen, N., Nasrin, N., Noor, J., Ho, B.-J., et al. (2017). mCerebrum: An mHealth software platform for development and validation of digital biomarkers and interventions. ACM SenSys.

Kizakevich, P.N., Eckhoff, R., Brown, J., Tueller, S.J., Weimer, B., Bell, S., et al. (2018). PHIT for duty, a mobile application for stress reduction, sleep improvement, and alcohol moderation. *Military Medicine, 183*(suppl_1), 353–363.

Künzler, F., Mishra, V., Kramer, J.N., Kotz, D., Fleisch, E. & Kowatsch, T. (2019). Exploring the state-of-receptivity for mHealth interventions. *Proceedings of the ACM on Interactive, Mobile, Wearable and Ubiquitous Technologies, 3*(4), 1–27. https://doi.org/10.1145/3369805.

Liao, P., Klasnja, P., Tewari, A. & Murphy, S.A. (2016). Sample size calculations for micro-randomized trials in mHealth. *Statistics in Medicine, 35*(12), 1944–1971.

Marciniak, M.A., Shanahan, L., Rohde, J., Schulz, A., Wackerhagen, C., Kobylińska, D., et al. (2020). Standalone smartphone cognitive behavioral therapy–based ecological momentary interventions to increase mental health: Narrative review. *JMIR mHealth and uHealth, 8*(11), e19836.

Nahum-Shani, I., Dziak, J. J., & Wetter, D. W. (2022a). MCMTC: A pragmatic framework for selecting an experimental design to inform the development of digital interventions. *Frontiers in Digital Health, 4.*

Nahum-Shani, I., Shaw, S.D., Carpenter, S.M., Murphy, S.A. & Yoon, C. (2022). Engagement in digital interventions. American Psychologist in press, Advance online publication. https://doi.org/10.1037/amp0000983.

Nahum-Shani, I., Hekler, E., Spruijt-Metz, D. (2015). Building health behavior models to guide the development of just-in-time adaptive interventions: A pragmatic framework. *Health Psychology, 34*(Suppl.), 1209–1219.

Nahum-Shani, I., Potter, L.N., Lam, C.Y., Yap, J., Moreno, A., Stoffel, R., et al. (2021). The mobile assistance for regulating smoking (MARS) micro-randomized trial design protocol. *Contemporary Clinical Trials, 110,* 106513.

Nahum-Shani, I., Smith, S.N., Spring, B.J., Collins, L.M., Witkiewitz, K., Tewari, A., et al. (2018). Just-in-time adaptive interventions (JITAIs) in mobile health: Key components and design principles for ongoing health behavior support. *Annals of Behavioral Medicine, 52*, 446–462. https://doi.org/10.1007/s12160–016–9830–8.

Naughton, F., Hopewell, S., Lathia, N., Schalbroeck, R., Brown, C., Mascolo, C., et al. (2016). A context-sensing mobile phone app (Q sense) for smoking cessation: A mixed-methods study. *JMIR mHealth and uHealth, 4*(3), e106.

Plarre, K., Raij, K., Hossain, M., Ali, A.A., Nakajima, M., alAbisi, M., et al. (2011). Continuous interference of psychological stress from sensory measurements collected in the natural enviornment.: 10th international conference on information processing in sensor networks (IPSN).

Qian, T., Walton, A.E., Collins, L.M., Klasnja, P., Lanza, S.T., Nahum-Shani, I., et al. (2022). The microrandomized trial for developing digital interventions: Experimental design and data analysis considerations. Psychological Methods.

Qian, T., Yoo, H., Klasnja, P., Almirall, D. & Murphy, S.A. (2021). Estimating time-varying causal excursion effects in mobile health with binary outcomes. *Biometrika, 108*(3), 507–527. https://doi.

org/10.1093/biomet/asaa070.

Rabbi, M., Philyaw-Kotov, M., Klasnja, P., Bonar, E., Nahum-Shani, I., Walton, M., et al. (2017). SARA — Substance abuse research assistant. https://doi.org/10.17605/OSF.IO/VWZMD.

Wang, L. & Miller, L.C. (2020). Just-in-the-moment adaptive interventions (JITAI): A meta-analytical review. *Health Communication, 35*(12), 1531–1544.

Witkiewitz, K., Desai, S.A., Bowen, S., Leigh, B.C., Kirouac, M. & Larimer, M.E. (2014). Development and evaluation of a mobile intervention for heavy drinking and smoking among college students. *Psychology of Addictive Behaviors, 28*(3), 639.

제 8 장

디지털 정신건강에서의 디지털 치료 동맹

Benjamin Kaveladze and Stephen M. Schueller

1. 서론

스마트폰 시대에 들어서면서 디지털 정신건강 개입(digital mental health intervention, DMHI)이 확산되고 있다. 이러한 도구는 다양한 사람들에게 광범위한 정신건강 문제에 대한 접근 가능하고 혁신적인 형태의 지원을 제공할 수 있는 잠재력을 가지고 있다. 많은 연구에서 디지털 정신건강 개입이 효과적이며(Ebert, Harrer, Apolinàrio-Hagen, & Baumeister, 2019), 경우에 따라서는 전통적인 대면 정신건강 개입만큼 효과적일 수도 있다는 결과가 나왔지만(Karyotaki et al., 2018), 실제 장면에서 디지털 정신건강 개입에 대한 낮은 순응도는 치료적 효과에 있어 큰 장애물이다. 따라서 사용자 참여도를 높임으로써 이러한 개입의 전반적인 유용성을 크게 향상시킬 수 있을 것이다.

전통적인 대면 심리치료에서 참여를 예측하는 중요한 요소는 치료자와 내담자 간의 관계, 즉 치료 동맹(therapeutic alliance, TA)이다. 그러나 디지털 정신건강 개입에서는 인간 치료자의 역할이 개입의 기술적 요소(예: 교육 동영상, 자기주도형 훈련, 심지어 인간 치료자를 모방하도록 설계된 챗봇)로 수정되거나 대체되는 경우가 많다. 일부 연구자들은 이러한 인적 지원과 기술적 지원의 중첩으로 인해 사용자가 인간 치료 제공자뿐만 아니라 디지털 정신건강 개입에 대해서도 전반적인 동맹감을 갖게 된다고 주장했다(Henson, Peck, & Torous, 2019). 이러한 인간과 기술 간의 상호연결은 대면 정신건강 서비스의 목표 및 전략과 일치하는 것으로, 단순한 제품이 아닌, 기술 지원 서비스와 같은 개입의 개념화에도 영향을 미쳤다(Mohr, Weingardt, Reddy, & Schueller, 2017).

디지털 치료 동맹(digital therapeutic alliance, DTA)이라는 용어는 전통적인 대면치료에서의 치료 동맹의 개념을 디지털 정신건강 개입에서 사용자가 경험하는 동맹으로까지 확장시키려는 시도를 반영한다. 이 장에서는 디지털 치료 동맹이 전통적인 치료 동맹과 어떻게 유사하고 다른지, 디지털 치료 동맹이 개입 효과에 어떤 영향을 미칠 수 있는지, 그리고 기술과 디지털 정신건강 개입이 더 많은 기능을 하도록 발전함에 따라 향후 디지털 치료 동맹이 어떻게 진화할 수 있는지에 대해 논의할 것이다. 이 장의 목표는 디지털 치료 동맹의 개념을 정의하고, 디지털 치료 동맹에 대한 이해를 높이고 그 영향력을 극대화할 수 있는 후속 연구

분야를 제안하는 것이다.

2. 치료 동맹이란 무엇인가

개입 제공자와 개입 소비자 간의 관계는 치료 동맹, 치료적 관계, 작업 동맹, 도움 동맹 등 여러 용어로 불려왔다. Bordin의 범이론적 정의에 따르면 치료 동맹은 (1) 내담자와 치료자 간의 유대감, (2) 개선을 목적으로 한 과제에 대한 합의, (3) 치료 목표에 대한 합의로 구성된다(Bordin, 1979). 치료 동맹은 치료의 중요한 요소로 널리 알려져 있지만, 본질적으로 주관적인 요소가 강해 객관적인 행동 측정을 통해 정량화하기 어렵다. 내담자와의 상호작용에서 진실성과 공감을 나타내는 등 강력한 동맹을 형성하곤 하는 치료자의 몇 가지 특성이 확인된 바 있지만(Nienhuis et al., 2018), 치료자의 효과적인 동맹 형성을 예측하는 다른 많은 특성들은 아직 밝혀지지 않았다(Baldwin, Wampold, & Imel, 2007).

개입 효과에 영향을 미치는 치료 동맹의 역할은 대면 심리치료 연구에서 상당한 주목을 받아 왔다. 치료 동맹은 오랫동안 변화의 필수 요소로 여겨져 왔으며(Tremain, McEnery, Fletcher, & Murray, 2020), 메타분석에서 치료의 임상 결과에 중간 정도의 신뢰할 만한 영향을 미친다는 점이 입증되었다(Del Re, Flückiger, Horvath, & Wampold, 2021; Flückiger, Del Re, Wampold, & Horvath, 2018). 치료 동맹이 심리치료 효과에 미치는 영향은 치료자의 심리치료 기법 준수나 치료 역량보다 더 강력한 것으로 나타났으며, 심리치료에서 치료 동맹이 심리치료 효과 변량의 약 7~15%를 설명할 수 있다고 추정된다(Wampold, Baldwin, Holtforth, & Imel, 2017). 그러나 최근의 일부 연구에서는 치료 동맹이 인지행동치료의 효과를 예측하는 능력이 과거에 생각했던 것보다 상당히 떨어지며, 동맹이 치료자가 아닌 환자에 의해 주로 결정된다고 주장한다(Whelen, Murphy, & Strunk, 2021). 따라서 치료 동맹이 일반적으로 도움이 되는 것으로 받아들여지고 있기는 하나, 추가 연구를 통해 치료 동맹이 도움이 되는 이유와 치료 동맹이 임상 결과에 미치는 영향을 조절하는 상황 및 개인 수준의 요인을 파악할 필요가 있겠다.

3. 디지털 정신건강 개입에서 치료 동맹 적용하기: 디지털 치료 동맹

디지털 정신건강 개입은 기술적 요소를 활용하여 개입을 제공하거나 개입 전달을 지원한다는 점에서 전통적인 개입과 차이가 있다. 원격 심리치료를 가능하게 하는 전화나 화상 회의 소프트웨어처럼 일부 기술은 치료자가 직접 대면하는 것과 동일한 치료를 제공하는 데 도움이 될 수 있지만, 디지털 정신건강 개입이라는 용어는 특별히 모바일 앱, 웨어러블 기기, 비디오 게임 또는 가상현실 등 치료를 제공하거나 개선하는 기술 기반 개입을 지칭하기 위해 사용한다(Mohr, Burns, Schueller, Clarke, & Klinkman, 2013). 원격 심리치료에서는 디지털 매체를 통해 강력한 치료 동맹을 구축하는 것이 더 어려울 수 있지만, 개입 접근 방식과 치료자-내담자 간의 상호작용이 대면할 때와 본질적으로 동일하기 때문에 치료 동맹의 평가와 의미는 대면할 때와 거의 동일하다고 볼 수 있다. 그러나 디지털 정신건강 개입은 그 고유한 특징이 있어, 치료 동맹의 의미와 측정 방법에 대한 새로운 고려 사항과 미해결 문제들을 낳는다.

디지털 정신건강 개입의 잠재적인 단점 중 가장 일반적으로 논의되는 것 중 하나는 대면 개입에 비해 치료 동맹을 맺기가 더 어려울 수 있다는 점이다. 이 주장은 특히 전적인 자기 주도형 디지털 정신건강 개입과 관련이 있지만, 디지털 정신건강 개입의 기술적 한계로 인해 치료자와 내담자 간의 직접적인 상호작용이 방해받는, 인적 지원이 포함된 디지털 정신건강 개입에도 해당된다. 하지만 디지털 정신건강 개입은 치료자와의 동맹을 구축할 수 있는 새로운 방법을 제공할 수도 있다. 예를 들어, 디지털 정신건강 개입은 사용자로 하여금 스마트워치의 행동적 및 생리적 데이터를 치료자와 공유하거나, 치료자로 하여금 영상 통화 또는 문자 메시지를 통해 적시에 지원을 제공할 수 있도록 도울 수 있다.

논란의 여지는 있지만, 디지털 정신건강 개입은 내담자가 디지털 플랫폼의 기술적 요소만으로도 디지털 치료 동맹을 맺을 수 있게 해 줄 수 있다. 내담자가 전적인 자기 주도형 디지털 정신건강 개입이 도움이 되며 신뢰할 수 있다고 느낀다거나, 디지털 정신건강 개입 내의 챗봇이나 기타 인공 지능이 자신을 이해하거나 심지어 자신을 돌봐준다고 믿는 경우가 이에 해당되는 일일 것이다. 예를 들어, 연구자들은 통증 자가 관리를 위해 개발된 챗봇('셀마(SELMA)')과 맺은 치료 동맹에 대해 탐구하기 위해 작업 동맹 척도를 사용했다. 그 결과, 참여자들은 셀마와 상호작용한 후 치료 동맹이 증진되었음을 경험했으며, 정성적 피드백에서는 셀마와의 상호작용에서 신뢰감과 공감, 친밀감을 느꼈다고 보고하였다(Hauser-Ulrich, Künzli, Meier-Peterhans, & Kowatsch, 2020). 부수적으로 자동 문자 메시지를 활용한 대면 집단 인지행동치료에 대한 또 다른 연구에서는 내담자가 이러한 문자 메시지를 받았을 때 다양한 반응을 보인다는 사실을 발견했다(Aguilera & Berridge, 2014). 주목할 만한 점은, 스페인어를 사용하는 내담자들은 주로 메시지를 통해 지지를 받았다고 느낀 반면, 영어를 사용하는 내담자들은 메시지가 주로 성찰과 자기 인식을 촉발시켰다고 보고했다는 것이다. 이

처럼 내담자들 간의 문화적 차이는 디지털 도구와의 관계에 대한 인식에 영향을 미칠 수 있다. 이러한 연구들을 종합하면, 전통적인 치료 동맹의 맥락에서 이루어지는 상호작용이든 아니든, 내담자가 전적인 디지털 상담원과의 상호작용에서 어떻게 연결감을 경험하는지 알 수 있다. 이러한 사례는 디지털 치료 동맹을 더 잘 정의하고 이해할 뿐만 아니라, 전통적인 치료 동맹 개념과의 유사점과 차이점의 윤곽을 잡을 필요성을 보여 준다.

4. 디지털 치료 동맹 정의하기

디지털 치료 동맹이라는 용어는 치료 동맹의 개념을 디지털 정신건강 개입에 적용하려는 시도를 반영한다. 치료 동맹에 포함된 주관적인 특성과 다양한 디지털 정신건강 개입을 고려할 때, 디지털 치료 동맹을 명확하게 정의할 필요가 있다. 그러나 디지털 치료 동맹의 개념을 치료 동맹에 얼마나 가깝게 매핑할 수 있는지도 고려해야 한다. 디지털 치료 동맹을 치료 동맹에 최대한 가깝게 정의하면 여러 영역에서 결과를 비교하고 일반화할 수 있다는 장점이 있지만, 이러한 정의는 디지털 정신건강 개입에 불필요하게 스큐오모픽적[1] 사고를 반영할 위험이 있다(Schueller, Muñoz, & Mohr, 2013). 스큐오모프는 필요보다는 단순한 모방에 의해 이전 양식을 따라한 새로운 양식의 잔재이다. 치료 동맹의 개념을 새로운 기술적 맥락에 통합하는 것은 상당히 도전적인 과제이며, 이는 여러 연구에서 디지털 치료 동맹의 정의에 상당한 이질성이 있는 이유 중 하나일 수 있다(Henson et al., 2019; Tremain et al., 2020). 이러한 정의들의 핵심적인 차이점은 사용자의 동맹을 디지털 정신건강 개입에서의 인적 지원자(human supporter)와의 관계로 보는지, 아니면 인적 요소와 기술적 요소를 모두 포함한 디지털 정신건강 개입 전체와의 관계로 보는지 여부이다. 우리는 이러한 과거의 정의를 바탕으로 디지털 치료 동맹에 대해 새로이 정의하고자 한다.

Bordin(1979)의 치료 동맹에 대한 정의와 Mohr, Cuijpers와 Lehman(2011)의 지원적 책임 모델(model of supportive accountability)에 따라, 우리는 디지털 치료 동맹을 사용자가 지각한(개입의 인적 지원 및 기술적 요소를 모두 포함하는) 디지털 정신건강 개입과의 동맹(유대감, 호전을 목적으로 한 과제에 대한 합의, 치료 목표에 대한 합의로 구성되는)으로 정의하고자 한다.

디지털 치료 동맹의 정의에 디지털 정신건강 개입의 기술적 구성요소를 포함시키는 것의

1 (역자 주) 스큐오모픽적(skeuomorphic): 기능적으로 필수적이지 않음에도, 실제 세계에 이미 존재하는 사물의 형태와 유사하게 만드는 것

주된 장점은 기술적 구성요소가 디지털 정신건강 개입의 전반적인 매력과 효과에 중요한 요소이기 때문이다. 우리의 정의에서는 사용자가 인적 지원(예: 지원자 또는 정신건강 전문가가 있는 경우) 및 기술적 요소(예: 디지털 정신건강 개입의 전산화된 요소, 인공지능 챗봇, 앱의 사용자 인터페이스)를 포함하는 디지털 정신건강 개입과 광범위한 목표지향적 동맹을 경험한다고 가정한다. 인적 지원자가 사용자에게 개입의 기술적 구성요소와 가장 잘 상호작용하는 방법을 가르치거나 잘 설계된 영상 통화 사용자 환경이 인적 지원자와의 원격 상호작용을 더욱 즐겁게 만드는 것 같이, 이 두 가지 형태의 디지털 치료 동맹은 별개이지만 상호보완적일 수 있다. 이러한 인적 및 기술적 구성요소 간의 시너지 효과는 전반적인 디지털 치료 동맹을 극대화할 수 있다.

디지털 치료 동맹의 정의에 기술적 요소를 포함할 경우의 문제점은 디지털 치료 동맹의 개념적 직관성이 떨어진다는 것이다. 이러한 요소를 동맹의 일부로 포함시키면, 자동화 시스템과의 동맹이 다른 인간과의 진실된 동맹과 질적으로 비슷하다고 할 수 있는지에 대한 의문이 제기된다. 어떤 사람들은 '치료 동맹'이라는 용어를 진정으로 서로를 이해하고 유대감을 형성할 수 있는 의식적인 두 주체 간의 동맹을 지칭하는 것으로 한정해야 한다고 주장할 수 있다. 또 누군가는 이 정의를 사용자가 진실된 관계로 인식하는(즉, 의식을 가지고 있다고 믿을 만한 환상을 품게 하는), 인간과 유사해 보이지만 인간이 아닌 컴퓨터 에이전트로만 확장할 수도 있다(이 장의 뒷부분에서 논의하겠지만 사람들은 기술 도구를 사회적 행위자와 유사하게 취급하는 놀라운 경향을 보여 준다)(Nass, Moon, Morkes, Kim, & Fogg, 1997; Wang, 2017). 이 두 집단의 비평가들은 디지털 치료 동맹에 대한 우리의 정의가 지나치게 일반적이라고 여길 수도 있다.

우리는 전통적인 치료 장면에서의 치료 동맹을 넘어 디지털 정신건강 개입에서 가능한 새로운 종류의 동맹을 위해 디지털 치료 동맹을 광범위하게 정의하는 것이 필요하다고 생각한다. 그러나 후속 연구를 통해 디지털 치료 동맹이 치료 동맹, 참여도, 디지털 도구에 대한 일반적인 만족도와 같은 유사한 구성개념과 어떤 차이가 있고 어떻게 중첩되는지 파악해야 할 것이다. 향후 사용자가 디지털 정신건강 개입과 맺는 동맹이 대면 치료에서 맺는 동맹과 질적, 기능적으로 다르다는 사실이 밝혀질 수도 있다. 이러한 경우, 디지털 치료 동맹에 대한 우리의 정의는 수정되어야 할 것이다.

5. 개입에 따른 디지털 치료 동맹의 차이

디지털 치료 동맹에 대한 유용한 정의를 만드는 데 있어 가장 큰 어려움은 이러한 정의가 현재 존재하는 다양한 디지털 정신건강 개입에 일관되게 적용될 수 있어야 한다는 점이다. 디지털 치료 동맹의 일관된 정의에 가장 큰 도전이 되는 개입 간의 차이는 바로 인적 지원이 포함되는지 여부이다: 디지털 정신건강 개입에는 사람과의 접촉이 없는 전적인 자기주도적인 경험, 인공 지능 가상 치료자, 매주 훈련된 코치와의 상호작용, 면허를 가진 치료자와의 문자를 통한 상호작용, 임상심리학자와의 정기적인 화상 통화 또는 상기한 요소들의 조합이 포함될 수 있다(Hermes, Lyon, Schueller, & Glass, 2019). 따라서 일부 디지털 정신건강 개입에서는 기술이 인간 주도의 개입('혼합 치료' 모델에서와 같이)에 부수적으로 사용되기도 하고, 또 다른 디지털 정신건강 개입에서는 인적 지원자가 기술 주도의 개입('안내형' 또는 '지원형' 디지털 정신건강 개입에서와 같이)에 부수적으로 활용된다. 이러한 다양한 유형의 디지털 정신건강 개입은 디지털 치료 동맹과 관련하여 서로 다른 문제를 안는다. 그림 8.1은 소비자와 인적 지원자 사이의 가교로서 기술이 수행하는 역할과 다양한 종류의 디지털 정신건강 개입에 따라 지원자가 수행할 수 있는 다양한 역할을 보여 준다. 디지털 정신건강 개입에서 인적 요소와 기술적 요소를 모두 고려하는 것은 중요하지만, 이러한 요소 각각의 활용이 계속 진화하고 있기 때문에 까다롭기도 하다.

우리는 앞서 디지털 정신건강 개입에 대한 정의에서 전화나 웹캠을 이용한 원격 개인 또는 집단 치료와 같이 직접 대면하는 것과 동일한 개입을 제공하는 수단으로만 기술을 사용하는 개입은 제외된다고 언급했다. 그럼에도 불구하고 인적 지원은 많은 디지털 정신건강 개입의 핵심적이고 영향력 있는 측면이다. 가장 효과적인 디지털 정신건강 개입은 인적 지원이 있는 치료라는 연구 결과가 나오면서 연구자, 상업적 개발자, 그리고 의료체계는 이 치료 모델로 점점 더 많이 전환하고 있다. 상업적 측면에서는 자기주도형 디지털 정신건강 개입과 가상 치료 네트워크를 합함으로써 새로운 방식으로 인간의 상호작용을 활용하여 지속적인 처치를 제공하는 제품이 탄생했다. 다음에서 몇 가지 추측을 해 보겠으나 기술 기반 케어의 미래가 어떤 모습일지 예측하기는 어렵다. 그러나 디지털 치료 동맹의 개념화는 연구와 이해를 촉진하는 동시에 잠재적인 새로운 모델에 유연하게 대응할 수 있어야 한다.

개입의 기능과 제시 방식은 다양하며, 이는 다시 개입의 매력과 접근성에 영향을 미친다. 지속적인 사용자 참여를 촉진하는 것은 디지털 헬스에서 가장 중요한 과제 중 하나이므로, 디지털 정신건강 개입에 대한 사용자의 참여를 증진시키는 디자인을 선택함으로써 개입의 결과까지도 개선시킬 수 있다. 디지털 정신건강 개입이 채택하는 다양한 개입 전략은 기능의 또 다른 중요한 측면인데, 개입 전략에 따라 치료 동맹의 역할이 달라진다. 예를 들어, 정신역동 이론에 기반한 개입은 인지행동치료에 기반한 개입과는 다른 종류의 치료 동맹에 의존하는 경향이 있을 수 있다. 연구자들은 기술 발전과 미적 트렌드에 따라 이러한 기능 및 제시 방식이 지속적으로 변화하고 있다는 점을 인식하고 있어야 할 것이다.

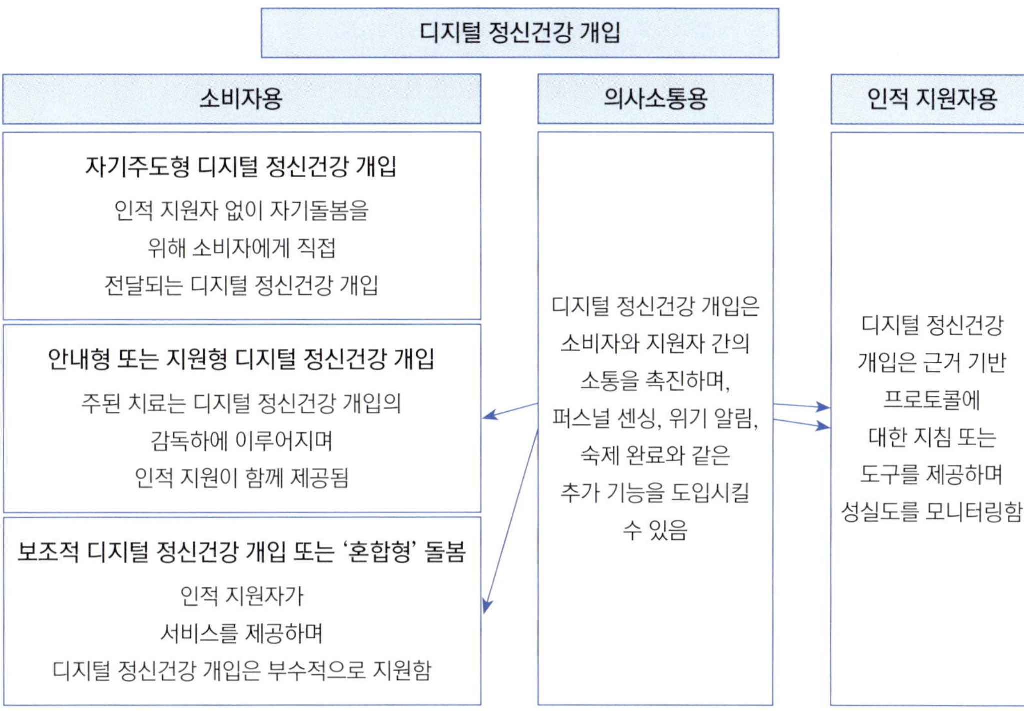

[그림 8.1] 디지털 정신건강 개입은 개입 소비자와 지원자 간의 의사소통을 촉진하는 방식이 각기 다르다.

6. 지원형 개입에서의 디지털 치료 동맹

앞서 언급했듯이 지원형 디지털 정신건강 개입은 인적 지원자가 포함된 디지털 정신건강 개입을 의미한다. 사회복지사가 내담자와 매주 문자를 주고받는 '원격 호버링(remote hovering)' 개입처럼, 디지털 정신건강 개입에서 어떤 종류의 인적 지원은 저기술이자 저비용이다(Ben-Zeev, Kaiser, & Krzos, 2014). 전문 임상가가 수동적으로 수집된 스마트폰 데이터를 개입 전략에 통합해야 하는 디지털 정신건강 개입과 같이, 기술적으로 고도로 발전된, 그리고 상당한 인적 전문성과 노력이 필요한 경우도 있다(Insel, 2017).

다양한 종류의 인적 지원이 개입 효과에 어떤 영향을 미치는지 조사한 연구들이 있다. 일반적으로 지원형 디지털 정신건강 개입은 비지원형 디지털 정신건강 개입보다 참여도가 높고 임상 목표를 달성하는 데 중간 정도로 더 효과적이다(Ebert et al., 2018; Mohr et al., 2011). 또한 사용자와 치료자 간의 문자 기반 상호작용은 치료 동맹을 형성하기에 충분할 수 있다(van Lotringen et al., 2021). 그러나 개인마다 디지털 정신건강 개입으로부터 원하거나 필요로 하는 인적 지원의 종류는 다르다. 디지털 정신건강 개입에서 특정 개인과 다양한 집단에게 최적의 '형태, 강도 및 역할'의 인적 자원이 무엇인지 결정하기 위해서는 더 많은 연구가 필요하다(Baumeister, Reichler, Munzinger, & Lin, 2014; Mohr et al., 2011; Palmqvist, Carlbring, & Andersson, 2007; Tremain et al., 2020).

디지털 정신건강 개입에서 최선의 인적 지원을 제공하기 위한 근거 기반을 마련하기 위해 몇 가지 노력이 있어 왔다. Mohr 등(2011)은 디지털 앱에서 인적 지원의 역할을 공식화하기 위해 지원적 책임 모델을 개발했다. 이 모델에 따르면, 사용자가 신뢰할 수 있고 호감을 느낄 수 있는 코치와의 상호관계를 통해 디지털 정신건강 개입을 계속하려는 동기가 향상될 수 있다. 또한 Schueller, Tomasino와 Mohr(2017)의 '지원의 효율성 모델(Efficiency model of support)'에서는 인적 지원자의 역할이 개입의 '효율성'을 향상시키는 것으로 보고 있는데, 이는 곧 지원자가 개입을 제공하는 데 필요한 자원 대비 개입의 혜택의 비율을 높인다는 의미이다. 이 모델에서 인적 지원자는 자신의 전문성과 사용자의 상황에 대한 이해를 바탕으로 사용성, 참여도, 적합성, 지식 및 구현과 같은 실패 지점을 해결하는 데 도움이 되는 자원을 할당한다. 마지막으로 Lattie 등(2019)은 디지털 정신건강 개입에서 인적 지원의 역할에 대한 정보를 매뉴얼화하고 전파하는 유용한 사례를 제시한다. 그들은 디지털 정신건강 개입을 위한 코칭 프로토콜을 개발하기 위한 실질적인 지침과 더불어, 코치의 훈련, 기술 및 사용자와의 상호작용 방식에 대해 근거 기반 권장사항을 제안한다. 이러한 지식을 매뉴얼화하고 전파하는 것은 디지털 정신건강 개입에서 인적 지원의 질을 개선하기 위한 기초가 될 것이다.

7. 비지원형 개입에서의 디지털 치료 동맹

사용자가 순수하게 기술적인 디지털 정신건강 개입과 치료 동맹을 맺을 수 있다는 생각은 인간 간의 전통적인 치료 동맹보다 덜 직관적이다. 그러나 디지털 정신건강 개입의 자기주도적 구성요소는 일부 사용자에게는 독특한 매력과 가치를 지니고 있을 수 있다. 실제로 일부 사용자는 자기주도형 디지털 정신건강 개입이 덜 판단적이고 더 편리하며, 개입 콘텐츠와 사용 시기 및 장소를 더 잘 조절할 수 있다고 인식하기 때문에 인적 지원형보다 자기주도형 디지털 정신건강 개입을 선호한다(Berry, Salter, Morris, James, & Bucci, 2018; Hillier, 2018). 또한 어떤 사람들에게는 인적 지원자보다 인공지능 가상 에이전트에게 민감한 정보를 공개하는 것이 더 편할 수 있다(DeVault et al., 2014; Lucas et al., 2017; Lucas, Gratch, King, & Morency, 2014; Weisband & Kiesler, 1996). 비지원형 개입의 구성요소가 사용자에게 더 편안하게 느껴지거나 더 선호할 수 있는 상황을 파악하는 것이 매우 중요하다.

다양한 맥락에서의 컴퓨터 에이전트, 스마트폰, 디지털 정신건강 개입 그리고 인간 간의 상호작용에 대한 많은 연구를 통해 사람들은 종종 대인관계에서와 유사한 방식으로 컴퓨터 도구를 대한다는 사실이 밝혀졌다. Nass 등(1997)은 인간이 다른 인간 사회적 행위자와 상호작용하는 방식과 유사하게 컴퓨터 에이전트와 상호작용한다는 사실과 함께, 컴퓨터에 대한 사회적 반응이 자동적이고 무의식적으로 사회적 행동을 준비시키는 단서에 의해 형성된다는 것을 발견했다. 또한 이들은 사회적 행위자로 인식되는 컴퓨터 프로그램을 설계하는 것은 사실적인 표현과 같은 과중한 노력 없이 낮은 간접비(low overhead)로도 수행할 수 있다고 주장했다. 이 연구를 바탕으로 Wang(2017)은 외롭고 상호의존적인(사회적 상호작용에 대한 욕구가 강할 법한) 사람이 스마트폰을 의인화된 사회적 행위자로 간주할 가능성이 더 높다는 사실을 발견했다. 컴퓨터화된 에이전트 외에도 사람들은 스마트폰과 정서적 유대감을 형성하여, 스마트폰으로부터 위로를 받고 스마트폰이 없으면 불안감을 느낀다(Hunter, Hooker, Rohleder, & Pressman, 2018).

컴퓨터 시스템 의인화와 관련된 근거는 사람들이 디지털 정신건강 개입의 기술적 구성요소와 디지털 치료 동맹을 맺을 수 있음을 시사할 수 있다. 여러 연구에 따르면 사람들은 비지원형 디지털 정신건강 개입과의 상호작용에 대해 설명할 때 관계 개념을 사용하는 것으로 나타났다. 예를 들어, 사용자가 디지털 정신건강 개입을 개인화되고, 상호작용이 가능하며, 친근하고, 자비로운 존재로 인식할수록 사용자는 더 깊은 치료 동맹을 맺었다고 인식한다(Hillier, 2018). 또한 사람들은 종종 '유대감 형성' '개방적'과 같은 의인화된 용어를 사용하여 디지털 정신건강 개입과의 관계를 설명하기도 한다. 그러나 이러한 사람들도 디지털 개입이 맞춤형 또는 반응형 지원을 제공한다거나 친근감이나 협력과 같은 인간적인 감정을 보여 주지는 못하기 때문에, 기술적 개입 구성요소와의 관계가 인간관계와는 다르다고 보고하는 경향도 있다(Berry et al., 2018). 또한 이러한 의인화 주장에 대한 제한점은 디지털 정신건강 개입 및 기타 컴퓨터 인터페이스가 스스로 만들어진 것이 아니라는 점이다. 자기주도형 개입조차도 본질적으로는 인간 제작자의 아이디어와 스타일을 표현한 것이며, 이는 비동시적 대인 간 의사소통[2]의 한 형태로 볼 수 있다.

Berry 등(2018)과 마찬가지로 다른 연구에서도 디지털 정신건강 개입 사용자가 인적 지원자와 맺을 수 있는 관계의 종류와 완전한 디지털 정신건강 개입과 맺을 수 있는 관계의 종류를 명확하게 구분한다는 사실이 일관되게 밝혀졌다. 비록 사람들이 종종 디지털 인터페이스를 사회적 대리인으로 취급하기도 하며 디지털 도구와 정서적으로 연결되어 있다는 근거는 있으나, 대부분의 사람들은 디지털 헬스 앱과 진정한 '동맹' 또는 '관계'를 맺는다는 개념이 받아들일 수 없고 이상하다게 느껴진다고 말한다(Hillier, 2018). 이와 관련하여 D'Alfonso, Lederman, Bucci와 Berry(2020)는 사람들이 비인간 치료 에이전트(nonhuman therapeutic agent)에서 "인간 치료자의 정서 지능과 일반적인 의인화된 특성"을 선호할 것이라고 가정하는 것이 합리적이기는 하나, 불쾌한 골짜기 효과로 인해 인간과 거의 같지만 동일하지는 않은 비인간 에이전트에 의해 사람들이 불편감을 느끼기 때문에(Mori, MacDorman, & Kageki, 2012), 실물과 똑같은 에이전트를 만들기 위해 너무 많은 노력을 기울이는 것이 오히려 역효과를 낼 수 있다고 주장한다. 또한 사람들은 인공지능 대화형 에이전트가 작성했다고 여겨지는 지지적인 표현보다 사람이 작성했다고 여겨지는 표현을 더 선호한다는 Morris, Kouddous, Kshirsagar와 Schueller(2018)의 연구에서 알 수 있듯이, 비인간 에이전트가 제공하는 정신건강 관련 조언을 신뢰하기를 주저할 수도 있다.

따라서 사람들이 느끼는 디지털 도구와의 연결감과 다른 사람과의 연결감 사이에는 질적인 차이가 존재하는 것으로 보인다. 일부 사람들은 이러한 격차가 비지원형 디지털 정신건강 개입(또는 지원형 디지털 정신건강 개입의 기술적 구성요소)과의 디지털 치료 동맹이 사실은 도구에 대한 보다 일반적인 만족도를 지칭하는, 비현실적이고 잘못된 명칭이라고 여길 수도 있다. 하지만 우리는 비록 사용자가 비인간 디지털 에이전트와의 상호작용에 대해 관계를 형성했다고 생각하지 않더라도, 이러한 도구에 대한 사용자의 행동은 이 또한 일종의 관계임을 나타내는 증거라고 주장한다. 그러나 기술적인 디지털 정신건강 개입 구성요소와의 디지털 치료 동맹이 인적 지원자와 맺을 수 있는 디지털 치료 동맹과 어떠한 차이가 있는지 정확히 이해하기 위해서는 더 많은 연구가 필요하다.

인공지능 기반의 가상 대화형 에이전트는 급부상 중인 또 다른 디지털 치료 동맹의 잠재적인 원천으로, 이를 통해 사용자가 인식하는 기술적 개입 요소와 인적 지원 개입 요소 간의 질적인 차이를 좁혀나갈 수 있으리라 생각된다. 앞서 언급한 Hauser-Ulrich 등(2020)의 셀마

2 (역자 주) 비동시적 대인 간 의사소통(asynchronous interpersonal communication): 시차를 두고 다른 시간에 일어나는 의사소통

연구와 Aguilera와 Berridge(2014)의 자동 문자 메시지 부가 기능 연구는 인공지능 지원 시스템과 인간 간의 연결을 보여 주는 사례이다. 또한 Morris 등(2018)은 일반적으로 사용자들이 유용하다고 생각한 개인화된 지지적 표현을 생성하는 인공지능 대화형 에이전트를 개발했다. 또 다른 인기 대화형 에이전트인 우봇(Woebot)은 사용자 평가에서 인간 치료자와 비슷한 수준의 치료 동맹 등급을 받았다(Darcy, Daniels, Salinger, Wicks, & Robinson, 2021). 마지막으로 Lucas 등(2017)과 Lucas, Gratch, King과 Morency(2014)는 사람들이 인간에 의해 통제되고 있다고 여겨지는 디지털 아바타보다 인간이 아닌 가상 에이전트에게 더 많이 자기공개를 하며, 정신과적 증상을 보고할 가능성이 더 높다는 사실을 발견했다. 인공지능 대화형 에이전트가 아직은 인간과 진정으로 공감적인 상호작용을 할 수 없지만, 앞으로는 사용자의 문화적, 성격적 요인에 따라 사용자의 요구에 더 잘 부응하는 지능적인 에이전트가 점점 더 많이 등장할 것이다.

현재 사용자들은 적어도 디지털 정신건강 개입의 일부 비인간적 구성요소와 일종의 디지털 치료 동맹을 경험하는 것으로 보이는데, 비지원형 디지털 정신건강 개입에 대해 진심으로 감사를 표하기도 하며 관계라는 개념을 사용하여 디지털 정신건강 개입과의 상호작용을 설명하기도 한다. 사람들이 인간 치료자와 형성하는 동맹과 디지털 정신건강 개입의 기술적 구성요소와 형성하는 동맹에는 서로 차이가 있지만 밀접하게 연결되어 있으며 시너지 효과를 낼 수도 있다. 인공지능과 근거 기반 설계의 발전으로 더욱 역동적이고 지능화된 미래의 디지털 정신건강 개입은 Bordin(1979)이 제안한 치료 동맹의 기준을 충족하는 동맹을 형성하는 방향으로 사용자들과 더욱 연결될 것이다.

8. 측정

디지털 치료 동맹을 측정하는 것은 이를 정의하는 것과 밀접하게 관련된 문제이다. 전통적인 치료 동맹은 두 사람 사이의 유대감과 합의라는 상당히 단순한 구성요소로 이루어져 있지만, 디지털 치료 동맹은 보다 복잡하다. 대면 상황에서서의 치료 동맹을 측정하기 위해 개발된 기존의 방법을 사용하여 단순히 '치료자'를 '앱'으로 대체하는 것만으로는 충분치 않다(Berry et al., 2018). 디지털 치료 동맹의 측정도구는 '인간과 컴퓨터 및 디지털 헬스 개입 간의 연결을 반영할 수 있어야 한다.' (D'Alfonso et al., 2020). 따라서 신뢰할 수 있는 디지털 치료 동맹 측정도구를 개발하는 데 있어 가장 큰 과제는 사용자와 디지털 정신건강 개입 간의 상호작용에서 어떠한 요소가 디지털 치료 동맹의 원인이 될 수 있는지 파악하는 것이다.

현존하는 디지털 치료 동맹 측정도구에서는 디지털 정신건강 개입을 기술 및 인적 지원이라는 별개의 구성요소들이 단일 사용자 환경(single user experience) 안에서 서로 엮여 있는 것으로 간주하는 등 우리와 비슷한 진보적인 접근 방식을 취하는 경향이 있다. 가장 널리 사용되는 디지털 치료 동맹 측정도구로 아그뉴 관계 척도 모바일 버전(mobile version of the Agnew Relationship Measure, mARM)이 있는데, 이는 디지털 헬스 앱 사용자 및 정신건강 전문가와의 질적 인터뷰를 통해 (잘 알려진 치료 동맹의 측정도구인) 아그뉴 관계 척도를 수정한 것이다(Berry et al., 2018). 이러한 아그뉴 관계 척도의 개정은 앱이 충분히 인간 같지 않아서 측정도구의 질문이 적합하지 않기 때문에 이루어졌다. 지원형 인터넷 개입을 위한 작업 동맹 척도(Working Alliance Inventory for Guided Internet Intervention, WAI-I)는 전산화된 개입에서의 디지털 치료 동맹을 연구하기 위해 전통적인 치료 동맹 척도(작업 동맹 척도, Working Alliance Inventory(WAI))를 수정한 또 다른 예시이다(Penedo et al., 2020). 지원형 인터넷 개입을 위한 작업 동맹 척도를 통해 전체적인 온라인 프로그램과의 디지털 치료 동맹뿐만 아니라 인적 지원자와의 디지털 치료 동맹도 함께 조사할 수 있다. 다만 안타깝게도 이러한 디지털 치료 동맹 측정도구들은 최근에 개발되었기 때문에 디지털 정신건강 개입의 사용자 결과를 예측하는 데 있어 그 유용성은 아직 입증되지 않았다.

디지털 정신건강 개입과 사용자들 사이의 차이는 디지털 치료 동맹을 평가하는 데 사용되는 측정도구들 간의 다양성에 반영되어 있다. 예를 들어, 지원형 인터넷 개입을 위한 작업 동맹 척도는 아그뉴 관계 척도 모바일 버전보다 특정 종류의 디지털 정신건강 개입에 더 적합할 수 있는데, 이는 각 척도가 디지털 정신건강 개입의 서로 다른 측면에 초점을 맞춘 팀에 의해 개발되었기 때문이다. 사람들이 디지털 정신건강 개입의 기술적 구성요소 및 인적 지원 구성요소와의 동맹을 서로 다른 것으로 인식한다는 증거를 바탕으로, 우리가 제안한 디지털 치료 동맹의 정의에 부합하는 측정도구는 이 두 가지를 명시적으로 구분하면서도 하나의 전체적인 디지털 치료 동맹의 인상에 기여하는 것으로 간주해야 한다. 지원형 인터넷 개입을 위한 작업 동맹 척도는 인적 지원자와의 동맹과 전체적인 디지털 정신건강 개입과의 동맹 각각에 대해 질문을 던짐으로써 이러한 구분을 하고 있지만, 기술적인 구성요소와의 디지털 치료 동맹을 별도로 평가하는 것이 더 정확할 수 있다.

9. 효과

치료 동맹은 대면 개입에 비해 디지털 정신건강 개입에서 임상 효과를 덜 예측하는 것으로 보이나(Tremain et al., 2020), 여전히 디지털 정신건강 개입에서 임상 효과를 중간 정도로 예측한다(Miloff et al., 2020; van Lotringen et al., 2021). 이러한 대면 개입과 디지털 정신건강 개입에 미치는 영향력 간의 차이는 부분적으로는 위의 두 단락에서 언급한 이유로 인해 디지털 치료 동맹을 측정하는 유효한 방법이 없기 때문일 수 있지만, 효과적인 치료적 관계를 형성하기 위한 매개체로서 디지털 정신건강 개입이 갖는 한계 때문일 수도 있다. 다른 한편으로는 치료 동맹이 과거에 생각했던 것만큼 임상 효과를 잘 예측하지 못한다는 최신 연구 결과를 반영하는 것일 수도 있다. 치료 동맹 또는 디지털 치료 동맹이 임상 효과에 미치는 영향과 관계없이, 디지털 정신건강 개입에서 기술을 통해 의사소통하는 것은 사용자와 인적 지원자 간의 동맹을 발전시키는 것을 더 어렵게 만들 수 있다. 일반적인 대면 치료 회기와 매우 유사한 구조를 띠는 화상 통화를 사용한 디지털 정신건강 개입에서조차도 물리적 거리와 기술적 제약으로 인해 일반적인 대면 내담자–치료자 상호작용과 다른 성격의 치료 동맹을 맺게 될 수 있다. 치료자들이 훈련받고 경험을 쌓았던 대면 치료 장면에서 벗어나면 평소처럼 효과적으로 동맹을 형성하지 못할 수도 있다.

치료자의 중요한 역할은 내담자가 호전되도록 지원하는 것 외에도 부정적인 사건을 피하거나 통제할 수 있도록 하는 것이다. 일반적인 치료 장면에서 지원 제공자는 긍정적이든 부정적이든 내담자에게 미치는 영향에 대해 책임을 져야 한다. 이와 반대로 디지털 헬스 서비스는 디지털 헬스 앱이 내담자를 대면 치료자처럼 감독할 수는 없다고 주장하면서, 개입으로 인해 발생할 수 있는 부정적인 영향에 대한 책임을 회피하는 경향이 있다. 대신 이러한 책임을 디지털 정신건강 개입 사용자에게 전가한다. 실제로 디지털 인터페이스가 개입 제공자와 소비자 사이에 놓은 장벽으로 인해 제공자는 디지털 정신건강 개입 과정에서 나타나는 부정적인 효과를 대면 심리치료에서만큼 잘 알아차리기 어려울 수 있다(Rozental et al., 2014). 그러나 책임지기를 포기하기로 한 이러한 결정은 사용자가 개입과의 동맹을 느끼기 어렵게 만들 수 있다.

10. 디지털 치료 동맹의 개선

디지털 치료 동맹은 아직 생소한 개념이어서, 실제 적용 환경에서 디지털 치료 동맹을 개선하기 위한 연구는 부족한 실정이다. 그러나 디지털 정신건강 개입의 기술 역량이 빠르게 발전함에 따라 디지털 치료 동맹을 개선할 수 있는 기회가 확대되고 있다. Tremain 등(2020)은 인적 지원이 거의 또는 전혀 없는 디지털 정신건강 개입에서 디지털 치료 동맹을 개선할 수 있는 몇 가지 방법을 설득력 있는 디자인 관점에서 제안했다. 여기에서 우리는 이러한 제안이 Bordin(1979)이 정의한 치료 동맹의 각 구성요소(유대감, 호전을 목적으로 한 과제에 대한 합의, 치료 목표에 대한 합의)와 어떻게 연관되는지에 주목하고자 한다. 첫째, 디지털 표현형 분석(digital phenotyping)과 머신 러닝을 사용하여 개입을 맞춤화하고 개인화하면 개입에 대한 사용자의 유대감을 증진시킬 수 있다. 둘째, 개입과의 대화를 개선하면 사용자에게서 디지털 정신건강 개입으로, 그리고 다시 사용자에게로의 정보 전달을 촉진하고 과제와 목표에 대한 합의를 공고히 할 수 있다. 셋째, 전문가 출처의 근거 기반 콘텐츠를 사용하여 개입의 신뢰성을 확보하면 개입에 대한 사용자의 신뢰가 향상되어 목표에 대한 합의가 높아질 수 있다. 그리고 넷째, 사회 포럼이나 커뮤니티 뉴스피드를 도입함으로써 디지털 정신건강 개입에 사회적 지지와 연결성을 구축하면 유대감 형성을 촉진할 수 있다. 이러한 제안들은 기술, 콘텐츠 관련 개선사항 및 커뮤니티 구축 개선사항을 결합한 디지털 치료 동맹의 다각적인 특성을 반영한다.

위에서 언급한 개선사항은 디지털 정신건강 개입의 기술적 구성요소에 초점을 맞추었지만, 사용자와 인적 지원자 간의 디지털 치료 동맹은 디지털 정신건강 개입 디자인 선택을 통해서도 개선할 수 있다. 예를 들어, 정상적인 미팅 시간 외에 문자 메시지 체크인을 허용하거나, 사용자가 곤경에 처했을 때 인적 지원자가 영상 통화를 통해 적시에 지원을 제공할 수 있도록 함으로써 디지털 정신건강 개입과의 유대감을 향상시킬 수 있다. 또한 디지털 정신건강 개입은 사용자의 스마트워치에서 수집한 행동 및 생리적 데이터를 인적 지원자에게 제공하여 사용자의 라이프스타일에 맞게 치료방법을 조정하도록 도움으로써 과제에 대한 합의를 증진시킬 수 있다. 끝으로, 디지털 정신건강 개입은 직접 대면할 때보다 디지털 환경에 있을 때 개인적인 문제를 더 쉽게 공개하는 사용자에게 보다 편안한 공간을 제공함으로써 치료 목표에 대한 합의를 높일 수 있다.

디지털 정신건강 개입의 인적 구성요소와 기술적 구성요소 모두와의 디지털 치료 동맹을 개선할 수 있는 또 다른 유망한 전략은 퍼스널 센싱(personal sensing)이다. (디지털 표현형이라고도 알려져 있는) 퍼스널 센싱을 통해 디지털 정신건강 개입은 이전의 디지털 정신건강 개입 사용 또는 기타 스마트폰 활동으로부터 사용자의 행동 패턴을 추적하고 이에 적응한다(Mohr, Zhang, & Schueller, 2017). 디지털 정신건강 개입은 퍼스널 센싱을 사용하여 시간과 상황에 따라 사용자들 간은 물론 사용자들 내에서도 다양한 요구사항에 적응함으로써 사용자의 삶과 더 잘 동기화될 수 있다(Clarke, 2016). 실제로 이전 앱 사용 정보를 기반으로 개인화된 활동을 제안했을 때, 개인화되지 않았던 제안보다 기분을 더 개선시키는 것으로 나타났다(Rohani et al., 2020). 개인화의 유용성을 증명하는 추가적인 자료로 Karyotaki 등(2018)

의 연구가 있다. 이들은 개별 환자 데이터 네트워크 메타분석(individual patient network meta-analysis)과 체계적 문헌 고찰을 통해 중등도에서 중증 우울증 환자에게는 인간-지원형 디지털 정신건강 개입이 비지원형 디지털 정신건강 개입보다 더 도움이 되었지만, 경증 또는 역치하 우울증 환자에게는 비지원형 디지털 정신건강 개입이 지원형만큼 효과적이라는 사실을 발견했다. 따라서 적응형 디지털 정신건강 개입의 도움으로 개인 맞춤형 치료법을 선택한다는 것이 점점 더 실현 가능성이 높아지고 있다. 이러한 개인화 기술은 치료 제공자와의 잦은 상호작용이 필요하지 않은 개입에 특히 유용할 수 있지만, 훈련된 정신건강 전문가 또한 이러한 기술을 적용함으로써 얻는 이점이 있다. 이러한 도구가 상당히 많은 기회를 제공하는 것은 분명하나, 불투명하거나 편향된 예측 알고리즘을 통한 부정확한 감지로 인해 부정적인 결과가 초래될 위험이 있기 때문에 주의할 필요가 있다(Chancellor & De Choudhury, 2020).

11. 디지털 치료 동맹의 미래

낮은 사용자 유지율(user retention)에서 알 수 있듯이, 현재 사용자들은 일반적으로 디지털 정신건강 개입을 약간 도움이 되기는 하나 특별히 매력적이지는 않은 것으로 인식하고 있다. 하지만 향후 디지털 개입이 기술적으로 더욱 발전함에 따라 사용자의 참여를 유도하고 가치를 제공할 수 있는 기능이 더욱 커질 것이다. 앞서 언급한 바와 같이, 인공지능의 대대적인 발전은 향후 몇 년 사이에 디지털 정신건강 개입을 더욱 매력적이고 효과적으로 만들 것이다. 궁극적으로는 인공지능 시스템이 인간이 할 수 있는 모든 지적 과제를 수행할 수 있는 인공 일반 지능에까지 이를 수 있을 것이다. 사람들이 점차 비인간형 기술적 디지털 정신건강 개입 구성요소가 의미 있는 지원을 제공할 수 있다는 생각을 가지게 되면서, 이러한 발전은 우리 삶에서의 AI의 역할을 사회적 차원에서 재정의하는 결과로 이어질 것이다. 그때 연구자들은 디지털 정신건강 개입과의 치료 동맹에 대한 사용자들의 인식이 빠르게 변화하여 디지털 치료 동맹이 전통적인 치료 동맹과 더욱 비슷해질 가능성에 대비해야 할 것이다.

인공 지능의 혁신적인 발전을 논외로 하더라도, 디지털 정신건강 개입의 점진적인 발전은 상당한 이점을 가져올 것이다. 위 섹션에서 설명한 바와 같이, 개입은 점점 더 사용자 개개인의 요구에 맞춤화되고 있다. 보다 맞춤화된 개입은 동맹의 양 당사자가 모두 이익을 얻을 수 있다는 점에서 더욱 진정한 동맹을 맺도록 도울 수 있다. 사용자는 개입의 도움을 받아 시간이 지남에 따라 기술과 자신감을 쌓는 한편, 개입은 사용자로부터 더 나은 지원을 제공하는 방법을 "학습"함으로써 발전할 수 있다. [그림 8.2]는 현재 디지털 정신건강 개입에서 디지털 치료 동맹이 나타나는 방식과 향후 디지털 정신건강 개입에서 디지털 치료 동맹이 어떻게 발전할 것인지에 대한 요약이다.

치료적 동맹	오늘날의 디지털 치료 동맹	미래의 디지털 치료 동맹
• 유대감 • 호전을 목적으로 한 과제에 대한 합의 • 치료 목표에 대한 합의	• AI 챗봇이 참여도를 향상시키지만 사용자는 동맹을 인식하지 못함 • 가상현실 개입이 실험실에서 인상적인 결과를 나타냄 • 퍼스널 센싱 기술이 사용자 행동을 모니터링하는 데 사용됨 • 사용자 입력에 기반하여 사용자의 요구에 일부 맞출 수 있음 • 선택할 수 있는 디지털 헬스 개입이 다양함	• 사용자들이 진정한 치료 동맹을 인식할 수 있을 정도의 지능적인 AI 챗봇이 개발될 가능성 • 퍼스널 센싱으로부터 얻은 정보에 맞춰 개입 콘텐츠를 만듦 • 디지털 환경에서 효과적인 과제에 대한 튼튼한 근거 기반 마련 • 과학적 근거에 기반하여 반복적으로 개발한 보다 나은 디지털 헬스 개입

[그림 8.2] 전통적인 심리치료, 현재의 디지털 정신건강 개입, 미래의 잠재적인 디지털 정신건강 개입에서 디지털 치료 동맹의 현황

12. 향후 방향 및 제언

디지털 정신건강 개입은 기술 역량, 개입 전략, 기존 헬스케어 시스템과의 통합에 있어 지속적으로 발전하고 있다. 그러나 이러한 발전에도 불구하고 공중보건에 대한 디지털 정신건강 개입의 전반적인 영향력은 제한적이다. 이러한 한계를 극복하기 위해서는 디지털 정신건강 개입이 실제로 무엇인지, 구체적으로는 그 작용 메커니즘, 기존 치료 경로에 어떻게 부합하거나 우회하는지, 내담자와 치료자 모두를 포함한 사용자들에게 디지털 정신건강 개입이 어떤 의미를 갖는지 더 잘 개념화할 필요가 있다. 디지털 치료 동맹이 무엇인지, 개입 효과에 어떤 영향을 미치는지, 그리고 디지털 치료 동맹이 어떻게 개선될 수 있는지에 대해 더 명확히 이해함으로써 디지털 정신건강 개입에 대한 이러한 지식의 격차를 해소할 수 있다. 디지털 치료 동맹에 대한 이러한 이해는 보다 효과적이고 매력적인 디지털 정신건강 개입을 설계하고, 치료 전달에 보다 전략적으로 사용하며, 보급 및 실행 노력을 개선하는 데 도움이 될 수 있다. 따라서 우리는 디지털 정신건강 개입에서의 디지털 치료 동맹에 대한

이해와 잠재적 적용을 향상시킬 수 있도록, 디지털 헬스 분야에 대한 광범위한 연구 계획을 제안하고자 한다.

첫째, 우리는 해당 분야의 연구자들이 디지털 치료 동맹에 대해 하나의 합의된 조작적 정의와 디지털 치료 동맹의 미묘한 뉘앙스를 잘 반영한 측정도구를 만들 것을 제안한다. 광범위한 개입에 적용할 수 있으려면, 이러한 측정도구들은 디지털 정신건강 개입의 어떤 측면이 디지털 치료 동맹에 기여하는지를 잘 설명할 수 있어야 한다. 이러한 정의와 측정도구는 새로운 근거를 바탕으로 시간이 지남에 따라 업데이트되어야 한다. 디지털 치료 동맹에 대한 여러 측정도구가 존재하므로 징글쟁글 오류(jingle-jangle fallacy)를 피하기 위해 주의해야 한다. 징글 오류는 실제로는 다른 두 가지 개념을 지칭하기 위해 하나의 같은 단어를 사용할 때 발생한다. 연구자와 치료자의 이해를 돕기 위해 디지털 치료 동맹을 '동맹'이라고 부르는 것이 편리할 수도 있지만, 이러한 이해는 부정확할 수 있다. 쟁글 오류는 실제로는 동일한 두 가지 개념을 지칭하기 위해 서로 다른 단어를 사용할 때 발생한다. 연구자들은 기존 용어와 측정도구를 통해 이미 포착된 개념에 대해 새로운 용어(그리고 새로운 측정도구)를 만들지 않도록 주의해야 한다. 현재로서는 치료 동맹과 디지털 치료 동맹의 어떤 측면이 비슷한지, 그리고 어떤 측면이 다른지 불분명하다. 우리의 정의는 인적 요소와 기술적 요소를 모두 고려하면서 치료 동맹과 지원적 책임에 대한 전통적인 아이디어를 사용하는 데 초점을 맞추고 있지만, 추가적인 연구를 통해 이 개념을 뒷받침하거나 치료 동맹과 구분되는 디지털 치료 동맹 고유의 특징을 밝혀낼 수 있을 것이다.

둘째, 디지털 치료 동맹에 대해 수용 가능한 정의와 측정도구가 확립되면, 디지털 치료 동맹이 디지털 정신건강 개입의 효과에 미치는 영향에 대한 증거를 수집하는 데 우선 순위를 두어야 한다. 이는 치료 동맹에 대한 지식을 어느 정도 수준으로 디지털 치료 동맹에 적용할 수 있는지 경험적으로 파악하는 것에서부터 시작되어야 한다. 다양한 치료 장면과 개입 유형에서 치료 동맹이 어떤 역할을 하는지에 대한 많은 연구가 진행되었으나, 그 중 일부만이 보다 효과적인 디지털 정신건강 개입을 설계하는 것과 관련이 있다. 대면 장면에서의 치료 동맹 중 일부 측면은 디지털 환경에서도 동일하게 적용될 수 있지만 그렇지 않을 수도 있으며, 대면 장면에서 도움이 되는 치료 동맹의 요소가 디지털 정신건강 개입에서는 덜 도움이 될 수도 있다. 이러한 차이를 연구하기 위해서는 디지털 정신건강 개입의 어떠한 측면들이 디지털 치료 동맹에 영향을 미칠 수 있는지 엄밀히 파악하기 위한 연구를 설계해야 한다. 디지털 정신건강 개입에서는 대면 개입 상황에서 실현하기 어려운 방식으로 특정 개입 요소를 조작할 수 있기 때문에, 이러한 경험적 연구는 치료 동맹이 개입에서 작동하는 메커니즘에 대한 새로운 통찰력을 제공할 수도 있다.

셋째, 연구자들은 이 근거 기반을 사용하여 디지털 정신건강 개입 설계자 및 소프트웨어 엔지니어와 협력함으로써 디지털 치료 동맹을 개선하는 데 도움이 되는 실행 가능한 설계를 제안하고 보급할 수 있다. 또한 이러한 제안을 매뉴얼화하여 정신건강 전문가와 인적 지원자가 사용자와 디지털 정신건강 개입 간의 디지털 치료 동맹을 촉진하기 위한 가장 좋은 방식을 취하도록 교육할 수 있다. 이러한 설계에 대한 제안을 통해 목표와 과제에 대한 연결감과 일치감을 이끌어내는 기술적 요소를 파악할 수도 있을 것이다. 예를 들어, 사람들이 도움이 된다고 인식하는 디지털 정신건강 개입은 추가적인 할 일을 주는 것이 아니라 그들이 원하는 것을 준다. 현재로서는 치료 동맹을 증가시키는 치료자의 특성과 행동이 디지털 정신건강 개입에도 반영되어 디지털 치료 동맹을 증진시킬 수 있는지, 아니면 새로운 기술이 다른 특성과 행동을 만들어내어 동일한 목표를 이룰 수 있는지는 불분명하다. 그럼에도 불구하고 이러한 디자인 선택은 디지털 치료 동맹에 대한 더 나은 연구로부터 비롯될 수 있다.

13. 결론

디지털 치료 동맹은 디지털 정신건강 개입이 더욱 발전함에 따라 점점 더 중요해질 것이다. 현재의 연구는 전통적인 치료 동맹과 유사한 방식으로 디지털 치료 동맹을 정의하고 측정하는 데 어려움을 겪고 있지만, 한편으로는 디지털 정신건강 개입의 제약과 새로운 기회에 대해 설명하기도 한다. 추가 연구를 위한 출발점으로, 우리는 디지털 치료 동맹을 개입의 인적 및 기술적 구성요소를 모두 포함하는 디지털 정신건강 개입에 대해 사용자가 인식한 (유대감, 호전을 목적으로 한 과제에 대한 합의, 치료 목표에 대한 합의로 구성된) 동맹으로 정의할 것을 제안하였다. 이 정의를 바탕으로 우리는 연구자들이 디지털 치료 동맹에 대한 지식 기반을 구축하고 전파할 수 있도록 몇 가지 제안을 하면서, 디지털 정신건강 개입이 발전함에 따라 디지털 치료 동맹의 의미가 크게 변화할 것에 대비할 수 있도록 하였다.

참고문헌

Aguilera, A. & Berridge, C. (2014). Qualitative feedback from a text messaging intervention for depression: benefits, drawbacks, and cultural differences. *JMIR mHealth and uHealth, 2*(4), e46. https://doi.org/10.2196/mhealth.3660.

Baldwin, S. A., Wampold, B. E. & Imel, Z. E. (2007). Untangling the alliance-outcome correlation:

Exploring the relative importance of therapist and patient variability in the alliance. *Journal of Consulting and Clinical Psychology, 75*(6), 842–852. https://doi.org/10.1037/0022-006X.75.6.842.

Baumeister, H., Reichler, L., Munzinger, M. & Lin, J. (2014). The impact of guidance on internet-based mental health interventions — A systematic review. *Internet Interventions, 1*(4), 205–215. https://doi.org/10.1016/j.invent.2014.08.003.

Ben-Zeev, D., Kaiser, S.M. & Krzos, I. (2014). Remote 'hovering' with individuals with psychotic disorders and substance use: Feasibility, engagement, and therapeutic alliance with a text-messaging mobile interventionist. *Journal of Dual Diagnosis, 10*(4), 197–203. https://doi.org/10.1080/15504263.2014.962336.

Berry, K., Salter, A., Morris, R., James, S. & Bucci, S. (2018). Assessing therapeutic alliance in the context of mHealth interventions for mental health problems: Development of the mobile Agnew Relationship Measure (mARM) questionnaire. *Journal of Medical Internet Research, 20*(4), e90. https://doi.org/10.2196/jmir.8252.

Bordin, E.S. (1979). The generalizability of the psychoanalytic concept of the working alliance. *Psychotherapy: Theory, Research & Practice, 16*(3), 252–260. https://doi.org/10.1037/h0085885.

Chancellor, S., De Choudhury, M. (2020). Methods in predictive techniques for mental health status on social media: A critical review. *NPJ Digital Medicine, 3*(1), 1–11. https://doi.org/10.1038/s41746-020-0233-7.

Clarke, R. (2016). Big data, big risks. *Information Systems Journal, 26*(1), 77–90. https://doi.org/10.1111/isj.12088.

D'Alfonso, S., Lederman, R., Bucci, S. & Berry, K. (2020). The digital therapeutic alliance and human-computer interaction. *JMIR Mental Health, 7*(12). https://doi.org/10.2196/21895.

Darcy, A., Daniels, J., Salinger, D., Wicks, P. & Robinson, A. (2021). Evidence of human-level bonds established with a digital conversational agent: Cross-sectional, retrospective observational study. *JMIR Formative Research, 5*(5), e27868. https://doi.org/10.2196/27868.

Del Re, A.C., Flückiger, C., Horvath, A.O. & Wampold, B.E. (2021). Examining therapist effects in the alliance-outcome relationship: A multilevel meta-analysis. *Journal of Consulting and Clinical Psychology, 89*(5), 371–378. https://doi.org/10.1037/ccp0000637.

DeVault, D., Artstein, R., Benn, G., Dey, T., Fast, E., Gainer, A., et al. (2014). SimSensei Kiosk: A virtual human interviewer for healthcare decision support.: *Proceedings of the 2014 International Conference on Autonomous Agents and Multi-agent Systems*, pp. 1061–1068.

Ebert, D.D., Harrer, M., Apolinário-Hagen, J. & Baumeister, H. (2019). Digital interventions for mental disorders: Key features, efficacy, and potential for artificial intelligence applications. *Frontiers in Psychiatry*, Springer, Singapore, pp. 583–627.

Ebert, D.D., Van Daele, T., Nordgreen, T., Karekla, M., Compare, A., Zarbo, C., et al. (2018). Internet- and mobile-based psychological interventions: Applications, efficacy, and potential for improving mental health: A report of the EFPA E−Health Taskforce. *European Psychologist, 23*(2), 167−187. https://doi.org/10.1027/1016−9040/a000318.

Flückiger, C., Del Re, A.C., Wampold, B.E. & Horvath, A.O. (2018). The alliance in adult psychotherapy: A meta-analytic synthesis. *Psychotherapy (Chicago, Illinois), 55*(4), 316−340. https://doi.org/10.1037/pst0000172.

Hauser-Ulrich, S., Künzli, H., Meier-Peterhans, D. & Kowatsch, T. (2020). A smartphone-based health care chatbot to promote self-management of chronic pain (SELMA): Pilot randomized controlled trial. *JMIR mHealth and uHealth, 8*(4), e15806. https://doi.org/10.2196/15806.

Henson, P., Peck, P. & Torous, J. (2019). Considering the therapeutic alliance in digital mental health interventions. *Harvard Review of Psychiatry, 27*(4), 268−273. https://doi.org/10.1097/HRP.0000000000000224.

Hermes, E.D., Lyon, A.R., Schueller, S.M. & Glass, J.E. (2019). Measuring the implementation of behavioral intervention technologies: Recharacterization of established outcomes. *Journal of Medical Internet Research, 21*(1), e11752. https://doi.org/10.2196/11752.

Hillier, L. (2018). Exploring the nature of the therapeutic alliance in technology-based interventions for mental health problems. *Lancaster EPrints*. https://eprints.lancs.ac.uk/id/eprint/127663/1/2018hilliermphil.pdf.

Hunter, J.F., Hooker, E.D., Rohleder, N. & Pressman, S.D. (2018). The use of smartphones as a digital security blanket: The influence of phone use and availability on psychological and physiological responses to social exclusion. *Psychosomatic Medicine, 80*(4), 345−352. https://doi.org/10.1097/PSY.0000000000000568.

Insel, T.R. (2017). Digital phenotyping: Technology for a new science of behavior. JAMA, 318(13), 1215−1216. https://doi.org/10.1001/jama.2017.11295.

Karyotaki, E., Ebert, D.D., Donkin, L., Riper, H., Twisk, J., Burger, S., et al. (2018). Do guided internet-based interventions result in clinically relevant changes for patients with depression? An individual participant data meta-analysis. *Clinical Psychology Review, 63*, 80−92. https://doi.org/10.1016/j.cpr.2018.06.007.

Lattie, E.G., Adkins, E.C., Winquist, N., Stiles-Shields, C., Wafford, Q.E. & Graham, A.K. (2019). Digital mental health interventions for depression, anxiety, and enhancement of psychological well-being among college students: Systematic review. *Journal of Medical Internet Research, 21*(7), e12869. https://doi.org/10.2196/12869.

Lucas, G.M., Gratch, J., King, A., Morency, L.−P. (2014). It's only a computer: Virtual humans increase willingness to disclose. *Computers in Human Behavior, 37*, 94–100. https://doi.org/10.1016/j.chb.2014.04.043.

Lucas, G.M., Rizzo, A., Gratch, J., Scherer, S., Stratou, G., Boberg, J., et al. (2017). Reporting mental health symptoms: Breaking down barriers to care with virtual human interviewers. *Frontiers in Robotics and AI, 4*, 51. https://doi.org/10.3389/frobt.2017.00051.

Miloff, A., Carlbring, P., Hamilton, W., Andersson, G., Reuterskiöld, L. & Lindner, P. (2020). Measuring alliance toward embodied virtual therapists in the era of automated treatments with the virtual therapist alliance scale (VTAS): Development and psychometric evaluation. *Journal of Medical Internet Research, 22*(3), e16660. https://doi.org/10.2196/16660.

Mohr, D.C., Burns, M.N., Schueller, S.M., Clarke, G. & Klinkman, M. (2013). Behavioral intervention technologies: Evidence review and recommendations for future research in mental health. *General Hospital Psychiatry, 35*(4), 332–338. https://doi.org/10.1016/j.genhosppsych.2013.03.008.

Mohr, D.C., Cuijpers, P. & Lehman, K. (2011). Supportive accountability: A model for providing human support to enhance adherence to eHealth interventions. *Journal of Medical Internet Research, 13*(1), e30. https://doi.org/10.2196/jmir.1602.

Mohr, D.C., Weingardt, K.R., Reddy, M. & Schueller, S.M. (2017). Three problems with current digital mental health research. . . and three things we can do about them. *Psychiatric Services (Washington, D.C.), 68*(5), 427–429. https://doi.org/10.1176/appi.ps.201600541.

Mohr, D.C., Zhang, M. & Schueller, S.M. (2017). Personal sensing: Understanding mental health using ubiquitous sensors and machine learning. *Annual Review of Clinical Psychology, 13*(1), 23–47. https://doi.org/10.1146/annurev-clinpsy-032816-044949.

Mori, M., MacDorman, K.F. & Kageki, N. (2012). The uncanny valley [from the field]. *IEEE Robotics & Automation Magazine, 19*(2), 98–100.

Morris, R.R., Kouddous, K., Kshirsagar, R. & Schueller, S.M. (2018). Towards an artificially empathic conversational agent for mental health applications: System design and user perceptions. *Journal of Medical Internet Research, 20*(6). https://doi.org/10.2196/10148.

Nass, C.I., Moon, Y., Morkes, J., Kim, E.-Y. & Fogg, B.J. (1997). Computers are social actors: A review of current research. *Human Values and the Design of Computer Technology*, 72,, Center for the Study of Language and Information, pp. 137–162.

Nienhuis, J.B., Owen, J., Valentine, J.C., Black, S.W., Halford, T.C., Parazak, S.E., et al. (2018). Therapeutic alliance, empathy, and genuineness in individual adult psychotherapy: A meta-analytic review. *Psychotherapy Research, 28*(4), 593–605. https://doi.org/10.1080/10503307.2016.1204023.

Palmqvist, B., Carlbring, P. & Andersson, G. (2007). Internet-delivered treatments with or without therapist input: Does the therapist factor have implications for efficacy and cost?.

Expert Review of Pharmacoeconomics & Outcomes Research, 7(3), 291–297. https://doi.org/10.1586/14737167.7.3.291.

Penedo, J.M.G., Berger, T., Holtforth, M., Krieger, T., Schröder, J., Hohagen, F., et al. (2020). The working alliance inventory for guided internet interventions (WAI–I). *Journal of Clinical Psychology, 76*(6), 973–986. https://doi.org/10.1002/jclp.22823.

Rohani, D.A., Quemada Lopategui, A., Tuxen, N., Faurholt-Jepsen, M., Kessing, L.V. & Bardram, J.E. (2020). MUBS: A personalized recommender system for behavioral activation in mental health.: *Proceedings of the 2020 CHI Conference on Human Factors in Computing Systems*, pp. 1–13. https://doi.org/10.1145/3313831.3376879.

Rozental, A., Andersson, G., Boettcher, J., Ebert, D.D., Cuijpers, P., Knaevelsrud, C., et al. (2014). Consensus statement on defining and measuring negative effects of internet interventions. *Internet Interventions, 1*(1), 12–19. https://doi.org/10.1016/j.invent.2014.02.001.

Schueller, S.M., Muñoz, R.F. & Mohr, D.C. (2013). Realizing the potential of behavioral intervention technologies. *Current Directions in Psychological Science, 22*(6), 478–483. https://doi.org/10.1177/0963721413495872.

Schueller, S.M., Tomasino, K.N. & Mohr, D.C. (2017). Integrating human support into behavioral intervention technologies: The efficiency model of support. *Clinical Psychology: Science and Practice, 24*(1), 27–45. https://doi.org/10.1037/h0101740.

Tremain, H., McEnery, C., Fletcher, K. & Murray, G. (2020). The therapeutic alliance in digital mental health interventions for serious mental illnesses: Narrative review. *JMIR Mental Health, 7*(8). https://doi.org/10.2196/17204.

van Lotringen, C.M., Jeken, L., Westerhof, G.J., Klooster Ten, P.M., Kelders, S.M., et al. (2021). Responsible relations: A systematic scoping review of the therapeutic alliance in text-based digital psychotherapy. *Frontiers in Digital Health, 3*, 689750. https://doi.org/10.3389/fdgth.2021.689750.

Wampold, B.E., Baldwin, S.A., Holtforth, M. & Imel, Z.E. (2017). What characterizes effective therapists?. How and why are some therapists better than others?: Understanding therapist effects, American Psychological Association, pp. 37–53. https://doi.org/10.1037/0000034–003.

Wampold, B.E., Owen, J. E.S.S.E. (2021). Therapist effects: History, methods, magnitude. *Bergin and Garfield's handbook of psychotherapy and behavior change*, John Wiley & Sons, Hoboken, NJ, pp. 297–326.

Wang, W. (2017). Smartphones as social actors? Social dispositional factors in assessing anthropomorphism. *Computers in Human Behavior, 68*, 334–344. https://doi.org/10.1016/j.chb.2016.11.022.

Weisband, S. & Kiesler, S. (1996). Self disclosure on computer forms: Meta-analysis and implications.:

Proceedings of the SIGCHI Conference on Human Factors in Computing Systems, pp. 3–10.

Whelen, M.L., Murphy, S.T. & Strunk, D.R. (2021). Reevaluating the alliance–outcome relationship in the early sessions of cognitive behavioral therapy of depression. *Clinical Psychological Science, 9*(3), 515–523 2167702620959352. https://doi.org/10.1177/2167702620959352.

제 9 장

스마트폰과 웹에서의 대화형 에이전트

Timothy Bickmore and Teresa O'Leary

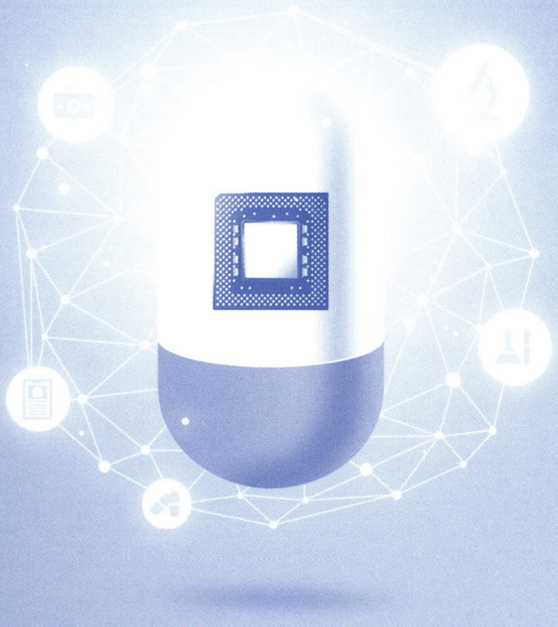

1. 서론

미국 성인의 약 20%가 정신 장애를 앓고 있으며 7%는 물질 사용 장애를 앓고 있다('Key substance use and mental health indicators in the United States: Results from the 2019 National Survey on Drug Use and Health (HHS Publication No. PEP20-07-01-001),' 2020). 그러나 많은 사람이 접근성, 비용, 낙인, 도움을 구하려는 동기 부족 등 다양한 요인으로 인해 치료를 받지 않거나 차선의 치료를 받고 있다. 대화형 에이전트(conversational agent, CA)는 일부 정신 건강 서비스 제공을 향상시키거나 경우에 따라서는 인간 상담사를 대체할 수 있는 자동화된 솔루션[1]을 제공한다.

이 장에서는 웹과 스마트폰용 대화형 에이전트를 서로 다른 종류의 애플리케이션인 것으로 설명하지만, 이 구분은 엄격하게 이분법적인 것은 아니다. 두 플랫폼 모두에서 작동하는 대화형 에이전트가 개발되었으며, 일반적으로 웹 기반 시스템은 스마트폰 웹 브라우저를 통해 액세스할 수도 있다.

1) 정의

이 장에서는 대화형 에이전트를 자연 언어로 사용자와 상호작용하는 사용자 인터페이스라고 정의한다. 대화형 에이전트 출력은 텍스트, 녹음된 음성, 합성 음성(synthetic speech)[2] 또는 이들의 조합일 수 있다. 대화형 에이전트에 대한 사용자 입력은 선택 가능한 몇 가지의 발화, 텍스트 입력 또는 음성으로 제한될 수 있다. 사용자에게 단순화된 자연 언어 문법을 가르치는 등(Tomko et al., 2005) 다른 가능한 대화형 에이전트 입력 양식에 대한 연구가

1 (역자 주) 솔루션(solution): 이 책에서는 디지털 치료제와 관련되는 경우에는 솔루션이라는 원어를 그대로 표기하였으며, 이외의 경우에는 해결책이라고 번역하였다.

2 (역자 주) 합성 음성(synthetic speech): 각각의 양자화된 소리에는 수치로 표현되는 소리의 길이와 크기가 기록되어 디지털화되는데, 즉 음성을 양자화하여 발생되는 기록된 소리로서 디지털 신호 처리 과정을 통해 생성되거나 합성·조작되고 소리로 구성되며 스피커를 통해 전달된다.

일부 수행되었지만, 널리 채택되지는 않았다. '챗봇'은 일반적으로 텍스트 또는 객관식 입력 및 텍스트 전용 출력 기능을 갖춘 대화형 에이전트를 지칭하는 용어이다.

우리는 구현된 대화형 에이전트(embodied conversational agent, ECA)를 손동작, 얼굴 표정, 머리와 눈동자 움직임 등 일상적인 대화에서의 비언어적 행동을 사용하는 애니메이션 캐릭터([그림 9.1])를 사용하는 것과 같이, 사용자 인터페이스가 더욱 접근성이 높고 자연스럽게 느껴지도록 시각적 출력/디스플레이 양식을 함께 갖춘 대화형 에이전트라고 정의한다.

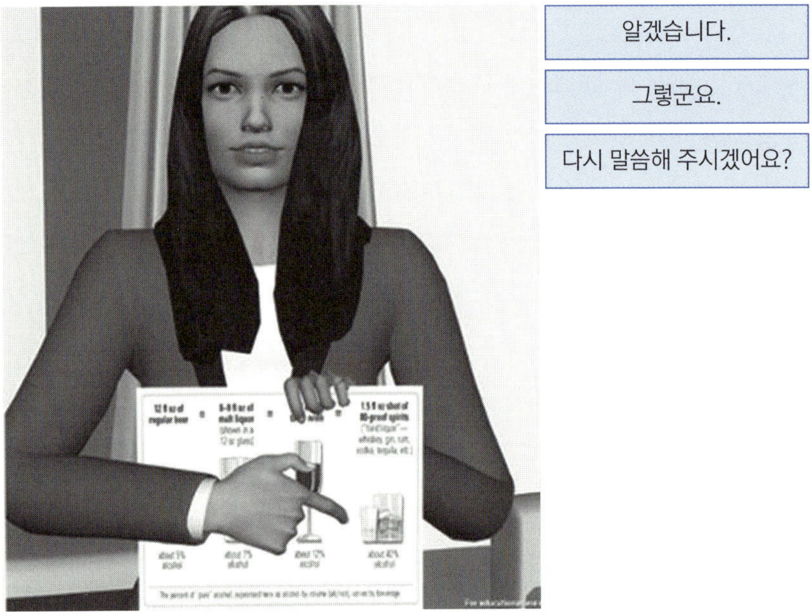

[그림 9.1] 알코올 오용 상담을 위해 구현된 대화형 에이전트

대화형 에이전트이든 구현된 대화형 에이전트이든 개별 사용자 입력과 에이전트 출력을 '발화(utterances)'라고 지칭하며, 한 사용자와 에이전트 간의 대화를 구성하는 일련의 발화는 '대화(dialogue)'라고 한다. 다자간 상호작용에서 한 번에 두 명 이상의 사용자와 대화할 수 있는 에이전트도 개발되었지만(예: '후속 연구'를 참조하라), 이는 비교적 드물다.

2) 대화형 에이전트의 장점

대화형 에이전트, 특히 구현된 대화형 에이전트는 자연 언어를 비롯하여 손짓, 몸의 자세, 공감의 표정 등 비언어적 행동의 사용을 통해 대면 상담과 같은 모습과 느낌의 컴퓨터 인터페이스를 사용자에게 제공한다. 선행 연구에 따르면 대화형 에이전트는 기존의 마우스를 이용하는 방식(point-and-click)의 그래픽 사용자 인터페이스보다 특히 기존의 웹사이트나 사용자 인터페이스를 탐색하는 데 어려움을 겪는 건강 정보 이해 능력(health literacy)[3]이 낮은 환자에게 보다 받아들이기 쉽고 유용할 수 있다(Bickmore et a1., 2010a). 또한 대화 형식은 상담심리학의 기법을 보다 직접적으로 자동화할 수 있게 해 준다. 현재까지 인지행동치료(Beck, 2011), 사회인지이론(Bandura, 1986), 동기 강화 면담(Miller & Rollnick, 2012), 변증법적 치료(Linehan, 2014)의 기법들이 대화형 에이전트에 구현되어 사용되고 있다.

정신건강 낙인은 치료를 받고 정신건강 서비스에 참여하는 데 있어 상당히 큰 장애물이다(Corrigan, 2016). 정신건강 낙인에는 여러 유형이 있는데, 그중 하나인 낙인 회피(lable avoidance)는 치료가 필요한 개인의 정신건강 서비스 이용을 저해한다. 이러한 낙인을 경험하는 개인은 정신과적인 진단과 연관된 수많은 사회적 결과(예: 사회적 거부, 차별)를 경험하게 될 수 있다는 두려움 때문에 정신건강 서비스를 받아들이고 이용하는 것을 피한다. 결과적으로 대화형 에이전트의 개인정보 보호 및 익명성 강화는 사용자에게 정신 장애가 있는 사람이라는 신분을 다른 사람에게 언제, 어떻게 공개할지에 대한 완전한 자기공개 통제권을 부여하면서, 심리교육, 정신건강 자원 및 기술 기반의 치료를 받을 수 있는 특별한 기회를 제공한다. 뿐만 아니라, 대화형 에이전트는 낙인 유병률이 높은 소외된 지역사회에 속해 있어 정신건강 치료를 받을 수 없는 사용자에게 치료 받을 수 있는 기회를 제공할 수 있다.

일반적으로 인간에 비해 자동화된 시스템이 자기공개에 의해 낙인찍힐 수 있는 가능성에 대한 두려움으로 인한 장벽을 줄이는 데 더 효과적이며, 이는 사람들이 인간보다 컴퓨터에 더 자유롭게 자기공개를 하도록 돕는 것으로 나타났다. 이러한 결과는 대화형 에이전트에서도 확인되었다(Lucas, Gratch, King, & Morency, 2014).

또한 대화형 에이전트는 모든 환자에게 모든 회기에서 가이드라인에 부합하는 치료를 일관되게 제공할 수 있다. 이러한 치료 충실도(treatment fidelity)는 정신건강 서비스의 질을 유지하는 데 매우 중요하지만, 이러한 충실도를 일관되게 유지하려면 체계적인 전문가 감독이 필요하다. 대화형 에이전트는 매번 일관되게 근거 기반의 가이드라인 중심 치료를 제공하도록 설계할 수 있다.

아울러 대화형 에이전트는 기존 웹사이트나 앱보다 사용자 참여를 유지하는 데 더 효과적일 수 있는데, 이러한 유지율은 장기적인 개입이 효과를 발휘하기 위한 중요한 전제 조건이다(Huckvale, Nicholas, Torous, & Larsen, 2020). 지금까지 여러 대규모 무작위 임상시험에서

3 (역자 주) 건강 정보 이해 능력(health literacy): 적절한 결정을 내리고 치료 지침을 따르기 위해 의료 정보를 얻고, 읽고, 이해하고, 사용하는 능력

자동화된 정신건강 개입에 대한 참여도가 저조한 것으로 나타났다. '무드짐(MoodGYM)'과 '비팅 더 블루(Beating the Blues)'는 대조군에 비해 우울 증상이 유의하게 감소한 것으로 나타났지만, 둘 모두 중도 탈락률이 25~35%에 달했다(Christensen, Griffiths, & Jorm, 2004; Cooper et a1., 2011). 참여도가 낮은 이유 중 하나는, 이러한 웹사이트에는 인간 상담사가 제공하는 작업 동맹과 책임감이 부족하기 때문이다. 대화형 에이전트와 구현된 대화형 에이전트는 전적으로 자동화된 개입에서 사람들이 사용하는 것과 동일한 전략들을 사용하여 작업 동맹을 형성할 수 있다는 점에서 독특하며(Bickmore, Gruber, & Picard, 2005), 이는 순응도와 유지율 증가로 이어질 수 있다. 또한 우울 증상이 있는 환자는 대화형 에이전트와 더 큰 치료 동맹을 경험한다는 증거도 있다(Bickmore et al., 2010b). 스마트폰 기반 대화형 에이전트는 또한 문자 메시지 알림 기능을 포함하여, 참여 유지를 위한 고유의 행동 유도성(affordances)도 제공한다(Brown et al., 2020; O'Connor et al., 2016).

3) 대화형 에이전트의 단점

자동화된 정신건강 및 중독 치료 개입에 대화형 에이전트를 사용하는 데는 몇 가지 단점이 있다. 정신건강이나 중독에 대한 대화형 에이전트와의 대화를 관찰할 수 있는 방관자에 대한 우려 또한 이용에 장애가 될 수 있다. 사용자는 정신건강에 대한 대화에 참여할 때 심각한 질문이나 중요한 문제에 답하기 위한 사적인 공간에 접근하지 못할 수도 있다. 설계자는 안전한 정보 관행을 장려하고 사용자가 음성 대화와 텍스트 기반 응답을 유연하게 전환할 수 있는 기회를 제공할 수 있는 방법을 고려해야 한다.

접근성은 고령자나 시각 및/또는 청각 장애가 있는 사람들을 위한 대화형 에이전트를 개발할 때 여전히 추가적으로 고려해야 할 사항이다. 현재 청각 또는 시각 피드백에만 의존하는 시스템은 궁극적으로 포괄적인 설계가 아니기 때문에 추가적인 다중양식(multimodal) 지원이 필요한 사용자는 도구에 접근할 수 없다. 다중양식 인터페이스(예: 시각, 청각, 감각) 입력/출력을 갖춘 대화형 에이전트는 이러한 문제를 일부 완화할 수 있다.

마지막으로, 대화형 에이전트는 내러티브 콘텐츠가 선형적이고 작은 발화 크기의 덩어리로 전달되는 경향이 있기 때문에 기존의 텍스트 중심 사용자 인터페이스보다 사용하는 데 일반적으로 더 오래 걸린다. 또한 음성 출력을 사용하는 구현된 대화형 에이전트는 일반 독자가 텍스트로 읽을 수 있는 것과 동일한 정보를 전달하는 데 더 오랜 시간이 걸린다. 그러나 많은 애플리케이션에서 이점이 비용보다 더 크며, 실제 경과 시간이 더 길더라도 사용자가 기능적으로 동일한 기존 인터페이스보다 대화형 에이전트가 더 짧다고 인식하는 경우도 있다(Bickmore, Utami, Matsuyama, & Paasche-Orlow, 2016).

이 장에서는 정신건강 및 중독에 대한 대화형 에이전트 기반 개입을 제공하는 데 오늘날 가장 보편적으로 사용되는 디지털 미디어인 웹과 스마트폰에 대해 살펴볼 것이다. 웹 기반 대화형 에이전트는 웹 브라우저 앱을 통해 모든 가정용 컴퓨터나 태블릿, 심지어 스마트폰에까지도 전달될 수 있다. 기본 스마트폰 앱은 스마트폰의 센서 정보를 활용하여 대화형 에이전트가 사용자의 위치, 활동, 건강 상태를 인식하고 이에 반응하도록 함으로써 훨씬 더 많은 기능을 추가할 수 있다.

4) 체계적 문헌 고찰

정신건강 분야에서 대화형 에이전트에 대한 선행 문헌 고찰이 여러 차례 있어 왔다. 대체로 연구에서는 이 매체가 수용 가능하고 유망하지만, 표준화된 효과 측정 도구를 사용한 무작위 임상시험이 너무 적어서 효능에 대한 결론을 내리기에는 아직 이 분야가 너무 새롭다고 지적한다. Hoermann 등은 2017년에 정신건강 개입에서의 텍스트 기반 대화 시스템(챗봇)에 대해 체계적 문헌 고찰을 실시하였는데, 그 결과, 검토한 연구들이 매우 혁신적이며 개입 후 긍정적인 효과를 입증했지만 임상에서의 타당성을 입증하기 위해서는 더 많은 연구가 필요하다는 사실을 발견했다(Hoermann, McCabe, Milne, & Calvo, 2017). 또한 2019년(Vaidyam, Wisniewski, Halamka, Kashavan, & Torous, 2019)과 2020년(Vaidyam, Linggonegoro, & Torous, 2020)에 Vaidyam 등이 정신건강 챗봇에 대한 문헌 검토를 수행한 결과, 그들의 기준을 충족시키는 연구로부터 '좋은' 근거가 있음을 알게 되었지만, 사용된 결과의 이질성을 고려할 때 추가 연구가 필요하다는 점이 발견되었다. Abd-Alrazaq 등도 2019년에 주제 범위 고찰을 수행했으며(Abd-Alrazaq et al., 2019), 2020년에 정신건강 분야의 챗봇에 대한 메타분석을 시도했는데(Abd-Alrazaq, Rababeh, Alajlani, Bewick, & Househ, 2020). 그 결과, 정신건강을 개선할 가능성이 있지만 너무 적은 연구, 편향의 위험성, 상반된 결과로 인해 결론에 도달할 수 없다는 점을 발견했다. Gaffney 등은 2019년에 정신건강에서의 대화형 에이전트에 대한 체계적 문헌 고찰을 수행하였는데, 그 효능과 수용성은 '유망' 하지만 효능을 입증하기 위해서는 더 엄격한 연구가 필요하다고 결론지었다(Gaffney, Mansell, & Tai, 2019).

2. 웹에서의 대화형 에이전트

일반적으로 전 세계 웹을 통해 인터넷에 배포되는 대화형 에이전트는 정신건강 및 중독의 호전을 위한 도구로서 다양한 행동 유도성을 제공한다. 이러한 도구는 교통수단이나 보험 적용 범위의 제약을 받지 않고, 금전적인 문제나 기존의 사무실 기반 의료 서비스(office-based health care)와 관련된 시간 투자에 의해 제한되지 않기 때문에 그 활용 범위가 광범위하다. 인터넷 연결과 웹 브라우저만 있으면 비교적 저렴한 비용으로 널리 이용할 수 있다.

1) 웹 기반 대화형 에이전트의 사용 장벽

온라인 디지털 경험을 위해 더 많은 헬스케어 프로그래밍과 개입이 재개발됨에 따라 인터넷에 쉽게 접근할 수 없는 저소득층과 소외 계층은 이러한 솔루션의 혜택을 적절히 누릴 수 없어, 연구자들이 소위 이야기하는 개입으로 인한 불평등이 발생하고 있다(Veinot, Mitchell, & Ancker, 2018). 이는 즉, 기술 기반 의료 서비스에 대한 접근성이 인종 및 민족 정체성, 성적 지향, 사회경제적 지위, 연령, 성별 정체성에 의해 큰 영향을 받는다는 것을 의미한다. 불평등을 악화시키는 개입을 조사한 연구에서 Veinot과 동료들은 사회경제적 지위가 낮은 환자가 만성 질환과 동반 질환을 더 많이 경험함에도 불구하고 온라인 정신건강 및 물질 사용 개입을 더 자주 이용하는 것은 사회경제적 지위가 높은 환자들이라고 말한다. 따라서 전적으로 온라인으로 배포되는 기술 솔루션을 만들면, 이미 탄력적인 자원(예: 소득, 교육, 기술 문해력, 사회적 자본)에 접근할 수 있고 질병으로 인한 부담이 적은 사람들에게 건강 증진 콘텐츠를 제공함으로써 '디지털 격차(digital divide)'를 악화시킬 수 있다(Anderson & Kumar, 2019).

데이터 보안 및 개인정보 보호 또한 대화형 에이전트를 포함한 인터넷 기반 개입에 대한 사용 장벽이 될 수 있다. 온라인 헬스케어 솔루션은 본질적인 특성상 보안 침해의 위험에 노출되어 있다. 따라서 정신건강 및 임상 지원을 위한 대화형 에이전트를 개발할 때 개인정보 보호와 의료 데이터의 보안을 유지하는 것은 여전히 중요한 과제이다. 사용자들은 데이터의 완전성 유지에 대해 신뢰하기 어려우며, 특히 자신의 건강 관련 데이터에 대한 보안이 우려된다고 보고했다. 따라서 참여도를 높이려면 투명한 개인정보 보호 및 보안 정책과 함께 대화형 에이전트를 개발하고, 사용자가 자신의 개인 데이터를 제어할 수 있는 기능을 제공해야 한다.

2) 웹에서의 텍스트 기반 대화형 에이전트 개입

정신건강 개입을 위해 여러 텍스트 기반 '챗봇'이 개발되었다. 시중에서 제공되는 우울증 상담 시스템인 '우봇(Woebot)'은 여러 연구에서 평가된 가장 좋은 사례 중 하나라고 할 수 있다. 우봇은 매일 상호작용적 대화를 통해 인지행동치료(cognitive behavioral therapy, CBT)에 기반한 콘텐츠를 제공한다(Fitzpatrick, Darcy, & Vierhile, 2017). 우봇은 하루에 한 번 사용자로 하여금 먼저 자신의 기분과 일상적인 상황(예: "뭐 하고 있어?")을 보고해 달라고 요청한다. 이러한 요소와 사용자 선택 입력을 바탕으로 우봇은 심리교육, 마음챙김 훈련, 자기성찰의 기회, 치료 기술 적용 훈련 등을 제공한다. 챗봇으로서 우봇은 상담 대화 중에 완전히 제한된 사용자 입력 선택과 우봇이 주도하는 일부 심리치료 훈련 중에 전략적으로 배치된 자유 텍스트 입력을 조합하여 사용한다. 우봇은 18~28세의 성인 70명을 대상으로 2주 동안 진행된 최초의 임상실험에서 대조군에 비해 우울 증상이 감소한 것으로 나타났다.

Ramachandran 등은 출산 직후부터 산후 6주까지의 여성 192명을 대상으로 산후 기분 관리 도구로서 우봇의 수용성을 평가했다(Ramachandran et al., 2020). 참여자들은 출산 병원 방문 시 모집되었으며, 무작위로 6주 동안 우봇을 사용하는 조건 혹은 대조군으로 배정되었다. 6주간의 개입이 끝난 후, 저자들은 우봇 실험 집단의 사용자 만족도와 치료적 작업 동맹을 측정했다. 6주간의 실험을 완료한 실험 참여자의 대다수(64%)가 우봇에 매우 만족했으며, 28%는 에이전트와의 높은 수준의 작업 동맹을, 다른 43%는 중간 정도 수준의 작업 동맹을 보고했다. Suharwardy 등은 우울(PHQ-9, 산후 우울증 척도) 및 불안(GAD-7)의 사전-사후 측정을 통해 행동적 결과에 대한 추적 효과 연구를 수행했는데, 이러한 측정의 변화에 대해 집단 간 유의미한 차이를 발견하지 못했다(Suharwardy et al., 2020).

Prochaska 등은 물질 사용 장애를 가진 개인을 치료하는 데 도움을 주기 위해 우봇을 사용했다(Prochaska et al., 2021). 물질 사용의 치료를 위한 최고의 치료 지침을 적용하였고, 재발 방지에 중점을 두면서 동기 강화 면담 및 변증법적 행동치료의 원칙을 통합함으로써 우봇의 기능을 확장했다. 8주 간의 단일 집단 준실험 현장 시험(single-group quasi-experimental field trial)에서 101명의 사용자가 이 버전의 우봇을 테스트했다. 비록 50%만이 치료 후 양적 측정을 완료했지만, 참여자들은 물질 사용(AUDIT-C, DAST), 우울(PHQ-8), 불안(GAD-7)에 대한 자기 보고 측정에서 치료 전보다 치료 후 상당한 호전이 있었던 것으로 나타났다.

Darcy 등은 상업용 시스템 사용자 36,070명의 데이터를 후향적으로 분석하여 우봇의 치료적 작업 동맹을 평가했다(Darcy, Daniels, Salinger, Wicks, & Robinson, 2021). 참여자들은 사용자 등록 절차를 완료한 후 3~5일 이내에 대화형 에이전트에 의해 실시된 치료적 작업 동맹(단축형 작업 동맹 척도(Working Alliance Inventory-Short Revised, WAI-SR))의 측정도구를 완성하도록 요청받았다. 주목할 만한 점은, 우봇 사용자들이 인간 치료자와의 개인 인지행동치료 회기에서와 비슷한 수준의 치료적 작업 동맹을 보고했다는 것이다.

우봇과 마찬가지로 '테스(Tess)'는 불안과 우울에 대한 정신건강 지원을 제공하는 상용 텍스트 기반 챗봇이다(Dosovitsky et a1., 2020). 테스는 여러 정신건강 분야의 다양한 정신건강 자원(예: 변증법적 행동치료, 인지행동치료, 수용 전념 치료)을 사용자에게 제공하도록 설계된 다중 모듈 치료 정신건강 시스템이다. 테스는 SMS 문자 및 기타 메신저 애플리케이션(예: 페이스북 메신저(Facebook Messenger), 슬랙(Slack))을 통해 대화를 시작하거나 사용자에게 직접 응답할 수 있다(Fulmer, Joerin, Gentile, Lakerink, & Rauws, 2018). 테스는 제약 없는 사용자 텍스트를 기반으로 콘텐츠를 제공하지만, 사용자는 제한된 메뉴 응답 옵션을 선택할 수 있다. 이를 통해 사용자는 향상된 개인화 및 모듈 통합을 약속받는다. Fulmer 등이 75명의 학생을 대상으로 3군 무작위 대조 시험에서 테스를 평가한 결과, 2주 사용 후 불안(GAD-7)과 우울 증상(PHQ-9)을 감소시키는 데 도움이 되는 것으로 나타났다(Fulmer et al., 2018). 최근 Dosovitsky 등은 참여자들이 정신건강 챗봇을 사용하는 방식을 더 잘 이해하고, 시스템을 통한 탐색 경로와 개별 우울증 모듈 활용도를 더 자세히 설명하기 위해 테스에 대한 기술적 평가[4]를 실시했다(Dosovitsky et al., 2020). 이 연구에서 연구자들은 354명의 테스 사용자 데이터를 바탕으로 사용 패턴에 대한 기술적 분석을 실시했다. 연구자들은 대부분의 테스봇 사용자가 한두 개의 모듈만 완료한 후 시스템 사용을 중단했다는 사실을 발견했다. 연구진은 활용도가 낮은 다양한 모듈을 만드는 것보다 매력적인 초기 1~2개의 모듈을 개발하는 데 시간을 투자하는 것이 중요하다고 강조한다.

'코코봇(Kokobot)'은 정서적 회복력을 증진하도록 설계된 온라인 동료 간(peer-to-peer) 사회적 지원 플랫폼에서 스스로 우울하다고 여기는 사용자 간의 상호작용을 촉진하기 위해 개발된 대화형 에이전트다(Morris, Kouddous, Kshirsagar, & Schueller, 2018). 코코봇 사용자는 스트레스 상황 및 이와 관련된 부정적인 생각을 설명하라는 메시지를 받고, 코코봇은 과거에 다른 사용자가 코코에 제출한 지지적인 문구 말뭉치에서 문구를 검색하고 목적에 맞게 수정하여 이에 응답한다. 코코봇의 응답은 동료 네트워크에서 동료의 응답이 수집될 때까지 사용자가 고려할 수 있는 제안으로 제시된다. 한 평가 연구에서 코코봇의 답변은 수용 가능하지만, 동료가 생성한 답변보다는 덜 도움이 되는 것으로 평가되었다. 속임수 후속 연

4 (역자 주) 기술적 평가(descriptive evaluation): 원인과 결과의 관계를 밝히지 않고 정책집행의 결과적 사실에 대해서만 평가하는 방법

구(deception follow-up study)에서는 코코봇의 제안이 실제로는 동료 지원자가 작성한 응답이었으나 마치 코코봇의 말뭉치에서 직접 나온 것처럼 꾸며보았다. 그럼에도 불구하고 사용자들은 여전히 코코봇이 덜 도움이 된다고 평가한 바, 이는 설계자가 대화형 에이전트에 대한 믿음(trust)과 신뢰성(credibility)을 높이는 방법을 고려해야 한다는 것을 보여 준다.

'비비봇(Vivibot)'은 긍정심리학의 기법을 사용하여 젊은 성인 암 생존자들이 치료 직후의 불안과 우울에 대한 회복력을 증진하기 위해 만들어진 챗봇이다(Greer et a1., 2019). 참여자는 주로 완전히 제한된 객관식 입력을 사용하여 비비봇과 상호작용하며, 자유로운 텍스트 입력을 기반으로 일부 대화(예: 사건에 대한 성찰)를 주고받는다. 45명의 젊은 성인을 대상으로 한 무작위 대조 시험에서 사용자들은 페이스북 메신저를 통해 긍정심리학에서 채택한 일곱 가지 기술(예: 감사 연습, 긍정적 재평가, 무작위 친절 행위)에 초점을 맞춘 7개의 심리교육 모듈을 이용하였다. 일반적인 학습일에 사용자는 비비봇의 인사를 받고 일일 체크인 질문을 받은 후 일곱 가지 기술 모듈 중 하나에 무작위로 배정되었다. 각 기술 모듈에는 28일간의 학습 기간 동안 순차적으로 수행되는 4번의 상호작용(교육 1회, 연습 3회)이 포함되어 있었다. 연구 결과, 실험군은 불안(GAD-7)이 감소하였고 대조군은 불안이 증가한 것으로 나타났다. 또한 더 많은 회기에 참여한 실험군 청년들의 불안 증상이 더 크게 감소하는 용량 반응 효과(dose-response effect)도 발견되었다.

마지막으로 So 등은 대면 치료를 받지 않으려는 도박 중독자를 지원하기 위해 고안된 웹 기반 텍스트 챗봇인 '갬봇(GAMBOT)'을 만들었다(So et al., 2020). 즉, 갬봇은 공식적인 치료를 꺼리는 사람들에게 행동 변화 상담 기법에 대한 접근성을 제공하기 위해 만들어졌다. 갬봇은 일본의 인기 메시징 앱인 '라인(LINE)'에 통합되어, 28일간 197명의 참여자를 대상으로 한 무작위 대조 시험을 통해 평가되었다. 갬봇은 매일 사용자에게 인사하면서, 개인화된 행동 피드백, 행동 모니터링, 인지 왜곡을 인식하고 촉발 요인을 식별하는 연습이 포함된 메시지를 통해 일상적인 치료적 개입을 제공했다. 갬봇 참여자의 77%가 개입을 완료했지만, 도박 증상이나 도박 심각도에서는 통계적으로 집단 간 유의한 차이가 없었다.

3) 웹에서의 구현된 대화형 에이전트 기반 개입

정신건강 및 중독 개입을 위해 개발된 챗봇보다 구현된 대화형 에이전트가 더 적은데, 아마도 구현된 대화형 에이전트가 더 복잡하기 때문일 것이다. 현재까지 연구를 통해 평가가 이루어진 몇 가지 구현된 대화형 에이전트를 살펴보도록 하겠다.

'로라(Laura)'는 조현병 환자의 약물 순응도를 높이기 위해 고안된 컴퓨터 기반 구현된 대화형 에이전트이다(Bickmore, Puskar, Schlenk, Pfeifer, & Sereika, 2010c; Puskar, Schlenk, Callan, Bickmore, & Serelka, 2011)([그림 9.2]). 로라는 약물 순응도를 높이기 위한 일곱 가지 교육 모듈을 갖추고 있다. 모듈 주제에는 증상 이해하기, 부작용, 투약 일정 잡기, 대처 전략, 지원 활용, 좌절 관리 등이 포함된다. 참여자들은 연구에서 제공한 노트북 컴퓨터를 사용하여 30일 동안 로라와 상호작용하도록 지시받았다. 로라는 교육 모듈 외에도 참여자들이 약물 복용 행동을 기록할 수 있도록 매일 참여자들을 확인하는 기능을 갖추고 있었다. 조현병에 대한 DSM-IV-TR 기준을 충족하는 20명의 참여자를 대상으로 31일간 준실험적 평가 연구(quasi-experimental evaluation study)를 진행했다. 참여자들은 에이전트와 연구 일정 중 평균 65.8% 통화했으며, 9명은 에이전트와 25회 이상 통화했다. 스스로 보고한 평균 항정신병 약물 복용량 순응도는 89%였다.

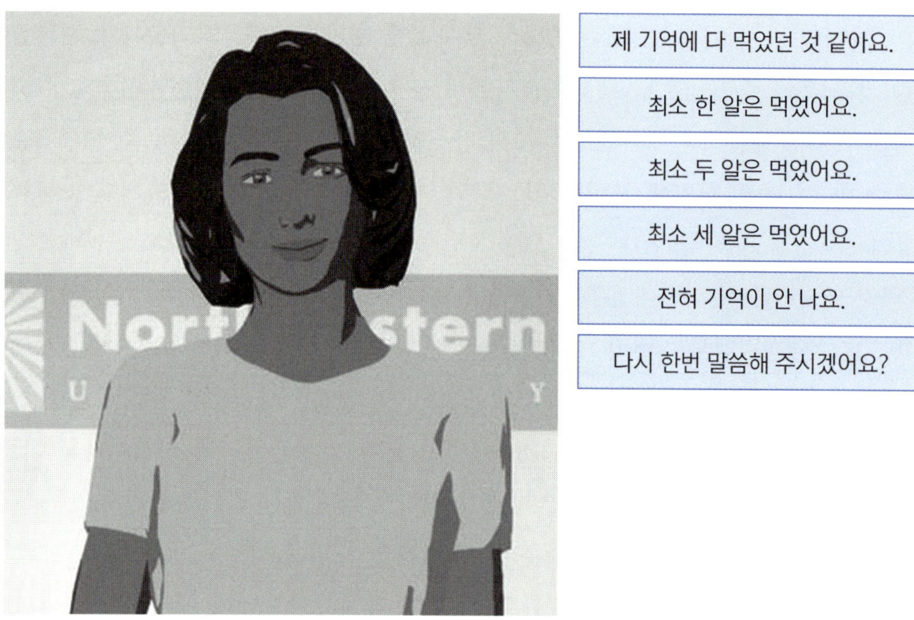

[그림 9.2] 항정신병 약물 순응도 구현된 대화형 에이전트

'사보리(SABORI)'는 정신건강을 증진하는 일본의 구현된 대화형 에이전트이다. 사보리는 사용자에게 기분과 신체 상태에 대한 질문을 하고 인지행동치료 및 행동 활성화의 원칙에 따라 피드백을 제공한다(Suganuma, Sakamoto, & Shimoyama, 2018). 대다수의 애플리케이션은 제한된 사용자 응답 옵션을 사용하지만, 사보리는 행동 활성화 개입의 하위 섹션에서 제약 없는 사용자 응답을 허용한다. 30일간의 테스트 기간 동안 저자들은 사보리 사용자의 긍정적(웰빙) 및 부정적(심리적 고통) 정신건강 결과에 유의미한 영향을 미친다는 점을 발견했다.

Bickmore 등은 일차 진료 의사가 물질 및 담배 사용 행동의 위험이 있는 환자를 식별하는 데 도움을 주는 알코올 오용 선별 도구를 만들었다(Bickmore, Rubin, & Simon, 2020). 이 연구에서는 일차 진료 방문 시 일차 진료 의사가 구두로 선별 도구를 실시할 때 사용하는 언어를 사용하여 표준화된 임상 물질 사용 선별 도구인 'NIDA 수정 알코올, 흡연 및 약물 관련 선별 검사(NIDA-modified ASSIST)'(Oga, Mark, Peters, & Coleman-Cowger, 2020)를 실시하도록 태블릿 기반 구현된 대화형 에이전트를 설계했다. 사용자는 제한된 메뉴 세트의 옵션을 탭하여 구현된 대화형 에이전트에 응답했다. 선별 도구 결과는 물질 사용 보고서를 자동으로 생성하여 일차 진료 의사가 환자 방문 시 참조할 수 있도록 했다. 연구자들은 구현된 대화형 에이전트로 실시한 선별 도구의 타당도 검증을 위해 57명의 참여자를 대상으로 두 개의 역균형 혼합 방법 검증 연구(counterbalanced mixed methods validation studies)를 수행하여 구현된 대화형 에이전트와 사람이 실시한 평가, 그리고 기존의 양식에 기반한 온라인 평가를 비교했다. 두 연구 모두에서 평가 방법 간의 높은 일치도를 보여 타당도가 입증되었다. 또한 참여자들은 사람이 실시한 선별 검사에 비해 구현된 대화형 에이전트에게 훨씬 더 많은 정보를 공개했으며, 구현된 대화형 에이전트가 사람이 실시한 선별 검사보다 비판단적이라고 답했다. 참여자들은 양식 기반 선별 검사에 비해 구현된 대화형 에이전트가 실시한 선별 검사에 훨씬 더 만족스러워했지만, 사람이 실시한 선별 검사에 비해서는 낮은 만족도를 보고하였다. 알코올 오용에 대한 간단한 후속 개입([그림 9.1])은 미국 재향군인청 병원(US Veteran's Administration hospitals)의 표준적인 치료와 비교했을 때 전문 치료로의 의뢰가 훨씬 더 많은 것으로 나타났다(Rubin et al., 2022).

Ring은 대학생의 우울증 증상을 줄이기 위한 '정서 인식' 구현된 대화형 에이전트 인지행동치료 시스템을 설계하고 개발하여 구현했다(Ring, 2017). 이 시스템에는 사용자가 기술을 배우고 연습할 수 있는 여러 기술 기반 인지행동치료 모듈이 포함되어 있다. 정서 인식 구현된 대화형 에이전트는 공감 반응 시스템을 통합하여 대화 중에 사용자를 지원하도록 설계되었다. 이 연구에서 구현된 대화형 에이전트는 각 구현된 대화형 에이전트 상호작용 중에 사용자의 정서가와 각성 수준을 측정하여 사용자의 감정 상태를 감지하고, 자동으로 공감 반응을 조정했다. 이 시스템은 36명의 참여자를 대상으로 한 피험자 간 종단 연구에서 검증되었으며, 연구 코호트의 절반은 정서 인식 구현된 대화형 에이전트와 상호작용하고 나머지 절반은 기존 상담 시스템과 상호작용했다. 그 결과, 정서 인식 구현된 대화형 에이전트를 사용한 참여자들의 시스템 참여도가 통계적으로 더 높았으며 상태 불안이 감소한 것으로 나타났다.

Sebastian 등은 섭식장애를 가진 사람들이 겪는 낙인을 해결하기 위해 신경성 식욕부진증 환자를 위한 정신건강 문해력 개입을 만들었다(Sebastian & Richards, 2017). 저자들은 혼합 실험 설계를 통해, 회복 중인 개인과의 비동시적 상호작용을 매개로 하는 교육 및 비접촉이라는 두 가지 낙인 감소 전략을 사용하는 비디오 기반 상호작용과 구현된 대화형 에이전트 기반 상호작용을 비교했다. 1회 사용 피험자 간 실험에서 245명의 참여자가 무작위로 구현된 대화형 에이전트 낙인 감소 시스템 또는 영상 기반 개입에 배정되었다. 실험 결과, 두 개입 모두 신경성 식욕부진증과 관련된 낙인을 감소시키는 것으로 나타났지만, 두 중재 간에는 유의미한 차이가 없었다.

3. 스마트폰에서의 대화형 에이전트

웹은 자동화된 정신건강 및 중독 개입을 위한 접근성을 제공하며 광범위하게 사용 가능하지만, 스마트폰은 이러한 개입을 위해 훨씬 더 강력한 플랫폼을 제공한다. 스마트폰은 일반적으로 어디든 가지고 다니기 때문에, 갑자기 발생한 건강 상태에 대한 응급 지원을 포함하여 개인이 필요할 때면 언제 어디서든 도움과 지원을 제공할 수 있다. 또한 스마트폰에는 비실시간 알림이나 알람을 통해 사용자가 참여하도록 적극적으로 유도하는 기능도 있다. 이들은 다중양식 인터페이스를 제공하여 사용자로 하여금 음성, SMS 문자 메시지, 텍스트 기반 사용자 인터페이스 및/또는 완전히 구현된 대화형 에이전트를 통해 대화형 에이전트와 소통할 수 있게 한다([그림 9.3]과 [그림 9.4]).

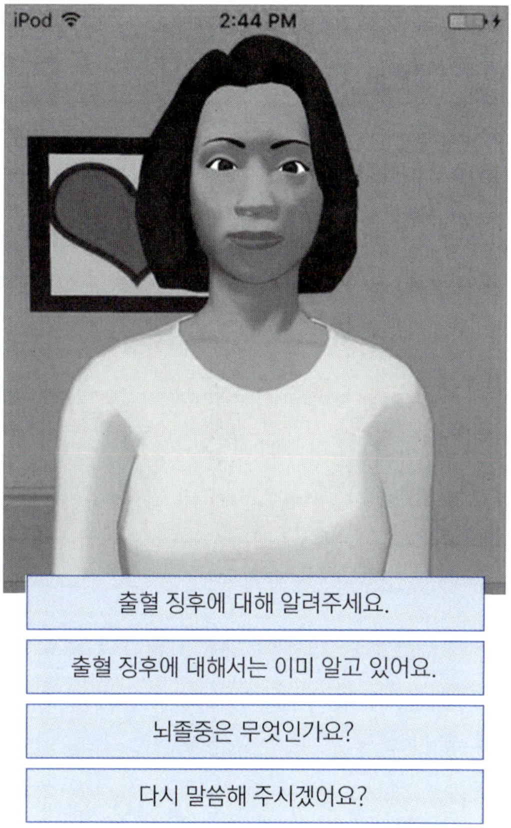

[그림 9.3] 심방세동 관리를 위한 스마트폰 구현된 대화형 에이전트

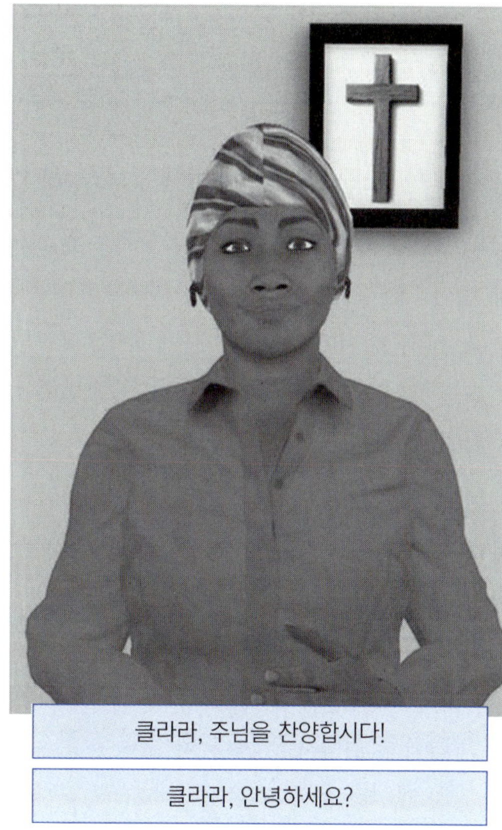

[그림 9.4] 교회 기반 건강 증진을 위한 대화형 에이전트

또한 표준 장비로 통합되거나 추가 구성요소로 제공되는 스마트폰용 센서가 점점 더 많아지고 있다. 이들은 사용자의 상황과 행동에 맞게 치료적 대화를 조정하거나, 사용자의 위치와 같이 감지된 환경 조건에 의해 촉발되는 대화형 에이전트의 기능을 크게 향상시킬 수 있다(Comet & Holden, 2018; Majumder & Deen, 2019). 〈표 9.1〉에는 연구자들이 스마트폰 센서를 사용하여 감지한 다양한 정신건강 및 중독 관련 상태가 나열되어 있다(제7장 참조).

<표 9.1> 정신건강 및 중독 관련 상태와 이를 감지하는 데 사용되는 센서

상태	스마트폰 센서	예시를 찾아볼 수 있는 참고문헌
스트레스, 정서 상태	마이크, GPS, 전화 사용	Ben-Zeev, Scherer, Wang, Xie, and Campbell, 2015; Lu et al., 2012
우울 증상	마이크, GPS, 전화 사용	Ben-Zeev et al., 2015; Saeb et al., 2015; Saeb, Lattie, Schueller, Kording, and Mohr, 2016

양극성 상태	가속도계, GPS	Grünerbl et al., 2015
물질 사용 재발	GPS	Gustafson et al., 2014

스마트폰을 건강 개입을 위한 배포 플랫폼으로 고려할 때 흔히 우려하는 것 중 하나는 스마트폰을 소유하지 못한 소외 계층의 인구가 배제되는 모바일 헬스(mHealth) '디지털 격차'가 발생하는 것은 아닌지 여부이다. 그러나 미국 인구의 모든 계층에서 스마트폰 보유율이 높다. 예를 들어, 아프리카계 미국인은 다른 집단에 비해 가정에서 인터넷을 사용하거나 광대역(broadband)에 액세스할 가능성이 낮지만('African Americans and Technology Use'), 아프리카계 미국인의 2/3가 스마트폰을 소유하고 있다('The Demographics of Device Ownership'). 이는 다른 인종 집단과 비슷한 비율로, 이들은 인터넷 사용 시 스마트폰에 더 많이 의존하곤 하며, 건강 상태에 대한 정보를 찾을 때 다른 집단보다 스마트폰을 더 많이 사용하는 것으로 나타났다.

개인정보 보호 및 보안에 대한 우려는 웹보다 스마트폰에서 대화형 에이전트를 사용하는 데 더 큰 장벽이 될 수 있는데, 특히 물질 오용과 같이 낙인 찍힐 수 있는 상태나 대화 주제에 대해서 그러하다. 사용자가 공공장소에 있는 동안 방관자가 음성 기반 상담 대화를 엿듣거나 텍스트 기반 대화를 볼 수 있어 심각한 개인정보 보호 문제가 발생할 수 있다. 위치 감지(global positioning system, GPS)를 사용하는 시스템은 다른 사람이 데이터에 액세스할 경우, 사용자 위치(예: 병원 또는 보호소)에 대한 민감 정보가 노출될 위험이 있다. 다른 사람이 환자의 스마트폰을 사용하는 과정에서 정신건강 상태나 중독과 관련된 것으로 알려져 있는 앱이 있다는 것을 발견하는 것만으로도 개인정보 보호에 잠재적인 위험을 초래할 수 있다. 이러한 이유로 특히 서버로 전송되는 환자 데이터의 보안이 매우 중요하다.

1) 스마트폰에서의 텍스트 기반 대화형 에이전트 개입

정신건강 개입을 위해 스마트폰에 배포된 텍스트 기반 챗봇의 예는 다양하다. '포켓 스킬스(Pocket Skills)'는 우울증을 위한 변증법적 행동치료를 사용하는 대화형 에이전트이다(Schroeder et al., 2018). 이 대화형 에이전트는 변증법적 행동치료를 개발한 Marsha Linehan 박사를 대표하며, 사용자에게 상담 컨텐츠를 안내한다. 73명의 참여자를 대상으로 4주간 단일 집단 준실험 현장 연구를 실시한 결과, 연구 기간 동안 우울 증상(PHQ-9 점수)과 불안(OASIS 점수)이 유의하게 감소한 것으로 나타났다.

'심(Shim)'은 긍정심리학 개입을 안내하는 스마트폰 기반의 챗봇으로, 객관식 입력 또는 자유 텍스트를 통해 이루어지는 텍스트 대화에 대한 사용자의 응답을 활용한다(Ly, Ly, & Andersson, 2017). 28명의 참여자를 2주간 심 또는 대기자 대조군으로 무작위 배정한 무작위 대조 시험에서, 참여자와의 인터뷰를 정성적으로 분석했을 때에는 몇 가지 흥미로운 통찰을 얻을 수 있었으나, 모든 측정 항목에서 개입 집단과 대조군 간 유의미한 차이는 발견되지 않았다.

'와이사(Wysa)'는 사용자로 하여금 인지행동치료, 변증법적 행동치료, 동기강화 면담 및 기타 프레임워크의 기술을 사용하여 정서적 회복력을 키울 수 있도록 돕기 위한 텍스트 기반 대화형 에이전트를 제공하는 스마트폰 앱이다(Inkster, Sarda, & Subramanian, 2018). 129명의 참여자를 대상으로 한 단일 집단 준실험 연구에서, 개입 기간 동안 사용자의 우울 증상(PHQ-9 점수)이 크게 호전된 것으로 나타났다.

'레디포라이프(Ready4Life)' 코칭 프로그램에는 청소년에게 스트레스 대처 기술과 담배, 전자담배, 대마초, 알코올 사용 방지에 대해 상담하는 대화형 에이전트가 포함되어 있다(Haug, Castro, Wenger, & Schaub, 2020). 에이전트는 사회인지 이론(목표 설정, 자기관찰, 관찰 학습), 사회 규범(규범적 피드백), 동기강화 면담(예: 의사결정의 균형)의 기술과 원칙을 사용한다. 4개월 동안의 개입을 평가하기 위한 무작위 대조 시험이 현재 진행 중이다.

2) 스마트폰에서의 구현된 대화형 에이전트 기반 개입

대부분의 스마트폰 챗봇은 인터페이스에 에이전트의 정적인 이미지는 띄우지만, 사용자에게 추가적인 정보를 전달하기 위해 손동작이나 얼굴 표정과 같은 동기화된 비언어적 대화 행동 애니메이션을 사용하지는 않는다. 스마트폰에서 진정한 구현된 대화형 에이전트는 거의 없으며(Feng et al., 2015), 건강 개입에 사용된 사례는 더욱 적다.

만성 질환 관리를 위한 스마트폰 기반 구현된 대화형 에이전트(비록 정신건강이나 중독을 위한 것은 아니나)의 한 예로 심방세동 환자를 위해 개발된 개입이 있다([그림 9.3])(Bickmore et al., 2018). 심방세동(atrial fibrillation, AF)은 불규칙한 심장 박동으로, 뇌졸중의 위험을 3~5배 증가시키며 치료하지 않으면 사망 위험을 두 배로 증가시킨다(Romero, Nedios, & Kriatselis, 2014). 심방세동 관리에는 정기적인 심장 박동 수치를 포함한 증상 관찰과 약물 복용이 포함된다. 구현된 대화형 에이전트는 다음과 같은 주제로 하루에 여러 번의 대화를 지원하도록 설계되었다: 심방세동 교육, 심장 박동 관찰 교육, 증상 교육 및 보고, 약물 및 약물 부작용, 응급 상황 인식 및 조치, 사용자가 스스로 건강을 관리할 수 있도록 동기 부여,

의료진과의 만남에 대한 준비. 30일간의 준실험적 예비 연구에서 건강 관련 삶의 질과 자가 보고된 약물 순응도에 대한 사전-사후 측정치가 유의미하게 개선되었다(Magnani et al., 2017).

보다 최근의 노력으로는, 주로 아프리카계 미국인으로 이루어진 보스턴의 교회 네트워크 구성원들의 건강을 증진하기 위한 구현된 대화형 에이전트가 개발되었다([그림 9.4])(Stowell et al., 2020). 구현된 대화형 에이전트와 그 대화는 영적, 종교적 언어를 건강 상담에 통합하여 교회 공동체에 맞게 조정되었다. 현재까지 운동과 식단(과일과 채소 섭취)이 실험실 연구와 예비 현장 연구에서 실시 및 평가되었다(O'Leary et al., 2020). 참여자들은 구현된 대화형 에이전트의 종교적 맞춤화와 수용성에 대해 긍정적인 피드백을 제공했으며, 에이전트와의 건강 상담 대화 맥락에서 영적 및 종교적 콘텐츠의 사용이 적절하고 진정성 있으며 동기 부여가 되었다고 말했다. 현재 구현된 대화형 에이전트에 의해 주도된 명상 가이드 및 스트레스 감소를 위한 경전 묵상을 포함한 이 개입에 대한 현장 연구가 진행 중이다.

4. 대화형 에이전트 사용 시 안전성 문제

대화형 에이전트는 많은 사람에게 도움을 줄 수 있는 잠재력을 가지고 있지만, 설계 시 예방 조치를 취하지 않으면 해를 끼칠 가능성도 있다.

Abd-Alrazaq 등은 정신건강을 위한 대화형 에이전트의 효과와 안전성에 대한 체계적 문헌 고찰을 수행하였다(Abd-Alrazaq et al., 2020). 이 분석에서 안전성 정보를 제공한 연구는 단 두 건뿐이었다. 하나는 아바타 개입 또는 대조군으로 무작위 배정된 60명의 참여자를 대상으로 우울 증상에 대한 12주 간의 아바타 기반 개입을 평가한 연구이다(Pinto et al., 2016). 두 번째 연구에서는 가상현실(virtual reality, VR)의 가상 코치를 사용하여 고소공포증에 대한 자동화된 6회기 개입을 실시했으며, 49명의 참여자를 무작위로 개입 집단에 배정하여 평가했다(Freeman et al., 2018). 약 80명의 참여자 중 부작용이나 안전성 문제를 보고한 사람은 없어, Abd-Alrazaque는 대화형 에이전트가 안전하다는 결론을 내렸다. 그러나 표본이 매우 적을 뿐만 아니라(두 개의 개입 연구), 첫 번째 연구는 최소한의 대화형 아바타(배우의 녹화된 연기를 기반으로 한)를 사용했고 두 번째 연구는 아바타와의 상호작용 수준을 설명하지 않았다. 이 두 연구의 안전성에 대한 결과가 모든 가능한 대화형 에이전트 개입 및 양식에 일반화되지는 않는다.

입력된 텍스트나 사용자 음성 등 제약 없는 자연 언어 입력을 사용하는 대화형 에이전트는 일반적으로 진찰에 사용될 때, 특히 정신건강 및 중독에 사용될 때 특별한 안전성의 위험을 수반한다. 자연 언어에 내재된 모호성, 대화형 에이전트의 전문성과 자연 언어 능력에 대한 사용자 지식 부족, 잘못된 신뢰의 가능성 등으로 인해 위험이 초래될 수 있다. 잠재적인 안전성 문제를 입증하기 위해, 널리 사용되는 세 가지 대화형 비서(애플(Apple)의 시리(Siri), 구글 홈(Google Home), 아마존(Amazon)의 알렉사(Alexa))를 사용한 연구가 이루어졌다. 비전문가들을 모집하여 잘못된 행동으로 인해 부상이나 사망에 이를 수 있는 몇 가지 의료 시나리오를 제시하였으며, 어떤 조치를 취해야 하는지 이 에이전트들로부터 조언을 구한 다음, 어떤 조치를 취할 것인지 보고하도록 했다. 사용자들은 394개의 과제 중 43%만 완료할 수 있었지만, 이 중 29%는 표준 의료 피해 척도(standard medical harm scale)를 사용하여 임상가가 평가했을 때 어느 정도의 피해를 초래할 수 있는 행동이었으며, 그 중 16%는 사망으로 이어질 수 있었던 행동인 것으로 나타났다(Bickmore et al., 2018). 이러한 결과를 초래한 오류는 시스템 처리의 모든 수준에서 발견되었으며, 질문을 지정하고 결과를 해석하는 사용자 행동에서까지도 나타났다. 이 연구의 결과는 최첨단 기술을 고려할 때, 의료 조언을 제공하는 시스템에 음성이나 타이핑된 텍스트 형태의 제약 없는 자연 언어 입력을 사용해서는 안 된다는 것을 의미한다. 예를 들어, 사용자가 대화의 각 단계에서 '말할 수 있는' 발화의 객관식 메뉴를 사용하는 등 사용자가 요청할 수 있는 조언의 종류를 엄격하게 제한해야 한다(예: [그림 9.1] 및 [그림 9.2]와 같이).

5. 앞으로의 방향성

앞으로 정신건강 및 중독 치료에서의 대화형 에이전트에 대해 다양한 방향으로 탐색하고 연구할 수 있다. 특히 스마트폰과 기타 모바일 기기의 센서는 대화형 에이전트 기반 개입에 중요한 정보를 제공하여 대화형 에이전트의 사용을 촉발시키거나 상담의 근거가 될 수 있는 데이터를 제공할 수 있다. 예를 들어, 피부 전도 반응(galvanic skin response, GSR)과 심박수는 각성 및 불안을 평가하고 상담 개입을 촉발시키는 데 사용할 수 있으며, 위치(GPS 센서를 통한)는 사용자가 물질 사용과 관련된 위치에 가까워지면 중독 개입을 촉발시키는 데 사용할 수 있다(Gustafson et al., 2014). 호흡수는 스트레스 감소 개입의 일부로 사용되는 대화형 에이전트 기반 명상 안내에 사용될 수 있다(Shamehki & Bickmore, 2018).

데스크톱 컴퓨터와 스마트폰의 텍스트 기반, 음성 기반, 화면 기반 대화형 에이전트와 구현된 대화형 에이전트 외에도 정신건강 및 중독 치료에서 대화형 에이전트를 배포하는 데 사용할 수 있는 다양한 새로운 매체가 있다. 가상현실은 공포증에 대한 둔감화 개입에 널리 사용되어 왔는데(Botella, Fernàndez-Álvarez, Guillén, García-Palacios, & Baños, 2017), 환자가 구현된 대화형 에이전트와 상담에 참여할 수 있는 사적이고 몰입적인 환경을 제공할 수도 있다. 증강현실(augmented reality, AR)은 신체 재활에 적용되었던 것처럼, 구현된 대화형 에이전트 정신건강 상담사 또는 기타 개입 매체를 디지털 방식으로 사용자 환경 속에 심을 수 있는 또 다른 기회를 제공한다(Botella et al., 2017). 휴머노이드 로봇은 개입을 위한 또 다른 매체를 제공하는데, 특히 집단상담(예: 부부관계 상담; Utami & Bickmore, 2019)이나 움직일 수 있는 로봇이 물리적으로 사용자의 위치로 이동하여 상담에 참여할 수 있는 상황에서 큰 효과를 발휘할 수 있다.

안전하면서도 사용자에게 충분한 유연성과 표현력을 제공하는 자연 언어 처리 및 대화 시스템 기술을 개발하는 것은 또 다른 중요한 연구 분야로 남아 있다. 또한 사람들이 서로 대화할 때 당연하게 여기는, 더 많은 대화 과정을 지원하는 상담 대화 시스템을 지속적으로 개발하는 것도 중요하다. 여기에는 다음과 같은 예시들이 포함될 수 있다:

- 혼합 주도형 대화 차례 주고받기
- 방해 행위
- 음성 억양(담화 맥락에 대한 다양한 정보를 전달하는 데 사용됨; Hirschberg, 1990)
- 담화 표지(담화 맥락의 변화를 알리는 '어쨌든'과 같은 단어 또는 구문; Schiffrin, 1987)
- 담화 생략(담화 맥락에서 내용을 유추할 수 있는 경우 구문론상 필요한 구절 생략)
- 그라운딩(화자와 청자가 고개를 끄덕이거나 '아하'와 같은 유사 언어 등의 신호를 통해 발화의 의미를 협상하고 확인하는 방법; Clark & Brennan, 1991)
- 간접적 발화(예: 화자가 '시계 있어요?'라고 말할 때 단순히 청자가 시계가 있는지 여부를 알고 싶어 하는 것이 아니라 시간을 알고 싶어함을 의미; Searle, 1975)

여러 의료 전문가, 간병인, 환자를 중재하는 등 통합적 치료 상황에서 대화형 에이전트를 사용하는 것도 후속 연구의 중요한 주제이다(Kowatsch et al., 2021).

끝으로, 이러한 기술을 임상 치료에 도입하기 전에 필요한 근거를 확립하기 위해서는 반복 연구를 포함하여 정신건강 및 중독 치료에서의 대화형 에이전트에 대한 더 많은 엄격한 연구가 필요하다.

6. 결론

대화형 에이전트는 정신건강 및 중독에 대한 치료 개입을 자동화할 수 있는 유망한 매개체이며, 이미 그 잠재력을 입증하는 강력한 경험적 연구가 활발히 진행되고 있다. 모든 대화형 에이전트 기반 개입에는 해결해야 할 안전성 문제가 있지만, 많은 사람에게 치료를 제공할 수 있는 확장 가능하고 저렴하며 충실도 높은 개입을 제공할 수 있는 잠재력을 가지고 있다.

참고문헌

Abd-Alrazaq, A.A., Alajlani, M., Alalwan, A.A., Bewick, B.M., Gardner, P. & Househ, M. (2019). An overview of the features of chatbots in mental health: A scoping review. *International Journal of Medical Information, 132*, 103978. doi:10.1016/j.ijmedinf.2019.103978.

Abd-Alrazaq, A.A., Rababeh, A., Alajlani, M., Bewick, B.M. & Househ, M. (2020). Effectiveness and safety of using chatbots to improve mental health: Systematic review and meta-analysis. *Journal of Medical Internet Research [Electronic Resource], 22*(7), e16021. doi:10.2196/16021.

African Americans and Technology Use. Retrieved from http://www.pewinternet.org/2014/01/06/african-americans-and-technology-use/.

Anderson, M., & Kumar, M. (2019). Digital divide persists even as lower-income Americans make gains in tech adoption. Retrieved from https://www.pewresearch.org/fact-tank/2019/05/07/digital-divide-persists-even-as-lower-income-americans-make-gains-in-tech-adoption/.

Bandura, A. (1986). *Social foundations of thought and action: A social cognitive theory*. Prentice-Hall, Englewood Cliffs, NJ.

Beck, J. (2011). *Cognitive behavior therapy: Basics and beyond*. The Guilford Press, New York, NY.

Ben-Zeev, D., Scherer, E.A., Wang, R., Xie, H. & Campbell, A.T. (2015). Next-generation psychiatric assessment: Using smartphone sensors to monitor behavior and mental health. *Psychiatric Rehabilitation Journal, 38*(3), 218–226. doi:10.1037/prj0000130.

Bickmore, T., Gruber, A. & Picard, R. (2005). Establishing the computer-patient working alliance in automated health behavior change interventions. *Patient Education and Counseling, 59*(1), 21–30.

Bickmore, T., Kimani, E., Trinh, H., Pusateri, A., Paasche-Orlow, M. & Magnani, J. (2018). Managing chronic conditions with a smartphone-based conversational virtual agent. Paper presented at the ACM conference on intelligent virtual agents Sydney, Australia, p. e11510.

Bickmore, T., Mitchell, S., Jack, B., Paasche-Orlow, M., Pfeifer, L. & ODonnell, J. (2010). Response to a relational agent by hospital patients with depressive symptoms. *Interacting with Computers, 22*(4), 289–298.

Bickmore, T., Pfeifer, L., Byron, D., Forsythe, S., Henault, L., Jack, B., Paasche-Orlow, M. (2010). Usability of conversational agents by patients with inadequate health literacy: Evidence from two clinical trials. *Journal of Health Communication, 15*(Suppl 2), 197–210.

Bickmore, T., Puskar, K., Schlenk, E., Pfeifer, L. & Sereika, S. (2010). Maintaining reality: Relational agents for antipsychotic medication adherence. *Interacting with Computers, 22*, 276–288.

Bickmore, T., Rubin, A. & Simon, S. (2020). Substance use screening using virtual agents. Paper presented at the proceedings of the 20th ACM international conference on intelligent virtual agents.

Bickmore, T., Trinh, H., Olafsson, S., O'Leary, T., Asadi, R., Rickles, N. & Cruz, R. (2018). Patient and consumer safety risks when using conversational assistants for medical information: An observational study of Siri, Alexa, and Google Assistant. *Journal of Medical Internet Research [Electronic Resource], 20*(9).

Bickmore, T., Utami, D., Matsuyama, R., Paasche-Orlow, M. (2016). Improving access to online health information with conversational agents: A randomized controlled experiment. *Journal of Medical Internet Research, 18*(1), e1.

Botella, C., Fernández-Álvarez, J., Guillén, V., García-Palacios, A., Baños, R. (2017). Recent progress in virtual reality exposure therapy for phobias: A systematic review. *Current Psychiatry Reports, 19*(7), 42. doi:10.1007/s11920-017-0788-4.

Brown, W., Lopez Rios, J., Sheinfil, A., Frasca, T., Cruz Torres, C., Crespo, R., Carballo-Diéguez, A. (2020). Text messaging and disaster preparedness aids engagement, re-engagement, retention, and communication among Puerto Rican participants in a human immunodeficiency virus (HIV) self-testing study after hurricanes Irma and Maria. *Disaster Medicine Public Health Preperation*, 1–8. doi:10.1017/dmp.2020.25.

Christensen, H., Griffiths, K.M. & Jorm, A.F. (2004). Delivering interventions for depression by using the internet: Randomised controlled trial. *British Medical Journal, 328*, 265.

Clark, H. H., & Brennan, S. E. (1991). Grounding in communication. L. B. Resnick, J. M. Levine, & S. D. Teasley (Eds.). In *Perspectives on Socially Shared Cognition* (pp. 127–149). Washington: American Psychological Association.

Cooper, C.L., Hind, D., Parry, G.D., Isaac, C.L., Dimairo, M., O'Cathain, A. & Sharrack, B. (2011). Computerised cognitive behavioural therapy for the treatment of depression in people with multiple sclerosis: External pilot trial. *Trials, 12, 259*. doi:10.1186/1745-6215-12-259.

Cornet, V.P. & Holden, R.J. (2018). Systematic review of smartphone-based passive sensing for health and wellbeing. *Journal of Biomedical Informatics, 77*, 120–132. doi:10.1016/j.jbi.2017.12.008.

Corrigan, P.W. (2016). Lessons learned from unintended consequences about erasing the stigma of mental illness. *World Psychiatry, 15*(1), 67–73.

Darcy, A., Daniels, J., Salinger, D., Wicks, P. & Robinson, A. (2021). Evidence of human-level bonds established with a digital conversational agent: Cross-sectional, retrospective observational study. *JMIR Formative Research, 5*(5), e27868. doi:10.2196/27868.

Dosovitsky, G., Pineda, B.S., Jacobson, N.C., Chang, C., Escoredo, M. & Bunge, E.L. (2020). Artificial intelligence chatbot for depression: Descriptive study of usage. *JMIR Formative Research, 4*(11), e17065. doi:10.2196/17065.

Feng, A., Leuski, A., Marsella, S., Casas, D., Sin-Hwa, K. & Shapiro, A. (2015). A platform for building mobile virtual humans. Paper presented at the intelligent virtual agents (IVA).

Fitzpatrick, K.K., Darcy, A. & Vierhile, M. (2017). Delivering cognitive behavior therapy to young adults with symptoms of depression and anxiety using a fully automated conversational agent (Woebot): A randomized controlled trial. *JMIR Mental Health, 4*(2), e19. doi:10.2196/mental.7785.

Freeman, D., Haselton, P., Freeman, J., Spanlang, B., Kishore, S., Albery, E. & Nickless, A. (2018). Automated psychological therapy using immersive virtual reality for treatment of fear of heights: A single-blind, parallel-group, randomised controlled trial. *Lancet Psychiatry, 5*(8), 625–632. doi:10.1016/s2215–0366(18)30226–8.

Fulmer, R., Joerin, A., Gentile, B., Lakerink, L. & Rauws, M. (2018). Using psychological artificial intelligence (Tess) to relieve symptoms of depression and anxiety: Randomized controlled trial. *JMIR Mental Health, 5*(4), e64. doi:10.2196/mental.9782.

Gaffney, H., Mansell, W. & Tai, S. (2019). Conversational agents in the treatment of mental health problems: Mixed-method systematic review. *JMIR Mental Health, 6*(10), e14166. doi:10.2196/14166.

Greer, S., Ramo, D., Chang, Y.J., Fu, M., Moskowitz, J. & Haritatos, J. (2019). Use of the chatbot 'Vivibot' to deliver positive psychology skills and promote well-being among young people after cancer treatment: Randomized controlled feasibility trial. *JMIR Mhealth Uhealth, 7*(10), e15018. doi:10.2196/15018.

Grünerbl, A., Muaremi, A., Osmani, V., Bahle, G., Ohler, S., Tröster, G. & Lukowicz, P. (2015). Smartphone-based recognition of states and state changes in bipolar disorder patients. *IEEE Journal of Biomedical Health Information, 19*(1), 140–148. doi:10.1109/jbhi.2014.2343154.

Gustafson, D.H., McTavish, F.M., Chih, M.Y., Atwood, A.K., Johnson, R.A., Boyle, M.G. & Shah, D. (2014). A smartphone application to support recovery from alcoholism: A randomized clinical trial. *JAMA Psychiatry, 71*(5), 566–572. doi:10.1001/jamapsychiatry.2013.4642.

Haug, S., Castro, R.P., Wenger, A. & Schaub, M.P. (2020). Efficacy of a smartphone-based coaching program for addiction prevention among apprentices: Study protocol of a cluster-randomised controlled trial. *BMC Public Health [Electronic Resource], 20*(1), 1910. doi:10.1186/s12889-020-09995-6.

Hirschberg, J. (1990). Accent and discourse context: Assigning pitch accent in synthetic speech. In Paper presented at the AAAI 90.

Hoermann, S., McCabe, K.L., Milne, D.N. & Calvo, R.A. (2017). Application of synchronous text-based dialogue systems in mental health interventions: Systematic review. *Journal of Medical Internet Research [Electronic Resource], 19*(8), e267. doi:10.2196/jmir.7023.

Huckvale, K., Nicholas, J., Torous, J. & Larsen, M.E. (2020). Smartphone apps for the treatment of mental health conditions: Status and considerations. *Current Opinion on Psychology, 36*, 65–70. doi:10.1016/j.copsyc.2020.04.008.

Inkster, B., Sarda, S. & Subramanian, V. (2018). An empathy-driven, conversational artificial intelligence agent (Wysa) for digital mental well-being: Real-world data evaluation mixed-methods study. *JMIR Mhealth Uhealth, 6*(11), e12106. doi:10.2196/12106.

Key substance use and mental health indicators in the United States: Results from the 2019 National Survey on Drug Use and Health (HHS Publication No. PEP20-07-01-001). (2020). Retrieved from https://www.samhsa.gov/data/sites/default/files/reports/rpt29393/2019NSDUHFFRPDFWHTML/2019NSDUHFFR1PDFW090120.pdf.

Kowatsch, T., Schachner, T., Harperink, S., Barata, F., Dittler, U., Xiao, G., Möller, A. (2021). Conversational agents as mediating social actors in chronic disease management involving health care professionals, patients, and family members: Multisite single-arm feasibility study. *Journal of Medical Internet Research [Electronic Resource], 23*(2), e25060. doi:10.2196/25060.

Linehan, M. (2014). *DBT skills training manual*. Guildofrd Press, New York, NY.

Lu, H., Frauendorfer, D., Rabbi, M., Mast, M., Chittaranjan, G., Campbell, A., Gatica-Perez D., Choudhury, T. (2012). StressSense: detecting stress in unconstrained acoustic environments using smartphones. In *Proceedings of the 2012 ACM Conference on Ubiquitous Computing (UbiComp '12)*. Association for Computing Machinery, New York, NY, USA, 351360. https://doi.org/10.1145/2370216.2370270.

Lucas, G., Gratch, J., King, A. & Morency, L. (2014). It's only a computer: Virtual humans increase willingness to disclose. *Computers in Human Behavior, 37*, 94–100.

Ly, K.H., Ly, A.M. & Andersson, G. (2017). A fully automated conversational agent for promoting mental well-being: A pilot RCT using mixed methods. *Internet Intervention, 10*, 39–46. doi:10.1016/j.invent.2017.10.002.

Magnani, J., Schlusser, C., Kimani, E., Rollman, B., Paasche-Orlow, M. & Bickmore, T. (2017). The atrial fibrillation health literacy information technology system: Pilot assessment. *JMIR Cardiology, 1*(2), e7.

Majumder, S. & Deen, M.J. (2019). Smartphone sensors for health monitoring and diagnosis. *Sensors (Basel), 19*(9), 2164. doi:10.3390/s19092164.

Miller, W. & Rollnick, S. (2012). *Motivational interviewing: Preparing people for change. third ed.*, Guilford Press, New York.

Morris, R.R., Kouddous, K., Kshirsagar, R. & Schueller, S.M. (2018). Towards an artificially empathic conversational agent for mental health applications: System design and user perceptions. *Journal of Medical Internet Research [Electronic Resource], 20*(6), e10148. doi:10.2196/10148.

O'Connor, S., Hanlon, P., O'Donnell, C.A., Garcia, S., Glanville, J. & Mair, F.S. (2016). Understanding factors affecting patient and public engagement and recruitment to digital health interventions: A systematic review of qualitative studies. *BMC Medical Informatics and Decision Making [Electronic Resource], 16*(1), 120. doi:10.1186/s12911-016-0359-3.

Oga, E.A., Mark, K., Peters, E.N., Coleman-Cowger, V.H. (2020). Validation of the NIDA-modified ASSIST as a screening tool for prenatal drug use in an urban setting in the United States. *Journal of Addiction Medicine, 4*(5), 423. doi:10.1097/adm.0000000000000614.

O'Leary, T., Stowell, E., Kimani, E., Parmar, D., Olafsson, S., Hoffman, H., Bickmore, T. (2020). Community-based cultural tailoring of virtual agents. In Paper presented at the ACM international conference on intelligent virtual agents.

Pinto, M.D., Greenblatt, A.M., Hickman, R.L., Rice, H.M., Thomas, T.L. & Clochesy, J.M. (2016). Assessing the critical parameters of eSMART-MH: A promising avatar-based digital therapeutic intervention to reduce depressive symptoms. *Perspectives in Psychiatric Care, 52*(3), 157-168. doi:10.1111/ppc.12112.

Prochaska, J.J., Vogel, E.A., Chieng, A., Kendra, M., Baiocchi, M., Pajarito, S. & Robinson, A. (2021). A therapeutic relational agent for reducing problematic substance use (Woebot): Development and usability study. *Journal of Medical Internet Research [Electronic Resource], 23*(3), e24850. doi:10.2196/24850.

Puskar, K., Schlenk, E.A., Callan, J., Bickmore, T. & Sereika, S. (2011). Relational agents as an adjunct in schizophrenia treatment. *Journal of Psychosocial Nursing and Mental Health Services, 49*(8), 22-29.

Ramachandran, M., Suharwardy, S., Leonard, S.A., Gunaseelan, A., Robinson, A., Darcy, A. & Judy, A. (2020). Acceptability of postnatal mood management through a smartphone-based automated conversational agent. *American Journal of Obstetrics and Gynecology, 222*(1), 74. doi:10.1016/j.ajog.2019.11.090.

Ring, L. (2017). *An affect-aware dialogue system for counseling*. Northeastern University, Boston, MA.

Romero, I., Nedios, S. & Kriatselis, C. (2014). Diagnosis and management of atrial fibrillation: An overview. *Cardiovascular Therapeutics, 32*(5), 242–252.

Rubin, A., Livingston, N., Hocking, E., Bickmore, T., Sawdy, M., Kressin, N. & Simon, S. (2022). Computerized relational agent to deliver alcohol brief intervention and referral to treatment in primary care: A randomized clinical trial. *Journal of General Interal Medicine, 37*(1), 70–77.

Saeb, S., Lattie, E.G., Schueller, S.M., Kording, K.P. & Mohr, D.C. (2016). The relationship between mobile phone location sensor data and depressive symptom severity. *Peer Journal, 4*, e2537. doi:10.7717/peerj.2537.

Saeb, S., Zhang, M., Karr, C.J., Schueller, S.M., Corden, M.E., Kording, K.P. & Mohr, D.C. (2015). Mobile phone sensor correlates of depressive symptom severity in daily-life behavior: An exploratory study. *Journal of Medical Internet Research [Electronic Resource], 17*(7), e175. doi:10.2196/jmir.4273.

Schiffrin, D. (1987). *Discourse markers*. Cambridge University Press, Cambridge.

Schroeder, J., Wilks, C., Rowan, K., Toledo, A., Paradiso, A., Czerwinski, M. & Linehan, M. (2018). Pocket skills: A conversational mobile web App to support dialectical behavioral therapy. Paper presented at the ACM conference on human factors in computing (CHI).

Searle, J. R. (1975). Indirect speech acts. In Speech acts (pp. 59–82). Brill. Leiden. https://doi.org/10.1163/9789004368811_004.

Sebastian, J. & Richards, D. (2017). Changing stigmatizing attitudes to mental health via education and contact with embodied conversational agents. *Computers in Human Behavior, 73*, 479–488. doi:10.1016/j.chb.2017.03.071.

Shamehki, A. & Bickmore, T. (2018). Breathe deep: A breath-sensitie interactive meditation coach. Paper presented at the international conference on pervasive computing technologies for healthcare New York.

So, R., Furukawa, T.A., Matsushita, S., Baba, T., Matsuzaki, T., Furuno, S. & Higuchi, S. (2020). Unguided chatbot-delivered cognitive behavioural intervention for problem gamblers through messaging App: A randomised controlled trial. *Journal of Gambling Studies, 36*(4), 1391–1407. doi:10.1007/s10899-020-09935-4.

Stowell, E., O'Leary, T., Kimani, E., Paasche-Orlow, M., Bickmore, T. & Parker, A. (2020). Investigating opportunities for crowdsourcing in church-based health interventions: A participatory design study. Paper presented at the ACM conference on human factors in computing (CHI 2020). http://relationalagents.com/publication/2020/chi20/CHI20.pdf.

Suganuma, S., Sakamoto, D. & Shimoyama, H. (2018). An embodied conversational agent for unguided internet-based cognitive behavior therapy in preventative mental health: Feasibility and acceptability pilot trial. *JMIR Mental Health, 5*(3), e10454. doi:10.2196/10454.

Suharwardy, S., Ramachandran, M., Leonard, S.A., Gunaseelan, A., Robinson, A., Darcy, A. & Judy, A. (2020). Effect of an automated conversational agent on postpartum mental health: A randomized, controlled trial. *American Journal of Obstetrics and Gynecology, 222*(1), 116. doi:10.1016/j.ajog.2019.11.132.

The Demographics of Device Ownership. Retrieved from http://www.pewinternet.org/2015/10/29/the-demographics-of-device-ownership/.

Tomko, S., Harris, T., Toth, A., Sanders, J., Rudnicky, A. & Rosenfeld, R. (2005). Towards efficient human machine speech communication: The speech graffiti project. *ACM Transactions on Speech and Language Processing, 2*(1), 2–es.

Utami, D. & Bickmore, T. (2019). Collaborative user responses in multiparty interaction with a couples counselor robot. Paper presented at the human robot interaction (HRI).

Vaidyam, A.N., Linggonegoro, D. & Torous, J. (2020). Changes to the psychiatric chatbot landscape: A systematic review of conversational agents in serious mental illness: Changements du paysage psychiatrique des chatbots: Une revue systématique des agents conversationnels dans la maladie mentale sérieuse. *Canadian Journal of Psychiatry Revue Canadienne De Psychiatrie, 66*(4), 339–348. doi:10.1177/0706743720966429.

Vaidyam, A.N., Wisniewski, H., Halamka, J.D., Kashavan, M.S. & Torous, J.B. (2019). Chatbots and conversational agents in mental health: A review of the psychiatric landscape. *Canadian Journal of Psychiatry Revue Canadienne De Psychiatrie, 64*(7), 456–464. doi:10.1177/0706743719828977.

Veinot, T.C., Mitchell, H. & Ancker, J.S. (2018). Good intentions are not enough: How informatics interventions can worsen inequality. *Journal of the American Medical Informatics Association, 25*(8), 1080–1088. doi:10.1093/jamia/ocy052.

제10장

감지 및 지원을 위한 음성 기반 대화형 에이전트: 학계 및 업계의 사례

Caterina Bérubé and Elgar Fleisch

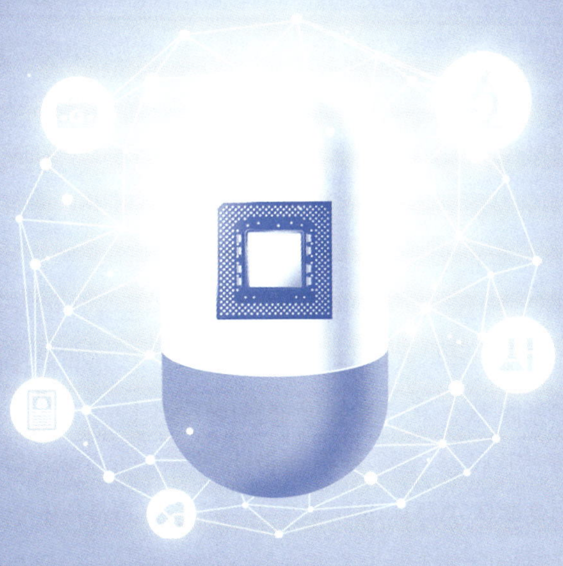

1. 서론

음성 상호작용은 새로운 것이 아니다. 최초의 음성 인식 장치인 라디오 렉스(Radio Rex)는 1920년대에 만들어졌다. 이 개 모양의 플라스틱 장난감은 압력파에 반응하는 메커니즘이 포함되어 있는 개집처럼 생긴 상자 안에 들어 있어, '렉스(Rex)'라는 이름을 부르면 장난감이 상자 밖으로 튀어나오는 장치였다(David & Selfridge, 1962). 음성 인식은 1960년대에 음성 기반 산술 명령을 처리할 수 있는 IBM의 '슈박스(Shoebox)'를 통해 처음으로 가능해졌고(IBM, 2003), 1990년대 초에 드래곤딕테이트(DragonDictate)(Cohen, 1991)를 통해 상업적으로 사용되기 시작했다. 그러나 음성 상호작용은 2011년 애플(Apple)의 시리(Siri)의 출시에 따라 스마트폰 기반 음성 비서에 간단한 음성 인식 기능이 구현되면서 효과적으로 확장되었다. 당시에는 스마트폰과 대화하는 것만으로도 메시지를 보내거나 회의 일정을 잡거나 정보를 검색하는 데 도움을 받을 수 있었고, 순수한 엔터테인먼트 목적으로도 사용할 수 있었다. 오늘날 음성 기반 대화형 에이전트(voice-based conversational agent, VCA)는 사람의 음성을 유연하게 인식하여 점점 더 정교한 기능(예: 쇼핑, 금융, 여행, 건강 및 웰빙)을 촉발시키는 의도(즉, 실행 메시지)로 변환하고, 끊임없이 진화하는 합성 음성으로 응답할 수 있다(Hoy, 2018). 또한 아마존(Amazon)이나 구글(Google)과 같은 선도적인 기업들은 스킬(*Skills*)(아마존) 또는 액션(*Actions*)(구글)의 형태로 음성 애플리케이션의 구현을 대중화했다. 이러한 애플리케이션을 사용하면 영화 대사의 재생부터 가장 가까운 응급 진료소 찾기까지 음성 명령만으로도 다양한 특정 작업을 수행할 수 있다.

음성 상호작용은 주로 컨트롤 부스나 비서로 사용되어 왔으며, 헬스케어 분야에서의 적용은 아직 탐색되지 않았다(Bérubé et al., 2021; Sezgin, Militello, Huang, & Lin, 2020).

이 장에서는 디지털 헬스 개입을 전달함에 있어 음성 상호작용의 장점을 소개하고, 정신 및 약물 사용 장애 분야의 학계와 업계의 사례를 모아 제시한다. 이 문헌고찰은 모든 사례를 소개하는 것이 아니라, 가장 널리 사용되는 기능과 트렌드에 대해 논의하기 위한 개관을 하는 데 목적이 있다. 음성을 통해 상호작용하는 대화형 에이전트는 음성 비서, 음성 기반 대화형 에이전트, 음성 기반 챗봇, 음성 활성화 장치, 음성 지원 장치 또는 대화형 음성 애플리케이션 등 여러 용어로 지칭되어 왔기 때문에(Sezgin et al., 2020), 우리는 이러한 기술의 대화적 특성을 강조하는 음성 기반 대화형 에이전트라는 용어를 사용할 것이다.

1) 의료 시스템의 부담 완화를 위한 음성 기반 대화형 에이전트

음성 기반 대화형 에이전트는 점점 더 보편화되고 있다. 2021년에 약 1억 3천만 명의 미국인, 영국인, 독일인이 스마트 스피커(즉, 인터넷 지원 스피커에 구현된 음성 기반 대화형 에이전트)를 소유하고 있으며(Kinsella & Herndon, 2021a, 2021b, 2021c), 2018년에는 이미 1억 5천만 명 이상의 미국인이 스마트폰에서 음성 비서를 사용했다(Kinsella & Mutchler, 2019). 애플 시리가 시장에 출시된 최초의 음성 기반 대화형 에이전트인 만큼, 스마트폰이 주요 구현 디바이스였다. 그러나 이제 스마트 스피커와 같은 가정용 기기가 가정을 점령하고 있으며, 점차 일상 생활에 통합될 것으로 예상된다(Kinsella, 2020). 이러한 높은 채택률은 음성 기반 대화형 에이전트를 통해 행동 건강 개입을 우리의 건강 및 안녕감 관련 행동에 통합할 수 있는 큰 잠재력이 있음을 보여 준다. 아마존 알렉사(Amazon Alexa)나 구글 어시스턴트(Google Assistant)와 같은 상용 음성 기반 대화형 에이전트는 '루틴'(예: 일련의 특정 기능을 시간 또는 명령에 기반하여 촉발시키는 것)을 생성할 수 있으므로, 정신 또는 물질 사용 장애로 고통받는 개인은 건강에 대한 알림, 정보 조회, 건강에 대한 보고서와 같은 기능의 혜택을 누릴 수 있다(예: 앱, 연결된 의료 기기 또는 가상 의료 기록의 데이터에 액세스함으로써).

또한 상업용 음성 기반 대화형 에이전트 서비스 제공업체들이 자사의 기술을 건강 개입과 호환되도록 만들기 위해 노력하고 있음이 관찰되고 있다. 예를 들어, 아마존은 2019년 4월 4일에 1996년 건강보험 이동성과 결과 보고 책무 활동(Health Insurance Portability and Accountability Act, HIPAA)[1]에 따라 건강 정보 보호를 지원하는 서비스를 배포한다고 선언하여, 건강보험 이동성과 결과 보고 책무 활동을 준수하는 알렉사 기반 서비스를 만들 수 있게 되었다(제104차 미국 의회, 1996). 또한 아마존은 신뢰할 수 있는 건강 관련 정보를 제공하기 위해 영국 국민건강서비스(National Health Servise, NHS)와 파트너십을 맺었다. 구글은 코로나19 팬데믹 기간 사이에 가짜 정보 제공을 방지하기 위해 코로나 바이러스와 관련된 조치

1 (역자 주) 건강보험 이동성과 결과 보고 책무 활동(Health Insurance Portability and Accountability Act, HIPAA): 건강관리산업과 보호건강정보에서 표준화와 효율을 촉진하고자 한 1996년 미국 연방의 법률이다. 상담자 및 기타 정신건강전문가를 포함한 공급자라면 누구라도 건강보험 이동성과 결과 보고 책무 활동 요구사항을 준수해야 하며, 감추어진 거래와 관련하여 전자양식에 따라 보건의료정보를 제출해야 한다.

에 대한 승인 요청을 신중하게 심사하는 등 유사한 노력을 시작한 것으로 보인다(Schwartz, 2020).

2019년에 전 세계적으로 9억 7천만 명의 성인이 정신 장애를 앓고 있었으며(Dattani, Ritchie, & Roser, 2021) 2020년에는 3천 6백만 명이 물질 사용 장애의 영향을 받았던 만큼(United Nations, 2021), 이러한 상태에 대한 일상적인 관리가 필요하다. 음성 기반 대화형 에이전트는 환자가 기존의 치료를 보완해 주는 건강 관리 접근법을 이용할 수 있도록 기회를 제공할 뿐만 아니라, 의료 전문가와 간병인으로 하여금 직접 대면하여 수행하는 일상적인 절차로부터 벗어날 수 있게 해 준다(Sezgin et al., 2020; Sezgin, Huang, Ramtekkar, & Lin, 2020). 잘 알려져 있다시피 정신건강은 인간의 사회적 지원으로부터 혜택을 받기 때문에(Harandi, Taghinasab, & Nayeri, 2017), 우리는 음성 기반 대화형 에이전트를 의료 전문가를 대체하는 것이 아니라 양질의 의료 서비스를 위한 통합적인 도구로 간주한다.

2) 음성 양식의 장점

음성 기반 대화형 에이전트는 디지털 헬스 개입을 자동으로, 그리고 쉽게 전달할 수 있는 도구를 제공할 수 있다. 그런데 왜 우리는 문자 메시지를 보내거나 아바타를 보고 대화하는 대신 컴퓨터와의 대화를 통해 정신건강이나 약물 사용에 대해 소통하는 것을 선호하는가? 이 섹션에서는 텍스트 기반 대화형 에이전트(text-based conversational agent, TCA) 및 구현된 대화형 에이전트(embodied conversational agent, ECA)와 같은 다른 유형의 대화형 에이전트에 비해 음성 기반 대화형 에이전트가 유리한 인체공학적 이유를 제시할 것이다.

우리는 텍스트 기반 대화형 에이전트와 구현된 대화형 에이전트에 비해 음성 기반 대화형 에이전트가 가지는 네 가지 장점을 확인했다: (1) 인간과 기계 간 상호작용의 효율성, (2) 다양한 맥락과 다양한 유형의 사용자를 위한 접근성, (3) 사회적 존재감, (4) 음성 기반 감지의 기회. 헬스케어 분야에서는 오랫동안 의료 전문가를 보완할 수 있는 확장 가능한 솔루션을 제공하기 위해 스마트폰 애플리케이션을 통한 텍스트 기반 대화형 에이전트를 사용해 왔다. 예를 들어, 대화를 통해 정신건강 지원을 제공하는 와이사(Wysa), 우봇(Woebot) 또는 유퍼(Youper)가 있다(Alattas et al., 2021). 텍스트 기반 대화형 에이전트는 일반적으로 사용자로 하여금 표준 프롬프트가 있는 미리 정의된 버튼 중에서 선택하도록 하거나 메시지를 자유롭게 입력할 수 있도록 하는 등 사람과 사람 간의 문자 메시지를 모방한다. 그러나 문자 메시지는 경우에 따라 더 많은 노력이 필요한 상호작용을 초래할 수 있다. 스마트폰을 들고, 애플리케이션을 시작하고, 읽고, 타이핑하는 데 많은 시간과 주의력이 필요할 수 있다.

이 때 음성 기반 대화형 에이전트가 도움이 될 수 있다. 음성 상호작용은 기기를 보지 않고도 동일한 의도를 전달할 수 있어, 사용자의 손을 자유롭게 해 주기 때문이다. 길었던 근무를 마치고 집에 돌아와 소파에 편안히 앉아 명상 회기를 시작하고 싶다고 느끼는 상황을 상상해 보자. 스마트폰 애플리케이션을 열고 회기를 시작하기에 적합한 기능을 찾는 것은 단순히 '안녕, 비서. 명상 회기 시작해줘'라고 말하는 것보다 더 번거로울 수 있다(Bostock, Crosswell, Prather, & Steptoe, 2019). 다시 말해, 음성 상호작용은 더 높은 효율을 가져다준다. 또한 음성 기반 대화형 에이전트는 가전제품(Ammari, Kaye, Tsai, & Bentley, 2019)이나 건강 센서(Basatneh, Najafi, & Armstrong, 2018)와 같은 스마트 환경을 제어하는 데에도 널리 사용되고 있다. 따라서 명상 회기는 방의 조명을 어둡게 하고 디퓨저를 켜는 것과 쉽게 연동될 수 있다.

그뿐만 아니라 음성 상호작용은 운전(Large, Burnett, Anyasodo, & Skrypchuk, 2016; Militello, Sezgin, Huang, & Lin, 2021; Simmons, Caird, & Steel, 2017; Strayer et al., 2019; Young & Zhang, 2017), 요리(Vtyurina & Fourney, 2018), 훈련(Chung, Griffin, Selezneva, & Gotz, 2018; Namba, 2021), 심지어 수술(El-Shallaly, Mohammed, Muhtaseb, Hamouda, & Nassar, 2005)과 응급 처치를 하는 상황에(Damacharla et al., 2019) 이르기까지, 텍스트 기반 대화형 에이전트 및 구현된 대화형 에이전트와 달리 사용자가 손을 사용하고 있는 상황에서 입력에 도움을 준다. 예를 들어, 아이를 돌봐야 하는 산후 우울증을 앓고 있는 산모의 경우에도 모유 수유 중에 인지 행동 개입을 통해 도움을 받을 수 있다(Stuart & Koleva, 2014).

또한 음성 상호작용은 시각 정보나 신체 움직임에 의존하지 않도록 설계되어 있기 때문에 시각, 운동 또는 인지 장애가 있는 사용자에 대한 접근성과 포용성(inclusivity)을 높일 수 있다(Abdolrahmani, Storer, Roy, Kuber, & Branham, 2020; Barata, Galih Salman, Faahakhododo, & Kanigoro, 2018; Choi, Kwak, Cho, & Lee, 2020; Friedman et al., 2019; Masina et al., 2020; Pradhan, Mehta, & Findlater, 2018). 따라서 사지 마비로 고통받는 사람은 음성 기반 대화형 에이전트에게 불면증에 대해 도움을 달라고 쉽게 요청할 수 있다(Spong, Graco, Brown, Schembri, & Berlowitz, 2015). 그러나 일부 음성 기반 대화형 에이전트는 이러한 사용자를 위해 특별히 설계되지 않았기 때문에 추가 조사가 필요할 수 있다(Stacy & Antony Rishin Mukkath, 2019).

다음으로, 음성 기반 대화형 에이전트는 더 큰 사회적 실재감(social presence)을 제공하며(Cho, Molina, & Wang, 2019; Pitardi & Marriott, 2021), 목소리 톤이나 일시적인 멈춤과 같은 비언어적 단서를 통해 개성을 표현할 수 있어(Perez Garcia & Saffon Lopez, 2019) 인간 대 인간의 상호작용에 더 가깝게 모방할 수 있다. 이러한 효과는 외로움으로 고통받는 사람들에게도 도움이 되는 것으로 확인되었다(Pradhan, Lazar, & Findlater, 2020). 또한 구현된 대화형 에이전트가 음성 기반 대화형 에이전트에 비해 더 높은 수준의 라포(Shamekhi, Liao, Wang, Bellamy, & Erickson, 2018)와 사회적 실재감을 줄 수 있지만(Kim et al., 2018), 그 효과는 얼굴 표정과 제스처를 모방하는 구현된 대화형 에이전트의 성능에 따라 달라진다(Qiu & Benbasat, 2005). 그런 의미에서 음성 기반 대화형 에이전트는 사회적 실재감과 관련된 사용자 경험을 강화할 가능성이 낮을 수 있다. 예를 들어, 외상 후 스트레스 장애가 있는 개인이 구현된 대화형 에이전트의 시각적 효과로 인해 사용자 경험에 있어 부정적인 영향을 받는다면, 건강 개입에 대한 참여가 감소하고 곧 그 개입은 효과를 잃을 수 있다(Yeager & Benight, 2018).

끝으로, 음성은 개입할 적절한 순간을 감지하여 사용자에 대한 정보를 보강할 수도 있다. 행동 변화를 위한 디지털 헬스 개입은 취약한 상태(예: 담배에 대한 갈망이 있을 때), 변화에 열려 있는 상태(예: 금연에 대한 동기가 높을 때), 수용적인 상태(예: 업무로부터 휴식 중인 상태)인 개인에게 지원이 제공될 때 가장 큰 효과를 발휘한다. 적시 개입(Nahum-Shani et al., 2017; Nahum-Shani et al., 2018; Nahum-Shani, Hekler, & Spruijt-Metz, 2015)은 무작위 개입(time-random intervention) 또는 개입의 부재(Wang & Miller, 2020)에 비해 효과를 증진시키는 것으로 나타났다. 이러한 맥락에서 감지 및 지원 패러다임(sensing-and-support paradigm)은 (1) 특정 건강 관련 데이터 스트림을 정기적으로 *감지*하거나 모니터링하기 위한 기술을 사용하고, (2) 건강 상태를 제시하거나 관리하기 위한 도구를 지원 또는 제공하기 위한 인터페이스를 사용하는 것을 포함한다. 구체적으로 감지란, 수동 감지(예: 웨어러블 활동 추적기, 마이크, 디지털 캘린더 이벤트) 또는 능동 평가(예: 생태학적 순간 평가, ecological momentary assessment, EMA)를 사용하여 개인의 현재 행동 또는 건강 상태를 이해하고, 지원을 촉발시키는 것이 적절한지 여부를 결정하는 것을 의미한다. 우리는 지원이라는 용어를 개인의 정신건강 상태 또는 물질 사용 장애를 관리하는 데 도움을 주기 위한 모든 개입을 지칭하는 표현으로 사용하겠다. 음성 기반 대화형 에이전트는 음성의 특징에 접근할 수 있도록 하여 음성 생체 지표와 음성 인증을 가능하게 한다. 음성 생체 지표는 음성 또는 말이 포함된 오디오 신호로부터 추출한 특징으로, 기준이 되는 상태와 다른 건강 상태의 변화를 유추하여 상태를 모니터링하거나, 예후를 예측하거나 또는 진단할 수 있게 해 준다(Fagherazzi, Fischer, Ismael, & Despotovic, 2021). 음성 생체 지표를 위한 데이터 수집은 비침습적이며, 임상 결과를 원격으로 자주 평가할 수 있도록 돕는다. 일반적인 음성 특성으로는 기본 주파수, 음성 강도, 말의 속도, 지터(jitter)[2], 쉬머(shimmer)[3] 등이 있다. 실제로 말은 감정(Akçay & Oğuz, 2020; Thakur & Dhull, 2021) 및 정신건강 상태(Cummins, Epps, Sethu, Breakspear, & Goecke, 2013; Low, Bentley, & Ghosh, 2020)에 대한 음성 생체 지표를 정의하는 데 사용될 수 있음이 확인된 바 있다. 그뿐만 아니라, 음성 생체 지표는 우울증과 연관된 알츠하이머(Pulido et al., 2020)와 파킨슨병(Oung et al., 2015)을 진단하는 데에도 사용되어 왔다(Aarsland, Påhlhagen, Ballard, Ehrt, & Svenningsson, 2012; Ownby, Crocco, Acevedo, John, & Loewenstein, 2006). 음성 기반 대화형 에이전트가 사용자인 불안에 직면한 학생과 아침에 일상적인 대화를 나누다가 그의 목소리에서 괴로움을 감지했다고 상상해 보자. 음성 기반 대화형 에이전트는 학생의 정신 상태를 관리하기 위한 짧은 코칭 회기를 제안할 수 있을 것이다(Lattie et al., 2019).

그러나 관련 음성 생체 지표를 감지하려면 의도한 개인만이(예를 들어, 다른 가족 구성원이 아닌) 건강 개입을 받을 수 있도록 보장되어야 한다. 음성 인증은 음성을 사용하여 신원을 확인하는 것을 말한다. 많은 사람이 음성 기반 대화형 에이전트를 사용할 수 있는 환경에서는 대상 환자만이 건강 정보와 개입에 접근할 수 있도록 해야(Meng, Altaf, & Juang, 2020; Mohd Hanifa, Isa, & Mohamad, 2021) 음성 기반 대화형 에이전트 자체의 오용을 방지할 수 있다(Wahsheh & Steffy, 2020). 이렇게 음성은 가장 적절할 때, 즉 적절한 사람이 변화에 취약해져 있거나 개방적이고 수용적일 때 개입을 촉발시킬 수 있다.

3) 매력적인 디지털 헬스 개입의 제공을 위한 음성 기반 대화형 에이전트

앞에서 언급한 음성 기반 대화형 에이전트의 도구적 및 경험적 이점에도 불구하고, 환자가 이러한 기술을 받아들일지는 여전히 의문이다. 역사적으로 볼 때는 그러하다. 첫째, 음성 기반 대화형 에이전트는 인간과 대화하는 것과 같은 방식으로 컴퓨터와 대화하려는 인간의 차 오른 욕구가 구현된 것이다. 이는 할 9000(HAL 9000), 자비스(J.A.R.V.I.S), 사만다(Samantha)라는 가상의 캐릭터를 통해 잘 묘사되어 있다. 특히 1986년 영화 〈2001: 스페이스 오디세이〉에 등장하는 할 9000은 우주선의 상태를 확인할 수 있을 뿐만 아니라, 승무원들의 동면 상태를 모니터링하고 함께 체스를 두며 그들의 지적 기능을 유지하게 한다. 마블 시네마틱 유니버스(Marvel Cinematic Universe)의 자비스는 생리적 건강의 징후를 확인하고 불안과 같은 정신건강 상태를 진단할 수 있다. 2013년에 개봉한 영화 〈그녀(Her)〉의 사

2 (역자 주) 지터(jitter): 파형의 순간적인 움직임

3 (역자 주) 쉬머(shimmer): 음성파형에서 각 시점의 진폭 값의 변화가 얼마나 규칙적인지를 나타냄

만다는 주인의 삶을 관리하고 행정적인 필요를 지원하는 것이 주된 개발 목적이었지만, 정서적 필요를 충족시킬 수 있는 친구이자 연애 상대로 진화한다. 그 외에도 인간에게는 컴퓨터를 사회적 존재로 대하는 자연스러운 경향이 있다는 연구 결과가 여러 차례 발표되었다(Carolus et al., 2019; Kulms & Kopp, 2018; Nass & Lee, 2001; Nass, Steuer, & Tauber, 1994). 따라서 음성 기반 대화형 에이전트를 사용하여 디지털 헬스 개입을 제공하는 것은 집단적 환상을 실현시키는 것일 수 있다.

둘째, 텍스트 기반에서 음성 기반 정보 교환으로의 전환은 인간과 컴퓨터 간의 언어적 상호작용의 역사를 반영한다. 초기에는 컴퓨터가 텍스트 입력을 제공했다면(키펀치에서 키보드와 키패드로), 이제는 음성이 현재 인간-기계 인터페이스의 추세 중 하나이다(Accenture, 2020; Bechtel, Briggs, & Buchholz, 2020). 이러한 추세는 의료 분야에서도 관찰할 수 있는데, 2015년 미국의 한 연구에 따르면 약 44%(3만 2천여 명 이상)의 사람들이 특히 헬스케어 이용에 어려움을 겪을 때 인터넷을 통해 건강 정보를 찾았다고 답했다(Amante, Hogan, Pagoto, English, & Lapane, 2015). 현재는 1,910만 명의 미국인이 이미 증상, 의료 정보, 치료 옵션에 대해 문의하거나 의료 시설을 찾는 등 건강 관련 목적으로 음성 기반 대화형 에이전트를 사용하고 있다(Kinsella & Mutchler, 2019). 따라서 음성 기반 대화형 에이전트를 건강에 적용하는 것은 이미 컴퓨터와 상호작용하는 매력적인 방법을 더 확장시키는 일일 수 있다.

2. 방법

정신 및 물질 사용 장애를 위한 음성 기반 대화형 에이전트의 환경을 제공하기 위해, 우리는 학술 연구와 공산품을 모두 비체계적으로 고찰할 것이다. 특히 그들의 기술적 구현을 살펴보고, *감지* 및 *지원* 기능의 관점에서 제품을 분류할 것이다. 이 리뷰는 의료 전문가, 연구자, 기업가에게 음성 기반 적시 건강 개입의 현재 동향, 격차, 그리고 잠재력을 알리는 것을 목표로 한다.

1) 포함 및 제외된 사례

건강용 음성 기반 대화형 에이전트에 관한 연구는 예비적이며 주로 프로토타입 개발이나 상업용 음성 기반 대화형 에이전트의 건강 관련 정보 제공 성능에 대한 평가에 초점을 맞추고 있다(Bérubé et al., 2021; Sezgin, Militello, Huang, & Lin, 2020; Bérubé, Kovacs, Fleisch, &

Kowatsch, 2021). 따라서 우리는 학계의 사례(즉, 1차 및 2차 연구의 프로토타입)뿐만 아니라 업계의 사례(즉, 스타트업 및 중견 기업의 제품)도 검토하고자 하였다. 이를 통해 정신건강 및 물질 사용 장애에 특화된 음성 기반 대화형 에이전트에 대한 전반적인 개요를 제공할 수 있었다.

또한 우리는 동료 심사를 받는 연구(peer-reviewed research)의 맥락 또는 중견 기업에서 개발되지 않은 스킬 및 액션과 관련된 사례는 제외했다. 구글과 아마존의 경우 액션과 스킬이 각각 준수해야 하는 콘텐츠 및 개인정보 보호정책이 있었으나, 정책을 위반하는 방식으로 구현된 부분이 발견되었다(Cheng et al., 2020). 실제로 이러한 인증 절차가 엄격하지 않은 경향이 있어, 정책을 위반하는 음성 애플리케이션이 시장에 진입할 수 있는 것으로 확인되었다(즉, 검토자가 애플리케이션의 설계 자체가 아니라 개발자의 정책 준수에 대한 공식적인 진술에 근거하여 판단하기 때문).

2) 기술적 구현

우리는 학계와 업계의 사례를 포함하면서 음성 기반 대화형 에이전트의 기술적 구현에 대해서도 간략히 설명할 것이다. 우리는 이들이 타사 솔루션에 기반을 두고 있는지 아니면 독립적인 소프트웨어에 기반을 두고 있는지 평가하는데, 이는 호환성 및 데이터 저장과 처리와 관련이 있기 때문이다. 예를 들어, 타사 솔루션인 스킬 및 액션 프레임워크는 전용 음성 명령의 구현을 용이하게 하며, 단순한 음성 애플리케이션을 빠르게 개발할 수 있도록 하는 실행 가능한 솔루션이다. 그러나 민감한 정보의 안전한 저장, 사용 및 전송과 같이 보다 복잡한 프로세스가 필요한 경우에는 독립적인 소프트웨어 솔루션이 필요할 수 있다.

3) 감지와 지원

우리는 위에서 언급한 적시성 접근 방식을 고려하여, 검토한 사례들의 특징이 감지 및 지원 패러다임에 어떻게 부합하는지에 따라 분류했다. 또한 감지를 두 가지 범주로 나누었다. 첫째, 우리는 개인이 음성 기반 생태학적 순간 평가를 통해 음성 기반 대화형 에이전트와 특정 방식으로 상호작용하여 데이터를 수집할 수 있도록 하는 것과 같은 능동 감지를 고려하였다. 둘째, 상호작용 중에 음성 데이터를 수집하거나 분석하는 등 사용자에게 명시적으로 요청하지 않아도 수동적으로 데이터를 수집할 수 있는 수동 감지를 포함시켰다.

또한 사례의 기능을 반응형 또는 사전 예방형 지원으로 분류했다. 반응형은 필요에 따라 건강 관련 정보를 제공하는 모든 기능을 말한다(즉, 사용자로 하여금 음성 기반 대화형 에이전트와 대화를 시작하게 함). 사전 예방형 지원은 데이터 기반 알림 또는 사전에 정의된 미리 알림 등 음성 기반 대화형 에이전트가 사전에 목표로 한 의사소통을 제공하는 것을 뜻한다. 끝으로, 우리는 일부 솔루션이 환자뿐만 아니라 의료 전문가와 간병인도 지원할 수 있다는 점을 알고 있지만, 여기에서는 환자 전용 기능에만 초점을 맞추었다.

4) 탐색적 접근

저자가 아는 한, 음성 기반 대화형 에이전트를 통한 수동 감지 개발에 대해 공개적으로 보고한 연구나 회사는 아직 없으므로, 정신건강 및 물질 사용 장애를 위한 음성 생체 지표 연구도 포함하였다.

3. 결과

사례에 대한 포괄적인 개요를 제공하기 위해, 우리는 학계와 업계를 구분하고 이들을 위에서 제시한 감지 및 지원 패러다임에 따라 분류하였다. 특히 우리는 일차원적 및 다차원적 사례를 중점적으로 다뤘는데, 이 중 후자는 여러 유형의 기능을 제공하는 프로토타입 및 제품을 지칭한다. 이러한 사례에 대한 요약은 〈표 10.1〉에서 확인할 수 있으며, 여기에는 사례 및 구현, 사례에서 제공하는 감지 및 지원 기능의 유형이 명시되어 있다. 또한 [그림 10.1]은 감지 및 지원 기능에 따른 사례의 시각적 분포를 제공한다. 조사 결과는 각 사례에 대한 간략한 설명과 함께 서술하였다.

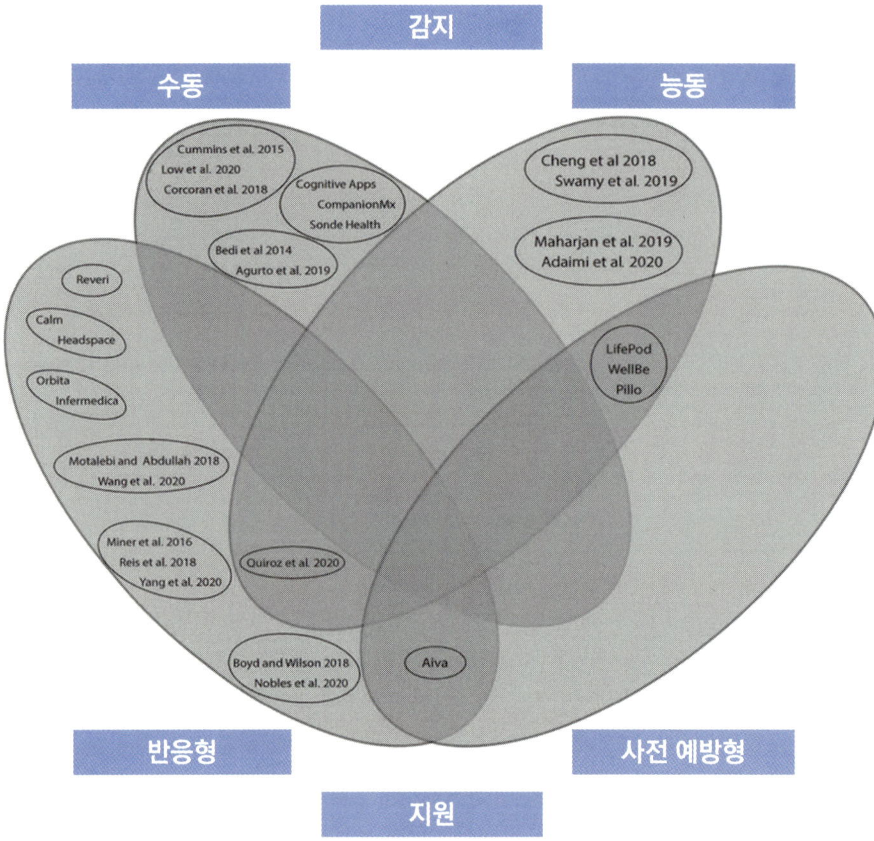

[그림 10.1] 수동 또는 능동 감지와 반응형 또는 사전 예방형 지원을 구현하는 사례를 군집화한 벤다이어그램

주: 각 세트에서 사례는 대상 조건, 영역(학계, 업계), 기능의 유사성에 따라 군집화하였음.

<표 10.1> 목표로 하는 상태, 음성 기반 대화형 에이전트의 구현, 감지 및 지원 개입을 나타내는 사례의 목록

사례	저자	목표로 하는 상태	음성 기반 대화형 에이전트의 구현	감지		지원	
				수동적	능동적	반응형	사전예방형
헬시 코핑(Healthy Coping) (프로토타입)	Cheng et al 2018	우울	알렉사 스킬	–	PHQ–9[4]	–	–
디프레션 스크리너 (Depression Screener) (프로토타입)	Swamy et al 2019	우울	구글 다이어로그 플로우(Google Dialogflow)와 구글 파이어베이스 (Google Firebase)	–	PHQ–9	–	–
웨어러블 평가 도구 (프로토타입)	Adaimi et al 2020	기분	구글 클라우드 스피치 애플리케이션 프로그래밍 인터페이스(Google Cloud Speech API)	–	공통 질문 (예: "지금 행복한가요?")	–	–
히얼 미 아웃(Hear Me Out) (프로토타입)	Maharjan et al 2019	기분	알렉사 스킬	–	공통 질문 (예: "오늘 기분이 어땠나요?")	–	–
우울과 자살에 대한 생체 지표(2차 연구)	Cummins et al 2015	우울 및 자살경향성	–	운율적 및 음향적 특징	–	–	–
정신 장애에 대한 생체 지표(2차 연구)	Low et al 2020	정신 장애	–	음향적 특징	–	–	–

(계속)

4 Patient Health Questionnaire–9; 환자 건강 설문지–9

사례	저자	목표로 하는 상태	음성 기반 대화형 에이전트의 구현	감지		지원	
				수동적	능동적	반응형	사전예방형
조현병에 대한 생체 지표 (1차 연구)	Corcoran et al 2018	조현병	–	의미적 특징	–	–	–
물질 중독에 대한 생체 지표(1차 연구)	Bedi et al 2014	엑스터시 중독	–	의미적 특징	–	–	–
물질 갈망에 대한 생체 지표(1차 연구)	Agurto et al 2019	코카인 절제	–	음향적 특징	–	–	–
코그니티브 앱 애플리케이션 프로그래밍 인터페이스(Cognitive Apps API)(생체 지표)	코그니티브 앱	스트레스, 소진, 피로, 우울 위험성	–	음향적 특징	–	–	–
컴패니언 앱 (Companion App)(생체 지표)	(주)컴패니언Mx	우울과 외상 후 스트레스 장애	–	음향적 특징	–	–	–
손드헬스 앱(Sonde Health App)(생체 지표)	(주)손드헬스	우울	–	음향적 특징	–	–	–
외로움을 위한 음성 기반 대화형 에이전트 (평가 연구)	Reis et al 2018	노년층의 외로움	아마존 알렉사, 애플 시리, 구글 어시스턴트 및 마이크로소프트 코르타나 (Microsoft Cortana)	–	–	사회적 상호작용 지원	–
우울을 위한 음성 기반 대화형 에이전트 (평가 연구)	Miner et al 2016	우울	애플 시리, 구글 나우, 삼성 보이스 (Samsung Voice), 마이크로소프트 코르타나	–	–	정보 조회	–

(계속)

사례	저자	목표로 하는 상태	음성 기반 대화형 에이전트의 구현	감지		지원	
				수동적	능동적	반응형	사전예방형
산후우울증을 위한 음성 기반 대화형 에이전트 (평가 연구)	Yang et al 2021	산후우울증	아마존 알렉사, 애플 시리, 구글 어시스턴트 및 마이크로소프트 코르타나	–	–	정보 조회	–
금연을 위한 음성 기반 대화형 에이전트 (평가 연구)	Boyd and Wilson 2018	담배 중독	애플 시리 및 구글 어시스턴트	–	–	정보 조회	–
재활을 위한 음성 기반 대화형 에이전트 (평가 연구)	Nobles et al 2020	물질 중독	애플 시리, 구글 어시스턴트, 마이크로소프트 코르타나	–	–	정보 조회	–
외상 후 스트레스 장애를 위한 스킬(프로토타입)	Motalebi and Abdullah 2018	외상 후 스트레스 장애	알렉사 스킬	–	–	인지행동치료	–
발표 불안에 대한 스킬 (프로토타입)	Wang et al 2020	발표 불안	알렉사 스킬	–	–	코칭 회기	–
헤드스페이스(Headspace) (음성 앱)	(주)헤드스페이스	스트레스, 불안, 불면 및 우울	알렉사 스킬 및 구글 액션	–	–	안내형 명상 재생	–
캄(Calm) (음성 앱)	캄	스트레스, 불안, 불면 및 우울	구글 액션	–	–	안내형 및 비안내형 명상, 수면 이야기 재생	–
오르비타어시스트 (OrbitaASSIST) (일반적인 자동화 지원)	(주)오르비타	노년층의 외로움	아마존 알렉사 통합	–	–	정보 조회, 상호작용 및 엔터테인먼트	–
심토메이트(Symptomate) (일반적인 자동화 지원)	인퍼메디카 (Infermedica)	모든 상태	구글 액션	–	–	결정 지원 (증상 확인)	–

(계속)

사례	저자	목표로 하는 상태	음성 기반 대화형 에이전트의 구현	감지		지원	
				수동적	능동적	반응형	사전예방형
레브리(Reveri) (첨단 사례)	레브리 헬스 (Reveri Health)	스트레스, 불안, 불면 및 우울, 담배 중독	독립된 스마트폰 앱	–	–	자가 최면	–
대처 방략에 대한 제안이 포함된 우울 및 불안 자가 검사(프로토타입)	Quiroz et al 2020	불안 및 우울	알렉사 스킬	–	PHQ–9 및 GAD–7[5]	대처 방략 제안	–
라이프팟(LifePod) (음성 기반 대화형 에이전트 전용)	라이프팟 솔루션 (LifePod Solutions)	노년층의 외로움	독립된 스마트 스피커	–	맞춤형 질문	–	리마인더
웰비(WellBe) (음성 기반 대화형 에이전트 전용)	핸즈프리 헬스 (HandsFree Health)	노년층의 외로움	독립된 스마트 스피커	–	혈압, 혈당, 몸무게	정보 조회, 상호작용 및 엔터테인먼트	리마인더, 입력된 값이 주의를 요한다면 경고
프리아(Pria) (음성 기반 대화형 에이전트 전용)	(주)스탠리 블랙 앤 데커(Stanley Black & Decker, Inc)	약물치료가 요구되는 모든 상태	독립된 스마트 스피커	–	맞춤형 질문	정보 조회	리마인더
아이바(Aiva) (일반적인 자동화 지원)	(주)아이바 (Aiva, Inc)	노년층의 외로움	아마존 알렉사 및 구글 어시스턴트 통합	–	–	정보 조회, 상호작용 및 엔터테인먼트	리마인더

5 General Anxiety Disorder–7; 범불안 장애–7

1) 단순한 능동 감지 프로토타입

(1) 정신건강 평가

생태학적 순간 평가를 통해 생태학적으로 유효한 자기보고식 데이터를 수집할 수 있다(Kubiak & Smyth, 2019). 정신건강 상태에 대한 표준화된 선별도구를 사용하는 생태학적 순간 평가를 실행하기 위한 프로토타입의 개발 연구를 소개하겠다.

① 당뇨병에 대한 건강한 대처

Cheng, Raghavaraju, Kanugo, Handrianto와 Shang(2018)은 표준화된 짧은 우울증 점수 평가도구인 환자 건강 설문지(Patient Health Questionnaire-9, PHQ-9)를 사용하여 당뇨병을 가진 노인들의 우울 증상을 평가하기 위해 스마트 스피커 애플리케이션인 '당뇨병에 대한 건강한 대처(Healthy Coping in Diabetes)'를 개발했다(Spitzer, Kroenke, & Williams, 1999). 이러한 평가를 위해 음성 기반 대화형 에이전트를 사용한 주된 동기는 운동 장애 또는 시각 장애가 노인 환자의 정신건강에 미치는 부정적인 영향을 모니터링하기 위해서였다. 이 평가는 사용자가 활성화시킬 수 있으며, 점수가 바로 진단으로 변환되도록 설계되었다. 저자들은 구글 제품인 다이어로그플로우(Dialogflow, 즉 애플리케이션이나 기기에서 음성 기반 대화형 에이전트를 설계하고 통합하는 플랫폼)와 파이어베이스(Firebase, 즉 애플리케이션 개발 및 모니터링 플랫폼)를 사용하여 음성 기반 대화형 에이전트를 구현하였으며, 구글 홈(Google Home) 기기(스마트 스피커)에서 이를 실행했다. 다이어로그플로우는 선별검사를 실행하는 대화를 구현하는 데 사용되었고, 파이어베이스는 검사 점수를 저장하고 관리하는 데 사용되었다. 이는 비록 예비 연구이기는 하였으나, 제2형 당뇨병을 앓고 있는 노인 환자들이 이 애플리케이션을 잘 수용하는 것으로 나타났다.

② 우울증 선별검사

Cheng과 동료들과 마찬가지로 Swamy 등(2019)은 감정을 인식하는 표정 분석기와 우울증 진단을 위해 PHQ-9를 실행하는 음성 기반 대화형 에이전트를 모두 사용하는 시스템을 개발했다. 음성 기반 대화형 에이전트는 PHQ-9 점수에 따라 정신건강 전문가에게 진료를 받으라는 권고를 제공한다. 저자들은 우울증 선별검사를 자동화하고, 정신건강 전문가로부터의 판단에 대한 두려움을 극복하여 자기공개를 촉진시키기 위해 음성 기반 대화형 에이전트를 사용하도록 하였다. 능동 감지 개입을 제공하기 위해 저자들은 사용자가 로그인하여 선별검사를 실행할 수 있는 웹사이트를 구축했다. Cheng과 동료들과 마찬가지로, 저자들은 다이어로그플로우에서 음성 기반 대화형 에이전트의 대화 전환을 구현하였으며 파이

어베이스에서 PHQ-9 점수를 관리했다.

2) 기분 평가

표준화된 설문지를 사용하면 임상적으로 의미 있는 평가가 가능하지만, 정신건강은 비임상적 관점에서도 탐구되어 왔다. 우리는 특히 일상적인 평가의 타당성을 검증하기 위해 개발된, 비표준화된 평가도구가 포함된 음성 기반 생태학적 순간 평가에 대한 두 건의 연구(Adaimi, Ho, & Thomaz, 2020; Maharjan, Bækgaard, & Bardram, 2019)를 소개할 것이다.

① 웨어러블 평가도구

Adaimi 등(2020)은 기분을 포함한 여러 주제에 대해 생태학적 순간 평가를 사용할 수 있는 웨어러블 시스템의 개발을 발표했다. 저자들은 생태학적 순간 평가로 인해 발생할 수 있는 업무 방해를 최소화하고, 사용자가 현재 하고 있는 일로부터 평가도구(예: 스마트폰)로 주의를 돌릴 필요가 없도록 음성 기반 대화형 에이전트를 구현했다. 이 시스템은 음성 기반 대화형 에이전트를 실행하는 웨어러블 스피커(목에 착용하는)와 손목 밴드로 구성되었다. 음성 기반 대화형 에이전트는 구글 클라우드(Google Cloud, 구글의 클라우드 컴퓨팅 서비스[6] 제품군)의 애플리케이션 프로그래밍 인터페이스(application programming interface, API, 즉, 다른 소프트웨어에 통합되어 특정 서비스를 제공하는 소프트웨어)를 통해 음성-텍스트 변환(speech-to-text) 및 텍스트-음성 변환(text-to-speech) 기능을 수행했다. 이러한 애플리케이션 프로그래밍 인터페이스는 신경망을 사용하여 자연스러운 음성을 합성하고 자연 언어를 처리한다. 손목 밴드는 음성 기반 상호작용을 향상시켰을 뿐만 아니라(즉, 음성 기반 대화형 에이전트가 듣고 있거나 입력을 받고 있다는 신호를 제공), 사용자에게 평가가 임박했음을 알린다거나 부적절한 상황에 처한 경우 평가를 취소할 수 있도록 하는 데에도 도움이 되었다. 이 평가가 특별히 기분만을 위한 것은 아니었지만, 이 연구는 음성 기반 생태학적 순간 평가를 위한 사용자 친화적인 웨어러블 솔루션을 제안한다.

② 히얼 미 아웃

Maharjan 등(2019)은 스마트 스피커를 통해 일상적인 활동에 반응하는 음성 기반 생태학적 순간 평가를 실행하기 위한 '히얼 미 아웃(Hear me out)'이라는 기술의 개발에 대해 설명하였다. 특히 이 기술은 두 가지 시나리오에 맞게 개발되었는데, 첫째는 기상 알람이 울린

---

6 (역자 주) 클라우드 컴퓨팅 서비스(cloud computing services): 인터넷을 통해 컴퓨터 지원을 제공하고 사용하는 기술

후 음성 기반 대화형 에이전트가 수면의 질을 평가하는 상황이며, 둘째는 사용자가 사물 인터넷(internet-of-things)[7] 기능을 실행시킨 후(예: 자기 전에 불을 끄는 경우) 음성 기반 대화형 에이전트가 저녁 때의 기분을 평가하는 상황이다. 저자들이 스마트 스피커를 기반으로 한 음성 기반 대화형 에이전트를 사용하게 된 이유는, 스마트폰에서 흔히 경험하는 배터리 충전의 부담에서 벗어나 지속적인 전원 공급이 가능하기 때문이다. 그러나 저자들은 스마트 디스플레이와의 터치 상호작용과 같은 다른 유형의 상호작용보다도 음성 그 자체를 정신건강 평가의 매체로 사용하는 것에 대한 명확한 동기를 설명하지는 않는다.

비록 이 두 가지 예시들은 표준화되지 않은 설문조사를 포함한 음성 기반 생태학적 순간 평가를 제안했지만, 사용자의 수용 가능 여부를 고려하면서 기분을 모니터링하는 평가 루틴을 만들 수 있다는 가능성을 보여 준다.

2) 단순한 수동 감지 연구

(1) 정신건강 장애에 대한 자동화된 평가

음성 비서는 능동 감지의 대안으로, 음성 데이터를 사용하여 음성 생체 지표를 측정함으로써 취약한 상태임을 감지하거나 예측하는 수동 감지를 할 수도 있다. 저자들이 아는 한, 음성 기반의 자동화된 정신건강 또는 물질 사용 평가를 위한 음성 기반 대화형 에이전트에 대한 연구는 아직 없지만, 이러한 장애들을 식별하기 위한 오디오 및 언어적 특징(즉, 음성 생체 지표)에 대한 연구는 광범위하게 진행되었다.

① 우울증과 자살에 대한 생체 지표

Cummins 등(Cummins et al., 2015)은 우울증과 자살 충동을 진단하기 위해 음성을 분석한 연구들을 검토했다. 저자들은 운율적 및 음향적 특징이 우울증 및 자살 충동과 관련이 있다는 사실을 발견했다. 특히 기본 주파수의 변화(즉, 성대의 진동 속도), 에너지 및 말하기 속도의 감소와 같은 운율적 특징이 우울한 사람에게서 더 두드러지게 나타나는 것으로 확인되었다. 성대를 통과하는 공기 흐름을 반영하는 음향학적 특징인 지터(성문의 개폐 주기에 따른 주파수 변화), 쉬머(주기 사이의 진폭 변화), 고조파 대 잡음비(음성의 상대적 잡음을 측정하는 척도)도 우울증과 상관관계가 있는 것으로 관찰되었다. 이러한 특징들은 성대의 움직임이 감소하여 말하는 데 노력이 드는, 우울한 사람들의 일반적인 경향성을 반영한다. 그러나 저자

7 (역자 주) 사물 인터넷(internet-of-things, IOT): 사물을 인터넷으로 연결하여 정보를 주고받는 기술 및 이러한 기술을 활용한 서비스

들에 따르면 이러한 음향적 특징들은 모음 유지 작업(held vowels test)에는 적용이 되지만 연속적인 말하기에는 적용되지 않는 것으로 입증되어, 일반적으로 짧은 명령이나 문장이 개입되는 음성 기반 대화형 에이전트를 통한 수동 감지에는 적합하지 않을 수 있다.

② 정신과적 질환에 대한 생체 지표

이후 Low 등(Low et a1., 2020)은 정신과적 장애(즉, 우울증, 외상 후 스트레스 장애, 조현병, 불안, 양극성 장애, 폭식증, 거식증, 강박장애)의 자동화된 평가에 대해 유사한 체계적 문헌 고찰을 실시하였다. 연구의 거의 절반에서는 우울증의 생체 지표로서의 음향적 특징을 조사했다. 그 외에는 주로 조현병, 양극성 장애, 외상 후 장애 등이 포함되었다. 또한 지터 및 쉬머와 같은 음향적 특징은 우울증 및 불안의 빈도 또는 심각도와 유의미한 상관관계가 있었지만, 이는 전체 연구의 5%에 불과했다. 또한 저자들은 이러한 유형의 데이터를 수집하는 데 어떤 기기가 사용되었는지 보고했는데,(https://tinyurl.com/tu58te3 참조), 검토된 연구에는 전화 통화(Cummins, Epps, Sethu, Breakspear, & Goecke, 2013; Mundt, Snyder, Cannizzaro, Chappie, & Geralts, 2007), 사람의 인터뷰, 읽기나 말하기 과제의 녹음이 포함되어 있음을 확인했다. 이러한 과제들이 반드시 인간과 음성 기반 대화형 에이전트 간의 짧은 상호작용을 반영하는 것은 아니지만, 정신건강 평가에 음성 생체 지표를 사용하는 데 있어 고무적인 결과를 보여 준다.

③ 조현병에 대한 생체 지표

Cummins 등(Cummins et al., 2015)과 Low 등(Low et al., 2020)은 언어적 특징에 초점을 맞춘 반면, Cocoran 등(Corcoran et a1., 2018)은 조현병을 예측하기 위해 언어 분석 방법을 추진했다. 특히 이들은 정신증적인 언어에서 의미적 일관성이 낮으면서도 더 다양하게 나타나고(즉, 언어의 혼란), 소유 대명사의 존재가 감소한다는 것을 확인했다. 실제로 조현병에서는 구문이 덜 복잡해지는 경향이 있으며, 언어 흐름의 탈선을 보일 수 있다(Andreasen & Grove, 1986). 따라서 정신건강을 위한 음성 기반 대화형 에이전트에서 음성 분석을 구현하는 것에 큰 잠재력이 있다는 점에 주목할 필요가 있다.

(2) 약물 사용 장애에 대한 자동화된 평가

약물 사용 장애의 맥락에서 음성 분석을 통해 중독 및 절제를 평가할 수 있는 것으로 밝혀졌다.

① 약물 중독에 대한 생체 지표

Bedi 등(Bedi et al., 2014)은 엑스터시와 메스암페타민의 중독을 발견하기 위해 의미적 및 위상학적(topological, 즉 의미적 근접성[8]) 특징을 사용했다. 그들은 엑스터시의 영향을 받은 사람의 말이 '친구' '지지' '친밀감' '라포'와 같은 개념에 의미적으로 근접한 반면, 메스암페타민의 영향을 받은 상태에서는 '연민'이라는 개념에 의미적으로 더 가까운 것을 확인하였다. 이러한 의미적 변화는 음성 기반 대화형 에이전트와 상호작용하는 동안 중독을 감지하는 데 사용될 수 있다.

② 약물 갈망에 대한 생체 지표

Agurto 등(2019)은 절제의 긍정적 결과와 약물 사용의 부정적 결과를 설명하도록 요청받은 약물 사용 장애가 있는 개인의 코카인 절제를 예측할 수 있다고 보고했다. 저자들은 음향적 및 의미적 특징을 조사했으며, 전자의 특징이 후자보다 절제를 더 잘 예측한다는 것을 발견했다. 특히 복잡한 단기 에너지 스펙트럼 변환의 결과인 멜 주파수 켑스트럼 계수(Mel Frequency Cepstral Coefficients)[9](Davis & Mermelstein, 1980)는 벡 우울 척도(Beck Depression Inventory) 점수(Beck, Ward, Mendelson, Mock, & Erbaugh, 1961) 및 마지막 약물 사용 이후 일수/절제 일수와 상관관계가 있었다.

우리는 정신건강이나 약물 사용 장애에 대한 음성 분석을 수행한 음성 기반 대화형 에이전트의 사례를 찾을 수는 없었지만, 음성 녹음으로부터 건강 상태를 알아낼 수 있는 잠재력은 매우 큰 것으로 보인다.

3) 단순한 수동 감지 제품

정신 장애가 점점 더 잘 알려지게 되면서 일부 기업들은 음성을 통한 기분 인식에 투자해 왔다. 학계에서와 마찬가지로 건강 관련 목적으로 음성 분석을 통해 기분을 평가하는 상용 음성 기반 대화형 에이전트는 아직 없는 것으로 보이지만, 음성을 통해 기분을 감지하고자 하는 세 가지 사례를 소개하겠다.

(1) 코그니티브 앱

코그니티브 앱(Cognitive Apps)(Cognitive Apps, 2021)은 사용자의 감정 상태를 유추할 수 있

8 (역자 주) 의미적 근접성(semantic proximity): 찾고 있는 단어와 비슷한 뜻이나 특성을 가진 다른 단어가 떠오르는 경우를 지칭한다.

9 (역자 주) 멜 주파수 켑스트럼 계수(Mel Frequency Cepstral Coefficients): 음성 인식과 관련해 불필요한 정보는 버리고 중요한 특질만 남긴 피처(feature)

는 애플리케이션 프로그래밍 인터페이스를 제공한다(Leikina, 2020a, 2020b). 이 애플리케이션 프로그래밍 인터페이스는 스마트폰 앱에 구현되어 위치 서비스, 음성 기반 감정 인식 외에도 모바일 헬스 키트(건강 관련 데이터를 저장, 관리, 공유하는 애플의 솔루션)를 통해 일상의 신체 활동, 주변 소음, 수면 등의 정보를 수집할 수 있도록 되어 있다. 애플리케이션 프로그래밍 인터페이스는 수동 감지 기능으로부터 주간 보고서를 생성하여, 우울증, 소진, 스트레스, 피로 등의 위험 지표와 함께 수집된 데이터를 모니터링 대시보드를 통해 의료 전문가와 공유하도록 설계되었다. 따라서 이 경우 음성은 수동 감지 모듈이 환자의 정신건강 상태를 추정하는 데 사용하는 정보의 출처 중 하나이다. iOS용 모바일 애플리케이션인 유루(Yuru)도 2021년에 데모용으로 공개되었으며, 현재 아이키(Aiki)에 통합되어 있다(Apple, 2021).

(2) 컴패니언 앱

코그니토사(Cognito Corp.)로부터 파생된 컴패니언Mx(2018a)는 스스로에 대해 '더 나은 임상 결과를 위한 사전 예방형 모바일 정신건강 모니터링에 사용되는 검증된 플랫폼을 갖춘 디지털 헬스 기술 회사'라고 정의했다. 음성 지원 서비스는 제공하지 않지만, 환자가 자신의 목소리를 녹음하여 감정 상태를 분류할 수 있는 스마트폰 애플리케이션인 컴패니언을 개발했다. 이 결과는 임상 대시보드를 통해 의료 전문가와 공유할 수도 있게 되어 있다. 자살 위험에 처한 퇴역 군인을 대상으로 이러한 애플리케이션의 타당성과 수용성을 보여 주는 연구(Betthauser et al., 2020)에 따르면, 오디오 체크인 형태로 녹음된 음성은 기분을 분석하고 점수를 제공하는 데 사용되었다. 그뿐만 아니라, 이 회사(코그니토사 2022)는 브리검 앤 여성병원(Brigham & Women's Hospital, 하버드 의과 대학)에서 무작위 대조 시험을 통해 제품을 검증할 수 있었다고 밝혔다(CompanionMx, 2018b).

(3) 손드 헬스 앱

손드 헬스(Sonde Health)(2021)는 건강 관리를 개선하기 위해 우울증과 같은 '주요 건강 상태에 대한 음성 기술'을 목표로 한다(Huang, Epps, & Joachim, 2019; Huang, Epps, Joachim, & Chen, 2018). 손드 헬스는 감정 및 정신건강 라벨(label)이 포함된 음성 데이터 세트를 보유한 (주)뉴로렉스 연구소(Neurolex Laboratories Inc.)(Neurolex, 2021)를 인수하여, 음성 생체 지표에 접근할 수 있는 건강보험 이동성과 결과 보고 책무 활동 준수 플랫폼 서비스를 개발했다. 또한 우울 증상 위험 평가를 위해 음성 변화를 감지하고 분석하는 애플리케이션 프로그래밍 인터페이스를 구현했으며, 현재는 알츠하이머병에 대한 플랫폼도 검증하고 있는 것으로 보인다(Pure Tech, 2022).

4) 단순한 반응형 건강 지원 연구

(1) 정신건강 상태에 대한 평가 연구

정신건강 상태 지원을 위한 음성 기반 대화형 에이전트는 주로 상용 음성 기반 대화형 에이전트(예: 아마존 알렉사, 애플 시리, 구글 어시스턴트 및 마이크로소프트 코르타나)가 정신건강이 우려되는 사용자에게 응답하는 성능을 통해 연구되었다.

① 외로움을 위한 음성 기반 대화형 에이전트

Reis 등(2018)은 노인이 외로움에 대응할 수 있도록 지원하는 음성 기반 대화형 에이전트의 성능을 평가했다. 특히 *기본적인 인사 활동, 이메일 관리, 소셜 미디어, 소셜 게임*에서 음성 기반 대화형 에이전트가 얼마나 잘 수행하는지 관찰했다. 연구에 사용된 상용 음성 기반 대화형 에이전트는 아마존 알렉사, 애플 시리, 구글 어시스턴트, 마이크로소프트 코르타나였다. 이 연구의 목적은 노인들에게 사회적 상호작용을 촉진하는 도구를 제공하는 것이었다. 저자들은 아마존 알렉사, 구글 어시스턴트, 마이크로소프트 코르타나가 모든 유형의 상호작용에서 우수한 성능을 보인 반면, 애플 시리는 소셜 게임 활동을 제공하지 못한다는 사실을 확인했다. 비록 이러한 종류의 지원은 노인의 외로움에 다소 비특이적이지만, 상업용 음성 기반 대화형 에이전트가 정신건강 지원을 위해 얼마나 잘 사용될 수 있는지에 대한 첫 번째 단서를 제공한다.

② 우울증을 위한 음성 기반 대화형 에이전트

Pelikan과 Broth(2016)는 스마트폰 기반 상용 음성 기반 대화형 에이전트의 정신건강 관련 질의에 대한 응답 성능을 평가했다. 여기에는 삼성 보이스, 애플 시리, 구글 나우, 마이크로소프트 코르타나 등의 상용 음성 기반 대화형 에이전트가 포함되었다. 연구진은 '우울해요'와 같은 질문에 대해 공감적 응답(예: '작은 위로일지 모르지만 제가 여기 있어요.')과 웹 검색 결과를 모두 제공하는 것은 마이크로소프트 코르타나가 유일했으며, 구글 나우는 웹 검색 결과를 바로 제공하였고, 애플 시리와 삼성 보이스는 공감적 응답으로만 반응했다(예: 애플 시리: '유감이에요', 삼성 보이스: '심각한 문제라면 전문가의 도움을 받는 것이 좋습니다'). 이러한 응답이 근거 기반 응답을 유발하지는 않았지만, 조사된 음성 기반 대화형 에이전트는 어떠한 방식으로든 사용자를 지원할 수 있었다. 이러한 결과는 상용 음성 기반 대화형 에이전트의 지원 성능의 격차와 개선의 기회를 강조한다는 점에서 의미가 있다.

③ 산후 우울증을 위한 음성 기반 대화형 에이전트

Yang, Lee, Sezgin, Bridge와 Lin(2021)은 스마트 스피커의 도입과 음성 기반 대화형 에이전트가 적응형이자 개인 맞춤형 치료를 제공할 수 있는 잠재력을 활용하여 산후 우울증과 관련된 질문에 응답하는 상용 음성 기반 대화형 에이전트의 성능을 평가했다. 상용 음성 기반 대화형 에이전트로는 아마존 알렉사, 애플 시리, 구글 어시스턴트, 마이크로소프트 코르타나가 포함되었다. 질문에는 '산후 우울증(baby blues)은 무엇인가요?'와 같은 보다 구체적인 것과 '대화 치료에는 어떤 유형들이 있나요?'와 같은 일반적인 질문이 포함되었다. 저자들은 임상적으로 적절한 정보를 제공하기 위한 30%의 임계값에 다다른 음성 기반 대화형 에이전트는 없다는 사실을 발견하였다. 특히 애플 시리와 구글 어시스턴트만이 모든 질문을 인식한 반면, 마이크로소프트 코르타나와 아마존 알렉사는 각각 93%와 79%의 인식률을 보였다. 또한 아마존 알렉사가 임상적으로 적절한 응답을 가장 많이 제공했으며, 구글 어시스턴트와 코르타나가 그 뒤를 이었다. 애플 시리는 가장 낮은 성능을 나타냈다. 따라서 상용 음성 기반 대화형 에이전트는 산후 우울증 환자를 지원하는 데 있어 여전히 개선의 여지가 있는 것으로 보인다.

(2) 약물 사용 장애에 대한 평가 연구

① 금연을 위한 음성 기반 대화형 에이전트

Boyd와 Wilson(2018)은 스마트폰 기반 애플 시리와 구글 어시스턴트가 금연과 관련된 질문에 응답하는 성능을 평가했다. 질문의 예시로는 '담배를 끊으면 어떤 금단 증상이 나타날 수 있나요?', '담배를 끊을 때 금단 증상을 어떻게 관리할 수 있나요?' 등이 있었다. 저자는 구글 어시스턴트가 애플 시리에 비해 일반적으로 신뢰할 수 있는 출처의 정보를 더 잘 제공한다는 것을 확인했다. 하지만 구글 어시스턴트가 신뢰할 수 있는 조언을 제공한 비율은 76%에 불과했으며, 애플 시리는 28%에 그쳤다. 이러한 결과를 통해 위에 제시된 사례들과 상업적 음성 기반 대화형 에이전트가 정신 및 물질 사용 장애가 있는 개인을 반응적으로 지원하지 못한다는 사실을 알 수 있다.

② 치료를 찾기 위한 음성 기반 대화형 에이전트

Nobles 등(2020)은 물질 사용 장애와 관련된 도움을 구하는 문의(예: '…을 끊는 것을 도와주세요')에 대한 응답을 평가하였다. 이들의 목표는 이러한 음성 기반 대화형 에이전트가 치료 자원을 찾는 사용자에게 얼마나 잘 반응하는지 평가하는 것이었다. 연구진은 드문 경우에만 음성 기반 대화형 에이전트가 서비스나 애플리케이션과 같은 직접적인 솔루션을 제공할 수 있다는 사실을 확인했다. 이 평가에서는 이미 존재하는 웹 소스를 기반으로 응답하는 등, 사용자를 지원하기 위해 적절한 웹 소스를 찾는 음성 기반 대화형 에이전트의 성능은 제외된 것으로 보인다. 그럼에도 불구하고 이 연구는 물질 사용 장애로 고통받는 개인을 효율적으로 지원하지 못하는 경향성을 반영하고 있다.

(3) 타당성 연구

① 외상 후 스트레스 장애를 위한 스킬

Motalebi와 Abdullah(2018)는 음성 기반 대화형 에이전트의 확장성을 활용하여, 외상 후 스트레스 장애를 겪고 있는 부부의 관계를 개선하기 위해 *인지행동 결합 치료*(*cognitive-behavioral conjoint therapy, CBCT*)를 구현하는 스킬을 개발했다. 특히 지원 개입은 한 파트너가 다른 파트너에게 한 긍정적인 행동을 기록할 수 있는 일기 애플리케이션으로 구성되었다. 이 연구에서는 상호작용 모델의 설계에 대해서는 설명하고 있지만, 사용자 연구의 결과는 보고하지 않았다. 따라서 이 스킬은 아직 실험과 검증을 거쳐야 한다.

② 발표 불안을 위한 스킬

Wang, Yang, Shao, Abdullah와 Sundar(2020)는 발표 불안에 대한 코칭 회기를 제공하는 스킬을 개발하였다. 음성 기반 대화형 에이전트는 불안으로 인해 유발된 부정적인 생각을 파악하여 왜곡된 지각을 수정하는 것을 목표로 하는 *인지* 재구성 *기법*을 적용한다. 치료의 성공 여부는 코치나 상담자와의 라포에 달려 있다는 연구 결과(Gratch et al., 2006; Huang, Morency, & Gratch, 2011)에 영감을 받은 저자들은, 코칭의 효과에 대한 사교성의 영향에 초점을 맞췄다. 그들은 사용자가 인식한 음성 기반 대화형 에이전트와의 대인관계 친밀도가 높을수록 개입이 발표 전 불안을 더 많이 감소시킬 수 있었음을 확인했다. 따라서 이 연구는 음성 기반 대화형 에이전트가 자신에 대해 이야기하고 공감을 표시하며 대화 채움어(conversational filler)(예: '음' '어디 보자')를 사용할 때 인지 행동 치료에서 가장 효과적일 수 있음을 보여 준다.

물질 사용 장애에 대한 반응형 지원 개입을 위한 음성 기반 대화형 에이전트에 관한 타당성 연구를 찾을 수 없었으므로, 우리는 물질 사용 장애로 고통받는 개인이 전담 지원 개입을 수행하는 음성 기반 대화형 에이전트에 대한 타당성 연구를 통해 도움을 얻을 수 있으리라 생각한다.

5) 단순한 반응형 건강 지원 제품

(1) 정신건강을 위한 음성 애플리케이션

① 헤드스페이스

헤드스페이스(Headspace)는 2012년에 명상 및 마음챙김 애플리케이션을 출시한 회사이다. 최근 헤드스페이스는 아마존 알렉사(2021b)와 구글 어시스턴트(2021c)를 위한 음성 애플리케이션으로 서비스를 확장했다. 이 애플리케이션을 사용하면 음성 명령을 통해 특정 안내형 명상 회기를 시작할 수 있다. 비록 음성 기반 대화형 에이전트 자체가 명상을 안내하는 것은 아니나, 음성 기반 대화형 에이전트는 기존 제품에 대한 효율적인 액세스를 제공한다.

② 캄

헤드스페이스와 마찬가지로 (주)캄(Calm Inc.)은 명상 제품을 생산하는데, 안내형 명상 회기 뿐만 아니라 비안내형 회기, 수면 이야기도 제공한다. 헤드스페이스와 비교했을 때, 캄은 구글 어시스턴트 앱으로 서비스를 제한한다(2020). 헤드스페이스와 마찬가지로 음성 기반 대화형 에이전트의 유일한 역할은 사전에 녹음된 오디오 트랙에 대한 액세스를 단순화하는 것이다. 따라서 음성 기반 대화형 에이전트 자체가 디지털 헬스 개입을 제공하지는 않지만, 이러한 애플리케이션은 감지 및 지원 패러다임에 쉽게 통합될 수 있다. 예를 들어, 음성 기반 대화형 에이전트는 사용자의 목소리로부터 불안을 수동적으로 감지하여, 사용자가 즐겨 사용하는 명상 음성 애플리케이션에서 명상 회기를 시작하도록 제안할 수 있다.

(2) 일반적인 자동화 지원

① 오르비타

오르비타(Orbita)(2020)는 병원 직원과 입원 환자 간의 의사소통을 촉진하기 위해 아마존 알렉사를 사용하는 맞춤형 플랫폼 서비스이다. 오르비타의 주요 기능은 환자의 요청을 관련 직원에게 효율적으로 전달하는 것이지만, 오르비타는 정보 조회 기능과 외로움을 달래주는 엔터테인먼트 기능도 제공한다. 오르비타는 건강보험 이동성과 결과 보고 책무 활동을 준수한다고 명시되어 있으며, 이는 이 서비스가 건강보험 이동성과 결과 보고 책무 활동(104th United States Congress, 1996)에 따라 개인정보를 취급한다는 것을 의미한다.

② 인퍼메디카

인퍼메디카(Infermedica)(2021)는 증상 확인 및 진단을 위한 애플리케이션 프로그래밍 인터페이스를 제공한다. 이 애플리케이션 프로그래밍 인터페이스는 상태에 대한 풍부한 데이터베이스를 사용자가 입력한 증상과 연결시킬 수 있다(Infermedica, 2019a). 이 애플리케이션 프로그래밍 인터페이스는 음성 인식이나 텍스트-음성 변환 기술은 제공하지 않지만, 알렉사 보이스 서비스(Alexa Voice Service), 바이두 딥보이스(Baidu Deepvoice), 구글 스피치(Google Speech), 얀덱스 스피치키트(Yandex Speechkit)와 같은 상용 음성 기반 대화형 에이전트 플랫폼과 호환된다(Infermedica, 2019b). 또한 증상을 묻고 사용자에게 가능한 진단을 제공하는 심토메이트(Symptomate)(Infermedica, 2022)라는 데모 음성 애플리케이션도 있다.

(3) 레브리: 첨단 사례

마지막으로 대화형 최면 애플리케이션을 제공하는 흥미로운 첨단 사례인 레브리(Reveri) 스마트폰 앱(Reveri Health, 2022)을 소개하겠다. 이 앱의 흥미로운 점은 음성 기반 지원이 자가 최면을 위해 사전에 녹음된 음성 안내를 사용한다는 사실이다. 사전 녹음된 안내에는 사용자의 참여를 유도하거나 최면 회기 전후의 이완 상태를 평가하기 위한 목적의 질문이 포함되어 있다. 비록 음성은 합성되는 것이 아니라 녹음되어 있지만, 이 애플리케이션은 여전히 정신건강을 위한 음성 기반 대화형 에이전트의 일종이라 할 수 있다.

6) 다차원적 건강 프로토타입 및 제품

(1) 대처 방략에 대한 제안이 포함된 우울 및 불안 자가 검사

Quiroz, Bongolan과 Ijaz(2020)는 사용자가 우울(PHQ-9) 및 불안(Generalized Anxiety Disorder Scale, GAD-7)(Spitzer, Kroenke, & Williams, 1999) 증상에 대해 자가 평가를 실시할 수 있는 알렉사 스킬을 개발했다. 각 평가는 음성 기반 대화형 에이전트가 사용자에게 기분이 어떤지 묻는 것으로 시작하여, 두 설문지를 모두 완성하도록 했다. 그런 다음 음성 기반 대화형 에이전트는 두 검사의 점수를 공개하고, 무작위로 선정된 다섯 가지의 행동 대처 방략(예: 호흡 훈련, 근육 이완 훈련, 수면, 신체 활동 및 식단에 대한 제안, 일기 쓰기, 감사 연습) 중 하나를 선택하도록 제안했다. 이는 능동 감지 및 반응형 지원의 조합에 대한 유일한 학술적 사례이다.

(2) 아이바: 반응형 및 사전 예방형 지원

아이바(Aiva)(2020)는 오르비타와 마찬가지로, 노인 환자를 위한 헬스케어를 촉진하는 데 중점을 둔다. 하지만 아이바는 알림 기능도 제공하기 때문에, 반응형이자 사전 예방형 지원 솔루션이라 할 수 있다. 이 솔루션은 병원과 노인 생활 환경 모두에 특화된 아마존 알렉사를 통해 맞춤형 플랫폼 서비스를 제공한다. 이러한 서비스의 대부분은 돌봄을 받는 사람들과 직접 소통할 수 있도록 하고, 요청을 효율적으로 전달하고, 알림을 설정하고, 스마트 병실 제어를 수행함으로써 간병 지원을 강화하는 것이지만, 아이바는 오르비타와 마찬가지로 음성 기반 대화형 에이전트의 기능을 외로움 해소를 위한 엔터테인먼트로 활용한다. 또한 아이바는 동작 감지기와도 호환되어, 낙상할 경우 건강 관리자에게 알람을 보낼 수 있다. 이는 감지의 한 형태이지만 정신건강과 직접적인 관련이 없기 때문에 우리는 지원 전용의 사례로 포함시켰다. 끝으로, 오르비타와 마찬가지로 아이바는 건강보험 이동성과 결과 보고 책무 활동을 준수한다.

(3) 능동 감지 및 사전 예방형 지원

① 웰비

웰비(WellBe)(HandsFree, 2018)는 혈압, 혈당, 체중 기록을 모니터링할 수 있는 가정 내 노인 전용 음성 기반 대화형 에이전트이다. 이는 비정상적인 수치가 발생하면 사용자와 간병인 모두에게 경고를 전달한다. 또한 웰비는 의료 정보 조회, 상호작용 및 엔터테인먼트, 알림 설정도 가능하다. 특히 웰비는 자체 스마트 스피커 장치를 사용하여 음악 재생 및 날씨 정보와 같은 서비스를 지원하기도 한다. 끝으로 웰비는 건강보험 이동성과 결과 보고 책무 활동을 준수한다고 명시되어 있다.

② 라이프팟

라이프팟(LifePod)(2019)은 간병인과 노인을 연결하는 플랫폼 서비스를 제공한다. 이를 통해 사전 체크인(예: 사용자 맞춤형 생태학적 순간 평가)이 가능하고, 고령 사용자를 위한 알림도 설정할 수 있다. 음성 기반 대화형 에이전트는 간병인과 노인 사이의 인터페이스로 사용되지만, 대화를 통해 외로움을 감소시키기 위한 목적도 있다. 웰비와 마찬가지로 라이프팟은 건강보험 이동성과 결과 보고 책무 활동을 준수하며, 전용 스마트 스피커 장치에 구현되어 있다. 또한 음악 재생 및 일기 예보와 같은 엔터테인먼트 기능도 제공하지만, 웰비와 달리 건강 정보 조회 기능은 제공하지 않는다.

③ 프리아

비슷한 사례로 프리아(Pria, 이전 명칭: 필로(Pillo))(Stanley Black & Decker, 2019)를 들 수 있는데, 이의 목적은 주로 알림과 의료 및 약물 정보 조회 기능을 제공하고, 투약 순응도가 부족한 경우에는 간병인에게 알림을 제공함으로써 음성 기반 대화형 에이전트를 통해 약물 관리를 할 수 있게 하는 것이다. 정신건강이나 물질 사용 장애 전용은 아니지만, 이 음성 기반 대화형 에이전트는 정신 장애로 인해 정기적인 약물 치료가 필요한 개인을 지원할 수 있다. 또한 프리아는 알림 및 영상 통화를 통해 간병인과 돌봄을 받는 사람 간의 의사소통을 용이하게 하며, 맞춤형 생태학적 순간 평가 및 보고서를 통해 의료 전문가에게 정보를 제공하는 등 자동화된 능동적 건강 감지를 가능하게 한다. 또한 프리아는 사용자 데이터에 대해

단 대 단 암호화(end-to-end encryption)[10]를 수행하며, 사용자 인증에 안면 인식을 사용하기 때문에 건강보험 이동성과 결과 보고 책무 활동을 준수하는 것으로 분류된다.

4. 가장 인기 있는 기능 및 트렌드

1) 주요 결과

우리는 학계와 업계에서 음성 기술을 사용하여 정신건강 상태나 물질 사용 장애로 고통받는 개인을 감지하거나 지원하는 30건의 사례를 검토했다. 순전히 능동 감지(즉, 생태학적 순간 평가)에 초점을 맞춘 사례는 4건(Adaimi et al., 2020; A. Cheng et al., 2018; Maharjan et al., 2019; Swamy et al., 2019)이었고, 수동 감지(즉, 음성 생체 지표)는 8건(Agurto et al., 2019; Bedi et al., 2014; Cognitive, 2021; CompanionMx, 2018a; Corcoran et al., 2018; Cummins et al., 2015; Low et al., 2020; Sonde Health, 2021), 반응형 지원(예: 정보 조회, 엔터테인먼트, 이완)은 13건이었다(Boyd & Wilson, 2018; Calm, 2020; Headspace, 2021a; Infermedica, 2021; Miner et al., 2016; Motalebi & Abdullah, 2018; Nobles et al., 2020; Orbita, 2020; Reis et al., 2018; Reveri Health, 2022; Wang, Yang, Shao, Abdullah, & Sundar, 2020; Yang et al., 2021). 순수한 사전 예방형 지원을 제시한 사례는 없었다. 혼합 서비스를 제공한 사례는 4건으로, 라이프팟, 웰비, 프리아는 능동 감지와 사전 예방형 지원을 혼합하여 제공하였고, 아이바는 반응형 지원과 사전 예방형 지원(예: 정보 조회, 알림, 경고)을 결합하여 제공하였으며, Quiroz 등(Quiroz et al., 2020)은 능동 감지와 반응형 지원을 제공하는 프로토타입을 발표했다.

이러한 결과를 바탕으로 두 가지 측면을 고려할 수 있다. 첫째, 대부분의 사례는 단순한 서비스(예: 사전 예방형 지원, 반응형 지원, 능동 감지 또는 수동 감지)를 제공하며, 소수의 사례만이 복합적인 서비스를 제공하는 것으로 나타났다. 매우 놀라운 점은 라이프팟, 프리아, 웰비의 세 사례만이 감지와 지원을 모두 제공한다는 사실이다. 더욱 놀라운 것은 지원 개입과 수동 감지를 통합하는 솔루션, 즉 적시 지원을 제공하는 솔루션이 없다는 점이다(Nahum-Shani et al., 2015). 게다가 상황 인식 생태학적 순간 평가를 제공하기 위해 수동 감

10 (역자 주) 단 대 단 암호화(end-to-end encryption): 암호화 방법 중의 하나로, 메시지를 암호화해서 전송하고 최초 도착하는 노드에서 복호화한 다음 다시 암호화해서 전송하는 방식. 모든 중간 노드를 통과할 때는 복호화, 암호화 과정을 거친다. 온라인 암호화라고도 한다.

지를 실시한 사례도 없었다(Kubiak & Smyth, 2019). 둘째, 우리는 수동 감지 기술에 대한 근거를 수집하면서 음성 생체 지표 솔루션의 사례를 검토했다. 연구에 따르면 이 기술은 현재 정신건강 및 물질 사용 장애 분야에서 탐색되고 있다. 이전 연구에서 개입이 적시에 제공되었을 때 그 효과가 증가하는 것으로 나타났다면(Nahum-Shani et al., 2015; Wang & Miller, 2020), 왜 음성 기반 대화형 에이전트에서 정신건강 및 물질 사용을 위한 음성 분석이나 생태학적 순간 평가를 구현한 사례가 없는지에 대한 의문이 남는다. 이것이 구현되면 가장 필요할 때 사전 예방적 지원을 촉발시킬 수 있을 것이다.

다음 섹션에서는 이러한 측면들에 대해 더 자세히 논의하고 수동 감지가 없을 때 개입이 다소 단순해질 수 있는 이유에 대해 설명할 것이다.

2) 반응형 지원은 더 쉽게 구현할 수 있다

확인된 사례에서 반응형 지원이 가장 성행하는 개념이었지만, 솔루션의 영역은 반응형 지원의 하위 범주가 있을 정도로 방대했다. 첫째, 우리는 대화형 애플리케이션 자체는 아니지만 음성 기반 대화형 에이전트를 통해 활성화할 수 있는 애플리케이션의 사례를 포함하였다. 둘째, 우리는 업계의 사례 중 병원과 노인 지원 시설(aging facilities)에서의 의사소통을 보다 효율적으로 만드는 것을 목표로 하면서도 매력적인 음성 상호작용을 통해 외로움에 대응하도록 돕는 사례들을 포함하였다. 이러한 사례는 우울증에 대한 대응으로 분류되지는 않지만, 우울증 예방을 위한 개입으로 간주될 수 있으므로 포함되었다(Chung & Woo, 2020). 셋째, 우리는 정신건강 또는 물질 사용 장애로 고통받는 환자를 지원하기 위해 제공되는 정보의 적절성에 대한 상업적 음성 기반 대화형 에이전트의 평가에 관한 학술 연구를 포함하였다. 이러한 연구 결과는 건강 정보 이해 능력(health literacy)를 지원하는 데 있어 아마존 알렉사, 애플 시리, 구글 어시스턴트와 같은 음성 비서가 일반적으로 부적절하다는 것을 보여 준다는 점에서 특히 흥미롭다. 이는 상업용 음성 기반 대화형 에이전트가 대부분 능동적으로 개입하기보다는 사람의 명령에 반응하는 장치로 사용되기 때문일 수 있다. 예를 들어 이들은 스마트 환경(예: 조명, TV, 음악 시스템)을 제어하거나, 인터넷에서 정보에 액세스하거나(예: 날씨 또는 용어의 정의를 요청함), 일상적인 루틴을 시작하는 데 사용될 수 있다(Hoy, 2018). 오늘날에는 시간 기반 알림이나 루틴(예: 특정 시간에 뉴스 재생)을 설정하는 것이 가능하지만, 음성 기반 대화형 에이전트는 아직 경고 시스템으로 작동하도록 설계되어 있지 않다.

3) 능동 감지에는 많은 비용이 드는 규정 준수와 우수한 음성 인식이 요구된다

능동 감지를 수행하는 음성 기반 대화형 에이전트는 학술 연구에서 더 자주 사용되는 것으로 보이며, 업계에서는 라이프팟, 프리아, 웰비 등 세 가지 사례만 찾을 수 있었다. 음성 비서를 통해 시장 조사 설문 조사를 수행하는 서비스를 제공하는 회사(예: 트루 리플라이(True Reply), 보이스 메트릭스(Voice Metrics))가 있지만, 아직은 정신 및 물질 사용 장애로까지 그 사용이 확장되지는 않았다. 주된 이유는 건강보험 이동성과 결과 보고 책무 활동을 준수하는 데 드는 막대한 비용으로 인해 기업이 이러한 시장에 투자하기 어렵기 때문인 것으로 보인다(Chander et al., 2021).

또한 사용자와 상호작용하기 위해 음성 기반 대화형 에이전트는 자동 음성 인식 성능에 크게 의존한다. 오늘날까지 다양한 음성 인식 방법이 연구되어 왔지만(Bhatt, Jain, & Dev, 2021), 사용자의 목소리 변화, 발음, 배경 소음과 같은 요소는 여전히 잠재적인 오류의 원인이 되고 있다(Errattahi, El Hannani, & Ouahmane, 2018). 비록 개개인에게 음성 인식 오류에 대처할 수 있는 능력이 있긴 하지만, 여전히 오류는 자주 발생한다(Myers, Furqan, Nebolsky, Caro, & Zhu, 2018). 예를 들어, 자살 사고를 지닌 사람이 음성 기반 일기에 자살 사고에 대한 항목을 추가하고 싶다고 가정해 보자. 이 사람은 음성 기반 대화형 에이전트에게 떨리는 목소리와 빠른 말속도로 'I wanna die here(여기서 죽고 싶어요)'라고 말할 것이다. 발화의 품질이 좋지 않다면 음성 기반 대화형 에이전트는 예컨대 'I want a dryer(건조기가 필요해요)'라고 이해할 수도 있다. 결과적으로 의도가 잘못 저장되고, 가능한 지원 개입이 올바르게 전달되지 않을 것이다. 또한 음성 상호작용은 모든 유형의 사용자에게 직관적이지는 않은 것으로 보인다. 예를 들어, 일부 노년층은 적절한 명령을 내리는 데 어려움을 겪거나, 음성 기반 대화형 에이전트의 작동 방식을 오해할 수도 있다(S. Kim, 2021). 따라서 디지털 헬스 개입을 위해 음성 기반 대화형 에이전트를 사용하려면 상당한 음성 인식 개선이 필요할 수 있다.

4) 수동 감지에는 광범위하고 엄격한 데이터 수집이 요구된다

제시된 사례에 따르면, 자동화된 음성 분석을 통한 음성 생체 지표 모니터링은 상당히 잘 확립되어 있다. 음성 기반 대화형 에이전트를 음성 생체 지표에 사용하지 않는 이유는 무엇일까? 개인이 특정 정신건강 상태를 겪을 위험이 있거나 물질 남용의 징후를 보이는 시점을 음성 기반 대화형 에이전트가 감지할 수 있다면, 임상 결과를 즉시 감지하여 환자로 하여금 조기에 조치를 취하도록 할 수 있을 것이다. 음성 기반 대화형 에이전트가 감지 솔루션을 제공하지 못하는 이유는 데이터 수집, 레이블링(labeling)[11] 및 특징 분석(feature analysis)의 어려움 때문일 수 있다.

첫째, 음성 기반 대화형 에이전트가 환자를 정확하게 인증할 수 있어야 한다. 음성을 사용하여 사용자를 인식할 수는 있지만, 잡음이 인식 알고리즘을 속일 수 있다는 사실이 밝혀졌다(Mohd Hanifa et al., 2021). 따라서 알고리즘이 정확하고 정밀하려면 음성 녹음에 가능한 한 오염이 적어야 한다. 이는 스마트 스피커를 사용하여 환자의 음성 특징을 수집할 때 문제가 될 수 있다. 사용자는 일반적으로 기기와 상호작용할 때 기기 바로 옆에 있지 않으며, 주변 소음으로 인해 음성 녹음의 품질이 저하될 수 있다. 또한 깨끗한 오디오 신호를 수집한다고 가정하더라도, 머신 러닝 모델에 사용하고 나중에 진단 목적으로 올바르게 분석하려면 녹음에 레이블을 지정해야 한다. 모델의 훈련, 검증 및 최적화 과정에서 레이블을 지정하려면, 사람이 음성 녹음에 주석 첨가(annotate)[12]를 해야 정확한 결과를 얻을 수 있다. 그러나 이는 까다롭고 시간이 많이 걸리는 작업이다. 또한 오디오 데이터를 처리하려면 엄청난 양의 데이터를 다뤄야 한다. 예를 들어, 1시간 분량의 오디오를 녹음(44kHz 샘플레이트(sample rate))하려면 630MB 이상의 저장용량이 필요하다고 상상해 보라.

아울러 음성 생체 지표를 적용하는 데 문제가 있을 수 있다. 즉, 알고리즘을 어떻게 학습시켰는지에 따라 개인 간 편차에 의해 생체 지표가 편향될 수 있다. 예를 들어, 음성 기반 대화형 에이전트 사용자는 사람과 사람이 대화할 때 생성하는 음성과는 다르게, 더 짧고 부자연스러운 문장을 생성하는 경향이 있는 것으로 확인되었다(Pelikan & Broth, 2016). 또한 생체 지표는 특정 집단에 편향될 수 있는데, 예를 들어 아르헨티나 여성과 중국 여성 간 특징의 기준값(baseline values of features)이 다를 수 있다(Fagherazzi et al., 2021; Saggio & Costantini, 2020). 그리고 높은 개인 간 편차로 인해 특정 건강 상태에 대한 지표를 감지하기가 매우 어려울 뿐만 아니라, 임상 결과의 변화와 관련이 없는 개인 내 편차로 인해서도 건강 상태의 변화를 감지하기가 어렵다(Anthes, 2020). 예를 들어, 탈수(Alves, Krüger, Pillay, van Lierde, & van der Linde, 2019) 또는 수면 부족(Icht et al., 2020)도 음성 생성에 영향을 미칠 수 있다. 탐지 알고리즘이 충분히 강력하지 않으면 환자의 이익에 반하는 방향으로 임상적 결정에 영향을 미칠 수 있다(Awaysheh et al., 2019). 따라서 음성 데이터를 기반으로 생체 지표

11 (역자 주) 레이블링(labeling): 원시 데이터(이미지, 텍스트 파일, 동영상 등)를 식별하고, 의미 있고 정보성이 있는 한 개 이상의 레이블을 추가하여 컨텍스트를 제공하는 과정

12 (역자 주) 주석 첨가(annotate): 프로그램의 어떤 부분에 설명을 덧붙이는 것

를 제공하는 것은 모니터링하는 상태의 심각도에 따라 큰 책임이 따를 수 있다. 이에 알고리즘을 올바른 생태학적 데이터로 검증하여 해당 인구 및 환경에 적용하거나, 인구통계학적 및 상황적 다양성에도 흔들리지 않는 음성 생체 지표를 만들기 위해 많은 양의 데이터가 필요하다. 이러한 어려움은 우리 사례에서도 드러난다. 표본 인구통계와 녹음 환경을 통제할 수 있는 학술 연구에서는 정신건강 및 물질 사용 장애의 감지를 위해 음성을 사용할 것을 자신 있게 지지하는 반면, 특정 건강 결과보다는 일반적인 감정을 감지하는 데 수동 감지가 사용되는 상업적 솔루션은 보다 신중한 태도를 보이고 있다.

5) 데이터 및 대화 개인정보 보호에 대한 우려

음성 녹음 데이터는 신원을 추측하고 사생활을 침해하는 데 사용될 수 있기 때문에 개인정보 보호와 관련된 윤리적 딜레마에 자연스럽게 직면하게 된다(Fagherazzi et al., 2021). 이는 특히 음성 녹음이 인터넷(예: 클라우드 컴퓨팅)을 통해 처리되고 저장되는 경우 문제가 된다. 따라서 안전한 데이터 저장 및 처리를 보장하기 위해서는 암호화 절차가 필요하다(Aloufi, Haddadi, & Boyle, 2019; Vaidya & Sherr, 2019).

건강을 위해 음성 기반 대화형 에이전트를 사용하면 음성으로 개인 및 건강 데이터를 저장하거나 검색하게 되는데, 이는 곧 잠재적으로 민감한 정보에 대해 큰 소리로 말할 수 있다는 것을 의미한다. 이는 사적인 공간(예: 집)에서는 문제가 되지 않을 수 있지만, 공공장소에서는 건강을 위해 음성 기반 대화형 에이전트를 사용하는 것이 꺼려질 수 있다(Cowan et a1., 2017; Moorthy & Vu, 2015). 이 문제의 연장선상에서, 음성 기반 대화형 에이전트에 상황 인식 기능이 없고 사용자가 이를 수신할 수 있는 상황이 아닌 경우, 사전 예방형 음성 알림이 문제가 될 수 있으므로 적시 적응형 개입에 음성 기반 대화형 에이전트를 사용하기 어려울 수 있다(Nahum-Shani et al., 2018). 예를 들어, 운전 중 운전자가 조작에 몰두하거나 교통 상황에 집중하고 있을 때에는 개입이 도움이 되기보다는 방해가 될 수 있다(Schmidt, Bhandare, Prabhune, Minker, & Werner, 2020; Schmidt, Minker, & Werner, 2020). 확인된 학술 연구 사례 중 하나(Adaimi et a1., 2020)는 웨어러블 기기를 사용함으로써 수용성 검증을 해결하였다. 그러나 이 방법은 음성 기반 대화형 에이전트를 추가 장치에 연결해야 하기 때문에 기술적으로 덜 편리하다.

또한 기업들은 질병에 국한되지 않고 정신건강과 물질 사용 장애 모두에 적용할 수 있는 솔루션을 제공하는 반면, 학계는 특정 질환에 초점을 맞추는 경향이 있다. 특히, 학계 연구는 기존의 상용 음성 기반 대화형 에이전트가 특정 건강 상태를 지원하는지 평가하거나(Boyd & Wilson, 2018; Miner et al., 2016; Nobles et a1., 2020; Reis et al., 2018; Yang et al., 2021), 동일한 목적의 알렉사 스킬을 개발(Cheng et al., 2018; Maharjan et al., 2019; Motalebi & Abdullah, 2018; Quiroz et al., 2020; Wang, Yang, Shao, Abdullah, & Sundar, 2020)하는 데 초점을 두는 것으로 보인다. 검토된 사례 중 일부에서만 독립적인 음성 기반 대화형 에이전트 프로토타입이 개발되었다(Adaimi et al., 2020; Quiroz et a1., 2020; Swamy et a1., 2019). 이는 주로 개념 증명 솔루션으로, 시장에 출시되지 않았다. 따라서 특정 조건에 더 적합한 기술일지라도, 필요한 사람들에게는 여전히 제공되지 않는다. 이에 비해 업계는 특수성은 떨어지지만 구현 방식이 다양해져 여러 유형의 사용자가 기술을 사용할 수 있는 것으로 보인다. 특히 이러한 개입은 호환되는 기기(예: 스마트폰 또는 스마트 스피커)를 보유한 구글 및 아마존 고객이 쉽게 액세스할 수 있는 재생 오디오 서비스(예: 캄, 헤드스페이스, 슬립 자(Sleep Jar))를 활성화하기 위해 구글 액션 및 아마존 스킬로 제공되거나, 아마존 알렉사 기반 서비스(예: 아이바, 오르비타, 인퍼메디카) 또는 독립적인 제품(예: 프리아, 웰비, 라이프팟)을 통해 전달되고 있다.

6) 아마존 알렉사가 시장을 장악하는 것으로 보인다

제시된 사례 중 9건은 상용 음성 기반 대화형 에이전트를 통해 제공되는 음성 기반 개입에 대해 다뤘으며, 구글 액션 또는 알렉사 스킬을 사용했다. 9건 중 7건은 스킬을 사용했는데, 이 중 5건은 학계에서 개발되었으며(Cheng et al., 2018; Maharjan et al., 2019; Motalebi & Abdullah, 2018; Quiroz et a1., 2020; Wang, Yang, Shao, Abdullah, & Sundar, 2020), 2건은 업계에서 개발되었다(Headspace, 2021b; Jar, 2021). 일부 사례에서만 구글 액션이 사용되었다(Calm, 2020; Headspace, 2021a; Infermedica, 2021; Jar, 2021). 또한 병원 및 노인 지원 시설 관련 산업에서 아마존 알렉사 프레임워크를 사용하여 서비스를 개발한 사례도 2건 있었다(Aiva, 2020; Orbita, 2020). 기존 음성 스킬 서비스를 사용하면 건강 개입의 구현을 간소화할 수 있지만, 프레임워크가 데이터 보호 규정을 준수하지 않는 경우에는 건강 데이터 저장과 관련하여 문제가 될 수 있다. 실제로 개인 및 의료 정보가 저장되는 경우, 독립적인 음성 기반 대화형 에이전트가 개발되었거나(HandsFree, 2018; LifePod, 2019; Stanley Black & Decker, 2019) 아마존 알렉사가 사용되었다(Aiva, 2020; Cheng et a1., 2018; Maharjan et al., 2019; Motalebi & Abdullah, 2018; Orbita, 2020; Quiroz et at., 2020; Wang, Yang, Shao, Abdullah, & Sundar, 2020). 그럼에도 불구하고 유의해야 할 점은, 아마존(구글과 함께)이 스킬(또는 액션) 승인 과정에서 일관성이 없는 것으로 관찰된 바(Cheng et al., 2020), 특히 건강 영역에서는 여전히 강력한 검증이 이루어질 필요가 있다.

반면에 아마존과 구글을 대체하여 오픈 소스이며 건강보험 이동성과 결과 보고 책무 활동을 준수하고 보다 유연한 서비스를 개발할 수 있는 많은 대안이 있다. 예를 들어, 칼디(Kaldi)(Kaldi ASR, 2021), 보스크(VOSK)(Alphacephei, 2021), 율리우스(Julius)(Julius, 2021)는 음성-텍스트 변환에 사용할 수 있고, 레스폰시브 보이스(ResponsiveVoice)(웹사이트)는 텍스트-음성 변환을 수행할 수 있다. 이 중 일부(예: 보스크)는 오프라인 음성 인식을 허용하여, 개인 및 건강 데이터를 다루는 디지털 헬스 개입에 유용할 수 있다.

5. 결론 및 전망

이 고찰의 목적은 정신건강 및 물질 사용 장애의 관리를 위해 감지 및 지원을 수행하는 음성 기반 대화형 에이전트를 조사하거나 제공하는 학계 및 업계의 사례를 소개하는 것이었다. 주요 목표는 수동 감지, 능동 감지, 반응형 지원, 사전 예방형 지원 또는 이들의 조합을 제공하는 음성 기반 대화형 에이전트의 사례를 제공하는 것이었다. 저자가 아는 한, 수동 감지를 수행하는 음성 기반 대화형 에이전트는 없기 때문에 정신건강 및 약물 사용 장애에 대한 음성 생체 지표에 초점을 맞춘 연구 및 기업 사례를 포함시켰다. 이러한 음성 생체 지표가 과학적으로 확립되어 있다는 것을 확인한 바, 우리는 음성 기반 대화형 에이전트에서 적시 적응형 개입을 제공하는 데 음성 생체 지표를 사용할 수 있으리라 생각한다. 이뿐만 아니라, 우리는 대부분의 사례가 반응형 지원 솔루션으로 구성되어 있으며, 사전 예방형 지원과 능동 지원을 결합하거나(예: 아이바), 능동 감지와 반응형 지원을 결합하거나(Quiroz et a1., 2020), 또는 능동 감지와 사전 예방형 지원(예: 라이프팟, 웰비, 프리아)을 결합한 사례는 소수에 불과하다는 것을 확인할 수 있었다. 마지막으로, 우리는 음성 기반 대화형 에이전트가 감지 및 지원 패러다임에 적합하지 않을 수 있는 이유에 대해 논의하였다. 특히 (1) 정신건강이나 물질 사용 장애로 고통받는 개인을 지원하는 가장 간단한 방법은 반응형 지원일 수 있다는 점, (2) 능동 감지에는 많은 비용이 드는 규정 준수가 필요하고 음성 인식의 한계로 인해 방해받을 수 있다는 점, (3) 수동 감지에는 광범위하고 엄격한 데이터 수집이 필요하다는 점, (4) 건강 데이터 공유 및 건강 문제에 관한 음성 대화의 개인정보 보호에 대한 우려가 발생할 수 있다는 점, (5) 아마존 알렉사와 같은 상용 프레임워크 솔루션은 개입의 실행을 단순화하고 가속화하기 때문에 건강 데이터의 저장이 필요할 때에는 가장 많이 사용되지만, 모든 아마존 알렉사 솔루션이 안전한 데이터 관리를 보장하지는 않는다는 점 등을 언급하였다.

음성 기반 대화형 에이전트는 자동화되고 표준화된 일상적인 건강 개입을 제공하고 개인이 정신건강 상태나 물질 사용 장애를 관리할 수 있도록 지원함으로써 의료 시스템의 부담을 완화하는 데 엄청난 잠재력을 가지고 있다. 이 기술은 기존의 스마트 생태계(예: 스마트폰 또는 자동차)와 호환되는, 접근성이 높고 효율적인 상호작용을 가능하게 한다. 이뿐만 아니라 음성 기반 대화형 에이전트는 인간과 컴퓨터 간의 대화를 통해 다른 기기를 보다 효율적으로 제어하고, 자신의 건강을 모니터링하고 싶어 하는 과거와 현재의 열망이 조작화된 것이라 할 수 있다. 스마트 스피커가 널리 보급되고 건강 관련 목적으로 음성 기반 대화형 에이전트의 사용이 계속 증가함에 따라, 디지털 헬스 개입은 정신 및 물질 사용 장애를 가진 개인에게 확장 가능한 방식과 저렴한 비용으로 도움을 줄 수 있다. 따라서 우리는 향후 연구에서 음성 기반 대화형 에이전트의 감지 및 지원 기능을 결합하여 적시에 건강 개입을 제공할 수 있는 강력한 솔루션을 모색해야 한다고 굳게 믿는다.

참고문헌

104th United States Congress (1996). Health insurance portability and accountability act of 1996. *Public Law, 104*, 191.

Aarsland, D., Påhlhagen, S., Ballard, C. G., Ehrt, U. & Svenningsson, P. (2012). Depression in Parkinson disease—epidemiology, mechanisms and management. *Nature Reviews Neurology, 8*(1), 35–47. doi:10.1038/nrneurol.2011.189.

Abdolrahmani, A., Storer, K. M., Roy, A. R. M., Kuber, R. & Branham, S. M. (2020). Blind leading the sighted. *ACM Transactions on Accessible Computing, 12*(4), 1–35. doi:10.1145/3368426.

Adaimi, R., Ho, K. T. & Thomaz, E. (2020). Usability of a hands-free voice input interface for ecological momentary assessment. Paper presented at the *2020 IEEE International Conference on Pervasive Computing and Communications Workshops (PerCom Workshops)*.

Accenture (2020). Technology Vision 2020 | We, the Post-Digital People. https://www.accenture.com/_acnmedia/Thought-Leadership-Assets/PDF-2/Accenture-Technology-Vision-2020-Full-Report.pdf. Access date: 11 July 2022.

Alphacephei (2021). VOSK Offline Speech Recognition API. https://alphacephei.com/vosk/. Access date: 11 July 2022.

https://cogitocorp.com/evidence/. 2022. (Accessed 11 July 2022).

Agurto, C., Norel, R., Pietrowicz, M., Parvaz, M., Kinreich, S., Bachi, K., Cecchi, G., & Goldstein, R.

Z. (2019). Speech markers for clinical assessment of cocaine users. Proceedings of the ··· *IEEE International Conference on Acoustics, Speech, and Signal Processing. ICASSP (Conference), 2019*, 6391–6394. https://doi.org/10.1109/icassp.2019.8682691.

Akçay, M. B., Oğuz, K. (2020). Speech emotion recognition: emotional models, databases, features, preprocessing methods, supporting modalities, and classifiers. *Speech Communication, 116*, 56–76. doi:10.1016/j.specom.2019.12.001.

Aiva. (2020). Aiva: Virtual Health Assistant. https://www.aivahealth.com/. Access date: 11 July 2022.

Alattas, A., Teepe, G., Leidenberger, K., Fleisch, E., Tudor Car, L., Salamanca-Sanabria, A. & Kowatsch, T. (2021). To What Scale Are Conversational Agents Used by Top-funded Companies Offering Digital Mental Health Services for Depression?. *Proceedings of the 14th International Joint Conference on Biomedical Engineering Systems and Technologies (BIOSTEC – 2021 Volume 5: HEALTHINF*, pp. 801–808 ISBN: 978–989–758–490–9 ISSN: 2184–4305.

Alves, M., Krüger, E., Pillay, B., van Lierde, K., van der Linde, J. (2019). The effect of hydration on voice quality in adults: a systematic review. *Journal of Voice, 33*(1) 125.e113–125.e128. https://doi.org/10.1016/j.jvoice.2017.10.001.

Amante, D. J., Hogan, T. P., Pagoto, S. L., English, T. M. & Lapane, K. L. (2015). Access to care and use of the internet to search for health information: results from the US National Health Interview Survey. *Journal of Medical Internet Research [Electronic Resource], 17*(4), e106. doi:10.2196/jmir.4126.

Ammari, T., Kaye, J., Tsai, J. Y. & Bentley, F. (2019). Music, search, and IoT: How people (really) use voice assistants. *ACM Transactions on Computer-Human Interaction, 26*(3), 1–28. doi:10.1145/3311956.

Andreasen, N. C. & Grove, W. M. (1986). Thought, language, and communication in schizophrenia: diagnosis and prognosis. *Schizophrenia Bulletin, 12*(3), 348–359.

Anthes, E. (2020). Alexa, do I have COVID–19?. *Nature, 586*(7827), 22–25. doi:10.1038/d41586–020–02732–4.

Aloufi, R., Haddadi, H., & Boyle, D. (2019). Emotionless: Privacy-preserving speech analysis for voice assistants. arXiv preprint. *arXiv:1908.03632*.

API–ResponsiveVoice.JS text to speech. (2015). https://responsivevoice.org/api/. Access date: 11 July 2022.

Apple (2021). Aiki-stress test & self care. https://apps.apple.com/us/app/aiki-stress-test-self-care/id1577209358. Access date: 11 July 2022.

Awaysheh, A., Wilcke, J., Elvinger, F., Rees, L., Fan, W. & Zimmerman, K.L. (2019). Review of medical decision support and machine-learning methods. *Veterinary Pathology, 56*(4), 512–525.

doi:10.1177/0300985819829524.

Barata, M., Galih Salman, A., Faahakhododo, I. & Kanigoro, B. (2018). Android based voice assistant for blind people. *Libr. hi tech news, 35*(6), 9–11. doi:10.1108/lhtn-11-2017-0083.

Basatneh, R., Najafi, B. & Armstrong, D.G. (2018). Health sensors, smart home devices, and the internet of medical things: an opportunity for dramatic improvement in care for the lower extremity complications of diabetes. *Journal of Diabetes Science and Technology, 12*(3), 577–586. doi:10.1177/1932296818768618.

Beck, A. T., Ward, C. H., Mendelson, M., Mock, J. & Erbaugh, J. (1961). An inventory for measuring depression. *Archives of General Psychiatry, 4*, 561–571.

Bedi, G., Cecchi, G. A., Slezak, D. F., Carrillo, F., Sigman, M., De Wit, H. (2014). A window into the intoxicated mind? Speech as an index of psychoactive drug effects. *Neuropsychopharmacology, 39*(10), 2340–2348. doi:10.1038/npp.2014.80.

Bérubé, C., Schachner, T., Keller, R., Fleisch, E., V. Wangenheim, F., Barata, F., et al. (2021). Voice-based conversational agents for the prevention and management of chronic and mental health conditions: a systematic literature review. *Journal of Medical Internet Research [Electronic Resource]*. doi:10.2196/25933.

Bérubé, C., Kovacs, Z. F. & Fleisch, E. (2021). Kowatsch T Reliability of Commercial Voice Assistants' Responses to Health-Related Questions in Noncommunicable Disease Management: Factorial Experiment Assessing Response Rate and Source of Information. *J Med Internet Res, 23*(12), e32161. doi:10.2196/32161 PMID: 34932003.

Betthauser, L. M., Stearns-Yoder, K. A., McGarity, S., Smith, V., Place, S. & Brenner, L.A. (2020). Mobile app for mental health monitoring and clinical outreach in veterans: mixed methods feasibility and acceptability study. *Journal of Medical Internet Research, 22*(8), e15506. doi:10.2196/15506.

Bhatt, S., Jain, A. & Dev, A. (2021). *Continuous Speech Recognition Technologies—A Review*. Springer, Singapore, pp. 85–94.

Bostock, S., Crosswell, A. D., Prather, A. A. & Steptoe, A. (2019). Mindfulness on-the-go: effects of a mindfulness meditation app on work stress and well-being. *Journal of Occupational Health Psychology, 24*(1), 127–138. doi:10.1037/ocp0000118.

Boyd, M. & Wilson, N. (2018). Just ask Siri? A pilot study comparing smartphone digital assistants and laptop Google searches for smoking cessation advice. *Plos One, 13*(3), e0194811. doi:10.1371/journal.pone.0194811.

Bechtel, M., Briggs, B., & Buchholz, S. (2020). Tech Trends 2020. https://www2.deloitte.com/content/dam/Deloitte/ch/Documents/technology/deloitte-ch-Tech-Trends-2020.pdf. Access date: 11 July 2022.

Carolus, A., Binder, J. F., Muench, R., Schmidt, C., Schneider, F. & Buglass, S. L. (2019). Smartphones as digital companions: characterizing the relationship between users and their phones. *New Media & Society, 21*(4), 914–938.

Chander, A., Abraham, M., Chandy, S., Fang, Y., Park, D. & Yu, I. (2021). Achieving privacy: costs of compliance and enforcement of data protection regulation. *SSRN Electronic Journal*. doi:10.2139/ssrn.3827228.

Cheng, A., Raghavaraju, V., Kanugo, J., Handrianto, Y. P. & Shang, Y. (2018). Development and evaluation of a healthy coping voice interface application using the Google home for elderly patients with type 2 diabetes. *Paper presented at the 2018 15th IEEE Annual Consumer Communications & Networking Conference (CCNC)*.

Cheng, L., Wilson, C., Liao, S., Young, J., Dong, D. & Hu, H. (2020). Dangerous skills got certified: measuring the trustworthiness of skill certification in voice personal assistant platforms. *Paper presented at the Proceedings of the 2020 ACM SIGSAC Conference on Computer and Communications Security, Virtual Event*. https://doi.org/10.1145/3372297.3423339.

Cho, E., Molina, M. D. & Wang, J. (2019). The effects of modality, device, and task differences on perceived human likeness of voice-activated virtual assistants. *Cyberpsychology, Behavior, and Social Networking, 22*(8), 515–520. doi:10.1089/cyber.2018.0571.

Calm (2020). Calm for Google Home. https://blog.calm.com/blog/calm-for-google-home. Access date: 11 July 2022.

Choi, D., Kwak, D., Cho, M., & Lee, S. (2020). 'Nobody Speaks that Fast!' an empirical study of speech rate in conversational agents for people with vision impairments. doi:10.1145/3313831.3376569.

Chung, A. E., Griffin, A. C., Selezneva, D. & Gotz, D. (2018). Health and fitness apps for hands-free voice-activated assistants: content analysis. *JMIR MHealth UHealth, 6*(9), e174. doi:10.2196/mhealth.9705.

Chung, S., Woo, B. K. P. (2020). Using consumer perceptions of a voice-activated speaker device as an educational tool. *JMIR Medical Education, 6*(1), e17336. doi:10.2196/17336.

Cognitive Apps. (2021). Cognitive Apps. https://cogapps.com/. Access date: 11 July 2022.

Cohen, K.S. (1991). DragonDictate. *American Journal of Occupational Therapy, 45*(9), 856–857.

CompanionMx. (2018a). CompanionMx. https://companionmx.com/. Access date: 11 July 2022.

CompanionMx. (2018b). Evidence. https://companionmx.com/evidence/. Access date: 11 July 2022.

Corcoran, C. M., Carrillo, F., Fernández-Slezak, D., Bedi, G., Klim, C., Javitt, D. C., et al. (2018). Prediction of psychosis across protocols and risk cohorts using automated language analysis. *World Psychiatry, 17*(1), 67–75. https://doi.org/10.1002/wps.20491.

Cowan, B. R., Pantidi, N., Coyle, D., Morrissey, K., Clarke, P., Al-Shehri, S., Earley, D. & Bandeira, N.,

2017, September. 'What can i help you with?' infrequent users' experiences of intelligent personal assistants. In *Proceedings of the 19th International Conference on Human-Computer Interaction with Mobile Devices and Services* (pp. 1–12).

Cummins, N., Epps, J., Sethu, V., Breakspear, M. & Goecke, R. (2013). Modeling spectral variability for the classification of depressed speech. In *Proc. Interspeech 2013*, pp. 857–861.

Damacharla, P., Dhakal, P., Stumbo, S., Javaid, A. Y., Ganapathy, S., Malek, D. A., et al. (2019). Effects of voice-based synthetic assistant on performance of emergency care provider in training. *International Journal of Artificial Intelligence in Education, 29*(1), 122–143. doi:10.1007/s40593-018-0166-3.

Dattani, S., Ritchie, H., & Roser, M. (2021). Mental Health. https://ourworldindata.org/mental-health. Access date: 11 July 2022.

David, E. & Selfridge, O. (1962). Eyes and ears for computers. *Proceedings of the IRE, 50*(5), 1093–1101.

Davis, S. & Mermelstein, P. (1980). Comparison of parametric representations for monosyllabic word recognition in continuously spoken sentences. *IEEE Transactions on Acoustics, Speech, and Signal Processing, 28*(4), 357–366. doi:10.1109/TASSP.1980.1163420.

El-Shallaly, G. E. H., Mohammed, B., Muhtaseb, M. S., Hamouda, A. H., Nassar, A. H. M. (2005). Voice recognition interfaces (VRI) optimize the utilization of theatre staff and time during laparoscopic cholecystectomy. *Minimally Invasive Therapy & Allied Technologies, 14*(6), 369–371. doi:10.1080/13645700500381685.

Errattahi, R., El Hannani, A. & Ouahmane, H. (2018). Automatic speech recognition errors detection and correction: a review. *Procedia Computer Science, 128*, 32–37.

Fagherazzi, G., Fischer, A., Ismael, M. & Despotovic, V. (2021). Voice for health: the use of vocal biomarkers from research to clinical practice. *Digital Biomarkers, 5*(1), 78–88.

Friedman, N., Cuadra, A., Patel, R., Azenkot, S., Stein, J., & Ju, W. (2019). Voice assistant strategies and opportunities for people with tetraplegia. doi:10.1145/3308561.3354605.

Gratch, J., Okhmatovskaia, A., Lamothe, F., Marsella, S., Morales, M., van der Werf, R. J., et al. (2006). Virtual rapport. In *Paper presented at the Intelligent Virtual Agents Berlin, Heidelberg, 2006*.

Harandi, T. F., Taghinasab, M. M., & Nayeri, T. D. (2017). The correlation of social support with mental health: a meta-analysis. *Electronic Physician, 9*(9), 5212–5222. doi:10.19082/5212.

HandsFree Health. (2018). Voice-enabled virtual health assistant. https://handsfreehealth.com/. Access date: 11 July 2022.

Headspace. (2021a). Headspace. https://www.headspace.com/. Access date: 11 July 2022.

Headspace. (2021b). Headspace on Alexa. https://www.headspace.com/alexa. Access date: 11 July

2022.

Headspace. (2021c). Headspace on Google Assistant. https://www.headspace.com/google-assistant. Access date: 11 July 2022.

Hoy, M. B. (2018). Alexa, siri, cortana, and more: an introduction to voice assistants. *Medical Reference Services Quarterly, 37*(1), 81–88.

Huang, L., Morency, L.-P. & Gratch, J. (2011). Virtual Rapport 2.0. In *Paper presented at the Intelligent Virtual Agents Berlin, Heidelberg, 2011*.

Huang, Z., Epps, J. & Joachim, D. (2019). Investigation of speech landmark patterns for depression detection. *IEEE Transactions on Affective Computing, 1*. doi:10.1109/TAFFC.2019.2944380.

Huang, Z., Epps, J., Joachim, D. & Chen, M. (2018, September). *Depression Detection from Short Utterances via Diverse Smartphones in Natural Environmental Conditions*. INTERSPEECH, pp. 3393–3397.

IBM (2003). IBM archives: IBM shoebox. https://www.ibm.com/ibm/history/exhibits/specialprod1/specialprod1_7.html. Access date: 11 July 2022.

Icht, M., Zukerman, G., Hershkovich, S., Laor, T., Heled, Y., Fink, N., et al. (2020). The 'Morning Voice': the effect of 24 hours of sleep deprivation on vocal parameters of young adults. *Journal of Voice, 34*(3) 489.e481–489.e489. https://doi.org/10.1016/j.jvoice.2018.11.010.

Infermedica. (2019a). Infermedica for Developers-Available conditions v3 https://developer.infermedica.com/docs/v3/available-conditions. Access date: 11 July 2022.

Infermedica. (2019b). Infermedica for Developers-FAQ. https://developer.infermedica.com/docs/faq. Access date: 11 July 2022.

Infermedica. (2021). Infermedica: Guide your patients to the right care. https://infermedica.com/. Access date: 11 July 2022.

Infermedica (2022). Symptomate. https://symptomate.com/diagnosis/. Access date: 11 July 2022.

Julius (2021). Open-source large vocabulary CSR engine Julius. https://julius.osdn.jp/en_index.php. Access date: 11 July 2022.

Kaldi, A. S. R. (2021). https://kaldi-asr.org/. Access date: 11 July 2022.

Kim, K., Boelling, L., Haesler, S., Bailenson, J.N., Bruder, G. & Welch, G.F. (2018). Does a digital assistant need a body? The influence of visual embodiment and social behavior on the perception of intelligent virtual agents in AR. In *Proceedings of the 17th IEEE International Symposium on Mixed and Augmented Reality (ISMAR 2018)* Munich, Germany October 16–20, 2018.

Kim, S. (2021). Exploring how older adults use a smart speaker–based voice assistant in their first interactions: qualitative study. *JMIR mHealth and uHealth, 9*(1), e20427. doi:10.2196/20427.

Kinsella, B. (2020). *Smart speaker consumer adoption report 2020*. https://research.voicebot.ai/report-list/smart-speaker-consumer-adoption-report-2020/. Access date: 11 July 2022.

Kinsella, B., & Herndon, A. (2021a). *Smart speaker consumer adoption report 2021 — Germany*. https://research.voicebot.ai/report-list/germany-smart-speaker-consumer-adoption-report-2021/. Access date: 11 July 2022.

Kinsella, B., & Herndon, A. (2021b). *Smart speaker consumer adoption report 2021 — United Kindom*. https://research.voicebot.ai/report-list/uk-smart-speaker-consumer-adoption-report-2021/. Access date: 11 July 2022.

Kinsella, B., & Herndon, A. (2021c). *Smart speaker consumer adoption report — United States*. https://research.voicebot.ai/register/us-smart-speaker-consumer-adoption-report-2021/. Access date: 11 July 2022.

Kinsella, B., & Mutchler, A. (2019). *Voice assistant consumer adoptoin in healthcare*. https://voicebot.ai/wp-content/uploads/2019/10/voice_assistant_consumer_adoption_in_healthcare_report_voicebot.pdf. Access date: 11 July 2022.

Kubiak, T. & Smyth, J. M. (2019). *Connecting Domains—Ecological Momentary Assessment in a Mobile Sensing Framework*. Springer International Publishing, Cham, pp. 201–207.

Kulms, P. & Kopp, S. (2018). A social cognition perspective on human–computer trust: the effect of perceived warmth and competence on trust in decision-making with computers. *Frontiers in Digital Humanities, 5*, 14.

Large, D. R., Burnett, G., Anyasodo, B. & Skrypchuk, L. (2016). Assessing cognitive demand during natural language interactions with a digital driving assistant. In *Proceedings of the 8th International Conference on Automotive User Interfaces and Interactive Vehicular Applications*, pp. 67–74. doi:10.1145/3003715.3005408.

Lattie, E. G., Adkins, E. C., Winquist, N., Stiles-Shields, C., Wafford, Q. E. & Graham, A. K. (2019). Digital mental health interventions for depression, anxiety, and enhancement of psychological well-being among college students: systematic review. *Journal of Medical Internet Research, 21*(7), e12869. doi:10.2196/12869.

Leikina, A. S. K. (2020a). *Cognitive Apps AI: research data*. https://cogapps.com/pdf/Cognitive%20Apps%20-%20Research%20Data%20(1).pdf.

Leikina, A. S. K. (2020b). *Cognitive apps emotion detection AI: accuracy testing overview*. https://cogapps.com/pdf/Cognitive%20Apps%20_%20Emotion%20Detection%20Accuracy%20Testing%20(2).pdf. Access date: 11 July 2022.

LifePod (2019). LifePod. https://lifepod.com/. Access date: 11 July 2022.

Low, D. M., Bentley, K. H. & Ghosh, S. S. (2020). Automated assessment of psychiatric disorders using speech: A systematic review. *Laryngoscope Investigative Otolaryngology, 5*(1), 96–116.

doi:10.1002/lio2.354.

Maharjan, R., Bækgaard, P. & Bardram, J.E. (2019). *'Hear me out' smart speaker based conversational agent to monitor symptoms in mental health. Paper presented at the Adjunct Proceedings of the 2019 ACM International Joint Conference on Pervasive and Ubiquitous Computing and Proceedings of the 2019 ACM International Symposium on Wearable Computers*.

Masina, F., Orso, V., Pluchino, P., Dainese, G., Volpato, S., Nelini, C., et al. (2020). Investigating the accessibility of voice assistants with impaired users: mixed methods study. *Journal of Medical Internet Research [Electronic Resource], 22*(9), e18431. doi:10.2196/18431.

Meng, Z., Altaf, M. U. B., Juang, B.-H. (2020). Active voice authentication. *Digital Signal Processing, 101*, 102672. doi:10.1016/j.dsp.2020.102672.

Militello, L., Sezgin, E., Huang, Y. & Lin, S. (2021). Delivering perinatal health information via a voice interactive App (SMILE): mixed methods feasibility study. *JMIR Formative Research, 5*(3), e18240. doi:10.2196/18240.

Miner, A. S., Milstein, A., Schueller, S., Hegde, R., Mangurian, C. & Linos, E. (2016). Smartphone-based conversational agents and responses to questions about mental health, interpersonal violence, and physical health. *JAMA Internal Medicine, 176*(5), 619-625. doi:10.1001/jamainternmed.2016.0400.

Mohd Hanifa, R., Isa, K. & Mohamad, S. (2021). A review on speaker recognition: technology and challenges. *Computers & Electrical Engineering, 90*, 107005. doi:10.1016/j.compeleceng.2021.107005.

Moorthy, A., Vu, K.-P.L. (2015). Privacy concerns for use of voice activated personal assistant in the public space. *International Journal of Human-Computer Interaction, 31*(4), 307-335. https://doi.org/10.1080/10447318.2014.986642.

Motalebi, N. & Abdullah, S. (2018). Conversational agents to provide couple therapy for patients with PTSD. In *Paper presented at the Proceedings of the 12th EAI International Conference on Pervasive Computing Technologies for Healthcare*.

Mundt, J. C., Snyder, P. J., Cannizzaro, M. S., Chappie, K. & Geralts, D. S. (2007). Voice acoustic measures of depression severity and treatment response collected via interactive voice response (IVR) technology. *Journal of Neurolinguistics, 20*(1), 50-64. doi:10.1016/j.jneuroling.2006.04.001.

Myers, C., Furqan, A., Nebolsky, J., Caro, K. & Zhu, J. (2018, April). Patterns for how users overcome obstacles in voice user interfaces. In *Proceedings of the 2018 CHI conference on human factors in computing systems* (pp. 1-7).

Nahum-Shani, I., Hekler, E. B., Spruijt-Metz, D. (2015). Building health behavior models to guide the development of just-in-time adaptive interventions: a pragmatic framework. *Health Psychology, 34*(Suppl), 1209-1219. doi:10.1037/hea0000306.

Nahum-Shani, I., Smith, S. N., Spring, B. J., Collins, L. M., Witkiewitz, K., Tewari, A., et al. (2017). Just-in-time adaptive interventions (JITAIs) in mobile health: key components and design principles for ongoing health behavior support. *Annals of Behavioral Medicine, 52*(6), 446–462. doi:10.1007/s12160-016-9830-8.

Nahum-Shani, I., Smith, S. N., Spring, B. J., Collins, L. M., Witkiewitz, K., Tewari, A., et al. (2018). Just-in-time adaptive interventions (JITAIs) in mobile health: key components and design principles for ongoing health behavior support. *Annals of Behavioral Medicine: A Publication of the Society of Behavioral Medicine, 52*(6), 446–462. doi:10.1007/s12160-016-9830-8.

Namba, H. (2021). Physical activity evaluation using a voice recognition app: development and validation study. *JMIR Biomedical Engineering, 6*(1), e19088. doi:10.2196/19088.

Nass, C. & Lee, K. M. (2001). Does computer-synthesized speech manifest personality? Experimental tests of recognition, similarity-attraction, and consistency-attraction. *Journal of Experimental Psychology: Applied, 7*(3), 171.

Nass, C., Steuer, J. & Tauber, E. R. (1994). Computers are social actors. In *Paper Presented at the Proceedings of the SIGCHI Conference on Human Factors in Computing Systems*.

Neurolex (2021). Neurolex. https://www.neurolex.ai/. Access date: 11 July 2022.

Nobles, A. L., Leas, E. C., Caputi, T. L., Zhu, S.-H., Strathdee, S. A. & Ayers, J. W. (2020). Responses to addiction help-seeking from Alexa, Siri, Google Assistant, Cortana, and Bixby intelligent virtual assistants. *npj Digital Medicine, 3*(1). doi:10.1038/s41746-019-0215-9.

Orbita (2020) Orbita AI – Leader in Conversational AI for Healthcare. https://orbita.ai/. Access date: 11 July 2022.

Oung, Q., Muthusamy, H., Lee, H., Basah, S., Yaacob, S., Sarillee, M., et al. (2015). Technologies for assessment of motor disorders in Parkinson's disease: a review. *Sensors, 15*(9), 21710–21745. doi:10.3390/s150921710.

Ownby, R. L., Crocco, E., Acevedo, A., John, V. & Loewenstein, D. (2006). Depression and risk for Alzheimer disease. *Archives of General Psychiatry, 63*(5), 530. doi:10.1001/archpsyc.63.5.530.

Perez Garcia, M., Saffon Lopez, S. (2019). *Exploring the Uncanny Valley Theory in the Constructs of a Virtual Assistant Personality*. Springer International Publishing, Cham, pp. 1017–1033.

Pelikan, H. R. & Broth, M. (2016). Why that nao? how humans adapt to a conventional humanoid robot in taking turns-at-talk. In *Proceedings of the 2016 CHI conference on human factors in computing systems*, pp. 4921–4932.

Pitardi, V. & Marriott, H. R. (2021). Alexa, she's not human but… Unveiling the drivers of consumers' trust in voice-based artificial intelligence. *Psychology & Marketing*. doi:10.1002/mar.21457.

Pradhan, A., Lazar, A. & Findlater, L. (2020). Use of intelligent voice assistants by older adults with low technology use. *ACM Transactions on Computer-Human Interaction*(3373759). doi:10.1145/3373759.

Pradhan, A., Mehta, K., & Findlater, L. (2018). 'Accessibility came by accident': use of voice-controlled intelligent personal assistants by people with disabilities. doi:10.1145/3173574.3174033.

Pure Tech (2022). https://puretechhealth.com/programs/details/sonde. (Accessed 11 July 2022).

Pulido, M. L. B., Hernández, J. B. A., Ballester, M. Á. F., González, C. M. T., Mekyska, J., Smékal, Z. (2020). Alzheimer's disease and automatic speech analysis: a review. *Expert Systems with Applications, 150*, 113213. doi:10.1016/j.eswa.2020.113213.

Qiu, L. & Benbasat, I. (2005). An investigation into the effects of text-to-speech voice and 3D avatars on the perception of presence and flow of live help in electronic commerce. *ACM Transactions on Computer-Human Interaction, 12*(4), 329–355. doi:10.1145/1121112.1121113.

Quiroz, J. C., Bongolan, T. & Ijaz, K. (2020). Alexa depression and anxiety self-tests. In *Paper presented at the 2020 ACM International Joint Conference on Pervasive and Ubiquitous Computing and 2020 ACM International Symposium on Wearable Computers*.

Reis, A., Paulino, D., Paredes, H., Barroso, I., Monteiro, M. J., Rodrigues, V., et al. (2018). Using intelligent personal assistants to assist the elderlies An evaluation of Amazon Alexa, Google Assistant, Microsoft Cortana, and Apple Siri. In *Paper presented at the 2018 2nd International Conference on Technology and Innovation in Sports, Health and Wellbeing (TISHW)*. https://doi.org/10.1109/TISHW.2018.8559503.

Saggio, G. & Costantini, G. (2020). Worldwide healthy adult voice baseline parameters: a comprehensive review. *Journal of Voice*. https://doi.org/10.1016/j.jvoice.2020.08.028.

Schmidt, M., Bhandare, O., Prabhune, A., Minker, W. & Werner, S. (2020). Classifying cognitive load for a proactive in-car voice assistant. In *Paper presented at the 2020 IEEE Sixth International Conference on Big Data Computing Service and Applications (BigDataService)*.

Schmidt, M., Minker, W. & Werner, S. (2020). How users react to proactive voice assistant behavior while driving. In *Paper presented at the Proceedings of The 12th Language Resources and Evaluation Conference*.

Reveri Health, 2022. Reveri: Digital Hypnosis. https://www.reveri.com/. Access date: 11 July 2022.

Schwartz, E. H. (2020). Coronavirus-related Google assistant actions blocked and removed. https://voicebot.ai/2020/03/09/coronavirus-related-google-assistant-actions-blocked-and-removed/. Access date: 11 July 2022.

Sezgin, E., Huang, Y., Ramtekkar, U. & Lin, S. (2020). Readiness for voice assistants to support healthcare delivery during a health crisis and pandemic. *npj Digital Medicine, 3*, 122. doi:10.1038/s41746-020-00332-0.

Sezgin, E., Militello, L. K., Huang, Y. & Lin, S. (2020). A scoping review of patient-facing, behavioral health interventions with voice assistant technology targeting self-management and healthy lifestyle behaviors. *Translational Behavioral Medicine, 10*(3), 606–628. doi:10.1093/tbm/ibz141.

Sezgin, E., Noritz, G., Elek, A., Conkol, K., Rust, S., Bailey, M., et al. (2020). Capturing at-home health and care information for children with medical complexity using voice interactive technologies: multi-stakeholder viewpoint. *Journal of Medical Internet Research, 22*(2), e14202. doi:10.2196/14202.

Shamekhi, A., Liao, Q. V., Wang, D., Bellamy, R. K. & Erickson, T. (2018, April). Face value? Exploring the effects of embodiment for a group facilitation agent. In *Proceedings of the 2018 CHI conference on human factors in computing systems*, pp. 1–13.

Simmons, S. M., Caird, J. K. & Steel, P. (2017). A meta-analysis of in-vehicle and nomadic voice-recognition system interaction and driving performance. *Accident Analysis & Prevention, 106*, 31–43. doi:10.1016/j.aap.2017.05.013.

Sleep Jar (2021). Sleep JarTM-sleep sounds & ambient noise. https://sleepjar.com/. Access date: 11 July 2022.

Sonde Health (2021). Sonde Health. https://www.sondehealth.com/. Access date: 11 July 2022.

Spitzer, R. L., Kroenke, K., Williams, J. B. W. (1999). Patient Health QuestionnaireStudy Group. Validity and utility of a self-report version of PRIME–MD: the PHQ Primary Care Study. *JAMA, 282*, 1737–1744.

Spitzer, R. L., Kroenke, K., Williams, J. B., Löwe, B (2006). A brief measure for assessing generalized anxiety disorder: the GAD–7. *Arch Intern Med, 166*, 1092–1097.

Spong, J., Graco, M., Brown, D. J., Schembri, R. & Berlowitz, D.J. (2015). Subjective sleep disturbances and quality of life in chronic tetraplegia. *Spinal Cord, 53*(8), 636–640. doi:10.1038/sc.2015.68.

Stacy M. Branham & Antony Rishin Mukkath Roy. 2019. Reading between the guidelines: How commercial voice assistant guidelines hinder accessibility for blind users. In *The 21st International ACM SIGACCESS Conference on Computers and Accessibility (ASSETS '19)*. Association for Computing Machinery, New York, NY, USA, 446–458. https://doi.org/10.1145/3308561.3353797.

Stanley Black & Decker, Inc. (2019). Pria. Retrieved from okpria.com. Access date: 11 July 2022.

Strayer, D. L., Cooper, J. M., Goethe, R. M., McCarty, M. M., Getty, D. J. & Biondi, F. (2019). Assessing the visual and cognitive demands of in-vehicle information systems. *Cognitive Research: Principles and Implications, 4*(1). doi:10.1186/s41235–019–0166–3.

Stuart, S. & Koleva, H. (2014). Psychological treatments for perinatal depression. *Best Practice & Research Clinical Obstetrics & Gynaecology, 28*(1), 61–70. https://doi.org/10.1016/j.bpobgyn.2013.09.004.

Swamy, P. M., Janardhan Kurapothula, P., Murthy, S. V., Harini, S., Ravikumar, R. & Kashyap, K. (2019). Voice assistant and facial analysis based approach to screen test clinical depression. In *Paper presented at the 2019 1st International Conference on Advances in Information Technology (ICAIT)* Chikmagalur, India.

Thakur, A. & Dhull, S. (2021). *Speech Emotion Recognition: A Review*. Springer, Singapore, pp. 815–827.

United Nations. (2021). *World Drug Report 2021*. https://www.unodc.org/unodc/en/data-and-analysis/wdr-2021_booklet-2.html. Access date: 11 July 2022.

Vaidya, T. & Sherr, M. (2019, May). You talk too much: Limiting privacy exposure via voice input. *2019 IEEE Security and Privacy Workshops (SPW)*, IEEE, pp. 84–91.

Vtyurina, A., & Fourney, A. (2018). Exploring the role of conversational cues in guided task support with virtual assistants. doi:10.1145/3173574.3173782.

Wahsheh, L. A. & Steffy, I. A. (2020). *Using Voice and Facial Authentication Algorithms as a Cyber Security Tool in Voice Assistant Devices*. Springer International Publishing, Cham, pp. 59–64.

Wang, L. & Miller, L. C. (2020). Just-in-the-moment adaptive interventions (JITAI): a meta-analytical review. *Health Communication, 35*(12), 1531–1544. doi:10.1080/10410236.2019.1652388.

Wang, J., Yang, H., Shao, R., Abdullah, S., & Sundar, S. S. (2020, April). Alexa as coach: Leveraging smart speakers to build social agents that reduce public speaking anxiety. In *Proceedings of the 2020 CHI conference on human factors in computing systems* (pp. 1–13).

Yang, S., Lee, J., Sezgin, E., Bridge, J. & Lin, S. (2021). Clinical advice by voice assistants on postpartum depression: cross-sectional investigation using apple Siri, Amazon Alexa, Google Assistant, and Microsoft Cortana. *JMIR mHealth and uHealth, 9*(1), e24045. doi:10.2196/24045.

Yeager, C. M. & Benight, C. C. (2018). If we build it, will they come? Issues of engagement with digital health interventions for trauma recovery. *mHealth, 4*, 37. doi:10.21037/mhealth.2018.08.04.

Young, R. A. & Zhang, J. (2017). Driven to distraction? a review of speech technologies in the automobile. *The Journal of AVID*. http://acixd.org/wp-content/uploads/2018/10/2-Young-2017-Speech-rev.-29-6-9-17.pdf Access date: 11 July 2022.

제11장

디지털 치료제의 준비, 최적화 및 평가를 위한 설계에 대한 고려 사항

Shawna N. Smith, Nicholas J. Seewald and Predrag Klasnja

1. 서론

디지털 치료는 행동 변화 또는 정밀한 의학적 치료를 통해 의학적 및 심리적 상태를 예방, 치료 또는 관리하는 데 디지털 기술을 사용하는 것을 말한다(Sverdlov, Dam, Hannesdottir, & Thornton-Wells, 2018). 디지털 치료제는 정신건강 및 물질 남용 외에도 심장 질환, 고혈압, 당뇨병, 비만 등 다양한 질환을 치료하는 데 사용되어 왔으며(Dang, Arora, & Rane, 2020; Khirasaria, Singh, & Batta, 2020; Lord et al., 2021; Marques & Ferreira, 2020), 코로나19 팬데믹에 대한 신속한 대응에 사용된 많은 도구의 핵심 구성요소였다(Borcsa, Pomini, & Saint-Mont, 2021; Kadakia, Patel, & Shah, 2020; Robeznieks, 2020). 디지털 치료제는 치료를 위한 새로운 기회와 양식을 제공하지만, *설계*와 관련하여 새로운 질문을 제기하기도 한다. 이러한 질문 중 일부는 *개입 설계*와 관련된 것으로, 디지털 양식을 통해 제공되고 전통적인 임상 환경 밖에서 사용하기 위한 치료를 가장 잘 설계하는 방법에 대한 질문을 던진다. 다른 질문은 *연구 또는 평가 설계*와 관련된 것으로, 개입을 어떻게 최적화할 수 있는지 또는 기대되는 건강 효과를 달성하고 있는지에 대한 주요 과학적 질문에 가장 잘 답하는 방법을 묻는다. 설계를 여러 단계를 포함하는 과정으로 보는 다른 개념화들과 마찬가지로, 우리는 설계에 대한 고려 사항 및 결정도 개입 과정의 전체 주기에 따라 다르다는 것을 인지하고 있다.

1) 개요

이 장에서는 개입 및 평가 설계를 포함하여, 디지털 치료 개발의 주요 설계 고려 사항을 확인하고 검증하기 위한 개념적 프레임워크에 대해 설명할 것이다. 그런 다음, 이 프레임워크를 개입의 생애 주기 세 가지 단계에 적용할 것이다. 이 장은 세 부분으로 나누어져 있다:

- 1부에서는 디지털 치료 개입을 설계하고 평가하기 위한 일반적인 프레임워크를 소개할 것이다. 이전 출판물에서 디지털 치료 개입을 설계하고 평가하기 위한 모범 사례를 설명한 경우들이 있지만(Chandrashekar, 2018; Stowell et al., 2018), 현재까지 *개입* 설계와

연구 설계 모두에서 결정을 내리는 데 있어 주요 질문에 답할 수 있는 일반적인 프레임워크는 존재하지 않는다. 우리의 목표는 개입 및 연구 과정 전반에 걸쳐 다양한 디지털 치료제의 설계에 대한 의사결정에 정보를 제공하기 위해 이 일반적인 프레임워크를 개발하는 것이다. 이를 통해 우리는 설계 과정 전체에 걸친 설계와 개발의 각 단계에서 *설계*와 *최적화* 간의 본질적인 연계성을 강조하는 동시에, 효과적이고 확장 가능한 디지털 치료제 개발에 영향을 미치는, 피할 수 없는 시간과 자원의 제약에 대해 알아보고자 한다.

- 2부에서는 이 프레임워크를 초기 개입 준비 및 개발과 관련된 설계의 결정에 적용시킬 것이다. 여기에서 우리는 설계의 결정을 두 가지 단계로 구분하여 설명할 것이다. 1단계에서는 준비 및 개입 형태의 개발을 다루고(즉, 개입을 통해 해결해야 할 건강 관련 목표나 문제 확인), 설계 결정의 기초가 되는 핵심 제약을 다룰 것이다. 2단계에서는 개입 콘텐츠 및 구성요소, 그리고 개입의 배포 및 전달과 관련된 최적화에 대해 다룰 것이다.
- 3부에서는 이 프레임워크를 장단기 개입의 효능, 효과 및 실행에 대한 평가와 관련된 설계 결정에 적용할 것이다. 여기에서는 개발된 개입의 효능 및 효과와 관련된 주요 질문들을 가장 잘 해결할 수 있는 연구를 설계하는 데 초점을 맞출 것이다.

2부 및 3부에서는 목표로 하는 건강 효과와 관련된 주요 설계 질문 및 가능한 설계 시사점, 설계 결정을 정당화하는 데 필요한 근거의 수준, 그리고 해당 수준의 근거를 제공할 수 있는 가능한 연구 설계를 강조할 것이다. 우리는 양극성 장애 환자를 위한 가상의 디지털 정신건강 개입을 개발함으로써 이러한 질문들에 답하고자 한다.

2. 디지털 치료 개입을 설계하고 평가하기 위한 프레임워크

1) 설계란 무엇을 의미하는가

우리는 '*좋은 설계의 목적은 알려진 제약 내에서 의도한 목표의 달성을 최적화하는 것*'이라고 말한 Simon(Simon, 1988)과 비슷한 맥락에서 설계를 바라본다. 따라서 우리는 설계를 결과물이 아닌 일련의 단계를 포함하는 과정으로 본다. 상호작용 디자인(interactive design[1]) 분야를 개척하고 저명한 디자인 컨설팅 회사인 이데오(IDEO)를 공동 설립한 영국의 디자이너 Bill Moggridge는 설계 과정의 일부로 다음과 같은 단계를 제시했다(Moggridge & Atkinson, 2007): (1) 설계 문제와 기대하는 목표의 틀 짜기 및 재구성, (2) 솔루션에 대한 대안적 접근 방식 만들기, (3) 프로젝트의 제약에 대한 이해를 바탕으로 대안 중에서 선택하기, (4) 솔루션의 프로토타입 제작 및 반복, (5) 주요 프로젝트 목표를 효과적으로 달성하면서 핵심적인 제약을 해결하는 솔루션 만들기. 주목할 만한 점은, 설계 과정은 이러한 단계를 선형적으로 진행하는 것이 아니라 반복적으로 오고 간다는 점이다. 프로젝트의 여러 측면을 오가며 솔루션을 시도하고, 추가 데이터를 수집하고, 다시 돌아가 프로젝트 목표와 제약에 대한 이해를 재고하는 이러한 반복은 설계 과정의 기본이며, 디지털 치료제의 설계에서도 핵심적인 요소이다.

디지털 치료제의 세계에서는 진료실 밖에서 개입이 자주 이루어지고 치료가 '적시에' 개인에게 전달되는 경우가 많기 때문에 장기적인 목표와 단기적인(또는 그보다 더 단기적인) 목표가 모두 있을 수 있다. *장기적인 목표*에는 신체 활동 증가, 혈당 조절 또는 우울 증상 개선과 같이 개입이 의도하는 건강 효과가 포함된다. *보다 단기적인 목표*는 이러한 건강 결과에 대한 디지털 치료 도구의 효과를 매개하는 디지털 치료 도구의 영향이다. 여기에는 대부분의 디지털 치료제에 필요한 개입에 대한 참여 등이 포함되지만, 혈당 확인, 대처 기술의 사용, 주요 증상 모니터링과 같이 건강 영역이나 개입에 특화된 매개 변수도 포함된다. 다른 한편으로 디지털 치료제 설계에는 몇 가지 중요한 제약이 따른다. 참여자의 부담과 비용은 개입과 평가 설계 모두에서 중요한 고려 사항이다. (치료 또는 평가에 의한) 부담은 참여자의 참여를 감소시켜 개입 효과에 직접적으로 반하는 결과를 낳을 수 있다. 높은 비용은 환자와 의료 시스템의 관점 모두에서, 그리고 특히 규모 면에서 접근성에 부정적인 영향을 미칠 위험이 있다. 다른 제약으로는 디지털 치료 도구가 치료 결정의 근거가 되는 정보를 감지하거나 도출하는 능력, 개인정보 보호에 대한 고려, 시스템 사용성/접근성, 인터넷 연결 또는 필수 기기에 대한 접근성 등의 제한이 있으며, 이는 이미 건강 격차를 경험하고 있는 집단에 불균형적으로 영향을 미칠 수 있다(van Veen et al., 2019; Vogels, 2021).

제약하에서 목표를 달성해야 하는 상황에서 *최적화*는 좋은 디자인의 필수적인 특징이다. 일반적으로 개입의 세계에서 최적화는 제한된 자원 안에서 작업하면서 효과와 사회적 이익을 극대화시키는 것으로 여겨진다(Collins, 2018a, 2018b). 따라서 최적화 연구는 데이터 기반

1 (역자 주) 상호작용 디자인(interaction design): 스마트폰을 사용할 때 화면의 반응이라던지 터치할 때의 효과음 등에 적용된다.

접근 방식을 사용하여 다양한 대안을 평가하고 특정 상황, 집단, 제한된 자원에 가장 적합한 대안을 결정하는 연구라고 할 수 있다(Collins, Murphy, & Strecher, 2007, 2011; Riley & Rivera, 2014).

2) 디지털 치료 설계를 위한 최적화의 중요성

우리는 최적화를 데이터 기반 설계의 한 형태로 본다. 최적화는 일반적으로는 개입 개발과 관련되어 있고, 구체적으로는 디지털 치료제의 개발과 연관되어 있기 때문에 그 필요성이 강조되어 왔다. 예를 들어, 디지털 치료제는 임상 장면을 벗어난 상황에서 치료를 진행함으로써 건강에 긍정적인 영향을 미칠 수 있는 중요한 기회를 제공한다. 정신건강 및 물질 남용 분야에서는 전통적인 형태의 치료와 관련된 주요 장벽(예: 낙인, 비용)을 제거하고, 맞춤형 치료를 개선하며, 적시 지원을 제공하는 것이 여기에 포함된다(Donker et al., 2013; Robbins, Krebs, Jagannathan, Jean-Louis, & Duncan, 2017; Sim, 2019; Walsh, Golden, & Priebe, 2016). 그러나 이러한 혜택을 누리기 위해서는 치료 시기, 빈도, 장소 등 치료 제공의 여러 측면을 최적화해야 한다. 이러한 최적화를 이끌어내는 질문에는 다음과 같은 것들이 있다(Bidargaddi, Schrader, Klasnja, Licinio, & Murphy, 2020; Liao, 2016; Nahum-Shani, Hekler, & Spruijt-Metz, 2015, 2018; Spruijt-Metz & Nilsen, 2014):

- 무엇을 전달할 것인가? 디지털 치료제는 종종 참여와 순응도 등 다양한 매개 변수를 목표로 여러 개입 요소들을 결합한다(Nahum-Shani et al., 2015, 2018). 즉, 최적화에서는 어떤 개입의 구성요소가 가장 유익한지를 고려한다.
- 언제 제공할 것인가? 디지털 치료제는 종종 더 광범위한 치료 접근성(연속적 또는 거의 연속적인 접근성)을 제공하므로, 전통적인 치료에서는 필요하지 않은 우수한 시간성(acute temporality)에 대한 이해가 필요하다. 특히 증상에 기복이 있는 만성 질환에서는 개입을 제공할 시기를 고려해야 한다. 이러한 질환은 디지털 치료제를 통해 지속적으로 치료를 받을 때 유익할 가능성이 크지만, 응답자에게 가장 유익할 때 개입이 제공되도록 설계됨과 동시에, 사용자의 짜증을 불러일으켜 궁극적으로 참여를 철회하게 만들 정도로 자주 제공되지는 않아야 한다.
- 어디에서 제공할 것인가? 개입 시기에 대한 질문에서 더 나아가, 병원 밖에서 치료를 제공하기로 결정할 때는 생태학적 고려, 즉 개입이 어떤 장소, 맥락, 장면에서 더 효과적/최적일 수 있는지 여부도 고려해야 한다. 디지털 치료제는 적응과 맞춤화에 적합하다. 실

제로 적시 적응형 개입(just-in-time adaptive intervention, JITAI) 프레임워크(Nahum-Shani et al., 2015, 2018; Smith et al., 2017)는 개입 효과를 최적화하기 위해 적절한 시기에 적절한 개입을 제공한다는 아이디어에 기반을 두고 있다.

물론 개입 최적화 연구의 데이터가 설계에 대한 결정을 내리는 데 도움이 될 수 있지만, 다른 유형의 데이터나 정보도 적절할 수 있다. 즉, 개입의 최적화와 관련된 모든 결정은 실증적이지만, 설계에 대한 결정을 내리는 데 필요한 근거의 수준이나 강도는 다를 수 있다. 어떤 설계에 대한 결정은 소수의 대상 사용자의 정성적 피드백을 기반으로 이루어질 수도 있고, 또 다른 설계에 대한 결정에는 본격적인 요인 실험이 필요할 수도 있다. 물론 이러한 방법들은 연구자와 잠재적 대상 집단 모두에게 수반되는 비용이나 부담이 각기 다르다. 디지털 치료제를 설계하고 평가하는 데 있어 많은 어려움은 두 가지 대상에 대한 최적화, 즉 개입이 건강에 미치는 영향 및 설계 연구에 관한 과학적 질문을 최적화할 필요성에서 비롯된다. 다음 섹션에서는 이 두 가지 목표를 고려하여 디지털 치료제의 설계를 최적화하기 위한 개념적 프레임워크를 소개할 것이다.

3) 설계 결정에 대해 알아내기 위한 개념적 프레임워크

이 개념적 프레임워크는 개입 개발자로 하여금 건강에 미치는 영향(즉, *개입* 설계)과 개입 설계 및 전달에 대해 알아내기 위해 필요한 과학(즉, *연구* 설계) 모두와 관련하여 설계 결정을 내리는 데 도움을 주기 위해 고안되었다. 우리는 서로 다른 주요 질문에 답하는 설계 결정의 각 영역에 대해 살펴보고자 한다:

- 개입 설계: 건강 영향에 대한 우리의 핵심 질문은 '우리가 무엇에 영향을 미치고자 하는가'이다. 개입 설계 결정은 개입 개발 및 배포의 전체 생애 주기에 걸쳐 건강에 미치는 영향을 보장하는 데 핵심적이므로, 우리의 개념적 프레임워크는 (1) 개입 준비, (2) 개입 최적화, (3) 개입 실행에 대한 질문에 다양한 답을 제시한다.
- 연구 설계: 과학의 경우, 우리의 핵심 질문은 '무엇을 알고자 하는가'이다. 다시 말하지만, 이 질문에 대한 답은 개입 개발 단계에 따라 달라질 수 있다. 다단계 최적화 전략(multiphase optimization strategy, MOST) 프레임워크(Collins, 2005, 2018a)는 일반적으로 과정 초기에 개입을 간소화하거나 치료 옵션, 시기 및 맥락을 비교하기 위해 사용되는 최적화 연구 설계와 전체 개입 패키지의 효능, 효과 또는 실행을 검증하는 평가 설계를

구분한다.

그러나 건강 영향과 과학을 모두 고려한 설계 결정을 내릴 때 중요한 것은 결정을 내리는 데 필요한 근거의 수준, 즉 설계 결정을 내리기 위해 근거가 얼마나 강력해야 하는가, 라는 점이다. *이 차원에서의 핵심 질문은 '고려 중인 대안들이 목표로 한 건강 결과에 미치는 잠재적 영향이 얼마나 다른가'*이다. 더 간단히 말하자면, '*이 설계 결정을 잘못 내릴 경우 얼마나 위험한가?*'이다. 이 질문에 대한 답은 설계 결정의 잠재적인 건강 효과와 연구 설계를 통해 얻은 견고한 근거를 연결함으로써 잠재적 건강 효과에 대한 설계와 연구 설계라는 두 가지 광범위한 설계 영역을 연관 짓는다. 일반적으로 이 두 가지 차원은 양의 상관관계가 있어, 잠재적 영향이 클수록 근거가 더 견고해야 한다. 예를 들어, 목표한 건강 결과에 최소한의 영향을 미칠 가능성이 있는 설계 결정(예: 색 구성이나 정보의 밀도와 같은 사소한 사용자 인터페이스(user interface, UI)의 차이)은 포커스 그룹이나 대상 집단의 일부 구성원과의 면담을 통해 내릴 수 있다. 중간 정도의 영향을 미치는 결정(예: 여러 요소로 구성된 개입 패키지에 특정 개입 요소를 포함할지 여부 또는 모바일 앱에서 알림을 제공할지 여부의 결정)의 경우, 소규모 최적화 연구가 필요한 엄밀성(rigor)을 제공할 수 있다. 그리고 영향력이 큰 결정(예: 대규모 의료 시스템에서 회원들에게 개입을 제공해야 하는지 여부)에는 무작위 대조 시험과 같은 우수한 근거가 필요할 수 있다. 다음 두 섹션에서는 개입 개발과 관련된 결정부터 시작하여, 이러한 설계 결정에 대한 구체적인 내용을 살펴볼 것이다. 또한 〈표 11.1〉에서는 이러한 주요 설계 질문 및 단계별 근거와 관련된 고려 사항을 요약하였다.

<표 11.1> 디지털 치료제 설계 단계에 따른 주요 고려 사항의 개요

단계	영역	
	개입 설계 주요 설계 질문	연구 설계 근거의 역할과 유형
형성	개입을 통해 해결하려는 문제는 무엇이며, 제약은 무엇인가? • 목표가 되는 건강 효과는? • 있을 수 있는 장벽/제약은? • 가장 가능성이 높은 솔루션은?	• 문제, 있을 수 있는 제약 및 잠재적인 솔루션을 초기에 적절히 파악할 수 있도록 지원 제공 • 탐색적이고, 귀납적이며, 반사실적이지 않음

최적화	어떤 개입 구성요소를 제공해야 하는가?	건강 결과에 미칠 수 있는 영향에 달려있음: • 높은 영향력: 체계적 문헌 고찰; 요인 실험 • 낮은 영향력: 소규모 사용자 검증, 아날로그 연구
	구성요소는 어떻게 작동해야 하는가? • 얼마나 많은 부담이 수반되어야 하는가? • 언제/어떻게 제공되어야 하는가?	다양한 형태, 시점 및 제공 빈도의 비교를 가능하게 하는 소규모 최적화 시험(예: 미세 무작위 시험)
평가 및 실행	시스템에 사용성/실행 가능성/수용성이 있는가?	최적화된 시스템이 의도한 바대로 작동하는지 확인하기 위한 단일 집단 파일럿 연구, 예를 들어, • 근거리 결과에 미치는 영향 • *현장*에서 동시에 작동하는 구성요소
	치료 효과가 있는가: • 이상적인 조건에서 • 일상적인 조건에서	치료 효과를 평가하고 치료 결정에 대한 정보를 얻기 위한 강력한, 높은 조건의 무작위 대조 시험 • 무작위 배정이 적절한 경우, 최적화 연구(예: 미세 무작위 시험)와 결합될 수 있음
	어떻게 실행하는가? • 어떤 장벽이 존재하는가? • 어떤 실행 전략이 가장 효과적인가?	하이브리드 실행-효과성 연구를 통해 실행 결과를 명시적으로 통합

3. 개입 개발 시 설계에 대한 고려 사항

1) 1단계: 형성 작업

주요 설계 질문: 우리의 설계가 해결하고자 하는 문제는 무엇이며, 제약은 무엇인가?

형태 설계 작업은 디지털 치료제를 통해 개선할 수 있는 특정 문제 또는 치료 격차를 파악한 다음, 잠재적인 개입 옵션을 알리기 위해 정보를 수집하는 데 중점을 둔다. 여기에는 대상이 되는 건강 효과와 집단, 그리고 확인된 문제와 관련된 현재 지식 기반의 상태를 파악하는 것이 포함된다. 형성 단계에서의 설계 결정은 문제를 해결하는 방법에 대해 우리가 이미 알고 있는 것을 이해하고, 아직 알려지지 않은 사항이나 부족한 부분을 파악하는 맥락에서 이루어지는 경우가 많다. 또한 형성 단계에서는 일반적으로 환자, 개입, 지역사회, 집단 또는 더 광범위한 의료 생태계 수준에서 발생할 수 있는 치료 개선과 관련된 제약이나 장벽을 파악하는 데 중점을 둔다. 그런 다음 이러한 정보를 바탕으로 확인된 문제를 해결하기 위한 몇 가지 잠재적인 해결책을 초기에 확인한다. 조울증 환자를 위한 디지털 정신건강 개입을 개발하는 우리 사례에서의 경우, 디지털 문해력, 비용 및/또는 부담과 관련된 제약을 고려할 때 디지털 개입이 현재의 우려사항이나 치료 요구를 해결하는 데 실현 가능한지 또는 적절한지 여부가 핵심 설계 질문이 될 것이다.

어떤 수준의 근거가 필요한가?

형태 설계 단계의 목적은 문제의 범위와 잠재적인 해결책 및 가능한 제약을 확인하고 이해하는 것이므로, 형성 단계에서 이루어지는 작업의 대부분은 본질적으로 설명적인 성격이 강하다. 따라서 이 단계에서 근거의 역할은 대상이 되는 문제를 적절히 확인하는 데 필요한 지원을 제공하고, 제약과 잠재적 해결책을 찾는 것이며, 연구 방법은 일반적으로 문제와 대상에 대한 심층적인 이해를 얻는 데 중점을 둔다. 따라서 형성 작업에서는 일반적으로 질적 데이터 수집을 통해 정보를 얻는다. 특히 문제나 제약과 관련하여 맥락적으로 구체적인 이해가 필요한 경우 관찰 또는 민족지학적 방법을 사용할 수 있으며, 면담과 포커스 그룹을 통해 개인의 이야기와 선호도를 이해하고 초기 설계 아이디어(또는 디지털 치료제의 접근 방식 전반)의 실현 가능성/수용성/적합성에 관한 의견을 도출할 수 있다.

보다 일반적으로 말하자면, 참여형, 사용자 중심 접근법, 대상 집단(또는 개입 최종 사용자)을 중심에 두고 그들의 요구와 제약을 더 잘 이해할 수 있도록 권한을 부여하는 접근법이 형성 단계에서 자주 사용된다. 연구자가 연구 과정 전반에 걸쳐 커뮤니티 이해당사자와 협력하여 반복적인 의견과 피드백을 도출하고 의사 결정을 공유하는 커뮤니티 기반 참여 연구 접근법(Community-based participatory research approaches, CBPR)(Israel, Schulz, Parker, & Becker, 1998, 2003)은 형성 작업 시 대상 문제를 확인하고 제약 및 개입 옵션을 알리는 데 중요한 관점을 지닌 여러 이해 당사자 또는 커뮤니티가 있는 경우 유용할 수 있다. 커뮤니티 기반 참여 연구 접근법은 설계 선택에 제약을 가하거나 특정 개입 옵션의 실행 가능성 또는 수용성을 저해할 수 있는 커뮤니티 또는 시스템 수준의 장벽 및 의견 불일치를 이해하는 데 특히 중요할 수 있다. 사용자 중심 설계(user-centered design, UCD)(Endsley, 2016) 접근법도 마찬가지로 자연스러운 환경에서 최종 사용자의 요구와 목표를 더 잘 이해하고자 최종 사용자를 중심에 두고 반복적인 과정을 거친다. 디지털 치료제 분야에서 사용자 중심 설계 접근법은 사용자가 기술을 사용하는 방식(Graham, Lattie, & Mohr, 2019)과 이것이 디지털 개입의 전달 또는 효과를 촉진하거나 제한하는 방식을 이해하는 데 특히 유용할 수 있으며, 이는 잠재적 개입을 가장 잘 설계하는 방법에 대한 초기 설계 결정을 내리는 데 정보를 제공할 수 있다. 예를 들어, 모바일 헬스 프로토타입을 통해 개입 설계가 체계화되면, 사용자 인터페이스/사용자 경험(user interface, UI/user experience, UX) 연구를 통해 개입 패키지 또는 구성 요소의 예상되는 유용성, 사용성 또는 가치에 대한 중요한 최종 사용자 피드백을 도출할 수도 있다.

방법론적 접근 방식과 상관없이, 형성 작업 단계는 연구자가 해결하고자 하는 문제를 반복적으로 만들어내고 명확히 하는 데 도움이 된다. 우리의 개입 예시에서, 연구자는 양극성 장애를 가진 사람들의 기능을 개선하고자 한다는 대략적인 이해를 가지고 프로젝트에 참여할 수 있다. 그러나 형성 단계에 이르러서는 양극성 장애를 가진 사람의 관점에서 다음과 같은 핵심 문제가 있다는 것을 깨닫게 될 수 있다: (1) 서비스 제공자에 대한 일관되고 시의적절한 접근성, (2) 동반된 신체적 건강 상태(Blixen, Perzynski, Bukach, Howland, & Sajatovic, 2016). 따라서 처음에는 양극성 장애를 가진 사람들에게 자신의 상태에 대해 교육하는 데 중점을 두었던 프로젝트가, 형성 연구를 통해서는 정신 및 신체 건강 서비스 제공자와의 더 나은 접근성 또는 의사소통을 촉진하는 데 중점을 두는 프로젝트로 전환될 수 있다. 해결해야 하는 정확한 문제가 처음부터 명확하게 드러나는 경우는 드물며, 연구자가 문헌 및 이해 당사자들을 접하면서 문제에 대한 이해가 변화하고 성장한다. 형성 연구는 이러한 과정을 전개하는 기본 도구이다.

그러나 형태 설계 단계의 핵심인 설계 결정의 특성을 고려할 때, 일반적으로 그 타당성에 대해 '최적의 기준'에 맞는 강력한 평가를 내리는 데는 한계가 있는데, 그 이유는 형성 작업에는 결정을 평가함에 있어 자신 있게 사용할 수 있는 반대 사실(counterfactual)이 부족한 경우가 많기 때문이다. 그보다 형성 작업은 아직 알려지지 않았거나 오해받았던 대상 참여자의 선호도나 행동의 기제를 밝히는 데 도움이 될 수 있다. 형성 단계에서의 데이터 수집은 일반화 가능성보다는 특정 집단 또는 이해당사자 집단에 대한 이해의 깊이를 극대화하는 데 초점을 맞추는 경향이 있다. 또한 추론은 본질적으로 연역적이기보다는 귀납적인 경향이 있으며, 평가보다는 설명에 중점을 둔다. 그러나 형성 단계에서 내린 결정이 목표한 건강 결과에 큰 영향을 미칠 수 있는 잠재력을 가지고 있는 경우도 있다. 따라서 수집된 데이터를 통해 개입 최적화 단계에서 해결해야 할 주요 커뮤니티 및 이해당사자의 제약과 선호도를 정확하고 완벽하게 파악할 수 있도록, 고품질의 엄격한 질적 연구의 수행(Collingridge & Gantt, 2008; Mays & Pope, 2000; Seale, 1999) 및 보고(O'Brien, Harris, Beckman, Reed, & Cook, 2014)에 대한 기준을 만족시켜야 한다.

2) 2단계: 개입 설계 및 배포 최적화하기

주요 설계 질문: 어떤 종류의 개입 구성요소를 (언제, 누구에게) 제공해야 하는가?

디지털 치료제를 통해 개선해야 할 건강 문제나 치료 격차가 확인되고 잠재적 개입과 주요 제약에 대한 정보가 수집되면, 개입 개발의 초점은 개입 설계의 문제로 옮겨간다. 최종 개입 패키지에 포함시킬 개입 구성요소를 선택함에 있어 정보를 제공할 수 있는 연구가 수행되었으며, 다중 요소 개입을 최적화하는 방법과 그 이유에 대해 많은 문헌이 작성되었다. 그러나 디지털 치료제의 경우, 이 단계에서의 설계 결정에는 단순히 개입 구성요소를 포함시킬지 여부를 넘어, 몇 가지 추가적인 차원의 의사 결정이 포함된다. 예를 들어, 디지털 치료제에는 일반적으로 반복적인 상호작용(사용자에게 푸시 알림을 반복적으로 보내고, 설문조사를 작성하도록 하고, 계획에 참여하도록 요청하는 등)이 포함된다는 점을 고려할 때, 사용자의 부담은 설계에 있어 주요 고려 사항이 된다. 부담을 효과적으로 관리하지 않으면 사용자가 좌절감을 느끼고 결국 시스템을 포기할 위험이 높다. 따라서 명시적으로 참여 및/또는 부담 관리를 목표로 하는 구성요소를 통합할지 여부, 그리고 장기적인 사용 또는 수용을 늘리거나 유지하기 위해 부담이 적은 방식으로 치료 구성요소를 설계하는 방법에 대한 결정을 내려야 할 수 있다. 또한 디지털 치료제의 설계자는 특정 개입 구성요소를 사용자에 의해 시작되는 '풀(pull)' 치료로 제공할지, 아니면 디지털 양식에 의해 시작하는 '푸쉬(push)' 치료로 제공할지 등 다양한 치료법을 배포하는 방법에 대한 결정을 내려야 하는 경우가 많다(Walton, Nahum-Shani, Crosby, Klasnja, & Murphy, 2018). 푸쉬 치료의 경우, 개입 제공 빈도와 시기에 대한 추가 결정이 필요하다. 특히 적시에 적절한(또는 최선의) 치료를 제공하기에 알맞은 적시 적응형 개입(Nahum-Shani et al., 2018)으로 간주되는 디지털 치료제의 경우, 개입 설계 시 의사 결정 규칙도 지정해야 한다. 이러한 결정 규칙은 특정 *결정 시점*(또는 치료 제공을 고려할 수 있는 시기)에서 고려할 수 있는 *치료 옵션*(또는 개입 구성요소)과 누가 어떤 치료를 받을지 결정하는 *맞춤형 변수*(혹은 사용자 또는 맥락의 특성)를 가리킨다.

개입 수준에서의 제약은 일반적으로 비용과 부담으로 구성된다. 디지털 개입은 종종 휴대폰이나 기타 센서의 데이터를 활용할 수 있기 때문에 개인정보 보호도 디지털 치료제의 특별한 관심사이다. 이러한 정보는 치료 결정을 내리는 데 도움이 될 수 있지만, 이러한 정보를 사용하려면 개입 사용자가 해당 정보를(그리고 이 정보를 사용하여 치료 결정을 내리는 시스템과도) 편안하게 공유할 수 있어야 한다(Seewald, Smith, Lee, Klasnja, & Murphy, 2019). 이와 관련하여 수동적인 데이터 수집을 가능하게 하는 센서가 계속 개선되고 있지만, 일부 중요한 맞춤형 변수 정보(예: 사용자 수용성 또는 치료 가능성)는 생태학적 순간 평가(ecological momentary assessment, EMA)와 같은 '능동적' 데이터 수집 없이는 강력한 방식으로 수집하기가 여전히 어렵다(Shiffman, Stone, & Hufford, 2008). 그러나 생태학적 순간 평가는 데이터 수집의 책임을 사용자에게 지우므로 전반적인 시스템 부담을 가중시킨다. 그래서 두 경우 모두 사용자의 사생활을 침해하는 수동적 데이터 수집이나, 특히 사용자 부담을 증가시키는 능동적 데이터 수집은 사용자가 시스템 사용을 완전히 포기할 확률을 높일 수 있다. 따라서 치료 제공에 관한 결정을 내리는 데 가장 필요한 유형의 '상황별' 데이터 수집을 결정하는 것이 지속 가능한 개입 모델을 보장하는 데 있어 매우 중요하다.

또한 특히 적시 적응형 개입의 경우 '올바른' 치료를 '잘못된' 시간(예를 들어, 사용자가 치료를 받아들이지 않는 경우)에 제공할 위험이 있을 수 있으며, 이는 개입 전체에 의인성 효과(iatrogenic effect)[2]를 초래할 수 있다. 특히 사용자가 개입이 잘 적응되고 맞춤화될 수 있다고 신뢰하는 경우, 적응이나 전달과 관련된 실수가 오히려 불신을 불러일으킬 수 있기 때문에 더욱 그렇다(Smith et al., 2017). 이러한 제약은 개입 수준에서 두드러지지만(즉, 최소한의 비용으로 목표한 건강 결과를 달성하는 데 가장 효과적이면서 최소한의 부담을 유발하는 개입을 구축하는 것이 목표가 됨), 이러한 제약의 적용성은 개입의 구성요소에 따라 달라질 수 있다. 치료자 또는 제공자에게 직접 접근하는 것과 같은 일부 개입 구성요소는 비용이 많이 들 수 있는 반면, 다른 구성요소는 비용이 적게 들거나 안 들 수도 있다. 마찬가지로 사용자가 접근 여부/빈도/시기를 결정하는 풀 구성요소는 정의상 사용자에게 원치 않는 부담을 줄 가능성이 적은 반면, 푸쉬 구성요소는 사용자에게 치료에 참여하도록 요청하거나 다른 활동을 방해함으로써 반드시 부담을 주게 되어 있다(Ho & Intille, 2005; Nahum-Shani et al., 2015, 2018).

어떤 수준의 근거가 필요한가?

따라서 이 단계에서는 어떤 개입 구성요소나 치료법을 포함시킬지 뿐만 아니라 어떻게 다양한 치료법을 배포하거나 전달할 것인지 등에 대한 여러 가지 결정을 내려야 한다. 이에 어떤 옵션이 최적인지 평가하는 데 필요한 근거의 수준을 결정하려면, *설계 결정에서의 차이가 목표로 한 건강 결과에 얼마나 잠재적으로 큰 영향을 미칠 수 있는지*에 대한 중요한 질문으로 돌아가야 한다. 건강 결과에 가장 큰 영향을 미칠 수 있는 결정을 내리려면 설계 결정을 뒷받침할 수 있는 가장 강력한 근거(즉, 연구 설계)가 필요하다.

물론 강력한 근거가 필요한 경우에도 새로운 데이터 수집이 필요하지 않을 수 있으며, 오히려 근거는 다양한 출처로부터 찾을 수 있다. 일부 의사 결정의 경우, 높은 기준을 만족시

2 (역자 주) 의인성 효과(iatrogenic effect): 의원성 효과, 의학적 검사나 치료로 인해 발생하는 문제나 질병

키는 체계적 문헌 고찰이나 선행 연구에서 필요한 근거는 쉽게 찾을 수 있다. 예를 들어, 최근의 체계적 문헌 고찰에 따르면 심리교육이 양극성 장애 환자의 치료 결과를 개선한다는 비교적 강력한 근거가 있으며(Miziou et al., 2015; Reinares, Sànchez-Moreno, & Fountoulakis, 2014), 이는 요구에 따라 제공되는 심리교육 자료를 개입의 일부로 포함시킬 것을 지지하는 근거가 될 수 있다. 그러나 다른 질문, 특히 현재 프로젝트에 매우 특정적인 또는 새롭거나 연구가 부족한 집단과 관련된 질문의 경우, 새로운 데이터 수집이 필요할 수 있다.

어떤 개입 구성요소를 포함시킬지 결정하기. 전체 개입 패키지의 관점에서 볼 때, 다중 구성요소 개입에 포함시킬 개입 구성요소에 대한 결정은 일반적으로 요인 실험을 통해 이루어진다. 요인 실험은 두 가지 이상의 개입 구성요소를 체계적으로 변화시키거나 '교차'시킴으로써, 개별 구성요소 또는 구성요소 조합의 개입 효과에 대한 기여도를 추정하도록 설계된다. 요인 실험은 모든 요인의 모든 수준을 교차하는 '완전' 요인 설계 또는 일부 요인만 교차하는 '부분' 요인 설계가 될 수 있으며(Box, Hunter, & Hunter, 1987; Collins, 2005), 각 개입 구성요소의 주요 효과와 구성요소 간의 상호작용을 모두 분석함으로써 다양한 개입 구성요소의 포함 또는 '선별'을 뒷받침하는 강력한 근거를 제공한다.

그러나 광범위한 선별 관점에서 보면, 모든 잠재적인 개입 요소가 요인 연구에서 제공하는 강력한 근거를 통해 포함(또는 제외)이 정당화되는 것은 아니다. 요인 설계의 주요 강점은 기존의 무작위 대조 설계(Collins, Dziak, & Li, 2009, 2014)에 비해 표본 크기의 효율성이 크다는 것이지만, 더 많은 구성요소 및/또는 수준을 포함시킬수록 실험 조건의 수가 급격히 증가한다. 이렇게 실험 조건이 증가한다고 해서 필요한 표본 크기가 반드시 증가하는 것은 아니지만, 연구의 타당성과 실시에 문제가 발생할 수 있다(Collins, 2005). 특히 디지털 치료제 분야에서는 '푸쉬' 및 '풀' 구성요소와 근거리 결과(proximal outcome)를 목표로 하는 구성요소 또는 치료의 매개 요인(예: 참여)을 포함하여 개입이 여러 구성요소로 이루어지는 경우가 많기 때문에, 가능한 모든 개입 요소를 평가하는 완전요인배치법은 최선의 경우에도 통제하기 힘들고, 최악의 경우에는 유지 불가능한 수많은 실험 조건을 순식간에 생성해 낼 수 있다.

이러한 고려 사항은 심각한 정신 장애나 물질 사용 문제가 있는 사람과 같이 취약한 집단을 다룰 때 특히 두드러질 수 있다. 따라서 요인 실험을 하기 전에, 개입 개발자는 개입 구성요소에 대한 초기 판단을 통해 어떤 구성요소에 이 정도의 엄격함과 근거가 필요한지 결정해야 한다. 예를 들어, 많은 경우 '풀' 구성요소는 비용이 저렴하고 쉽게 확장할 수 있으며 의인성 효과의 가능성이 낮다. 예를 들어, 양극성 장애를 위한 모바일 헬스 개입(mobile health intervention, MHI)에 기분 관찰기록지를 포함시켜서 사용자가 원할 때, 자신이 결정한 시간대와 빈도로 스스로의 기분을 추적하도록 선택할 수 있도록 하는 경우, 사용자의 부담이 최소화되며, 해당 구성요소의 존재가 목표한 건강 결과(예: 삶의 질) 또는 해당 결과의 매개 요인(예: 개입에 대한 참여)에 부정적인 영향을 미칠 가능성이 낮다. 이와 같은 구성요소의 경우, 선별 결정을 위해 요인 설계에서 제공하는 강력한 근거가 필요하지 않을 수 있으며, 대신 소규모 사용자 검증 또는 대상이 되는 사람들로 구성된 포커스 그룹을 통해 타당성과 수용성을 평가하고, 해당 구성요소가 예상치 못한 부정적인 반응을 유발하지는 않는지 확인하는 방식으로 선별을 수행할 수 있다. 만약 대상 사용자가 비용이나 사용자 부담이 거의 없는 구성요소의 잠재적 유용성에 대해 특히 부정적인 반응을 보인다면, 이는 해당 구성요소를 걸러내는 것을 정당화할 충분한 근거가 될 수 있다.

개입 콘텐츠를 알리기 위한 데이터 수집을 최적화하려면 대상 집단과 더불어, 대상 집단으로부터의 근거가 필요한지 아니면 '아날로그' 집단으로도 충분한지 여부를 고려해야 한다. 아날로그 연구는 개입 구성요소의 초기 선별을 위한 또 다른 옵션으로, 특히 반드시 대상 집단에 의해 유용성이나 포함 여부에 대한 질문에 답할 필요가 없는 구성요소를 선별하는 경우에 유용하다. 아마존(Amazon)의 메케니컬 투르크(Mechanical Turk)나 피겨 에이트(Figure Eight)와 같은 온라인 크라우드소싱 플랫폼이 등장하면서, 대상 집단을 신뢰성 있게 '시뮬레이션'하는 연구 모집단으로 이산 선택 실험(discrete choice experiment) 또는 컨조인트 실험, 비네트 연구 등을 실시하여 개입 구성요소 또는 구성요소들의 조합을 빠르고 저렴하게 엄격히 평가할 수 있게 되었다(Aguinis, Villamor, & Ramani, 2021; Strickland & Stoops, 2019; Thomas & Clifford, 2017). 특히 규모가 작거나 접근하기 어렵거나 취약한 대상 집단을 위한 개입을 개발할 때 쉽게 접근 가능한 대체 집단을 활용하여 개입 설계에 대한 지침을 제공하면, 대상 집단에 요구되는 데이터 수집이 최적임을 보장할 수 있으며 과도한 부담을 초래하지 않을 수도 있다.

구성 요인의 작동 방식 결정하기. 정성적 평가와 아날로그 연구도 구성요소가 이상적으로 작동하는 방식에 대한 질문을 파악하는 데 도움이 될 수 있다. 이러한 질문은 선별/포함 여부나 시기에 대해 고려하는 것과는 별개의 문제이며, 오히려 설계 및 사용자 경험에 대한 질문을 반영한다. 예를 들어 조울증 환자를 위한 우리의 가상의 개입에서 사용자가 개선하고자 하는 건강 행동(예: 기분 모니터링 또는 약물 순응에 대한 참여)에 대한 'if-then 계획'을 세우도록 유도하는 구성요소를 포함시키기로 결정할 수 있다. 이러한 구성요소를 포함하는 데 이론적 근거는 충분할 수 있지만(Gollwitzer, 1999; Gollwitzer & Sheeran, 2006; Nahum-Shani et al., 2015), 행동 변화 이론은 최적의 적시 개입 배포에 필요한 구체성이 부족한 경우가 많다(Klasnja et al., 2015; Riley & Rivera, 2014; Spruijt-Metz & Nilsen, 2014). 또한 목표 달성에 장애물이 존재하거나 잊어버릴 가능성이 높은 경우 등 계획에 대한 프롬프트가 가장 효과적일 수 있는 시기에 관한 이론적 및 경험적 예측 변수는 수동적으로 또는 새로운 부담을 주지 않고는 감지하기 어려울 수 있다(Rogers, Milkman, John, & Norton, 2015). 또한 일반적으로 계획이 얼마나 부담스러워야 효과적인지, 예를 들어 사용자가 항상 'if-then' 계획을 작성해야 하는지, 아니면 미리 설정된 옵션의 '폐쇄형(closed)' 목록에서 계획을 선택하는 것(원하는 경우 직접 작성할 수 있는 옵션 포함)이 더 효과적인지 명시되어 있지 않다. 전자의 경우에는 보다 구체적인 계획을 세울 수는 있지만, 사용자에게 추가적인 부담을 주게 되어 순응도가 낮아지기 때문에 구성요소의 효과가 떨어질 수 있다. 정성적 평가는 사용자의 인지 과정과 선호도에 대한 통찰을 제공함으로써 이와 같은 질문에 답하는 데 유용할 수 있으며, 아날로그 연구 역시 개방형과 폐쇄형 계획 등 다양한 설계 옵션을 빠르고 저렴하게 비교할 수 있다는 점에서 도움이 될 수 있다.

언제 구성요소를 제공할 것인지 결정하기. 개입 구성요소를 설계하고 선별한 후에도, 어떤 버전의 개입이 가장 효과적인지, 또는 사용자에게 개입을 얼마나 자주 '푸쉬'해야 하는지에 대한 질문이 있을 수 있다. 위의 계획에 대한 예시를 계속 이어서 보자면, 초기 평가에서 사용자에게 매일 계획을 세우도록 요청하는 것과 일주일 계획을 세우도록 요청하는 것 등 비슷한 수준의 수용성과 실현 가능성을 보이는 두 가지 계획 개입이 나올 수 있다. 또한 사용자가 언제 계획을 세우거나 검토하라는 알림을 원하는지에 대한 질문이 있을 수 있다. 예를 들어, 새로운 계획을 설정해야 할 때마다(예: 매주) 알림을 보내는 것이 더 효과적일까, 아니면 사용자가 최근 일정 시간 동안 계획 구성요소에 참여하지 않은 경우에만 알림을 보내는 것이 더 효과적일까? 사용자가 계획을 세운 후에, 그 계획에 대한 알림을 받는 것이 도움이 될까? 사용자가 계획에 대한 알림을 매일 받는 것이 필요할까, 아니면 매주 알림을 받는 것도 비슷하게 효과적일까(장기적으로 사용자의 부담을 최소화하면서)? 다시 말하지만, 행동 변화 이론에서는 이러한 수준의 세부 사항을 명시하는 경우가 드물지만, 최적의 개입을 제공하지 못함으로 인해(예: 개입을 너무 자주 제공하여 습관화, 짜증, 참여도 저하 또는 시스템 사용 포기로 이어짐) 구성요소의 효과와 목표 건강 결과에 대한 전체 시스템의 효과가 잠재적으로 감소될 가능성이 상당히 높을 수 있다.

미세 무작위 시험(Microrandomized trials, MRTS). 이러한 유형의 설계 결정에서 주목할 만한 점은, 개인은 개입의 서로 다른 빈도나 시기가 자신의 경험에 어떤 영향을 미치는지 직감하지 못하는 경우가 많기 때문에, 이러한 맥락에서 질적 방법을 사용함으로써 설계 의사 결정을 지지하는 것이 적합하지 않다는 점이다. 또한 목표한 건강 결과 또는 참여도 등 결과와 연관된 중요한 매개 변수에 미치는 영향에 있어, 두 가지(또는 그 이상)의 잠재적인 개입 구성요소에 대해 판단을 내리는 것이 어려울 수 있다. 미세 무작위 시험은 다양한 형태, 시기 또는 빈도로 제공되는 개입 요소를 비교할 수 있는 소규모 최적화 연구를 수행할 수 있는 기회를 제공한다. 미세 무작위 시험은 적시 적응형 개입의 최적화를 위해 특별히 설계된 것으로, 어떤 개입 옵션이 누구에게, 어떤 맥락에서 가장 효과적인지 알려주는 강력한 근거를 제공하는 데 중점을 둔다(Klasnja et al., 2015; Nahum-Shani et al., 2018).

미세 무작위 시험에서는 각 잠재적 결정 지점에서 사용자를 여러 개입 옵션에 반복적으로 무작위 배정하고, 각 개입 옵션이 관련된 근거리(proximal) 또는 단기적 결과에 미치는 영향을 살펴본다. 예를 들어, 조울증 환자를 위한 우리의 개입에서는 두 가지 결정을 내리기 위해 강력한 정보가 필요할 수 있다:

- 사용자가 계획을 직접 작성하는 경우('개방형')와 미리 지정된 옵션 중에서 선택하는 경우('폐쇄형') 중 어느 쪽이 계획을 완료할 가능성이 더 높은가?
- 기분 모니터링에 참여하지 않는 사용자에게 매일 알림 프롬프트를 보내야 하는가?

미세 무작위 시험을 사용하면 매우 효율적인 단일 연구로부터 얻은 강력한 근거를 통해 이 두 가지 질문(그리고 잠재적으로 더 많은 질문)을 모두 평가할 수 있다. 표 11.2에는 이 두 가지 개입 구성요소와 관련된 질문을 평가하기 위한 한 가지 잠재적 연구 설계가 요약되어 있으며, 특히 각 질문에 대해 결정 지점(즉, 각 참여자가 무작위 배정되는 시기), 개입 옵션 및 각각에 대한 무작위 배정 확률, 그리고 각 구성요소에 대한 질문에 해당하는 근거리 결과가 명시되어 있다.

일반적으로 개인을 한 번만(또는 최대 2~3회) 무작위 배정하는 기존 무작위 대조 시험과 달리, 미세 무작위 시험에서는 각 참여자가 여러 결정 시점에서 각기 다른 개입 옵션을 받도록(또는 받지 않도록) 무작위 배정된다. 이러한 반복적인 무작위 배정 방식은 단 몇 주 동안만 진행되는 연구에서도 개인이 연구 기간 동안 수백, 수천 번까지는 아니더라도 수십 번 무작위 배정될 수 있음을 의미한다. 따라서 미세 무작위 시험을 사용하면 시간에 따라 미미하거나 시간에 따라 달라지는 다양한 개입 옵션의 인과적인 효과를 추정할 수 있다. 또한 인과적인 효과의 추정에는 참여자 간 및 참여자 내 차이(즉, 동일한 개인이 다른 조건에 무작위로 배정된 결정 지점)가 모두 활용될 수 있다. 따라서 미세 무작위 시험은 다른 형태의 최적화 연구보다 훨씬 적은 수의 참여자가 필요한 경우가 많다. 또한 근거리 결과에 초점을 맞춘 반복적인 무작위 배정 방식은 미세 무작위 시험의 기간이 더 짧은 경우가 많다는 것을 의미한다(Klasnja et al., 2015). 과학자들이 연구를 계획하고 필요한 표본 크기를 추정하는 데 도움이 되는 표본 크기 계산기를 사용할 수도 있다(Liao, 2016; MRT-SS 계산기, 2016; Seewald, Sun, & Liao, 2016).

적시 적응형 개입의 최적화를 위한 정보 제공과 관련하여, 미세 무작위 시험에서는 언제 또는 어떤 조건/맥락에서 치료를 제공할 것인지와 관련된 질문도 고려할 수 있다. 다양한 개입 옵션의 주요 효과를 검증하거나 비교하는 것 외에도 매개 분석을 사용하여 최적의 개입 시기를 결정할 수도 있다. 특히 하나의 미세 무작위 시험으로 여러 개입 요소를 검증하거나 무작위 배정할 수 있으므로, 미세 무작위 시험은 다양한 형태의 개입 요소를 경험적으로 평가하는 효율적인 방법을 제공할 뿐만 아니라, 개입 제공 시기, 맥락, 빈도가 주요 매개변수(예: 단기적 영향, 참여, 수용성)와 목표한 건강 결과에 미치는 영향을 종합적으로 평가할 수 있다. 예를 들어, 우리의 가상의 개입에서 기분 모니터링 프롬프트의 효과를 평가할 때, 프롬프트가 평균적으로 시간 경과에 따라 기분 모니터링 순응도에 약간의 긍정적인 효과가 있음을 발견할 수도 있다. 그러나 이러한 효과가 시간에 따라 달라질 수 있다는 점을 고려하면, 사용자가 아직 앱 구성요소에 적응하고 새로운 습관을 형성하던 연구 초기 몇 주 동안에는 프롬프트가 매우 효과적이었지만, 사용자가 정기적으로 기분을 모니터링하기로 결정하거나(이 경우 참여가 부족한 게 아니므로 프롬프트 대상에 해당하지 않을 가능성이 높음) 기분 모니터링이 너무 부담스럽거나 유용하지 않다고 판단한 경우에는 시간이 지나면서 프롬프트의 효과가 떨어진다는 것을 발견하게 될 수도 있다. 마찬가지로, 사전 프롬프트 '용량'이 효과를 조절한다는 것을 알 수 있는데, (습관적인 참여 부족 때문에) 더 많은 프롬프트를 받은 사람은 프롬프트에 응답할 가능성이 더 낮다. 이 두 가지 정보는 다음 버전의 개입에서 언제, 누구에게 프롬프트를 제공할지 최적화하는 데 유용할 것이다(〈표 11.2〉).

<표 11.2> 미세 무작위 시험 설계의 예시

구성요소	주요 질문	결정 지점	6주간의 연구 중 결정 지점의 수	개입 옵션 및 무작위 배정 확률	근거리 결과 및 데이터 출처
계획	목표 설정에 있어 개방형과 폐쇄형 계획 중 무엇이 더 효과적인가?	일주일에 한 번, 오후 7시부터 10시 사이에 사용자가 선택한 시점	6	개방형 계획 (50%) 폐쇄형 계획 (50%)	*근거리 결과*: 목표 달성 *데이터 출처*: 주간 생태학적 순간 평가를 통한 자기보고
기분 모니터링 프롬프트	참여자들은 매일 프롬프트가 제공되었을 때 기분 모니터링을 완성할 가능성이 더 높은가?	*사용자가 지난 48시간 동안 계획에 참여하지 않은 경우*, 오전 10시부터 오후 2시 사이에 무작위로 선택된 시간	기분 모니터링에 얼마나 참여했는지에 따라 최대 40까지	프롬프트가 제공됨 (50%) 프롬프트가 제공되지 않음 (50%)	근거리 결과: 향후 24시간 이내(또는 다음 프롬프트 이전 중 먼저 도래하는 시점)에 기분 모니터링 사용 데이터 출처: 앱 백엔드[3] 메트릭(backend metric)

4. 단기 및 장기적 효능, 효과, 그리고 실행을 위한 설계의 고려 사항

주요 설계 질문: 무엇을 알고자 하는가?

일반적으로 개입을 설계하고 초기 최적화 시험을 거쳐 어떤 구성요소를 포함해야 하는지, 적용이 될 수 있다면 언제 어떻게 제공해야 하는지 결정이 되면, 개입 패키지를 평가할 준비가 된 것으로 간주된다. 그러나 이 단계에서도 여전히 중요한 설계 결정이 필요한데, 일부는 지속적인 개입 설계와 관련이 있지만 다른 일부는 우리에게 필요한 충분히 강력한 근거를 제공하기 위해 최선의 평가를 설계하는 것과 관련이 있다. 따라서 이러한 결정의 핵심은, 평가를 통해 *무엇을 알고자 하는가*라는 질문이 바탕이 되어야 한다.

개입 평가에서는 일반적으로 효과성 또는 개입이 목표한 건강 결과에 의도된 영향을 미치

3 (역자 주) 백엔드 프레임워크(Backend Framework): 화면에 보이지 않는 뒷(Back)단의 일을 처리하는 프레임워크

는지 여부가 고려된다. 그러나 중개연구(translational research)[4]에 대한 관심이 높아지고 특히 중개의 T2와 T4 단계의 구분이 명확해지면서, '기초 과학'에서 인간에게로 연계가 완료된 후에도 개입에 대한 평가가 다른 목표를 위해 이루어질 수 있다는 점이 강조되고 있다. 디지털 치료제의 설계는 일반적으로 기존의 '실험실'에서 출발하지만, 일단 개입이 설계되더라도 개발자는 여전히 적절한 평가 연구를 설계하는 방법에 대한 결정을 내려야 한다. 예를 들어, 파일럿 연구는 개입의 타당성과 수용성을 평가하기 위한 것으로, 개입의 모든 요소가 의도한 대로 작동하는지 확인하는 데 매우 중요할 수 있다. 이는 특히 디지털 치료제 영역에서 더욱 중요한데, 앞서 설명한 것처럼 개입은 신중하게 설계되고 선별된 여러 구성요소로 이루어진 경우가 많고, 또한 개입의 제공 시기나 방법을 직접 알려주기 위해 정보 수집을 담당하는 기술 인프라에 포함될 수 있기 때문이다. 이러한 기술 요소에는 센서 및 자기 보고 데이터의 수집, 개입 제공, 개입 제공에 대한 의사 결정과 관련된 알고리즘의 실행 등이 포함될 수 있다. 이러한 인프라가 제대로 작동하지 않는 경우, 파일럿 연구를 통해 백업 데이터 소스 또는 의사 결정 규칙이 합리적인 치료 결정을 내리는 데 도움이 되는지 확인할 수 있다(Seewald et al., 2019). 파일럿 연구는 특히 *현장*에서 제공되는 구성요소가 광범위한 개입의 맥락에서 목표한 결과에 영향을 미치는지 또는 다중 구성요소 개입 시스템 자체가 최적으로 작동하는지 여부 등 2차 최적화 질문을 평가하는 데에도 유용할 수 있다.

그러나 파일럿 연구 외에도 평가 연구를 어떻게 설계할 것인지에 대한 결정은 연계하고자 하는 관심 대상, 즉 환자, 진료 및/또는 지역사회로의 연계에 대한 우선순위를 반영할 가능성이 높다. 이러한 결정은 디지털 치료제의 효능, 효과 및/또는 시행 결과를 평가하는 결정과 관련된다.

어느 정도 수준의 근거가 필요한가?

효능 또는 효과 평가는 목표한 건강 결과에 대한 개입의 인과적 효과를 입증하기 위한 것이므로, 일반적으로 높은 수준의 무작위 임상 시험을 통해 제공되는 매우 강력한 근거가 필요하다. 이러한 수준의 근거가 필요한 이유는 이러한 연구를 통해 얻은 정보로 내리고자 하는 결정, 즉 목표한 건강 결과를 치료하기 위한 하나의 옵션으로 개입을 채택할지 여부를 결정하기 위해서이다. 따라서 이러한 결정은 제공된 근거가 강력하지 않아 권고가 잘못될 경우, 큰 잠재적 단점을 수반한다. 물론 의인성 개입은 건강 결과를 악화시킬 위험이 있다. 특

4 (역자 주) 중개연구(translational research): 기초과학과 임상연구 간의 중개가능성(translatability)을 높이고 상호보완해 주는 연구로 기초과학의 연구결과를 실제 사용될 수 있는 단계로 연계하는 과정

히 정신건강 분야에서 많은 모바일 헬스 개입의 비즈니스 모델이 근거 기반의 검증 없이 소비자에게 직접 전파되는 경우가 많기 때문에, 의인성 콘텐츠가 포함된 개입이 확산되고 있다(Larsen, Nicholas, & Christensen, 2016; Nilsen et al., 2012). 그러나 개선 효과가 없거나 미미한 개입의 경우에도 더 효과적일 수 있는 다른 치료법을 대체하거나 환자의 치료 참여 또는 의료진에 대한 신뢰를 약화시켜 부정적인 건강 결과를 초래할 가능성이 있다. 따라서 효능 및 효과 평가는 일반적으로 강력한 실험 방법을 사용할 뿐만 아니라, 임상시험 수행 및 보고 기준(예: CONSORT 체크리스트 및 도표)을 준수해야 한다(Moher et al., 2012). 그러나 임상시험의 맥락 내에서도 치료 효과를 추정하고자 하는 대상과 상황에 대한 결정을 내려야 한다. 또한 의도한 효과를 얻지 못하는 것은 시행의 실패(소위 '제3종 오류'(Scanlon, Horst, Nay, Schimidt, & Waller, 1977))일 수 있으므로 적절한 시행을 보장하기 위해 과정에 대한 측정을 얼마나 강력하게 해야 하는지에 대한 질문도 있을 수 있다. 물론 파일럿 연구나 2차 최적화 질문(second-order optimization questions)에서 필요한 근거의 수준은 상대적으로 상당히 낮을 것이다.

현장에서 최적화하기. 최적화는 종종 평가 전에 이루어지는 것으로 설명되며 실제로도 최적화에 대한 핵심적인 결정은 그렇지만, 최적화와 평가의 영역 사이에는 '회색 지대'가 존재할 수 있다. 즉, 평가 단계에서도 개입(또는 개입 구성요소)이 *현장*에서 최적으로 작동하고 있는지 또는 의도한 목표를 달성하고 있는지에 대한 중요한 질문이 있을 수 있다. 예를 들어, 조울증 환자를 위한 우리의 모바일 개입의 경우, 선택한 모든 푸쉬 및 풀 구성요소를 결합한 개입 *시스템*의 전반적인 사용성 또는 수용성에 대한 질문이 있을 수 있다. 예컨대, 시스템에서 제공하는 총 개입 용량을 사용자가 어떻게 인식하고 있는가? 각 개별 구성요소가 지나치게 부담스럽지 않도록 최적화되었더라도, 실제 사용 시 모든 푸쉬 구성요소를 결합하면 알림 수가 과도하게 많아질 수 있다. 일부 구성요소가 중복되는가? 아니면 우선순위가 뒤섞인 메시지를 보내지는 않는가? (예: 사용자가 어떤 건강 행동에 집중해야 하는가? 여러 목표 중 어떤 목표에 집중해야 하는가? 등) 또한 개입 전달의 유형과 시기가 각 구성요소에 개별적으로 최적화되었을 수 있지만, 구성요소들의 '최적'의 버전이 어떻게 함께 작동하는지를 평가하는 것이 유용할 수 있다. 의도된 사용자 집단을 대상으로 한 소규모 단일 집단 파일럿 연구는 이러한 질문을 평가하는 데 도움이 될 수 있다.

이와 관련하여, 특히 개입 전달을 능동적이고 반복적으로 개인화하는 적시 적응형 개입의 경우, 강력한 평가에 앞서 유사한 파일럿 연구가 개입에 대한 충실도와 신뢰도를 평가하는 데 유용할 수 있다. 예를 들어, 파일럿 연구는 사용자가 개입을 받을 자격이 있는지 여부를 결정하기 위한 변수에 대해 알아내거나 또는 중요한 맞춤형 변수를 감지하기 위한 시간 및 상황에 맞는 적절한 데이터 수집이 되었는지 확인하는 데 도움이 될 수 있다. 또한 파일럿 연구는 맞춤형 치료 제공에 사용되는 정보가 신뢰할 수 있는지, 적시 적응형 개입의 기본이 되는 의사 결정 규칙이 올바르게 실행되고 있는지 확인하는 데 도움이 될 수도 있다. 수동적으로 수집한 맞춤형 변수와 능동적으로 수집한 맞춤형 변수 모두 대규모로 구현할 때 문제가 발생할 수 있는데, 기술적 문제(예: 서버 통신 문제 또는 예상치 못한 핸드셰이크[5])로 인해 수동적 데이터 수집에 문제가 발생할 수 있으며(Smith et al., 2017), 맞춤형 변수를 적극적으로 수집하는 경우에도 무응답으로 인해 어려움을 겪을 수 있다. 파일럿 연구는 이렇듯 해결하지 않고 방치할 경우 개입 효과에 해가 될 수 있는 문제들을 밝혀내는 데 도움이 될 수 있다. 끝으로, 파일럿 연구를 통해 구성요소가 의도한 근거리 효과를 달성하고 있는지 여부를 확인할 수 있다.

효능 및 효과성 연구. 효능과 효과성 연구 간의 차이에 대해 많은 글이 쓰여졌지만, 간단히 말해 효능 평가를 통해서는 최상의 상황에서 개입이 대상 집단에게 효과가 있는지 파악할 수 있는 반면, 효과성 평가는 '실제' 조건에서의 개입의 효과와 관련된 질문에 답할 수 있다. 이러한 두 가지 평가 목표가 다르기 때문에 효능 및 효과성 연구의 설계 목표 또한 차이가 있다. 특히 효능 연구를 위한 설계에서는 적절한 데이터 수집을 우선적으로 고려하여, 신호가 있는 경우 수집된 데이터를 통해 이를 감지할 수 있도록 해야 한다. 이는 대부분의 임상시험과 마찬가지로, 상태나 기술적 역량 또는 능력과 관련된 특정 기준을 충족하는 개인만 연구 대상에 포함시켜, 연구 집단을 보다 엄격하게 통제하는 것을 의미할 수 있다. 또한 디지털 치료제의 맥락에서, 이는 사용자로 하여금 개입과 매일 상호작용하거나 핵심 구성요소를 사용하도록 하는 것(예: 기분 모니터링)에 대해 비용을 지불하는 등 연구의 데이터 수집뿐만 아니라 앱 참여에 대한 보상을 제공하는 것을 의미할 수도 있다. 마찬가지로, 사용자에게 새로운 스마트폰이나 태블릿을 제공하여 '현실 세계'에서 발생할 수 있는 기술적 문제를 방지하는 등, 사용자 또는 시스템 전체를 위한 기술 도구나 기능에 투자하기로 결정할 수도 있다. 이러한 투자는 확장되기 어려울 가능성이 높지만, 개입이 효과적일 것이라는 신호가 감지되면 투자가 이루어지기 충분할 만큼 이상적인 상황이다.

반면 효과성 연구는 *현장* 사용 조건에서의 개입의 효과를 파악하고자 한다. 일반적으로

5 (역자 주) 핸드셰이크(handshake): 2개의 기기나 프로그램 사이의 신호로서, 인증(authenticate)이나 조정(coordinate)의 용도로 사용된다.

이는 확장된 버전의 개입에서는 제공되지 않는 보상이나 요소를 포함시키지 않는 것, 즉 기술 제공이 없거나 최소한으로만 제공되며 개입 참여에 대한 대가가 지급되지 않는 것을 의미한다(다만 결과나 조절 변수와 매개 변수 등 연구 관련 데이터 수집에 포함된 보상은 여전히 포함될 수 있다). 개입의 유기적 사용을 장려하는 데 있어 효과성 평가는 (특히 만성 질환을 관리하는 디지털 치료제에서 중요한) 장기적인 사용 패턴과 사용 장벽에 대한 이해를 높이는 데에도 중요하다.

그러나 이러한 각 연구 프레임워크 내에서 최적화를 할 수 있는 추가적인 기회가 있을 수 있다. 첫째, 최적화 평가와 효능 또는 효과성 평가를 결합할 수 있는 기회가 있을 수 있다. 예를 들어, 우리의 가상의 개입에서 보다 일반적인 두 개의 집단으로 이루어진 효과성 실험에 매일 동기 부여 메시지를 무작위 배정하는 미세 무작위 시험을 포함시키는 것을 상상해 보자. 이 연구 설계에서는 효과성 실험을 위해 개입을 받도록 무작위 배정된 개인이 매일 개별적으로 자기 관리 활동에 참여하도록 동기를 부여하는 메시지를 받거나 또는 받지 않는 조건에 무작위 배정될 것이다. 따라서 이 설계는 동기 부여 메시지를 보낸 날에 개인이 자기 관리 활동에 참여할 가능성이 더 높은지에 대한 *최적화 질문*과 전체 개입 패키지가 대조군에 비해 목표한 건강 결과를 개선했는지에 대한 *효능/효과성 질문*(동기 부여 메시지가 전송된 날과 전송되지 않은 날의 차이)에 모두 답할 수 있게 해 줄 것이다. 최적화와 평가 연구 질문을 결합하는 것이 가능한지 여부를 결정할 때 고려해야 할 핵심 사항은 최종 개입 패키지에 무작위 배정을 포함하는 것이 의미 있는지 여부와 관련이 있다. 동기 부여 메시지의 예에서와 같이 많은 경우, 무작위 배정은 개입 요소에 대한 부담과 습관화를 관리하는 데 도움이 될 수 있으므로, 매일 동기 부여 메시지를 무작위 배정하는 것을 포함한 개입 패키지는 효과성을 평가하는 데 의미 있는 개입이 될 수 있다.

둘째, 임상시험 설계, 계획 및 실행의 맥락에서 연구 인프라(즉, 임상 시험 운영 방식) 자체를 최적화할 수 있는 기회는 무수히 많다(Inan et al., 2020). 이는 모든 임상 시험에 해당되는 사항이지만, 일반적으로 개입이 여러 요소로 구성되고, 종종 복잡하며, 여러 통로(수동적 및 능동적 통로 포함)를 통해 데이터가 수집되고, 데이터 수집이 종단적으로(그리고 적어도 일부 측면에서는 집중적으로) 이루어지는 디지털 치료제의 임상 시험에서는 이러한 최적화가 더욱 두드러질 수 있다. 이러한 임상 시험에서는 임상 시험 절차 자체가 데이터 수집 준수, 개입 참여도 등에 어떤 영향을 미치는지 살펴보는 다양한 무작위 배정을 포함할 수 있다. 예를 들어, 자동화된 순응도 메시지를 보내는 시기, 연구진이 참여자에게 연락하는 시기나 방법, 심지어 데이터 수집 방식(예: 빈도는 낮지만 더 긴 자기보고식 도구 또는 빈도는 높지만 더 짧은 도구)을 무작위화할 수 있다. 이러한 실험적 조작은 전반적인 디지털 치료제에 대해 효과적인 임상 시험을 수행하기 위한 근거 기반을 제공할 수 있다. 일반적으로 임상 시험을 수행하기 위한 예산이 제한되어 있고, 디지털 치료제 연구의 경우는 기술 구축의 필요성 때문에 예산이 두 배로 줄어드는 경우도 많기 때문에, 연구자들이 개입 효과에 대한 고품질의 근거를 추구하는 과정에서 필연적으로 하게 되는 희생(trade-off)이 근거 기반을 최대한 개선하는 결과를 낳을 수 있도록 추가적인 작업이 필요하다.

하이브리드 효과성-실행 연구. 효과성 연구는 개입의 검증을 '실제 세계'로 더 가까이 가게 하지만, 대규모 집단 전체에 대한 개입의 배포 또는 접근에 대한 장벽을 이해하는 데에는 여전히 미흡한 경우가 많다. 개인이 근거 기반 개입을 더 쉽게 이용할 수 있도록 해야 한다는 요구가 증가함에 따라, 실행 과학(implementation science)은 '연구 결과 및 기타 근거 기반 실무를 일상적인 진료에 체계적으로 도입하여 의료 서비스 및 치료의 질과 효과를 개선하는 방법'에 대한 연구를 위한 학문으로 부상했다(Eccles & Mittman, 2006). 따라서 실행에 관심이 있는 연구자들은 새로운(또는 더 이질적인) 집단에 대한 개입 효과와 관련된 질문 뿐만 아니라 활용과 채택을 개선하는 데 어떤 실행 전략이 가장 효과적인지 등, 치료에 접근하거나 새로운 치료를 채택함에 있어 어떤 장벽 및 촉진 요인이 있는지에 대해 질문한다(Lane-Fall, Curran, & Beidas, 2019). 양극성 장애 환자를 위한 우리 앱의 경우, 최상의 접근 모델, 장기적인 환자 참여를 이끄는 요인 및 앱 사용의 충실도에 대한 이해, 앱을 기존 정신건강 관리 모델에 통합하는 데 대한 장벽, 주요우울장애나 조현 정동 장애와 같은 다른 심각한 정신장애 환자를 위한 앱의 적용 및 확장 등에 대한 질문이 실행에 대한 질문으로 고려될 수 있다. 특히 이러한 질문은 과정에 초점을 맞추고 있는데, 정도의 차이는 있지만 지속적인 개입 효과를 보장하거나 검증하는 데에도 초점을 맞추고 있다. 따라서 하이브리드 실행-효과 연구는 연구자들에게 단일 연구 내에서 효과성, 실행 및 이들의 상호작용을 연구할 수 있는 중간 지점을 제공하기 위해 고안되었다(Curran, Bauer, Mittman, Pyne, & Stetler, 2012). 세 가지 유형의 하이브리드 연구가 제안되었다. 유형 1 하이브리드 연구에서는 효과성 평가에 주안점을 두며, 부차적으로는 실행을 확장시키는 데 영향을 미치는 잠재적인 장벽 또는 촉진 요인을 이해하고자 한다. 유형 2 연구는 새로운 집단 내에서 근거 기반 개입의 실행과 효과성을 평가하는 등 효과와 실행을 이해하는 데 균형 있게 초점을 맞춘다. 유형 3 연구는 다양한 실행 전략의 효과 비교와 같은 연구를 통해 실행을 이해하는 것을 우선시하면서 여전히 부차적인 목표로는 효과성을 측정한다.

모든 경우에서 일반적으로 실행 연구(또는 하이브리드 연구)는 실행 과정에 대해 명확한 관심을 두며, 종종 실행 결정 요인 및/또는 효과 결과와는 구별되는 실행 결과를 평가한다는 점에서 기존의 효과성 연구와 구별된다. 유형 2 또는 3 하이브리드 연구의 경우, 개입 자체와는 구별되는 실행 전략을 구체화하려는 시도도 있을 수 있다. 특히 실행의 다초점적 특성과 과정 또는 설명 메커니즘에 대한 본질적인 관심을 고려할 때, 실행 과학은 종종 혼합 방법 평가에 의존한다(Palinkas et al., 2011).

또한 실행 과학 연구는 개인 및 시스템 수준에서 모바일 개입의 장기적인 유지 및 지속 가능성을 주요 결과로서 평가할 수 있는 가능성을 제시한다(Damschroder, Reardon, Opra Widerquist, & Lowery, 2022; Glasgow et al., 2019; Proctor et al., 2011). 개입 유지에 대한 전체적인 논의는 이 장의 범위를 벗어나지만, 디지털 치료제의 개입 효과와 접근성 또는 제공에 대한 장기적인 유지는 최적의 집단 건강 개선, 특히 만성적이고 쉽게 재발하는 장애인 정신건강 및 물질 사용 문제의 호전을 보장하는 데 중요하다. 장기적인 효과나 지속성에 대한 평가는 드물지만(Jankovic et al., 2021; Wiltsey Stirman et al., 2012), 디지털 정신건강 개입에 대한 체계적 문헌 고찰에서 높은 탈락률과 낮은 순응도가 발견되었으며(Karyotaki et al., 2015; Valimaki, Anttila, Anttila, & Lahti 2017), 이러한 양상은 단기적인 실험, 특히 청소년에게서 두드러졌다(Karyotaki et al., 2015; Vaimaki et al., 2017). 최근 여러 논문에서 장기적인 효과를 보장하기 위한 중요한 도구로서 사용자 중심 설계를 포함한 더 나은 디자인적 사고(design thinking)(Valimaki et al., 2017)에 주목했다. 유지의 중요한 동인으로서 적응형 개입(intervention adaptation)의 중요성에 대한 최근 연구도 이와 관련이 있을 것이다(Aarons et al., 2012; Chambers & Norton, 2016; Shelton & Lee, 2019). 이 연구는 또한 의료 시스템의 디지털 치료제 채택 및 사용을 위한 동적 지속성 모델의 필요성을 강조하는 프레임워크와도 일맥상통한다(Chambers, Glasgow, & Stange, 2013, 2016; Lyon et al., 2016; Mohr, Lyon, Lattie, Reddy, & Schueller, 2017). 여기에서 연구 및 최적화를 위한 고려 사항에는 지속적인 모니터링을 위한 데이터 수집이 포함되는데, 이는 특히 사용자 증상이나 임상적 경과, 참여도 및 충실도와 관련되기 때문이다(Mohr et al., 2017).

5. 논의 및 결론

디지털 치료제 개발자는 반드시 두 가지 영역, 즉 건강 결과에 영향을 미치는 개입 자체의 설계, 그리고 개입 설계 결정에 필요한 근거를 생성하기 위한 연구 설계 모두에 대해 설계 질문을 고려하고 설계 결정을 내린다. 지난 몇 년 동안, 개입 개발 과정의 중요한 부분으로서 최적화의 중요성에 대한 관심이 높아졌다. 기존 진료소 밖에서도 치료를 제공할 수 있고, 장기 사용을 목적으로 하며, 잠재적으로 '적시'에 상황에 맞게 맞춤화할 수 있는 디지털 치료제의 출현은, 개발 의사결정을 위한 새로운 차원의 제시, 설계 결정을 위해 알아내야 할 것, 이러한 설계 결정에 필요한 근거의 수준 등 개입 설계에 대한 고려를 더욱 증폭시켰다.

이 장에서는 이 두 가지 설계 결정 영역을 하나로 묶어서, 개입 개발 생애 주기, 즉 형성 작업부터 장기적인 실행에 이르기까지의 주요 디지털 치료제의 설계에 대한 고려 사항을 확인하고 검증하기 위한 개념적 프레임워크를 제공한다. 이 프레임워크는 개입 개발자로 하여금 세 가지 질문, 즉 첫째, *어떤 건강 결과에 영향을 미치려고 하는가*, 둘째, *무엇을 알고자 하는가*, 셋째, 앞선 두 개의 질문에 대해 답하기 위한 잠재적인 근거를 얻기 위해 *이 결정을 잘못하면 건강 결과에 어떤 영향을 미칠 위험이 있는가*를 고려하여 설계에 대한 결정을 내리도록 권장한다. 이 장에서 살펴본 바와 같이, 개입 개발자는 과학적 노력의 고질적인 시간 및 자원의 제약에 대한 인식하에 개입의 수명 전반에 걸쳐 이러한 질문에 답할 때, 개입 설계 과정 전반에서 개입이 의도한 건강 영향을 달성할 수 있도록 최선의 평가 설계를 선택함으로써 초기 개입의 개발, 평가 및 실행을 최적화하는 데 도움을 줄 수 있다.

〈용어집〉

CBPR Community-based Participatory Research 커뮤니티 기반 참여 연구
EMA Ecological Momentary Assessments 생태학적 순간 평가
JITAI Just-in-time Adaptive Intervention 적시 적응형 개입
MOST Multiphase Optimization Stretegy Framework 다단계 최적화 전략 프레임워크
MRT Micro-randomized Trial 미세 무작위 시험
UCD User-centered Design 사용자 중심 설계
UI/UX User Interface/User Experience 사용자 인터페이스/사용자 경험

참고문헌

Aarons, G. A., Green, A. E., Palinkas, L. A., Self-Brown, S., Whitaker, D. J., Lutzker, J. R., et al. (2012). Dynamic adaptation process to implement an evidence-based child maltreatment intervention. *Implementation Science, 7*(1), 32. https://doi.org/10.1186/1748-5908-7-32.

Aguinis, H., Villamor, I. & Ramani, R. S. (2021). MTurk research: review and recommendations. *Journal of Management, 47*(4), 823-837. https://doi.org/10.1177/0149206320969787.

Bidargaddi, N., Schrader, G., Klasnja, P., Licinio, J. & Murphy, S. (2020). Designing m-Health interventions for precision mental health support. *Translational Psychiatry, 10*(1), 1–8. https://doi.org/10.1038/s41398-020-00895-2.

Blixen, C., Perzynski, A. T., Bukach, A., Howland, M. & Sajatovic, M. (2016). Patients' perceptions of barriers to self-managing bipolar disorder: a qualitative study. *The International Journal of Social Psychiatry, 62*(7), 635–644. https://doi.org/10.1177/0020764016666572.

Borcsa, M., Pomini, V., Saint-Mont, U. (2021). Digital systemic practices in Europe: a survey before the Covid-19 pandemic. *Journal of Family Therapy, 43*(1), 4–26. https://doi.org/10.1111/1467-6427.12308.

Box, G. E. P., Hunter, W. G., & Hunter, J. S. (1987). Statistics for experimenters: an introduction to design, data analysis, and model building. http://vlib.kmu.ac.ir/kmu/handle/kmu/89878. Accessed on 1/31/2022.

Chambers, D. A., Feero, W. G. & Khoury, M. J. (2016). Convergence of implementation science, precision medicine, and the learning health care system: a new model for biomedical research. *Jama, 315*(18), 1941–1942. https://doi.org/10.1001/jama.2016.3867.

Chambers, D. A., Glasgow, R. E. & Stange, K. C. (2013). The dynamic sustainability framework: Addressing the paradox of sustainment amid ongoing change. *Implementation Science, 8*(1), 117. https://doi.org/10.1186/1748-5908-8-117.

Chambers, D. A., & Norton, W. E. (2016). The adaptome: advancing the science of intervention adaptation. *American Journal of Preventive Medicine, 51*(4, Supplement 2), S124—S131. https://doi.org/10.1016/j.amepre.2016.05.011.

Chandrashekar, P. (2018). Do mental health mobile apps work: evidence and recommendations for designing high-efficacy mental health mobile apps. *MHealth, 4*. doi:10.21037/mhealth.2018.03.02.

Collingridge, D. S., & Gantt, E. E. (2008). The quality of qualitative research. https://journals.sagepub.com/doi/abs/10.1177/1062860608320646?casa_token=OxGzO2t3LtwAAAAA:xZfOsFuWg1dCR_sPN6TujFUXsW09StvbbFqKf0TqycMT4BVkuW9lmJb5TCPSvMptN486D3bNLzHYFw. Accessed on 1/31/2022.

Collins, L. M. (2005). A strategy for optimizing and evaluating behavioral interventions. *Annals of Behavioral Medicine, 30*(1), 65–73.

Collins, L. M. (2018). Conceptual introduction to the multiphase optimization strategy (MOST), In: Collins, L.M. (Eds.) *Optimization of Behavioral, Biobehavioral, and Biomedical Interventions: The Multiphase Optimization Strategy (MOST)*, Springer International Publishing, pp. 1–34. https://doi.org/10.1007/978-3-319-72206-1_1.

Collins, L. M. (2018). *Optimization of Behavioral, Biobehavioral, and Biomedical Interventions: The Multiphase Optimization Strategy (MOST)*. 1st ed., Springer International Publishing. https://doi.

org/10.1007/978-3-319-72206-1.

Collins, L. M., Baker, T. B., Mermelstein, R. J., Piper, M. E., Jorenby, D. E., Smith, S. S., Christiansen, B. A., Schlam, T. R., Cook, J. W. & Fiore, M. C. (2011). The multiphase optimization strategy for engineering effective tobacco use interventions. *Annals of Behavioral Medicine, 41*(2), 208-226. https://doi.org/10.1007/s12160-010-9253-x.

Collins, L. M., Dziak, J. J., Kugler, K. C. & Trail, J. B. (2014). Factorial experiments: efficient tools for evaluation of intervention components. *American Journal of Preventive Medicine, 47*(4), 498-504. https://doi.org/10.1016/j.amepre.2014.06.021.

Collins, L. M., Dziak, J. J. & Li, R. (2009). Design of experiments with multiple independent variables: a resource management perspective on complete and reduced factorial designs. *Psychological Methods, 14*(3), 202-224. https://doi.org/10.1037/a0015826.

Collins, L. M., Murphy, S. A. & Strecher, V. (2007). The multiphase optimization strategy (MOST) and the sequential multiple assignment randomized trial (SMART): new methods for more potent Ehealth interventions. *American Journal of Preventive Medicine, 32*(5, Supplement), S112-S118. https://doi.org/10.1016/j.amepre.2007.01.022.

Curran, G. M., Bauer, M., Mittman, B., Pyne, J. M. & Stetler, C. (2012). Effectiveness-implementation Hybrid Designs. *Medical Care, 50*(3), 217-226. https://doi.org/10.1097/MLR.0b013e3182408812.

Damschroder, L. J., Reardon, C. M., Opra Widerquist, M. A. & Lowery, J. (2022). Conceptualizing outcomes for use with the consolidated framework for implementation research (CFIR): the CFIR outcomes addendum. *Implementation Science, 17*(1), 7. https://doi.org/10.1186/s13012-021-01181-5.

Dang, A., Arora, D. & Rane, P. (2020). Role of digital therapeutics and the changing future of healthcare. *Journal of Family Medicine and Primary Care, 9*(5), 2207. https://doi.org/10.4103/jfmpc.jfmpc_105_20.

Donker, T., Petrie, K., Proudfoot, J., Clarke, J., Birch, M.-R. & Christensen, H. (2013). Smartphones for smarter delivery of mental health programs: a systematic review. *Journal of Medical Internet Research, 15*(11), e247. https://doi.org/10.2196/jmir.2791.

Eccles, M. P. & Mittman, B. S. (2006). Welcome to implementation science. *Implementation Science, 1*(1), 1. https://doi.org/10.1186/1748-5908-1-1.

Endsley, M. R. (2016). *Designing for Situation Awareness: An Approach to User-Centered Design* (Second Edition). London: CRC Press.

Glasgow, R. E., Harden, S. M., Gaglio, B., Rabin, B., Smith, M. L., Porter, G. C., Ory, M. G. & Estabrooks, P. A. (2019). RE-AIM planning and evaluation framework: adapting to new science and practice With a 20-Year Review. *Frontiers in Public Health, 7*. https://www.frontiersin.org/

article/10.3389/fpubh.2019.00064 Accessed on 1/31/2022.

Gollwitzer, P. M. (1999). Implementation intentions: Strong effects of simple plans. *American Psychologist, 54*(7), 493–503. https://doi.org/10.1037/0003-066X.54.7.493.

Gollwitzer, P. M. & Sheeran, P. (2006). Implementation intentions and goal achievement: a meta-analysis of effects and processes. *Advances in Experimental Social Psychology, 38*, Academic Press, pp. 69–119. https://doi.org/10.1016/S0065-2601(06)38002-1.

Graham, A. K., Lattie, E. G. & Mohr, D. C. (2019). Experimental therapeutics for digital mental health. *JAMA Psychiatry, 76*(12), 1223–1224. https://doi.org/10.1001/jamapsychiatry.2019.2075.

Ho, J. & Intille, S. (2005). Using context-aware computing to reduce the perceived burden of interruptions from mobile devices. In *Proceedings of the SIGCHI Conference on Human Factors in Computing Systems*, 909–918. https://dl.acm.org/doi/abs/10.1145/1054972.1055100?casa_token=KvQgVl7mq2gAAAAA:w6bkO6AI1nekLj63VBVnRHZ6KvGUUg91FWYqc58WuW-W5B1YXXMS6-hSluHxJaNGYH8QR09HS3ZI-Q.

Inan, O. T., Tenaerts, P., Prindiville, S. A., Reynolds, H. R., Dizon, D. S. & Callif, R. M. (2020). Digitizing clinical trials. *Npj Digital Medicine, 3*, 7.

Israel, B. A., Schulz, A. J., Parker, E. A. & Becker, A. B. (1998). Review of community-based research: assessing partnership approaches to improve public health. *Annual Review of Public Health, 19*(1), 173–202. https://doi.org/10.1146/annurev.publhealth.19.1.173.

Israel, B. A., Schulz, A. J., Parker, E. A., Becker, A. B., Allen, A. & Guzman, J. (2003). Critical issues in developing and following community-based participatory research principles. *Community-Based Participatory Research for Health, Jossey-Bass*, pp. 56–73.

Jankovic, D., Bojke, L., Marshall, D., Saramago Goncalves, P., Churchill, R., Melton, H., Brabyn, S. & Gega, L. (2021). Systematic review and critique of methods for economic evaluation of digital mental health interventions. *Applied Health Economics and Health Policy, 19*(1), 17–27. https://doi.org/10.1007/s40258-020-00607-3.

Kadakia, K., Patel, B. & Shah, A. (2020). Advancing digital health: FDA innovation during COVID-19. *Npj Digital Medicine, 3*(1), 1–3. https://doi.org/10.1038/s41746-020-00371-7.

Karyotaki, E., Kleiboer, A., Smit, F., Turner, D. T., Pastor, A. M., Andersson, G., Berger, T., Botella, C., Breton, J. M., Carlbring, P., Christensen, H., Graaf, E.de, Griffiths, K., Donker, T., Farrer, L., Huibers, M. J. H., Lenndin, J., Mackinnon, A., Meyer, B. & Cuijpers, P. (2015). Predictors of treatment dropout in self-guided web-based interventions for depression: An 'individual patient data' meta-analysis. *Psychological Medicine, 45*(13), 2717–2726. https://doi.org/10.1017/S0033291715000665.

Khirasaria, R., Singh, V. & Batta, A. (2020). Exploring digital therapeutics: the next paradigm of modern health-care industry. *Perspectives in Clinical Research, 11*(2), 54–58. https://doi.org/10.4103/picr.PICR_89_19.

Klasnja, P., Hekler, E. B., Shiffman, S., Boruvka, A., Almirall, D., Tewari, A. & Murphy, S. A. (2015). Microrandomized trials: an experimental design for developing just-in-time adaptive interventions. *Health Psychology, 34*(Suppl), 1220–1228.

Lane-Fall, M. B., Curran, G. M. & Beidas, R. S. (2019). Scoping implementation science for the beginner: locating yourself on the 'subway line' of translational research. *BMC Medical Research Methodology, 19*(1), 133. https://doi.org/10.1186/s12874-019-0783-z.

Larsen, M. E., Nicholas, J. & Christensen, H. (2016). A systematic assessment of smartphone tools for suicide prevention. *Plos One, 11*(4), e0152285. https://doi.org/10.1371/journal.pone.0152285.

Liao (2016). Sample size calculations for micro-randomized trials in mHealth. *Statistics in Medicine*. https://onlinelibrary.wiley.com/doi/abs/10.1002/sim.6847 Accessed on 1/31/2022.

Lord, S. E., Campbell, A. N. C., Brunette, M. F., Cubillos, L., Bartels, S. M., Torrey, W. C., Olson, A. L., Chapman, S. H., Batsis, J. A., Polsky, D., Nunes, E. V., Seavey, K. M. & Marsch, L. A. (2021). Workshop on implementation science and digital therapeutics for behavioral health. *JMIR Mental Health, 8*(1), e17662. https://doi.org/10.2196/17662.

Lyon, A. R., Wasse, J. K., Ludwig, K., Zachry, M., Bruns, E. J., Unützer, J. & McCauley, E. (2016). The contextualized technology adaptation process (CTAP): optimizing health information technology to improve mental health systems. *Administration and Policy in Mental Health, 43*(3), 394–409. https://doi.org/10.1007/s10488-015-0637-x.

Marques, I. C. P., Ferreira, J. J. M. (2020). Digital transformation in the area of health: systematic review of 45 years of evolution. *Health and Technology, 10*(3), 575–586. https://doi.org/10.1007/s12553-019-00402-8.

Mays, N. & Pope, C. (2000). Assessing quality in qualitative research. *Bmj, 320*(7226), 50–52. https://doi.org/10.1136/bmj.320.7226.50.

Miziou, S., Tsitsipa, E., Moysidou, S., Karavelas, V., Dimelis, D., Polyzoidou, V. & Fountoulakis, K. N. (2015). Psychosocial treatment and interventions for bipolar disorder: a systematic review. *Annals of General Psychiatry, 14*(1), 19. https://doi.org/10.1186/s12991-015-0057-z.

Moggridge, B. & Atkinson, B. (2007). *Designing Interactions*. Cambridge: MIT Press.

Moher, D., Hopewell, S., Schulz, K. F., Montori, V., Gøtzsche, P. C., Devereaux, P. J., Elbourne, D., Egger, M. & Altman, D. G. (2012). CONSORT 2010 explanation and elaboration: updated guidelines for reporting parallel group randomised trials. *International Journal of Surgery, 10*(1), 28–55. https://doi.org/10.1016/j.ijsu.2011.10.001.

Mohr, D. C., Lyon, A. R., Lattie, E. G., Reddy, M. & Schueller, S. M. (2017). Accelerating digital mental health research from early design and creation to successful implementation and sustainment. *Journal of Medical Internet Research, 19*(5), e153. https://doi.org/10.2196/jmir.7725.

MRT–SS Calculator. (2016). https://pengliao.shinyapps.io/mrt-calculator/. Accessed on 1/31/2022.

Nahum-Shani, I., Hekler, E. B., Spruijt-Metz, D. (2015). Building health behavior models to guide the development of just-in-time adaptive interventions: A pragmatic framework. *Health Psychology, 34*(Suppl), 1209–1219. https://doi.org/10.1037/hea0000306.

Nahum-Shani, I., Smith, S. N., Spring, B. J., Collins, L. M., Witkiewitz, K., Tewari, A. & Murphy, S. A. (2018). Just-in-time adaptive interventions (JITAIs) in mobile health: key components and design principles for ongoing health behavior support. *Annals of Behavioral Medicine, 52*(6), 446–462. https://doi.org/10.1007/s12160-016-9830-8.

Nilsen, W., Kumar, S., Shar, A., Varoquiers, C., Wiley, T., Riley, W. T., Pavel, M. & Atienza, A. A. (2012). Advancing the science of mHealth. *Journal of Health Communication, 17*(sup1), 5–10. https://doi.org/10.1080/10810730.2012.677394.

O'Brien, B. C., Harris, I. B., Beckman, T. J., Reed, D. A. & Cook, D. A. (2014). Standards for reporting qualitative research: a synthesis of recommendations. *Academic Medicine, 89*(9), 1245–1251.

Palinkas, L. A., Aarons, G. A., Horwitz, S., Chamberlain, P., Hurlburt, M. & Landsverk, J. (2011). Mixed method designs in implementation research. *Administration and Policy in Mental Health, 38*(1), 44–53. https://doi.org/10.1007/s10488-010-0314-z.

Proctor, E., Silmere, H., Raghavan, R., Hovmand, P., Aarons, G., Bunger, A., Griffey, R. & Hensley, M. (2011). Outcomes for implementation research: conceptual distinctions, measurement challenges, and research agenda. *Administration and Policy in Mental Health and Mental Health Services Research, 38*(2), 65–76. https://doi.org/10.1007/s10488-010-0319-7.

Reinares, M., Sánchez-Moreno, J. & Fountoulakis, K. N. (2014). Psychosocial interventions in bipolar disorder: what, for whom, and when. *Journal of Affective Disorders, 156*, 46–55. https://doi.org/10.1016/j.jad.2013.12.017.

Riley, W. T. & Rivera, D. E. (2014). Methodologies for optimizing behavioral interventions: Introduction to special section. *Translational Behavioral Medicine, 4*(3), 234–237. https://doi.org/10.1007/s13142-014-0281-0.

Robbins, R., Krebs, P., Jagannathan, R., Jean-Louis, G. & Duncan, D. T. (2017). Health app use among US mobile phone users: analysis of trends by chronic disease status. *JMIR MHealth and UHealth, 5*(12), e7832. https://doi.org/10.2196/mhealth.7832.

Robeznieks, A. American Medical Association, (2020). Key changes made to telehealth guidelines to boost COVID–19 care | American Medical Association [Internet] https://www.ama-assn.org/delivering-care/public-health/key-changes-made-telehealth-guidelines-boost-covid-19-care.

Rogers, T., Milkman, K. L., John, L. K. & Norton, M. I. (2015). Beyond good intentions: prompting people to make plans improves follow-through on important tasks. *Behavioral Science & Policy, 1*(2), 33–41. https://doi.org/10.1353/bsp.2015.0011.

Scanlon, J. W., Horst, P., Jay, J. N., et al., (1997) Evaluability assessment: avoiding Type III and Type IV errors. In: Gilbert GR, Conklin PJ, eds. *Evaluation management: a sourcebook of readings*. Chalottesville: US Civil Service Commission.

Seale, C. (1999). Quality in qualitative research. https://journals.sagepub.com/doi/abs/10.1177/107780049900500402?casa_token=D9jQpaPUFTMAAAAA:zErsjkvMk9k8cnX2MCJNoW6at8PbCXIzVtMzpY4FsUQprQ16nyJx-6_NY-5VDUY2NS0sbke1umiQPg. Accessed on 1/31/2022.

Seewald, N. J., Smith, S. N., Lee, A. J., Klasnja, P. & Murphy, S. A. (2019). Practical considerations for data collection and management in mobile health micro-randomized trials. *Statistics in Bioscience, 11*, 355–370.

Seewald, N. J., Sun, J. & Liao, P. (2016). MRT–SS calculator: an R shiny application for sample size calculation in micro-randomized trials. *ArXiv E–Prints, 1609* arXiv:1609.00695.

Shelton, R. C. & Lee, M. (2019). Sustaining evidence-based interventions and policies: recent innovations and future directions in implementation science. *American Journal of Public Health, 109*(S2), S132–S134. https://doi.org/10.2105/AJPH.2018.304913.

Shiffman, S., Stone, A. A. & Hufford, M. R. (2008). Ecological momentary assessment. *Annual Review of Clinical Psychology, 4*(1), 1–32. https://doi.org/10.1146/annurev.clinpsy.3.022806.091415.

Sim, I. (2019). Mobile devices and health. *New England Journal of Medicine, 381*(10), 956–968. https://doi.org/10.1056/NEJMra1806949.

Simon, H. A. (1988). The science of design: creating the artificial. *Design Issues, 4*(1/2), 67–82. https://doi.org/10.2307/1511391.

Smith, S. N., Lee, A. J., Hall, K., Seewald, N. J., Boruvka, A., Murphy, S. A., Klasnja, P (2017). design lessons from a micro-randomized pilot study in mobile health, In: Rehg, J. M., Murphy, S. A., Kumar, S. (Eds.) *Mobile Health: Sensors, Analytic Methods, and Applications*, Springer International Publishing, pp. 59–82. https://doi.org/10.1007/978-3-319-51394-2_4.

Spruijt-Metz, D. & Nilsen, W. (2014). Dynamic models of behavior for just-in-time adaptive interventions. *IEEE Pervasive Computing, 13*(3), 13–17. https://doi.org/10.1109/MPRV.2014.46.

Stowell, E., Lyson, M., Saksono, H., Wurth, R., Jimison, H., Pavel, M. & Parker, A. (2018). Designing and evaluating mhealth interventions for vulnerable populations. In *Proceedings of the 2018 CHI Conference on Human Factors in Computing Systems*. https://doi.org/10.1145/3173574.3173589.

Strickland, J. C. & Stoops, W. W. (2019). The use of crowdsourcing in addiction science research: Amazon Mechanical Turk. *Experimental and Clinical Psychopharmacology, 27*(1), 1–18. https://

doi.org/10.1037/pha0000235.

Sverdlov, O., Dam, J. van, Hannesdottir, K., Thornton-Wells, T (2018). Digital therapeutics: an integral component of digital innovation in drug development. *Clinical Pharmacology & Therapeutics, 104*(1), 72–80. https://doi.org/10.1002/cpt.1036.

Thomas, K. A. & Clifford, S. (2017). Validity and mechanical turk: an assessment of exclusion methods and interactive experiments. *Computers in Human Behavior, 77*, 184–197. https://doi.org/10.1016/j.chb.2017.08.038.

Valimaki, M., Anttila, K., Anttila, M., & Lahti, M. (2017). Web-based interventions supporting adolescents and young people with depressive symptoms: Systematic review and meta-analysis. doi:10.2196/mhealth.8624.

van Veen, T., Binz, S., Muminovic, M., Chaudhry, K., Rose, K., Calo, S., Rammal, J.–A., France, J. & Miller, J.B. (2019). Potential of mobile health technology to reduce health disparities in underserved communities. *Western Journal of Emergency Medicine, 20*(5), 799–802. https://doi.org/10.5811/westjem.2019.6.41911.

Vogels, E. a. (2021). Digital divide persists even as Americans with lower incomes make gains in tech adoption. *Pew Research Center*. https://www.pewresearch.org/fact-tank/2021/06/22/digital-divide-persists-even-as-americans-with-lower-incomes-make-gains-in-tech-adoption/ Accessed on 1/31/2022.

Walsh, S., Golden, E. & Priebe, S. (2016). Systematic review of patients' participation in and experiences of technology-based monitoring of mental health symptoms in the community. *Open Access, 6*(6), 10.

Walton, A., Nahum-Shani, I., Crosby, L., Klasnja, P. & Murphy, S. A. (2018). Optimizing digital integrated care via micro-randomized trials. *Clinical Pharmacology & Therapeutics*. https://ascpt.onlinelibrary.wiley.com/doi/abs/10.1002/cpt.1079?casa_token=HVFmL4eV0VUAAAAA%3AGnc49Rt_6MYStFMghyQ_b3YKuwD3sVWBxAkVUQZwH4XynmuTf3lj8UEre3QL3g4kEBNVDPFPMbegGmw Accessed on 1/31/2022.

Wiltsey Stirman, S., Kimberly, J., Cook, N., Calloway, A., Castro, F. & Charns, M. (2012). The sustainability of new programs and innovations: a review of the empirical literature and recommendations for future research. *Implementation Science, 7*(1), 17. https://doi.org/10.1186/1748-5908-7-17.

제12장

디지털 치료제의 문화적 적응

John A. Naslund and Jessica Spagnolo

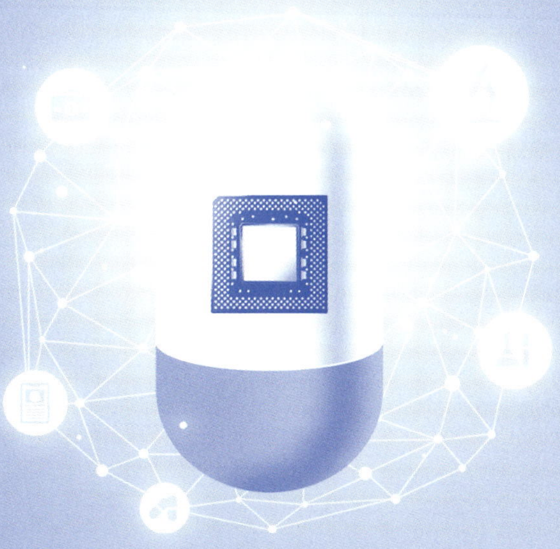

1. 도입

전 세계 대부분의 지역에서 스마트폰과 모바일 기기와 같은 디지털 기술에 대한 접근성이 높아짐에 따라, 디지털 치료제(이 장에서는 정신건강 또는 물질 사용 장애에 대한 모든 형태의 디지털 기반 개입으로 지칭함)가 정신 장애에 대한 전 세계적인 치료 격차를 해소하는 데 상당한 진전을 이룰 수 있는 새로운 기회가 열리고 있다(Carter, Araya, Anjur, Deng, & Naslund, 2021). 디지털 플랫폼은 다양한 인구 집단의 필요에 맞게 쉽게 수정하고 맞춤화할 수 있기 때문에 특정 문화, 언어, 상황 등에 잘 적응할 수 있는 잠재력을 지닌다(Yardley, Morrison, Bradbury, & Mullen, 2015). 정신 장애에 대한 문화적으로 적응된 치료법의 효과를 뒷받침하는 증거가 증가함에 따라(Hall, Ibaraki, Huang, Marti, & Stice, 2016; Shehadeh, Heim, Chowdhary, Maercker, & Albanese, 2016), 개인의 맥락, 언어, 문화, 성별, 인종, 민족, 생활 환경을 신중하게 고려하는 것이 디지털 치료제의 성공적인 제공을 보장하는 데 필수적이다.

이 장의 목적은 디지털 치료제의 문화적 적응이라는 주제를 소개하는 것이다. 근거 기반 개입이 대상 인구 집단에 문화적으로 적절하도록 보장하는 것의 중요성은 이전 문헌에서 광범위하게 논의되어 왔다. Ahluwalia, Baranowski, Braithwaite와 Resnicow(1999)는 개입 개발 및 제공의 모든 수준에서 문화가 어떻게 고려되어야 하는지에 대해 포괄적인 설명을 제공한다:

> "대상 인구의 민족적/문화적 특성, 경험, 규범, 가치, 행동 패턴 및 신념뿐만 아니라 관련된 역사적, 환경적, 사회적 요인이 대상자의 건강 증진 자료 및 프로그램의 설계, 전달, 평가에 어느 정도 포함되는지의 정도"
>
> (Ahluwalia et al., 1999, p. 11).

문화를 모든 근거 기반 개입의 핵심 고려 사항으로 인식하는 이러한 인식을 확장하여, 다양한 문화 및 인종 그룹을 위해 기존의 근거 기반 개입을 조정하는 체계적이고 엄격한 접근 방식을 설명할 필요가 있다. 이는 원하는 결과(예방, 증상 개선, 완화 또는 회복)를 달성하는 데 필요한 정신건강 개입의 핵심 치료 효과를 유지하면서 이루어져야 한다. Bernal 등에 의해 널리 받아들여진 정의에 따르면, 문화적 적응이란 '언어, 문화, 맥락을 고려하여 근거 기반 치료(또는 개입 프로토콜)를 체계적으로 수정하여 내담자의 문화적 패턴, 의미, 가치와 호환되도록 하는 것'을 말한다(Bernal & Domenech Rodriguez, 2009, p. 362). 스마트폰 앱, 문자 메시지, 온라인 프로그램, 원격 정신과 또는 정신건강 개입을 제공하는 데 사용할 수 있는 웨어러블 기기 등 모든 형태의 원격 또는 온라인 플랫폼이나 모바일 장치를 포괄하는 디지털 치료의 맥락에서(Lipschitz, Hogan, Bauer, & Mohr, 2019), 문화적으로 다양한 집단에 대한 적응을 위한 구체적인 지침에 초점을 맞춘 연구는 상대적으로 적었다. 최근의 한 연구에서는 문화적 적응이 일반적인 정신 장애에 대한 온라인 심리 개입의 수용성을 높이고 효과를 향상시키는 데 기여하는 것으로 나타났지만(Shehadeh et al., 2016), 여전히 근거 기반 개입 내용이 어떻게 적응되는지, 문화적 적응 방법이 어떻게 보고되는지에는 상당한 편차가 존재한다.

따라서 이 장의 목적은 이해 관계자들의 의견이 반영되고 사용자들의 참여를 촉진시키도록 설계된 엄격한 문화적 적응 방법에 대한 개요를 제공하는 것이다. 이 방법에서는 전통적인 근거 기반 개입 내용에 대한 충실도와 상황별 적응의 필요성을 균형 있게 맞추고자 한다. 이 장에서는 정신건강 서비스 제공을 위한 문화적 적응의 중요성에 대한 개요로 시작하여 정신 장애에 대한 심리치료의 문화적 적응을 안내하기 위한 기존 프레임워크와 접근법을 설명한다(Chowdhary et al., 2014). 다음으로, 디지털 개입의 적응을 안내하기 위해 사용자들의 참여를 유도시킬 수 있는 시도들에 대해 요약한다. 또한 다양한 문화와 민족에서의 사용자들 가운데 디지털 정신건강 개입에 참여하도록 촉진하고 지속시키기 위해 문화적, 상황적 요소들을 고려한 유망한 사례들을 제시한다. 마지막으로, 디지털 치료제의 성공적인 문화적 적응을 안내하기 위한 주요 권장 사항을 제공한다. 여기에는 확립된 이론적 틀을 따르는 것의 중요성, 설계 및 적응 과정 전반에 걸쳐 주요 이해 관계자들을 참여시키는 것, 복제 및 엄격한 결과 평가를 위해 프로그램 내용이나 전달에 대한 수정 사항을 신중하게 문서화하는 것이 포함된다.

2. 정신 장애의 세계적 부담과 문화적 적응의 필요성

전 세계적으로 정신 장애는 장애의 주요 원인으로 꼽힌다(Vigo, Thornicroft, & Atun, 2016). 글로벌 치료 격차(Pathare, Brazinova, & Levav, 2018)라고 불리는 이 문제는 정신 장애를 앓고 있는 대부분의 사람들이 근거 기반 치료를 적절히 이용하지 못하고 있다는 것을 나타낸다(Patel et al., 2016). 이용 가능한 치료의 격차는 국가 내에서나 국가 간에 매우 다양하다. 정신건강 서비스가 불평등하게 분포되는 곳에서는 취약한 환경이나 농촌 지역에 거주하는 사람들에게 특히 접근성이 제한된다(Alonso et al., 2018). 예를 들어, 미국 전역에서 정신 질환을 앓고 있는 사람들의 약 2/3가 치료를 받지 못하는 것으로 추정되며(Kohn et al., 2018), 특히 비히스패닉계 백인에 비해 소수 인종 및 소수 민족 그룹에서 정신건강 서비스에 대한 접근성 격차가 두드러지게 나타난다(Cook, Trinh, Li, Hou, & Progovac, 2017). 저소득 국가에서는 정신건강 서비스에 대한 접근성 격차가 더욱 큰데, 인도의 농촌 지역(Arvind et al., 2019; Kokane et al., 2019), 에티오피아 또는 남아프리카공화국(Azale, Fekadu, & Hanlon, 2016; Lund et al., 2015)에서는 정신질환을 앓고 있는 사람들의 90% 이상이 치료를 받지 못하고 있다.

정신 장애로 인한 전 세계적인 부담은 전 세계 정신질환자의 약 80%가 거주하는 저소득 및 중간 소득 국가(low-income and middle-income countries, LMIC)에 불균형적으로 영향을 미친다(Rathod et al., 2017). 정신건강 서비스를 이용할 수 있는 사람과 그렇지 않은 사람 사이의 심각한 격차는 정신 장애를 앓고 있는 사람들이 생애 과정에서 더 큰 장애, 취업이나 교육 기회 감소, 사회적 고립, 낙인 및 차별 경험, 약물 사용 위험 증가, 일반 인구에 비해 조기 사망률 증가 등 좋지 않은 결과를 초래하는 주요 원인이 된다(Liu et al., 2017). 따라서 전 세계적으로 정신건강 서비스를 확대하려는 노력은 공중보건의 중요한 우선순위이며, 지속 가능한 개발 목표를 달성하고 보편적 건강 보장을 이루기 위해 필수적이다(Patel et al., 2018).

작업 공유 방식의 단기 심리 개입이 정신 장애에 효과적이며 비용 효율적이라는 강력한 증거가 있다. 여기에는 지역사회 보건 종사자와 같은 비전문가 제공자가 일상적인 치료 환경에서 이러한 근거 기반 치료를 제공할 수 있도록 교육하고 지원하는 것이 포함된다(Raviola, Naslund, Smith, & Patel, 2019). 그러나 소수의 사람들만이 이러한 필수적인 심리적 근거 기반 서비스를 이용할 수 있다(Patel et al., 2018). 중요하게 고려해야 할 한 가지는 근거 기반이라고 홍보되는 많은 정신건강 개입이 서구 국가의 정신과 및 심리학 분야에서 시작되었기 때문에 주로 비히스패닉계 백인 또는 유럽 인구를 대상으로 평가되었다는 점이다(Bemme & Kirmayer, 2020; Brown, Marshall, Bower, Woodham, & Waheed, 2014). 정신 장애 치료법의 개발, 적응, 평가에 소수 민족 집단의 참여가 제한적이기 때문에 이러한 개입의 일반화 가능성이 잠재적으로 제한된다(Waheed, Hughes-Morley, Woodham, Allen, & Bower, 2015). 심리치료의 외적 타당성을 확립하기 위해서는 문화적으로 적합한 치료법을 고려하는 것뿐만 아니라 소수 민족을 치료법 적응에 참여시키고 평가 연구에 등록하는 것을 강조하는 것이 필수적이다(Bernal & Säez-Santiago, 2006). 글로벌 정신건강의 맥락에서 볼 때, 이 분야는 거의 독점적으로 서구 기관에 의해 주도되고 식민지적 기반을 지속시키고 있다는 비판을 받고 있다(Bemme & Kirmayer, 2020; Saraceno, 2020; Weine et al., 2020).

이러한 선행 연구의 한계와 기존 치료법의 외적 타당성에 대한 위협에도 불구하고, 많은 단기 심리 개입이 다양한 문화와 인종, 소수 민족 집단에서도 효과가 있는 것으로 입증되었다. 예를 들어, 최근의 리뷰들에서 다양한 저소득 및 중간 소득 국가에서의 작업 공유 개입에 대한 연구가 광범위하게 이루어지고 있으며(Barbui et al., 2020; Singla et al., 2017), 이러한 연구들은 주로 비히스패닉계 백인 환자들을 대상으로 한 고소득 국가의 초기 증거와 일치하는 긍정적인 임상 결과를 보인다는 점을 강조한다(Cuijpers, Kaiyotaki, Reijnders, Purgato, & Barbui, 2018). 작업 공유를 지지하는 증거는 특히 저소득 및 중간 소득 국가의 다양한 문화 집단과 맥락에서 설득력이 있으나(Barbui et al., 2020), 이러한 프로그램을 일상적인 치료 환경에서 구현하고 지속적으로 제공하는 것은 전 세계 대부분의 지역에서 실망스러울 정도로 낮은 수준에 머물러 있다(Patel et al., 2018; Raviola et al., 2019). 중요한 것은 다양한 사회경제적 변수나 교육 수준을 조정한 후에도 인종 및 소수 민족 집단 간에 양질의 정신건강 서비스에 대한 접근성에는 현격한 격차가 존재한다는 것이다. 이는 차별적 정책, 인종차별, 역사적 및 구조적 불평등에 기인할 수 있다(Bernal & Sàez-Santiago, 2006; Cabassa & Baumann, 2013; Kirmayer & Swartz, 2013; Satcher, 2001).

신흥 디지털 기술과 전 세계 여러 지역에서의 무선 연결 확대는 효과적인 정신건강 치료에 대한 접근성을 높여 이러한 구현 문제를 극복할 수 있다(Naslund et al., 2019; Naslund, Bartels, & Marsch, 2019). 현재까지, 최근 메타분석(Firth et al., 2017; Firth et a1., 2017; Fu, Burger, Arjadi, & Bockting, 2020)에서 보고된 바와 같이 스마트폰 중재가 불안이나 우울증에 대해 중간 정도의 임상적 효과를 보였지만, 결과보고의 이질성과 방법론적 문제로 인해 다양한 문화 집단, 특히 저소득 및 중간 소득 국가에서의 효과를 판단하기는 어렵다(Fu et al., 2020). 또한 연구에 따르면 우울증에 대한 온라인 개입에서의 낮은 반응률과 관해율에서 반영되듯이, 소수 민족은 디지털 개입을 통해 일반 인구 집단과 동일한 혜택을 경험하지 못할 수 있다(Karyotaki et., 2018). 디지털 정신건강 분야의 이러한 한계는 문화적 적응에 더 큰 관심을 기울일 필요가 있음을 강조하며, 정신건강 개입의 수용성을 보장하고 다양한 문화와 맥락 간 치료 격차를 해소하기 위해 정신건강 개입의 성공적인 흡수를 촉진하기 위한 체계적인 접근 방식의 사용에 대한 추가 조사가 필요하다(Heim & Kohrt, 2019).

디지털 치료제의 문화적 적응은 인종 또는 소수 민족을 포함한 다양한 문화 집단 간, 그리고 다양한 지역 및 맥락에 걸친 정신 질환의 독특한 경험을 수용하고 이에 대응하는 데 도움이 될 수 있다(Cabassa & Baumann, 2013; Haroz et al., 2017; Kohrt et al., 2014). 예를 들어,

문화가 정신건강 문제에 대한 도움 요청 행동을 어떻게 형성시키는지(Sheikh & Furnham, 2000), 정신 질환을 앓고 있는 사람에 대한 낙인이나 편견의 발현에 차이가 있는지(Krendl & Pescosolido, 2020), 정신건강 서비스에 대한 참여와 유지, 의료진이 환자와 소통하는 방식에 차이가 있는지(Satcher, 2001) 등을 보여 주는 연구들이 있다. 또한 고통의 표현, 정신적 의미와 중요성, 그리고 이것이 정신 질환의 원인과 어떻게 관련되는지에 있어서도 문화적 차이가 있을 수 있다(Kohrt et al., 2014). 최근 연구에서는 다양한 문화적 규범의 영향으로 인해 정신 장애의 신경생물학에 잠재적인 변화가 있을 수 있다는 사실도 밝혀졌다(Shattuck, 2019). 또한 연구에 따르면 심리적 개입과 같은 치료에 대한 반응은 소수 민족 그룹에 따라 다를 수 있으며, 이는 비소수 민족과 비교했을 때 더욱 두드러진다(Bernal & Sàez-Santiago, 2006). 세심하게 설계된 디지털 치료제는 이러한 문화적 차이를 고려하여, 참여를 유지하고 결과를 개선하고 회복을 촉진하는 데 필요한 효과적인 개입 구성요소의 전달을 최적화할 수 있다.

3. 문화 조정 방법

전 세계 대부분의 환경에서 정신건강 치료에 대한 접근성의 심각한 격차를 해소하고 정신건강 격차를 줄이기 위해서는 효과적인 정신건강 치료의 문화 조정을 보장하여 치료의 수용을 촉진하고 결과를 개선하는 것이 중요하다는 인식이 확산되고 있다. 특히, 정신건강 서비스에 관한 문헌에는 문화 조정을 안내하는 다양한 프레임워크가 설명되어 있다(Chowdhary et al., 2014). 여러 연구에서 높은 효과를 보인 데서 반영되듯이 근거 기반 개입의 문화 조정을 안내하는 단계적 모델을 사용도록 권장된다(Griner & Smith, 2006). 78개의 연구를 메타 분석한 결과, 문화적으로 조정된 심리적 개입은 무개입 대조군이나 다른 개입에 비해 더 큰 치료 효과와 관해 확률을 보였다(Hall et al., 2016).

다음 섹션에서는 문화 조정을 위한 여섯 가지 주요 프레임워크의 주요 특징이 요약되어 있다. 이 목록이 전부는 아니지만, 많은 접근법이 양적 방법과 질적 방법을 함께 사용하여 초기 테스트를 거친 후 여러 번 반복하여 개입 내용을 개선하는 등의 공통점을 가지고 있다(Castro, Barrera Jr, & Holleran Steiker, 2010). 또한 많은 프레임워크는 근거 기반 개입의 생태학적 타당성을 향상시키기 위해 지역사회 참여를 늘리는 방법을 강조한다(Hwang, 2009). 이러한 프레임워크는 디지털 치료제에도 적용할 수 있는 가능성을 가지고 있다.

첫째, Bernal과 Saez-Santiago(2006)는 다음과 같은 여덟 가지 차원을 중심으로 한 문화 조

정의 프레임워크를 설명한다:

(1) 언어: 대상 집단의 모국어를 고려해야 하며 번역을 넘어 언어의 문화적, 정서적 측면을 고려해야 한다.
(2) 사람: 내담자와 치료자 관계를 의미하며, 이 관계의 한계 또는 경계를 인정한다.
(3) 은유: 문화적 상징과 속담을 의미한다.
(4) 내용: 대상 집단이 공유하는 가치, 관습 및 전통을 이해하는 것을 의미한다.
(5) 개념: 치료가 개념화되고 내담자에게 전달되는 방식을 의미한다.
(6) 목표: 치료 목표에 대한 치료자와 내담자 간의 합의를 의미한다.
(7) 방법: 치료 목표를 달성하는 데 필요한 절차를 의미한다.
(8) 맥락: 치료에 영향을 미칠 수 있는 사회적, 경제적, 정치적 맥락을 포함하여 내담자의 더 넓은 환경에 대한 고려를 의미한다(Bernal & Sàez-Santiago, 2006).

이 요소들은 치료의 생태학적 및 외적 타당성을 향상시키는 데 도움이 될 수 있다(Bernal, Bonilla, & Bellido, 1995).

둘째, Barrera와 동료들(2006)은 문화 조정을 위한 통합 프레임워크를 정의했고, 2013년에 이를 개정 및 업데이트했다(Barrera Jr & Castro, 2006; Barrera Jr, Castro, Strycker, & Toobert, 2013). 이 프레임워크는 근거 기반 개입 내용을 준수하는 것의 중요성을 인식하는 '하향식' 접근 방식과 성공적인 치료는 특정 문화 집단의 가치, 신념, 전통 및 관행에 기반해야 한다는 점을 강조하는 '상향식' 접근 방식을 결합한다(Barrera Jr, et al., 2015). 이 프레임워크는 다음 5단계로 구성된다:

(1) 정보 수집: 이 초기 단계에서는 문화 조정이 타당한지 여부를 판단하고, 종종 특정 문화 집단의 요구에 개입이 얼마나 적합할지 결정하기 위한 형성 연구를 포함한다.
(2) 예비 설계: 이 단계에서는 첫번째 단계에서 수집한 정보를 바탕으로 원래 개입 내용에 대한 초기 수정이 이루어진다. 여기에는 번역 및 언어 수정이 포함되며, 개입의 핵심 구성요소는 변경되지 않는다. 이후 포커스 그룹, 자문 패널의 검토, 사용성 테스트가 진행된다.
(3) 예비 테스트: 이 단계에서는 문화적으로 조정된 개입의 예비 버전이 파일럿 테스트를 위해 준비된다.
(4) 개선: 세 번째 단계의 파일럿 테스트를 통해 수집된 피드백과 통찰을 사용하여 문화적

으로 조정된 개입을 추가적으로 개선한다.

(5) 최종 시험: 문화적으로 조정된 개입의 효과를 실증적으로 평가한다(Barrera Jr & Castro, 2006; Barrera Jr, et al., 2013).

두 번째 단계에 반영된 초기 사용성 테스트는 특히 기술 사용과 관련이 있으며, 개입의 디지털 구성요소도 대상 집단에 맞게 조정되어야 한다.

셋째, Lau(2006)는 근거 기반 개입의 문화 조정에 대한 선택적이고 지시적인 접근 방식을 제안한다(Lau, 2006). 이 접근 방식은 먼저 데이터를 사용하여 특정 문제와 근거 기반 개입의 혜택을 받을 수 있는 지역사회를 선택적으로 결정하는 것이다. 대상 문화 그룹 내에서 특정 정신건강 문제를 분리하고 그 문제의 심각성과 경험을 인식한 후, 해당 근거 기반 개입가 적절할지 검토해야 한다. 이는 개입에 대한 대상 커뮤니티의 수용성과 개입을 받아들이는 데 잠재적인 장벽이 있는지 여부를 판단하는 데 도움이 될 수 있다. 다음으로, 원래 프로그램의 치료 효과를 훼손하지 않으면서도 근거 기반 개입에 대한 집중적인 조정을 알리기 위해 지시적인 방식으로 데이터를 사용한다. 이 과정에서 대상 커뮤니티 내에서 확인된 정신건강 문제와 관련된 맥락적 요인을 고려하도록 콘텐츠를 수정한다. 근거 기반 개입에 대한 수용을 촉진하고 탈락률을 최소화하기 위해 추가적인 조정이 필요할 수 있다. 데이터를 활용하여 근거 기반 개입에 대한 조정을 정당화함으로써, 이 엄격한 과정은 개입이 경험적으로나 사회적으로 모두 타당하다는 것을 보장한다(Lau, 200d).

넷째, Hwang(2009)은 소수 민족 및 문화 집단을 위한 심리치료의 문화 조정을 지원하기 위해 '심리치료 조정을 위한 형성적 방법(formative method for adapting psychotherapy, FMAP)'이라는 지역사회 기반 접근방식을 제시한다. 이 방식은 기존 프레임워크를 확장하여, 심리치료를 효과적으로 문화에 맞게 조정하기 위한 구체적인 권장 사항을 제공한다(Hwang, 2009). 위에 요약된 기존의 단계적 접근 방식과 유사하게(Barrera & Castro, 2006) 심리치료 조정을 위한 형성적 방법은 5단계로 구성되지만, 조정 과정 전반에 걸쳐 이해관계자와 대상 집단의 직접적인 참여를 강조한다:

(1) 협업을 통한 지식 창출: 포커스 그룹 토론에 참여할 수 있는 적절한 이해관계자를 파악한다.

(2) 이해관계자로부터 수집한 정보를 이론, 경험, 임상 지식과 통합: 포커스 그룹 인터뷰에서 수집한 통찰을 개입 내용의 문화 조정 내용에 반영한다.

(3) 초기의 문화적으로 조정된 개입을 이해관계자와 검토하고 추가 수정: 이해관계자와

추가 포커스 그룹 인터뷰를 실시하여 문화적으로 조정된 개입의 추가 수정 사항을 반영한다.

(4) 문화적으로 조정된 개입 테스트: 대상 인구 집단을 대상으로 문화적으로 조정된 개입을 평가한다.

(5) 문화적으로 조정된 개입을 최종적으로 수정하는 단계: 평가 결과와 종료 인터뷰 및 이해관계자와의 포커스 그룹 인터뷰를 통해 얻은 통찰을 반영하여 최종 수정한다(Hwang, 2009).

다섯째, Chu와 Leino(2017)는 소수 민족의 정신건강 문제에 대한 근거 기반 개입의 문화 조정에 관한 연구를 체계적으로 검토하고 종합하여 문화적 치료 조정 프레임워크를 만들었다(Chu & Leino, 2017). 이 프레임워크는 다양한 문화 집단에 근거 기반 개입을 적용할 때 일반적으로 적용되는 공통 개념과 언어를 통합하려는 목적을 가지고 있으며, 크게 두 가지 범주의 구성요소로 이루어져 있다(Chu & Leino, 2017). 첫째, '주변 구성요소'는 특정 치료법에 대한 수용 및 참여와 관련이 있다. 이것은 접근성, 유지율 또는 완료율, 참여도를 개선하고 참여자가 프로그램의 원하는 혜택을 얻을 수 있도록 하기 위해 근거 기반 개입을 수정하는 것을 포함한다. 둘째, 원하는 결과를 달성하기 위해 반드시 유지해야 하는 치료의 주요 요소로서 '핵심 구성요소'가 있다. 핵심 구성요소의 조정은 변화 없음에서 시작하여, 핵심 수정, 핵심 추가, 또는 완전한 변화의 네 가지 단계로 진행된다(Chu & Leino, 2017). Chu와 Leino는 그들의 연구에서 모든 근거 기반 개입이 주변 구성요소로 변경한 반면, 약 11%는 핵심 구성요소를 수정했고 60%는 핵심 구성요소를 추가했다는 것을 발견했다. 중요한 것은 근거 기반 개입의 문화 조정은 주로 개입의 핵심 구성요소에 대한 충실도를 유지하면서 새로운 콘텐츠를 추가하고, 개입 전달 방식을 수정하고, 대상 커뮤니티의 맥락에 맞추는 것이 필요하다는 점이다(Chu & Leino, 2017).

마지막으로, Heim과 Kohrt(2019)는 문화 조정이 근거 기반 개입의 수용성과 효과성을 어떻게 그리고 왜 향상시키는지를 이해하기 위한 경험적 테스트의 기초가 되는 이론 중심의 프레임워크를 제안한다(Heim & Kohrt, 2019). 이 프레임워크는 증상 개선과 회복에 기여하는 근거 기반 심리 개입의 특정적인 요소와 비특정적인 요소들을 분석하는 연구들을 바탕으로 한다(Cuijpers, Cristea, Karyotaki, Reijnders, & Hollon, 2019; Singla et al., 2017). 이 프레임워크에는 세 가지 중요한 요소가 포함된다:

(1) 고통에 대한 문화적 개념: 대상 집단의 핵심 신념을 고려하여, 정신 질환의 원인과 표

현에 대한 그들의 이해를 포함하며, 이는 문화 조정을 안내하는 중요한 출발점이 된다.

(2) 치료 구성요소: 치료의 행동적 또는 인지적 측면과 같은 구체적인 요소들, 그리고 치료 참여를 촉진하는 공감 또는 적극적인 경청과 같은 비구체적 요소들을 반영한다.

(3) 치료 제공: 문해력, 기술 접근성, 성별, 사회경제적 지위 등을 고려하여 대상 집단에 적합한 전달 형식의 선택과 수정을 포함한다.

이 프레임워크는 원하는 결과를 얻기 위해 어떤 치료 요소들이 조정과 표준화에 필요한지에 대한 이해를 높이는 것을 목표로 한다. 이는 다양한 환경에서 근거 기반 개입을 확장하고 적용하는 데 있어 매우 중요하기 때문이다(Heim & Kohrt, 2019; Heim et al1., 2020).

이러한 프레임워크에는 원하는 개입 효과를 달성하기 위해 어떤 문화적 조정 요소가 필수적인지 계속해서 결정해야 하는 것과 같은 고려해야 할 몇 가지 제한 사항이 남아 있다(Barrera Jr, et al., 2013). 근거 기반 개입의 문화적 조정 과정에서 취한 세부 단계를 보고하는 일관성, 문화적 조정의 엄격성, 문화 조정이 대상 집단 개입의 수용성, 활용도, 지속적 사용을 개선하는지 여부에 대한 우려도 제기되었다(Heim & Kohrt, 2019). 이러한 프레임워크의 한계에도 불구하고, 연구들은 근거 기반 개입의 문화 조정을 안내할 때 엄격한 방법을 적용해야 한다고 강조한다. 이를 통해 개입 내용에 대한 우연한 수정이나 '즉흥적인' 수정을 피할 수 있다(Lau, 2006). 특히 디지털 개입의 문화 조정에서는 조정 과정을 충분히 문서화하여 다른 환경에서도 쉽게 복제하고 실행할 수 있도록 하는 것이 중요하다.

4. 디지털 개입의 문화 조정

이 장에서는 다양한 환경에서 근거 기반 디지털 정신건강 개입을 사용하는 것을 다루며, 문화적으로 다양한 인구 집단의 사회문화적 맥락을 인식하고, 사용자에게 맞추어 개입을 조정하는 과정에서 그들을 참여시키기 위한 다양한 방법을 적용한다. 이러한 참여는 사용자를 전문가의 역할로 끌어올리고 상향식 접근 방식을 장려하여(Hwang, 2009) 수용성, 유용성, 임상적 영향, 확장성을 높일 수 있다(Cabassa & Baumann, 2013; Chowdhary et al., 2014; Hall et al., 2016; Shehadeh et al., 2016). 다음에 요약된 예시는 관련 키워드를 사용하여 퍼브메드(PubMed)를 검색하여 확인한 것이다. 다음 섹션에 설명된 사례는 전 세계 정신건강 문헌에서 다양한 환경과 인구 집단에 대한 문화 조정을 보여 주는 일부 연구를 소개하기 위한 것으로, 전체를 보여 주는 것은 아니다.

다양한 사회문화적 맥락에서 일반적으로 채택된 디지털 정신건강 개입 중 하나는 세계보건기구의 스텝 바이 스텝(step-by-step) 프로그램이다. 이 프로그램은 인터넷을 통해 제공되며, 성인의 우울증 증상을 해결하기 위한 정신교육, 행동 활성화, 스트레스 관리 운동을 설명하는 교육적 내러티브를 활용한다(Carswell et al., 2018). 기존에 영어로 작성되고 웹 기반 개입 방식으로 개발된 이 프로그램의 내용은 다양한 인구 집단과 사회문화적 맥락의 현실에 맞게 조정될 수 있도록 설계되었다(Carswell et al., 2018). 스텝 바이 스텝 프로그램은 레바논의 레바논인, 시리아인, 팔레스타인인(Abi Ramia et al., 2018), 독일, 스웨덴, 이집트의 시리아 난민들(Burchert et al., 2019), 마카오의 해외 필리핀 노동자(Garabiles, Shehadeh, & Hall, 2019), 스위스와 독일의 알바니아어권 이주민들(Shala et al., 2020), 중국 청년들(Sit et al., 2020)의 사회적 문화적 맥락에 맞게 조정되었다.

인지 면담 기법은 스텝 바이 스텝 프로그램을 다양한 사회문화적 맥락에 맞게 조정시키는 데 일반적으로 사용되었다(AbiRamia et al., 2018; Burchert et al., 2019; Garabiles et al., 2019; Shala et al., 2020; Sit et al., 2020). 인지 면담은 '언어적 탐색'과 '소리 내어 생각하기'에 의존하며, 전통적으로 설문지 및 설문 조사를 개발하는 데 사용되어 왔다(Drennan, 2003; Willis, Jr, & A., 2013). 인지 면담 기법은 레바논에서 웹 기반 스텝 바이 스텝 프로그램을 문화적으로 조정시키기 위해 사용되었다. 사용자들이 이야기 내용과 오디오 이완 기법에 대해 면담을 통해 테스트하였고, 이러한 개입의 일반적인 수용 가능성과 타당성에 대해 토론했다(Abi Ramia et al., 2018). 인지 면담에서 얻은 결과에 따르면, 이야기 속 캐릭터들이 모든 사용자에게 공감되지 않을 수 있으며(예: 자녀가 있는 기혼 부부의 묘사), 일부 정신건강 용어와 캐릭터 표정에 대한 불만도 있었다. 이러한 통찰은 조정 워크숍에서 프로젝트 파트너와 같은 이해관계자 그룹이 투표를 통해 내용에 대한 최종 결정을 내리는 데 사용되었다. 예를 들어, 목표 사용자들의 지속적인 관심과 참여를 유도하기 위해 프로그램 길이를 30% 단축하는 등의 결정이 내려졌다(Abi Ramia et al., 2018).

또 다른 예로, 스텝 바이 스텝 프로그램을 스마트폰 애플리케이션에 조정시키기 위해 독일, 스웨덴, 이집트의 시리아 난민들을 대상으로 인지 면담 기법이 문화 조정 과정의 핵심 단계 중 하나로 사용되었다. 대상 사용자들은 애플리케이션 프로토타입의 사용성을 테스트하였고, 사용하면서 느끼는 인상에 대해 '소리 내어 생각하기'를 요청받았다(Burchert et al., 2019). 이 '소리 내어 생각하기' 기법의 목표는 대상 사용자가 스마트폰 애플리케이션 버전의 프로그램에 대한 인상을 자유롭게 토론하도록 장려하는 것이었다. 결과적으로, 일부 대상 사용자들은 이야기의 내용, 일부 정신건강 관련 용어와 구어체에 불만이 있는 것으로 나타났다. 이후 업데이트된 디지털 스텝 바이 스텝 프로토타입을 대상 사용자에게 보여 주고 진행된 포커스 그룹에서는, 인지 면담 기법에서 얻은 데이터와 추가 피드백을 함께 분석함으로써 프로토타입을 더 수정하는 데 필요한 정보들을 수집할 수 있었다(Burchert et al., 2019).

필리핀 해외 노동자를 대상으로 한 스텝 바이 스텝 프로그램의 문화적 조정을 위해서도 인지 면담 기법이 사용되었다. 먼저, 일반적인 영어 버전의 프로그램을 필리핀 심리학자들에게 공유하였고, 이들에게 내용과 삽화에 대해 수정하고 편집할 것을 제안했다. 이후, 필리핀 해외 노동자들을 포커스 그룹에 초대하여 파워포인트 슬라이드 속 수정된 내용들에 대해 '소리 내어 생각하기'를 통해 자신들의 경험과 개선점을 제시하도록 하였다. 이를 통해 목표 사용자들은 프로그램의 수용성, 관련성, 이해가능성 등에 대한 여러 문제를 밝혀냈다. 일부 삽화와 내용은 적절하지 않다고 여겨졌고(예: 목표 환경에 비해 너무 정치적이거나, 긍정적인 목표 달성보다도 정신건강 문제를 과도하게 강조함), 몇몇 캐릭터(예: 사용자들에게 병리화된 느낌을 주는 이야기 속의 의사)와 활동(예: 가족 구성원을 포함하는 활동)에 대한 공감대가 형성되지 않았으며, 용어가 너무 복잡하거나 명확하지 않아서 이해하기 어렵다는 점도 지적되었다.

또 다른 연구에서 스텝 바이 스텝 프로그램(이후 합-파스-하피(Hap-pas-Hapi)로 명칭이 변경됨)은 스위스와 독일의 알바니아어 사용 이민자들을 대상으로 조정되었다(Shala et al., 2020). 먼저, 영어 버전의 프로그램이 알바니아어로 번역되었다. 포커스 그룹에서는 대상 사용자들이 번역된 이야기를 큰 소리로 읽고, 내용이나 삽화에 불만이 있을 경우 의견을 말하도록 독려했다. 이를 통해 이야기의 캐릭터, 예시, 언어에 대한 수정이 이루어졌다. 두 번째 논의에서는 고통의 관용구와 비유의 조정이 장려되었고, 이러한 활동의 유용성에 대한 논의도 진행되었다(Shala et al., 2020). 이러한 논의가 끝난 후, 대상 사용자들은 생각을 소리 내어 말하기 기법을 사용하여 합-파스-하피 프로토타입을 테스트했다. 인지 면담 기법을 통해 얻은 결과는 문화적 조정 워크숍에서 문장 변경과 같은 사소한 제안을 포함하여 가장 필요한 문화적 조정을 결정하는 데 사용되었다. 유사하게, 스텝 바이 스텝 프로그램의 영어 버전이 중국 청년들이 사용할 수 있도록 조정되었다(Sit et al., 2020). 먼저 영어 버전을 중국어로 번역한 후, 스토리 라인을 중국 학생들의 현실에 맞추기 위해 창의적인 이야기 작가를 고용하였다. 그 다음 인지 면담 기법을 사용하여 프로그램 내용을 파워포인트 발표 자료에 포함하여 포커스 그룹에서 발표했다. 참가자들은 텍스트와 삽화에 대한 자신의 생각을 설명하였고, 이 피드백들을 바탕으로 한 최종 수정 내용이 커뮤니티 피드백 회의에서 공유되었다. 예를 들어, 대상 사용자들은 의문스러운 언어 사용(예: 문화적으로 맞지 않는 긍정적인 피드백 표현), 캐릭터(예: 남성 그룹은 만화 캐릭터, 여성 그룹은 또래 캐릭터와 같은 특정 유형의 주

인공에 대한 선호), 은유나 문화와 관련된 내용(예: 스토리라인의 유형, 이야기 속 캐릭터 간의 신체적 접촉)등에 대해 의견을 제시했다.

재미있게도, 스텝 바이 스텝 프로그램의 문화 조정을 위해 사용된 인지 면담 기법은 조정 과정에서 사용된 여러 가지 중 하나였다. 조정 과정의 모든 단계에 사용자가 참여한 것은 아니며, 디지털 개입에 대한 조정을 알리기 위해 다른 이해관계자 그룹도 참여했다. 예를 들어, Garabiles 등(2019)은 목표 사용자와의 상호작용 전에 필리핀 심리학자들의 도움을 받아 프로그램을 조정했다고 강조했다. Shala 등(2020)은 스텝 바이 스텝 프로그램을 알바니아어로 번역하기 위해 독립 번역자의 참여와 두 명의 원어민 정신건강 전문가의 번역된 프로그램 내용 검토가 있었다고 언급했다. 또한 대상 사용자가 제안한 문화적 조정이 확실하지 않은 경우나 프로그램 내용의 충실성을 보장하기 위한 사소한 언어 제안에 대해서는 연구팀이 전문가 검토를 수행하였다(Shala et al., 2020). Sit 등(2020)은 프로그램의 조정을 준비하기 위해 정신건강 전문가들과 반구조화된 인터뷰를 진행하여, 목표 사용자들의 건강 상황을 더 잘 이해하고, 스텝 바이 스텝 프로그램의 내용, 전달 방법, 캐릭터, 스토리 라인, 삽화 및 표현의 적합성을 평가했다. 연구팀원 한 명이 번역을 담당하고, 중국 교육 경험이 있는 스토리 작가가 프로그램 내러티브를 작성하고, 현지 전문 일러스트레이터가 프로그램의 주요 주인공을 묘사하는 그래픽을 디자인했다(Sit et al., 2020). Abi Ramia 등(2018)은 전문 번역가가 영어 버전의 스텝 바이 스텝 프로그램 내용을 고전 아랍어로 번역한 후, 레바논의 주요 방언 그룹(예: 레바논어, 시리아어, 팔레스타인어)을 반영하기 위해 아랍어 구어체로 번역했다고 강조했다. 이 방언 번역은 프로젝트 팀원이 두 명의 현지 직원의 도움을 받아 수행했으며, 프로젝트에 대해 잘 모르는 일반인이 검토했다. 목표 사용자를 대상으로 인지 면담 기법을 사용한 후, 특정 섹션에 대한 명확화를 위해 정신건강 전문가, 관리자 및 일선 실무자 등의 이해관계자 그룹을 대상으로 포커스 그룹 토론이 진행되었다(Abi Ramia et al., 2018).

디지털 정신건강 개입의 문화 조정 과정을 안내하기 위해 목표 사용자들과 또 다른 방법들도 사용되었다. 인지 면담 기법 외에도, Burchert 등(2019)은 스텝 바이 스텝 프로그램의 문화 조정을 위해 자유 목록 인터뷰 기법을 사용했다. 이 기법은 구조화된 인터뷰 형식에서 미리 정해진 질문을 사용하여 답변 목록을 생성하는 방법이다(Applied Mental Health Research Group, 2013). 자유 목록 인터뷰 기법을 통해 저자들은 시리아 난민들 사이에서 디지털 기술 사용에 대한 이해와 문화 조정 과정의 단계를 시작하기 전에 디지털 기술 사용의 어려움과 해결책에 대한 이해를 얻었다(Burchert et al., 2019).

주목할 만한 점은, 연구들이 목표 사용자들과의 참여 워크숍(Buus et al., 2019)과 포커스 그룹 토론 및 인터뷰(Juniar et al., 2019; Lal et al., 2018; Lal et al., 2020)에 의존했다는 것이다.

이러한 연구들은 앞서 설명한 기법들 외에도 디지털 정신건강 개입을 문화적으로 조정시키는 과정에 목표 사용자들이 참여한 구체적인 방법에 대해 상세하게 보고한다. 예를 들어, Buus 등(2019)은 덴마크의 자살 예방용 모바일 안전 애플리케이션인 마이플랜(MYPLAN)을 호주 문화에 적합한 버전으로 문화적으로 조정시키는 과정을 설명한다. 목표 사용자들은 참여형 워크숍에 참여하여 애플리케이션의 기능과 문화적으로 적절한 문구를 평가하고 수정을 제안했다. 이 워크숍에서 목표 사용자들이 제공한 제안들을 요약하고 평가하여 우선순위를 결정했다(Buus et al., 2019). 이 단계에서 새로 개발된 핵심 기능 중 하나는 '랜트 박스(Rant Box)'이다. 이 기능은 목표 사용자들이 '불평'을 할 수 있게 한 다음, 그 텍스트와 이미지를 파괴되게 한다. 목표 사용자들은 또한 건강 관리 전문가들만이 아니라 다른 사람들이 애플리케이션에 접근할 수 있기 때문에 더 나은 가상 소개가 필요하다고 제안했다(Buus et al., 2019).

Juniar 등(2019)은 기존의 근거 기반 직무 스트레스 개입 프로그램(예: 겟.온 스트레스(GET.ON Stress))을 인도네시아 대학생들에게 맞추기 위해 포커스 그룹 토론을 활용했다(Juniar et al., 2019). 겟.온 스트레스는 성인을 위한 온라인 스트레스 관리 도구로, 처음에는 독일 직장인들을 위해 개발 및 평가되었다(Heber, Lehr, Ebert, Berking, & Riper, 2016). 프로그램에 대한 일반적인 인상, 프로그램 인터페이스 및 내용에 대한 평가를 더 잘 이해하기 위해 학생들을 대상으로 포커스 그룹 토론이 실시되었다. 이 토론에서 참가자들은 스트레스의 징후와 학생으로서의 스트레스 경험에 대해 생각해 보았다. 또한 스트레스에 대한 관용구 및 전반적인 스트레스 인식과 극복 방법에 대해서도 생각해 보았다. 이러한 토론의 결과, 프로그램을 단축하고, 프로그램 인터페이스와 내용을 더 상호작용적으로 수정였으며(예: e-코칭과 사용자 피드백 제공, 이메일 알림 사용 등 새로운 기능 포함), 언어를 변경하고(예: 은유 사용의 공감성 확보), 인도네시아 맥락과 학생들의 관심에 맞게 연습문제를 조정하고, 인터넷 연결 문제를 고려하여 비디오를 슬라이드 쇼로 대체하는 등의 변경이 이루어졌다(Juniar et al., 2019).

유사한 접근 방식이 호리즌스(Horyzons)의 조정에도 사용되었다. 호리즌스는 첫 에피소드 정신병에서 회복 중인 젊은이를 위해 설계된 웹 기반 애플리케이션으로, '중재형 웹 기반 사회적 치료'를 포함한다(Alvarez-Jimenez et al., 2013). 구체적으로, Lal 등(2018; 2020)은 호리즌스를 캐나다의 퀘벡과 온타리오에서 첫 정신병 삽화에서 회복 중인 젊은이들을 대상으로 포커스 그룹 토론을 활용하여 사용자의 플랫폼, 콘텐츠 및 기능에 대한 만족도를 조사한 후, 2주에서 4주 동안 프로그램을 테스트하도록 했다. 이 기간 동안 사용자들은 개인적인 피드백과 조정에 대한 제안을 제공했으며, 이러한 피드백은 사용 후 인터뷰에 활용되었다(Lal et al., 2018; 2020). 프로그램의 다양한 기능에 대한 의견이 나왔는데, 예를 들어, 언어적 요소

(예: 텍스트를 음성 내러티브로 교체, 호주 억양이 없는 사람이 내레이션을 제공하는 것)와 캐나다 맥락에서의 서비스 및 기회(예: 일자리 찾기, 학습 프로그램, 자원봉사 기회와 같은 자원 강조, 퇴원 후 관리 및 후속 조치) 등이 있었다(Lal et al., 2018; 2020).

디지털 개입을 적용하기 전에 타깃 사용자의 기술적 현실을 더 잘 이해하고 디지털 개입의 문화적 조정을 알리기 위해 설문조사가 시행되었다(Burchert 등(2019)이 수행한 자유 목록 인터뷰 기법과 유사하게). 예를 들어, 호리존스 개입을 호주에서 캐나다 맥락으로 조정하기 전에, Lal 등(2018; 2020)은 타깃 사용자들에게 기술 사용에 관한 설문지를 작성하도록 요청하여 기술 활용에 대한 경험과 태도를 탐색했다. 설문지를 작성한 후, 타깃 사용자들은 예비 버전에 대한 인상을 설문조사와 피드백 양식을 통해 공유하고, 추가 수정을 위한 의견을 제공했다. 또 다른 예로, Salamanca-Sanabria 등(2019)은 *우울증으로부터의 공간(Space from Depression)* 프로그램을 문화적으로 조정시키기 위해 개발된 문화적 적합성 설문지를 타깃 사용자들에게 배포했다. 이 프로그램은 우울증에 대한 근거 기반 인터넷 제공 인지행동 치료 개입이다(Richards et al., 2016; Richards et al., 2015). 이 설문조사는 콜롬비아 대학생들의 문화적 맥락에 맞게 개입을 조정하는 데 도움을 주기 위한 것이었다. 타깃 사용자들은 전체 프로그램과 특정 모듈을 평가했고, 이 정보는 프로그램의 디지털 콘텐츠와 형식을 직접적으로 조정하는 데 사용되었으며, 콜롬비아 맥락에서 사용할 수 있도록 프로그램 이름을 '요 푸에도 센티메 비엔(Yo puedo sentirme bien)'으로 변경하는 등의 조정이 이루어졌다(Salamanca-Sanabria, Richards, & Timulak, 2019).

또 다른 연구에서는 인도의 농촌 지역에서 사용하기 위해 대면 프로그램을 디지털 형식으로 변경하였다. 건강한 활동 프로그램(Healthy Activity Program)은 저소득 및 중간 소득 국가의 일차 진료 환경에서 비전문가가 제공할 수 있도록 설계된 중등도에서 중증 우울증에 대한 간단한 행동 활성화 치료법이다(Patel et al., 2017). 이 매뉴얼화된 프로그램은 기존의 미국 맥락의 근거 기반 행동 활성화 내용을 인도 맥락에 맞게 조정하여 개발되었고(Chowdhary et al., 2016), 그 후 완전한 효과성 테스트를 진행하였다(Patel et al., 2017). 건강한 활동 프로그램이 근거 기반 개입으로 확립된 후, 대면 기반 내용을 디지털 플랫폼으로 변경하여 비전문가 건강 관리자들이 인도의 농촌 환경에서 이 프로그램을 제공할 수 있도록 교육을 확대했다(Khan et al., 2020). 더욱 구체적으로, 이 연구는 대면 기반 프로그램을 디지털 프로그램으로 문화적으로 조정하여 지역 건강 관리자를 훈련하는 데 초점이 맞춰져 있으며, 환자에게 직접 디지털 개입을 제공하는 것과는 대조적이다(Khan et al., 2020; Muke et al., 2019). 종이 기반 매뉴얼을 디지털 개입으로 전환하는 과정은 5단계로 이루어졌다: (1) 매뉴얼화된 프로그램 전문가들과 함께 교육 프로그램의 청사진을 작성하여 디지털 플랫폼으로의 전환에 필요한 필수 요소를 파악하였다. (2) 교육 프로그램 콘텐츠를 개발할 때, 청사진에 포함된 구성요소에 맞추어 메뉴얼의 작성 내용을 조정하고, 타깃 사용자의 디지털 교육 수준과 경험을 고려하여 스크립트를 작성했다. (3) 인도의 상황에 맞고 비전문가가 근무하는 곳에 적합한 동영상(강의, 역할극 등)을 개발하여 디지털 교육 프로그램을 개발했다. (4) 학습 관리 시스템을 개발하고 무들(Moodle) 학습 관리 시스템에 콘텐츠를 업로드하여 스마트폰과 같은 기술 도구를 통해 디지털 교육에 접근할 수 있게 했다. (5) 디지털 교육 프로그램의 사용자 테스트를 진행했다(Khan et al., 2020). 교육 프로그램 콘텐츠 개발 및 조정 과정 전반에 걸쳐 타깃 사용자의 관점을 다양한 방식으로 반영했다. 참가자들이 동영상 기반 콘텐츠와 시각 자료를 선호한다는 점을 반영하여 프로토타입을 개발했고, 현지 언어를 고려하고 문화적, 맥락적으로 적절한 이미지와 이야기를 사용하도록 했다(Muke et al., 2019). 지역사회의 건강 관리자를 대상으로 한 반구조적 피드백 회기를 통해 프로그램의 추가 개선 사항 및 농촌 환경에서 프로그램에 접근하고 사용할 때 발생할 수 있는 잠재적 문제점(예: 동기화되지 않는 동영상, 느린 다운로드 속도, 전반적으로 느린 애플리케이션 성능)을 파악했다. 참가자들과의 여러 차례 반복된 피드백 및 시범 테스트를 통해 파일 크기와 동영상을 압축하여 스마트폰에 다운로드하여 오프라인에서도 사용할 수 있도록 하였고, 사용자 참여를 촉진하기 위해 원격 코칭 프로토콜을 개발하는 등 현지 맥락을 고려한 주요 사항들을 수정하여 반영했다(Khan et al., 2020).

5. 디지털 치료제에 문화 조정을 적용하기 위한 권장 사항

이 장에서는 문화 조정에 대한 다양한 접근 방식과 디지털 치료제의 문화적 조정과 관련된 문헌의 최근 사례를 요약하여, 이 분야의 향후 작업을 안내하기 위한 권장 사항을 제공하는 것을 목표로 한다. 이러한 권장 사항은 확립된 이론적 틀을 따르고, 설계 및 조정 과정 전반에 걸쳐 주요 이해관계자들과 협력하며, 프로그램 내용이나 전달 방식에 대한 수정 사항을 신중하게 문서화하여 복제와 엄격한 결과 평가를 가능하게 하는 것이 중요하다고 강조한다. 디지털 치료제의 문화적 조정을 지원하기 위한 네 가지 권장 사항은 〈표 12.1〉에 요약된 바와 같이 다음과 같다:

1. 이론적 틀은 정신건강 개입의 문화적 조정을 안내하는 중요한 로드맵을 제공할 수 있다. 이러한 프레임워크는 사용자의 맥락, 언어, 문화 등을 고려하여 프로그램 내용과

전달 방식을 체계적으로 조정하는 중요한 단계를 설명하며, 이는 증거에 의해 뒷받침된다(Chowdhary et al., 2014; Griner 및 Smith, 2006; Hall et al., 2016). 이 틀은 문화 조정과 특정 문화적 정신 질환 개념을 고려하는 것이 근거 기반 개입의 수용성 및 효과성을 어떻게 그리고 왜 향상시킬 수 있는지 더 잘 이해하는데 도움이 되는 경험적 평가의 지침을 제공할 수 있다(Heim & Kohrt, 2019). 또한 이 틀은 지역사회의 참여를 증가시키고, 조정된 근거 기반 개입의 생태학적 타당성을 더욱 지지할 수 있다(Hwang, 2009). 특히 이러한 틀은 디지털 치료제가 채택되고, 사용되고, 지속적인 사용이 촉진되고, 다양한 문화적 집단 내에서 원하는 치료 결과를 달성하기 위해 수정이 필요한 특정 구성요소들을 인식하게 함으로써 디지털 치료제의 문화 조정을 안내하는 데 있어 유망한 가능성을 가지고 있다.

2. 사례 연구에서 제공된 예시들이 보여 주듯이, 디지털 개입을 사회문화적 맥락에 맞게 조정시키는 것은 단순히 콘텐츠를 디지털 플랫폼으로 옮기거나 언어를 번역하는 것에 그치지 않는다. 콘텐츠가 수정된다. 따라서 디지털 정신건강 개입의 수용성과 지속적인 사용을 촉진시킬 수 있는 중요한 전문 지식을 얻기 위해 초기 단계부터 조정 과정 전반에 걸쳐 대상이 되는 사용자를 참여시키는 것이 중요하다(예: 프로토타입 또는 애플리케이션의 여러 테스트, 반복적인 피드백 등). 제공된 몇몇 예시에서는 대상이 되는 사용자 외에도 주요 이해관계자 집단이 디지털 정신건강 개입의 공동 설계에 참여했다. 주요 이해관계자 그룹에는 정신건강 전문가, 공중보건부 관계자, 지역사회 및 건강 부문에서 활동하는 비정부기구 대표, 동료 전문가 등이 포함된다. 디지털 정신건강 개입의 문화 조정에 다양한 이해관계자 집단을 참여시키는 것은 사회문화적 현실을 반영하기 위해 필요한 콘텐츠, 형식, 레이아웃 수정은 물론 그 실행 가능성과 비용을 강조하는 데 도움이 될 수 있다(Abi Ramia et al., 2018; Joshi et al., 2022).
3. 사례 연구에서 볼 수 있듯이, 많은 디지털 정신건강 개입은 다양한 환경에 맞게 문화적으로 조정되었으며, 그 중 일부는 여러 지역과 다양한 인구집단에서 사용되었다(예: 스텝 바이 스텝 프로그램). 따라서 문화 조정 과정을 보고할 때는 자유 목록 면담 및 인지면담 기법과 같은 방법의 구현 및 사용을 포함한 높은 수준의 세부 사항이 필요하다. 이는 다른 환경과 인구집단에서 사용할 수 있도록 조정 과정의 복제를 용이하게 할 수 있고, 증거의 엄격성과 확장 가능성을 평가하는 데에도 도움을 줄 수 있다(Shehadeh et al., 2016).
4. 디지털 정신건강 개입을 사회문화적 맥락에 맞게 조정하기 전에, 일부 연구에서는 먼저 특정 인구 내에서 기술을 사용하는 데 대한 장벽과 동인, 디지털 선호도를 조사했

다. 이는 조사된 연구들에서 일관되게 보고되지는 않았지만, 문화적으로 조정된 디지털 개입의 구현 가능성을 초기에 측정하고 특정 환경과 인구집단 내에서 사용이 지속 가능할지에 대해 힌트를 얻는 중요한 방법일 수 있다(Doherty, Coyle, & Matthews, 2010).

<표 12.1> 디지털 치료제에 문화적 조정을 적용하기 위한 권장 사항

권장 사항	기회	예시
확립된 이론적 틀을 따르기	(1) 많은 근거 기반의 다양한 이론적 틀이 정신건강 개입의 문화적 조정을 안내하고 있음. (2) 대상 사용자의 맥락, 언어, 문화, 성별, 인종, 민족, 생활 상황을 고려하여 프로그램 내용과 전달 방식을 체계적으로 수정함. (3) 디지털 치료제의 문화적 조정을 안내하고, 이러한 개입의 타당성을 높이는 데 유망함.	이 이론적 틀은 문화적 조정이 근거 기반 개입의 수용성과 효과성을 어떻게 그리고 왜 개선할 수 있는지를 더 잘 이해하기 위한 경험적 평가를 안내할 수 있음. 특정 수정이 필요한 구성요소를 인식하는 것은 다양한 문화 집단 내에서 디지털 개입의 채택, 활용, 지속적 사용을 지원하고 원하는 결과를 달성하는 데 있어 특히 중요함.
설계 및 조정 과정 전반에 걸쳐 주요 이해관계자의 참여를 유도하기	(1) 필수적인 전문 지식을 활용하여 구현 가능성에 영향을 미치기 위해. (2) 개입의 수용성과 지속적인 사용을 더 잘 이해하기 위해.	인지 면담 기법, 사용자 중심 디자인, 참여 워크숍, 면담, 포커스 그룹, 설문조사 등을 통해 정보를 얻음.
프로그램 내용이나 전달 방식에 대한 수정 사항을 문서화하기	(1) 다양한 환경과 인구 집단에서 재현 가능한 과정을 촉진하기 위해. (2) 증거의 엄격성과 확장 가능성을 평가하기 위해.	방법론적 과정과 결과에 대한 문서화: 대상이 되는 사용자와의 소통을 위해 어떤 방법이 어떻게 사용되었는지, 사용된 질문의 예시, 이러한 과정을 통해 도출된 특정 수정 요소와 이를 디지털 개입 조정에 포함한 내용.
디지털 개입을 문화적으로 적용하기 전에 기술 사용의 장애물과 타깃 사용자의 선호도를 조사하기	(1) 문화적으로 조정된 디지털 개입의 실행 가능성을 초기에 평가하고, 특정 환경 및 인구 집단 내에서 지속 가능한 사용의 가능성을 예측하기 위해.	자유 목록 면담 기법, 기술 사용 질문지.

6. 결론

디지털 접근법을 이용해 정신건강 및 행동 서비스를 지원하는 것에 대한 관심과 사용이 지속적으로 빠르게 증가함에 따라(Bhugra et al., 2017), 이러한 디지털 치료제가 다양한 문화 집단의 요구를 충족할 수 있도록 보장할 필요가 있다. 디지털 혁신은 문화적 조정을 위한 접근법을 지원할 수 있다. 예를 들어, 수동 및 능동적으로 데이터 수집을 가능하게 하는 스마트폰 앱과 같은 디지털 기술은 개인의 환경 내 특정 자극에 반응할 수 있다. 이를 통해 개인의 문화, 언어, 맥락이 그들의 건강 행동, 활동, 정신건강에 어떻게 영향을 미치는지 밝혀낼 수 있다. 따라서 디지털 기술이 새로운 치료 방법을 안내하거나 기존 프로그램의 효과를 향상시킬 수 있을 것이다. 또한 문화적으로 조정된 개입에 대한 연구는 아직 미진한 연구 분야인데, 디지털 기술이 문화적으로 조정된 개입의 조절 변수나 매개 변수를 탐색할 수 있게 함으로써, 원하는 목표 결과를 달성하는 데 필요한 문화적 조정의 구성요소를 밝혀낼 수 있다(Barrera Jr. et al., 2013).

기존의 광범위한 정신건강 문헌에서의 문제점과 마찬가지로, 디지털 치료제의 효과에 대한 강력한 근거는 주로 서구 국가에 집중되어 있으며, 이는 주로 소수 인종 또는 소수 민족을 대상으로 한 임상시험에서 나온 것이다(Firth et al., 2017; Firth et al., 2017; Naslund, Marsch, McHugo, & Bartels, 2015). 이는 디지털 개입의 일반화 가능성을 위협하는 중요한 문제이다. 아프리카, 아시아, 라틴아메리카 및 중동의 여러 국가에 걸쳐 유망한 연구들이 진행되고 있지만(Carter et al., 2021; Kaonga & Morgan, 2019; Merchant, Torous, Rodriguez-Villa, & Naslund, 2020; Naslund et al. 2017), 전반적으로 근거가 적고 엄격한 효과성을 보인 연구도 적다(Fu et al. 2020). 또한 많은 디지털 개입은 낮은 이용률, 높은 이탈률, 낮은 순응도의 어려움을 겪고 있다(Linardon & Fuller-Tyszkiewicz, 2020; Torous, Nicholas, Larsen, Firth, & Christensen). 디지털 정신건강의 광범위한 분야의 주요 제한점 중 하나는 문화 조정에 대한 고려가 부족하다는 것이다. 문화적으로 다양한 대상 집단의 필요에 맞게 디지털 치료제를 조정하지 않으면 기대하는 임상적 효과를 얻기 어렵다. 문화 조정에 초점을 맞춘 엄격한 노력은 디지털 정신건강 개입의 낮은 순응도와 높은 이탈률과 같은 광범위한 문제를 해결하는 데 도움이 될 수 있다.

디지털 개입의 참여와 사용에 영향을 미치는 문화적 요인과 촉진 요인을 더 깊이 탐구하고, 다양한 맥락, 문화, 언어에 맞게 개입의 내용을 신중하게 조정하는 것에 중점을 두는 것이 이 개입의 활용도를 높이고 지속적인 참여를 유도하며 이러한 치료법의 확장성을 지원하는 데 도움이 될 수 있다(Heim & Kohrt, 2019; Jordans & Kohrt, 2020). 디지털 치료제의 문화적 조정에 관련된 비용과 이러한 개입의 비용 효율성도 고려해야 한다. 기술을 활용하여 문화적으로 다양한 그룹의 피드백에 신속하게, 저비용으로, 효율적으로 반응할 기회가 있을 수 있다. 예를 들어, 언어를 조정하거나 프로그램의 다른 기능을 수정하여 참여를 촉진하는 방법이 있다. 문화적 조정의 비용에 대한 더 깊은 이해는 근거 기반 프로그램을 다른 환경과 맥락에 맞게 변환하는 노력을 지원할 수 있으며(Cabassa & Baumann, 2013), 근거 기반 디지털 치료제의 확대를 지원하기 위해서 추가적인 연구가 필요하다.

감사의 말

Naslund 박사는 미국 국립 정신건강 연구소(National Institute of Mental Health)로부터(Grant number: 5U19MH113211), 뇌 및 행동 연구 재단(Brain & Behavior Research Foundation)의 나사드(NARSAD) 젊은 연구자 상, 그리고 하버드 글로벌 건강 연구소(Harvard Global Health Institute)의 버크 글로벌 헬스 펠로우십(Burke Global Health Fellowship)을 수여받았다. 이 장이 쓰일 당시 Spagnolo 박사는 퀘벡 연구기금(Fonds de recherche du Quebec – Santé, FRQ–S)으로부터 박사후 연구원 장학금을 받았다. 현재는 캐나다 보건 연구원(Canadian Institutes of Health Research, CIHR) 펠로우십에서 자금을 지원받고 있다. 자금 제공자는 연구 설계, 데이터 수집, 분석 또는 해석, 원고 작성, 출판을 위한 원고 제출 결정에 어떤 역할도 하지 않았다.

이해관계 충돌

저자들은 이해관계 충돌이 없음을 보고한다.

참고문헌

Abi Ramia, J., Shehadeh, M.H., Kheir, W., Zoghbi, E., Watts, S., Heim, E., et al. (2018). Community cognitive interviewing to inform local adaptations of an e-mental health intervention in Lebanon. *Global Mental Health, 5*, e39.

Ahluwalia, J., Baranowski, T., Braithwaite, R. & Resnicow, K. (1999). Cultural sensitivity in public health: defined and demystified. *Ethnicity and Disease, 9*, 10–21.

Alonso, J., Liu, Z., Evans-Lacko, S., Sadikova, E., Sampson, N., Chatterji, S., et al. (2018). Treatment gap for anxiety disorders is global: Results of the World Mental Health Surveys in 21 countries. *Depression and Anxiety, 35*(3), 195–208.

Alvarez-Jimenez, M., Bendall, S., Lederman, R., Wadley, G., Chinnery, G., Vargas, S., et al. (2013). On the Horyzon: moderated online social therapy for long-term recovery in first episode psychosis. *Schizophrenia Research, 143*(1), 143–149.

Applied Mental Health Research Group (2013). Design, Implementation, Monitoring, and Evaluation of mental health and psychosocial assistance programs for trauma survivors in low resource countries: A user's manual for researchers and program implementers. Johns Hopkins University Bloomberg School of Public Health. https://www.jhsph.edu/research/centers-and-institutes/global-mental-health/resource-materials/design-implementation-monitoring-and-evaluation-dime/.

Arvind, B.A., Gururaj, G., Loganathan, S., Amudhan, S., Varghese, M., Benegal, V., et al. (2019). Prevalence and socioeconomic impact of depressive disorders in India: multisite population-based cross-sectional study. *BMJ Open, 9*(6), e027250.

Azale, T., Fekadu, A. & Hanlon, C. (2016). Treatment gap and help-seeking for postpartum depression in a rural African setting. *Bmc Psychiatry [Electronic Resource], 16*(1), 1–10.

Barbui, C., Purgato, M., Abdulmalik, J., Acarturk, C., Eaton, J., Gastaldon, C., et al. (2020). Efficacy of psychosocial interventions for mental health outcomes in low-income and middle-income countries: an umbrella review. *The Lancet Psychiatry, 7*(2), 162–172.

Barrera Jr,, M. & Castro, F.G. (2006). A heuristic framework for the cultural adaptation of interventions. *Clinical Psychology: Science and Practice, 13*(4), 311–316.

Barrera Jr,, M., Castro, F.G., Strycker, L.A. & Toobert, D.J. (2013). Cultural adaptations of behavioral health interventions: a progress report. *Journal of Consulting and Clinical Psychology, 81*(2), 196.

Bemme, D. & Kirmayer, L.J. (2020). Global Mental Health: Interdisciplinary Challenges for a Field in Motion. SAGE Publications Sage UK, London.

Bernal, G., Bonilla, J. & Bellido, C. (1995). Ecological validity and cultural sensitivity for outcome research: issues for the cultural adaptation and development of psychosocial treatments with Hispanics. *Journal of Abnormal Child Psychology, 23*(1), 67–82.

Bernal, G., Domenech Rodríguez, M.M. (2009). Advances in Latino family research: cultural adaptations of evidence-based interventions. *Family Process, 48*(2), 169–178.

Bernal, G., Sáez-Santiago, E. (2006). Culturally centered psychosocial interventions. *Journal of Community Psychology, 34*(2), 121–132.

Bhugra, D., Tasman, A., Pathare, S., Priebe, S., Smith, S., Torous, J., et al. (2017). The WPA-lancet psychiatry commission on the future of psychiatry. *The Lancet Psychiatry, 4*(10), 775–818.

Brown, G., Marshall, M., Bower, P., Woodham, A. & Waheed, W. (2014). Barriers to recruiting ethnic minorities to mental health research: a systematic review. *International Journal of Methods in Psychiatric Research, 23*(1), 36–48.

Burchert, S., Alkneme, M.S., Bird, M., Carswell, K., Cuijpers, P., Hansen, P., et al. (2019). User-centered app adaptation of a low-intensity e-mental health intervention for Syrian refugees. *Frontiers in Psychiatry, 9*, 663.

Buus, N., Juel, A., Haskelberg, H., Frandsen, H., Larsen, J.L.S., River, J., et al. (2019). User involvement in developing the MYPLAN mobile phone safety plan app for people in suicidal crisis: Case study. *JMIR Mental Health, 6*(4), e11965.

Cabassa, L.J. & Baumann, A.A. (2013). A two-way street: bridging implementation science and cultural adaptations of mental health treatments. *Implementation Science, 8*(1), 1–14.

Carswell, K., Harper-Shehadeh, M., Watts, S., van't Hof, E., Abi Ramia, J., Heim, E., et al. (2018). Step-by-step: a new WHO digital mental health intervention for depression. *Mhealth, 4*, 34.

Carter, H., Araya, R., Anjur, K., Deng, D. & Naslund, J.A. (2021). The emergence of digital mental health in low-income and middle-income countries: A review of recent advances and implications for the treatment and prevention of mental disorders. *Journal of Psychiatric Research, 133*, 233–246.

Castro, F.G., Barrera Jr,, M., Holleran Steiker, L.K. (2010). Issues and challenges in the design of culturally adapted evidence-based interventions. *Annual Review of Clinical Psychology, 6*, 213–239.

Chowdhary, N., Anand, A., Dimidjian, S., Shinde, S., Weobong, B., Balaji, M., et al. (2016). The healthy activity program lay counsellor delivered treatment for severe depression in India: systematic development and randomised evaluation. *The British Journal of Psychiatry, 208*(4), 381–388. doi:10.1192/bjp.bp.114.161075.

Chowdhary, N., Jotheeswaran, A., Nadkarni, A., Hollon, S., King, M., Jordans, M., et al. (2014). The methods and outcomes of cultural adaptations of psychological treatments for depressive disorders: a systematic review. *Psychological Medicine, 44*(6), 1131–1146.

Chu, J. & Leino, A. (2017). Advancement in the maturing science of cultural adaptations of evidence-based interventions. *Journal of Consulting and Clinical Psychology, 85*(1), 45.

Cook, B.L., Trinh, N.-H., Li, Z., Hou, S.S.-Y. & Progovac, A.M. (2017). Trends in racial-ethnic disparities in access to mental health care, 2004–2012. *Psychiatric Services, 68*(1), 9–16.

Cuijpers, P., Cristea, I.A., Karyotaki, E., Reijnders, M. & Hollon, S.D. (2019). Component studies of psychological treatments of adult depression: a systematic review and meta-analysis.

Psychotherapy Research, 29(1), 15–29.

Cuijpers, P., Karyotaki, E., Reijnders, M., Purgato, M. & Barbui, C. (2018). Psychotherapies for depression in low-and middle-income: a meta-analysis. *World Psychiatry, 17*(1), 90–101.

Doherty, G., Coyle, D. & Matthews, M. (2010). Design and evaluation guidelines for mental health technologies. *Interacting with Computers, 22*(4), 243–252.

Drennan, J. (2003). Cognitive interviewing: verbal data in the design and pretesting of questionnaires. *Journal of Advanced Nursing, 42*(1), 57–63.

Firth, J., Torous, J., Nicholas, J., Carney, R., Pratap, A., Rosenbaum, S., et al. (2017). The efficacy of smartphone-based mental health interventions for depressive symptoms: A meta-analysis of randomized controlled trials. *World Psychiatry, 16*(3), 287–298.

Firth, J., Torous, J., Nicholas, J., Carney, R., Rosenbaum, S. & Sarris, J. (2017). Can smartphone mental health interventions reduce symptoms of anxiety? a meta-analysis of randomized controlled trials. *Journal of Affective Disorders, 218*, 15–22.

Fu, Z., Burger, H., Arjadi, R. & Bockting, C.L. (2020). Effectiveness of digital psychological interventions for mental health problems in low-income and middle-income countries: a systematic review and meta-analysis. *The Lancet Psychiatry, 7*(10), 851–864.

Garabiles, M.R., Shehadeh, M.H. & Hall, B.J. (2019). Cultural adaptation of a scalable World Health Organization e-mental health program for overseas Filipino workers. *JMIR Formative Research, 3*(1), e11600.

Griner, D. & Smith, T.B. (2006). Culturally adapted mental health intervention: a meta-analytic review. *Psychotherapy: Theory, Research, Practice, Training, 43*(4), 531.

Hall, G.C.N., Ibaraki, A.Y., Huang, E.R., Marti, C.N. & Stice, E. (2016). A meta-analysis of cultural adaptations of psychological interventions. *Behavior Therapy, 47*(6), 993–1014.

Haroz, E., Ritchey, M., Bass, J., Kohrt, B., Augustinavicius, J., Michalopoulos, L., et al. (2017). How is depression experienced around the world? A systematic review of qualitative literature. *Social Science & Medicine, 183*, 151–162.

Heber, E., Lehr, D., Ebert, D.D., Berking, M. & Riper, H. (2016). Web-based and mobile stress management intervention for employees: a randomized controlled trial. *Journal of Medical Internet Research, 18*(1), e21.

Heim, E., Burchert, S., Shala, M., Cerga, A., Morina, N., Schaub, M., et al. (2020). Effect of cultural adaptation of a smartphone-based self-help programme on its acceptability and efficacy: study protocol for a randomized controlled trial. *PsychArchives,* https://doi.org/10.23668/PSYCHARCHIVES.3152.

Heim, E. & Kohrt, B.A. (2019). Cultural adaptation of scalable psychological interventions. *Clinical*

Psychology in Europe, 1(4), 1–22.

Hwang, W.–C. (2009). The formative method for adapting psychotherapy (FMAP): a community-based developmental approach to culturally adapting therapy. *Professional Psychology: Research and Practice, 40*(4), 369.

Jordans, M.J. & Kohrt, B.A. (2020). Scaling up mental health care and psychosocial support in low-resource settings: a roadmap to impact. *Epidemiology and Psychiatric Sciences, 29*(e189), 1–7.

Joshi, U., Naslund, J.A., Anand, A., Tugnawat, D., Vishwakarma, R., Bhan, A. ... & Lu, C. (2022). Assessing costs of developing a digital program for training community health workers to deliver treatment for depression: a case study in rural India. *Psychiatry Research, 307*, 114299.

Juniar, D., van Ballegooijen, W., Karyotaki, E., van Schaik, A., Passchier, J., Heber, E., et al. (2019). Web-based stress management program for university students in Indonesia: systematic cultural adaptation and protocol for a feasibility study. *JMIR Research Protocols, 8*(1), e11493.

Kaonga, N.N. & Morgan, J. (2019). Common themes and emerging trends for the use of technology to support mental health and psychosocial well-being in limited resource settings: a review of the literature. *Psychiatry Research, 281*, 112594.

Karyotaki, E., Ebert, D.D., Donkin, L., Riper, H., Twisk, J., Burger, S., et al. (2018). Do guided internet-based interventions result in clinically relevant changes for patients with depression? An individual participant data meta-analysis. *Clinical Psychology Review, 63*, 80–92.

Khan, A., Shrivastava, R., Tugnawat, D., Singh, A., Dimidjian, S., Patel, V., et al. (2020). Design and development of a digital program for training non-specialist health workers to deliver an evidence-based psychological treatment for depression in primary care in India. *Journal of Technology in Behavioral Science, 5*(4), 402–415.

Kirmayer, L.J. & Swartz, L. (2013). Culture and global mental health, In Patel, V., Minas, H., Cohen, A., & Prince, M.J. (Eds). *Global Mental Health: Principles and Practice*, 41–62.

Kohn, R., Ali, A.A., Puac-Polanco, V., Figueroa, C., López-Soto, V., Morgan, K., et al. (2018). Mental health in the Americas: an overview of the treatment gap. *Revista Panamericana de Salud Pública, 42*, e165.

Kohrt, B.A., Rasmussen, A., Kaiser, B.N., Haroz, E.E., Maharjan, S.M., Mutamba, B.B., et al. (2014). Cultural concepts of distress and psychiatric disorders: literature review and research recommendations for global mental health epidemiology. *International Journal of Epidemiology, 43*(2), 365–406.

Kokane, A., Pakhare, A., Gururaj, G., Varghese, M., Benegal, V., Rao, G.N., et al. (2019). Mental health issues in Madhya Pradesh: insights from National Mental Health Survey of India 2016. *Healthcare, 7*(2), 53.

Krendl, A.C. & Pescosolido, B.A. (2020). Countries and cultural differences in the stigma of mental illness: the east–west divide. *Journal of Cross-Cultural Psychology, 51*(2), 149–167.

Lal, S., Gleeson, J., Malla, A., Rivard, L., Joober, R., Chandrasena, R., et al. (2018). Cultural and contextual adaptation of an ehealth intervention for youth receiving services for first-episode psychosis: adaptation framework and protocol for horyzons-Canada phase 1. *JMIR Research Protocols, 7*(4), e100.

Lal, S., Gleeson, J., Rivard, L., D'Alfonso, S., Joober, R., Malla, A., et al. (2020). Adaptation of a digital health innovation to prevent relapse and support recovery in youth receiving services for first-episode psychosis: results from the Horyzons-Canada Phase 1 study. *JMIR Formative Research, 4*(10), e19887.

Lau, A.S. (2006). Making the case for selective and directed cultural adaptations of evidence-based treatments: examples from parent training. *Clinical Psychology: Science and Practice, 13*(4), 295–310.

Linardon, J., Fuller-Tyszkiewicz, M. (2020). Attrition and adherence in smartphone-delivered interventions for mental health problems: a systematic and meta-analytic review. *Journal of Consulting and Clinical Psychology, 88*(1), 1.

Lipschitz, J., Hogan, T.P., Bauer, M.S. & Mohr, D.C. (2019). Closing the research-to-practice gap in digital psychiatry: the need to integrate implementation science. *The Journal of Clinical Psychiatry, 80*(3), 18com12659 https://doi:10.4088/JCP.18com12659.

Liu, N.H., Daumit, G.L., Dua, T., Aquila, R., Charlson, F., Cuijpers, P., et al. (2017). Excess mortality in persons with severe mental disorders: a multilevel intervention framework and priorities for clinical practice, policy and research agendas. *World Psychiatry, 16*(1), 30–40.

Lund, C., Alem, A., Schneider, M., Hanlon, C., Ahrens, J., Bandawe, C., et al. (2015). Generating evidence to narrow the treatment gap for mental disorders in sub-Saharan Africa: Rationale, overview and methods of AFFIRM. *Epidemiology and Psychiatric Sciences, 24*(3), 233–240.

Merchant, R., Torous, J., Rodriguez-Villa, E. & Naslund, J.A. (2020). Digital technology for management of severe mental disorders in low-income and middle-income countries. *Current Opinion in Psychiatry, 33*(5), 501–507.

Muke, S., Shrivastava, R., Mitchell, L., Khan, A., Murhar, V., Tugnawat, D., et al. (2019). Acceptability and feasibility of digital technology for training community health workers to deliver evidence-based psychosocial treatment for depression in rural India. *Asian Journal of Psychiatry, 45*, 99–106.

Muke, S., Tugnawat, D., Joshi, U., Anand, A., Khan, A., Shrivastava, R., et al. (2020). Digital training for non-specialist health workers to deliver a brief psychological treatment for depression in primary care in India: findings from a randomized pilot study. *International Journal of Environmental Research and Public Health, 17*(17), 6368.

Naslund, J.A., Aschbrenner, K.A., Araya, R., Marsch, L.A., Unützer, J., Patel, V., et al. (2017). Digital technology for treating and preventing mental disorders in low-income and middle-income countries: a narrative review of the literature. *The Lancet Psychiatry, 4*(6), 486–500.

Naslund, J.A., Bartels, S.M. & Marsch, L.A. (2019). Digital technology, including telemedicine, in the management of mental illness. Revolutionizing Tropical Medicine: Point-of-Care Tests, New Imaging Technologies and Digital Health, Wiley, Hoboken, New Jersey, USA, pp. 505–530.

Naslund, J.A., Gonsalves, P.P., Gruebner, O., Pendse, S.R., Smith, S.L., Sharma, A., et al. (2019). Digital Innovations for Global Mental Health: opportunities for data science, task sharing, and early intervention. *Current Treatment Options in Psychiatry, 6*(4), 337–351.

Naslund, J.A., Marsch, L.A., McHugo, G.J. & Bartels, S.J. (2015). Emerging mHealth and eHealth interventions for serious mental illness: a review of the literature. *Journal of Mental Health, 24*(5), 321–332.

Patel, V., Chisholm, D., Parikh, R., Charlson, F.J., Degenhardt, L., Dua, T., et al. (2016). Addressing the burden of mental, neurological, and substance use disorders: key messages from disease control priorities. *The Lancet, 387*(10028), 1672–1685.

Patel, V., Saxena, S., Lund, C., Thornicroft, G., Baingana, F., Bolton, P., et al. (2018). The Lancet Commission on global mental health and sustainable development. *The Lancet, 392*(10157), 1553–1598.

Patel, V., Weobong, B., Weiss, H.A., Anand, A., Bhat, B., Katti, B., et al. (2017). The Healthy Activity Program (HAP), a lay counsellor-delivered brief psychological treatment for severe depression, in primary care in India: a randomised controlled trial. *The Lancet, 389*(10065), 176–185.

Pathare, S., Brazinova, A. & Levav, I. (2018). Care gap: a comprehensive measure to quantify unmet needs in mental health. *Epidemiology and Psychiatric Sciences, 27*(5), 463–467.

Rathod, S., Pinninti, N., Irfan, M., Gorczynski, P., Rathod, P., Gega, L., et al. (2017). Mental health service provision in low-and middle-income countries. *Health Services Insights, 10*, 1178632917694350.

Raviola, G., Naslund, J.A., Smith, S.L. & Patel, V. (2019). Innovative models in mental health delivery systems: task sharing care with non-specialist providers to close the mental health treatment gap. *Current Psychiatry Reports, 21*(6), 44.

Richards, D., Murphy, T., Viganó, N., Timulak, L., Doherty, G., Sharry, J., et al. (2016). Acceptability, satisfaction and perceived efficacy of "Space from Depression"an internet-delivered treatment for depression. *Internet Interventions, 5*, 12–22.

Richards, D., Timulak, L., O'Brien, E., Hayes, C., Vigano, N., Sharry, J., et al. (2015). A randomized controlled trial of an internet-delivered treatment: Its potential as a low-intensity community intervention for adults with symptoms of depression. *Behaviour Research and Therapy, 75*, 20–31.

Salamanca-Sanabria, A., Richards, D. & Timulak, L. (2019). Adapting an internet-delivered intervention for depression for a Colombian college student population: an illustration of an integrative empirical approach. *Internet Interventions, 15*, 76–86.

Saraceno, B. (2020). Rethinking global mental health and its priorities. *Epidemiology and Psychiatric Sciences, 29*(e64), 1–3.

Satcher, D. (2001). Mental health: culture, race, and ethnicity—A supplement to mental health: A report of the surgeon general: US Department of Health and Human Services.

Shala, M., Morina, N., Burchert, S., Cerga-Pashoja, A., Knaevelsrud, C., Maercker, A., et al. (2020). Cultural adaptation of Hap-pas-Hapi, an internet and mobile-based intervention for the treatment of psychological distress among Albanian migrants in Switzerland and Germany. *Internet Interventions, 21*, 100339.

Shattuck, E.C. (2019). A biocultural approach to psychiatric illnesses. *Psychopharmacology, 236*(10), 2923–2936.

Shehadeh, M.H., Heim, E., Chowdhary, N., Maercker, A. & Albanese, E. (2016). Cultural adaptation of minimally guided interventions for common mental disorders: A systematic review and meta-analysis. *JMIR Mental Health, 3*(3), e44.

Sheikh, S. & Furnham, A. (2000). A cross-cultural study of mental health beliefs and attitudes towards seeking professional help. *Social Psychiatry and Psychiatric Epidemiology, 35*(7), 326–334.

Singla, D.R., Kohrt, B.A., Murray, L.K., Anand, A., Chorpita, B.F. & Patel, V. (2017). Psychological treatments for the world: lessons from low-and middle-income countries. *Annual Review of Clinical Psychology, 13*, 149–181.

Sit, H.F., Ling, R., Lam, A.I.F., Chen, W., Latkin, C.A. & Hall, B.J. (2020). The cultural adaptation of step-by-step: an intervention to address depression among Chinese young adults. *Frontiers in Psychiatry, 11*, 650.

Torous, J., Nicholas, J., Larsen, M.E., Firth, J. & Christensen, H. (2018). Clinical review of user engagement with mental health smartphone apps: Evidence, theory and improvements. *Evidence-Based Mental Health, 21*(3), 116–119.

Vigo, D., Thornicroft, G. & Atun, R. (2016). Estimating the true global burden of mental illness. *The Lancet Psychiatry, 3*(2), 171–178.

Waheed, W., Hughes-Morley, A., Woodham, A., Allen, G. & Bower, P. (2015). Overcoming barriers to recruiting ethnic minorities to mental health research: a typology of recruitment strategies. *Bmc*

Psychiatry [Electronic Resource], 15(1), 1−11.

Weine, S., Kohrt, B.A., Collins, P.Y., Cooper, J., Lewis-Fernandez, R., Okpaku, S., et al. (2020). Justice for George Floyd and a reckoning for global mental health. *Global Mental Health, 7*, e22.

Willis, G.B., Jr, Artino, A., R. (2013). What do our respondents think we're asking? Using cognitive interviewing to improve medical education surveys. *Journal of graduate medical education, 5*(3), 353.

Yardley, L., Morrison, L., Bradbury, K. & Muller, I. (2015). The person-based approach to intervention development: application to digital health-related behavior change interventions. *Journal of Medical Internet Research, 17*(1), e30.

제13장

디지털 치료 산업의 구축:
규제, 평가, 그리고 구현

Megan Coder; PharmD, MBA

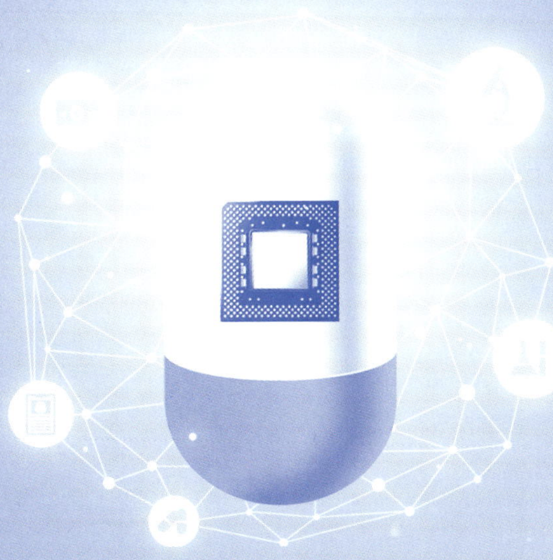

1. 의학의 새로운 카테고리

어떤 분야에서든 새로운 산업이 등장할 때, 그 산업이 성장하고 지속하기 위해서는 상당한 노력과 협력이 필요하다. 특히 헬스케어 분야에서는 새로운 기술과 절차가 기존 시스템에 잘 통합되어야 장기적으로 살아남고 큰 효과를 낼 수 있다.

역사적으로 처음에는 놀라움을 주지만 얼마 지나지 않아 일상생활의 필수적인 부분이 된 새로운 기술들이 많이 있다. 이전 세대의 사람들이 현대의 우리가 당연하게 여기는 교통, 건축, 통신, 헬스케어 분야의 측면들을 접하면 충격을 받을 것이다.

산업은 하루아침에 생겨나지 않으며, 의도적인 업계 전반의 협력 없이는 오랜 지속이 가능하지 않다. 2010년 디지털 치료제(digital therapeutic, DTx) 산업이 등장했을 때, 이 새로운 의약품 범주의 비전을 국제적으로 확장 가능한 채택과 의미 있는 사용으로 전환하기 위해서는 모든 이해관계자 간의 협력이 중요해졌다.

2. 디지털 치료 연맹

디지털 치료 연맹(digital therapeutics alliance, DTA)은 2017년에 설립되어 디지털 치료제 제품의 성장, 채택 및 활용을 국제적으로 안내하는 중요한 프레임워크를 개발하기 시작했다. 이 연합은 헬스케어 생태계의 이해관계자들을 모아 지속적으로 발전하는 이 산업의 장기적인 성장을 이끄는 중심 기관 역할을 하고 있다.

디지털 치료제 산업의 빠른 확장에 따라, 디지털 치료 연맹의 사명은 환자, 의사, 지불자, 정책 입안자들이 일상적인 환경에서 디지털 치료제 제품을 어떻게 식별, 평가, 활용할 수 있는지 이해하도록 돕는 것이다. 따라서 디지털 치료 연맹은 헬스케어 생태계의 이해관계자들과 협력하여 디지털 치료제 제품이 신뢰할 수 있고 전 세계적으로 접근 가능한 치료 옵션이 되도록 노력하고 있다.

디지털 치료 연맹의 회원사들은 거의 모든 주요 헬스케어 산업과 지리적 지역에 걸쳐 있으며, 디지털 치료제를 발전시켜 임상 및 보건 영역의 경제적 성과를 개선함으로써 글로벌 헬스케어를 혁신하는 데 전념하고 있다.

3. 산업 발전

디지털 치료제 산업의 강력한 기반을 구축하기 위해, 디지털 치료 연맹의 이해관계자들(환자, 간병인, 임상가, 정책 입안자, 보험사, 기술 제조업체 등)이 치료 환경 전반에서 디지털 치료 제품을 정의, 평가, 구현할 때 필요한 명확성을 제공하는 프레임워크를 개발한다. 이러한 표준화 없이는 이 기술들이 지역적, 국가적, 전 세계적으로 확장되는 것이 불가능하다. 따라서 최종 사용자와 제품 평가자에게 최상의 서비스를 제공하기 위해, 이러한 프레임워크는 더 넓은 디지털 헬스 환경의 맥락에서 개발되었고, 디지털 치료제 제품과 그 사용 사례가 확장됨에 따라 계속 발전할 것이다.

또한 업계 리더들은 이러한 기술들이 일상적인 헬스케어 경로에서 어떻게 성장하고 통합되며 영향을 미칠지를 결정하기 위해 새로운 성장 동력을 지속적으로 평가하고 있다. 따라서 이 장에서는 산업의 기초 설정부터 글로벌 확장까지의 성장을 다룬다.

4. 2017-2021년: 기반 구축

1) 환경 분석

디지털 치료 연맹이 디지털 치료제 산업의 기반을 구축하기 위해 처음으로 한 일 중 하나는 파트너 조직과 협력하여 더 넓은 디지털 헬스 기술(digital health technology, DHT) 환경을 분석하고 이 생태계 내에서 디지털 치료제의 영역을 명확하게 파악하는 것이었다.

디지털 헬스는 모든 건강 및 의료 환경에서 점점 더 보편화되고 있지만, 여전히 제품 범주를 정의하기 어렵다. 일부 디지털 헬스 기술은 임상가와 기업 지원에 중점을 두는 반면, 많은 다른 기술들은 환자 중심적이다. 일반적으로 인식되는 디지털 헬스 제품 카테고리는 '디지털 헬스 앱'으로 통칭된다. 이러한 제품은 일반적으로 환자 중심으로, 전통적인 앱 스토어에서 다운로드할 수 있으며, 다양한 건강 및 웰빙 문제를 다루고, 다양한 수준의 환자의 개인정보와 임상 증거를 포함한다.

그러나 디지털 헬스 앱은 더 넓은 디지털 헬스 기술 연속체에서 소프트웨어 기반 제품의 한 유형에 불과하다([그림 13.1]). 다양한 유형의 디지털 헬스 기술은 웰빙, 약물 순응도, 원격 환자 모니터링, 의학적 상태 진단에 사용되지만, 디지털 치료제는 디지털 헬스 기술 하위 집합으로서 소프트웨어를 활용하여 질병이나 장애를 직접 치료, 관리 또는 예방한다.

디지털 헬스 생태계의 제품들은 서로 다른, 그러나 상호 보완적인 목적을 제공한다.
각 제품의 의도된 사용 목적과 위험 수준에 따라,
점점 더 높은 수준의 임상 평가, 규제 감독, 그리고 실제 데이터 요구 사항을 적용받는다.

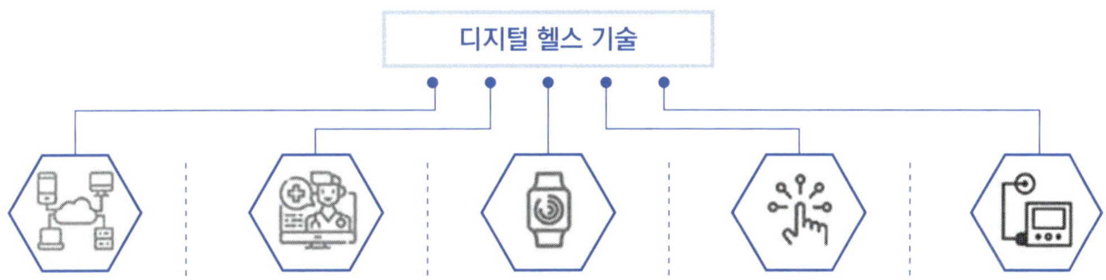

기업 시스템 및 지원	임상 서비스 및 지원	환자용 웰빙 및 지원	환자용 진단 및 모니터링	환자용 치료적 개입
건강관리 시스템, 클리닉, 기타 기업환경을 위한 플랫폼	주로 임상가와 임상 지원 직원들을 위한 플랫폼	건강 데이터를 캡처, 저장, 전송하는 제품	진단, 안내, 환자 모니터링을 위해 사용되는 제품	의료 개입 및 치료를 전달하는 제품
• 임상관리 및 관리도구 • 예측 분석 • 임상시험 관리	• 건강정보기술 • 전자의무기록 및 처방 시스템 • 환자 관리 시스템 • 원격 건강 시스템	• 라이프스타일 및 웰빙앱 • 활동 및 피트니스 추적기 • 약물복용 알림앱 • 웨어러블 및 센서(비의료등급) • 소비자 건강정보	• 디지털 진단 • 디지털 생체지표 • 원격 환자 모니터링 도구 • 웨어러블 및 바이오메트릭 센서(의료등급) • 약물복용 통합센서 • 연결된 약물 전달 장치	• 디지털 치료제 -환자에게 소프트웨어를 통해 직접 전달되는 임상 개입으로, 질병이나 장애를 치료, 관리, 예방함 • 비디지털 치료제 의료기기(예: 인슐린펌프, 인공췌장, CPAP)

[그림 13.1] 디지털 헬스 기술 생태계(Digital Therapeutics Alliance, 2021a).

위의 각 범주([그림 13.1])에 나열된 제품들의 요구 수준이 각기 다르며, 따라서 본질적으로 서로 다른 수준의 위험을 가지고 있다. 웰빙에서부터 치료까지 각 제품의 용도가 복잡해짐에 따라 임상적 효능, 제품 안전성, 환자 개인정보 보호, 규제 감독과 관련된 제품의 요구 사항도 증가한다.

대부분의 환자 중심 웰빙 및 지원 앱은 시장에 출시되기 전에 과학적 검증이나 임상 증거를 통해 제품의 요구를 입증할 필요가 없다. 반면, 환자 중심 모니터링, 진단 및 치료 제품은 점점 더 높은 수준의 제품 안전성과 효능을 입증해야 한다(Digital Therapeutics Alliance, 2019a).

모든 디지털 헬스 기술이 동일하지 않기 때문에, 의료 의사 결정권자(healthcare decision makers, HCDMs)와 최종 사용자가 각기 다른 목적을 가진 디지털 제품을 구분하는 것이 중요하다. 예를 들어:

- 환자들은 다음을 알아야 한다: 내가 무엇을 사용하고 있는가? 왜 사용해야 하는가? 어떻게 도움이 되는가? 이 제품이 안전하고 효과적이며 내 데이터를 보호할 것임을 누군가 검증했는가?
- 임상가들은 다음을 알아야 한다: 무엇을 기대해야 하는가? 다른 치료와 어떤 관련이 있는가? 실행 가능한 데이터나 통찰을 제공하는가? 내가 이 제품을 승인하거나 처방해야 하는가?
- 헬스케어 서비스 제공자들은 다음을 알아야 한다: 우리가 어떤 종류의 제품을 다루고 있는가? 개인 및 인구 수준에서 환자들에게 어떤 이점이 있는가? 어떤 유형의 임상적, 경제적 결과를 기대해야 하는가?
- 규제 기관은 다음을 알아야 한다: 각 제품이 환자에게 어느 정도의 위험을 초래하는가? 적절한 규제 감독 수준은 어느 정도인가?

이러한 질문들을 통해 최종 사용자는 자신의 필요와 기대를 가장 잘 충족시킬 수 있는 디지털 헬스 기술을 파악할 수 있다.

2) 디지털 치료의 정의

미래의 헬스케어에는 질병과 장애를 치료, 관리 및 예방하는 의료 개입을 소프트웨어를 사용하여 직접 환자에게 제공하는 제품이 확실히 포함될 것이다.

따라서 디지털 치료 연맹의 또 다른 중요한 작업은 디지털 치료제가 무엇인지 정의하고, 환자, 간병인, 임상가 및 보험사가 이 정의에 부합하거나 부합하지 않는 제품을 식별하도록 돕는 것이다. 업계 전반에 걸쳐 디지털 치료제는 다음과 같이 정의된다(Digital Therapeutics Alliance, 2019b):

"디지털 치료제는 의학적 장애나 질병을 예방, 관리, 치료하기 위해 고품질 소프트웨어 프로그램에 의해 구동되는 근거 기반 치료 개입을 제공한다. 이러한 치료법은 독립적으로 사용되거나 약물, 기기 또는 기타 치료와 함께 사용되어 환자의 치료 및 건강 결과를 최적화한다.

디지털 치료제 제품은 설계, 임상 평가, 사용성 및 데이터 보안과 관련된 최신 기술 모범 사례를 통합한다. 이러한 제품은 위험성, 효능, 사용 목적에 관한 제품 주장을 뒷받침하는 데 필요한 규제 기관의 검토와 허가 또는 인증을 받는다."

디지털 치료제는 환자, 임상가, 보험사에게 고품질의 안전하고 효과적인 데이터 기반 개입을 통해 다양한 질환을 해결할 수 있는 지능적이고 접근 가능한 도구를 제공한다.

3) 디지털 치료제의 핵심 원칙 및 모범 사례

수많은 제품이 임상적 효능을 주장하고 약속하는 환경에서, 의료 의사 결정권자(HCDM)는 어떤 제품이 진정한 디지털 치료제로서 자격이 되는지 판단할 수 있는 지침이 필요하다.

디지털 치료제는 소프트웨어를 사용하여 환자에게 임상 수준의 의료 개입을 직접 제공하기 때문에, 이러한 제품은 안전성과 효능을 보장하기 위해 임상적으로 검증되어야 하며, 일반 디지털 헬스 앱이나 제품보다 더 엄격한 임상, 보안 및 규제 검토를 받는다. 따라서 디지털 치료제라고 주장하는 모든 제품은 다음의 기본 원칙을 준수해야 한다(Digital Therapeutics Alliance, 2019b):

1. 의학적 장애나 질병을 예방, 관리 또는 치료한다.
2. 소프트웨어에 의해 구동되는 의료 개입을 생성한다.
3. 설계, 제조 및 품질 모범 사례를 통합한다(Digital Therapeutics Alliance, 2019c).
4. 제품 개발 및 사용성 프로세스에 최종 사용자를 참여시킨다.
5. 환자 개인정보 보호 및 보안 보호 기능을 통합한다.
6. 제품 배포, 관리 및 유지보수의 모범 사례를 적용한다(Digital Therapeutics Alliance, 2019c).
7. 임상적으로 의미 있는 결과를 포함한 임상시험 결과를 동료 심사 저널에 게재한다.
8. 제품의 위험성, 효능 및 용도에 대한 주장을 뒷받침하기 위해 규제 기관의 검토 및 승인을 받는다.
9. 임상 검증 및 규제 상태에 적합한 주장을 한다.

10. 실제 증거 및/또는 제품 성능 데이터를 수집, 분석 및 적용한다.

이 핵심 원칙은 디지털 치료 연맹이 설립된 이래로 변하지 않았지만, 이러한 원칙을 뒷받침하는 모범 사례 목록은 업계 표준 및 새로운 기술 제공에 맞춰 시간이 지남에 따라 발전할 것이다.

예를 들어, 디지털 치료제는 견고한 임상 시험을 거치며 기존 치료법과 유사한 수준의 안전성과 임상 증거를 확보한다. 여기에는 적절한 임상시험 설계, 표준화된 평가지표의 활용, 우수 임상 관행과의 연계, 적절한 결과보고, 동료 심사 저널에 결과 발표, 실제 임상 증거(real-world evidence, RWE)의 생성 및 적용, 제품 성능 데이터의 분석 등이 포함된다(Digital Therapeutics Alliance, 2019c).

이 엄격한 과정을 통해 디지털 치료제 제품이 관련 집단과 대상 인구에서 안전성과 효능을 입증하고, 신뢰성을 확보하며, 실제 환경에서 임상적으로 의미 있는 결과를 제공하고, 현재의 표준 치료와 동등하게 간주될 수 있다. 무작위 대조군 임상시험은 여전히 디지털 치료제 제품 결과를 입증하는 데 있어 최고의 표준으로 간주되지만, 실용적 임상시험과 기타 실제 임상 증거 개발은 점점 더 중요해질 것이다(U.S. Food & Drug Administration, 2021).

4) 사용 목적 및 작용 메커니즘

이 산업의 기반을 개발하는 과정에서 디지털 치료 연맹은 모든 디지털 치료제가 디지털 치료의 정의와 핵심 원칙에 부합해야 하지만, 각 개별 기술은 특정 환자 집단을 대상으로 독특한 조정과 작용 메커니즘을 가진다는 점을 인식했다. 따라서 디지털 치료제 산업 전반에서 제품은 핵심 원칙에 부합하는지에 따라 신뢰도가 결정되며, 의사 결정 기관의 추가 평가 대상이 된다.

따라서 디지털 치료제는 임상 증거와 지속적인 실제 데이터를 생성하는 의무를 통해 다양한 질환과 장애의 환자 치료 결과가 의미있게 개선됨을 입증한다(Digital Therapeutics Alliance, 2022b).

디지털 치료제는 임상 목표를 달성하기 위해 다음과 같은 다양한 작용 메커니즘을 갖는다:

- 개인 맞춤형 질병의 치료, 관리, 예방 프로그램을 제공함
- 동반 질환, 부작용 또는 관련 질환을 해결하는 치료를 제공함
- 직접적인 신경학적 변화를 유도하는 치료를 제공함

- 인지 행동 치료 및 기타 근거 기반 치료를 제공함
- 현재의 대면 치료 및 약물 치료를 강화, 지원 및 최적화함
- 반응형 신체 운동 및 행동 개입을 제공함

디지털 치료제는 일반적으로 스마트폰 및 개인 태블릿과 같은 다목적 기기를 통해 환자에게 제공되며, 경험적으로 입증된 치료법에 대한 접근성을 확장하고, 치료가 미흡하거나 사용 가능한 치료 옵션이 없는 질환에 대한 치료 옵션을 제공한다.

5) 디지털 치료제 제품의 범주

모든 디지털 헬스 기술이 동일하지 않듯이, 모든 디지털 치료제도 동일하지 않다. 디지털 치료 연맹의 노력 초기에 연합 구성원들은 디지털 치료제 제품의 세 가지 다른 범주를 파악했다: 질병이나 장애를 치료, 관리 또는 예방하기 위한 제품(질병이나 장애와 구체적으로 관련된 건강 상태를 개선하는 것을 포함함).

이 세 가지 범주에 걸쳐 모든 디지털 치료 제품은 임상 평가지표를 사용하여 제품별 결과를 생성하고 동료 심사 저널에 게시하는 등 업계의 핵심 원칙을 준수해야 한다([그림 13.2]). 그러나 제품의 주요 목적과 환자에게 제공되는 정보의 유형에 따라 제품의 주장은 특정 위험 수준과 직접적으로 연관되며, 결과적으로 규제 감독 수준 및 제품 접근 경로의 수준이 달라진다.

산업이 성장함에 따라 디지털 치료제 제품은 계속해서 산업의 핵심 원칙에 부합하겠지만, 규제 감독 및 환자 접근과 관련된 경로는 계속해서 발전할 것이다.

6) 규제 프레임워크

디지털 치료제 산업이 처음 등장했을 때, 규제 프레임워크가 어떻게 발전할지, 디지털 치료제 제품이 시장에 진입할 수 있는 경로가 있을지에 대한 우려가 있었다. 그러나 여러 규제 기관의 강력한 리더십 덕분에 이러한 우려는 크게 줄어들었다. 미국, 영국, 독일, 한국과 같은 국가들이 선도하면서, 디지털 치료제에 대한 견고한 규제 프레임워크가 이제 전 세계적으로 개발되고 있다.

지방, 국가 및 지역 수준의 정책 입안자들은 디지털 치료제의 규제 인정과 공공 보험 적용 및 환자 접근을 가능하게 하는 데 필요한 법적 조치와 관련된 여러 중요한 질문에 직면해 있다.

(1) 국제 의료 기기 규제기관 포럼

디지털 치료제는 일관되게 의료 기기로 규제된다. 이들은 대부분 국제 의료 기기 규제 기관 포럼(International medical device regulators forum, IMDRF)에서 개발한 '의료 기기 소프트웨어(Software as a Medical Device, SaMD)'의 하위 범주로 분류된다. 의료 기기 소프트웨어가 대표하는 제품의 생태계가 매우 다양하기 때문에, 모든 디지털 치료제 제품이 의료 기기 소프트웨어에 해당되는 것은 아니며, 모든 의료 기기 소프트웨어 제품이 디지털 치료제로 적격이 되지는 않는다. 국제 의료 기기 규제기관 포럼의 치료하거나 진단하는 제품, 임상 관리를 유도하는 제품, 임상 관리 정보를 제공하는 제품 등을 포함한 의료 기기 소프트웨어 제품 분류에 따르면(IMDRF Software as a Medical Device (SaMD) Working Group, 2014), 디지털 치료제는 일반적으로 치료 및 임상 관리 범주와 가장 잘 맞는 반면, 진단 및 정보 제공의 범주와는 다르다. 점점 더 많은 디지털 치료제 기기들이 '의료 기기 내 소프트웨어(Software in a Medical Device, SiMD)' 프레임워크로 확장되고 있다.

(2) 미국: 식품의약국

미국 식품의약국(Food and Drug Administration, FDA)은 디지털 치료 제품의 규제 정책 개발에서 오랫동안 선구자로 인정받아왔다. 디지털 치료제의 용도와 위험 수준에 따라 각 제품은 미국 식품의약국의 의료 기기 및 방사선 건강 센터(Center for Devices and Radiological Health, CDRH) 부서의 510(k) 승인에서부터 집행 재량권까지 다양한 수준의 감독을 받는다(Digital Therapeutics Alliance, 2022a).

디지털 헬스 우수 센터(The Digital Health Center of Excellence: DHCoE)는 의료 기기 및 방사선 건강 센터의 일부로, 미국 식품의약국 전반의 디지털 헬스 업무를 조율하고 조정하기 위해 노력하고 있다. 이 센터는 디지털 헬스의 잠재력을 발전시키고 실현하기 위한 발판을 마련하여 디지털 헬스 기술에 대한 포괄적인 접근 방식의 시작을 알린다. 미국 식품의약국은 소프트웨어 사전 인증 파일럿 프로그램과 같은 노력들이 진행 중에 있으며, 코로나19 대유행 초기에 '정신 질환 치료를 위한 디지털 헬스 기기 시행 정책'이라는 지침 문서를 발표했다. 이 문서에서 미국 식품의약국은 디지털 치료가 환자에게 제공하는 가치를 인정하면서 다음과 같이 언급했다(U.S. Food & Drug Administration, 2020):

> "코로나19 공중 보건 비상 상황에서 의료 기기로서의 소프트웨어 또는 기타 디지털 치료 솔루션을 포함한 디지털 헬스 기술을 사용하면 자택으로의 대피, 격리, 검역 기간 동안 정신 건강과 복지를 향상시킬 수 있다. 또한 이러한 기술의 사용은 의료진과의 접촉 및 근접성을

줄임으로써 '사회적 거리두기'를 촉진할 수 있고, 코로나19 공중 보건 비상사태로 인해 수요가 증가하고 있는 병원, 기타 의료 시설 및 의료 전문가의 부담을 덜어줄 수 있다."

코로나19 시대에 입법 기관과 규제 기관은 디지털 치료 제품을 코로나19로 인해 발생하거나 악화되는 정신건강 문제를 해결하고, 만성 질환을 겪고 있는 사람들에게 전통적인 진료 환경 밖에서 자신의 상태를 관리할 수 있는 방법을 제공하고, 과중한 업무에 시달리고 있는 임상가와 의료 기관의 불필요한 부담을 줄일 수 있는 새로운 방식으로 점점 더 인정하고 있다.

(3) 영국: 국립보건임상연구소

영국 국립보건임상연구소(National Institute for Health and Care Excellence, NICE)는 디지털 치료제 제조업체들이 각 제품의 용도와 위험성에 따라 개발해야 할 임상 및 보건 경제적 증거의 유형에 대한 통찰을 업계에 제공하는 데 앞장서고 있다.

영국 국립보건임상연구소는 디지털 헬스 기술의 비용 지불 및 배포에 대한 책임은 없지만, 혁신가와 위원들이 디지털 헬스 기술에 대해 좋은 수준의 증거가 어떤 모습이어야 하는지 이해하도록 돕고, 보건 및 돌봄 시스템, 환자, 사용자들의 요구를 충족시키는 것을 목표로 하고 있다. 영국 국립보건임상연구소는 디지털 헬스 혁신가들에게 영국 국립보건원이 어떻게 결정을 내리고, 다양한 유형의 디지털 헬스 기술에 대해 어떤 수준의 증거를 기대하는지에 대한 조언을 제공한다. 또한 영국 국립보건임상연구소는 영국 국립보건원 위원들이 더 많은 정보에 기반한 일관된 결정을 내릴 수 있도록 그들이 기대할 수 있는 근거 수준에 대한 프레임워크를 제공한다. 이 과정을 보다 역동적이고 가치 중심적으로 만들어, 환자들에게 실질적인 가치를 제공하는 것을 목표로 하고 있다(National Institute for Health and Care Excellence, 2022).

영국 국립보건임상연구소의 효과성 표준에 대한 증거는 영국 보건 및 사회복지 시스템에서 디지털 헬스 기술의 가치를 입증하기 위해 필요한 증거를 설명한다. 여기에는 기술의 용도와 관련된 효과성 증거와 재정적 위험과 관련된 경제적 영향을 입증할 수 있는 증거가 포함된다(National Institute for Health and Care Excellence, 2018).

디지털 헬스

디지털 의료

디지털 치료제

산업 핵심 원칙을 충족하는 디지털 치료제는 일반적으로 제품의 기본 목적에 따라 세 가지 범주 중 한 가지로 분류됨

	질병 치료	질병 관리	건강 기능 향상
임상적 평가 지표	제품 주장을 뒷받침하기 위해 치료적 개입을 제공하고 임상적 평가 변수를 사용함	제품 주장을 뒷받침하기 위해 치료적 개입을 제공하고 임상적 평가 변수를 사용함	제품 주장을 뒷받침하기 위해 치료적 개입을 제공하고 임상적 평가 변수를 사용함
임상적 근거	임상시험 및 지속적인 증거가 요구됨	임상시험 및 지속적인 증거가 요구됨	임상시험 및 지속적인 증거가 요구됨
의학적 요구 수준	중간에서 고위험	중간에서 고위험	낮음에서 중간위험
규제 감독	규제기관 또는 동등한 국가기관의 효능과 안정성 주장에 대한 제3자 검증	규제기관 또는 동등한 국가기관의 효능과 안정성 주장에 대한 제3자 검증	현지 규제 체계에 따라 감독의 정도가 달라짐
환자 접근	처방	비처방 또는 처방	비처방 또는 처방

[그림 13.2] 디지털 치료제 산업의 분류(Digital Therapeutics Alliance, 2021b).

(4) 독일: 연방 의약품 및 의료 기기 연구소

연방 의약품 및 의료 기기 연구소(Federal Institute for Drugs and Medical Devices; Bundesinstitut für Arzneimittel und Medizinprodukte, BfArM)는 독일 연방 보건부 산하의 독립적인 연방 상급 기관이다. 2020년에 독일 연방 의약품 및 의료 기기 연구소는 디지털 헬스 애플리케이션(디가(DiGA)-독일어: 'Digitale Gesundheitsanwendungen')을 독일 시장에 출시할 가능성을 검토하는 프로그램을 시작했다. 디가는 질병의 인식, 모니터링, 치료 또는 완화를 지원하며,

환자 혼자 또는 환자와 의료진이 함께 사용하는 클래스 I 또는 IIa CE 인증 의료 기기이다(Federal Institute for Drugs and Medical Devices, 2022). 모든 디가가 디지털 치료제인 것은 아니지만, 수많은 디지털 치료제가 디가로 인정받고 있다.

독일 연방 의약품 및 의료 기기 연구소의 평가 절차는 신속한 절차로 설계되어 있으며, 최장 3개월 이내에 평가 절차를 진행하여 제품이 최소 1년간 시장 접근 및 환급을 받을 수 있는 자격이 있는지 여부를 결정한다. 제조업체는 데이터 보호, 상호 운용성, 사용자 친화성, 긍정적인 건강 효과에 대한 증거와 관련된 정보를 제출해야 한다.

디가의 전국적인 배포와 실사용 데이터 분석과 관련된 작업이 아직 진행 중이지만, 독일의 혁신적인 디지털 헬스 기술 평가 및 접근 방식은 프랑스와 같은 여러 다른 관할 구역에 영감을 주고 있으며, 이 모델의 일부를 현재 존재하는 프레임워크와 함께 또는 추가적으로 이 모델의 측면을 복제하는 방법을 고려하고 있다.

(5) 대한민국: 식품의약품안전처

일본, 싱가포르, 호주에서 디지털 치료제에 대한 규제 프레임워크를 개발하기 위한 노력이 진행되고 있는 가운데, 대한민국 식품의약품안전처는 코로나19 팬데믹에 대응하여 디지털 치료 경로를 개발하기 위한 인상적인 캠페인을 주도하고 있다.

2020년 11월, 식품의약품안전처는 디지털 치료 제품을 의료 기기로서의 소프트웨어로 규제하는 디지털 치료제 심사 및 승인 지침을 마련했다. 규제 검토 고려 사항에는 제품의 용도, 작동 메커니즘, 성능, 개발, 임상 시험, 다른 국가에서의 잠재적인 제품 승인 및 사용 가능성 등이 포함된다.

7) 산업의 가치 확장

디지털 치료 산업이 확장됨에 따라, 제품이 환자, 간병인, 임상가, 그리고 보험사들에게 제공하는 가치도 증가하고 있다. 디지털 치료 연맹은 이 가치를 주요 의사결정자들에게 전달하고, 정책 입안자들과 협력하여 모든 헬스케어 환경에서 환자들이 이 가치를 실현할 수 있도록 하는 데 중요한 역할을 계속 수행하고 있다.

디지털 치료제는 환자의 나이, 언어, 문화, 소득, 질병 상태, 또는 지역에 상관없이, 소외된 인구의 치료 격차를 해결할 수 있기 때문에, 공공 및 민간 자금 제공자들은 보험 정책을 개발할 때 다음과 같은 측면을 이해해야 한다.

(1) 소외되고 치료받지 못하는 인구에 대한 치료의 제공

디지털 치료제의 확장성과 접근성 덕분에, 디지털 치료제는 다양한 만성 질환과 정신건강 문제에 대해 새로운 치료법과 자기 관리 옵션을 제공한다. 디지털 치료제는 평상시에 헬스케어 서비스에 접근하기 어려운 고위험군, 농촌 지역, 소외 계층, 의료 혜택을 받지 못하는 사람들에게 쉽게 접근할 수 있다. 디지털 치료제의 기능에는 다음이 포함된다:

- 스마트폰이나 태블릿과 같은 환자 소유의 기기를 통해 접근 가능함
- 환자의 집 환경에서 개별적으로 치료 제공
- 환자가 자신의 건강을 이해하고 관리하며 참여하는 방식을 변화시킴
- 환자의 업무나 교육 일정과 무관하게 치료 제공
- 다양한 언어로 치료 제공
- 특정 전통적인 치료에 대한 낙인을 줄임
- 삶의 질과 질병 상태에 직접적인 영향을 미침
- 맞춤화된 목표와 결과에 대한 의미 있는 결과와 통찰을 제공함
- 임상가의 환자 치료 능력을 확장함
- 다양한 수준의 헬스케어 인프라를 갖춘 환경에서 의료팀을 지원함

(2) 치료 접근성 및 확장성

디지털 치료 제품에 대한 환자의 접근 권한은 일반적으로 처방전, 임상가의 추천, 또는 전자 의료 기록, 고용주, 제3자 지불자를 통한 활성화 코드 전달을 통해 이루어진다.

물리적인 유통과 조제 과정에 의존하는 전통적인 의약품과 달리, 디지털 치료 제품은 소프트웨어 기반으로 제작되어 다목적 플랫폼(예: 환자 소유의 스마트폰, 태블릿)에서 사용할 수 있다. 이는 완전히 새로운 차원의 제품 확장성과 환자 접근성을 제공한다. 따라서 지역에 의존하는 전달 모델 대신 필요에 기반한 전달 모델을 구현할 수 있다.

제품 접근성과 확장성이 증가함에 따라, 보험사와 정책 입안자들은 지리적 한계, 문화 및 언어 장벽, 잘 알려져 있는 불평등 또는 건강 상태의 심각성으로 인해 치료를 받지 못했던 많은 사람에게 치료를 제공할 수 있게 되었다. 이전에는 치료를 받지 못했던 환자들도 이제 자신들의 특정 요구와 능력에 따라 맞춤화된 치료적 개입을 받을 수 있으며, 이 과정이 그들의 업무나 교육 일정에 구애받지 않고, 익숙한 언어와 문화적 배경을 바탕으로 자신의 사생활과 안전을 보호받으면서 이루어질 수 있다. 또한 치료를 통해 임상적으로 개선되고 있음을 보여 주는 실용적인 정보를 제공받을 수 있다.

(3) 실제 결과

전통적인 의약품과는 달리, 디지털 치료제는 환자 사용 및 임상적 영향과 관련된 다양한 실제 데이터 결과를 생성한다. 여기에는 환자별 측정치(예: 실행 가능한 임상 결과, 표준화된 환자 평가, 관련 센서를 통한 생리학적 데이터), 환자 및 임상가의 사용 데이터(예: 환자 사용 및 참여도, 제품 도입 지표, 의료진 처방 기준), 제품 기능성(예: 제품 성능, 분석, 품질 지표)이 포함된다.

환자와 임상가는 치료의 중요한 측면을 조정하고 최적화하기 위해 실제 데이터를 사용하지만, 이 데이터는 헬스케어 보험사와 정책 입안자들이 제품을 평가하는 데 적합한 정식 실제 근거로 변환될 수도 있다. 중요한 점은, 의사결정자들이 특정 환자 그룹의 결과를 분석하고 임상적 및 경제적 측면에서 실제 통찰을 얻을 수 있다는 것이다. 또한 실제 데이터를 기반으로 한 평가가 결국에는 2차 출처(예: 환자 등록 시스템, 전자 건강 기록 시스템, 청구 데이터베이스)를 통해 도출된 정보에만 기반한 평가의 일부를 대체할 가능성도 있다.

또한 디지털 치료제로 생성된 실제 결과는 개별 환자와 집단 수준에서 결과를 최적화하는 데 사용될 수 있다. 개별 환자 수준에서는 디지털 치료 제품이 임상가에게 의미 있고 실행 가능한 임상 보고서를 제공한다. 집단 수준에서는 디지털 치료 제품이 생성한 데이터를 집계하여 환자의 질병 상태, 중증도, 지리적 위치, 나이, 성별 등에 따라 진행 상황을 추적하거나 전체 결과를 비교할 수 있다.

(4) 시간이 지남에 따라 개선되는 치료

FDA 승인을 받은 후에 수정되지 않는 기존 의약품과는 달리, 디지털 치료제는 본질적으로 반복적인 특성을 가지고 있고, 전체 생애 주기 내내 계속해서 발전한다. 이러한 반복 작업 중 일부는 핵심 알고리즘이 변경될 경우 규제 당국의 검토가 필요할 수 있지만, 대부분의 제품 제조업체가 수행하는 반복 작업(예: 제품 기능 변경, 환자 참여 최적화)은 즉각적인 효과를 보장하기 위해 실시간으로 사용자에게 제공된다.

코로나19는 디지털 치료제가 환자들이 집에서 만성 질환을 관리하고, 정신건강 서비스의 효율성을 개선하며, 다른 방법으로는 치료를 받기 어려운 수백만 명의 사람들에게 효과적인 치료를 제공하는 것에 대해 어떻게 도움이 되는지와 관련한 인식을 더욱 부각시켰다. 임상가, 의료 시스템, 고용주, 보험사들이 이러한 제품을 환자 치료에 계속 통합함에 따라, 디지털 치료제는 미국 및 전 세계에서 헬스케어 서비스 제공 및 소비에 점점 더 많은 영향을 미칠 것이다.

5. 2022년 이후: 의사 결정권자와 최종 사용자의 역량 강화

디지털 치료제 분야의 리더들은 기존의 산업 기반을 바탕으로, 의료 의사 결정권자들과 최종 사용자들에게 디지털 치료 제품 선택, 사용, 시스템 통합, 결과 최적화와 관련된 정보에 기반한 결정을 내리는 방법에 대한 프레임워크를 제공하고 있다. 그러나 이러한 프레임워크가 영향력을 발휘하려면 다음 네 가지 장애물을 해결해야 한다:

1. 정책 입안자들은 디지털 치료제 제품을 용도와 위험도에 따라 분류할 수 있는 공통의 프레임워크가 필요하다. 앞서 살펴본 바와 같이 비록 여러 지역에서 상당한 진전이 이루어지고 있지만, 디지털 치료제의 인식, 위험도 분류 또는 제품 승인 요건에 있어 전 세계적으로 일관된 접근 방식은 아직 없다.
2. 보험사는 디지털 치료제 제품을 평가하고 보장하기 위해 목적에 맞는 경로를 필요로 한다. 임상 시험 데이터, 실제 결과, 데이터 관리 요건이 일관되게 유지되지 않으면, 디지털 치료제의 지역적, 국가적 시스템 내에서의 확장성이 크게 제한되어 전체 인구가 새로운 치료제에 접근할 수 있는 기회를 박탈당할 수 있다.
3. 임상가는 디지털 치료제 제품의 적절한 사용을 인정하는 임상 지침과 함께, 제품 사용 권한 부여 및 최적화를 위한 기술 교육, 디지털 치료제를 진료 환경과 임상 작업에 통합하는 데 필요한 지원을 필요로 한다.
4. 환자들은 디지털 치료제를 사용하고 참여하는 과정에서 직접적인 도움을 제공하는 자원이 필요하다. 특히, 고품질 제품과 저품질 제품을 구분하고, 각 치료에서 최대 가치를 얻는 방법을 결정할 수 있어야 한다.

환자들이 디지털 치료제에 더 잘 접근할 수 있도록, 디지털 치료 연맹은 정책 입안자들과 협력하여 디지털 치료제 제품을 적절히 인식하고 분류할 수 있는 조화로운 프레임워크를 개발하고, 보험사들과 협력하여 확장 가능한 접근 및 보장 모델을 개발하며, 임상가들과 환자들에게 제품 활용 및 최적화와 관련된 교육을 제공하는 등 이러한 도전 과제를 해결하기 위해 다양한 노력을 기울이고 있다.

따라서 다음과 같은 노력과 발전이 곧 이루어질 예정이다:

1) 조화로운 평가 프레임워크

의료 의사 결정권자들은 환자들에게 임상적으로 검증된 고품질 디지털 치료제 제품에 대한 접근성을 제공하는 데 중요한 역할을 한다. 전 세계적으로 더 많은 의료 의사 결정권자들이 디지털 치료제 제품의 검토, 평가, 구현에 참여하게 됨에 따라, 보험사, 임상가, 환자, 간병인들이 디지털 치료제 제품을 일관되게 평가할 수 있는 신뢰할 만한 프레임워크에 접근할 수 있는 것이 중요하다.

현재, 의료 의사 결정권자들은 디지털 치료제 제품을 평가하기 위해 사용하는 일반적인 평가 기준과 고려 사항이 매우 다양하다. 디지털 치료제의 보급이 증가함에 따라, 의료 의사 결정자들은 디지털 치료제의 품질, 영향력, 가치를 평가하는 데 필요한 프레임워크를 자체적으로 만들어야 하는 상황에 직면해 있다. 그 결과, 의료 시스템, 고용주, 민간 보험사, 공공 보험사 간에 상이한 기대치가 나타나고 있으며, 이는 디지털 치료제 제조업체들이 운영하기에 매우 복잡하고 어려운 환경을 초래한다. 이 과정에 일관성이 높아지면 제조업체들은 제품을 의미 있게 구현하고 확장하는 데 필요한 데이터, 결과, 통찰을 의료 의사 결정권자들에게 더 쉽게 제공할 수 있다.

따라서 디지털 치료 연맹의 현재 노력 중 하나는 *디지털 치료제의 가치 평가 및 통합 가이드*를 개발하는 것이다. 이 가이드는 의료 의사 결정권자들에게 디지털 치료제의 가치를 평가하고 임상 실무에 통합할 수 있는 프레임워크를 제공한다. 따라서 이 가이드는 기존 시스템 내에서 평가 과정을 강화하고 개선하기 위한 일관된 경로를 제공하며, 새로운 평가 및 검토 경로를 개발하려는 조직을 위한 기초 템플릿 역할도 한다.

2) 전 세계적 인식 및 활용

디지털 제품 간 상당한 차이점이 있음에도 불구하고, 많은 사람은 서로 다른 목적을 가진 디지털 헬스 기술을 구별하기 어려워한다. 전통적인 의약품을 예로 들면, 두 개의 캡슐 혹은 정제가 비슷하게 생기고 같은 색으로 생산되더라도, 각 약물은 서로 다른 용도를 가지고 있다는 것을 대부분 사람들은 이해한다. 약물의 임상적 효과를 결정하는 것은 포장이나 껍질뿐만 아니라 그 안에 포함된 활성 성분이라는 것이 일반적인 상식이다.

그러나 환자와 임상가는 앱 스토어와 같은 온라인 플랫폼을 통해 웰빙부터 치료까지 다양한 소프트웨어 기반 제품을 스마트폰이나 태블릿에 다운로드 할 수 있지만, 각 제품 유형에 따라 목적, 적응증, 임상적 영향력이 다르다는 사실을 잘 알지 못한다.

이러한 구별은 중요하다. 디지털 치료제는 전통적인 의약품과 임상가가 제공하는 치료를 보완하여 다양한 질환의 치료, 관리, 예방에 도움을 주기 때문이다. 다른 디지털 헬스 기술과 달리, 디지털 치료제는 전통적인 진료실 환경 밖에서 임상적으로 입증된 치료 옵션을 제공함으로써 필요한 의료 서비스에 대한 접근성을 확대한다. 디지털 치료제는 단순히 상태를 경과관찰 하거나 진단하는 데 그치지 않고, 환자에게 의료적 개입을 제공하고, 진행 상황을 추적하고, 결과를 보고하며, 임상가의 역량을 강화시킨다.

코로나19는 현재와 미래의 의료 서비스를 개선할 수 있는 기술의 힘을 조명했다. 디지털 치료제와 같은 도구는 안전하고 효과적이며 지속적인 환자 치료를 지원하는 데 계속해서 중요한 역할을 할 것이다. 의료계가 기술 중심의 의료 서비스 제공을 점점 수용해 가면서, 의료 리더들은 이러한 제품이 제공하는 가치를 점점 더 인식하게 될 것이다.

3) 국가 정책 개발

지리적 관점에서 디지털 치료제가 제공할 미래의 가치는 특정 국가에 국한되지 않고, 모든 지역의 환자들이 이러한 치료에 접근할 수 있게 될 것이다. 우울증, 불안, 중독, 당뇨병, 천식, 근육통 등 수많은 질환이 전 세계 인구에 영향을 미치는 상황에서 모든 환자는 거주 국가에 관계 없이 동일한 수준의 양질의 치료제를 이용할 수 있어야 한다.

각국에서 의료 평등을 달성하고 현지 접근을 가능하게 하기 위해 디지털 치료 제품에 대한 입법 및 규제 경로를 개발하는 사례가 증가함에 따라, 관할권 간 데이터 생성, 개인정보 보호, 저장 및 분석과 관련된 모범 사례는 제품 접근, 활용도, 결과 최적화 등을 확대하는 데 필수적이 될 것이다.

현재 호주, 벨기에, 프랑스, 독일, 일본, 한국, 영국, 미국 등에서 국가 또는 지역 차원의 지불 체계가 시행되고 있다. 이 목록은 앞으로 몇 달, 몇 년 동안 계속해서 늘어날 것이다.

따라서 정책 결정 기관은 디지털 치료제 제품을 법적으로 공식 인정하고 정의하고, 규제 기관은 시장 진입 경로를 확립하고, 보험사는 이러한 기술을 보장할 수 있는 절차와 자금 조달 메커니즘을 수립하고, 의료계 리더들은 제품 유통을 가능하게 하는 시스템을 개발하는 것이 중요하다. 또한 디지털 치료제 제품의 사용을 승인하고, 환자별 데이터를 검토하며, 실행 가능한 결과를 환자 치료 계획에 통합할 수 있는 일차 진료 제공자 및 기타 임상가들을 위한 적절한 지불 메커니즘도 고려해야 한다.

4) 임상 지침 및 진료 통합

의료 분야가 발전함에 따라, 임상가들은 환자 치료를 위해 선택할 수 있는 다양한 치료 옵션을 갖추게 되었다. 약물 치료, 대면 치료, 가상 치료는 여전히 치료의 기본 요소로 남겠지만, 디지털 치료제는 점점 더 일차 치료 방법으로 인식될 것이다. 이러한 제품을 단독으로 사용하거나 약물, 대면 치료, 가상 치료와 결합하여 사용하는 것은 개별 환자에게 필요할 때 정확히 필요한 총체적이고 개인화된 치료를 제공할 수 있게 한다.

디지털 치료제의 처방 또는 승인 여부를 평가할 때 임상가들은 다음과 같은 질문들을 고려할 것이다:

- 이 디지털 치료제는 어떤 질병 또는 장애를 치료, 관리 또는 예방하기 위해 사용되나?
- 치료제의 적절한 사용 시기, 기간, 빈도는 어떻게 되는가?
- 이 디지털 치료제 제품을 독립적으로 사용할 것인가, 아니면 약물, 기기, 기타 치료와 함께 사용할 것인가?
- 이 제품이 치료 접근성을 높이고 환자의 현재 치료와 일치하는가?
- 제품 내용이 환자에게 친숙한 언어로 제공되는가?
- 제품에서 어떤 실행 가능한 결과를 수집하여 환자, 간병인, 임상가와 공유하는가?

임상가들을 효과적으로 지원하기 위해서는 디지털 치료제 제품이 공식적인 임상 지침 및 치료 경로에 통합되어야 한다. 의료 학회와 기타 지침 개발자들이 디지털 치료제 제품의 품질과 최적의 사용법을 평가하고 이를 공식적인 진료 지침에 통합함에 따라, 임상가들은 이러한 공개된 경로를 참고하여 최상의 환자 치료 계획을 개발할 것이다.

5) 개인 맞춤형 치료

디지털 치료 제품이 점점 더 개인화된 치료법을 환자에게 제공하고, 환자의 언어와 문화적 고려 사항을 반영하면서, 개인화된 제품 배포, 접근성, 활용 외에도 환자의 건강 정보 이해 능력의 수준, 장애 고려 사항, 개인의 목표도 다루어야 한다.

이 분야가 성장함에 따라 디지털 치료제의 승인 및 유통은 다음과 같은 방법으로 제공될 것이다:

- 자격을 갖춘 임상가의 공식 처방전(대면 또는 가상 참여)
- 비처방 디지털 치료 제품에 대한 임상가의 의뢰(대면 또는 가상 참여)
- 비처방 디지털 치료제에 대한 고용주의 직접 승인
- 비처방 디지털 치료 제품에 대한 지불인의 직접 승인
- 의료 의사 결정권자들이 설정한 '공인 임상 프로토콜'을 통해 환자 자격 요건을 생성하고, 필요한 기준이 충족되면 자동으로 환자 접근을 승인
- 환자가 치료 자격 여부를 판단하는 데 활용하는 '임상적으로 검증된 선별 도구'
- 제3자 인증이 필요 없는 '일반 판매' 모델

초기 승인이 이루어진 후, 제품 액세스 코드와 필요한 제품 구성요소(예: 하드웨어, 웨어러블)는 원격 배송(SMS, 이메일, 우편) 또는 병원이나 약국의 대면 배송을 통해 환자에게 직접 전달될 수 있다. 제품 배포에 관여하는 주체로는 제품 지원 센터, 임상가나 임상팀, 가상 건강 코치, 원격 의료 제공자, 약국, 또는 의료 의사 결정권자 등이 포함될 수 있다.

제품 활용과 관련하여 디지털 치료제가 생성하는 실제 결과 — 환자 참여도, 치료 준수, 임상 반응, 환자의 통찰력, 전반적인 치료 진행 상황 등 — 는 개인 환자와 집단 수준에서 결과를 최적화하는 데 점점 더 많이 사용될 것이다.

개인 환자 수준에서는 디지털 치료제가 임상가에게 의미 있고 실행 가능한 임상 보고서를 계속 제공할 것이다. 집단 수준에서는 디지털 치료제에서 생성된 데이터가 집계되어 진행 상황을 추적하고, 환자의 질병 상태, 중증도, 영향 기간, 지리적 위치, 나이, 성별, 동반 질환, 경험한 부작용, 유전적 프로필, 임상 개선까지의 시간, 전반적인 웰빙 등을 기준으로 확장되는 집계된 결과를 비교하는 데 사용될 수 있다.

이러한 디지털 치료제에서 생성된 통찰력과 비교 결과는 임상가에 의해 다음과 같이 활용될 것이다:

- 환자 목표에 미치는 치료의 영향을 평가한다.
- 실행 가능한 통찰력을 적용하여, 환자 및 집단 수준에서 치료를 최적화, 조정, 추천, 증강 또는 축소한다.
- 부작용이나 최적이 아닌 결과를 감지한다.
- 약물 사용에 대한 이해도를 향상시킨다.
- 지속적인 모니터링 및 측정을 제공한다.

6. 미래를 향하여

개념화, 개발, 확장 및 채택에 수십 년이 걸리는 일부 기술에 비해 디지털 치료제는 비약적인 성장을 거듭해 왔다. 우리는 이제 질병이 오직 대면 치료와 약물로만 치료되던 환경에서 디지털 치료제가 합법적인 치료 방법으로 공식적으로 인정받는 환경으로 변화했다.

디지털 치료제 산업이 성장함에 따라 제품의 품질, 무결성, 안전성은 절대적으로 타협해서는 안 된다. 디지털 치료제가 환자의 요구를 충족시키는 데 집중하는 것도 마찬가지이다.

환자, 돌봄 제공자, 임상가는 현재의 치료 격차가 어디에 존재하는지, 디지털 치료제가 이러한 요구를 어떻게 더 잘 충족시킬 수 있는지에 대한 논의를 계속해서 이끌어가야 한다. 모든 디지털 치료 제품의 전체 생애 주기에서 환자 참여의 중요성을 고려할 때, 최종 사용자 참여 또한 이 산업이 지속적으로 발전하는 데 있어서 똑같이 중요하다. 이것만으로도 디지털 치료제의 미래는 매우 밝다.

참고문헌

Digital Therapeutics Alliance. (2019a). *Digital health industry categorization,* https://dtxalliance.org/wp-content/uploads/2019/11/DTA._Digital-Industiy-Categorization_Nov 19.pdf (Accessed 2022).

Digital Therapeutics Alliance. (2019b). *Digital therapeutics: definition and core principles.* https://dtxalliance.org/wp-content/uploads/2021/01/DTA_DT x-Definition-and-Core-Principles .pdf (Accessed 2022).

Digital Therapeutics Alliance. (2019c). *DTx product best practices.* https://dtxalliance.org/wp-content/uploads/2021/01/DTA_DTx-Product-Best-Practices_l 1.11.19.pdf (Accessed 2022).

Digital Therapeutics Alliance. (2021a). *Digital health technology landscape.* https://dtxalliance.org/wp-content/uploads/2021/01/DTA_FS_Digital-Health-Technology-Landscape_010521 .pdf (Accessed 2022).

Digital Therapeutics Alliance. (2021b). *DTx product categories.* https://dtxalliance.org/wp-content/uploads/2021/01/DTA_FS_DTx-Product-Categories_ 010521.pdf (Accessed 2022).

Digital Therapeutics Alliance. (2022a). *DTx U.S. regulatory & reimbursement pathways.* https://dtxalliance.org/wp-content/uploads/2022/01/USRegulatory- and-Reimbursement-Pathways.pdf (Accessed 2022).

Digital Therapeutics Alliance. (2022b). *Understanding DTx /product library,* https://dtxalliance.org/understanding-dtx/product-library/ (Accessed 2022). Federal Institute for Drugs and Medical

Devices. (2020). The fast-track process for digital health applications (DiGA) according to Section 139e SGB V: a guide for manufacturers, service providers and users. https://www.bfarm.de/SharedDocs/Downloads/EN/MedicalDevices/DiGA_Guide. pdf?blob=publicationFile (Accessed 2022).

Federal Institute for Drugs and Medical Devices. (2022). Digital health applications. https://www.bfaiTn.de/EN/Medical-devices/Tasks/Digital-Health-Applications/_node.html (Accessed 2022). IMDRF Software as a Medical Device (SaMD) Working Group. (2014). *Software as a medical device: possUAe framework for risk categorization and corresponding considerations,* https://www.imdrf.org/sites/default/files/docs/imdrf/final/technical/imdrf-tech-140918-samd-framework-riskcategorization-141013.pdf (Accessed 2022).

Lovell, T. (2021). France to enable rapid market access for digital therapeutics. https://www.healthcareitnews.com/news/emea/france-enable-rapid-mai'ketaccess- digital-therapeutics (Accessed 2022).

Ministry of Food and Drug Safety Medical Device Evaluation Department. (2020). Guideline on review and approval of digital therapeutics (for industry). https://www.mfds.go.kr/eng/brd/m_40/down.do?brd_id=engOO 11 &seq=72624&data_tp=A&file_seq=1 (Accessed 2022).

National Institute for Health and Care Excellence. (2018). Evidence standards framework for digital health technologies, https://www.nice.org.uk/ corporate/ecd7/resources/evidence-standards-framework-for-digital-health-technologies-pdf-l 124017457605 (Accessed 2022).

National Institute for Health and Care Excellence. (2022). Evidence standards framework for digital health technologies, https://www.nice.org. uk/about/what-we-do/our-programmes/evidence-standards-framework-for-digital-health-technologies (Accessed 2022).

U.S. Food & Drug Administration. (2020). Enforcement policy for digital health devices for treating psychiatric disorders during the coronavirus disease 2019 (COVID−19) public health emergency: Guidance for Industry and Food and Drug Administi'ation Staff, https://www.fda.gov/media/136939/download (Accessed 2022).

U.S. Food & Drug Administration. (2021). Leveraging real world evidence in regulatory submissions of medical devices, https://www.fda.gov/news-events/ fda-voices/leveraging-real-world-evidence-regulatory-submissions-medical-devices (Accessed 2022).

제 14 장

잠재적 함정과 교훈

Frances Kay-Lambkin, Milena Heinschb and Dara Sampson

전 세계적으로 9억 명 이상의 사람들이 정신 장애(알코올/기타 약물 사용 장애 포함, Whiteford et al., 2013)를 경험하고 있으며, 이 수치는 매년 약 3%씩 증가하고 있다(2018). 이러한 문제에 더하여, 코로나19 팬데믹은 전 세계 정신건강을 크게 악화시킬 수 있는 명백한 위험 요소이다. 예비적 증거에 따르면, 일반 인구의 약물 및 알코올 사용 증가를 포함하여 불안 증상과 스트레스에 대한 대처 반응이 전반적으로 증가하고 있다(Holmes et al., 2020). 그러나 코로나19 팬데믹이 정신건강에 미치는 영향은 이미 가장 소외된 사람들과 기존의 정신건강 및 약물 사용 장애를 가진 사람들이 가장 크게 느낄 것이다. 이들은 일반 인구보다 스트레스에 대한 민감도가 높다(Yao et al., 2020). 스트레스는 중독 재발 취약성의 잘 알려진 위험 요소이며, 기존 질환을 악화시킬 잠재력이 있다(Sinha, 2007). 이 장에서는 코로나19 팬데믹이 전 세계 정신건강 문제와 치료 접근법을 살펴보는 틀로 사용될 것이다. 이 시기에 대면 서비스가 제한되면서 디지털 치료제가 주목받게 되었다(de Girolamo et al., 2020). 이 팬데믹은 정신 질환의 유병률과 치료 옵션에 대한 사회적 불평등을 부각시키고 악화시켰다. 코로나19의 영향은 이 장의 논의에서 현대적인 예시를 제공하지만, 이 내용은 팬데믹 이전과 이후에도 동일하게 적용될 수 있다. 이 책의 이전 장을 바탕으로, 본 장에서는 디지털 치료제 분야에 진입할 때 알아두어야 할 몇 가지 교훈과 주의 사항을 살펴본다.

정신 장애는 신체 장애와 매우 유사하여, 적절하고 시기적절한 개입이 이루어진다면 성공적으로 예방하고 관리하며 치료할 수 있다. 그럼에도 불구하고, 정신건강과 웰빙에 대한 국가 조사에 따르면, 치료가 필요한 사람들 중 일부만이 이를 이용할 수 있는 것으로 나타났다. 예를 들어, 호주에서는 12개월 동안 정신건강 치료가 필요한 사람 중 1/3이 치료를 받지 못한다(Burgess et al., 2009). 2018년 란셋 정신의학 위원회(Lancet Psychiatry Commission)는 이러한 상황이 발생하는 두 가지 주요 원인으로 (1) 많은 정신 장애에 대한 치료법이 개발되지 않았고, (2) 치료 수요를 충족할 정신건강 전문가가 부족하다는 것을 지적했다(Holmes et al., 2018).

최근 34개의 연구에 대한 메타 분석에 따르면, 정신 장애를 가진 사람들의 75%가 약물치료보다 심리치료를 더 선호한다고 보고했다(McHugh et al., 2013). 이는 치료를 찾는 사람과 치료를 찾지 않는 사람 모두에서 일관되게 나타났다. 그러나 호주에서는 가장 일반적인 정신건강 치료가 정신과 약물치료이며(호주인의 약 6명 중 1명), 대부분은 일반의에 의해 처방되며(정신건강 처방의 87%). 호주의 시골 및 외곽 지역에서 정신건강 처방의 비율이 가장 높다(2017).

심리치료와 약물치료는 우울증, 불안 및 알코올/기타 약물 사용 문제에 대해 유사한 효능을 보인다(McHugh et al., 2013). 그러나 심리치료는 사람들이 가장 필요로 할 때 대부분 제공되지 않으며, 많은 정신 장애를 동시에 다루지 않고, 많은 이들이 근거 기반이 아닌 다양한 치료를 받는 경우가 많다(Holmes et al., 2018). 호주의 베터 엑세스 제도(Better Access Scheme)와 같은 많은 정부의 심리학자 접근 개선을 위한 상당한 투자에도 불구하고, 그 효과나 영향에 대한 증거는 없으며(Jorm, 2018), 특히 농촌 및 외딴 지역에서 접근성은 중요한 문제이다(AGPC, 2020).

전 세계적으로 정신 장애를 경험하는 4명 중 1명의 치료 요구를 충족할 수 있는 정신건강 제공자가 부족하다. 세계보건기구는 전 세계적으로 180만 명의 정신건강 전문가가 부족하다고 추정하고 있다(WHO, 2011). 코로나19 팬데믹 이전에도 근거 기반 치료를 제공할 수 있는 심리학자 및 관련 정신건강 종사자가 부족했다(Holmes et al., 2018). 코로나19로 인한 정신건강 서비스에 대한 추가적인 수요는 이미 과부하 상태인 전 세계 정신건강 시스템에 더 많은 압박을 가하고 있다(Frawley et al., 2021).

최근 보고서에서는 이러한 문제에 대해 자세히 살펴보고(Iorfino et al., 2021), 코로나19 팬데믹에서 벗어나면서의 주요 조치 영역을 특히 강조하고 있다. 첫 번째 권고 사항은 지역 기반의 의료 서비스 제공을 지원하기 위한 정교한 인프라를 마련하라는 것이다. 이 보고서는 또한 의료의 보편성 개념에 이의를 제기하며, 건강보험과 병원 접근성이 서비스 제공의 질과 접근성의 형평성 문제를 가리며 서비스의 실제 가용성에 대한 착각을 일으킨다고 주장한다. 이러한 불평등의 핵심은 사회적 맥락을 고려하지 않은 협력적 시스템 계획의 부재이다. 본질적으로, 정신건강 서비스는 주거, 소득 지원, 교육, 사회 계획 및 지역사회 서비스 등이 정신건강 결과와 어떻게 연결되는지와 관련되는 생태계적 또는 맥락적인 접근 없이 제공된다. 사회적 불평등은 많은 정신건강 장애의 위험을 증가시킨다. 불평등으로 인한 불이익의 누적 효과가 발생한다. 전 세계적으로 낮은 사회경제적 지위는 우울증 발병률 증가와 관련된다는 증거가 있다(McDaid et al., 2020). 남성과는 다른 환경적, 경제적, 사회적 요인을 경험하는 여성에게 정신 장애가 더 많이 발생하는 등 성별도 중요하다(McDaid et al., 2020). 사회적 및 경제적 불평등을 의도적으로 다루기 위한 한 가지 메커니즘은 '비례적 보편주의(proportionate universalism)'라는 개념이다. 이는 불평등을 해소하기 위한 조치가 사회 및 경제 정책에 포함되는 것을 의미한다. 비례적 보편주의는 정신건강의 사회적 결정 요인에 관한 보고서의 저자들이 제시한 원칙, 즉 가장 취약한 사람들에게 조정될 수 있는 보편적 조치를 반영한다(Affeltranger et al., 2018).

정신건강 치료를 개선해야 할 필요성은 매우 크다(Holmes et al., 2018). 최근 발표된 호주 생산성 위원회의 정신건강 관련 보고서 초안에 따르면, 향후 10년 내에 '의료 서비스의 중요한 격차를 해소하기 위한 구체적인 개혁'이 필요하다고 지적했다(개혁 영역 2, AGPC, 2020). 이는 정신건강 문제를 가진 사람들이 적시에 적절한 치료를 받을 수 있도록 하기 위함이다.

디지털 치료제는 치료 접근성을 빠르고 크게 개선할 수 있으며, 접근할 수 없는 '현장' 서비스를 대신하거나 질병의 초기 단계에서 사람들에게 적극적으로 제공될 수 있다. 현재까지 e-헬스의 출현은 구조 없이 자연스럽게 이루어졌다. 세계 경제 포럼에 따라, 온라인 서비스 제공에 대한 전략적 접근 방식을 개발하는 것은 정신건강 치료를 혁신할 수 있는 중요한 기회이다(Iorfino et al., 2021).

디지털 치료제의 잠재력을 실현하기 위해서는 이 치료법이 안전하고 효과적이며 기존의 치료 경로와 통합될 수 있는지에 대한 질문이 제기되어야 한다. 그러나 근거 기반 구축은 점진적인 과정이며, 여러 가지 격차와 불확실성이 존재한다. 특히, 정신건강을 포함한 건강 관련 문제를 가진 사람들의 행동 변화와 회복을 촉진하는 데 있어 여전히 많은 난관에 직면해 있다. 기술에 대한 접근성을 확보하는 것은 해답의 일부에 불과하다. 다음은 우리의 연구와 관련된 다섯 가지 주요 결과이다. 이 교훈들은 지속적인 참여, 기술이 인간 요소를 대체하는 것이 아닌 보완하는 역할을 해야 한다는 점, 접근성만이 유일한 장벽이 아님을 이해하는 것, 서비스 제공 모델을 단순히 복제하는 것의 위험성, 그리고 다양한 모델을 혼합하는 것의 중요성에 관한 것이다.

1. 만들기만 하면 우리는 올 것이지만, 머무르지는 않을 수 있다

디지털 치료제는 정신건강 및 알코올 및 기타 약물 사용 문제에 대한 예방, 조기 개입, 치료의 범위와 영향력을 확대할 수 있는 큰 잠재력을 가지고 있다. 특히 젊은이들에게 그렇다. 젊은이들은 대면 치료보다 디지털 치료를 선호하는 경향을 보이며, 디지털 치료가 제공하는 익명성, 편리함, 접근 용이성, 통제력을 높이 평가한다(Boydell et al., 2014).

우리 팀은 온라인 조기 개입 프로그램이 젊은이들이 흔히 동반되는 정신 장애와 알코올 사용 장애를 관리하는 데 효과적임을 입증했다. 예를 들어, 우울증과 위험한 알코올 사용을 위한 딜(*Deal*) 프로그램(Deady et al., 2016), 불안과 위험한 알코올 사용을 위한 인로즈

(*Inroads*) 프로그램(Stapinski et al., 2019), 사회적 고립을 줄이고 건강한 기분과 행동을 촉진하기 위한 브리딩 스페이스(*Breathing Space*)라는 중재형 소셜 네트워킹 프로그램(Kay-Lambkin et al., 2015)이 있다. 또한 디지털 조기 개입 및 치료 프로그램이 우울증과 이에 동반되는 알코올, 대마초(Kay-Lambkin et al., 2009; Kay-Lambkin et al., 2011b), 담배, 신체 건강 문제(Kay-Lambkin et al., 2016), 메탐페타민 사용 장애(Kay-Lambkin, 2009; Kay-Lambkin et al., 2010; Tait et al., 2012; Tait et al., 2015)를 겪는 사람들에게 효과적임을 입증했다. 이 연구는 중등도에서 중증의 증상을 겪는 사람들을 포함했다.

이 증거는 또한 특히 중등도 이상의 정신건강 및 알코올/기타 약물 사용 증상을 보고하는 사람들이 디지털 치료 프로그램을 대면 치료와 동일하게 수용 가능하다고 여기고 효과적이라고 평가하는 점, 특히 농촌 및 외딴 지역에 거주하는 사람들에게 중요하다는 것을 시사한다(Kay-Lambkin, Baker, Kelly, et al., 2012). 우리의 연구는 또한 디지털 치료제가 다음과 같은 사람들에게 더 효과적이라는 증거를 제공한다: 완벽주의 성향이 높은 사람들(Kay-Lambkin et al., 2017), 대마초 사용과 정신 장애가 동반되는 사람들(Kay-Lambkin et al., 2017; F. Kay-Lambkin, Baker, Lewin, & Carr, 2009; F. J. Kay-Lambkin, Baker, Lewin, & Carr, 2009), 알코올 사용과 우울증이 동반되는 사람들(Kay-Lambkin et al., 2011b).

모든 의학 연구 분야에서 임상시험 결과가 실제로 진료에 영향을 미치는지에 대한 상반된 보고들이 있다(Khera et al., 2018). 임상시험의 결과가 궁극적으로 임상 진료에 변화를 가져오지 않는다면 이러한 임상시험을 수행하기 위한 노력은 낭비일 수 있다. 이는 전통적인 심리치료와 마찬가지로 디지털 치료에서도 마찬가지이다. 디지털 치료가 실험 조건하에서 효과적이라는 증거가 있더라도, 디지털 치료가 확대되어 시행되어야 한다는 것을 입증하기에 충분하지 않으며, 이러한 서비스가 건강 시스템 내에서 또는 그 주변에서 어떻게 작동될 수 있는지를 입증하기에 적절하지도 않다(Meurk et al., 2016). 이에 대응하여, 독일과 같은 나라에서는 2019년 디지털 헬스 관리법을 도입하여, 의사와 심리치료사들이 중앙 등록부에서 웹 기반 및 앱 기반 치료를 처방할 수 있는 환경을 조성했다(Stern et al., 2020). 이러한 제품의 비용은 보험 회사를 통해 환급받을 수 있다. 독일 인구의 90%(7300만 명 이상)가 보험에 가입되어 있는 점을 고려할 때, 이는 상당한 발전이다(Stern et al., 2020).

디지털 프로그램, 특히 자연적인 환경에서 낮은 순응도는 흔히 볼 수 있는 특징이다(Batterham et al., 2008; Christensen et al., 2009). 초기 연구에서는 우울증에 대한 12주 프로그램에서 참가자들의 완료율이 단 1%에 불과하다고 보고되었으며(예: Farvolden et al., 2005; Christensen et al., 2009), 최근의 체계적인 리뷰에서는 모바일 헬스 앱(정신건강 및 약물 사용 포함)의 순응도 비율이 약 56%로 나타났다(Jakob et al., 2021). 낮은 순응도는 여러 가지 이유로 발생할 수 있는데, 긍정적인 이유로는 증상 완화에 충분한 용량을 제공한 경우가 있으며, 중립적인 이유로는 치료에 대한 필요성이 충분하지 않은 경우(예: 건강한 사용자, 개입의 적합성을 검토하기 위해 테스트하는 개인)일 수 있다. 부정적인 이유로는 내용이 필요에 맞지 않거나, 상호작용 부족, 증상 심각도, 낮은 동기, 증상 개선 부족 등이 있다(Batterham et al., 2008; Christensen et al., 2009; Donkin et al., 2011; Donkin & Glozier, 2012). 모집 경로와 앱 또는 디지털 사용자의 특성은 참여와 디지털 개입의 순응도에 영향을 미친다. 개입 관련 요소 또한 순응도에 영향을 미치며, 이는 모든 건강 영역에서 네 가지 핵심 기능을 포함함으로써 향상될 수 있다. 예를 들어, 일부 형태의 알림 또는 '푸시 알림'이 사용을 증가시키며, 사용자 친화적이고 신뢰할 수 있는 앱 디자인이 순응도를 높인다고 보고한다(Jakob et al., 2021). 마지막 두 요소는 다음에서 이어질 핵심 교훈의 인적 요소와 관련된다. 즉, 앱이 개인화되고 사용자 자신의 필요에 맞게 조정된다는 인식, 개인적인 지원이 보완적 개입으로서 존재하는 것이 중요하다(Jakob et al., 2021).

2. 인적 요소

경도의 우울증은 치료자의 지도 없이 디지털 개입을 통해 관리할 수 있다는 충분한 증거가 있지만, 중등도 우울증을 관리하는 데 있어 치료사의 지도의 역할에 대한 증거는 충분하지 않다. 디지털 개입 회기당 약 10~20분 동안 전화, 이메일, SMS로 제공되는 치료자의 지원이 디지털 개입의 결과를 설명하는 데 얼마나 중요한지는 불분명하다(Kay-Lambkin et al., 2018). 정신건강 관리가 스마트폰 앱과 치료자가 개입하지 않고도 치료적 개입을 제공할 수 있는 기타 기술로 확장됨에 따라, 비전통적인 치료 관계의 영향을 평가하는 것이 중요하다. 디지털 치료 동맹을 평가할 수 있는 측정 도구가 필요하다(Henson et al., 2019)(자세한 내용은 '정신건강 및 중독을 위한 디지털 치료제' 장 참조).

이는 상태가 악화될 수 있거나 급성 상태로 재발하기 쉬운 정신건강 장애의 경우 특히 중요하다. 비대면 환경(예: 온라인)에서 위험 또는 잠재적 악화를 식별하는 데 필요한 안전 프로토콜이나 알고리즘의 유형을 이해하고, 실시간의 임상가 개입의 시점에 대한 추가 연구가 필요하다(Lim & Penn, 2018). 이는 돌봄 의무, 기밀성 및 프라이버시, 그리고 관계의 경계라는 세 가지 주요 고려 사항과 함께 우리가 실무자로서 직면한 윤리적 문제 중 하나일 뿐이다. 비물리적인 온라인 환경은 공간적인 장벽을 만들면서도, 매체의 익명성으로 인해 공개를 유도한다.

여러 연구에 따르면 일부 사람들이 온라인 포럼과 소셜 미디어 웹사이트를 통해 동료에게 도움과 지원을 적극적으로 요청한는 반면(Berry et al., 2016), 다른 사람들은 온라인 블로그를 통해 자신의 감정과 정신건강에 대한 경험을 소통하는 것을 선호한다(Batterham & Calear, 2017a). 정신건강 치료를 대신하거나 이를 보완하기 위해 디지털 도구를 사용하는 것에 대한 개방성은 호주 농촌/외딴 지역과 노년층에서 더 높은 것으로 나타났다(Handley et al., 2014).

동료는 치료의 낙인을 없애고, 태도와 행동을 강화하며, 치료 경험을 통해 사람들을 지원하는 데 중요한 역할을 한다(Fortuna et al., 2019). 사회적 연결성을 증가시키기 위해 설계된 동료 주도 개입은 경증에서 중등도의 우울증을 해결하는 데 강력한 잠재력을 가지고 있으며, 접근성을 높이기 위해 온라인 또는 화상 회의를 통해 제공될 수 있다(Kay-Lambkin et al., 2018). 49개의 디지털 개입 연구에 대한 체계적인 검토에 따르면, 이러한 개입이 원격 온라인 동료 지원과 함께 제공될 때 수용성이 더 높았다는 결과가 나왔다. 이를 볼 때, 디지털 개입 제공과 통합을 지원하기 위해 동료 인력을 적극적으로 참여시키는 것이 중요한 기회가 될 수 있다(Berry et al., 2016).

동료 지원 모델을 보완하는 '코칭'은 디지털 치료제의 또다른 인적 보조 수단으로 점점 더 많은 주목을 받고 있으며, 효과성에 대한 증거도 증가하고 있다. 코칭은 비전문가의 인적 지원이 디지털 개입의 결과와 순응도를 개선한다는 문헌에 기반하고 있으며, 이는 '지지적 책임감'의 메커니즘을 통해 이루어진다(Mohr et al., 2011). 코칭 회기는 대면, 전화, 이메일 또는 문자 문자 메시지 등 다양한 방식으로 실시할 수 있으며, 일반적으로 디지털 개입을 통해 작업하는 사람과 정기적으로 10~15분간 질문에 답하고, 기술적 문제를 해결하고, 콘텐츠를 검토하고, 일상생활에 기법을 적용하도록 장려받고, 새로운 기술을 배우는 데 따르는 어려움을 정상화하는 것으로 구성된다(Baumeister et al., 2014). 이러한 코칭 회기에서는 일반적으로 새로운 치료적 조언이나 기술 습득이 이루어지지 않는다. 최근 코칭 프로토콜 개발이 연구 및 실무의 새로운 분야이며, 여기에는 디지털 개입의 순응도와 결과를 극대화하기 위해 회기의 범위, 코치의 속성, 기법 및 커뮤니케이션 프레임워크를 설명하는 것이 포함된다(Lattie et al., 2019).

3. 접근성이 곧 이용을 의미하지는 않는다

전 세계적으로 사람들은 정신 헬스케어보다 휴대전화에 더 쉽게 접근하는 경향이 있다

(Naslund et al., 2019). 휴대전화는 인터넷에 접근하는 주요 수단이 되었으며, 세계 인구의 45%가 스마트폰을 소유하고 있으며, 2023년까지 전 세계적으로 43억 명이 스마트폰을 소유할 것으로 예상된다(Statista, 2021). 하지만 기기와 인터넷 연결에 접근하는 것만으로는 충분하지 않다. 기술에 제대로 연결되기 위해서는 지역사회에 필요한 때에 적절한 지원에 연결해야 하며, 이를 통해 기기와 연결성, 그리고 그로 인해 제공되는 장점을 활용할 수 있어야 한다.

우리는 디지털 치료제를 위한 임상시험에서 자금 지원 마케팅 및 모집 프로토콜, 전문가 임상 지원, 참여와 연결을 위한 인센티브, 그리고 접근과 후속조치를 위한 명확한 경로를 통해 이를 잘 달성할 수 있다. 그러나 임상시험 외부의 지역사회에서는 이러한 디지털 프로그램의 이용이 미흡하다(Batterham & Calear, 2017b; Musiat et al., 2014). 이전 연구에 따르면 디지털 프로그램이 매우 편리하다고 여기는 경우가 많음에도 불구하고(Musiat et al., 2014), 많은 사람이 디지털 프로그램보다 대면 치료를 선호하며(Casey et al., 2014; Mohr et al., 2010; Musiat et al., 2014), 디지털 치료가 대면 치료만큼 효과적이지 않다는 공통적인 견해를 가지고 있다(Apolinario-Hagen et al., 2018).

프로그램 효과성에 대한 좋은 증거가 있음에도 불구하고, 디지털 치료제는 전통적인 의료 서비스 환경과는 독립적으로 존재하고 있으며, 정신건강 의료진들이 디지털 치료제를 실무에서 충분히 활용하지 않고 있다(Christensen et al., 2011). 현재 디지털 치료제를 건강 서비스에 통합하기 위한 명확한 모델은 없지만(Batterham et al., 2015), 독일의 사례는 이러한 변화가 빠르게 진행되고 있음을 보여 준다(Stern et al., 2020). 긍정적인 결과에도 불구하고, 임상 서비스에서 디지털 개입의 성공적인 구현 사례는 매우 드물고 실패한 사례도 많다(Mohr et al., 2017). 이는 거의 모든 다른 분야, 특히 상업 및 기업 산업에서는 기술적 솔루션이 일상적인 조직 비즈니스 모델에 통합되고 있는 것과 대조적이다(Burns, Hickie, & Christensen, 2014). 따라서 디지털 치료제가 제공하는 모든 장점과 효과성에 대한 실질적인 증거에도 불구하고, 그 잠재적 영향은 실현되지 않고 있다. 디지털 치료제를 임상 실험실에서 실제 세계로 전환할 수 있는 가능성에 대한 검토가 부족하며(Batterham et al., 2015), 지역사회에 필요한 지원을 연결하는 최상의 방법을 밝히지 못했다. 따라서 실천을 안내하고 그 결과를 평가하기 위한 객관적인 데이터가 필요하다.

임상 시험 외부에서 디지털 치료제를 활용하는 것은 단순히 원하는 기기에서 프로그램에 대한 접근을 제공하는 문제가 아니다. 이는 임상가, 연구자, 의료기관들에게 치료의 의무, 관리, 이익, 해악에 대한 전통적인 개념에 도전하는 새로운 윤리적 고려 사항을 발생시킨다(Wykes et al., 2019). 이는 디지털 도구를 사용하는 사람들이 자신의 조건에 따라 참여하거나 이탈하거나 재참여할 수 있기 때문에 특히 중요하다(Heinsch, Geddes, et al., 2021). 디지털 치료제가 실험적 조건에서 효과적이라는 증거만으로는 이를 확대하여 시행해야 한다는 것을 입증하기 부족하며, 이러한 서비스가 건강 시스템 내부 또는 주변에서 어떻게 운영될 수 있을지를 입증하기에도 충분하지 않다(〈글상자 14.1〉, Meurk et al., 2016 참조).

<글상자 14.1> 사례 연구: 이클립스 프로젝트

배경 이클립스(eCliPSE) 온라인 포털은 정신건강 및 물질 사용 문제를 동반한 사람들이 근거 기반의 온라인 선별 및 e-헬스 치료와 이들을 지원하는 임상 서비스에 쉽게 접근할 수 있도록 하는 것을 목표로 한다. 호주 뉴사우스웨일스주 보건부는 저자들에게 이클립스 온라인 도구를 개발하고, 뉴사우스웨일스의 두 개 시범 지역 보건 지구에 이클립스 도구를 구현하며, 구현 모델을 평가할 것을 요청했다. 이클립스 도구는 www.eclipse.org.au에서 접근할 수 있다.

구현 모델 각 시범 지역 보건 지구에 이클립스 구현 팀이 구성되었으며, 이 팀은 정신건강 및 알코올/기타 약물 서비스의 임상 리더와 연구 팀으로 이루어져 있다. 이 팀은 교육의 필요성, 지원 필요성, 그리고 이클립스 도구의 최상의 배포 방법에 대해 논의했다. '임상가-의뢰' 모델이 선호되었으며, 이는 서비스의 임상 의뢰를 통해서만 도구에 접근할 수 있도록 하는 방식이다. 연구 팀은 각 시범 지역 보건 기구에서 이클립스 구현 팀이 결정한 관련 서비스를 위한 초기 교육 세션을 진행하여 도구를 소개하고, 도구 참여를 독려하고, 도구 사용 방법을 연습하고, 고객을 도구에 의뢰하는 방법을 논의했다. 이후 연구 팀은 훈련된 임상 전문가들과 이메일을 통해 연락을 주고받으며, 각 시범 지역 보건 지구의 이클립스 구현 팀과 연락하여(현장 방문, 전화, 이메일 등 선호 방식으로) 이클립스 자원의 활용과 사용을 지원했다.

평가 평가는 이클립스 도구가 서비스 사용자와 서비스 제공자의 요구를 충족시키는 데 있어 실행 가능성, 수용성, 도달 범위 및 효과성, 그리고 각 시범 지역 보건 지구에서 채택한 임상 구현 경로의 유용성을 파악하기 위해 설계되었다. 교육 참석자들은 교육내용과 도구에 잘 참여하였고, 교육 팀이 있는 동안 이클립스를 사용해 실습하였다. 교육에 참석한 임상 전문가들의 90%가 이클립스와 온라인 도구에 포함된 도구를 고객에게 '매우 추천할 것'이라는 데 동의했다. 75%의 임상 전문가들이 이클립스 포털과 그 안에 포함된 자원이 자신의 직장에서 구현하기에 '매우 쉽다'는 데 동의했다. 3개월의 구현 기간 동안, 110명의 임상 전문가가 이클립스 임상 인터페이스에 등록하여 자원에 대한 접근 권한을 제공받았다. 이 중 8명만이 구현 후 조사에 응답했다. 응답자 중 대부분은 이클립스 교육 후 전혀 로그인하지 않았거나(n=2), 한 번만 로그인했거나(n=3), 또는 1~5번 로그인했다고(n=3) 답했다. 이클립스를 더 자주 사용하는 데 있어 주요 장벽 세 가지는 업무량과 시간 압박(n=3), 고객에게 도구가 필요하지 않다는 인식(n=2), 그리고 임상 전문가들이 도구를 참조하는 것을 자주 잊어버린다는 것(n=2)이었다. 같은 기간 동안,

일반 커뮤니티의 사람들은 자발적으로 이클립스 도구에 접근했다. 이클립스의 방문자 수는 높았으며(교육 이후 매월 약 1000회, 이 중 65%는 첫 방문자), 이는 351명의 사용자(웹사이트에 머물며 콘텐츠를 탐색하는 사람들, 매월 약 88명)로 이어졌다.

결론 이클립스 교육에서 고무적인 징후가 나타났고, 시범 지역 보건 지구에서 임상 리더들이 지원했음에도 불구하고, (임상가의 추천을 통한) 선호하는 도입 모델을 사용한 이클립스 도구의 자가 보고 활용 및 통합은 저조했다. 사회적 선호도를 제외하면, 이는 태도 문제, 번아웃, 또는 근거 기반 진료에 대한 낮은 헌신과는 관련이 없었다(기초 설문조사 결과). 서비스 사용자 특성에 따르면, 이러한 환경에서 정신건강과 알코올/기타 약물 사용의 동시 발생률이 높아(75%) 많은 내담자가 도구 사용 자격이 있었을 것이다. 임상가가 중개하는 이클립스 온라인 도구에 대한 접근 방식은 가장 효과적인 도입 방법이 아닐 수 있다.

정신건강 장애를 가진 사람들을 위한 효과적인 치료법에 대한 접근성을 개선하고자 하는 임상가들이 직면한 중요한 문제를 가중시키는 다양한 재정적, 구조적, 기술적 의료 시스템 장벽이 존재한다(Christensen et al., 2011). 이러한 장벽에는 근거 기반 프로그램에 대한 지식 및 교육 부족, 실무 변화에 대한 저항, 효능, 기밀성 및 안전(면책)에 대한 우려, 구현에 대한 재정적 인센티브 부족, 디지털 서비스 제공을 위한 확립된 경로 부족이 포함된다(Batterham et al., 2015). 데이터 접근 및 관리(데이터 연결, 품질, 기준, 저장 포함), 지역사회 참여 및 신뢰 등의 문제도 장벽으로 작용할 수 있다(2016). 이러한 이유로 많은 임상가들이 이러한 개입을 실제로 실행할 수 없거나 실행하려 하지 않는다. 이는 더 적은 자원으로 점점 더 늘어나는 임상 사례 목표를 달성해야 하는 신자유주의적 경제 합리주의와 관리주의 환경에서 충분히 이해할 수 있는 일이다(Spolander et al., 2014). 추측에 불과하지만, 실직과 역할 정체성에 대한 두려움이 또 다른 저해요인일 수 있다.

호주에서는 뉴사우스웨일스주의 알코올 및 기타 약물 치료 환경에서 디지털 치료 프로그램의 사용을 조사하는 소규모 연구 프로젝트를 완료했다(Kay-Lambkin, Baker, Healey, et al., 2012). 이 소규모 보급 연구 결과에 따르면, 서비스 이용자들이 셰이드(SHADE) 디지털 도구(알코올/기타 약물 장애와 우울증을 지원하는 근거 기반 프로그램)를 사용할 의사가 있다고 보고했음에도 불구하고(80% 이상 동의), 연구에 참여한 클라이언트의 1/3 이하만이 실제로 셰이드에 접근할 수 있었다(Kay-Lambkin et al., 2014). 이는 호주에서만 일어나는 일이 아니다. 개발도상국 5개국(말레이시아, 파키스탄, 우간다, 부탄, 멕시코)에서 의료 전문가들의 e-헬스 서비스 사용 의도에 대한 연구에서는, e-헬스 서비스의 유용성에 대한 긍정적인 인식이 있었으나 인지도는 매우 낮았음을 발견했다. 이 연구는 개발도상국에서 e-헬스에 대한 연구가 부족하다는 사실을 밝혀낸 문헌에 의해 촉발되었다(Nuq & Aubert, 2013).

문화적인 변화도 필요하다. 우리 연구에서처럼 실무자들과의 지속적인 협력은 이러한 변화를 위한 일부 방향을 제시한다. 교육, 홍보 및 투자도 필요하다. 이러한 변화를 이루기 위해서는 전문가의 방법, 정부의 노력, 대중의 요구를 분석하는 것이 필수적이며, 이를 통해 디지털 과제에 대한 해결책을 제시할 수 있다.

대중과 전문가의 지지와 인식을 높이기 위한 적극적인 조치가 필요하며, 디지털 치료제가 정신건강 문제와 장애에 대한 합법적이고 종종 일차적인 치료 도구로서의 역할, 신뢰성, 안전성, 효능을 인정받는 것이 중요하다. 이와 함께, 정신건강 서비스에서 e-헬스도구를 구현하는 데 따르는 어려움과 구조적 장벽에 대한 대대적인 감사가 이루어져야 하고, 이러한 장벽을 극복하고 서비스를 '디지털화'할 수 있도록 자금을 지원해야 한다.

4. '리프트 앤 시프트' 접근 방식은 효과가 없다

앞에서 논의한 바와 같이, 디지털 치료제를 임상시험에서 임상 및 지역사회 환경으로 확장하는 데는 여러 가지 어려움이 있으며, 이는 헬스케어를 필요로 하는 사람들의 참여를 유도하고 요구를 충족시키기 위해서는 단순히 기기와 근거 기반 디지털 도구에 대한 접근권을 제공하는 것만으로는 충분하지 않다는 것을 나타낸다. 전통적인 치료 환경, 특히 정신건강 의료환경에서 이루어지는 방식들을 디지털 플랫폼으로 전환하려는 노력도 미흡하여, 디지털 치료제의 범위와 잠재력이 제한되어 왔다.

예를 들어, 호주 정부는 코로나19에 대응하여 일차 의료 및 관련 의료 서비스에 새로운 임시 메디케어 혜택 제도(Medicare Benefit Scheme)인 '원격 의료' 항목을 도입하여, 코로나19 동안 원격 의료를 통해 메디케어 환급 상담 서비스를 이용할 수 있도록 했다. '원격 의료'는 의료진이 비디오 회의 도구(예: 스카이프(Skype), 페이스타임(Facetime), 줌(Zoom))를 사용하여 소비자와 실시간으로 건강에 관한 상담(예: 평가, 치료)을 진행하는 것을 의미한다. 2020년 4월 기준으로, 300만 명 이상의 호주인이 원격 의료 개입을 받았으며, 이 중 일부는 정신건강 및 연합의료(allied health service) 서비스를 받았다. 호주인들은 코로나19 기간 동안 정신건강 지원을 받을 때 대체로 '원격 의료'를 받아들였으며, 2020년 4월에는 정신건강 서비스 예약의 약 50%가 원격 의료를 통해 이루어졌다. 그러나 전반적으로, 코로나19 동안 '원격 의료' 기회가 증가했음에도 불구하고 정신건강 서비스를 이용하는 비율은 크게 감소했으며, 이는 가상 실시간 정신건강 상담 및 예약으로 전환하는 것만으로는 충분하지 않음을 시사한다(Stern et al., 2020). 2020년 1월부터 9월까지 총 111만 건의 정신건강 치료 계획이 이용되었는데, 이는 2019년 같은 기간에 사용된 108만 건과 거의 차이가 없다. '원격 의료' 서비스는 임상가들이 가장 편안하고 익숙한 모델일 수 있지만, 이 서비스는 여전히 건강 전문가가 서비스를 제공해야 하고 시간의 제약을 받는 등 기존 대면 서비스와 같은 한계를 지니고 있다. 코로나19에서 벗어나면서 다른 치료 모델이 필요하며, 코로나19 팬데믹 상황하에서 정신건강에 미치는 영향을 완화할 수 있는 접근 방식의 레퍼토리를 확장해야 한다. 디지털 치료제가 코로나19 팬데믹 중이나 미래의 유사한 사건에서 효과적이려면, 이를 정신건강 대응의 '일상 업무' 모듈로 적절히 통합해야 하며(Smith et al., 2020), 기존의 건강 서비스의 제약을 벗어나야 한다(〈글상자 14.2〉 참조). 이 특정 사례는 젊은 층의 경험과 관련된 것이지만, 모든 연령 그룹에 걸쳐 적용될 수 있는 부분이 있다.

<글상자 14.2> 청소년 정신건강 치료를 위한 기술 활용(Iorfino et al., 2021)

정신 장애를 가진 사람들의 필요와 증상이 나타나고 변화하는 방식과 정신건강 시스템이 이들을 지원하는 방식 사이에는 불일치가 존재한다.

현재 시스템 내에서 서비스 철학, 전통적인 서비스 모델, 정보 공유의 장애물들이 상호작용하면서 정신건강 서비스에 대한 수요의 증가와 자원의 부족이 발생하고 있다. 이러한 상황에서 디지털 치료제는 희망적인 해결책을 제시하고 있다. 그러나 코로나19가 정신건강 서비스에 추가적인 압박에 신속하게 대응하려는 노력들이 서비스 효율성과 접근성에는 충분한 영향을 미치지 못했다.

어떻게 해야할까?

청소년 정신건강 치료 서비스 제공을 개혁하기 위해 '치료의 순환(circle of care)'이 제안되었다(Iorfino et al., 2021). 이 접근 방식은 다음과 같은 요소로 구성된다: (1) 어떤 경로를 통해서든 문제없이 접근할 수 없는 방식으로, 안내 표시와 도와주는 사람들이 있어서 대기 명단 없이 개인이 치료 옵션을 신속하게 탐색하고 쉽게 접근할 수 있도록 함. (2) 디지털 치료제를 포함하여, 개인에 맞춘 다양한 전문가의 협력으로 치료 결정을 내림. (3) 치료 방법, 빈도, 초점 등을 언제 변경해야 하는지 판단하기 위한 반응형 측정 기반 치료.

이 접근 방식은 사람을 중심에 두고, '치료의 순환'을 가능하게 하는 기술 기반의 인프라를 갖춘 새로운 치료 모델을 필요로 한다.

2021년, 페이스북의 일일 사용자 수는 18억 명, 인스타그램의 일일 사용자 수는 5억 명, 트위터의 일일 활성 사용자 수는 1억 8천 7백만 명에 달하고, 이들은 가장 많은 뉴스 속보를 제공하는 플랫폼이다(Statista, 2022). 많은 사람은 정보를 온라인에서 얻는 방법을 '인터넷'이라고 인식하지 않는다. 이러한 발전은 우리의 삶의 방식, 특히 건강과 웰빙에 큰 변화를 가져왔다. 디지털 플랫폼은 점점 더 많은 건강 상태, 특히 정신건강 문제에 대한 평가와 개입의 매개체가 되고 있다. 많은 경우, 사람들과 직접 대면하는 것이 개인이 첫 번째로 선택하는 의사소통 방법이 아닐 수도 있다. 인터넷/디지털 기술의 사용 방식은 시간이 지남에 따라 변화하여 대면 치료 모델(예: 45~60분의 상담, 주 1회, 숙제 부여)에 기반한 디지털 개입이 오늘날 사람들에게 매력적이지 않을 수 있다. 우리는 단순히 대면에서 할 수 있는 것을 복제하는 것이 아니라, 디지털 도구의 장점을 활용하는 새로운 치료 모델과 치료 과정이 필요하다.

디지털 도구를 임상 진료 및 지역사회 환경에 통합하고, 코로나19가 제공한 기회를 활용하여 디지털 및 원격 의료를 기존 치료에 통합할 수 있는 효과적인 구현 및 헬스케어 모델이 시급히 필요하다.

5. 혼합 치료 모델의 필요성

우리 연구의 주요 결과 중 하나는 디지털 치료 프로그램에 참여하는 것이 임상시험 연구 종료 시점에 여전히 증상이 있는 경우 전통적인 정신건강 또는 알코올/기타 약물 사용 장애 치료 서비스 참여의 증가와 관련이 있다는 것이다(Tait et al., 2015). 이 결과를 자세히 살펴보면, 온라인 프로그램이 정신건강 치료의 낙인을 없애고, 증상이 지속될 때 관련 실시간 서비스를 통한 도움 요청을 촉진하는 데 잠재적인 역할을 할 수 있음을 알 수 있다(Kay-Lambkin et al., 2011a; Kay-Lambkin, Baker, Kelly et al., 2012).

보다 넓게 보면, 정신건강 및 중독 분야에서 환자 중심의 치료 모델로 전환하려면 자가 관리를 포함한 다양한 치료 옵션이 필요하며, '모든 환자에게 획일적인 치료' 접근 방식에서 벗어나야 한다.

대면 진료는 매우 가치가 있지만, 제한된 수용 인원, 근무 시간 외 이용 제한, 높은 비용 등 몇 가지 한계가 있다(van der Kleij et al., 2019). 디지털 치료는 이러한 문제를 해결할 수 있는 큰 잠재력을 가지고 있으며, 개인 맞춤 의료, 자가 관리, 공동 결정, 치료의 연속성으로의 전환을 지원할 수 있으며(van der Kleij et al., 2019), 이러한 점에서 '단계적 치료' 모델이라 할 수 있다. 그러나 디지털 치료에도 몇 가지 한계가 있으며, 이들 중 많은 부분은 대면 치료를 통해 해결될 수 있다. 정신건강 문제를 가진 사람들에게 가장 효과적이고 효율적이며 매력적인 치료 모델을 지원하려면 디지털 개입과 대면 개입을 모두 최적화해야 한다. 디지털 치료와 대면 치료를 혼합한 치료는 이러한 최적화를 달성하기 위한 전략으로 정신건강 치료에서 점점 더 많이 적용되고 있다. 이는 앞서 언급한 인적 요소와 기술 간의 인터페이스에 대한 지속적인 탐색이 필요하다는 의견과도 일맥상통한다.

혼합 치료는 정신건강 또는 중독 맥락에서 동시 또는 비동시적인 스크리닝, 평가, 교육, 치료, 자가 도움, 피드백 전략을 제공할 수 있으며 긍정적인 효과를 보이고 있다(Wentzel et al., 2016). '혼합' 전략과 양상은 통합적인 방식으로 이루어질 수 있으며, 이 경우 디지털 요소가 대면 치료와 동시에 보조적으로 제공될 수 있다(또는 그 반대의 경우도 가능하다). 또는 순차적인 방식으로 적용될 수 있으며, 이 경우 디지털 치료 요소가 대면 치료 전에 제공되거나 대면 치료 후 사후 관리 또는 재발 방지 전략으로 제공된다(Erbe et al., 2017). 혼합 치료 모델을 지원하는 증거가 속속 등장하고 있다. 성인 정신 질환자를 대상으로 한 체계적 검토에서 혼합 치료는 실제로 실행 가능했고, 대면 치료와 비교했을 때 치료자의 시간을 절약하고, 참여도를 높이며 입원 치료의 효과를 유지하는 데 도움이 되는 것으로 나타났다(Erbe et al., 2017). 그러나 혼합 치료의 효과성과 비용 효율성, 특히 비혼합 치료와의 비교에 대한 추가 연구가 필요하다(Erbe et al., 2017).

혼합 치료를 실제로 운영하는 것은 여전히 도전 과제이며, 특히 '혼합'이 누구에게, 왜, 언제 효과적인지를 결정할 강력한 근거가 부족한 상황에서 더욱 그렇다(Wentzel et al., 2016). 이러한 과제에 대응하기 위해서는 임상가들이 핵심적인 역할을 해야 하며, 디지털 통합에 대한 교육, 동기 부여, 준비가 중요한 촉진제가 될 것이다(Mol et al., 2020). 우리 팀이 개발한 모델(다음에서 자세히 다룰 예정)과 같은 이론 및 실무 중심의 구현 모델들이 필요하며, 이러한 것들을 실제 임상 환경에 적용시키기 위한 더 많은 연구가 필요하다.

6. 이론 기반의 다차원적 실행 모델의 필요성

효과적인 실행을 위해서는 이론에 기반한 접근 방식이 필요하다(Heinsch, Wyllie et al., 2021). 이론은 개별 촉진 요소와 실행 장벽을 단순히 나열하는 것을 넘어, '이들 간의 역동적 상호작용'을 포착할 수 있는 설명적 프레임워크와 공식적인 휴리스틱 장치를 제공한다(Greenhalgh et al., 2017). Damschroder가 언급한 바와 같이, 이론은 '혼란 속에서 지식이 드러나게 한다.'는 점에서 다양하고 변화하는 맥락에서 펼쳐지는 변수 간의 복잡한 관계와 상호의존성을 활용할 수 있게 해 준다(Damschroder, 2020, p. 1). 이는 환자, 임상가, 의료 시스템, 디지털 기술 간의 복잡한 상호작용이 특징인 디지털 치료제에서 가장 중요한 요소이다(Van Belle et al., 2017).

다양한 이론과 모델이 디지털 도구의 구현을 설명하고 정보를 제공하기 위해 제시되었다. 최근 체계적 검토에서는 디지털 의료 도구의 구현을 설명하거나 정보를 제공하는 데 사용된 36개의 이론을 확인했으나, 이 맥락에서 반복적으로 사용된 이론은 소수에 불과했다(Heinsch, Wyllie, et al., 2021). 이러한 이론들은 주로 디지털 수용의 개인적 및 대인 관계 요소에 초점을 맞추었다. 반면, 지속 가능한 변화를 구현하기 위해 필요한 복잡하고 세밀한 관계와 구조를 포착하는 이론은 덜 사용되었다. 디지털 치료제의 구현이 내재된 복잡성에 대한 인식이 점점 높아지는 만큼, 구현 모델은 개인적 요인(동기, 태도, 행동 등)뿐만 아니라 이러한 개인적 요인을 제약하거나 촉진하는 더 넓은 사회적, 환경적, 구조적 요인도 포함해야 한다.

우리 팀은 뉴사우스웨일스주의 정신건강 및 알코올/기타 약물 서비스에 디지털 치료제를 도입하기 위해 근거 기반의 통합 전환 및 참여 모델(Integrated Translation and Engagement Model, ITEM, [그림 14.1] 참조)을 개발했다. 최신의 효과적인 구현 증거와 개인적, 사회적, 환경적, 구조적 요인을 고려하여, 통합 전환 및 참여 모델은 다양한 이론적 접근을 통합하여 일관된 통합 모델을 형성한다. 이 모델은 개발, 설계, 실행, 보고의 모든 단계에서 소비자, 임상가, 서비스 리더, 정책 입안자들을 참여시키며, 현장에서는 지속적인 구현을 위한 추가적인 지원을 제공한다.

통합 전환 및 참여 모델은 디지털 치료제 구현의 다차원적이고 역동적이며 관계적인 특성을 반영하려고 시도한다. 1단계에서는 핵심 이해관계자(경험이 있는 사람들, 서비스 제공자, 정책 입안자)와의 파트너십을 개발하여 기본 지식을 실제로 전환하고 구현 모델을 추진하는 방법을 모색한다(Allen-Meares et al., 2005). 이러한 참여를 바탕으로 지식 교환 및 공동 설계를 통해 다음의 것들을 파악할 수 있다: (1) 서비스 제공의 격차와 기회, (2) 디지털 치료제 통합을 위한 역량, (3) 구현의 촉진 요인과 장벽. 의료 환경은 복잡하므로 실행에 들어가기 전에 환경을 평가하는 것이 중요하며(Grimshaw et al., 2012), 공동 제작을 통해 실무에 유용하고 관련성 있는 지식을 생산할 수 있다(Gredig & Sommerfeld, 2008). 2단계에서는 파악된 문화적 장벽을 극복하고 디지털 치료제가 서비스 간에 원활하게 통합되도록 도와주는 구현 및 지원이 이루어진다. 전환은 비공식적이고 개인적이며 감정적 반응을 불러 일으키는 '트리거 만남'을 통해 향상된다(Heinsch, 2017). 정보 제공과 교육이 시사점과 실무와의 관련성을 강조하는(Dal Santo et al., 2002) 명확하고 사용자 친화적인 방식(Morago, 2010)으로 이루어질 때, 그리고 실무자의 자신감, 경험 및 방어적 태도가 직접 개입될 때(Heinsch, 2017), 수용이 향상된다고 가정한다. 3단계에서는 지속적인 실행을 위한 강력한 기반을 구축하기 위해, 실행을 지원하고 활동에 대한 조직적 인정을 옹호할 '옹호자'를 식별한다.

통합 전환 및 참여 모델의 효과를 다양한 정신건강, 중독, 의료 환경에서 평가하기 위해서는 엄격한 구현 시험이 필요하다.

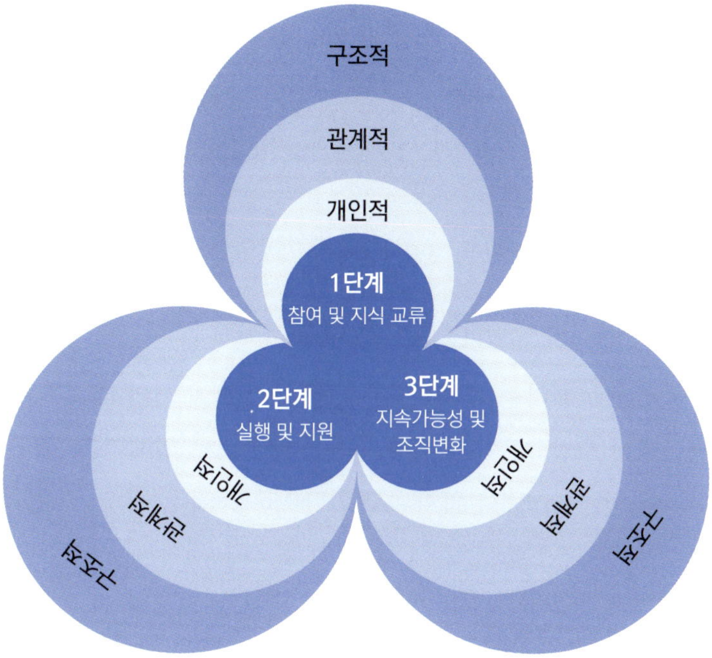

[그림 14.1] 통합 전환 및 참여 모델

7. 보다 신속한 연구 및 개발 주기의 필요성

정신건강 예방, 조기 개입, 서비스 제공에 대한 한정된 자원을 최적화하고 디지털 도구의 잠재력을 실현하기 위해서는 효과성을 입증한 프로그램, 모델, 전략에 우선순위를 두어야 한다. 현실적으로, 디지털 기술의 발전이 디지털 헬스 개입에 대한 엄격한 평가를 앞지르고 있으며(Bucci et al., 2019), 디지털 기술 발전의 속도를 따라잡기 위해서는 더 발전된 대응 방법론이 필요하다. 전통적인 무작위 대조 시험을 거친 디지털 도구는 임상시험의 평가가 완료되었을 때는 기술적으로 이미 구식이 되어버리는 경우가 많다. '적시 적응형 개입(Just-in-Time Adaptive Interventions, JITAI)'과 같은 최신 프레임워크와 방법론이 해결책이 될 수 있다(Bucci et al., 2019).

최근 몇 년간 효과적인 치료 구성요소를 파악하는 데 이상적이고, 현재의 최첨단 디지털 치료 효과를 개선하는 데 도움이 될 수 있는 몇 가지 혁신적인 시험 설계가 주목받고 있다. 다단계 최적화 전략(Multiphase Optimization Strategy)은 디지털 개입에 대한 가능성을 보여 주는 유망한 설계 및 평가 프레임워크이다(Collins et al., 2007). 부분 요인 설계(Fractional Factorial Designs)와 미세 무작위 시험(Micro-Randomized Trials)도 개입을 전파하고 실행할 수 있는 효율성을 개선시키고 있다(Baker et al., 2014).

디지털 도구의 공동 제작이 정신건강 장애를 경험한 사람들과 함께 또는 그들을 위해 이루어지는 것이 이 모든 과정의 핵심이다(Bucci et al., 2019).

8. 요약

디지털 헬스는 빠르게 발전하는 기술로, '건강 및 사회 복지 서비스 제공 방식을 변화시킬 것'(2016)이다. 대다수의 사람들은 정신건강 전문가 부족으로 인해 치료 접근성을 방해하는 장벽을 경험하고 있으며, 이는 더욱 악화되고 있다(Mohr et a1., 2017). 또한 현재 건강 서비스에 디지털 치료를 통합할 수 있는 명확한 모델이 없으며, 임상 실무에서 디지털 치료를 사용하는 임상가들이 현저히 부족하다(Batterham et al., 2015). 디지털 치료제를 정신건강 관리에 통합하려면 정신건강 시스템 패러다임의 전환과 정신 장애 치료 방식에 대한 재고가 필요하다.

디지털 치료제가 정신 장애를 감지, 치료, 예방하는 방식을 혁신할 수 있는 잠재력을 실현하려면, 여러 이해관계자가 참여하는 지속적인 연구와 이러한 기술이 정신건강 결과를 측정 가능하게 개선할 수 있다는 것을 보여 주는 엄격한 연구가 필요하다(Naslund et al., 2019).

참고문헌

ABS. (2018). National health survey: first results, 2017–2018. Canberra, Australian Bureau of Statistics. 4364.0.55.001. Available at: https://www.abs.gov.au/statistics/health/health-conditions-and-risks/national-health-survey-first-results/latest-release.

Affeltranger, B., Potvin, L., Ferron, C., Vandewalle, H., Vallée, A. (2018, May). [Proportionate universalism: towards "real equality"of prevention in France]. *Sante Publique, 30*(1 Suppl), 13–24. https://doi.org/10.3917/spub.184.0013 (Universalisme proportionné: Vers une « égalitéréelle » de la prévention en France.).

AGPC (2020). Australian Government Productivity Commission Inquiry Report. *Mental Health, Final Report*. https://www.pc.gov.au/inquiries/completed/mental-health/report (Accessed 30 August 2022).

Allen-Meares, P., Hudgins, C.A., Engberg, M.E. & Lessnau, B. (2005). Using a collaboratory model to translate social work research into practice and policy. *Research on Social Work Practice, 15*(1), 29–40.

AMS. (2016). Improving the health of the public by 2040: optimising the research environment for a healthier, fairer future. Available at: https://acmedsci.ac.uk/file-download/41399-5807581429f81.pdf.

Apolinario-Hagen, J., Harrer, M., Kahlke, F., Fritsche, L., Salewski, C. & Ebert, D.D. (2018, May 15). Public attitudes toward guided internet-based therapies: web-based survey study. *JMIR Ment Health, 5*(2), e10735. https://doi.org/10.2196/10735.

Baker, T.B., Gustafson, D.H. & Shah, D. (2014). How can research keep up with eHealth? Ten strategies for increasing the timeliness and usefulness of eHealth research. *Journal of Medical Internet Research, 16*(2), e36.

Batterham, P. & Calear, A. (2017). Preferences for internet-based mental health interventions in an adult online sample: findings from an online community survey. *JMIR Mental Health, 4*(2), e26.

Batterham, P.J. & Calear, A.L. (2017). Preferences for Internet-based mental health interventions in an adult online sample: findings from an online community survey. *JMIR Ment Health, 4*(2), e26. https://doi.org/10.2196/mental.7722.

Batterham, P.J., Neil, A.L., Bennett, K., Griffiths, K.M. & Christensen, H. (2008, February 2). Predictors of adherence among community users of a cognitive behavior therapy website. *Patient Prefer Adherence, 2*, 97–105. http://www.ncbi.nlm.nih.gov/pubmed/19920949.

Batterham, P.J., Sunderland, M., Calear, A.L., Davey, C.G., Christensen, H., Teesson, M., et al. (2015). Developing a roadmap for the translation of e-mental health services for depression: review. *Australian and New Zealand Journal of Psychiatry, 49*(9), 776–784.

Baumeister, H., Reichler, L., Munzinger, M. & Lin, J. (2014). The impact of guidance on Internet-based mental health interventions—a systematic review. *Internet Interventions, 1*(4), 205–215.

Berry, N., Lobban, F., Emsley, R. & Bucci, S. (2016). Acceptability of interventions delivered online and through mobile phones for people who experience severe mental health problems: a systematic review. *Journal of Medical Internet Research, 18*, e121. doi:10.2196/jmir.5250. https://pubmed.ncbi.nlm.nih.gov/27245693/27245693.

Boydell, K.M., Hodgins, M., Pignatiello, A., Teshima, J., Edwards, H. & Willis, D. (2014,). Using technology to deliver mental health services to children and youth: a scoping review. *Journal of the Canadian Academy of Child and Adolescent Psychiatry = Journal de l'Academie canadienne de psychiatrie de l'enfant et de l'adolescent, 23*(2), 87–99. http://europepmc.org/abstract/MED/24872824.

Bucci, S., Schwannauer, M. & Berry, N. (2019). The digital revolution and its impact on mental health care. *Psychology and Psychotherapy, 92*, 277–297.

Burgess, P.M., Pirkis, J.E., Slade, T.N., Johnston, A.K., Meadows, G.N. & Gunn, J.M. (2009). Service use for mental health problems: findings from the 2007 National Survey of Mental Health and Wellbeing. *Australian and New Zealand Psychiatry, 43*, 615–623.

Burns, J., Hickie, I., & Christensen, H. (2014). Strategies for adopting and strengthening e-mental health: a review of the evidence. The Sax Institute. Sydney, Australia, Commissioned on behalf of the Mental Health Commission of NSW. Available at: https://www.nswmentalhealthcommission.com.au/sites/default/files/old/assets/File/Report%20-%20The%20Sax%20Institute%20E-Mental%20Health%20Evidence%20Review%20cover%20page.pdf.

Casey, L.M., Wright, M.-A. & Clough, B.A. (2014). Comparison of perceived barriers and treatment preferences associated with internet-based and face-to-face psychological treatment of depression. *International Journal of Cyber Behavior, Psychology and Learning, Vol.4*(4), 16–22. doi:10.4018/ijcbpl.2014100102.

Christensen, H., Griffiths, K.M. & Farrer, L. (2009, 24). Adherence in internet interventions for anxiety and depression. *Journal of Medical Internet Research [Electronic Resource], 11*(2), e13. https://doi.org/10.2196/jmir.1194.

Christensen, H., Reynolds, J. & Griffiths, K.M. (2011). The use of e-health applications for anxiety and depression in young people: challenges and solutions. *Early Intervention in Psychiatry, 5*(Suppl 1), 58–62. http://onlinelibrary.wiley.com/doi/10.1111/j.1751-7893.2010.00242.x/abstract.

Collins, L.M., Murphy, S.A. & Strecher, V. (2007). The multiphase optimization strategy (MOST) and the sequential multiple assignment randomized trial (SMART): new methods for more potent eHealth interventions. *American Journal of Preventive Medicine, 32*(5 Suppl), S112–S118. https://doi.org/10.1016/j.amepre.2007.01.022.

Dal Santo, T., Goldberg, S., Choice, P. & Austin, M. (2002). Exploratory research in public social service agencies: an assessment of dissemination and utilization. *Journal of Sociology and Social Welfare, 29*(4), 59–81.

Damschroder, L.J. (2020). Clarity out of chaos: use of theory in implementation research. *Psychiatry Research, 283*, 112461. https://doi.org/10.1016/j.psychres.2019.06.036.

Deady, M., Mills, K.L., Teesson, M., Kay-Lambkin, F. (2016). An online intervention for co-occurring depression and problematic alcohol use in young people: primary outcomes from a randomized controlled trial. *Journal of Medical Internet Research, 18*. doi:10.2196/jmir.5178.

de Girolamo, G., Cerveri, G., Clerici, M., Monzani, E., Spinogatti, F., Starace, F., et al. (2020). Mental Health in the Coronavirus Disease 2019 Emergency—The Italian Response. *JAMA Psychiatry, 77*(9), 974–976. https://doi.org/10.1001/jamapsychiatry.2020.1276.

Donkin, L., Christensen, H., Naismith, S.L., Neal, B., Hickie, I.B. & Glozier, N. (2011, August 5). A systematic review of the impact of adherence on the effectiveness of e-therapies. *Journal of Medical Internet Research [Electronic Resource], 13*(3), e52. https://doi.org/10.2196/jmir.1772.

DHS. (2017). Pharmaceutical benefits schedule: mental health-related prescriptions. https://www.aihw.gov.au/getmedia/d35a03a3-1500-4775-b3e1-9a99f3168bb8/Mental-health-related-prescriptions-2016-17.pdf.aspx. Access date: 30 August 2022.

Donkin, L. & Glozier, N. (2012). Motivators and motivations to persist with online psychological interventions: a qualitative study of treatment completers. *Journal of Medical Internet Research [Electronic Resource], 14*(3), e91. https://doi.org/10.2196/jmir.2100.

Erbe, D., Eichert, H.C., Riper, H. & Ebert, D.D. (2017, September 15). Blending face-to-face and internet-based interventions for the treatment of mental disorders in adults: systematic review. *Journal of Medical Internet Research [Electronic Resource], 19*(9), e306. https://doi.org/10.2196/jmir.6588.

Farvolden, P., Denisoff, E., Selby, P., Bagby, R.M. & Rudy, L. (2005, March 26). Usage and longitudinal effectiveness of a Web-based self-help cognitive behavioral therapy program for panic disorder. *Journal of Medical Internet Research [Electronic Resource], 7*(1), e7. https://doi.org/10.2196/jmir.7.1.e7.

Fortuna, K.L., Venegas, M., Umucu, E., Mois, G., Walker, R. & Brooks, J.M. (2019). The future of peer support in digital psychiatry: promise, progress, and opportunities. *Current Treatment Options in Psychiatry, 6*(3), 221–231.

Frawley, T., van Gelderen, F., Somanadhan, S., Coveney, K., Phelan, A., Lynam-Loane, P., et al. (2021). The impact of COVID-19 on health systems, mental health and the potential for nursing. *Irish Journal of Psychological Medicine, 38*(3), 220–226. https://doi.org/10.1017/ipm.2020.105.

Gredig, D. & Sommerfeld, P. (2008). New proposals for generating and exploiting solution-oriented knowledge. *Research on Social Work Practice, 18*(4), 292–300.

Greenhalgh, T., Wherton, J., Papoutsi, C., Lynch, J., Hughes, G., A'Court, C., et al. (2017). Beyond adoption: a new framework for theorizing and evaluating nonadoption, abandonment, and challenges to the scale-up, spread, and sustainability of health and care technologies. *Journal of Medical Internet Research [Electronic Resource], 19*(11), e367. https://doi.org/10.2196/jmir.8775.

Grimshaw, J.M., Eccles, M.O., Lavis, J.N., Hill, S.J. & Squires, J.E. (2012). Knowledge translation of research findings. *Implementation Science, 7*(1), 50–67.

Handley, T.E., Kay-Lambkin, F.J., Inder, K.J., Attia, J.R., Lewin, T.J. & Kelly, B.J. (2014). Feasibility of internet-delivered mental health treatments for rural populations. *Social Psychiatry and Psychiatric Epidemiology, 49*(2), 275–282. http://link.springer.com/article/10.1007%2Fs00127-013-0708-9.

Heinsch, M. (2017). Exploring the potential of interaction models of research use for social work. *British Journal of Social Work, 48*(2), 468–486. https://doi.org/10.1093/bjsw/bcx034.

Heinsch, M., Geddes, J., Sampson, D., Brosnan, C., Hunt, S., Wells, H., et al. (2021). Disclosure of suicidal thoughts during an e-mental health intervention: Relational ethics meets actor-network theory. *Ethics & Behavior, 31*(3), 151–170. https://doi.org/10.1080/10508422.2019.1691003.

Heinsch, M., Wyllie, J., Carlson, J., Wells, H., Tickner, C., Kay-Lambkin, F. (2021). Theories informing eHealth implementation: systematic review and typology classification. *Journal of Medical Internet Research [Electronic Resource], 23*(5), e18500. https://doi.org/10.2196/18500.

Henson, P., Wisniewski, H., Hollis, C., Keshavan, M. & Torous, J. (2019). Digital mental health apps and the therapeutic alliance: initial review. *British Journal of Psychiatry Open, 5*(1), e15.

Holmes, E.A., Ghaderi, A., Harmer, C.J., Ramchandani, P.G., Cuijpers, P., Morrison, A.P., et al. (2018). The Lancet Psychiatry Commission on psychological treatments research in tomorrow's science. *Lancet Psychiatry,, 5*, 237–286.

Holmes, E.A., O'Connor, R.C., Perry, V.H., Tracey, I., Wessely, S., Arseneault, L., et al. (2020). Multidisciplinary research priorities for the COVID-19 pandemic: a call for action for mental health science. *The Lancet Psychiatry, 7*(6), 547–560. https://doi.org/10.1016/S2215-0366(20)30168-1.

Iorfino, F., Prodan, A., Piper, S., Occhipinti, J., Schmiede, A., LaMonica, H., et al. (2021). Best care, first time: optimising youth mental health services using digital technologies. The University of Sydney, Australia. Available at: https://researchdirect.westernsydney.edu.au/islandora/object/uws:62529/.

Jakob, R., Harperink, S., Rudolf, A.M., Fleisch, E., Haug, S., Mair, J.L., Salamanca-Sanabria, A. & Kowatsch, T. (2021). Factors Influencing Adherence to mHealth Apps for Prevention or Management of Noncommunicable Diseases: Systematic Review. *Journal of Medical Internet Research, 24*(5), e35371. https://doi.org/10.2196/35371.

Jorm, A.F. (2018). Australia's 'Better Access'scheme: has it had an impact on population mental health?. *Australian and New Zealand Journal of Psychiatry, 52*(11). doi:10.1177/0004867418804066.

Kay-Lambkin, F. (2009). Technology and innovation in the psychosocial treatment of methamphetamine use, risk and dependence. *Drug and Alcohol Review, 27*(May), 318–325.

Kay-Lambkin, F., Baker, A., Lewin, T. & Carr, V. (2011). Acceptability of a clinician-assisted computerized psychological intervention for comorbid mental health and substance use problems: treatment adherence data from a randomized controlled trial. *Journal of Medical Internet Research, 13*(1), e11. doi:10.2196/jmir.1522 PMID: 21273184. https://www.jmir.org/2011/1/e11/.

Kay-Lambkin, F., Baker, A., Lewin, T.J. & Carr, V.J. (2009). Computer-based psychological treatment for comorbid depression and problematic alcohol and/or cannabis use: a randomized controlled trial of clinical efficacy. *Addiction, 104*, 378–388. http://onlinelibrary.wiley.com/doi/10.1111/j.1360-0443.2008.02444.x/abstract.

Kay-Lambkin, F., Baker, A.L., Kelly, B. & Lewin, T.J. (2011). Clinician-assisted computerised versus therapist-delivered treatment for depressive and addictive disorders: a randomised controlled trial. *Medical Journal of Australia, 195*, S44–S50. https://www.mja.com.au/system/files/issues/195_03_010811/kay10941_fm.pdf.

Kay-Lambkin, F.J., Baker, A., Hunt, S., Spring, B. & RIchmond, R. (2016). iHeLP: A pilot trial of an online program for smokers with depression. World Congress of Behavior and Cognitive Therapies Melbourne.

Kay-Lambkin, F.J., Baker, A.L., Geddes, J., Hunt, S.A., Woodcock, K., Teesson, M., et al. (2015). The iTreAD project: A study protocol for a randomised controlled clinical trial of online treatment and social networking for binge drinking and depression in young people. *Bmc Public Health [Electronic Resource], 15*, 1025.

Kay-Lambkin, F.J., Baker, A.L., Healey, A., Wolfe, S., Simpson, A., Brooks, M., et al. (2012). Study protocol: a dissemination trial of computerized psychological treatment for depression and alcohol/other drug use comorbidity in an Australian clinical service. *Bmc Psychiatry [Electronic Resource], 12*(1), 77.

Kay-Lambkin, F.J., Baker, A.L., Kelly, B.J. & Lewin, T.J. (2012). It's worth a try: the treatment experiences of rural and urban participants in a randomized controlled trial of computerized psychological treatment for comorbid depression and alcohol/other drug use. *Journal of Dual Diagnosis, 8*(4), 262–276.

Kay-Lambkin, F.J., Baker, A.L., Lewin, T.J. & Carr, V.J. (2009). Computer-based psychological treatment for comorbid depression and problematic alcohol and/or cannabis use: A randomized controlled trial of clinical efficacy. *Addiction, 104*(3), 378–388.

Kay-Lambkin, F.J., Baker, A.L., McKetin, R., & Lee, N. (2010), Stepping through treatment: Reflections on an adaptive treatment strategy among methamphetamine users with depression. Drug and Alcohol Review, 29: 475–482. https://doi.org/10.1111/j.1465-3362.2010.00203.x.

Kay-Lambkin, F.J., Baker, A.L., Palazzi, K., Lewin, T.J. & Kelly, B.J. (2017). The moderating effect of perfectionism, need for approval, and therapeutic alliance on eHealth and traditionally-delivered treatments for comorbid depression and alcohol/cannabis use problems. *International Journal of Behavioral Medicine, 24*(5), 728–739.

Kay-Lambkin, F.J., Gilbert, J., Pedemont, L., Sunderland, M., Dalton, H., et al. (2018). Prevention and early intervention for people aged 18 and over with, or at risk of, mild to moderate depression and anxiety: An Evidence Check rapid review brokered by the Sax Institute (www.saxinstitute.org.au) for Beyond Blue, 2018. Available at: https://www.beyondblue.org.au/docs/default-source/about-beyond-blue/policy-submissions/mild-moderate-depression-and-anxiety-in-adults_final-2.pdf?sfvrsn=d182bcea_6.

Kay-Lambkin, F.J., Simpson, A., Bowman, J. & Childs, S. (2014). Dissemination trial of computer-based psychological treatment in a Drug and Alcohol Clinical Service: predictors of technology integration. *Addiction Science and Clinical Practice, 9*, 15. http://www.ascpjournal.org/content/9/1/15.

Khera, N., Mau, L.–W., Denzen, E.M., Meyer, C., Houg, K., Lee, S.J., et al. (2018). Translation of clinical research into practice: an impact assessment of the results from the blood and marrow transplant clinical trials network protocol 0201 on unrelated graft source utilization. *Biology of Blood and Marrow Transplantation, 24*(11).

Lattie, E.G., Graham, A.K., Hadjistavropoulos, H.D., Dear, B.F., Titov, N. & Mohr, D.C. (2019). Guidance on defining the scope and development of text-based coaching protocols for digital mental health interventions. *Digital Health, 5* 2055207619896145. https://doi.org/10.1177/2055207619896145.

Lim, M.H. & Penn, D.L. (2018). Using digital technology in the treatment of schizophrenia. *Schizophrenia Bulletin, 44*(5), 937–938. https://doi.org/10.1093/schbul/sby081.

McDaid, S., Kousoulis, A., Thorpe, L., Zamperoni, V., Pollard, A., Wooster, E. (2020). Tackling social inequalities to reduce mental health problems: How everyone can flourish equally. Mental Health Foundation, London, United Kingdom. Available at: https://www.mentalhealth.org.uk/sites/default/files/2022-04/MHF-tackling-inequalities-report.pdf.

McHugh, R.K., Whitton, S.W., Peckham, A.D., Welge, J.A. & Otto, M.W. (2013). Patient preference for psychological vs pharmacologic treatment of psychiatric disorders: A meta-analytic review. *Journal of Clinical Psychiatry, 74* 595–596–592.

Meurk, C., Leung, J., Hall, W., Head, B.W. & Whiteford, H. (2016). Establishing and Governing e-Mental Health Care in Australia: a systematic review of challenges and a call for policy-focussed research. *Journal of Medical Internet Research, 18*(1), e10. https://www.jmir.org/2016/1/e10.

Mohr, D.C., Cuijpers, P. & Lehman, K. (2011). Supportive accountability: a model for providing human support to enhance adherence to eHealth interventions. *Journal of Medical Internet Research [Electronic Resource], 13*(1), e30. https://doi.org/10.2196/jmir.1602.

Mohr, D.C., Lyon, A.R., Lattie, E.G., Reddy, M. & Schueller, S.M. (2017). Accelerating digital mental health research from early design and creation to successful implementation and sustainment. *Journal of Medical Internet Research, 19*, e153. doi:10.2196/jmir.7725. https://www.jmir.org/2017/5/e153/.

Mohr, D.C., Siddique, J., Ho, J., Duffecy, J., Jin, L. & Fokuo, J.K. (2010, August). Interest in behavioral and psychological treatments delivered face-to-face, by telephone, and by internet. *Annals of Behavioral Medicine, 40*(1), 89–98. https://doi.org/10.1007/s12160-010-9203-7.

Mol, M., van Genugten, C., Dozeman, E., van Schaik, D.J.F., Draisma, S., Riper, H., et al. (2020). Why uptake of blended internet-based interventions for depression is challenging: a qualitative study on therapists'perspectives. *Journal of Clinical Medicine, 9*(1). doi:10.3390/jcm9010091.

Morago, P. (2010). Dissemination and implementation of evidence-based practice in the social services: A UK survey. *Journal of Evidence-Based Social Work, 7*(5), 452–465.

Musiat, P., Goldstone, P. & Tarrier, N. (2014, 11). Understanding the acceptability of e-mental health–attitudes and expectations towards computerised self-help treatments for mental health problems. *Bmc Psychiatry [Electronic Resource], 14*, 109. https://doi.org/10.1186/1471-244X-14-109.

Naslund, J.A., Gonsalves, P.P., Gruebner, O., Pendse, S.R., Smith, S.L., Sharma, A., et al. (2019). Digital innovations for global mental health: opportunities for data science, task sharing, and early intervention. *Current Treatment Options in Psychiatry, 6*. doi:10.1007/s40501-019-00186-8.

Nuq, P.A. & Aubert, B. (2013). Towards a better understanding of the intention to use eHealth services by medical professionals: the case of developing countries. *International Journal of Healthcare Management, 6*(4), 217–236. https://doi.org/10.1179/2047971913Y.0000000033.

Sinha, R. (2007). The role of stress in addiction relapse. *Current Psychiatry Reports, 9*(5), 388–395. doi:10.1007/s11920-007-0050-6.

Smith, A. C., Thomas, E., Snoswell, C. L., Haydon, H., Mehrotra, A., Clemensen, J., et al. (2020). Telehealth for global emergencies: implications for coronavirus disease 2019 (COVID-19). Journal of Telemedicine and Telecare, 26(5), 309–313. https://doi.org/10.1177/1357633x20916567.

Spolander, G., Engelbrecht, L., Martin, L., Strydom, M., Pervova, I., Marjanen, P., et al. (2014). The implications of neoliberalism for social work: Reflections from a six-country international research collaboration. *International Social Work, 57*(4), 301–312. https://doi.org/10.1177/0020872814524964.

Stapinski, L.A., Prior, K. & Newton, N.C. (2019). Protocol for the inroads study: a randomized controlled trial of an internet-delivered, cognitive behavioral therapy–based early intervention to reduce anxiety and hazardous alcohol use among young people. *JMIR Research Protocols, 8*(4), e12370.

Statista. (2021). Number of smartphone users worldwide from 2016-2021. https://www.statista.com/

statistics/330695/number-of-smartphone-users-worldwide/. Access Date: 30 August 2022.

Statista. (2022). Leading countries based on number of Twitter users as of January 2022. https://www.statista.com/statistics/242606/number-of-active-twitter-users-in-selected-countries/. Access Date: 30 August 2022.

Stern, A.D., Hagen, H.M.J., Brönneke, J.B. & Debatin, J.F. (2020). Want to see the future of digital health tools? look to Germany. *Harvard Business Review*. https://hbr.org/2020/12/want-to-see-the-future-of-digital-health-tools-look-to-germany (Accessed 30 August 2022).

Tait, R.J., McKetin, R., Kay-Lambkin, F., Bennett, K., Tam, A., Bennett, A., et al. (2012). Breakingtheice: A protocol for a randomised controlled trial of an internet-based intervention addressing amphetamine-type stimulant use. *Bmc Psychiatry [Electronic Resource], 12*(1), 67.

Tait, R.J., McKetin, R., Kay-Lambkin, F.J., Carron-Authur, B., Bennett, A., Bennett, K., et al. (2015). A randomised controlled trial of a web-based intervention for users of amphetamine-type stimulants: Six month outcomes; Part 2. *Journal of Medical Internet Research, 17*(4), e105. https://doi.org/10.2196/jmir.3778.

Van Belle, S., van de Pas, R. & Marchal, B. (2017). Towards an agenda for implementation science in global health: there is nothing more practical than good (social science) theories. *BMJ Global Health, 2*(2), e000181. https://doi.org/10.1136/bmjgh-2016-000181.

van der Kleij, R.M.J.J., Kasteleyn, M.J., Meijer, E., Bonten, T.N., Houwink, E.J.F., Teichert, M., et al. (2019). SERIES: EHealth in primary care. Part 1: concepts, conditions and challenges. *European Journal of General Practice, 25*(4), 179−189. https://doi.org/10.1080/13814788.2019.1658190.

Wentzel, J., van der Vaart, R., Bohlmeijer, E.T., van Gemert-Pijnen, J.E.W.C. (2016). Mixing online and face-to-face therapy: how to benefit from blended care in mental health care. *JMIR Mental Health, 3*(1), e9. https://doi.org/10.2196/mental.4534.

Whiteford, H.A., Degenhardt, L., Rehm, J., Baxter, A.J., Ferrari, A.J., Erskine, H.E., et al. (2013). Global burden of disease attributable to mental and substance use disorders: Findings from the Global Burden of Disease Study 2010. *The Lancet, 382*(9904), 1575−1586. https://doi.org/10.1016/S0140-6736(13)61611-6.

WHO. (2011). Mental health atlas: 2011.

Wykes, T., Lipshitz, J. & Schueller, S.M. (2019). Towards the design of ethical standards related to digital mental health and all its applications. *Current Treatment Options in Psychiatry, 6*(3), 232−242.

Yao, H., Chen, J.−H., Xu, Y.−F. (2020). Patients with mental health disorders in the COVID−19 epidemic. *The Lancet Psychiatry, 7*(4), e21. https://doi.org/10.1016/S2215-0366(20)30090-0.

제 15 장

디지털 치료제에서의 개인정보 보호와 보안

Leysan Nurgalieva and Gavin Doherty

1. 도입

디지털 헬스 제품 및 서비스는 환자 중심의 투명한 진료 과정을 구축하고(Okun & Wicks, 2018), 환자들이 의료 정보를 더 이해하기 쉽고 사용하기 편리하게 만드는 데 기여한다고 알려져 있다. 특히, 디지털 정신건강은 대면 치료의 대안 또는 보조 수단으로 자리잡으면서 환자들이 자신의 건강을 보다 능동적으로 관리할 수 있도록 돕는다(Smelror, Bless, Hugdahl, Hugdahl, & Agailz, 2019).

디지털 치료제는 반드시 민감한 정보를 저장하고 처리하는 작업을 수반하게 되며, 이는 여러 기관에 의해 이루어질 수 있으므로 보안 장치를 사용해야 한다. 또한 이러한 제품과 서비스를 평가하고 개선하기 위해서는 환자의 데이터에 대한 접근 권한도 필요하다. 따라서 디지털 치료제가 의료 환경을 개선할 수 있는 가능성을 보여 주지만, 이와 관련한 민감한 데이터의 수집 및 사용으로 인해 개인정보 보호와 보안에 대한 인식과 우려가 높아졌다.

그러나 사용자 데이터를 제3자에게 제공할 때 개인정보를 비식별화하는 등의 보안 조치는 우회될 가능성이 있다. 예를 들어, 비식별화된 정보를 다른 출처(예: 소셜 미디어 또는 공공 기록)의 데이터와 결합하면 사용자의 개인정보가 침해될 수 있다(Grundy, Held, & Bero, 2017). 이는 검증되지 않았거나 침입적인 타깃 광고에서부터 개인의 행동과 건강 상태에 대한 추론까지 다양한 위험을 초래할 수 있다(Martinez-Martin & Kreitmair, 2018). 디지털 헬스 서비스가 의도치 않은 침해나 손실, 악의적인 해킹에 의해 위협받을 경우 보안 위험이 발생할 수 있다(Grundy et al., 2017; Grundy et al., 2019; Morera, de la Torre Diez, Garcia-Zapirain, Lopez-Coronado, & Arambarri, 2016; Sampat & Prabhakar, 2017). 이러한 위협은 디지털 치료제에서 중요하게 고려하고 해결해야 할 사항이며, 특히 정신건강 분야에서는 데이터의 추가적인 민감성 때문에 더욱 중요할 수 있다. 개인정보가 유출되면 낙인, 차별, 효과적인 치료를 찾는 데 지연이 발생할 수 있다(Henderson, Evans-Lacko, & Thornicroft, 2013; Radovic et al., 2016; Wykes & Schueller, 2019).

디지털 헬스 시대에는 데이터 공유의 여부를 이분법적으로 판단하는 것이 아니라, 어떤 데이터를 어떻게 공유할 수 있는지, 그리고 중요한 것과 취약한 것을 보호할 수 있는 방법이 무엇인지가 중요해졌다. 개인정보 보호는 유럽 인권 협약 및 기타 국가 법률에 정의된 바와 같이 개인이 자신의 사생활에 대한 통제권을 유지하고 침해로부터 자유로울 권리를 의미하며, 이는 디지털 정신건강 제품 및 서비스에서도 보장되어야 한다(Diggelmann & Cleis, 2014).

다음에서는, 디지털 치료제와 디지털 정신건강에서의 개인정보 보호 및 보안과 관련된 주제에 대해 논의한다. 여기에는 미국, 유럽 및 기타 지역의 일반적인 위험, 관련 데이터 보호 규정이 포함된다. 또한 디지털 치료제와 디지털 정신건강의 보안 및 개인정보 보호 평가 방법, 프레임워크, 도구에 대해 개관하고, 파악된 위험과 취약성을 해결하기 위한 설계 권장 사항에 대해 제시한다.

2. 디지털 치료제의 개인정보 보호 및 보안 배경

1) 디지털 헬스 생태계

디지털 헬스 제품 및 서비스는 의료 기관과 정부에서 점점 더 많은 지지를 받고 있으며, 임상가들은 저렴하고 접근성이 뛰어난 치료 보조 수단 또는 다양한 건강 상태를 가진 환자를 위한 추가 지원 수단으로 권장하고 있다. 디지털 치료제는 의료 전문가들이 환자와 더 다양한 소통 채널을 활용할 수 있게 하며, 데이터 접근을 통해 더 정밀한 진단과 개인 맞춤형 의료 제공을 가능하게 한다. 이러한 도구의 사용과 중요성은 증가하고 있으며, 스마트폰과 기타 휴대용 장치, 웨어러블 기기, 사물 인터넷(IoT) 기기의 기술적 발전은 새로운 기능과 개입을 '즉시' 제공할 수 있게 해 준다(Balaskas, Schueller, Cox, & Doherty, 2021). 이메일, 문자 메시지, 전자 건강 기록 외에도, 채팅봇, 가상 비서, 클라우드 기반 저장소를 사용하는 원격 심리/원격 정신건강 치료, 스마트폰 건강 앱 등 새로운 전달 방식들이 등장하고 있다. 이러한 도구들은 여러 가지 방법으로 정신건강 지원을 제공한다: 사용자들이 자신의 상태를 이해하는 데 도움을 주고(Radovic et al., 2016), 치료법 준수를 지원하며(Thach, 2018), 심지어 약물 복용 순응도를 추적하는 센서가 내장된 처방약을 제공한다(Aldeer, Martin, & Howard, 2018). 그러나 소비자들의 이러한 혁신에 대한 관심이 커짐과 동시에 데이터 보호에 대한 우려도 함께 증가하고 있어, 이러한 혁신의 수용에 장애물이 되고 있다.

위험과 관련하여 연구자들은 디지털 치료제를 사용할 때 정신건강 문제가 있는 사람들이 개인정보 침해에 더 많이 노출된다는 데 동의한다. 이들의 데이터는 보호되어야 하고

(Rosenfeld, Torous, & Vahia, 2017), 개인정보 보호 정책은 쉽게 이해할 수 있어야 하며 사용자가 정보에 기반한 결정을 내릴 수 있도록 지원해야 한다(Powell, Singh, & Torous, 2018).

2) 디지털 정신건강의 보안 및 개인정보 보호 위험

디지털 헬스의 핵심 특징은 기술 자체가 아니라 데이터에 있다. 디지털 헬스 제품은 다양한 출처로부터 방대한 양의 환자 데이터를 생성한다. 이러한 기술의 발전과 함께 디지털 보안 및 개인정보 보호에 대한 위험 역시 증가했다.

보안 위험은 기술적 시스템의 취약성으로 인해 환자 데이터의 기밀성이 침해되면서 발생할 수 있다(Sampat & Prabhakar, 2017). 이러한 침해는 재정적 손실, 차별, 스트레스, 불만족(Powell et al., 2018)으로 이어지거나, 기밀성 문제로 인해 효과적인 치료를 받는 데 지연이 생기는 것과 같은 간접적인 영향을 미칠 수 있다(Radovic et al., 2016; Wykes & Schueller, 2019). 다른 보안 위험으로는 악의적인 해킹이나 상업적 데이터 공유 관행(Grundy et al., 2017; Grundy et al., 2019; Morera et al., 2016; Sampat & Prabhakar, 2017), 호스팅 장치의 도난 등이 있다(Kotz, 2011).

비식별 처리된 환자 정보를 제3자에게 공개하면 해당 정보를 다른 출처(예: 소셜 미디어 혹은 공공 기록)의 데이터와 결합하여 개인을 식별할 수 있기 때문에 개인정보 보호에 위험을 초래한다(Grundy et al., 2017; Househ et al., 2018). 이와 관련된 위험은 검증되지 않거나 침입적인 타깃팅 광고에서부터 개인의 행동과 건강 상태에 대한 추론까지 포함되며 이는 고용이나 승진 기회에 영향을 미칠 수 있다(Martinez-Martin & Kreitmair, 2018; Parker et al., 2019).

보안 및 개인정보 보호 위험은 단지 환자의 사생활이 위협받는 것에 그치지 않고, 디지털 치료제의 장기적인 발전과 환자 건강에 대한 이익에도 해를 끼칠 수 있다. 환자 데이터의 손실 또는 도난은 제공자와 의료 전문가에게 면허 제재나 민사 소송을 초래할 수 있으며(Taube, 2013), 평판 손상이나 신뢰성의 저하를 초래할 수 있다(Parker et al., 2017).

(1) 전자 건강 기록과 관련된 위험

디지털 치료제의 주요 원동력 중 하나는 전자 건강 기록의 도입과 사용 가능성, 그리고 환자 포털의 발전이다. 디지털 치료제에 의해 생성되고 수집된 임상 측정값과 환자 데이터는 전자 건강 기록으로 내보내지며, 이 데이터는 전 세계 네트워크, 분산 데이터베이스, 클라우드에 저장되고 공유된다(Bauer et al., 2017). 디지털 헬스 도구는 환자들에게 데이터에 대한 새로운 접근 방법을 제공하지만, 환자 정보의 유통 증가와 함께 보안 위험 및 정보 전파에 대한 통제 상실의 위험도 증가한다(Ahlfeldt & Huvala, 2014; Rezaeibagha et al., 2015; Xhafa et al., 2015). 예를 들어, 정신건강 기록이 환자의 치료에 필요한지 여부와 상관없이 네트워크 내 모든 제공자에게 제공되면 개인정보 보호 위협이 발생할 수 있으며(Clemens, 2012), 환자 이메일이 무단으로 전송되는 사고로 인해서도 개인정보 보호 위협이 발생할 수 있다(Van Allen & Roberts, 2011).

다른 데이터 보호 위험으로는 불안전한 통신 채널을 통해 전자 건강 기록이 전송될 수 있는 것인데, 이로 인해 적대자가 환자의 병력과 관련된 민감한 정보를 수집하여 '환자 프로필'을 구축할 수 있다(Yang, Kim, & Mtonga, 2015).

건강 기록은 또한 '대리 접근'을 통해 가족 구성원 및 간병인과 공유될 수 있다. 개인 전자 건강 기록에 대한 공유된 전자 접근은 공식 및 비공식 간병인 간의 파트너십을 강화하고, 후자가 치료 과정에 더 잘 포함될 수 있게 하는 긍정적인 측면이 있지만(Kelly et al., 2018), 가치 갈등(Cajander & Griinloh, 2019), 개인정보 보호 및 보안 문제(Bauer et al., 2017) 등의 부정적인 측면도 있다. 따라서 정보 공유의 차원(어떤 정보, 누구에게, 언제, 얼마나, 어떤 상황에서)을 조정할 수 있는 통제 수단이 필요하다(Crotty et al., 2015, p.1493).

(2) 원격 심리치료의 위험

원격 심리/정신건강 치료는 심리치료에서 약물 관리에 이르기까지 원격으로 건강 개입을 수행하는 보다 전통적인 방법이다.

이러한 서비스는 많은 이점을 제공하지만, 고객 기밀성에 대한 고유한 위험을 동반한다. 예를 들어, 원격 정신건강 치료 회기는 의도치 않게 또는 악의적으로 외부 당사자에 의해 들리거나 관찰될 수 있다(Madigan, Racine, Cooke, & Korczak, 2021). 또한 회기의 관찰 코딩을 목적으로 녹음될 수 있으며, 이는 치료 회기의 과정과 결과에 대한 중요한 통찰을 제공할 수 있지만(H ø glend, 2014), 추가적인 개인정보 보호 문제를 초래할 수 있다(Xiao, Imel, Georgiou, Atkins, & Narayanan, 2015).

화상 회의를 통해 제공되는 치료 회기는 정신건강 상태를 치료하기 위한 방식으로 점점 더 자주 사용되고 있다(Richardson, Christopher Frueh, Grubaugh, Egede, & Elhai, 2009). 고급 보안 기능을 갖춘 전문화된 디지털 헬스 통신 도구가 있지만(Bellazzi, Montani, Riva, & Stefanelli, 2001), 구글 행아웃(Google Hangouts)이나 스카이프(Skype)와 같은 소비자용 화상 회의 서비스는 그 익숙함과 접근성 때문에 고객과 서비스 제공자들이 여전히 많이 사용한다(Martin, 2013). 그러나 전문가와 환자들은 이러한 서비스의 편리함을 인정하지만, 소비자용 서비스는 규제 준수(Martin, 2013; Watzlaf, Moeini, & Firouzan, 2010) 및 보안 관점에서 최적이 아닐 수 있으며(Churcher, 2012; Fleishman, 2012), 따라서 원격 정신건강 평가에 적합하지 않을 수 있다.

(3) 모니터링 및 자가 추적과 관련된 새로운 위험

스마트폰과 태블릿용 건강 앱과 스마트 워치, 스마트 이어플러그, 반지 등과 같은 웨어러블 기기가 디지털 치료 시장에 상당한 영향을 미쳤으며, '사물 인터넷'의 발전으로 더 많은 데이터 출처와 새로운 개입 방법을 제공할 수 있는 가능성이 높아졌다.

웨어러블 기기는 다양한 내장 센서를 통해 방대한 양의 건강 데이터를 지속적으로 수집하고 실시간으로 분석함으로써, 개발자들이 애플리케이션을 더욱 맥락에 맞게 만들어 사용자 경험을 획기적으로 개선할 수 있게 해 준다(Alepis & Patsakis, 2017).

정신건강 전문가와 환자들은 이러한 장치를 치료의 보조 수단 또는 자가 도움 옵션의 대안으로 사용하는 데 점점 더 많은 관심을 보이고 있지만(Bruno et al., 2018; Hunkin, King, & Zajac, 2020), 임시로 사용될 경우 중요한 개인정보 보호의 위험이 발생할 수 있다. 예를 들어, 실시간 영상이나 위치 정보와 같은 민감한 정보가 유출될 수 있다(Alepis & Patsakis, 2017). 또한 의료서비스 제공자(병원 및 기타 임상 기관)가 전자 건강 기록을 생산하고 관리하는 전문가용 임상 장치와 달리, 소비자용 웨어러블 기기의 건강 데이터는 의사의 개입 없이 수집되고 관리되므로(Becker, 2018), 데이터 규제와 보호 수준이 낮아질 수 있다.

소비자의 웨어러블 분석 결과는 디지털 형태로 즉시 제공되므로, 이를 제3자와 쉽게 공유할 수 있다. 이는 금전적 이익을 위해 의도적으로 이루어질 수 있으며, 제3자 서비스(예: 라이브러리, 분석, 고객 지원)를 통해 의도치 않게 간접적으로 이루어질 수 있다(Parker et al., 2019; Razaghpanah et al., 2018). 또한 데이터가 익명화되더라도 앱 사용자 데이터는 다른 출처의 데이터와 교차 연계되어 쉽게 재식별될 수 있기 때문에 비식별화가 항상 사용자의 개인정보를 보장하는 것은 아니다. 앱과 기타 디지털 출처에서 집계된 소비자 데이터를 공유하면 사회적 패턴과 행동에 대한 정보를 얻을 수 있으며(Binns et al., 2018), 이는 특정 개인의 미래 행동과 위험을 예측하는 데 사용되는 독점적 알고리즘으로 이어질 수 있다(Pasquale, 2015).

건강 앱은 종종 웨어러블 기기에서 오는 데이터에 접근하여 사용자가 자신에 대한 이해를 향상시키는 데 도움을 주며, 또한 제공자가 사용자에 대한 이해를 높이는 데 기여한다. 개인정보 보호의 위험은 데이터가 앱 제작자와 공유될 때 발생할 수 있으며, 여기에는 '사용자 이름과 비밀번호, 연락처 정보, 나이, 성별, 위치, 국제 모바일 장비 식별자, 전화번호'와 같은 정보가 포함된다(Lustgarten, Garrison, Sinnard, & Flynn, 2020, p. 26). 사용자의 개인정보 보호를 위한 또 다른 도전 과제는 앱 사용 중이나 구독 취소/앱 제거 후 데이터 공유 및 집계를 거부하기가 어렵다는 점이다(Kuntsman, Miyake, & Martin, 2019).

마지막으로, 개인정보 보호 정책은 건강 앱과 디지털 헬스 제품 및 서비스에서 가장 취약한 부분으로 알려져 있다. 개인정보 보호 정책이 항상 제공되는 것은 아니며(Robillard et al., 2019), 개인정보 보호 정책 및 이용 약관은 종종 사용자의 데이터 접근에 대해 명시적으로 동의를 구하지 않고 '수용하거나 거부하라'는 정책을 적용하거나, 이해하기 부족한 경우가 많다(Parker et al., 2019; Powell et al., 2018).

(4) 대화형 에이전트

새로운 디지털 제품과 서비스가 우리의 일상에 도입되면서, 헬스케어 분야에서도 이러한 도구들이 널리 사용되고 있다. 머신 러닝, 음성 인식, 자연어 처리 기술의 발전에 힘입어 대화형 에이전트는 웹, 데이터, 앱에 접근하는 방식을 재정의하고 있다. 이 기술 범주에는 챗봇, 구현된 대화형 에이전트, 애플의 시리(Siri)나 구글 어시스턴트(Google Assistant)와 같은 지능형 음성 비서가 포함된다.

일상적인 컴퓨팅의 개념을 실현하고 보다 더 인간과 유사한 경험을 제공하기 위한 광범위한 발전의 일환으로, 이러한 에이전트는 헬스케어 애플리케이션에 점점 더 많이 배포되고 있다. 특히, 정신건강 분야에서의 잠재력이 강조되고 있는데, 예를 들어 2017년 여름에 알렉사(Alexa: 아마존 스마트 스피커의 대화형 에이전트)에서 가장 많이 요청된 내용 중 하나가 "알렉사, 나를 도와서 좀 편하게 해줘."였다는 점이 이를 보여 준다(Torous, 2017).

그러나 대면 진료와는 달리, 대화형 에이전트는 동일한 수준의 개인정보 보호와 기밀성을 보장할 수 없는 경우가 많다(Vaidyam et al., 2019). 예를 들어, 음성 비서는 종종 백그라운드에서 작동하며, 기술의 발전으로 인해 구글의 '후속 모드'와 같이 특정 키워드나 명령어를 쓰지 않고도 지속적으로 들을 수 있기 때문에 특정 키워드 없이 요청이 구현될 수 있다(Tabassum et al., 2019). 주변 음성에서 키워드를 자동으로 추출하는 기술이 발전되면서 미래에는 이러한 비서가 더 매끄럽게 작동할 것으로 예상되지만(Simpson, 2017), 보안과 개인정보 보호 위험이 우려된다. 이러한 위험에는 원치 않는 타깃팅 광고(Malkin et al., 2019)부터 음성 명령의 원격 제어 및 조작에 이르기까지 다양하며, 이는 사용자를 크게 노출시킬 수 있다(Alepis & Patsakis, 2017). 대화형 에이전트의 사이버 보안이 손상되면, 환자-에이전트 간 상호작용에 악의적인 간섭이 허용되고, 심지어 해로운 추천을 초래할 수 있다(McGreevey et al., 2020).

풍부한 상호작용 및 기능 옵션을 제공하기 위해 대화형 에이전트는 종종 타사 애플리케이선뿐만 아니라 많은 소프트웨어 권한을 요구한다(Alepis & Patsakis, 2017). 사용자는 요청된 권한이 어떤 위험을 초래하는지 충분히 인식하지 못하는 경우가 많기 때문에, 대화형 에이전트와 상호작용하면서 공유하는 민감한 정보를 인식하지 못할 수 있다(Felt et al., 2012). 또한 대화형 에이전트가 쉽게 소셜 미디어에 연결될 수 있기 때문에, 개인정보 보호 설정에 대한 인식이나 주의가 부족하면 소셜 미디어 과다 공유로 이어질 수 있다(Koh et al., 2013).

(5) 머신 러닝

디지털 정신건강 분야에서의 기술 발전과 자동으로 수집되는 환자 및 상호작용 데이터의 증가로 인해 인간 행동을 이해하고 건강 결과를 최적화하는 새로운 방법론적 가능성이 열리고 있다(Baltierra et al., 2016). 대화형 에이전트와 마찬가지로, 데이터 마이닝과 머신 러닝 분야는 행동 데이터로부터 자동으로 학습할 수 있는 시스템을 구축하고, 정신건강의 맥락에서 도움을 줄 수 있는 고급 계산 방법을 제공한다(Shatte, Hutchinson, & Teague, 2019). 여기에는 향후 개인 맞춤형 치료를 지원하기 위해서 사용자를 이해하기 위한 탐색적 작업이 포함될 수 있다(Wilkinson, Arnold, Murray, van Smeden, & Carr, 2020), 또는 치료 결과 예측과 같은 보다 직접적인 응용 연구가 포함될 수 있다(Chekroud et al., 2021).

머신 러닝 방법은 감정 분석 및 언어 분석을 통해 헬스케어 전문가의 행동을 이해하고 모니터링하는 데 사용될 수 있다. 예를 들어, 고객 결과에 따라 '더 성공적인' 혹은 '덜 성공적인' 의사소통 관행을 파악하는 것이 가능하다(Chikersal et al., 2020). 이러한 기능을 활용하려면 이러한 기술이 연구와 임상 진료에 어떻게 통합되는지 신중하게 고려해야 하며, 환자와 헬스케어 전문가 모두의 개인정보 보호를 위한 적절한 안전장치가 필요하다. 디지털 개입이 대규모로 사용됨에 따라, 이러한 기술의 윤리에 대한 논의는 개인의 자율성, 자유, 프라이버시 및 기밀성을 존중하는 공중보건 윤리를 바탕으로 이루어질 수 있다(Childress et al., 2002). 이러한 논의에는 환자에게 혜택을 제공하는 것과 개인정보 보호와 같은 윤리적 고려사항 간의 충돌을 해결하는 문제도 포함될 수 있다.

정신건강 분야에서 텍스트 마이닝(text-mining)은 온라인 정신건강 및 온라인 지지 커뮤니티의 논의 주제를 더 잘 이해하고, 도움이 되는 댓글과 그렇지 않은 댓글을 식별하여 개입자의 업무 수행을 돕는 데 사용되었다(Chancellor, 2018). 또는 사적인 일대일 대화에서 추출한 소셜 미디어 메시지에서 자살 위험을 예측하는 데 사용되었다(Nobles, Glenn, Kowsari, Teachman, & Barnes, 2018). 그러나 이러한 개입은 공공 데이터에 대해 원하지 않는 추론으로 인식될 수 있다(Thieme, Belgrave, & Doherty, 2020). 즉, 덜 민감한 데이터에서 매우 민감한 정신건강 데이터를 생성함으로써 개인정보 보호 문제를 일으킬 수 있다(Shaik & Inkpen).

(6) 정신건강에서의 가상현실

가상현실(virtual reality, VR)과 증강현실(augmented reality, AR)은 음성 비서와 유사하게 점차 헬스케어 분야에 도입되고 있으며, 심리적 상태를 새로운 방식으로 치료할 수 있는 잠재력을 가지고 있다. 가상현실은 치료적 경험을 제공할 때 높은 수준의 제어를 가능하게 하는 시뮬레이션 환경을 만들 수 있다(Mohr et al., 2013). 정신건강 분야에서는 몰입형 가상현실 노출 치료가 불안 장애와 같은 질환에 효과적일 수 있다(Meyerbroker & Emmelkamp, 2010). 그러나 가상현실 기술을 통해 사용자의 습관, 관심사, 경향성에 관한 매우 개인적인 정보가 수집될 수 있으며, 이 정보들이 함께 모여 개인의 독특한 '운동적 지문(kinematic fingerprint)'을 형성할 수 있다(Spiegel, 2018). 이러한 데이터의 범위와 풍부함은 개인의 개인정보 보호를 위협하고, 사용자의 신념, 감정, 행동을 조작할 위험이 있으며, 의학적 상태를 추론하는 데 사용될 수 있다(O'Brolchain et al., 2016).

가상현실이 안전한 환경에서 현실의 위협적인 측면을 탐색할 수 있고, 아바타를 사용하여 자신의 신원을 숨길 수 있는 안전한 상호작용 매체로 마케팅되고 있지만(Gorini, Gaggioli, & Riva, 2008), 사실상 이는 개인의 사생활을 더욱 침해하고 개인의 자율성을 위협할 수 있다는 주장이 제기된다. 예를 들어, 가상현실 소셜 네트워크는 개인적이고 민감한 정보를 사용자가 알 수 없고 신뢰할 수 없는 제3자와 공유하거나 괴롭힘을 당할 위험을 증가시킬 수 있다(Adams et al., 2018). 증강현실은 방관자 효과(Denning, Dehlawi, & Kohno, 2014)나 원치 않거나 해로운 콘텐츠를 표시하는 악의적인 간섭과 같은 추가적인 보안 및 개인정보 보호 위험을 초래할 수 있다(Lebeck, Ruth, Kohno, & Roesner, 2017).

3. 관련 보안 및 개인정보 보호 규정

디지털 헬스 제품 및 서비스가 소비자의 보안과 개인정보를 위험에 처지게 하는 주요 원인 중 하나는 기존 규정을 준수하지 않기 때문이다.

디지털 치료제, 건강 앱, 의료 기기 소프트웨어와 관련된 많은 규정이 지역 및 전 세계적으로 존재한다. 이러한 규정들은 개인정보의 법적 처리 근거, 데이터 보호 원칙, 책임 조치 등 개인정보를 처리하는 당사자의 의무를 규정함으로써 디지털 헬스 소비자의 기본권을 보호하기 위한 법적 근거를 제공한다. 그러나 어떤 규정이 특정 건강 애플리케이션에 적용되는지 인식하는 것은 항상 쉬운 일은 아니다.

1) 미국 규정

현재, 디지털 치료제와 관련하여 미국에서 몇 가지 주요 규정이 중요한 역할을 하고 있다. 미국 식품의약국(Food and Drug Administration, FDA)의 규제 프레임워크는 전통적으로 의료용 컴퓨터 기기와 관련이 있다. '의료 기기'라는 라벨(제조업체가 부여한)은 해당 제품(하드웨어 또는 소프트웨어 애플리케이션이)이 '질병 또는 기타 상태의 진단, 질병의 치료, 완화, 치료 또는 예방'에 사용하기 위한 것으로 정부 기관에서 인정하고 규정을 준수한다는 것을 의미한다(U.S. Food and Drug Administration). 따라서 제품이 의료 기기로 간주될지 여부는 제품의 의도된 목적에 따라 결정되며, 의료 기기에 포함되려면 '의료 목적'으로 정의되어야 한다.

그러나 디지털 치료제가 '의료' 또는 '건강' 범주에 속하는지 여부를 이해하는 것은 항상 쉬운 것은 아니다. 두 범주 간에는 명확한 경계가 없는 경우가 많기 때문이다. 이러한 구분은 중요한데, 왜냐하면 두 범주는 서로 다른 고유한 위험과 제한이 있기 때문이다(Albrecht, Pramann, & von Jan, 2015). 따라서 분류 이상의 개별 디지털 제품 및 서비스 내의 데이터 관행에 대한 명확하고 적용 가능한 개인정보 보호 및 보안 평가 기준이 필요하다. 예를 들어, 의료용으로 사용되지 않는 디지털 치료제는 현재 미국에서 FDA의 규제를 받지 않으며, 감독 대상도 거의 없다. 이 문제를 해결하기 위해 2019년 1월, FDA는 새로운 의료 소프트웨어로 인한 규제 문제를 해결하기 위한 사전 인증 프로그램을 시작했다(Kasperbauer & Wright, 2020). 이 프로그램은 제품이 아닌 디지털 기업을 대상으로 하며, 개별 제품 및 서비스의 규제 검토 없이 일정 수준의 감독을 제공함으로써 디지털 헬스 환경의 발전을 해결하려는 시도이다. 낮은 위험의 기기에서 소프트웨어 개발의 우수성을 입증한 기업에게 사전 인증을 부여하여 승인 절차를 간소화하는 데 도움을 준다.

1996년 제정된 건강보험 이동성과 결과 보고 책무 활동(Health Insurance Portability and Accountability Act, HIPAA)은 의료 정보를 보호하기 위한 데이터 개인정보 보호 및 보안 조항을 제공하는 미국 법률이다. 건강보험 이동성과 결과 보고 책무 활동의 개인정보 보호 규칙은 개인 건강 정보의 개인정보 보호를 위해 적절한 보호 조치를 요구하며, 환자 정보의 사용 및 공개에 대한 제한과 조건을 설정한다(United States Department of Health and Human Services, 2010).

미국의 또 다른 관련 규정은 미국 아동 온라인 개인정보 보호법(Children's Online Privacy Protection Act, COPPA)으로, 13세 미만 아동의 온라인 개인정보를 보호하기 위한 연방 법률 프레임워크를 제공한다. 이 법은 부모나 법적 보호자의 명시적인 동의 없이 아동의 개인정보를 수집하는 것을 금지한다(Federal Trade Commission).

가장 최근의 미국 규정은 2020년 1월에 발효된 캘리포니아 소비자 개인정보 보호법(California Consumer Privacy Act, CCPA)이다. 본질적으로, 캘리포니아 소비자 개인정보 보호법은 캘리포니아 주민들의 개인 데이터의 투명성과 보호를 강화하는 것이 핵심이다. 예를 들어 '데이터가 어디에서 수집되는지, 누구에게 판매되는지 알 권리와 공개 요구권'을 보장한다(Zuraw & Sklar, 2020, p.94). 캘리포니아 소비자 개인정보 보호법은 온라인 서비스와 의료 기관 모두에서 개인정보 보호와 데이터 보호에 대한 관심을 더욱 촉발시켰다.

2) 유럽 규정

유럽의 의료 기기 규제 프레임워크는 유럽 규정 준수(Conformit'e Europ'eenne, CE) 인증을 통해 운영되며, 이는 특정 의료 기기에 대해 더 빠른 시장 접근을 허용하는 보다 유연한 접근 방식으로 인정받고 있다. 유럽 규정 준수 마크는 유럽 경제 지역 내에서 판매되는 제품이 건강, 안전, 환경 보호 기준을 준수함을 나타낸다. 미국 식품의약국과 유사하게, 유럽 규정 준수 인증은 특정 기술적 특성보다는 기기의 의도된 용도에 따라 의료 기기를 분류한다. 의료용 앱이나 웨어러블 센서와 같은 디지털 헬스 기술의 제조업체는 2017년 5월 유럽 의회와 이사회가 채택한 의료 기기 규정(Medical Devices Regulation, MDR) 및 체외 진단 규정의 새로운 규칙과 의무를 고려해야 한다. 2020년 5월 26일부터 적용되는 의료 기기 규정은 의료 기기 소프트웨어에 대한 새로운 분류 규칙을 도입한다. 그러나 유럽 규정 준수 인증의 분산된 접근 방식은 종종 '안전성 데이터의 수집 및 분석을 방해하고 환자에게 위험을 노출시킨다.'는 비판을 받기도 한다(Sorenson & Drummond, 2014, pp. 124–125).

유럽연합(EU) 내에서 또 다른 중요한 규정은 일반 데이터 보호 규정 2016/679(General Data Protection Regulation, GDPR)이다. 일반 데이터 보호 규정은 2016년 4월 유럽 의회의 승인을 받았으며, 2018년 5월 발효되었고, 이전의 데이터 보호 지침 95/46/EC를 대체했다. 95/46/EC는 각국의 데이터 보호 법률을 통해 시행되었지만, 일반 데이터 보호 규정은 각 유럽연합 회원국에서 직접 적용된다. 일반 데이터 보호 규정에 따라, 데이터 주체는 자신의 데이터 수집 및 사용에 대한 통지를 받아야 하며, 데이터의 모든 처리에는 법적 근거가 필요하다. 또한 이 규정은 건강 기록과 같은 민감한 데이터 처리에 대해 더 엄격한 요구 사항을 적용한다.

많은 디지털 헬스 개발자들이 일반 데이터 보호 규정에 맞춰 개인정보 보호 관행을 업데이트했지만, 일부 다른 개발자들은 일반 데이터 보호 규정 수준의 보호를 제공하지 않고, 사용자가 다른 지역에서 디지털 헬스 제품을 사용하는 경우 그 지역에 적용되는 현지 개인정보 보호 규정을 따를 것이라고 밝혔다(Parker et al., 2019). 또한 많은 조직들이 개인정보 보호를 단순히 규정을 지키는 것으로 여기고 있지만, 일반 데이터 보호 규정의 '설계 및 기본에 의한 데이터 보호' 요구 사항과 관련된 '설계 기반 개인정보 보호 설계' 원칙은 제품 설계와 개발 초기부터 개인정보 보호를 고려해야 한다고 강조한다(Waldman, 2017). 현재의 지배적인 개인정보 보호 모델은 여전히 개인정보 보호 공지를 제공하고 해당 약관에 동의하는 방식에 의존하고 있지만, 디지털 헬스 기술의 발전에 따라 이러한 접근 방식은 더 이상 현대의 건강 기술에서 소비자 개인정보를 충분히 보호하지 못하고 있다고 지적된다(Tschider, 2018, p. 1507).

3) 기타 규정

영국(UK) 또한 규제를 간소화하려는 노력에 동참하고 있다. 영국 국립보건임상연구소(National Institute for Health and Care Excellence, NICE)는 디지털 혁신의 사용을 늘리기 위해 국민건강서비스와 협력하고 있다. 이들은 디지털 제품을 기능에 따라 승인하기 위해 필요한 증거에 대한 새로운 지침을 발표했다. 이 지침은 미국 식품의약국과는 달리 제품의 비용을 고려하기 때문에, 필요한 최소한의 이상적인 증거 유형과 적절한 경제적 데이터에 대해 설명한다.

중국에서는 2017년 6월 1일부터 발효된 중국 사이버보안법(Cybersecurity Law of the People's Republic of China, PRC)이 네트워크 제공자들이 수집한 개인정보를 공개하거나 위조하거나 파괴하지 말 것을 규제하고 있다(Peng, 2010). 2018년 9월, 중국 국가위생건강위원회(National Health Commission, NHC)와 중국 국가 전통 의학 관리국(National Administration of Traditional Chinese Medicine, NATCM)은 인터넷 기반 의료 서비스와 원격 의료에 대한 새로운 규칙 세 가지를 공개했다. 이 규칙들은 전자 진단(전자 진단 규칙), 인터넷 기반 병원(전자 병원 규칙), 원격 의료 서비스(원격 의료 서비스 표준)를 다루고 있다(총칭하여 전자 건강 규칙).

아시아 태평양 지역은 디지털 헬스 산업에서 빠르게 성장하고 발전하고 있는 또 다른 지역이다. 디지털 헬스가 상대적으로 새롭고 발전 중인 만큼, 디지털 치료제 회사들이 다양한 국가의 복잡한 의료 규제 체계를 탐색하는 것이 중요한 도전 과제이다. 예를 들어, 싱가포르에서는 다른 국가에서의 규제 승인을 참조하여 접근한다. 예를 들어, 기기나 소프트웨어가 미국 식품의약국이나 유럽의 의료 기관에서 이미 승인을 받은 경우, 신속 승인을 받을 수 있다. 싱가폴의 또 다른 규제 이니셔티브는 2018년 4월 18일 보건부가 시작한 라이센싱 실험 및 적응 프로그램(Licensing Experimentation and Adaptation Programme)으로, 혁신적인 의료 모델 개발을 촉진하기 위한 규제 샌드박스 이니셔티브이다.

개인정보 보호의 우려와 규제가 더욱 중요해지고 있음에도 불구하고, 관련 법률은 여전히 위반되고 있다. 소비자와 규제 기관 모두 이러한 위반이 발생할 때 이를 인지할 수 있는 도구가 부족하기 때문이다. 기준과 규정의 명확성, 이해도, 이행에 문제가 있는 것으로 인식되고 있다. 소프트웨어 요구 사항에 대한 법적 문서에는 어휘, 구문, 의미, 참조 수준에서의 모호성과 불완전성 문제가 있을 수 있으며, 이로 인해 디지털 헬스 엔지니어와 개발자들이 규정을 준수하는 소프트웨어를 구현하는 데 어려움을 겪게 된다(Katuu & Ngoepe, 2015).

4. 개인정보 보호 및 보안 문제의 해결

디지털 치료제가 확산됨에 따라, 이들의 규제 준수 및 데이터 보안과 개인정보 보호 관행에 대한 철저한 검토가 더욱 중요해지고 있다. 특히, 환자의 데이터 보호는 디지털 정신건강 도구 설계에서 핵심적인 고려 사항으로 여겨지고 있다(Robillard et al., 2019). 그러나 보안 및 개인정보 보호 위험과 위협을 구체적으로 다루는 평가 기법을 찾아서 선택하는 것이 항상 쉬운 일은 아니다. 현행 규제 준수 여부 외에도 디지털 헬스 분야의 모범 사례와 표준, 평가 도구, 연구 기반 권장 사항 등을 고려해야 하는데, 이는 디지털 헬스 개발자와 소비자를 포함한 모든 디지털 헬스 이해관계자에게는 쉽지 않을 수 있다. 보안 및 개인정보 보호 평가 도구와 방법은 다양한데, 데이터 보호에 특화된 평가 프레임워크와 데이터 보호를 구성요소 중 하나로 포함하는 프레임워크, 그리고 기술적 및 비기술적 평가 기법으로 크게 분류할 수 있다. 다음에서는 이러한 각 범주에 대해 간략하게 논의하고 개괄한다.

1) 개인정보 보호 및 보안 평가 프레임워크와 도구

(1) 평가 프레임워크 및 모델

디지털 치료 도구를 평가하기 위한 다양한 프레임워크가 존재하며, 디지털 정신건강 도구에 특화된 프레임워크들도 있다. 보안 및 개인정보 보호는 이러한 프레임워크의 핵심 구성요소인 경우가 많은데(Henson, David, Albright, & Torous, 2019; Vokinger, Nittas, Witt, Fabrikant, & von Wyl, 2020), 치료 및 건강 애플리케이션 검토를 위한 기구(Organisation for the Review of Care and Health Applications: ORCHA-24)가 이에 해당한다(Leigh, Ouyang, &

Mimnagh, 2017). 정보 품질 프레임워크는 보안 및 출처와 같은 차원을 포함하며(Fadahunsi et al., 2021), 모바일 의료 애플리케이션 평가 프레임워크에서는 개인정보와 보안을 첫 번째 평가 단계로 삼고 있다(Moshi, Tooher, & Merlin, 2018). 디지털 정신건강에 특화된 프레임워크는 미국정신의학회 앱 평가 모델인 사이버가이드(PsyberGuide)(Magee, Adut, Brazill, & Warnick, 2018)와 디지털 정신건강 앱을 구체적으로 평가하기 위한 프레임워크(Zelmer et al., 2018)도 있다.

(2) 평가도구

디지털 헬스 분야의 보안 및 개인정보 보호 문제를 다루기 위해 연구자들은 사용성, 콘텐츠, 사용자 참여도, 이용 가능한 연구 증거 등 디지털 헬스 개입의 다양한 차원과 특성을 평가하는 방법과 도구를 제안해왔다. 예를 들어, 모바일 앱 평가 척도(Mobile App Rating Scale)(Stoyanov et al., 2015)와 인라이트 평가 도구(Enlight Assessment)(Baumel, Faber, Mathur, Kane, & Muench, 2017) 등이 있다. 또 다른 예로는 '프로젝트, 이니셔티브, 제안된 시스템 또는 계획이 개인정보에 미칠 잠재적 영향을 평가하는 체계적인 과정'으로 정의되는 개인정보 영향 평가(Privacy Impact Assessment, PIA)가 있다(Clarke, 2009). 그러나 개인정보 영향 평가는 단순한 도구가 아니라, 프로젝트 결과에 영향을 미칠 수 있는 기회가 아직 있는 초기 단계에서 시작하여, 프로젝트가 배포된 이후에도 계속되어야 하는 과정이다(Wright, 2012). 일반 데이터 보호 규정에서는 개인 데이터와 관련된 '고위험' 활동에 대해 데이터 보호 영향 평가가 요구된다.

이러한 방법과 도구는 종종 보안 및 개인정보 보호 메커니즘과 디지털 헬스 개입 내에서의 규정 준수에 기여하는 특정 구성요소들을 다룬다. 예를 들어, 이러한 구성요소에는 데이터 흐름, 사용자의 데이터 소유권 지원, 특정 데이터 유형의 수집 감사 등이 포함된다. 이러한 요소들은 설계 시 개인정보 및 보안 원칙으로 이어지며, 이는 유럽연합의 일반 데이터 보호 규정에서 요구할 뿐만 아니라 전 세계의 다른 규제 기관들에서도 인정하고 지지하는 요소이다. 이러한 연구 트렌드는 설계 과정에서 개인정보 보호와 사용자 요구 사항에 대한 관심을 감소시키는 '규정 준수 중심'의 접근 방식이 여전히 주를 이루고 있기 때문에 특히 중요하다(Waldman, 2017).

2) 보안 및 개인정보 평가 기법

디지털 헬스 분야의 평가 기법은 디지털 정신건강 제품과 서비스에 대한 다차원적이고 철저한 평가를 가능하게 한다. 디지털 정신건강 제품과 서비스의 보안 및 개인정보 보호 평가는 일반적으로 기술적 기법과 비기술적 기법(휴리스틱)으로 넓게 분류될 수 있다.

(1) 기술적 평가

기술적 평가에는 코드를 검토하여 앱의 취약점을 강조하는 정적 분석, 모의사용 중 데이터 유출 가능성이나 전송 중 취해진 보안 조치를 감지하기 위한 트래픽 분석과 같은 기법이 포함된다. 이러한 기법은 일반적으로 앱을 다운로드하고 소프트웨어를 검사하는 실증 연구에서 적용된다. 이러한 연구는 기술적 평가 기법의 적용 과정과 사용 방법을 보여 주지만, 다음과 같은 한계가 있다. 특수하거나 다양한 맥락에 일반화하고 적용하기 어려운 점이 있다. 일부 기법은 약물 사용 앱과 같은 특정 디지털 헬스 개입 유형에 특화되어 있을 수 있으며(van Kerkhof, van de Laar, de Jong, Weda, & Hegger, 2016), 웨어러블 기기와 스마트폰 앱 간의 트래픽 분석과 같은 특정 기능이 있는 앱의 보안 또는 개인정보 보호를 평가할 수 있다(Braghin, Cimato, & Libera, 2018).

앱의 사용성이나 기능성과 같은 더 일반적인 평가 목표도 디지털 헬스 제품 또는 서비스의 보안 및 개인정보 보호에 기여할 수 있다. 예를 들어, 기능 유용성 관점에서(Liang, He, Jia, Zhu, & Lei, 2018) 혹은 다이어리 기능과 같은 디지털 헬스 제품 또는 서비스 내의 특정 기능(Bachiri, Idri, Fernandez-Aleman, & Toval, 2016)의 관점에서 분석하면 보안 메커니즘이 부실하거나 규정을 준수하지 않는 것을 감지할 수 있다.

(2) 휴리스틱 평가

비기술적 또는 휴리스틱 평가 기법은 일반적으로 앱 제작자가 제공하는 정보의 평가, 다양한 디지털 헬스 이해관계자를 대상으로 한 사용자 연구, 문헌 검토 등으로 구성된다.

이 범주에서 가장 일반적인 개인정보 평가 기법은 디지털 헬스 개발자가 자체적으로 신고한 데이터를 평가하는 것이다. 이러한 연구는 주로 개인정보 보호 정책, 동의서, 사전 동의서의 가용성이나 가독성을 분석하거나, 이들 고지 사항을 제공업체의 마케팅 문구와 비교하여 서로 일치하는지, 규정과 일치하는지, 사용자의 기대와 일치하는지를 확인한다.

그러나 이러한 문서의 동적 특성과 적절하고 이해하기 쉬운 개인정보 보호정책 설계에 대한 연구는 부족하다. 디지털 헬스 개입에서는 개인 데이터가 세분화되어 있으며, 개인정보 보호 정책은 이미 너무 복잡하여 읽기 어렵지만 시간이 지남에 따라 더 길어져 인터넷에서 사용자 개인정보 보호가 약화되고 있기 때문에 이 문제는 디지털 헬스 개입에 있어서 해결해야 할 중요한 문제이다(Chipidza, Leidner, & Burleson, 2016). 이와 관련된 문제로는 애플리케이션이 장기간에 걸쳐 사용될 때(간헐적으로 사용될 경우 포함) '동적 동의'가 필요하다는 것이다. 예를 들어, 새로운 데이터 유형이나 처리 기능이 추가되거나, 앱이 삭제되었다가 다시 설치될 경우 등이 이에 해당한다. 이러한 요구를 해결하고, 투명성을 유지하며 디지털 헬스 사용자의 이익을 선제적으로 보호함으로써 사용자 중심의 개인정보 보호를 지지하는 것이 사용자의 신뢰를 얻는 데 도움이 될 수 있다.

평가에 사용되는 또 다른 정보 출처는 사용자 리뷰이다. 사용자 리뷰는 디지털 헬스 제품 및 서비스의 보안과 개인정보 보호에 대한 사용자 인식을 추출하는 방법으로 사용될 수 있다. 그러나 이 정보를 사용할 때는 주의가 필요하다. 긍정적 및 부정적 리뷰는 서로 다른 반응을 유도하며 다르게 인식되는데, 긍정적 리뷰보다 부정적 리뷰가 더 영향력이 크다는 '부정적 편향'이라는 현상(Rozin & Royzman, 2001)은 사회 과학 분야의 많은 연구자들에 의해 반복적으로 확인되었다. 최근 연구들은 이 문제를 더 심도있게 다루고 있는데, 예를 들어, Wu의 연구에 따르면, 온라인 리뷰가 긍정적일수록 그 리뷰는 유용한 리뷰가 된다. 즉, '만족한 고객은 잘 구성되고 심층적인 리뷰를 작성하려는 동기가 있는 반면, 불만족한 고객은 전달 가능한 정보가 적다.'고 설명된다(Wu, 2013, p. 997). 또한 가짜 긍정적 온라인 리뷰의 시장이 증가하고 있기 때문에(Mukherjee, Venkataraman, Liu, & Glance, 2013), 사용자 리뷰를 기반으로 한 평가 방법만으로 디지털 치료제의 보안이나 개인정보 보호를 평가해서는 안 된다.

3) 보안 및 개인정보 보호 설계 관행

평가 방법을 통해 보안의 취약점과 개인정보 보호 위험을 파악한 후에는 이를 해결해야 한다. 디지털 헬스 연구는 다양한 설계 지침과 방법을 제공한다. 디지털 치료제의 보안 및 개인정보 보호를 다루는 설계 권장 사항은 학술 문헌이나 연구 논문을 바탕으로 하며, 여기에는 디지털 헬스 제품과 서비스에 대한 경험적 평가, 규제 요구 사항, 산업 표준이 포함된다. 연구는 사용자 관점에서의 지침과 권장 사항(Thach, 2018), 규정 분석, 최신 문헌, 또는 이전에 확인된 보안 및 개인정보 보호 문제 사례(Braghin et al., 2018)를 제공할 수 있다. 디지털 마켓플레이스는 앱 리뷰 과정을 기반으로 특정 보증 마크를 제공하거나(Shilton & Greene, 2019), 개인정보 보호 규정 준수를 여부를 확인하기 위한 자동화된 규정 준수 검사를 제공할 수도 있다(Bednar, Spiekermann, & Langheinrich, 2019). 설계 권장 사항은 디지털 헬스의 보안 및 개인정보 보호를 개선하기 위한 지침이나 제언, 보안 및 개인정보 보호 메커니즘의 적용 방법에 대한 설명, 사용자 행동이나 선호에 대한 예측이나 시뮬레이션 모델 등의 다양한 형태로 제공된다.

(1) 타깃 고객과 디지털 치료제 생애 주기

보안 및 개인정보 보호 관행은 디지털 치료제가 개발되고 출시되어 사용되는 모든 단계에 걸쳐 중요하게 적용되어야 하며, 이 과정에는 다양한 이해관계자들이 포함되어 보안과 개인정보 보호가 적절히 구현되어야 한다(Nurgalieva, Frik, & Doherty, 2021). 권장 사항 설계는 디지털 헬스 개발자, 엔지니어, 디자이너와 같은 기술적 배경이 있는 전문가들을 타깃 고객층으로 하기 때문에, 기술적 배경이 부족한 고객층은 이러한 자원을 파악하고 활용하기 어려울 수 있다. 이는 권장 사항의 채택에 장애물이 될 수 있다. 표준화된 보고서 형식의 사용과 지식 기반의 개발은 이러한 문제를 해결하는 데 도움이 될 수 있고, 더 많은 커뮤니티에 이익을 제공할 수 있다.

설계 권장 사항은 디지털 치료제의 생애 주기 및 디지털 헬스 개입 운영의 여러 단계에서 다양한 시점에 적용될 수 있다: 초기 개발 과정부터 시작하여(Alturki & Gay, 2019; Greene, Proctor, & Kotz, 2019; Lang, Mayr, Ringbauer, & Cepek, 2019; Lind, Byrne, Wicks, Smidt, & Allen, 2018; Lipson-Smith et al., 2019), 환자들이 독립적으로 사용하거나 임상가의 권장에 따라 채택하는 단계까지 포함된다. 생애 주기의 다양한 지점에서, 여러 디지털 헬스 이해관계자들은 보안 및 개인정보 보호 관행의 혜택을 받거나 채택할 수 있다.

초기 단계에서는 보안 및 개인정보 보호 관행이 개발자와 설계자를 주로 대상으로 하는데, 예를 들어 데이터 흐름의 전송 보안 문제와 같은 보안 취약점 식별(Mabo, Swar, & Aghili, 2018; Miithing, Jaschke, & Friedrich, 2017), 기능 평가(Zhao, Yoo, Lancey, & Vaighese, 2019), 개입의 법적 준수 평가(Muchagata & Ferreira, 2019) 등이 포함된다. 개발자들은 일반적으로 초기 계획 단계에서부터 보안을 고려해야 한다는 데 동의하지만, 개인정보 보호는 우선순위가 낮은 경우가 많다(Assal & Chiasson, 2019; Colley, 2010; McGraw, 2004). 그럼에도 불구하고, 개발자들은 종종 보안이나 개인정보 보호보다 소프트웨어 개발의 다른 측면에 우선순위를 둔다(Assal & Chiasson, 2019; Loruenser, Pohls, Sell, & Laenger, 2018). 소프트웨어 보안에 투자한 노력의 가치를 인식하지 못하는 것은 디지털 헬스 시스템에서 특히 위험할 수 있다(Chehrazi, Heimbach, & Hinz, 2016). 개발 생애 주기 전반에 걸쳐 개인정보 보호 관행을 체계적으로 통합하는 것이 중요한데(Gurses & Hoboken; Waldman, 2017), 이는 위험 기반 및 목표 지향적 요구 사항 발견 전략을 통해 달성할 수 있다(Notario et al., 2015). 개인정보 보호 고려 사항을 포함하는 또 다른 전략은 소프트웨어의 요구 사항을 설정할 때 개인정보 보호를 중요한 요소로 넣고 통합하는 것인데(Bednar et al., 2019), 종종 일반적인 소프트웨어 요구 사항이 충분히 유지되거나 관리되지 않기 때문에, 일반 소프트웨어 요구사항을 개선해야 할 수도 있다(Hadar et al., 2018).

다음 단계는 최종 사용자가 디지털 헬스 시스템을 사용할 수 있게 되는 단계이다. 이 단계에서는 거의 모든 이해관계자 그룹, 즉 환자와 앱 사용자, 임상가와 의료진, 앱 디자이너와 개발자, 데이터 관리자가 타깃 대상이 될 수 있다. 이 단계에서의 보안 및 개인정보 보호 평가 방법에는 앱 사용자 인터페이스의 개인정보 보호에 대한 연구(Tailor, He, & Wagner, 2016)와 기존 앱의 보안 및 개인정보 보호와 관련하여 공개적으로 이용 가능한 정보의 분석이 포함된다. 이 단계에서는 디지털 치료제의 사용 편의성과 사용자 대면 메커니즘인 개인정보 보호 정책, 사용자 동의(Bachiri, Idri, Fernández-Alemán, & Toval, 2018; Nurgalieva, O'Callaghan, & Doherty, 2020), 데이터 처리 정보의 투명성(Maringer et al., 2018; O'Laughlin, Neary, Adkins, & Schueller, 2019)이 특히 중요해진다.

생애 주기의 후반 단계는 임상가가 환자에게 디지털 헬스 개입을 추천하거나 디지털 치료제 사용자가 직접 채택하는 시점이다. 이 단계에서는 제품이나 서비스에 대한 정보, 예를 들어 제공자와 제공 가능한 기능에 대한 정보가 중요하다. 이 단계에서는 제품의 품질(Loy, Ali, & Yap, 2016), 개입의 관련성(Bert, Passi, Scaioli, Gualano, & Siliquini, 2016; Liang et al., 2018), 데이터 보호 위험(Bruiggemann, Hansen, Dehling, & Sunyaev, 2016)이 매우 중요하다.

4) 사용성 및 상호작용 디자인

앞에서 언급된 전체 생애 주기와 관련된 여러 문제는 사용성과 관련이 있으며, 이는 상호작용 디자인을 통해 부분적으로 해결할 수 있다.

데이터 보호 규정은 개인정보를 수집, 공유, 사용하기 전에 사용자 동의를 얻도록 의무화하고 있다(Hoepman, 2014; Kneuper, 2019; Li, Agarwal, & Hong, 2018). 이는 개인정보 보호 정책을 더 쉽게 이해하게 하고 복잡한 동의 과정을 사용하게 하는 것에 대해 여러 가지 도전을 제기한다. 사용자에게 접근 가능하고 이해하기 쉬운 개인정보 보호 정책을 설계하는 것(Chen et al., 2018)은 실질적으로 의미 있는 동의가 이루어지도록 지원하는 데 도움이 된다(Balebako, Marsh, Lin, Hong, & Cranor, 2014; Bednar et al., 2019). 복잡한 기술적 기능이 도입될 때, 예를 들어 머신 러닝에 기반한 경우, 사용 가능한 동의 메커니즘의 설계는 특히 어려운 과제일 수 있다(Thieme et al., 2020). 정보 공개의 잠재적인 부정적인 영향이 있는 경우, 예를 들어 사용자가 결과 예측과 같은 민감한 정보를 받게 될 경우 또 다른 문제가 발생할 수 있다(Chekroud et al., 2021).

다른 상호작용 디자인 전략에는 디지털 개입 내에서 데이터 공유에 대한 통제력을 증가시키고, 건강 전문가가 볼 수 있는 정보에 대해 사용자에게 투명성을 제공하는 것 등이 있다(Doherty, Coyle, & Sharry, 2012).

사용하기 어려운 문제(사용성)로 인해 민감한 건강 데이터를 통신하는 데 중요한 다양한 개인정보 보호 메커니즘이 채택되지 않는 경우가 종종 있다. 종단 간 암호화의 경우가 그 예이다. 암호화 도구의 경우 '잘못 설계된 사용자 인터페이스에서부터 안전하고 확장 가능한 키 배포의 기본적인 문제에 이르기까지 다양하다(Bai et al., 2017).

사용성은 디지털 헬스 보안에서도 중요하다. 개발자를 위한 보안 지침에서 사용성에 대한 내용은 거의 다루지 않지만(Acar et al., 2017), 개발자들은 보안과 사용성 사이에서 균형을 맞춰야 하는 문제에 직면한다(Becker, Parkin, & Sasse; Botta et al., 2007; Hawkey et al., 2008). 예를 들어, 디지털 치료제에 접근하는 진입점에서 사용자 인증 방법은 사용성이 전략적인 문제가 될 수 있는 한 가지 예이다. 비밀번호 복잡성은 보안 공격에 대한 첫 번째 방어선이 되며, 생체 인증 방법은 사용성이 중요하다. 이러한 방법들은 신뢰할 수 있고 효과적인 보안 시스템을 구축하는 데 필수적이다(Braz & Robert, 2006). 보안과 사용성의 균형을 맞추고 최종 사용자에게 혜택을 주기 위한 전략은 사용자의 다양성을 고려하여 사용자 인터페이스의 보안 및 사용성 측면을 맞춤화할 수 있게 하는 것(Belk et al., 2017)부터, 데이터베이스 보안 및 제어에 대한 모범 사례와 같은 더 구체적인 방법(Wang, Rawal, Duan, & Zhang, 2017)에 이르기까지 다양하다.

5. 결론

디지털 헬스 시대에서는 기술 발전을 따라잡는 것도 어렵지만, 환자의 건강 데이터가 어디로 흘러가는지 추적하며 기밀 유출의 영향을 평가하는 것은 더욱 어렵다.

디지털 헬스 제품과 서비스의 데이터 관행을 평가하는 절차를 이해하고 인식하는 것이 중요하다. 기존의 기술과 프레임워크는 전문가와 환자가 디지털 헬스 제품과 서비스를 평가하고 관련된 개인정보 보호 및 보안 위험을 평가하는 데 도움을 줄 수 있다. 그러나 빠르게 확장되는 이 분야에서는 평가 목표, 디지털 헬스 생애 주기 단계, 그리고 사용 가능한 전문 지식을 고려하여 여러 가지 기술 중 적절한 것을 선택하는 것이 어려울 수 있다.

이 장에서는 디지털 치료제와 디지털 정신건강에서 발생하는 보안 및 개인정보 보호 문제와 이것이 개발자, 의료진, 환자, 그리고 대중에게 미치는 위험에 대해 다루었다. 또한 디지털 헬스에서 보안 및 개인정보 보호 평가 프레임워크와 지침을 선택하는 방법에 대한 개요를 제공했다. 궁극적인 목표는 디지털 정신건강 제품과 서비스의 품질을 향상시키기 위한 노력을 지원하는 것이다.

의료 전문가와 디지털 헬스 서비스 제공자는 정신건강을 위한 디지털 치료제 제공에서 이 장에서 논의된 것과 같이 더욱 엄격한 개인정보 보호 및 보안 관행을 개발하고 유지해야 한다. 그러나 디지털 헬스 시대의 개인정보 보호 및 보안 문제는 복잡하고 다면적이다. 점점 더 많은 첨단 기술이 실제 진료에 통합됨에 따라 이러한 문제는 단순해질 가능성이 낮다. 디지털 헬스에서 변화는 피할 수 없는 부분이므로, 모든 이해관계자는 이러한 변화가 민감한 정보의 보안 및 개인정보 보호에 미치는 영향을 고려하고, 이를 해결하기 위한 과정과 보호 조치를 지속적으로 개선해야 한다.

참고문헌

Acar, Y., Stransky, C., Wermke, D., Weir, C., Mazurek, M.L. & Fahl, S. (2017). Developers need support, too: A survey of security advice for software developers. *2017 IEEE Cybersecurity Development (SecDev)*, 22–26. doi:10.1109/SecDev.2017.17.

Adams, D., Bah, A., Barwulor, C., Musaby, N., Pitkin, K. & Redmiles, E.M. (2018). Ethics emerging: The story of privacy and security perceptions in virtual reality. Fourteenth Symposium on Usable Privacy and Security (SOUPS 2018), pp. 427–442.

Ahlfeldt, R.–M. & Huvala, I. (2014). Patient safety and patient privacy when patient reading their medical records. International Conference on Well-Being in the Information Society, Springer, pp. 230–239.

Albrecht, U.–V., Pramann, O., von Jan, U. (2015). Medical apps–the road to trust. *EJBI, 11*(3), en7–en12.

Aldeer, M., Martin, R.P. & Howard, R.E. (2018). Pillsense: Designing a medication adherence monitoring system using pill bottle-mounted wireless sensors. 2018 IEEE International Conference on Communications Workshops (ICC Workshops), IEEE, pp. 1–6.

Alepis, E. & Patsakis, C. (2017). Monkey says, monkey does: Security and privacy on voice assistants. *IEEE Access, 5*, 17841–17851.

Alturki, R. & Gay, V. (2019). The development of an Arabic weight-loss app akser waznk: Qualitative results. *JMIR Formative Research, 3*(1), e11785 https://doi.org/10.2196/11785.

Assal, H. & Chiasson, S. (2019). "Think secure from the beginning"a survey with software developers.

Proceedings of the 2019 CHI Conference on Human Factors in Computing Systems, pp. 1–13.

Bachiri, M., Idri, A., Ferna'ndez-Alem'an, J.L. & Toval, A. (2018). Evaluating the privacy policies of mobile personal health records for pregnancy monitoring. *Journal of Medical Systems, 42*(8), 1–14. doi:10.1007/s10916-018-1002-x. https://doi.org/10.1007/s10916-018-1002-x.

Bachiri, M., Idri, A., Fernández-Alemán, J.L. & Toval, A. (2016). Mobile personal health records for pregnancy monitoring functionalities: Analysis and potential. *Computer Methods and Programs in Biomedicine, 134*, 121–135.

Bai, W., Kim, D., Namara, M., Qian, Y., Kelley, P.G. & Mazurek, M.L. (2017). Balancing security and usability in encrypted email. *IEEE Internet Computing, 21*(3), 30–38.

Balaskas, A., Schueller, S.M., Cox, A.L. & Doherty, G. (2021). Ecological momentary interventions for mental health: A scoping review. *Plos One, 16*(3), 1–23. doi:10.1371/journal.pone.0248152 e0248152.

Balebako, R., Marsh, A., Lin, J., Hong, J.I. & Cranor, L.F. (2014). The privacy and security behaviors of smartphone app developers. USEC 2014, Workshop on Usable Security, Citeseer.

Baltierra, N.B., Muessig, K.E., Pike, E.C., LeGrand, S., Bull, S.S., Hightow-Weidman, L.B. (2016). More than just tracking time: Complex measures of user engagement with an internet-based health promotion intervention. *Journal of Biomedical Informatics, 59*, 299–307.

Bauer, A.M., Rue, T., Munson, S.A., Ghomi, R.H., Keppel, G.A., Cole, A.M. ... & Katon, W. (2017). Patient-oriented health technologies: Patients'perspectives and use. *Journal of Mobile Technology in Medicine, 6*(2), 1–10.

Baumel, A., Faber, K., Mathur, N., Kane, J.M. & Muench, F. (2017). Enlight: A comprehensive quality and therapeutic potential evaluation tool for mobile and web-based ehealth interventions. *Journal of Medical Internet Research, 19*(3), 1–14. doi:10.2196/jmir.7270.

Becker, I., Parkin, S., & Sasse, M. A. Finding security champions in blends of organisational culture, Proc. USEC 11.

Becker, M. (2018). Understanding users'health information privacy concerns for health wearables. Proceedings of the 51st Hawaii International Conference on System Sciences (pp. 3262–3270).

Bednar, K., Spiekermann, S. & Langheinrich, M. (2019). Engineering privacy by design: Are engineers ready to live up to the challenge?. *The Information Society, 35*(3), 122–142.

Belk, M., Pamboris, A., Fidas, C., Katsini, C., Avouris, N. & Samaras, G. (2017). Sweet-spotting security and usability for intelligent graphical authentication mechanisms. Proceedings of the International Conference on Web Intelligence, pp. 252–259.

Bellazzi, R., Montani, S., Riva, A. & Stefanelli, M. (2001). Web-based telemedicine systems for home-care: Technical issues and experiences. *Computer Methods and Programs in Biomedicine, 64*(3),

175–187.

Bert, F., Passi, S., Scaioli, G., Gualano, M.R. & Siliquini, R. (2016). There comes a baby! what should I do? smartphones'pregnancy-related applications: A web-based overview. *Health Informatics Journal, 22*(3), 608–617.

Binns, R., Lyngs, U., Van Kleek, M., Zhao, J., Libert, T. & Shadbolt, N. (2018). Third party tracking in the mobile ecosystem. Proceedings of the 10th ACM Conference on Web Science, pp. 23–31.

Botta, D., Werlinger, R., Gagné, A., Beznosov, K., Iverson, L., Fels, S., et al. (2007). Towards understanding IT security professionals and their tools. Proceedings of the 3rd Symposium on Usable Privacy and Security, Association for Computing Machinery, New York, NY, pp. 100–111.

Braghin, C., Cimato, S., Libera, A.Della (2018). Are mHealth apps secure? A case study. *2018 IEEE 42nd Annual Computer Software and Applications Conference (COMPSAC) 2*, IEEE, pp. 335–340.

Braz, C., Robert, J.–M. (2006). Security and usability: The case of the user authentication methods. Proceedings of the 18th Conference on l'Interaction Homme-Machine, pp. 199–203.

Brüggemann, T., Hansen, J., Dehling, T. & Sunyaev, A. (2016). An information privacy risk index for mhealth apps. Annual Privacy Forum, Springer, Cham, Switzerland, pp. 190–201.

Bruno, E., Simblett, S., Lang, A., Biondi, A., Odoi, C., Schulze-Bonhage, A. ... RADAR-CNS Consortium (2018). Wearable technology in epilepsy: The views of patients, caregivers, and healthcare professionals. *Epilepsy & Behavior, 85*, 141–149.

Cajander, A., Grünloh, C. (2019). Electronic health records are more than a work tool: Conflicting needs of direct and indirect stakeholders. Proceedings of the 2019 CHI Conference on Human Factors in Computing Systems, CHI 舐, ACM, pp. 635 :1–635:13.

Chancellor, S. (2018). Computational methods to understand deviant mental wellness communities. Extended Abstracts of the 2018 CHI Conference on Human Factors in Computing Systems, pp. 1–4.

Chehrazi, G., Heimbach, I., & Hinz, O. (2016). The impact of security by design on the success of open source software. Proceedings of ECIS 2016.

Chekroud, A.M., Bondar, J., Delgadillo, J., Doherty, G., Wasil, A., Fokkema, M. ... & Dwyer, D. (2021). The promise of machine learning in predicting treatment outcomes in psychiatry. *World Psychiatry, 20*(2), 154–170.

Chen, W., Huang, G., Miller, J., Lee, K.-H., Mauro, D., Stephens, B. & Li, X. (2018). "As we grow, it will become a priority": American mobile start-ups'privacy practices. *American Behavioral Scientist, 62*(10), 1338–1355.

Chikersal, P., Belgrave, D., Doherty, G., Enrique, A., Palacios, J.E., Richards, D., et al. (2020). Understanding client support strategies to improve clinical outcomes in an online mental health intervention. In Proceedings of the 2020 CHI Conference on Human Factors in

Computing Systems, CHI '20, Association for Computing Machinery, New York, NY, pp. 1–16. doi:10.1145/3313831.3376341 URL. https://doi.org/10.1145/3313831.3376341.

Childress, J.F., Faden, R.R., Gaare, R.D., Gostin, L.O., Kahn, J., Bonnie, R.J. ... & Nieburg, P. (2002). Public health ethics: Mapping the terrain. *The Journal of Law, Medicine & Ethics, 30*(2), 170–178.

Chipidza, W., Leidner, D. & Burleson, D. (2016). Why companies change privacy policies: A principal-agent perspective. 2016 49th Hawaii International Conference on System Sciences (HICSS), IEEE, pp. 4849–4858.

Churcher, J. (2012). On: Skype and privacy. *The International Journal of Psychoanalysis, 93*(4), 1035–1037.

Clarke, R. (2009). Privacy impact assessment: Its origins and development. *Computer Law & Security Review, 25*(2), 123–135.

Clemens, N.A. (2012). Privacy, consent, and the electronic mental health record: The person vs. the system. *Journal of Psychiatric Practice, 18*(1), 46–50.

Colley, J. (2010). Why secure coding is not enough: Professionals'perspective. ISSE 2009 Securing Electronic Business Processes, Springer, New York City, United States, pp. 302–311.

Crotty, B.H., Walker, J., Dierks, M., Lipsitz, L., O'Brien, J., Fischer, S. ... & Safran, C. (2015). Information sharing preferences of older patients and their families. *JAMA Internal Medicine, 175*(9), 1492–1497.

Denning, T., Dehlawi, Z. & Kohno, T. (2014). In situ with bystanders of augmented reality glasses: Perspectives on recording and privacy-mediating technologies. Proceedings of the SIGCHI Conference on Human Factors in Computing Systems, pp. 2377–2386.

Diggelmann, O. & Cleis, M.N. (2014). How the right to privacy became a human right. *Human Rights Law Review, 14*(3), 441–458.

Doherty, G., Coyle, D., & Sharry, J. (2012). Engagement with online mental health interventions: An exploratory clinical study of a treatment for depression, Association for Computing Machinery, New York, NY,, p. 1421–1430. https://doi.org/10.1145/2207676.2208602.

Fadahunsi, K.P., O'Connor, S., Akinlua, J.T., Wark, P.A., Gallagher, J., Carroll, C. ... O'Donoghue, J. (2021). Information quality frameworks for digital health technologies: Systematic review. *Journal of Medical Internet Research, 23*(5), 1–12, e23479.

Federal Trade Commission, Children's online privacy protection rule ("coppa"), Retrieved on September 16.

Felt, A.P., Ha, E., Egelman, S., Haney, A., Chin, E. & Wagner, D. (2012). Android permissions: User attention, comprehension, and behavior. Proceedings of the Eighth Symposium on Usable Privacy and Security, pp. 1–14.

Fleishman, G. (2012).Skype and online privacy: Called out https://www.economist.com/babbage/2012/07/30/called-out, (accessed July 10, 2022).

Gorini, A., Gaggioli, A. & Riva, G. (2008). A second life for ehealth: Prospects for the use of 3-d virtual worlds in clinical psychology. *Journal of Medical Internet Research, 10*(3), 1–12. doi:10.2196/jmir.1029.

Greene, E., Proctor, P. & Kotz, D. (2019). Secure sharing of mhealth data streams through cryptographically-enforced access control. *Smart Health, 12*, 49–65.

Grundy, Q., Chiu, K., Held, F., Continella, A., Bero, L. & Holz, R. (2019). Data sharing practices of medicines related apps and the mobile ecosystem: Traffic, content, and network analysis. *BMJ, 364*(l920), 1–11. doi:10.1136/bmj.l920.

Grundy, Q., Held, F. P., & Bero, L. A. (2017). Tracing the potential flow of consumer data: A network analysis of prominent health and fitness apps. Journal of Medical Internet Research, 19(6), 19, e233. doi:10.2196/jmir.7347.

Gurses, S., & Van Hoboken, J. Privacy after the agile turn doi:10.31235/osf.io/9gy73.

Hadar, I., Hasson, T., Ayalon, O., Toch, E., Birnhack, M., Sherman, S. & Balissa, A. (2018). Privacy by designers: Software developers'privacy mindset. *Empirical Software Engineering, 23*(1), 259–289.

Hawkey, K., Botta, D., Werlinger, R., Muldner, K., Gagne, A. & Beznosov, K. (2008). Human, organizational, and technological factors of it security. CHI '08 Extended Abstracts on Human Factors in Computing Systems, CHI EA '08, Association for Computing Machinery, New York, NY, pp. 3639–3644. doi:10.1145/1358628.1358905. https://doi.org/10.1145/1358628.1358905.

Henderson, C., Evans-Lacko, S. & Thornicroft, G. (2013). Mental illness stigma, help seeking, and public health programs. *American Journal of Public Health, 103*(5), 777–780.

Henson, P., David, G., Albright, K. & Torous, J. (2019). Deriving a practical framework for the evaluation of health apps. *The Lancet Digital Health, 1*(2), e52–e54.

Hoepman, J.-H. (2014). Privacy design strategies, In: Cuppens-Boulahia, N., Cuppens, F., Jajodia, S., Abou El Kalam, A., Sans, T. (Eds.) ICT Systems Security and Privacy Protection, Springer, Berlin, Heidelberg, pp. 446–459.

Høglend, P. (2014). Exploration of the patient-therapist relationship in psychotherapy. *American Journal of Psychiatry, 171*(10), 1056–1066.

Househ, M., Grainger, R., Petersen, C., Bamidis, P. & Merolli, M. (2018). Balancing between privacy and patient needs for health information in the age of participatory health and social media: A scoping review. *Yearbook of Medical Informatics, 27*(01), 029–036.

Hunkin, H., King, D.L. & Zajac, I.T. (2020). Perceived acceptability of wearable devices for the treatment of mental health problems. *Journal of Clinical Psychology, 76*(6), 987–1003.

Kasperbauer, T. & Wright, D.E. (2020). Expanded FDA regulation of health and wellness apps. *Bioethics, 34*(3), 235–241.

Katuu, S. & Ngoepe, M. (2015). Managing digital records within South Africa's legislative and regulatory framework. 3rd International Conference on Cloud Security and Management, pp. 59–70.

Kelly, M.M., Coller, R.J. & Hoonakker, P. (2018). Inpatient portals for hospitalized patients and caregivers: A systematic review.. *Journal of Hospital Medicine, 13*(6), 405–412.

Kneuper, R. (2019). Integrating data protection into the software life cycle. International Conference on Product-Focused Software Process Improvement, Springer, pp. 417–432.

Koh, S., Cattell, G.M., Cochran, D.M., Krasner, A., Langheim, F.J. & Sasso, D.A. (2013). Psychiatrists' use of electronic communication and social media and a proposed framework for future guidelines. *Journal of Psychiatric Practice, 19*(3), 254–263.

Kotz, D. (2011). A threat taxonomy for mhealth privacy. 2011 Third International Conference on Communication Systems and Networks (COM- SNETS 2011), IEEE, pp. 1–6.

Kuntsman, A., Miyake, E. & Martin, S. (2019). Re-thinking digital health: Data, appisation and the (im) possibility of opting out. *Digital Health, 5*, 1–16 2055207619880671.

Lang, M., Mayr, M., Ringbauer, S. & Cepek, L. (2019). Patientconcept app: Key characteristics, implementation, and its potential benefit. *Neurology and Therapy, 8*(1), 147–154.

Lebeck, K., Ruth, K., Kohno, T. & Roesner, F. (2017). Securing augmented reality output. 2017 IEEE Symposium on Security and Privacy (SP), IEEE, pp. 320–337.

Leigh, S., Ouyang, J. & Mimnagh, C. (2017). Effective? engaging? secure? applying the ORCHA-24 framework to evaluate apps for chronic insomnia disorder. *Evidence-based mental health, 20*(4), 1–7 e20–e20.

Li, T., Agarwal, Y. & Hong, J.I. (2018). Coconut: An IDE plugin for developing privacy-friendly apps. *Proceedings of the ACM on Interactive, Mobile, Wearable and Ubiquitous Technologies 2*, pp. 1–35.

Liang, J., He, X., Jia, Y., Zhu, W. & Lei, J. (2018). Chinese mobile health apps for hypertension management: A systematic evaluation of usefulness. *Journal of Healthcare Engineering*, 1–14.

Lind, M.N., Byrne, M.L., Wicks, G., Smidt, A.M. & Allen, N.B. (2018). The effortless assessment of risk states (EARS) tool: An interpersonal approach to mobile sensing. *JMIR Mental Health, 5*(3), 1–10. doi:10.2196/10334.

Lipson-Smith, R., White, F., White, A., Serong, L., Cooper, G., Price- Bell, G. & Hyatt, A. (2019). Co-design of a consultation audio-recording mobile app for people with cancer: The secondears app. *JMIR Formative Research, 3*(1), 1–13, e11111.

Loruenser, T., Pöhls, H.C., Sell, L. & Laenger, T. (2018). CryptSDLC: Embedding cryptographic engineering into secure software development lifecycle. Proceedings of the 13th International Conference on Availability, Reliability and Security, ACM, New York, pp. 1–9.

Loy, J.S., Ali, E.E., Yap, K.Y.-L. (2016). Quality assessment of medical apps that target medication-related problems. *Journal of Managed Care & Specialty Pharmacy, 22*(10), 1124–1140.

Lustgarten, S.D., Garrison, Y.L., Sinnard, M.T. & Flynn, A.W. (2020). Digital privacy in mental healthcare: Current issues and recommendations for technology use. *Current Opinion in Psychology, 36*, 25–31.

Mabo, T., Swar, B. & Aghili, S. (2018). A vulnerability study of mhealth chronic disease management (cdm) applications (apps). World Conference on Information Systems and Technologies, Springer, pp. 587–598.

Madigan, S., Racine, N., Cooke, J.E. & Korczak, D.J. (2021). Covid-19 and telemental health: Benefits, challenges, and future directions. *Canadian Psychology/Psychologie Canadienne, 62*(1), 5–11.

Magee, J.C., Adut, S., Brazill, K. & Warnick, S. (2018). Mobile app tools for identifying and managing mental health disorders in primary care. *Current Treatment Options in Psychiatry, 5*(3), 345–362.

Malkin, N., Deatrick, J., Tong, A., Wijesekera, P., Egelman, S. & Wagner, D. (2019). Privacy attitudes of smart speaker users. Proceedings on Privacy Enhancing Technologies 2019, pp. 250–271.

Maringer, M., van't Veer, P., Klepacz, N., Verain, M.C., Normann, A., Ekman, S. ... & Geelen, A. (2018). User-documented food consumption data from publicly available apps: An analysis of opportunities and challenges for nutrition research. *Nutrition Journal, 17*(1), 1–13.

Martin, A.C. (2013). Legal, Clinical, and Ethical Issues in Teletherapy, Psycho-analysis online: Mental health, teletherapy, and training. Karnac Books, London, pp. 75–84.

Martinez-Martin, N. & Kreitmair, K. (2018). Ethical issues for direct-to-consumer digital psychotherapy apps: Addressing accountability, data protection, and consent. *JMIR Mental Health, 5*(2), 1–7, e32.

McGraw, G. (2004). Software security. *IEEE Security Privacy 2, 2*, 80–83.

McGreevey, J.D., Hanson, C.W. & Koppel, R. (2020). Clinical, legal, and ethical aspects of artificial intelligence-assisted conversational agents in health care. *JAMA, 324*(6), 552–553.

Meyerbröker, K. & Emmelkamp, P.M. (2010). Virtual reality exposure therapy in anxiety disorders: A systematic review of process-and-outcome studies. *Depression and Anxiety, 27*(10), 933–944.

Mohr, D.C., Burns, M.N., Schueller, S.M., Clarke, G. & Klinkman, M. (2013). Behavioral intervention technologies: Evidence review and recommendations for future research in mental health. *General Hospital Psychiatry, 35*(4), 332–338.

Morera, E. P., de la Torre Díez, I., Garcia-Zapirain, B., López-Coronado, M., & Arambarri, J. (2016). Security recommendations for mhealth apps: Elaboration of a developer's guide. Journal of Medical Systems, 40(6), 1–13, 152. doi:10.1007/s10916-016-0513-6.

Moshi, M.R., Tooher, R. & Merlin, T. (2018). Suitability of current evaluation frameworks for use in the health technology assessment of mobile medical applications: A systematic review. *International Journal of Technology Assessment in Health Care, 34*(5), 464–475.

Muchagata, J. & Ferreira, A. (2019). Mobile apps for people with dementia: Are they compliant with the general data protection regulation (gdpr)?. Proceedings of the 12th International Joint Conference on Biomedical Engineering Systems and Technologies (BIOSTEC 2019), pp. 68–77. doi:10.5220/0007352200680077.

Mukherjee, A., Venkataraman, V., Liu, B. & Glance, N. (2013). Fake review detection: Classification and analysis of real and pseudo reviews, UIC-CS- 03 Technical Report, University of Illinois at Chicago, pp. 1–11.

Müthing, J., Jäschke, T. & Friedrich, C.M. (2017). Client-focused security assessment of mhealth apps and recommended practices to prevent or mitigate transport security issues. *JMIR mHealth and uHealth, 5*(10), 1–12 e147.

Nobles, A.L., Glenn, J.J., Kowsari, K., Teachman, B.A. & Barnes, L.E. (2018). Identification of imminent suicide risk among young adults using text messages. Proceedings of the 2018 CHI Conference on Human Factors in Computing Systems, pp. 1–11.

Notario, N., Crespo, A., Martín, Y.-S., Del Alamo, J.M., Métayer, D.Le, Antignac, T. ... & Wright, D. (2015). PRIPARE: Integrating privacy best practices into a privacy engineering methodology. 2015 IEEE Security and Privacy Workshops, IEEE, New York City, USA, pp. 151–158.

Nurgalieva, L., O'Callaghan, D. & Doherty, G. (2020). Security and privacy of mhealth applications: A scoping review. *IEEE Access, 8*, 104247–104268.

Nurgalieva, L., Frik, A., & Doherty, G. (2021). WiP: Factors affecting the implementation of privacy and security practices in software development: A narrative review. Hot topics in the science of security, HoTSoS '21.

O'Brolcháin, F., Jacquemard, T., Monaghan, D., O'Connor, N., Novitzky, P. & Gordijn, B. (2016). The convergence of virtual reality and social networks: Threats to privacy and autonomy. *Science and Engineering Ethics, 22*(1), 1–29.

Okun, S., & Wicks, P. (2018). Digitalme: A journey towards personalized health and thriving. Biomedical Engineering Online, 17(1), 1–7, 119. doi:10.1186/s12938-018-0553-x.

O'Loughlin, K., Neary, M., Adkins, E.C. & Schueller, S.M. (2019). Reviewing the data security and privacy policies of mobile apps for depression. *Internet Interventions, 15*, 110–115.

Parker, L., Halter, V., Karliychuk, T. & Grundy, Q. (2019). How private is your mental health app data? an empirical study of mental health app privacy policies and practices. *International Journal of Law and Psychiatry, 64*, 198–204.

Parker, L., Karliychuk, T., Gillies, D., Mintzes, B., Raven, M., & Grundy, Q. (2017). A health app developer's guide to law and policy: A multi-sector policy analysis. BMC Medical Informatics and Decision Making, 17(1), 1–13, 141 doi:10.1186/s12911-017-0535-0.

Pasquale, F. (2015). The Black Box Society: The Secret Algorithms That Control Money and Information. Harvard University Press, Cambridge, Massachusetts, United States, pp. 1–311 In press.

Peng, P.L. (2010). Ordinance of the people's republic of China on the protection of computer information system security: Decree of the state council of the people's Republic of China (no. 147). The "ordinance of the people's republic of China on the protection of computer information system security"is to be implemented as of the day of issuance. February 18, 1994. *Chinese Law & Government, 43*(5), 12–16.

Powell, A., Singh, P., & Torous, J. (2018). The complexity of mental health app privacy policies: A potential barrier to privacy. JMIR mHealth and uHealth, 6(7), 1–9, e158. doi:10.2196/mhealth.9871.

Radovic, A., Vona, P.L., Santostefano, A.M., Ciaravino, S., Miller, E. & Stein, B.D. (2016). Smartphone applications for mental health. *Cyberpsychology, Behavior, and Social Networking, 19*(7), 465–470.

Razaghpanah, A., Nithyanand, R., Vallina-Rodriguez, N., Sundaresan, S., Allman, M., & Kreibich, C. et al., (2018). Apps, trackers, privacy, and regulators: A global study of the mobile tracking ecosystem. Proceedings of the 25th Annual Network and Distributed System Security Symposium (NDSS 2018).

Rezaeibagha, F., Win, K.T. & Susilo, W. (2015). A systematic literature review on security and privacy of electronic health record systems: Technical perspectives. *Health Information Management Journal, 44*(3), 23–38.

Richardson, L.K., Christopher Frueh, B., Grubaugh, A.L., Egede, L. & Elhai, J.D. (2009). Current directions in videoconferencing tele-mental health research. *Clinical Psychology: Science and Practice, 16*(3), 323–338.

Robillard, J.M., Feng, T.L., Sporn, A.B., Lai, J.-A., Lo, C., Ta, M. & Nadler, R. (2019). Availability, readability, and content of privacy policies and terms of agreements of mental health apps. *Internet Interventions, 17*, 100243.

Rosenfeld, L., Torous, J. & Vahia, I.V. (2017). Data security and privacy in apps for dementia: An analysis of existing privacy policies. *The American Journal of Geriatric Psychiatry, 25*(8), 873–877.

Rozin, P. & Royzman, E.B. (2001). Negativity bias, negativity dominance, and contagion. *Personality and Social Psychology Review, 5*(4), 296–320.

Sampat, B.H. & Prabhakar, B. (2017). Privacy risks and security threats in mhealth apps. *Journal of International Technology and Information Management, 26*(4), 126–153.

Shatte, A.B., Hutchinson, D.M. & Teague, S.J. (2019). Machine learning in mental health: A scoping review of methods and applications. *Psychological Medicine, 49*(9), 1426–1448.

Shilton, K. & Greene, D. (2019). Linking platforms, practices, and developer ethics: Levers for privacy discourse in mobile application development. *Journal of Business Ethics, 155*(1), 131–146.

Skaik, R., & Inkpen, D. Using social media for mental health surveillance: A review. ACM Computing Surveys 53(6). doi:10.1145/3422824.

Simpson, J. M. (2017). Home assistant adopter beware: Google, Amazon Digital Assistant Patents Reveal Plans for Mass Snooping.

Smelror, R.E., Bless, J.J., Hugdahl, K., Hugdahl, K. & Agartz, I. (2019). Feasibility and acceptability of using a mobile phone app for characterizing auditory verbal hallucinations in adolescents with early-onset psychosis: Exploratory study. *JMIR Formative Research, 3*(2), 1–11. doi:10.2196/13882. http://europepmc.org/articles/PMC6537505.

Sorenson, C. & Drummond, M. (2014). Improving medical device regulation: The united states and Europe in perspective. *The Milbank Quarterly, 92*(1), 114–150.

Spiegel, J.S. (2018). The ethics of virtual reality technology: Social hazards and public policy recommendations. *Science and Engineering Ethics, 24*(5), 1537–1550.

Stoyanov, S. R., Hides, L., Kavanagh, D. J., Zelenko, O., Tjondronegoro, D., & Mani, M. (2015). Mobile app rating scale: A new tool for assessing the quality of health mobile apps. JMIR mHealth and uHealth, 3(1), 1–9, e27. doi:10.2196/mhealth.3422.

Tabassum, M., Kosiński, T., Frik, A., Malkin, N., Wijesekera, P. & Egelman, S. (2019). Investigating users'preferences and expectations for always-listening voice assistants. *Proceedings of the ACM on Interactive, Mobile, Wearable and Ubiquitous Technologies, 3*(4), 1–23.

Tailor, N., He, Y. & Wagner, I. (2016). Poster: Design ideas for privacy-aware user interfaces for mobile devices. Proceedings of the 9th ACM Conference on Security & Privacy in Wireless and Mobile Networks, ACM, pp. 219–220.

Taube, D.O. (2013). Portable digital devices: Meeting challenges to psychotherapeutic privacy. *Ethics & Behavior, 23*(2), 81–97.

Thach, K.S. (2018). User's perception on mental health applications: A qualitative analysis of user reviews. 2018 5th NAFOSTED Conference on Information and Computer Science (NICS), IEEE, pp. 47–52.

Thieme, A., Belgrave, D. & Doherty, G. (2020). Machine learning in mental health: A systematic review of the HCI literature to support the development of effective and implementable ml systems. *ACM*

Transactions on Computer- Human Interaction (TOCHI), 27(5), 1–53.

& Torous, J. (2017). Digital psychiatry in 2017: Year in review. *Psychiatric times. psychiatrictimes.com.*

Tschider, C.A. (2018). The consent myth: Improving choice for patients of the future. *Washington University Law Review, 96*, 1505–1536.

U.S. Food and Drug Administration, Medical devices, X STOP®Interspinous Process Decompression System (XSTOP)–P040001. http://www.fda.gov/MedicalDevices/ProductsandMedicalProcedures/DeviceApprovalsandClearances/Recently-ApprovedDevices/ucm078378.htm (accessed September 20, 2014).

United States Department of Health and Human Services, Standards for privacy of individually identifiable health information. Final rule, 45 CFR parts 160, and 164. Code of federal regulations (2010).

Vaidyam, A.N., Wisniewski, H., Halamka, J.D., Kashavan, M.S. & Torous, J.B. (2019). Chatbots and conversational agents in mental health: A review of the psychiatric landscape. *The Canadian Journal of Psychiatry, 64*(7), 456–464.

Van Allen, J. & Roberts, M.C. (2011). Critical incidents in the marriage of psychology and technology: A discussion of potential ethical issues in practice, education, and policy. *Professional Psychology: Research and Practice, 42*(6), 433–439.

van Kerkhof, L. W. M., van de Laar, C. W. E., de Jong, C., Weda, M., & Hegger, I. (2016). Characterization of apps and other e-tools for medication use: Insights into possible benefits and risks. JMIR mHealth and uHealth, 4(2), 1–14, e34. doi:10.2196/mhealth.4149.

Vokinger, K. N., Nittas, V., Witt, C. M., Fabrikant, S. I., & von Wyl, V. (2020). Digital health and the covid–19 epidemic: An assessment framework for apps from an epidemiological and legal perspective. Swiss Medical Weekly, 150, 1–9, w20282. doi:10.3929/ethz-b-000465761.

Waldman, A.E. (2017). Designing without privacy. *Houston Law Review, 55*, 659–727.

Wang, K. China's health authorities issue new rules on telemedicine. https://www.ropesgray.com/en/newsroom/alerts/2018/09/Chinas-Health-Authorities-Issue-New-Rules-on-Telemedicine.

Wang, Y., Rawal, B., Duan, Q. & Zhang, P. (2017). Usability and security go together: A case study on database. 2017 Second International Conference on Recent Trends and Challenges in Computational Models (ICRTCCM), IEEE, pp. 49–54.

Watzlaf, V.J., Moeini, S. & Firouzan, P. (2010). Voip for telerehabilitation: A risk analysis for privacy, security, and HIPAA compliance. *International Journal of Telerehabilitation, 2*(2), 3–10. doi:10.5195/ijt.2011.6070.

Wilkinson, J., Arnold, K.F., Murray, E.J., van Smeden, M., Carr, K., et al. (2020). Time to reality check the promises of machine learning-powered precision medicine. *The Lancet Digital Health, 2*(12),

E677–E680.

Wright, D. (2012). The state of the art in privacy impact assessment. *Computer Law & Security Review, 28*(1), 54–61.

Wu, P.F. (2013). In search of negativity bias: An empirical study of perceived helpfulness of online reviews. *Psychology & Marketing, 30*(11), 971–984.

Wykes, T., & Schueller, S. (2019). Why reviewing apps is not enough: Transparency for trust (t4t) principles of responsible health app marketplaces. Journal of Medical Internet Research, 21(5), 1–10, e12390. doi:10.2196/12390.

Xhafa, F., Li, J., Zhao, G., Li, J., Chen, X. & Wong, D.S. (2015). Designing cloud-based electronic health record system with attribute-based encryption. *Multimedia Tools and Applications, 74*(10), 3441–3458.

Xiao, B., Imel, Z. E., Georgiou, P. G., Atkins, D. C., & Narayanan, S. S. (2015). "Rate my therapist": Automated detection of empathy in drug and alcohol counseling via speech and language processing. Plos One, 10(12), 1–15, e0143055. doi:10.1371/journal.pone.0143055.

Yang, H., Kim, H. & Mtonga, K. (2015). An efficient privacy-preserving authentication scheme with adaptive key evolution in remote health monitoring system. *Peer-to-Peer Networking and Applications, 8*(6), 1059–1069.

Zelmer, J., van Hoof, K., Notarianni, M., van Mierlo, T., Schellenberg, M., & Tannenbaum, C. (2018). An assessment framework for e-mental health apps in Canada: Results of a modified Delphi process. JMIR mHealth and uHealth, 6(7), 1–14, e10016. doi:10.2196/10016.

Zhao, P., Yoo, I., Lancey, R. & Varghese, E. (2019). Mobile applications for pain management: An app analysis for clinical usage. *BMC Medical Informatics and Decision Making, 19*(1), 106–116 https://doi.org/10.1186/s12911-019-0827-7.

Zuraw, R. & Sklar, T. (2020). Digital health privacy and age: Quality and safety improvement in long-term-care. *Indiana Health Law Review, 17*, 85–98.

제16장

정신건강을 위한 디지털 치료제의 윤리적 고려 사항

Constantin Landers, Blanche Wies and Marcello Ienca

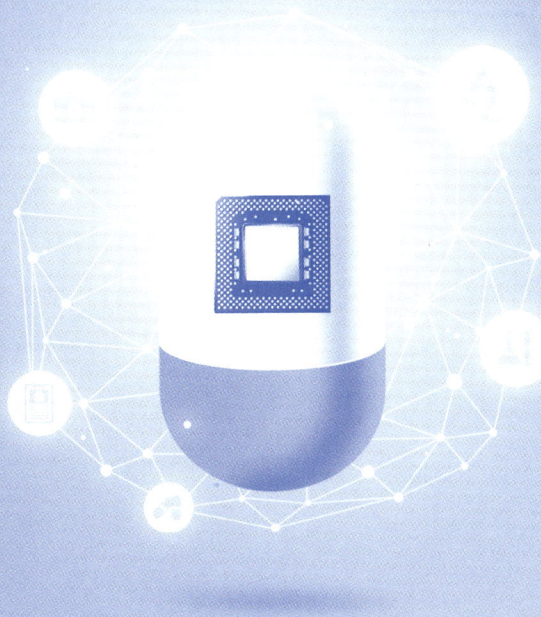

1. 도입

1) 맥락 설정

정신건강 및 중독을 위한 디지털 제품은 그 수량과 사용자 및 환자 채택 측면에서 급격히 증가하고 있다. 2019년까지 정신건강을 위한 디지털 제품 하위 부문인 정신건강 앱은 1만 개가 넘었다(Torous et al., 2019). 동시에 건강, 특히 정신건강 및 중독은 개인과 사회 생활에서 가장 개인적이고 민감한 문제 중의 하나이다. 디지털 치료제 및 더 넓은 건강 영역에서의 신속한 혁신은 개인정보 보호, 신뢰 및 인간 자율성과 관련된 다양한 윤리적 문제를 불러일으켰다(Vayena, Haeusermann, Adjekum, & Blasimme, 2018; Vayena & Madoff, 2019).

환자들이 디지털 치료 옵션에 대한 지침을 더 많이 찾고 요구함에 따라, 의료 전문가는 점점 더 디지털 제품이나 치료제를 추천, 조언, 처방해야 하는 상황에 직면하고 있다. 동시에 디지털 제품 중 일부만 임상 검증이나 의료 기기 인증을 받았다(Marshall, Dunstan, & Bartik, 2019). 이러한 맥락에서 의료 전문가는 환자의 윤리적 권리를 보호해야 할 책임이 더욱 커졌다.

2) 이 장에서 다루는 내용과 다루지 않는 내용

이 장에서는 독자들에게 정신건강 및 중독 치료(이후 디지털 치료제로 지칭함)에 중점을 두고, 디지털 치료제를 둘러싼 일반적인 윤리적 문제를 소개한다. 확인된 문제 대부분은 일반적으로 디지털 치료제에 해당하지만, 이러한 치료 영역이 가장 관련성이 높은 윤리적 문제를 유발하는 동시에 실질적인 적용 맥락을 제공하기 때문에 정신건강과 중독에 대한 검토와 논의에 초점을 맞추었다.

특히, 정신건강 또는 중독에 대한 디지털 치료제를 추천하거나 처방할 때의 주요 문제에 대한 개요를 제공하고 인식을 쌓는 것을 목표로 한다. 의료 전문가가 이러한 윤리적 문제를 어떻게 생각하고 해결할 수 있는지에 대한 포괄적이면서 실제적인 소개를 제공하는 게 목표이다. 정신건강 및 중독에 대한 디지털 치료제가 사용자 통신 기기(예: 스마트폰, 태블릿)를 통해 제공되는 맥락에 특히 초점을 둔다. 따라서 디지털 치료제와 관련된 모든 윤리적 문제의 전체 목록을 제공하는 것을 목표로 하지는 않는다. 특정 기술(예: 앱, 기기) 또는 전달 방식(예: 자가 관리 앱, 원격의료 치료 또는 혼합 치료)에 초점을 맞추지 않는다.

이 장은 의료 전문가에게 초점이 맞춰져 있으므로, 의료 전문가의 명시적인 개입 없이 개인이 디지털 치료제를 사용할 때 발생하는 윤리적 문제에 대해서는 다루지 않는다. 따라서 디지털 치료제 사용자에 대해 언급할 때는 환자[1]만을 지칭한다. 이 장에서는 의료 개입 개발에 특화된 문제는 다루지 않지만, 디지털 헬스 개입 설계자와 개발자도 이 장의 개요에서 도움을 받을 수 있을 것이다.

다음은 급격한 기술 변화에 비추어, 디지털 치료제의 윤리적 문제에 대한 일반적인 소개이다. 전달 방식 간의 윤리적 차이는 비교하지 않는다. 작성 시점에서, 관할권 대부분에서는 디지털 치료제 적용에 대한 규제나 다른 공식적인 지침(예: 의료 전문가 협회)이 거의 없다. 시간이 지남에 따라 이러한 상황이 변할 것으로 예상되지만, 현재 규제가 거의 없는 상황을 전제로 하고 있다. 의사가 검증된 의료 기기인 디지털 치료제를 처방하거나 권장하는 게 이상적이다. 그러나 환자의 관심이 높아지고, 치료 자원이 제한된 상황에서 대부분의 디지털 치료제에 대한 검증 부족이 이러한 기준을 복잡하게 만든다. 의료 전문가는 아래에 제시된 윤리적 고려 사항을 신중히 검토하도록 강력히 권장된다. 심지어 검증된 치료제라도 디지털 치료제의 매우 혁신적인 특성으로 인해 다양한 윤리적 문제를 자세히 모니터링해야 한다.

2. 정신건강 분야에서 디지털 치료제로 인해 발생하는 윤리적 문제

디지털 치료제는 개인의 건강과 안녕감에서 상당한 개선을 약속한다. 이는 다양한 환자 집단(예: 대학생, 중독 치료를 받은 환자)에서 나타난다(Campbell et al., 2014; Lattie et al., 2019; O'Hara, 2019). 동시에 디지털 치료제는 새로운 윤리적 문제를 일으킨다. 포괄적인 법률이나 공식 지침(예: 보험사 승인, 전문가 협회)이 없는 경우, 디지털 치료제를 추천하거나 처방하는 의료 전문가는 이러한 문제에 대해 광범위하게 인식하고 있어야 한다. 독자에게 포괄적인

1 그럼에도 불구하고 '1) 디지털 치료제를 사용하는 환자에게 직접 영향을 미치는 문제' 섹션에서는 사용자에게 직접적인 영향을 미치는 주요 문제에 관해 설명한다. 이 모든 사항은 의료 전문가 지원이 없는 사용자와도 관련이 있다.

개요를 제공하기 위해 환자, 사회 및 의료 전문가라는 세 가지 범주로 분류한다([그림 16.1] 참조). 각 주요 문제와 의료 전문가와의 관련성을 간략히 소개한다. 각 문제의 마지막에는 의료 전문가를 위한 권장 사항을 제시한다.

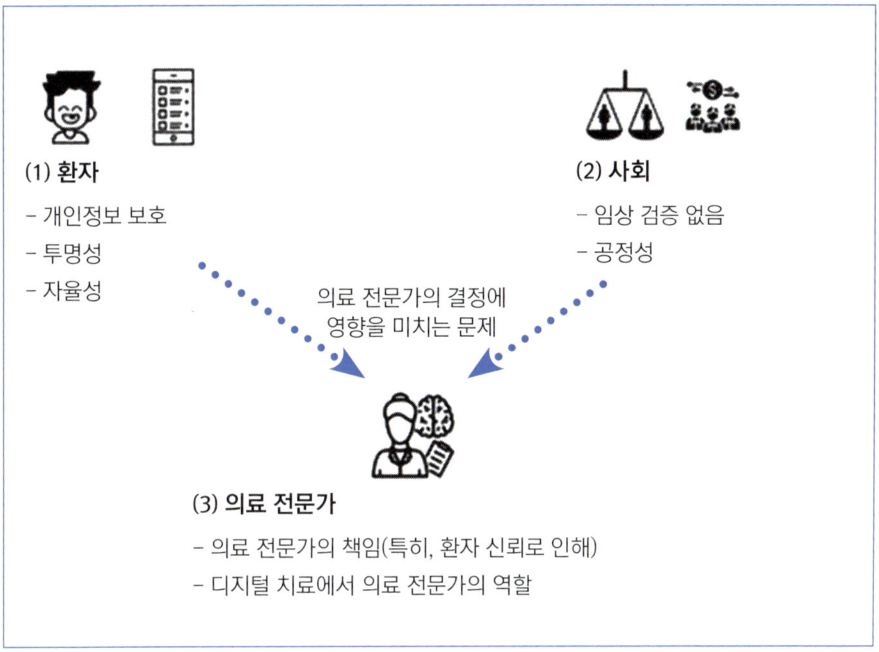

[그림 16.1] 주요 이해관계자를 위한 핵심 윤리적 고려 사항

1) 디지털 치료제를 사용하는 환자에게 직접 영향을 미치는 문제

이 부분은 환자에게 직접 영향을 미치는 문제를 소개한다. 환자가 의료 전문가를 신뢰하고 조언을 구하는 만큼, 의사는 다음에 소개하는 위험을 완화하기 위해 최신 정보를 파악하고 있어야 할 책임이 있다.

(1) 개인정보 보호

개인정보 보호가 무엇이며 환자에게 어떻게 영향을 미치는가

> "각 개인은 자신에게만 고유하게 속하는 존재와 활동 영역이 있으며, 그 영역에서는 억압, 강요, 심지어 불청객의 관찰로부터 자유로워야 한다."
>
> (McFarland, 2012)

개인정보 보호는 디지털 헬스와 관련하여 가장 활발히 논의되는 윤리적 문제 중 하나다(Vayena et al., 2018). 신뢰를 가능케 하는 요소에 대해 광범위하게 살펴보면, 개인정보 보호와 보안이 사용자 신뢰에 필요한 가장 중요한 기술적 요소 중 하나로 확인되었다(Adjekum, Blasimme, & Vayena, 2018). 실제로 개인정보 보호는 디지털 헬스에서 특히 중요한데, 수집할 수 있는 매우 개인적인 데이터는 익명화가 점점 어려워지고 개인에 관한 매우 사적인 정보를 도출하는 데 사용될 수 있기 때문이다(Ienca, Haselager, & Emanuel, 2018; Meurk, Hall, Carter, & Chenery, 2014; Vayena et al., 2018).

특히 정신건강 및 중독에 관한 디지털 치료제 맥락에서 개인정보 보호의 중요성은 매우 높다. 이러한 서비스를 이용할 때, 환자는 매우 기밀이며 개인적인 데이터를 치료 제공자와 공유한다. 이러한 데이터는 가장 민감한 개인 데이터 중 하나다.[2] 정신 질환과 중독은 오늘날에도 여전히 낙인과 차별의 대상이 되고 있어서 디지털 치료제에서 개인정보 보호가 매우 중요하다(Martinez-Martin & Kreitmair, 2018). 데이터 개인정보 보호가 보장되지 않고 제3자가 사용자 정보에 접근할 수 있는 경우, 조작과 경제적 및 사회적 차별이 발생할 수 있다(Martinez-Martin & Kreitmair, 2018; Parker, Halter, Karliychuk, & Grundy, 2019; Robillard et al., 2019).

신체 및 정신건강 세부 정보가 유출되면 환자의 고용 상태에 영향을 미칠 수 있다(Glenn & Monteith, 2014; Parker et al., 2019; Robillard et al., 2019). 광고주는 정보를 악용하여 개인이 더 많이 또는 다르게 소비하도록 조종하고 있으며, 이는 개인의 사생활과 자기 결정권에 대한 심각한 침해에 해당한다. 개인정보 침해는 가족, 친구 또는 보험 회사에 동의 없이 데이터가 공유되는 등 바람직하지 않은 사회적, 재정적 결과를 초래한다(Glenn & Monteith, 2014; Parker et al., 2019; Robillard et al., 2019). 더 심각한 경우, 일부 디지털 치료제가 의료 제공자의 기밀 보호가 부족하여 소환장 또는 법적 절차를 통해 접근할 수 있으므로 약물 중독으로 고통받는 환자가 법적 결과에 직면할 수 있다(Martinez-Martin & Kreitmair, 2018; Meurk et al., 2014).

---

2 예를 들어, 유럽연합(European Union, EU)의 일반 데이터 보호 규정(General Data Protection Regulation, GDPR)은 법적 관점에서 정신건강 정보를 '특수 범주'로 분류한다(ICO n.d.). 따라서 이러한 정보를 전송, 취급 및 저장하려면 최고 수준의 기밀성과 개인정보 보호가 필요하다(Doraiswamy et al., 2019; Ferreri et al., 2018; Meurk et al., 2014; Tofighi et al., 2019).

실제로 개인정보 보호가 중요한 이유

현재 사용 가능한 대부분의 정신건강 치료제 제품과 많은 디지털 치료제는 기밀 유지 및 개인정보 보호 정책이 충분하지 않다. 상당수는 사용자 데이터를 어떻게 처리하고 보호하는지 명시하지 않는다(Parker et al., 2019). 다른 경우에는 길고 복잡한 이용 약관(terms and conditions, T&C)을 이용하여 데이터 보호와 개인정보 보호에 대한 책임을 사용자에게 전가한다(Parker et al., 2019). 유럽연합 일반 데이터 보호 규정은 개인이 자신의 데이터를 소유하고 데이터 사용에 대해 동의해야 한다는 원칙을 강조하고 있다(Wykes, Lipshitz, & Schueller, 2019). 그러나 이러한 법은 많은 관할 지역에서 존재하지 않으며, 심지어 유럽연합 내에서도 해외 제공업체는 외국인이라는 이유로 규정 준수 의무에서 면제된다고 주장한다(Parker et al., 2019).

많은 디지털 치료제가 무상으로 제공되기 때문에 개인정보 보호는 특히 중요한 문제이다. 민간 기업이 치료제를 제공할 때, 그들의 사업 모델은 주로 고도의 기밀 개인 데이터를 공유하는 데 중점을 두는 경우가 많다(Doraiswamy et al., 2019; Martinez-Martin & Kreitmair, 2018; Parker et al., 2019; Wykes et al., 2019). 중독에 대한 디지털 치료제 맥락에서 개인정보 보호는 부가적인 실질 관련성을 얻는다. 중독으로 고통받는 환자는 자주 전화를 팔거나 분실하는 경향이 있어서 외부인이 그들의 건강 데이터에 접근할 가능성이 높아진다(Mares et al., 2016; Tofighi et al., 2019).

균형 잡힌 관점 가지기

이러한 개인정보 보호 위험은 데이터 공유의 잠재적인 이점과 대조된다. 대규모 건강 데이터는 건강 문제를 더 잘 이해하고 치료와 진단을 개선할 수 있게 해준다(Doraiswamy et al., 2019). 실제로 데이터 기밀성이 올바르게 유지될 때 디지털 치료제는 종종 개인정보 보호를 높인다. 원격 참여는 치료의 익명성, 접근성 및 개인정보 보호를 향상시킬 수 있다(Doraiswamy et al., 2019; Jones et al., 2015). 이는 더 나은 치료 결과를 가능케 한다. 중독 환자가 덜 관찰된다고 느끼기 때문에 치료 순응도가 높아진 것으로 나타났다(Ferreri, Bourla, Mouchabac, & Karila, 2018).

의료 전문가가 할 수 있는 것

- 확인: 의료 전문가가 의료 기기로 공식 검증된 디지털 치료제만 처방하거나 권장하는 게 이상적이다. 이러한 제품은 일반적으로 개인정보 보호와 데이터 보호 규준을 충족한다. 공식 검증된 디지털 치료제를 처방할 수 없는 경우, 의료 전문가는 환자 개인정보를 보호하는 치료제—예를 들어, 일반 데이터 보호 규정을 준수하는 치료제—만을

추천하거나 처방해야 한다.[3]

- 정보 제공: 의료 전문가는 최신 정보를 확인하고 몇몇 국가 보건 당국에서 제공하는 공공 지침을 숙제해야 한다. 영국 국립보건원(National Health Service, NHS)이 검토한 비의료용 앱 라이브러리를 제공한다.[4] 프랑스 보건 당국(The French Haute Autorité de Santé, HAS)은 앱의 용도에 따라 앱을 평가할 수 있는 모범 사례 지침과 위험 매트릭스를 제공하지만, 의료 전문가가 앱을 직접 평가해야 한다(Ferreri et al., 2018). 미국정신의학회(American Psychiatric Association, APA)에서도 의료 전문가를 위한 앱 평가 프레임워크를 만들었다. 그러나 의료 전문가는 이 지침의 한계에 대해서도 주의해야 한다. 예를 들어, 영국 국립보건원 앱 라이브러리는 개인정보 보호 라벨 시스템을 사용하여, 추천하는 모든 앱이 같은 수준의 개인정보 보호를 충족하는 것은 아니라고 강조한다. 라이브러리는 추천 앱에 대해 어떤 법적 책임도 지지 않는다는 점을 분명히 하고 있다. 따라서 디지털 치료제를 추천할 때 의료 전문가가 모든 책임을 진다.
- 환자 교육: 의료 전문가는 환자에게 권장 앱을 사용하는데 남아 있는 위험에 대해 알려주고, 검증되거나 권장되지 않은 앱을 사용하지 않도록 경고해야 한다.

(2) 투명성

투명성이란 무엇이며 환자에게 어떻게 영향을 미치는가

> "… 투명성을 확보하려면 수집 대상, 수집 방법, 수집 시기를 명확히 해야 한다."
>
> (Martinez-Martin et al., 2018)

많은 디지털 치료제 서비스의 경우, 데이터가 저장, 처리, 공유되는 방식에 대한 투명성이 부족하다(Burr, Morley, Taddeo, & Floridi, 2019; Parker et al., 2019; Robillard et al., 2019). 데이터 수집은 사용자가 앱에 직접 공유하는 정보를 넘어 위치, 수면 주기, 음성 및 발화 녹음과 같은 데이터로 확장되는 경우가 많다(Martinez-Martin, Insel, Dagum, Greely, & Cho, 2018). 사용자가 개인정보 보호 문제를 인지하더라도 불투명한 투명성 때문에 자신의 데이터가 어떻게 사용되고 있는지 완전히 이해하기 어려울 때가 많다(Ienca et al., 2018).

---

3 예를 들어, 일반 데이터 보호 규정 제25조는 데이터를 안전하게 보관하고 앱의 주요 목적에 필요한 데이터만 수집하는 등 기본적으로 데이터를 보호할 것을 요구한다.

4 검토 과정은 설문지를 통해 여덟 가지 모범 사례 준수 여부를 확인한다. 이 목록은 여기에서 확인할 수 있다. https://www.nhs.uk/apps-library/filter/?categories=Mental%20health.

이러한 '투명성'은 앱의 이용 약관에서만 확인할 수 있는 경우가 많다. 이러한 텍스트는 일반적으로 상당한 길이의 복잡한 법률 용어를 포함하고 있어서 읽고 이해하기 어렵다(Parker et al., 2019). 이용 약관은 디지털 치료 제공자에게 민감한 데이터를 판매하거나 공유할 수 있는 권리를 부여하고, 데이터 보안에 대한 제공자의 책임을 제한하는 경우가 많다(Parker et al., 2019). 계속 진행하기 위해 사용자는 약관을 반드시 이해하지 않더라도 동의해야 한다. 대신 제3자가 사용자의 데이터에 어떻게 개입할 수 있는지 상세히 설명하는 '투명성 성명'을 포함하여 제공업체의 데이터 및 보안 관행에 대해 쉽게 이해할 수 있는 요약본을 사용자에게 제공해야 한다(Ienca et al., 2018).

실제로 투명성이 중요한 이유

투명성은 디지털 치료의 임상 검증에 있어 주요 관심사다. 디지털 치료제의 효과와 한계를 검증하는 독립 연구자와 의료 전문가는 종종 이에 대한 투명한 정보와 데이터가 필요하다. 민간 부문의 알고리즘은 일반적으로 지적 재산으로 간주하므로 완전히 투명하지 않아 이러한 검증을 방해한다(Burr, Morley, Taddeo, & Floridi, 2019; Martinez-Martin et al., 2018; Martinez-Martin & Kreitmair, 2018).

일반 데이터 보호 규정과 같은 규제로 인해 디지털 치료제의 투명성이 개선되었지만, 데이터 사용 및 저장에 대한 국제적인 합의는 존재하지 않는다. 따라서 많은 제공업체가 자체적인 투명성 정책을 만들고 있다. 일부 업체는 기존 규제의 관할권에 속하지 않는다고 주장한다(Doraiswamy et al., 2019; Parker et al., 2019).

균형 잡힌 관점 가지기

데이터 공유 및 사용은 당연히 논란의 여지가 있는 문제이다. 치료가 효과적으로 이루어지려면 환자의 충분한 데이터가 앱과 의료 전문가에게 공유되어야 한다. 다른 경우에는 환자의 안전을 보호하기 위해 데이터를 공유해야 할 수도 있다. 투명성은 필요한 데이터 사용량이나 개인정보 보호가 침해될 수 있는 상황에 대해 사실 기반 대화를 가능하게 한다(Martinez-Martin & Kreitmair, 2018).

이러한 이점에도 불구하고, Annay와 Crawford(2018)은 투명성만으로는 자동으로 책임을 보장하지 않는다고 지적한다. 알고리즘 시스템을 언급하며, 투명성('보기')이 반드시 개인이나 사회 전체가 복잡한 시스템을 완전히 이해('이해하기')하도록 보장하지는 않는다고 주장한다. 이들은 투명성에 대한 요구는 시스템이 무엇을 위해, 누구에게 책임을 져야 하는지를 설명해야 한다고 주장한다. 우리의 경우, 예를 들면 제공자가 환자와 의료 전문가에게 데이터에 대한 투명성을 제공하고 데이터의 용도를 설명해야 한다는 것을 의미할 수 있다.

의료 전문가가 할 수 있는 것

- 정보 제공: 의료 전문가는 디지털 치료제를 환자에게 권장하기 전에 디지털 치료제의 데이터 처리 정책의 투명성에 대해 자세히 알아야 한다.
- 확인: 앱이 일반 데이터 보호 규정을 준수하고 유럽 규정 준수(Conformité Européenne, CE) 표시를 획득했는지 확인하면 디지털 치료제 제공업체가 데이터 규정을 준수한다는 확신을 추가할 수 있다.[5]
- 교육: 의료 전문가는 환자에게 투명성이 중요한 이유를 교육하고 정기적으로 이를 확인하도록 격려해야 한다.
- 지지: 개별 의료 전문가뿐만 아니라 의료 전문가 전문 기관이 디지털 치료제 제공업체에게 충분한 투명성을 요구할 것을 권장한다.

(3) 자율성

자율성이란 무엇이며 환자에게 어떻게 영향을 미치는가

> "개인의 자율성은 최소한 타인의 통제적 간섭이나 의미 있는 선택을 방해하는 불충분한 이해와 같은 제약으로부터 자유로운 자기 통치이다."
>
> (Beauchamp and Childress 2001)

디지털 치료제에 사용되는 앱을 포함하여 성공적인 디지털 제품과 앱은 뇌의 보상 시스템을 활성화하는 기능을 디자인하여 사용자 참여를 극대화한다(Martinez-Martin & Kreitmair, 2018). 이를 통해 사용자의 참여를 유지하여 앱의 치료 목표를 달성할 수 있다. 이러한 목표에는 종종 행동 변화와 부드러운 개입(nudging)과 같은 습관 변화 기법의 활용이 포함된다.

그러나 환자의 보상 시스템을 활성화하면 의도치 않게 전반적인 치료 목표에 영향을 미칠 수 있다. 심리치료 앱에 대한 연구는 이러한 작용 메커니즘이 불안과 중독 행동을 유발할 수 있다고 보여 준다(Martinez-Martin & Kreitmair, 2018). 디지털 치료제는 잠재적인 부작용 외에도 윤리적 문제도 제기한다. 환자에게 미묘한 의존성을 유발할 수 있고, 사용자 행동에 상당한 영향을 미칠 수 있기 때문이다. 이러한 특성은 외부 영향 없이 결정을 내릴 수

---

5 Berensmann and Gratzfeld(2018) CE는 Conformité Européenne의 약자로 유럽연합(European Union, EU)에서 의료 기기 등 유럽연합 규제 표준을 충족하는 제품을 지정한다(참조: https://europepmc.org/article/med/29368120).

있는 개인의 능력과 원하는 것을 결정할 자유를 강조하는 핵심 생명 윤리 원칙을 위배할 수 있다. 또한 인지적 자유와 같은 자율성의 기본 전제 조건에 영향을 미칠 수 있다(Ienca & Andorno, 2017).

실제로 자율성이 중요한 이유

자율성은 디지털 치료제의 선택, 사용, 그리고 결정적으로 디지털 치료를 종료할 때 등 전체 치료 여정에서 중요한 고려 사항이다.

이 여정의 시작에서, 사전 동의의 요건은 환자의 자율성과 관련된 주요 법적 및 치료적 문제를 제기한다. 사전 동의는 '헬스케어 제공자가 환자에게 특정 절차나 개입의 위험, 이점 및 대안에 대해 교육하는 과정'으로 정의된다(Shah, Thornton, Turrin, & Hipskind, 2020). 사전 동의는 관련 정보를 완전히 공개하고 무슨 일이 일어나고 있는지 충분히 이해하는 것을 필요로 하며, 자발적인 선택이어야만 한다. 디지털 치료제의 맥락에서 이러한 요건이 충족되는지 의문을 제기할 수 있는 몇 가지 요인이 있다. 앞서 살펴본 바와 같이, 환자는 이러한 소프트웨어가 어떻게 작용하는지, 어떤 종류의 데이터가 수집되거나 제3자와 공유되는지 알지 못하는 경우가 많다. 이러한 정보가 없다면, 자발적인 선택이 어느 정도 가능한지, 따라서 의료 전문가가 이러한 앱을 합법적으로 처방할 수 있는지 불확실하다(Martinez-Martin et al., 2018).

디지털 치료제를 사용하는 동안, 특히 마무리할 때, 의존과 중독이 발생하면 자율성이 저하될 수 있다(Haug et al., 2015). Haug 등(2015)은 많은 디지털 애플리케이션 디자인이 중독을 예방하기에는 충분하지 않다는 것을 보여 준다. 치료용 애플리케이션의 하루 접속 횟수나 시간을 제한하는 것은 중독을 줄일 수 있는 디자인 기능의 예다. 디지털 친화성이 높아서 디지털 치료제를 채택할 가능성이 큰 젊은 층이 특히 스마트폰 중독에 빠질 위험이 크다. Martinez(2018)는 디지털 치료제에서 '중독 방지' 디자인 요건이 충족되지 않는 경우가 많다는 사실을 보여 준다.

다음 섹션에서 논의하겠지만, 과학적 검증과 공식적인 감독의 부재는 이러한 우려를 더욱 악화시킨다. 이러한 통제 조치가 없으면 개별 앱이 어떻게 자율성을 침해하는지 판단하기 어려울 수 있다.

균형 잡힌 관점 가지기

정신건강 및 중독을 위한 디지털 치료제에서 자율성은 의심할 여지없이 복잡하다. 그러나 이러한 위험에도 불구하고, 디지털 치료제는 자기 인식과 자기 효능감을 높여 사용자의 자율성을 증진할 수 있다. 디지털 치료제는 환자에게 대처 기술을 학습하고 갈망을 조절할 수 있는 새로운 가능성을 제공하며, 치료 환경 밖에서도 이를 적용할 수 있도록 지원한다

(Ferreri et al., 2018; Jones et al., 2015; Robillard et al., 2019). 이는 궁극적으로 환자의 역량 강화와 치료 참여도를 높인다(Burr, Morley, Taddeo, & Floridi, 2019).

디지털 치료제는 사용자로부터 적법한 신뢰를 얻어야 한다. 개인정보 보호 위험 때문에 신뢰를 얻지 못하면, 환자는 앱을 사용하지 않기로 하면서 자율성을 행사할 수 있다. 이상적으로는 디지털 치료제 제공업체가 의료 전문가의 적법한 신뢰를 얻고, 환자와 사회가 상당한 이득을 누릴 수 있도록 하는 게 좋다.

의료 전문가가 할 수 있는 것

- 연락 유지: 디지털 치료제를 추천하거나 처방한 후 의료 전문가는 환자와 정기적으로 연락하여 디지털 구성요소가 책임감 있고 건강하게 사용되고 있는지 확인해야 한다.
- 앱 신중히 선택: 의료 전문가는 권장 앱이 의존성을 피하도록 디자인되었는지 확인해야 한다.

2) 디지털 치료제로 인해 발생하는 사회적 문제

전 세계 헬스케어 시스템은 수요가 기존 수용 능력을 크게 초과하는 상황을 겪고 있다. 특히 정신건강 분야에서 더욱 그렇다. 코로나19 팬데믹 동안 강력하게 입증된 것처럼 디지털 헬스는 이러한 부담을 일부 완화할 수 있다. 디지털 정신건강은 인간 치료자를 효율적으로 할당하고 보강하거나, 때에 따라 디지털 서비스로 대체함으로써 이러한 압박을 상당히 완화할 수 있다. 그러나 이는 사회적으로 상당한 우려를 불러일으킨다. 많은 디지털 치료제의 효능이 검증되지 않았고, 따라서 디지털 치료제가 전통적인 의료 전문가(예: 치료자) 업무를 보완하고 심지어 대체하도록 제안되면서 공정성에 관한 상당한 문제가 제기되고 있다. 환자와 의료 전문가 사이의 거리가 멀어지면 잠재적인 부작용을 완화하는 의료 전문가의 능력에 방해가 될 수 있다.

(1) 임상 검증 부족

임상 검증 부족이란 무엇이며 환자와 사회에 어떤 영향을 미치는가

> "실제 생명이 걸려 있으므로 우리는 근거를 보고 싶은데, 여러분(디지털 의료 스타트업)은 어떻게 가치를 증명하고 있나요?"
>
> Danielle McGuinness, Marketing manager Rock Health (Digital Health Venture Fund)

일반적으로 디지털 헬스와 디지털 치료제는 강력한 상관관계를 증명할 수 있는 전례 없는

양의 실제 데이터를 생성하지만, 안전성과 임상 유용성을 확립하기 위한 무작위 시험이 부족한 경우가 많다(Khoury & Ioannidis, 2014; Vayena et al., 2018). 이는 특히 디지털 치료제의 맥락에서 의미가 있다. 연구에 따르면 정신건강 앱의 최대 90%가 근거 기반의 임상 가치와 적절한 보안 정책이 부족한 것으로 나타났다(Bauer et al., 2017). 그러나 개발자가 제품이 어떻게 개발되었고 효과를 테스트했는지에 대한 명확한 근거를 제공하는 경우에만 임상가가 디지털 치료제를 평가할 수 있다(Bauer et al., 2017; Glenn & Monteith, 2014; Martinez-Martin & Kreitmair, 2018). 디지털 치료제의 품질도 상당히 다양하며, 제공업체는 때때로 잘못된 주장을 하기도 한다(Bauer et al., 2017; Glenn & Monteith, 2014; Martinez-Martin & Kreitmair, 2018). 검증되지 않은 기술은 환자에게 의학적 위험을 초래할 수 있으므로 임상 검증은 매우 중요하다(Bauer et al., 2017; Burr, Morley, Taddeo, & Floridi, 2019; Ferreri et al., 2018). 잘못된 조언이나 정보, 자가 진단 및 자가 치료는 필요할 때 전문가의 도움을 받는 것을 지연시키고, 환자에게 도움이 되지 않는 치료를 조장하거나 극단적인 경우에는 잘못된 약물 투여와 접근을 조장할 수 있다(Bauer et al., 2017; Martinez-Martin & Kreitmair, 2018; Tofighi et al., 2019).

실제로 임상 검증이 중요한 이유

임상 검증 부족은 부분적으로 임상적으로 개발된 앱과 민간 부문 제품 간의 차이, 즉 '상업화 격차' 또는 '정보 및 구현 격차'에 기인한다고 볼 수 있다(Ienca et al., 2017; Martinez-Martin & Kreitmair, 2018). 임상 연구용 앱은 안전성과 효과성에 대한 보다 체계적인 테스트를 거친다(Martinez-Martin & Kreitmair, 2018). 이러한 격차는 시장에 더 쉽게 출시할 수 있는 민간 부문의 제품 개발을 촉진한다. 이는 적절하게 평가되지 않은 디지털 헬스 기술의 가용성을 높이는 결과로 이어진다. 따라서 민간 부문 앱도 임상 연구용 앱과 동일한 효과성 평가 단계를 거치도록 하는 프레임워크를 개발할 필요가 있다.

디지털 치료제는 사용 가능한 제품의 수, 반복적이고 적응적인 특성(사용자 피드백을 기반으로 기능이 정기적으로 변경됨), 혁신적인(그러므로 종종 검증되지 않은) 작용 메커니즘으로 인해 기존의 의료 규제 구조에 이의를 제기한다. 결과적으로 검증되지 않았거나 잠재적으로 유해할 수 있는 제품이 광고되고 대중에게 제공되고 있다. 임상 검증의 자원 집약적 특성만으로는 이러한 임상 검증 부재를 완전히 설명하지 못한다. 또한 공중 보건 시스템은 디지털 치료제를 평가하고 검증하기 위한 공중 보건 도구를 이제 막 개발하기 시작했다.[6]

6 이와 관련된 예로, 독일 디지털 헬스 애플리케이션 법안은 디지털 헬스 앱이 의료 기기로 처음에 인증을 받은 후 1년의 시험 기간 동안 효능을 입증하면 도입 및 채택을 용이하게 하려는 법안이다. https://www.bfarm.de/EN/MedicalDevices/DiGA/_node.html.

이는 결국 디지털 치료제의 채택에 영향을 미친다. 미국의학협회(American Medical Association, AMA)는 2016년에 회원을 대상으로 디지털 헬스 도입에 대한 의사들의 조심스러움을 조사했는데, 그중 상당수가 디지털 치료제를 포함했다. 조사 결과, 충분한 임상 타당성 부재가 채택을 가로막는 가장 큰 장벽으로 밝혀졌다(American Medical Association, 2016).

균형 잡힌 관점 가지기

근본적으로 디지털 치료제(개별 솔루션 및 전체 카테고리)는 이를 입법하고 규제하는 기관보다 더 빠르게 변화하는 경향이 있다(Bauer et al., 2017; Wykes et al., 2019). 이로 인해 두 가지 문제가 발생한다. 첫째, 환자, 의료 전문가, 사회는 디지털 치료제의 잠재적 혜택과 그 참신함으로 인해 발생할 수 있는 위험 사이의 절충을 고려해야 한다. 모든 이해 관계자의 정기적인 토론과 참여가 필요하다.

더 빠르고 효과적인 형태의 타당성 검증과 규제가 필요하다. 지속적인 인증이 이상적인 솔루션으로 보일 수 있지만 구현하기는 어렵다. 미국 식품의약국이 사전인증 프로그램에서 테스트한 대안은 개별 기술이 아니라 디지털 치료제 제공업체를 사전 인증한 것이다. 비영리 단체인 사이버가이드(PsyberGuide)와 원마인드(OneMind)와 같은 상업적으로 독립된 조직이 솔루션을 검증하고 업계 표준을 수립하는데 관여해 왔다(Wykes et al., 2019).

사례 연구 | 로보 프렌드*

로보 프렌드(Robo-friend)는 인공 지능 기반 챗봇으로 디자인되어, 사용자가 원하는 대로 성격을 조정하고 그들의 대화 상대를 모방할 수 있다. 친구, 멘토, 연인의 역할을 할 수 있다. 이 애플리케이션은 처음에는 의료 기기나 치료 환경을 위해 디자인되지 않았다. 하지만 사용자가 스트레스가 많은 상황과 불안을 다룰 때 상당한 긍정적인 효과를 보고했다. 이를 계기로 브랜드를 새롭게 하고 전략을 변경하게 되었다. 이제 로보 프렌드는 불안, 수면 문제, 부정적인 생각으로 고통받는 사람들에게 직접 도움을 준다. 따라서 이는 명확하게 치료자와 유사하거나 보완적인 기능을 약속한다. 많은 사람이 로보 프렌드를 사용하고 있지만, 치료 도구로서 이 기술의 효과에 대한 대규모의 과학적 연구는 아직 존재하지 않는다.

*이 사례 연구는 가상이지만 유사한 회사의 서비스를 기반으로 한다. 더 깊이 생각해 보거나 수업 시간에 토론할 수 있는 질문은 부록을 참조하도록 한다.

의료 전문가가 할 수 있는 것

- 공식적이고 독립적인 자료 참조: 의료 전문가는 기존 및 혁신적인 디지털 치료제와 관련하여 빠르게 확장되고 있는 근거에 대한 최신 정보를 파악하고, 공중 보건, 오피니언 리더, 신뢰할 수 있는 기관의 조언을 빠짐없이 따라가야 한다.
- 엄격한 필터링: 의료 전문가는 과학적으로 검증되었거나 공식적으로 승인된 디지털 치료제만을 권장해야 한다.
- 효과 검증: 의료 전문가는 자신이 권장하는 디지털 치료제의 효과를 철저히, 그리고 지속해서 검증해야 한다.

(2) 공정과 평등

공정과 평등이란 무엇이며 환자와 사회에 어떤 영향을 미치는가

> "불평등한 분배가 공정하다고 여겨질 때, 이는 공정한 불평등을 나타낸다. 따라서 사람들이 공정하다고 생각하는 한, 어떤 분배도 원칙적으로 공정하다고 분류될 수 있다."
>
> (Olsen, 2011)

대부분의 헬스케어 시스템에서 의료 서비스 수요, 특히 정신건강 및 중독 치료의 수요를 충족시키기에 의료 전문가만으로는 부족하다. 그러나 많은 디지털 치료제가 많은 환자에게 거의 추가 비용 없이 제공될 수 있다. 그 결과, 일부 환자는 '전통적인' 인간이 제공하는 치료를 받고, 나머지 환자의 의료적 요구는 디지털 치료를 통해 충족되거나 *보완될 수 있다.* 그러나 다양한 디지털 치료제가 전통적인 정신건강 및 중독 자원을 개선하거나 덜 대체하는 것으로 나타났다(Doraiswamy et al., 2019).

이는 의료 자원 할당에 대한 중요한 의문을 제기한다. 모든 환자가 동일하고 *동등한* 치료를 받을 수 있는 것은 아니다. 이 문제를 해결하기 위해 헬스케어 시스템과 철학자들은 일반적으로 평등을 추구하기보다는 자원의 *공정한* 배분을 목표로 한다(Olsen, 2011). 많은 공적 자금이 지원되는 헬스케어 시스템은 '동등한 의료 요구에 대한 동등한 헬스케어 접근성'을 제공하기 위해 노력한다.

그러나 개별적인 형태의 불평등(예: 디지털 자원 부족, 건강 보험 부족)은 종종 환자가 디지털 치료든 전통적인 치료든, 적절한 치료를 받는 데 방해가 된다. 의료 전문가가 환자의 상황을 신중하게 평가하는 것이 더욱 중요해진다.

실제로 공정과 평등이 중요한 이유

여러 사회경제적 요인이 치료 자원의 공정한 배분을 방해할 수 있다(Ienca, Shaw, & Elger, 2019). 예를 들어, 중독에 시달리는 사람들은 저소득 환경에 사는 경우가 많다(Ferreri et al., 2018). 많은 국가에서 저소득층은 보험에 가입되어 있지 않을 수 있다. 잘 평가된 디지털 치료제나 전통적인 대면 치료는 기본 건강 보험이 적용되지 않는 경우가 많으며, 개인이 직접 비용을 부담해야 하는데 할 수 없는 경우가 많다.

결과적으로, 이러한 환자는 전통적인 치료보다는 저비용 또는 무료 디지털 치료제를 더 쉽게 이용할 수 있다. 이러한 앱의 데이터 개인정보 보호 정책이 불명확하고 효과에 대한 검증이 이루어지지 않는 경우, 취약 계층은 자발적인 데이터 공유의 위험에 노출되어 적절한 치료를 받지 못할 수 있다(Martinez-Martin et al., 2018).

'디지털 격차'는 의료 자원의 공정한 배분에 의문을 제기하는 또 다른 현상이다. 기술과 인터넷 접근성에는 큰 격차가 있으며, 일반적으로 부유하고 교육 수준이 높은 사람이 더 많은 접근성을 누리고 있다. 이러한 상황에서 디지털 문해나 접근이 부족한 환자는 새로운 정신건강 관리 서비스 제공 방법에서 제외될 가능성이 크기 때문에 심각한 불이익을 받고 있다(Bauer et al., 2017; Doraiswamy et al., 2019). 이는 중독 치료를 목표로 하는 디지털 치료제의 경우 특히 관련이 있다. 스마트폰을 가지고 있는 중독자의 비율은 일반 인구의 약 80%에 달한다(Tofighi et al., 2019).

Bauer(2017)는 정신 질환에 심각하게 영향을 받는 사람이 디지털 치료에 완전히 참여할 수 있는 적절한 디지털 기술이 부족할 수 있다고 말한다. 더욱이, 정신 장애가 있는 사람이 일반 인구보다 인터넷과 스마트폰 사용 비율이 낮으므로 디지털 정신건강 치료에 접근하기 어려울 수 있다(Bauer et al., 2017; Tofighi et al., 2019). 불규칙하고 불안정한 인터넷 접근은 의료 전문가가 환자를 충분히 지원하는 데 제한이 될 수 있다(Bauer et al., 2017).

균형 잡힌 관점 가지기

그러나 낙인이나 재정적인 문제로 인해 이전에는 치료를 고려하지 않았던 인구도 디지털 치료제를 이용할 수 있게 된다는 점에서 낙관적인 전망도 있다. 연구에 따르면 소수 민족과 인종, 저소득층과 저학력 계층의 스마트폰 보유율이 높아지고 디지털 접근성이 확대됨에 따라 디지털 격차가 줄어들고 있다(Jones et al., 2015). 이로 인해 디지털 정신건강 애플리케이션이 다양한 배경을 가진 개인에게 도달하여 처음으로 정신건강 서비스와 연결될 수 있도록 한다(Doraiswamy et al., 2019; Jones et al., 2015; Mares et al., 2016).

가상 치료는 기관 치료와 비교해서 재정적으로 부담이 적고, 기관 자원이 부족하거나 불

충분한 외딴 지역에서도 쉽게 관리할 수 있는 추가적인 이점이 있다. 지역 의료 전문가나 지원 그룹(알코올 중독자 자조 모임/약물 중독자 자조 모임)이 거의 없거나 전혀 없는 지역에서는 치료 공간을 추가로 확보하거나 치료자 수를 늘리는 것보다 환자가 스마트폰을 통해 치료를 받는 것이 더 현실적이다(Doraiswamy et al., 2019; Mares et al., 2016). 또한 기술은 환자와 의료 전문가를 연결하고 동원하는 것은 물론, 효과적인 지원을 제공하기 위해 지역 보건 종사자를 교육하는 데에도 중요한 역할을 한다(Doraiswamy et al., 2019).

결론적으로 정부와 의료 전문가가 디지털 치료제가 디지털 격차를 증가시키지 않고 새로운 형태의 건강 형평성으로 이어지도록 보장하는 게 중요하다(Burr, Morley, Taddeo, & Floridi, 2019; Doraiswamy et al., 2019).

사례 연구 II 로보 트레이너*

로보 트레이너(Robo-trainer)는 인지행동치료 방법을 기반으로 한, 우울증에 대한 유연한 디지털 온라인 코스를 제공한다. 온라인 콘텐츠를 사용하여 사용자가 스트레스, 우울증, 섭식 장애 또는 만성 통증과 같은 정신 상태를 다루도록 훈련한다. 환자가 필요할 때 의료 전문가에게 접근할 수 있지만, 기존 치료 시간을 기다리는 환자를 위한 임시 솔루션으로 자주 사용된다. 로보 트레이너는 훈련받은 심리학자들이 개발했으며, 외부 과학자들의 정기적인 검토를 거쳤고 유럽 규정 준수 인증을 받은 1급 의료 제품이다. 최초의 정신건강 앱 중 하나인 로보 트레이너는 의사가 우울증 또는 이와 유사한 정신 상태를 진단하고 코스를 처방한 경우, 국내 시장에서 건강 보험이 적용된다. 이로써 디지털 앱은 정부로부터 안전성과 데이터 보안성을 검증받고 1년간의 시범 사용 기간 동안 그 유용성이 입증되면 환급받을 수 있게 된다. 따라서 환자들은 혁신적인 치료 도구의 혜택을 누릴 수 있게 된다.

*이 사례 연구는 가상이지만 실제 기업의 서비스를 기반으로 한다. 더 깊이 생각해 보거나 수업 시간에 토론할 수 있는 질문은 부록을 참조하도록 한다.

의료 전문가가 할 수 있는 것

- 공정한 접근 보장: 많은 헬스케어 시스템에서는 의료 전문가가 환자들이 지위나 부와 관계없이 전통적인 치료법과 디지털 치료제에 적절히 접근할 수 있도록 보장할 수 있는 여지를 가지고 있다.
- 디지털 기술 구축: 의료 전문가는 환자가 디지털 치료제에 참여하는 데 필요한 기술을 습득하도록 함으로써 공정성과 디지털 격차와 같은 문제를 해결할 수 있다. 이는 환자를 직접 교육하거나 관련 환자 교육 자원에 연결하는 방법이 포함될 수 있다.

3) 의료 전문가

앞서 언급한 바와 같이 디지털 치료제는 환자와 사회에 영향을 미치는 주요 윤리적 문제를 제기하며, 의료 전문가에게는 새로운 역할, 책임, 숙고를 시사한다. 이 섹션에서는 의료 전문가의 변화하는 역할과 책임, 그리고 변화의 윤리적 토대를 다룬다. 특히, 환자 신뢰와 의료 전문가의 치료 의무에 대한 것이다.

(1) 의료 전문가의 새로운 역할: 통제, 강화 및 신뢰 경쟁

디지털 치료의 급부상으로 의료 전문가의 역할은 의심할 여지 없이 변화하고 있다. 디지털 치료제의 인기는 부분적으로 '인적 자원'이 수요를 충족시키기에 충분하지 않다는 사실에 기인할 수 있다. 디지털 치료제는 거의 무한대로 확장할 수 있고 24시간 이용 가능한 보조제를 제공하는데, 의료 전문가가 따라갈 수 없다. 그 결과 환자들은 (중독을 피하려고 상호작용이 제한된 경우에도) 의료 전문가보다 디지털 치료 솔루션과 더 자주 상호작용한다. 디지털 치료제는 높은 가용성 외에도 의료 전문가와 비교할 때 다른 '경쟁 우위'를 가지고 있다. 미국 국방고등연구계획국(Defense Advanced Research Projects Agency, DARPA)에서 미군 장병들의 외상 후 스트레스 장애에 대처할 수 있도록 개발한 디지털 치료제인 엘리(Ellie)를 예로 들어 보자. 엘리는 대화형 에이전트(즉, 인간의 언어를 이해하고 반응할 수 있는 알고리즘)로 설계되었다. 엘리에 관한 연구는 환자들이 '인간' 의료 전문가보다 '인공' 의사를 더 신뢰한다고 보여 준다. 환자들은 자신의 깊은 경험과 감정을 공유할 때 의료 전문가보다 로봇에게 덜 판단 당하거나 낙인찍힌다고 느꼈다(Lucas et al., 2017).

디지털 치료제로 인한 상호작용의 감소와 잠재적인 '신뢰 경쟁'에도 불구하고, 의료 전문가는 디지털 치료제를 처방하고, 진행하고, 완치하는 전체 환자 여정에서 상당한 책임을 지고 있다. 이러한 책임은 몇 가지 문제를 제기하며, 이는 기존의 윤리적 기반과 새로운 윤리적 기반 모두에 의존한다.

A. 디지털 치료제 권장

앞에서 설명한 대로, 의료 전문가는 디지털 치료제를 권장할 때 더 큰 윤리적 책임을 지고 있으므로 충분한 주의를 기울여야 한다. 이는 법률에 근거한 의료 전문가의 직업적 *치료 의무*뿐만 아니라 환자의 신뢰에 의해 도덕적으로 내포된 의무에 근거한다(Bending, 2015). 혁신적인 디지털 헬스 애플리케이션의 경우 이러한 신뢰의 중요성은 더욱 커진다. 환자들은 인공 지능과 같은 의료 분야의 새로운 기술에 대한 신뢰가 부족한 것으로 나타났다(Gille, Jobin, & Ienca, 2020). 환자들은 디지털 제품을 검증할 도구가 부족하므로 의료 전문가처럼 신뢰할 수 있는 경우의 권고에 크게 의존한다(Adjekum et al., 2018).

따라서 의료 전문가의 직접적인 권고는 환자의 경계와 회의적 시각을 감소시키는 경향이 있다. 미해결된 다양한 윤리적 문제를 고려할 때, 의료 전문가는 (1) 자신이 검증하고 데이터 윤리 및 관행을 알고 있는 앱만 추천해야 하며, (b) 환자에게 이러한 앱 및/또는 기기 사용과 관련된 도덕적, 윤리적 문제 및 예방 조치에 대해 교육해야 한다(Bauer et al., 2017).

B. 디지털 치료 모니터링-복잡하고 미해결된 책임

디지털 치료제가 최근에 등장한 만큼 상대적으로 잘 검증된 솔루션이라 할지라도 의존성이나 중독과 같은 부정적이거나 의도하지 않은 결과가 발생할 수 있음을 의미한다. 이러한 알고리즘이 잘못된 진단을 내리거나 부작용을 일으킬 경우, 누가 책임을 져야 하는지는 명확하지 않다(Martinez-Martin & Kreitmair, 2018). 일부 알고리즘이 보여 준 편견(예: 성별 또는 인종 관련)으로 인한 잠재적 차별에 대해서도 동일한 문제가 제기된다(Martinez-Martin & Kreitmair, 2018). 많은 민간 앱과 소비자 기기 제공업체는 이용 약관에 앱이 전문적인 치료 또는 진단 도구가 아니라고 명시하고 이러한 결과를 과장된 것으로 간주하여 결과적으로 책임을 회피한다(Burr, Morley, Taddeo, & Floridi, 2019; Ienca et al., 2018).

이 문제는 디지털 치료제가 주요 치료 형태로 처방될 때 의료 전문가의 개입이 줄어든다는 사실 때문에 더욱 복잡해진다. 환자를 더 광범위하게 디지털 방식으로 모니터링하는 것이 기술적으로 가능하지만(예: 스마트폰 상호작용, 페이스북 프로필), 환자의 개인정보 보호와 의료 전문가 감독 사이의 경계를 명시하는 포괄적인 지침이 아직 존재하지 않는다(Bauer et al., 2017). 문제를 더 복잡하게 만드는 것은 기술이 치료자와 기술 개발자 간의 책임 경계를 효과적으로 모호하게 만들고 있다는 점이다(Burr, Morley, Taddeo, & Floridi, 2019).

이러한 문제를 해결하는 것은 개별 의료 전문가의 영역을 넘어서지만, 의료 전문가가 여전히 책임을 다할 것을 매우 권장한다. 이는 환자에게 발생할 수 있는(그리고 알려지지 않은) 부작용에 대해 교육하고, 환자와 정기적으로 연락을 유지하면서 환자의 개인정보를 침해하지 않도록 하는 것을 포함한다.

C. 디지털 치료 완료

환자가 디지털 치료를 완료할 때 의료 전문가는 몇 가지 새로운 기능도 수행해야 한다. 우선, 의료 전문가는 환자의 의존성 또는 중독 여부를 검증해야 한다. 다양한 디지털 치료에 대한 공중 보건 시스템의 평가와 검증이 부족하므로 의료 전문가가 얻은 통찰을 통해 상당한 이점을 얻을 수 있다. 따라서 의료 전문가는 치료제의 효능에 대한 자신의 경험과 검증된 견해를 의료 시스템과 광범위한 학술 논의와 공유해야 한다.

3. 결론

점점 더 많은 디지털 치료제, 특히 정신건강 및 중독에 대한 서비스가 시민과 환자에게 제공되고 있다. 그러나 일반적으로 디지털 치료제, 특히 정신건강 및 중독에 대한 서비스가 수많은 윤리적 문제를 제기한다. 이 장에서는 개인에게 직접 영향을 미치는 문제, 사회 전반과 관련된 문제, 특히 의료 전문가에게 제기되는 문제로 나누어 살펴본다. 개인적인 차원에서는 개인정보 보호, 투명성, 자율성이 중요하다. 사회적인 차원에서는 임상 검증의 부족과 공정 및 평등이 중요한 역할을 한다.

개인정보 보호는 주요 관심사이다. 매우 민감한 데이터가 치료 제공업체에 의해 제3의 사적 행위자에게 재판매되어 개인에게 영향을 미치거나 심지어 조작할 수 있기 때문이다. 데이터와 인사이트가 수집, 분석, 공유되는 방식에 대한 투명성의 부재는 이 문제를 복잡하게 만들고, 이로 인해 환자의 신뢰가 감소하며, 따라서 개입의 효과가 저하된다. 디지털 치료제는 또한 개인의 자율성을 떨어뜨릴 수 있다. 많은 디지털 치료제에 대한 임상 검증이 광범위하게 이루어지지 않아서 실제 의료 혜택을 검증하기가 어려울 수 있다. 특히 정신건강 및 중독의 맥락에서 문제가 될 수 있는데, 이는 환자가 최선의 도움이 필요하지만 결국 해를 입을 수도 있는 경우이다. 디지털 치료제는 또한 평등과 공정에 관한 주요 문제를 제기한다. 한편으로는 모든 환자가 이러한 기술에 접근할 수 있는 것은 아니다. 다른 한편으로는 디지털 치료제의 낮은 비용이 때로는 취약 계층을 위한 고가의 치료를 보완하는 데 사용될 수 있다.

의료 전문가는 추가적인 역할과 강화된 책임을 진다. 우리는 의료 전문가가 디지털 치료제의 윤리적 도전과 위험뿐만 아니라 기회에 대해서도 잘 알고 있어야 한다고 주장한다. 그들은 환자에게 관련된 윤리적 문제를 교육하고 디지털 치료제를 안전하게 사용하는 방법에 대한 실질적인 지침을 제공해야 한다. 또한 효능이 검증된 디지털 치료제만을 권장해야 한다. 의료 전문가는 환자가 디지털 치료제를 사용하는 동안 주의 깊게 모니터링하고 환자와 소통해야 하며, 해당 분야의 주요 윤리적 및 법적 발전을 스스로 인지하고 있는지 확인해야 한다.

4. 부록

456쪽의 '(3) 자율성'과 461쪽의 '(2) 공정과 평등' 섹션의 사례 연구에 대해 더 깊이 생각해 보거나 수업 시간에 토론할 때, 다음과 같은 질문을 지침으로 활용할 수 있다.

- 각 개입에서 어떤 윤리적 문제가 발생하는가?
- 환자에게 어떤 개입을 편안하게 추천하겠는가? 그 이유는 무엇인가?
- 로보 트레이너와 로보 프렌드의 윤리적 문제 완화 및 관리를 통해 다른 개입은 무엇을 배울 수 있을 것인가?

참고문헌

Adjekum, A., Blasimme, A. & Vayena, E. (2018). Elements of trust in digital health systems: Scoping review. *Journal of Medical Internet Research, 20*(12), e11254. doi:10.2196/11254.

American Medical Association. (2016). Digital Health Study—physicians' motivations and requirements for adopting digital clinical tools. https://www.ama-assn.org/sites/ama-assn.org/files/corp/media-browser/specialty%20group/washington/ama-digital-health-report923.pdf. Accessed on March 21, 2021.

Ananny, M. & Crawford, K. (2018). Seeing without knowing: Limitations of the transparency ideal and its application to algorithmic accountability. *New Media & Society, 20*(3), 973–989. doi:10.1177/1461444816676645.

Bauer, M., Glenn, T., Monteith, S., Bauer, R., Whybrow, P.C. & Geddes, J. (2017). Ethical perspectives on recommending digital technology for patients with mental illness. *International Journal of Bipolar Disorders, 5*(1), 6. doi:10.1186/s40345-017-0073-9.

Beauchamp, T.L., J.F., C. (2001). *Principles of Biomedical Ethics.* 5 ed, Oxford University Press, New York, NY.

Bending, Z.J. (2015). Reconceptualising the doctor-patient relationship: Recognising the role of trust in contemporary health care. *Journal of Bioethical Inquiry, 12*(2), 189–202. doi:10.1007/s11673-014-9570-z.

Berensmann, M., & Gratzfeld, M. (2018). [Requirements for CE-marking of apps and wearables]. Bundesgesundheitsblatt, Gesundheitsforschung, Gesundheitsschutz, 61(3), 314–320. https://doi.org/10.1007/s00103-018-2694-2.

Burr, C., Morley, J., Taddeo, M. & Floridi, L. (2019). Digital Psychiatry: Risks and Opportunities for Public Health and Wellbeing. *IEEE Transactions on Technology and Society, 1*(1), 21–33. doi:10.1109/TTS.2020.2977059.

Campbell, A.N., Nunes, E.V., Matthews, A.G., Stitzer, M., Miele, G.M., Polsky, D. & Ghitza, U.E.

(2014). Internet-delivered treatment for substance abuse: A multisite randomized controlled trial. *American Journal of Psychiatry, 171*(6), 683–690. doi:10.1176/appi.ajp.2014.13081055.

Doraiswamy, P.M., London, E., Varnum, P., Harvey, B., Saxena, S., Tottman, S. … & Candeias, V. (2019). Empowering 8 Billion Minds: Enabling Better Mental Health for All via the Ethical Adoption of Technologies. *NAM Perspectives, 2019*(10). doi:10.31478/201910b.

Ferreri, F., Bourla, A., Mouchabac, S. & Karila, L. (2018). e-Addictology: An overview of new technologies for assessing and intervening in addictive behaviors. *Frontiers in Psychiatry, 9,* 51. doi:10.3389/fpsyt.2018.00051.

Gille, F., Jobin, A. & Ienca, M. (2020). What we talk about when we talk about trust: Theory of trust for AI in healthcare. *Intelligence-Based Medicine, 1–2,* 100001. https://doi.org/10.1016/j.ibmed.2020.100001.

Glenn, T. & Monteith, S. (2014). New measures of mental state and behavior based on data collected from sensors, smartphones, and the Internet. *Current Psychiatry Reports, 16*(12), 523. doi:10.1007/s11920-014-0523-3.

Haug, S., Castro, R.P., Kwon, M., Filler, A., Kowatsch, T. & Schaub, M.P. (2015). Smartphone use and smartphone addiction among young people in Switzerland. *Journal of Behavioral Addictions, 4*(4), 299–307. doi:10.1556/2006.4.2015.037.

Ienca, M. & Andorno, R. (2017). Towards new human rights in the age of neuroscience and neurotechnology. *Life Sciences, Society and Policy, 13*(1), 5. doi:10.1186/s40504-017-0050-1.

Ienca, M., Fabrice, J., Elger, B., Caon, M., Scoccia Pappagallo, A., Kressig, R.W. & Wangmo, T. (2017). Intelligent assistive technology for Alzheimer's disease and other dementias: A systematic review. *Journal of Alzheimer's Disease, 56*(4), 1301–1340. doi:10.3233/jad-161037.

Ienca, M., Haselager, P. & Emanuel, E.J. (2018). Brain leaks and consumer neurotechnology. *Nature Biotechnology, 36*(9), 805–810. doi:10.1038/nbt.4240.

Ienca, M., Shaw, D.M. & Elger, B. (2019). Cognitive enhancement for the ageing world: Opportunities and challenges. *Ageing and Society, 39*(10), 2308–2321. doi:10.1017/S0144686X18000491.

Jones, D.J., Anton, M., Gonzalez, M., Honeycutt, A., Khavjou, O., Forehand, R. & Parent, J. (2015). Incorporating mobile phone technologies to expand evidence-based care. *Cognitive and Behavioral Practice, 22*(3), 281–290. doi:10.1016/j.cbpra.2014.06.002.

Khoury, M.J., Ioannidis, J.P.A. (2014). Medicine. Big data meets public health. *Science (New York, N. Y.)*, 346(6213), 1054–1055. doi:10.1126/science.aaa2709.

Lattie, E.G., Adkins, E.C., Winquist, N., Stiles-Shields, C., Wafford, Q.E. & Graham, A.K. (2019). Digital mental health interventions for depression, anxiety, and enhancement of psychological well-being among college students: Systematic review. *Journal of Medical Internet Research, 21*(7), e12869. doi:10.2196/12869.

Lucas, G.M., Rizzo, A., Gratch, J., Scherer, S., Stratou, G., Boberg, J., Morency, L.-P. (2017). Reporting mental health symptoms: Breaking down barriers to care with virtual human interviewers. *Frontiers in Robotics and AI, 4*(51). doi:10.3389/frobt.2017.00051.

Mares, M.-L., Gustafson, D.H., Glass, J.E., Quanbeck, A., McDowell, H., McTavish, F. & Ward, V. (2016). Implementing an mHealth system for substance use disorders in primary care: A mixed methods study of clinicians' initial expectations and first year experiences. *BMC Medical Informatics and Decision Making, 16*(1), 126. doi:10.1186/s12911-016-0365-5.

Marshall, J.M., Dunstan, D.A. & Bartik, W. (2019). Clinical or gimmickal: The use and effectiveness of mobile mental health apps for treating anxiety and depression. *Australian & New Zealand Journal of Psychiatry, 54*(1), 20-28. doi:10.1177/0004867419876700.

Martinez-Martin, N., Insel, T.R., Dagum, P., Greely, H.T. & Cho, M.K. (2018). Data mining for health: Staking out the ethical territory of digital phenotyping. *NPJ Digital Medicine, 1*. doi:10.1038/s41746-018-0075-8.

Martinez-Martin, N. & Kreitmair, K. (2018). Ethical issues for direct-to-consumer digital psychotherapy apps: Addressing accountability, data protection, and consent. *JMIR Mental Health, 5*(2), e32. doi:10.2196/mental.9423.

McFarland, M. S. (2012). What is Privacy?. https://www.scu.edu/ethics/focus-areas/internet-ethics/resources/what-is-privacy/. Accessed on December 18, 2020.

Meurk, C., Hall, W., Carter, A. & Chenery, H. (2014). Collecting real-time data from substance users raises unique legal and ethical issues: Reply to Kuntsche & Labhart. *Addiction, 109*(10), 1760. doi:10.1111/add.12640.

O'Hara, D. (2019). Lisa A. Marsch develops digital interventions for the treatment of opioid addiction. https://www.apa.org/members/content/digital-interventions-opioid-addiction. Accessed on: March 21, 2021.

Olsen, J. A. (2011). Concepts of equity and fairness in health and health care. The Oxford Handbook of Health Economics. Oxford University Press, doi:10.1093/oxfordhb/9780199238828.013.0034.

Parker, L., Halter, V., Karliychuk, T. & Grundy, Q. (2019). How private is your mental health app data? An empirical study of mental health app privacy policies and practices. *International Journal of Law and Psychiatry, 64*, 198-204. doi:10.1016/j.ijlp.2019.04.002.

Robillard, J.M., Feng, T.L., Sporn, A.B., Lai, J.A., Lo, C., Ta, M. & Nadler, R. (2019). Availability, readability, and content of privacy policies and terms of agreements of mental health apps. *Internet Interventions, 17*, 100243. doi:10.1016/j.invent.2019.100243.

Shah, P., Thornton, I., Turrin, D., & Hipskind, J. E. (2020). Informed consent. https://europepmc.org/

books/n/statpearls/article-23518/?extid=29083707&src=med. Accessed on March 22, 2021.

Tofighi, B., Leonard, N., Greco, P., Hadavand, A., Acosta, M.C. & Lee, J.D. (2019). Technology use patterns among patients enrolled in inpatient detoxification treatment. *Journal of Addiction Medicine, 13*(4), 279–286. doi:10.1097/adm.0000000000000494.

Torous, J., Andersson, G., Bertagnoli, A., Christensen, H., Cuijpers, P., Firth, J. & Arean, P.A. (2019). Towards a consensus around standards for smartphone apps and digital mental health. *World Psychiatry, 18*(1), 97–98. doi:10.1002/wps.20592.

Torous, J., Firth, J., Huckvale, K., Larsen, M.E., Cosco, T.D., Carney, R. & Christensen, H. (2018). The emerging imperative for a consensus approach toward the rating and clinical recommendation of mental health apps. *Journal of Nervous and Mental Disease, 206*(8), 662–666. doi:10.1097/nmd.0000000000000864.

Vayena, E., Haeusermann, T., Adjekum, A. & Blasimme, A. (2018). Digital health: Meeting the ethical and policy challenges. *Swiss Medical Weekly, 148*, w14571. https://doi.org/10.4414/smw.2018.14571.

Vayena, E. & Madoff, L. (2019). Navigating the ethics of big data in public health. *The Oxford Handbook of Public Health Ethics*, edited by Anna C. Mastroianni, Jeffrey P. Kahn, and Nancy E. Kass, Oxford Univeristy Press, pp. 354.

Wykes, T., Lipshitz, J. & Schueller, S.M. (2019). Towards the design of ethical standards related to digital mental health and all its applications. *Current Treatment Options in Psychiatry, 6*(3), 232–242. doi:10.1007/s40501-019-00180-0.

제 17 장

2040년 디지털 치료제 전망 및 임상가와 기관이 이를 실현하는 방법

Donald M. Hilty, Christina M. Armstrong, Amanda Edwards-Stewart
and David D. Luxton

1. 도입

지난 30년간의 디지털 혁명은 소비자에게 서비스를 제공하는 방식을 변화시켰고, 고등 교육, 소매업, 은행업, 심지어 데이트 회사에 이르기까지 거의 모든 산업이 생존과 경쟁력을 유지하기 위해 전자 및 온라인 방식에 대한 사람들의 선호에 적응해야 했다(Christensen, 2007; Kotter, 1996). 이러한 변화는 주로 소비자들이 주도했으며, 시간이 지남에 따라 온라인 옵션의 채택이 늘어나면서 더욱 강화되었다. 안녕감, 예방 및 통합 치료 접근 방식에 중점을 둔 현대 헬스케어는 환자 중심 치료에서 사람 중심 치료로 전환되었다(deBronkart, 2015).

코로나19 팬데믹은 사람 중심의 헬스케어에서 기술 솔루션의 사용을 발전시킬 기회를 제공했으며, 환자, 임상가와 의료진은 그 어느 때보다 기술 기반 도구에 대해 많은 기대를 하고 있다. 역사상 현재 시기는 최근 수십 년 동안의 몇 가지 전환점을 기반으로 한다. 동시적 원격 의료를 통해 제공되는 치료 효과(Hilty et al., 2015c), 스마트폰과 모바일 헬스 애플리케이션(앱)의 채택(Pew Research Center, 2019), 헬스케어 분야의 소셜 미디어(Naslund et al., 2019), 웨어러블 센서(Hilty et al., 2021b), 전 세계 헬스케어 기관의 임상 워크플로우에 대한 정보학 재편(Luxton, 2016)이다. 이러한 변화는 지난 세기의 기술 발전(예: 전신)뿐만 아니라 로저의 혁신의 확산(Rogers, 2010), 무어의 법칙(Gustafson, 2011)과 같은 기술 채택 및 혁신 발전 이론과도 일치한다(Mermelstein et al., 2017). 최근에는 디지털 네이티브(인터넷과 디지털 기술 시대에 태어나거나 자란 사람)를 세대와 나이가 아닌 디지털 유창성 개념을 통해 디지털 이민자와 대조한다(Wang et al., 2013). 수십 년에 걸친 연구와 경험을 바탕으로 대면, 화상 및 기타 기술 치료를 혼합한 하이브리드 솔루션이 가장 효과적인 해결책이 될 것이다(Torous et al., 2020). 기술이 계속해서 발전하는 가운데 현재의 빠른 기술 채택 시대는 환자와 임상의의 패러다임이 대면, 단면적 치료에서 미래의 시간적, 종단적, 기술 기반 치료 개입으로 전환하고 있음을 나타낸다(Hilty et al., 2021d).

인간 중심 치료로의 전환과 기술을 활용한 치료의 e-스펙트럼의 광범위한 확장에 힘입어, 우리는 향후 20년 안에 의료 기술은 치료의 보조자 또는 촉진자에서 조직자로 전환될 것으로 예상할 수 있다(Hilty et al., 2019c). 이는 모든 헬스케어 사용자 및 헬스케어 기관의 경험에 있어 잠재적으로 극적인 변화이다. 환자와 임상가의 참여에 대한 새로운 비전을 실현하기 위해서는 디지털 문해력 평가, 의료진에 대한 교육(역량), 나아가기 위한 평가/프로세스 개선이 필요하다. 사용자를 위한 다방향 의사 결정 지원은 매일 24시간 지속적으로 이루어지는 데이터 수집, 통합 및 분석을 기반으로 한다. 일상적인 워크플로우는 구조적인 '방문'에서부터 협력적이고 단계적인 기능적 적시 데이터 분석, 자동화 개입 및 의사소통에 사용되는 팀으로 전환될 것이다. 현재의 통합 치료 모델에는 일차 진료 및 행동 건강 환경에서부터 가정을 포함한 지역사회 환경으로 이동하는 과정에서 새로운 기술과 디지털 내비게이터와 같은 추가 팀원이 포함될 것이다.

공중 보건 및 헬스케어 기관은 인구 중심 건강, 팀 기반 치료, 공중 보건 감시라는 전통적인 접근을 여전히 사용하면서도 민간, 공공, 기타 환경 전반에 걸친 통합 워크플로우의 발전에 적응해야 한다. 인공 지능(artificial intelligence, AI), 예측 모델링(predictive modeling, PM), 기타 정보학 기능은 정보 흐름, 통찰력, 궁극적으로 의사 결정을 신속하게 바꾸어 놓고 있다. 원칙적으로 기관, 인구 보건, 행정 기술 역량이 이러한 변화를 주도해야 한다. 그러나 각 국가, 주/도, 조직의 재정, 상환 및 규제 기관이 기본 조정 이상을 고려하거나, 코로나19를 통한 진출을 다른 기술에 적용한다면, 재정, 환급 및 규제 시스템의 재설계는 훨씬 더 어려운 '견인력(pull)'을 만들어 낼 수 있다.

이 장에서는 (1) 어떻게 현재의 대면, 단면적 치료에서 미래의 시간적, 종단적, 기술 기반 치료 개입으로 전환되는지, (2) 기술을 통해 환자와 임상가의 교류, 경험, 참여가 어떻게 변화하는지, (3) 개인 및 인구 중심 건강, 실행 과학, 효율성, 팀 기반 치료에 기반한 시스템과 기관의 변화에 대해 살펴본다.

2. 치료 변화에서 기술의 역할: 사용자의 시장 견인력과 인공 지능의 추진력

1) 모바일 기술로 힘을 얻는 사람들

개인/환자 및 임상가를 위한 패러다임이 현재의 대면, 단면적 치료에서 미래의 시간적, 종단적, 기술 기반 개입으로 전환되고 있다. 행동 건강에 적용되는 기술은 대면 치료와 동시적 비디오에 추가되어 사람, 환자, 가족, 간병인 및 일차 진료자를 돕고 있다(Hilty et al., 2019a; Hilty et al., 2020a; Hilty et al., 2015a; Yellowlees et al., 2018). 참여도와 기술 요구 사항이 낮은 수준부터 높은 수준까지의 다양한 스펙트럼에서, 참여자들은 웹 사이트 정보, 지원 및 채팅 그룹, 소셜 미디어, 자기 주도적 평가 및 치료를 위한 자원, 비동시적 환자-임상가 의사소통(즉, 앱, 문자, 이메일), 동시적 원격 정신의학(synchronous telepsychiatry, STP), 혼합 치료 모델(즉, 대면 및/또는 기술 조합)을 사용한다(Chan et al., 2014; Hilty et al., 2015a). 이러한 기술 중 다수는 환자의 자가 증상 관리에 사용되지만, 일부는 저강도(예: 이메일, 전화), 중강도(예: 질병 관리, 상담 치료), 고강도(예: 협력, 혼합 치료) 치료 모델을 통해 일차 진료자와 전문가 치료 제공 및/또는 협력을 지원하는 것을 목표로 한다(Hilty et al., 2018b).

2) 변화를 가능케 하는 연구와 계획

의료 기술 연구는 비동시적 의사소통(즉, 문자, 보안 메시지)과 동시적 의사소통(화상 원격의료, e-상담)뿐만 아니라 광범위한 사용 사례(즉, 전자 건강 기록(Electronic Health Record, EHR), 환자 포털, 앱, 소셜 미디어)에서 의료 관리를 촉진하는 기술에 이르기까지 계속해서 확장되고 있다(Hilty et al., 2015a; Hilty et al., 2018b; Yellowlees et al., 2018). 이러한 기술에 대한 정의는 다음과 같다.

- 비동시적 비디오: 환자, 일차 의료진 또는 행동 건강 임상가가 정신과 병력 및 기타 의료 정보를 비디오로 수집한 다음, 정신과 의사에게 진단 및 치료 권고를 위해 전송하는 '저장 및 전송' 기법을 말한다.
- 이메일: 전자 기기를 사용하여 사람들 간에 메시지('메일')를 교환하는 방법
- e-상담: 환자와 임상가 또는 임상가와 전문가 간의 원격 통신을 포함함. 이메일, 문자 및/또는 문서화된 메모를 사용하는 것, 비디오를 사용하여 이메일, 문자 및/또는 문서화된 메모를 보완하는 게 더 효과적이다.
- 센서 및 웨어러블 기기: 생물학적 데이터와 행동 데이터를 수동적으로 수집할 수 있는 센서가 포함된 웨어러블 하드웨어 또는 텍스타일(즉, 손목 밴드, 스마트워치, 스마트 안경, 셔츠, 패치, 밴드)을 말한다. 사용자에게 피드백을 제공하는 분석과 머신 러닝을 포함할 수 있다.
- 문자/앱: 일반적으로 두 명 이상의 모바일 장치 또는 데스크톱/노트북 사용자 간에 디지털 이미지, 비디오 및 음성 콘텐츠와 함께 전송하는 알파벳, 숫자, 이모티콘(행복한 얼굴, 슬픈 얼굴, 기타 아이콘)으로 구성된 메시지(이전에는 단문 메시지 서비스 또는 SMS, 현재는 멀티미디어 메시지 또는 MMS)

웨어러블 센서는 행동 데이터 수집, 경보, 커뮤니케이션/피드백 제공, 변화 감지, 증상 모니터링, 정보 접근, 예방 및 치료 개입 제공을 위해 인공 지능과 머신 러닝 기법을 사용한다(Hilty et al., 2021b; Luxton, 2016). 이는 사용자에게 맞춤형 피드백을 제공하는 알고리즘을 통한 행동 변화를 가능하게 하고(Cho et al., 2019), 임상가가 '실시간으로' 결정을 내릴 수 있게 도와주며, 헬스케어 기관이 임상 데이터에 대한 강력한 분석을 수행할 수 있도록 지원한다(Watson et al., 2020). 이러한 발전은 의료 서비스 제공을 개선하고 비용 곡선을 완화하기 위한 분석에 대해 상당한 관심과 노력을 기울이고 있는 상황에서 적절한 시기에 이루어졌다.

센서와 웨어러블 기기, 인지 컴퓨팅(Fraccaro et al., 2019; McIntyre et al., 2014), 기술 소형화, 배치, 통신 아키텍처 및 5세대(fifth-generation, 5G) 셀룰러 네트워크 기술, 데이터 분석 및 알고리즘(Luxton, 2016), 클라우드 및 에지 컴퓨팅 아키텍처의 진화(Hobson et al., 2019)는 의료 기술 및 임상 의사 결정 분야에서 흥미로운 전면에 서 있다. 인지 컴퓨팅을 통한 미래 상태는 시간적 모델링과 델타(즉, 시간 경과에 따른 변화)에 대한 인식을 강조한다. 생물정보학은 클라우드 및 그리드 기반 컴퓨팅과 함께 다양한 처리 방식을 사용하여 방대하고 복잡한 표현형, 기억 상실, 행동, 가족, 개인 '오믹스(omics)' 프로필 데이터를 통합한다. 이는 정신 질환을 어떻게 예측, 예방, 치료할지에 대한 근본적인 혁신을 가져올 수 있다(McIntyre et al., 2014). 히어러블(인이어 장치) 기기와 니어러블(이웃 장치) 기기 같은 추가 옵션은 웨어러블 기기와 상호작용하여 미래의 헬스케어와 생활 방식을 변화시킬 것이다. 다행히 치료에 있어 상당한 프로세스 변화의 워크플로우 중 많은 부분은 환자와 임상가의 몫이 아니다.

헬스케어 분야의 이러한 극적인 변화로 인해 헬스케어, 임상 정보학, 컴퓨터 과학 간의 협업이 필요하다. 이는 정보학자, 의료 시스템 관리자, 품질/프로세스 개선팀, 임상가, 소프트웨어 개발자, 엔지니어 등 다양한 전문 분야의 파트너들이 막후에서 작업하고 협력하는 것이 포함된다. 예측 모델링, 인공 지능, 머신 러닝 기술은 환자의 재입원 및 수술 후 합병증 위험 모델을 통해, 집중적인 후속 조치가 필요한 환자를 조기에 식별하고 기존에 사람이 수행하던 진단 해석을 자동화하는 등 다양한 메커니즘을 통해 치료를 개선하고 비용을 절감할 수 있는 잠재력을 가지고 있다(Edgcomb & Zima, 2019). 예측 모델링은 정신 질환 또는 행동 질환과 관련된 위험을 식별할 때 임상적 판단을 보완한다. 이는 컴퓨팅 성능과 통계 기법을 활용하여 우울증(Nemesure et al., 2021; Pigoni et al., 2019), 조현병(Mikolas et al., 2018)과 같은 질환뿐만 아니라 섬망과 같은 기타 장애(Jauk et al., 2020) 등 복잡한 과정을 더 높은 정확도로 모델링할 수 있다. 또한 인공 지능, 머신 러닝, 예측 모델링은 병상에 기능적 자기 공명 영상을 적용한 진단 '벤치' 연구를 더욱 발전시킨다(de Filippis et al., 2019; Kalmady et al., 2019).

(1) 2020년에서 2040년까지의 전환: 생활과 헬스케어 분야에 도입되는 신기술

우리는 환자, 임상가, 의료 시스템이 다양한 수준으로 사용하는 치료의 e-스펙트럼에 대한 현재 기술에서 2040년까지 표준 또는 쉽게 선택 가능한 기술로 전환할 것으로 예상할 수 있다(〈표 17.1〉). 기술 접근성(즉, 쉽게 이용 가능한 것에서 덜 이용 가능한 것으로), 인터페이스 유형(예: 인간-컴퓨터 대 컴퓨터를 통한 인간-인간 인터페이스), 기술의 참여 능력(예: 챗봇), 다른 치료 참여자(예: 간병인, 일차 진료자), 전문가 시간(즉, 정신과 의사 또는 행동 건강 임상가), 치료 모델, 정보학 또는 의료 시스템 자원의 사용에 따라 치료 수준으로 구성되거나 계층화될 수 있는 다양한 기술 옵션이 있다(Hilty et al., 2018b). 의료 시스템 내에서 현대 치료 스펙트럼에는 일반적으로 전화, 보안 이메일, 대면, 비디오, 전자 건강 기록, 환자 포털 및 몇 가지 다른 옵션(예: 앱 사용)이 포함된다. 저강도(예: 이메일, 전화), 중강도(예: 질병 관리, 상담 치료), 고강도(예: 협력, 혼합 치료) 옵션의 범위는 시스템에 유연성을 제공한다(Hilty et al., 2018b).

사람들은 건강 정보 웹 사이트, 문자/채팅, 소셜 미디어, 기타 옵션 등 건강과 안녕감을 목적으로 하는 다양한 기술 옵션을 사용해 왔으며, 많은 임상가가 이를 진료 외적인 것으로 간주할 수 있다. 그러나 소셜 미디어는 많은 사람, 특히 청소년과 청년의 일상생활에 필수적인 요소이므로 임상가가 사람들의 건강과 안녕감에 있어 소셜 미디어의 역할을 고려하지 않는다면 실수다. 임상가는 기술 사용과 그 목적(예: 즐거움, 건강 또는 정신건강)은 물론 위험(예: 자기 공개, 사이버 괴롭힘, 개인정보)에 대한 노출을 체계적으로 선별해야 한다(Luxton et al., 2015; Zalpuri et al., 2018). 데이터 과학 분야는 증가하는 데이터 규모와 이에 필요한 분석 및 계산 능력을 해결하려는 방법으로 부상했다(Wongkoblap et al., 2017). 연구자들은 머신 러닝 기술을 통해 복잡한 데이터 세트에서 정보를 추출하여, 데이터를 해석하고 패턴을 감지하며 금융, 경제, 건강 등 다양한 영역에서 예측 모델을 만들 수 있다. 이러한 연구 중 특정 분야에서는 소셜 네트워킹 웹 사이트의 상태 업데이트를 통해 정신 장애 증상을 분석하고 감지하는 데 중점을 두고 있다(예: 산후 우울증 위험). 온라인 소셜 네트워크 사이트에서 어떤 방법으로 어떤 집단을 대상으로 데이터를 수집하는 것이 가장 효과적인지, 정신건강 분야의 소셜 네트워크 데이터와 관련하여 어떤 예측 분석 기법이 가장 효과적인지에 관해서는 추가 연구가 필요하다. 그러나 기술 사용이 증가함에 따라 윤리적 문제가 발생한다. 예를 들어, 환자와 임상가의 주요 윤리적 관심사 중 하나는 의료 기술 사용 시 개인정보 보호 및 기타 보호장치와 관련이 있다.

<표 17.1> 환자, 가족, 임상가를 위한 전자 행동 건강 개입의 연속체

출처	사용자 목표/목적	부채	제안사항
사용자 친화적 - 간단한 기술 - 상호작용이 적음 - 규제가 적음 - 가변적인 품질			
공개적으로 사용 가능한 옵션			
웹사이트 정보	• 관점 확보, 표준 및 최신 건강 정보 얻기 • 신체 증상 장애에 유용함	• 정보의 질과 규제 부족 • 접근 용이성	• 정신과 및 의료 기관별 사이트 참조 • 정보를 간단하게 유지하기
지원/채팅 그룹	• 환자: 교육 및 관점 • 간병인: 대처에 대한 팁과 지원	• 동료 호환성 • 정보의 품질	• 전문 퍼실리테이터를 통한 품질 및 품질 확인
소셜 미디어 수동적 및 능동적	• 환자: 교육 및 관점 • 간병인: 대처에 대한 팁과 지원	• 개인정보 보호 • 임상가에게는 시간이 부족함	• 수동적인 인터넷 서핑보다 능동적인 참여가 더 치료적임
자연어 처리 (컴퓨터 언어학 또는 통계적 텍스트 분류)	• 환자: 즉각적인 위기 개입 도구로 사용 • 임상가: 환자 일지, 진술서, 임상 메모 및 배경 데이터 분석	• 사람의 시간이 더 많이 필요한 대략적이거나 비특정적인 결과물 • 오류 • 각 새로운 영역에 적응해야 하는 경우가 많음	• 임상 사용을 위해 몇 가지 영역에 맞춤화 • 인공 지능으로 일반화하고 고급 머신 러닝 기법 사용
임상 치료 선별 및 참여			
자가 평가를 위한 교육 프로그램	• 개인/환자: 교육, 팁 • 간병인: 교육, 지원 및 조언	• 일부 학습자는 대면을 선호함 • 접근 용이성 • 정보의 품질	• 과제 부여 • 지식 개발인지 기술 개발인지 명확히 하기
전화 기반 진단 시스템	• 개인/환자/간병인: 추가 옵션, 진단 프로세스 가속화 • 임상가: 대면 시간 단축	• 사용자 친화적이지 않고 특별히 따뜻하지는 않지만 효과적임	• 기대치를 설정하고 어떻게 도움이 되는지 강조하여 준비하기
전자 건강 기록에 입력되는 전자 기반 자기 보고 설문지	• 개인/환자/간병인: 추가 옵션, 조치 수행 • 임상가: 대면 시간 감소	• 거짓 양성 및 음성이 있을 수 있지만 그럼에도 도움이 됨 • 임상가/팀 구성원이 점수 매기는 훈련이 필요할 수 있음	• 환자 건강 설문지와 같은 일반적이고 채점하기 쉬운 설문지 사용 • 자동 채점 통합

(계속)

환자-컴퓨터 가상, 증강 및 혼합 현실 접근 (모두를 위한 확장 현실)			
임상 집단에 대한 확장 현실(eXtended reality, XR) 적용	• 실제 활동을 디지털로 재현한 시뮬레이션, 상호작용 및 평가를 위한 역동적인 사회적, 정서적 자극이 포함되는 경우가 많음	• 실험실 환경 설계가 항상 심리적 현실감을 구현할 수 있는 것은 아님 • 감각적으로 풍부하고 지각적으로 현실적인 환경이 필요함	• 사용자, 물체, 환경 간의 자연스러운 상호작용을 촉진하기 위해 실험실 및 현장 설정으로 설계함
임상 면접을 위한 자율 가상 인간 (virtual human, VH) 에이전트	• 실제 임상가가 따를 치료 계획을 수립하기 위한 초기 단계 시작 • 키오스크 기반 자율 가상 인간 에이전트는 첨단 감지 기술(예: 카메라, 마이크)을 활용할 수 있음 • 사회 기술과 안전 기술의 지원 및 훈련	• 특정 개인과 상관없는, 자동화된 인간의 판단이 필요한 격차, 오류 • 이러한 임상 목적을 위한 고도의 상호작용 지능형 자율 가상 인간의 생성 및 사용은 아직 진행 중임	• 면접 전반에 걸친 비교 평가 • 참여자들은 공개 의향, 추천 의향 및 전반적인 만족도를 보고함
가상의 효과적인 에이전트 및 치료용 게임	• 정서 및 사회 지능(예: 사회적 단서 및 사용자 목표 인식)을 기반으로 '감정' 표현 및 인간 감정 인식과 같은 효과적인 상호작용이 가능함	• 컴퓨팅 진단 기능은 각 분야(예: 컴퓨터 비전, 음향 신호 처리, 디지털 신호 처리, 시계열 모델링, 자연어 이해)의 모든 종류의 미해결 문제를 해결해야 함	• 사용자의 특정 학습 요구 또는 치료 목표에 맞게 맞춤화할 수 있는 몰입도 높은 학습, 훈련 및 치료 환경을 제공하도록 사람들을 참여시킴
챗봇 및 기타 로봇 기술	• 효과적인 인간-컴퓨터 상호작용: 사용자의 감정 및 기타 자극에 반응, 얼굴 인식 평가	• 자율성, 정보 교환, 사람과 로봇이 적응/학습하는 방법, 작업이 상호작용을 형성하는 방법을 다룸	• 존중, 존엄성, 개인정보 보호 및 동의 보장 • 인종 차별, 성차별, 장애인 차별적 형태 피하기
자동화된 정신 상태 감지	• 언어, 행동, 신체 및 기타 데이터를 통해 인간의 정신 상태 파악	• 센서 입력에서 진단 패턴에 이르는 과제 • 보충 주석이 포함된 지도 학습이 필요함	• 정서 상태 및 주의력 결핍(즉, 마음챙김 부족) 프로토타입
동기, 상태, 행동을 활용한 인간 행동 모델링 및 시뮬레이션 (예: 에이전트 기반 모델링 및 시뮬레이션)	• 이해력, 관리 가능성 및 의미에 기반하여 심각한 정신 질환 및 우리 사회에서 가장 취약한 인구의 요구사항 해결에 사용됨	• 개인의 행동이 항상 행동을 수행하려는 의도에 의해 결정되는 것은 아니며, 이러한 의도는 행동에 대한 태도와 주관적 규범의 함수가 아닐 수 있음	• 재입원 예측에 있어 동전 던지기보다 조금 나은 기존 위험 예측 모델의 변별력 개선

(계속)

뇌 컴퓨터 인터페이스(brain computer interface, BCI): '뇌 신호를 새로운 종류의 출력'으로 변환하는 시스템: 이식형 및 비침습적	• 일반적으로 신경 장애를 위한 운동 훈련 장치: 일상적인 사용을 위한 웨어러블 전동 보조기, 근골격계 장애를 위한 운동 범위 및 근력 훈련 장치, 일상생활 활동 보조(예: 운동), 사회적 또는 원격 프레즌스 로봇	• 전문가들은 의료 제공자와 환자 사이의 대면 의사소통을 방해하거나 방해하는 것으로 환자가 인식할 수 있다고 생각함 • 문화적 수용성: 일부 문화권에서는 다른 문화권에 비해 일부 로봇 형태에 대해 더 긍정적인 태도를 보임	• 인터페이스는 다음을 결정함. (1) 사용자가 실제 세계에서 어느 정도 분리되어 있는지, (2) 어떤 자극이 어떻게 도입되는지, (3) 인공지능 대 인간의 통제, (4) 수집된 객관적이고 정량화 가능한 데이터의 비율
맞춤형 인간-인간 케어 상호작용			
자가 치료 결정을 위해 전자 서비스 임상가와 상담	• 개인/환자/간병인: 추가 옵션, 관점, 맥락 • 임상가: 독립적인 학습자를 돕고 환자와 함께하는 시간을 줄여줌	• 복잡성: A를 하거나 B를 하는 것만큼 간단하지 않은 경우가 많음 • 연습 문제의 범위	• 필요한 경우, 사회 복지, 핫라인 및/또는 진료소에 연결 • 본인 임상가의 의견이 담긴 맥락이 더 좋음
자가 치료 평가 및 의사 결정 지원	• 개인/환자/간병인: 맞춤형 및 지원을 통한 역량 강화 • 임상가: 기술 분배에 효과적	• 비동시적 통신에는 한계가 있음 • 결정을 위한 맥락이 부족	• 의료 시스템에 임상가 활용 • 전자 건강 기록 및 치료 팀에 통합
비동시적 비디오 또는 일회성 동시적 상담	• 개인/환자/돌봄자: 일차 진료자를 활성화하기 위한 좋은 단계 • 임상가: 효율적인 시간 활용, 다른 사람의 도움, 환자의 역량 강화	• 일차 진료자가 팁을 사용할 수 있을까? • 어떤 환자에게 효과가 있을까? • 학습 곡선에 시간이 걸릴까?	• 정기적인 치료 연속성 구축 • 각 단계 수행 방법에 대한 교육 제공
동시적, 원격 정신의학(telepsychiatry, TP)	• 개인/환자: 효과적이고 훨씬 편리함 • 임상가: 환자가 좋아한다면 좋은 것	• 예약하고 비용을 지불해야 함 • 때때로 임상가/팀에 대한 워크플로우가 조금 더 까다로움	• 기술, 사무 및 행정 지원을 받음 • 임상 기술 훈련
혼합 치료: 대면 및 전자 옵션 (원격 정신의학 및 e-옵션)	• 개인/환자: 연결 옵션 • 임상가: 옵션을 제공하고 워크플로우가 번거롭지 않을 때 선호됨	• 시스템은 품질, 교육, 우선순위, 품질 개선에 따라 다름. 시간과 비용	• 임상가와 관리자를 위한 통합 워크플로우 개발 • 긍정적인 온라인 문화 촉진

(계속)

치료를 위한 정보학 시스템 설계를 통한 환자 및 임상가를 위한 시스템			
일차 진료자와 전자 건강 기록 전문가 간의 e-상담	• 일차 진료자(노인의학 전문의, 가정 의학): 적시에 방문하고 '제때' 전송함 • 전문가: 간단한 질문(예: 사실, 수행 단계)에 답변할 수 있음	• 통합이 필요한 어려운 환자 사례에는 적합하지 않을 수 있음 • 질문을 명확히 하고, 차트를 검토하며, 계획을 전달하는 시간	• 적시성, 후속 조치 및 품질 모니터링. 치료 워크플로우 및 치료 문화 구축 • 비디오 사용: 효과적이고 더 쉬움
비동시적, 세션 간, 환자-임상가 연락(예: 앱, 문자)	• 개인/환자/간병인이 작은 질문이나 세부 정보가 필요한 경우 → 이메일/문자, 증상 추적 → 앱 • 임상가: 빠르고 간단한 조언을 위한 이메일/문자, 모니터링에 유용한 앱	• 1~2개 앱을 1~2가지 목적에 맞추어 집중 • 오류, 잘못된 의사소통 • 시간, 문서화 및 개인정보 보호 문제	• 교수진과 팀을 위한 교육 • 임상 의사결정 지원을 위해 전자 건강 기록에 통합 • 근거 기반 앱 및 근거 기반 접근 방식 사용
인공 지능, 머신 러닝 및 예측 모델링에 기반한 24시간 생태적, 적시 및 다방향 수집, 통합, 통신 및 의사 결정 지원	• 개인/환자: 실시간으로 반영하고 결정할 수 있는 옵션(예: 전기 피부 활동을 통한 기분 개선 또는 스트레스 감소를 위한 행동) • 임상가: 새로운 워크플로우를 추가하지만 의사 결정을 위한 더 나은 데이터 제공 • 시스템: 환자에게 도움이나 개입이 필요한 시점을 자동으로 감지하는 상황 인식 시스템의 이점	• 기존의 방문 또는 원격 정신의학 치료에서 '적시'로의 문화 전환 • 새로운 '팀원' 또는 디지털 내비게이터 '조종사'로서 기술을 가지고 팀에서 작업 • 기능 > 구조	• 팀 단위로 전문가를 교육하고, 교수진을 건강 '지식' 전문가를 넘어 종합 데이터 리더로 전환함 • 워크플로우를 위한 팀과 시스템 내 역할 정의
디지털 표현형 분석/생체 지표 및 공공/인구 보건 감시	• 공공 보건 감시 및 인구 보건 통합 • 다중 모드 센서 데이터, 인지, 우울감의 상관관계를 파악하기 위한 임상 및 비임상 집단 • 재발의 초기 징후 및 개입	• 개인정보 보호 문제 채택을 가로막는 품질 및 안전 장벽 • 상태와 특성에 대한 특이성	• 대규모 다중 센터 데이터베이스 사용은 개발 및 검증을 위한 필수 요소
워크플로우 투자 - 복잡한 기술 - 더 많은 상호작용 - 고품질 - 높은 임상가 시간			

(2) 인터넷 건강 정보, 지원/채팅 그룹, 교육 프로그램

인터넷 사용자(Hilty et al., 2015a)는 여성이 약간 더 많고(86% 대 남성 73%), 교육 수준도 더 높다(대졸 89%, 고졸 70%, 고등학교 졸업장이 없는 경우 38%). 이들은 환자와 간병인(부모, 자녀, 친구 또는 기타 사랑하는 사람에게 무급 돌봄을 제공하는 성인에게 사용되는 용어)을 포함한다. 이들은 질병이나 의료 문제, 치료 또는 수술, 의사나 기타 의료 전문가, 병원이나 기타 의료 시설, 식품 안전 또는 회수, 의약품 안전 또는 회수, 임신 및 출산에 대한 정보를 찾는다. 의료 및 정신건강 장애에 관한 연구에 따르면, 인터넷 기반 서비스를 사용하는 간병인의 약 2/3가 스트레스를 크게 줄이고, 삶의 질을 개선한 것으로 나타났다(Hu et al., 2015). 인터넷 기반 개입은 상호작용 커뮤니티에서 게시판, 치료 그룹에 이르기까지 다양하다. 많은 환자가 페이션트라이크미(*PatientsLikeMe*)(http://www.patientslikeme.com/)와 같은 사이트로 이동하는데, 이는 이들이 유사한 의료 문제를 겪고 있는 커뮤니티의 다른 사람들과 연결되기 위해 로그인하는 소비자 중심 사이트이다. 건강 증진 전략은 일반적으로 독립형 웹 사이트를 통해 이루어진다(Siemer et al., 2011).

발달 장애가 있는 청소년은 전통적인 치료 옵션에 접근하는 데 제한이 있을 수 있으며, 익명으로 또는 원거리에서 경험을 공유하고 새로운 행동을 배우려고 시도하는 것이 더 편하다고 느낄 수 있다(Berger et al., 2005). 인터넷 기반 채팅과 그룹에 익숙한 청소년들은 자해, 부정적인 정서 상태, 또는 다른 또래에 대한 비관적인 인식을 표현할 수도 있다(Griffiths et al., 2009). 더욱이 청소년들은 채팅이나 집단에서 자살 수단을 찾거나 사이버폭력의 피해자가 될 수도 있어, 자살 위험이 증가할 수 있다(Luxton et al., 2012). 하지만 부모 및/또는 전문가와 공유되지 않는 경우 문제가 된다. 불안(공포증 또는 공황장애) 및 트라우마(예: 군인)가 있는 환자는 대면 진료를 기피하고 인터넷을 선택할 수 있다(Hilty et al., 2015a). 마찬가지로 지리적 위치(즉, 지방이나 기타 장거리 이동 지역)로 인해 치료에 접근하는 데 장벽이 있는 경우, 치료에 거의 또는 전혀 접근하지 못하는 경우(예: 대기 시간), 지역 서비스를 싫어하는 경우(예: 옵션이 효과적이지 않거나 품질이 제한적이라고 생각하는 경우)에도 인터넷을 사용하는 경향이 있다.

대부분의 지원 그룹은 소비자와 환자를 대상으로 한다. 이러한 인터넷 개입은 이론적 근거가 있는 개념을 중심으로 개발되어 있으며, 건강 관련 행동을 개선하는 데 좋은 전망을 제공할 수 있다. 이는 다음 전제에 기반한다: (1) 지식이 행동 변화에 영향을 미친다, (2) 동료 지원/피드백이 이러한 변화를 유도할 수 있다(또는 일부 경우에는 그 반대일 수 있음), (3) 의료 전문가와 이메일, 채팅 또는 전화를 통한 비공식 접촉도 개인화되었다고 느껴지며 이러한 변화에 영향을 미칠 수 있다. 인터넷 매개의 지원 그룹에는 장애가 있거나 독특한 경험 방식을 가진 사람들을 위한 전문 그룹이 포함될 수 있다(Antze, 2010).

(3) 사회과학 및 신경과학에서의 가상현실과 증강현실 실험적 접근

행동 건강 및 사회심리학 분야에서는 총 네 가지 신체적 반응 요인/결정 요인에 기여하는 다음의 기술을 활용할 수 있다: (1) 통제(즉, 통제 정도, 즉각성 및 방식, 사건 예측), (2) 감각 경험(즉, 환경적 풍부함, 다양한 형태의 표현, 정보의 일관성, 움직임 인식 정도), (3) 주의(즉, 집중 또는 산만), (4) 현실성(예: 장면, 정보, 의미, 분리 불안/방향 감각 상실)(Witmer & Singer, 1998). 임상적 개입에 초점을 맞추기 위해, 증강현실(augmented reality, AR)은 기술적으로 가상 요소를 물리적 세계에 도입하는 것에만 국한되지 않는다. 또한 가상 물체 또는 가상의 빈 곳과 같은 가상의 표현으로 물리적 물체를 덮어씀으로써 물리적 물체에 대한 인식을 억제하여, 주의 산만을 줄일 수도 있다(Hilty et al., 2020c).

대인 관계 행동에 대한 평가는 인공 환경에서 시험하여 실제 환경에 적용할 수 있다. 대인 관계 행동을 연구하는 사회과학자들은 한 사람이 다른 사람과 다르게 행동하는 이유(즉, 개인차 연구)를 조사하는 데 관심이 있다. 따라서 이들은 일상생활을 시뮬레이션하여 학습, 참여, 성찰에 사용되는 환경을 만들고, 탐색하고, 테스트한다. 여기에는 객관적인 자극에 대한 사회적 상황과 비정상적인 자극(예: 재난, 도덕적 딜레마, 스트레스 반응)에 대한 반응이 포함된다(Bombari et al., 2015; Parsons et al., 2017; Smith, 2015). 행동 또는 성과 측정은 가상 환경의 사물이나 사건에 대한 반응으로 사용자가 보이는 자연스러운 행동(예: 얼굴 표정 및 반사, 자세 반응, 사회적 반응)을 조사한다. 이는 객관적 측정치로 간주되며, 참가자의 의식적인 숙고 없이 수집된다(van Baren and Ijsselsteijn, 2004). 이는 주관적인 측정의 보조 수단으로 사용할 때 가장 유용한 것으로 간주된다. 기술은 조건, 측정 도구, 결과 목표(즉, 반응)를 표준화함으로써 환경 평가에 대한 접근 방식을 개선할 수 있다. 이는 광범위한 인지적, 정서적, 행동적 반응으로 구성되어 있다.

공중 보건 분야에서는 비만 예방 및 유지, 치매, 유전체학 연구, 건강 커뮤니케이션과 같은 몇 가지 특정 분야에서 실질적인 대화형 가상 환경의 발전이 이루어졌다. 의료 서비스 제공에서 전환점이 발생했다: 이 기술은 일상적인 선택과 관련된 개인의 *즉각적인 결정*의 *원거리 결과*를 시뮬레이션하는 데 사용될 수 있다(예: 청량음료 섭취가 체중 증가로 이어지는 경우 과거에는 환자에게 정보를 '교육'했지만, 이제는 적시에 '경험'할 수 있다). 실제로 많은 요인이 예방 행동을 적시에 채택하는 데 영향을 미칠 수 있다(예: 인쇄물 대 라디오 대 텔레비전, 유명인의 의견 묘사).

(4) 정신건강 상태에 대한 인간 행동 모델링 및 시뮬레이션

보건 개혁은 궁극적으로 사회 정의 및 사회 변화와 관련이 있다. 이러한 목표에는 사회 문제를 일으키는 맥락에 대한 정교한 이해와 사회 환경의 복잡성을 고려한 연구 방법 및 변화 전략의 사용이 필요하다. 연구자들이 이러한 문제에 상당한 관심을 기울이고 있지만, 개인, 조직, 사회 수준에서의 복잡하고 역동적인 관계를 이해하는 능력은 의료 서비스 제공의 혁신적 변화에 대한 우리 사회의 상당한 요구에 비해 여전히 뒤처져 있다. 지난 30년 동안 기존 위험 예측 모델의 변별력에 대한 진전은 거의 없었으며, 재입원을 예측하는 데 있어서 동전 던지기를 하는 것보다도 더 나은 결과를 얻지 못했다. 에이전트 기반 모델링 및 시뮬레이션은 입원의 개인, 조직 및 사회적 수준을 이해하는 데 사용될 수 있다(Silverman et al., 2015).

이 접근의 기초는 이해, 관리 가능성, 의미이다. 합리적 행동 이론에서는 개인의 행동은 행동을 수행하려는 의도에 의해 결정되며, 이 의도는 결국 행동에 대한 태도와 주관적 규범의 함수라고 제안한다(Fishbein & Ajzen, 1977). 행동의 가장 좋은 예측 변수는 의도 또는 수단성(행동이 의도한 결과를 가져올 것이라는 믿음)이다. 수단성은 특정 행동에 대한 태도, 주관적 규범 및 지각된 행동 통제에 따라 결정되며, 이러한 요소가 높을수록 해당 행동을 수행하려는 의도가 강해진다. 이러한 개념은 사람들을 낮은 정신 및 신체 건강 문제(1사분면), 높은 정신건강 문제 및 낮은 신체 건강 문제(2사분면), 낮은 정신건강 문제 및 높은 신체 건강 문제(3사분면), 높은 정신 및 신체 건강 문제(4사분면)로 계층화하여 의료 분야에 적용하는 경우가 많다.

(5) 로봇공학 기술

정신건강 분야에서의 로봇공학 기술 사용은 초기 단계에 있지만, 잠재적으로 유용한 도구로 간주된다. 로봇의 자율성 수준과 행동, 인간과 로봇 간의 정보 교환의 성격, 사람과 로봇이 서로 적응하고 학습하는 방식, 작업이 상호작용을 형성하는 방식 등이 핵심적인 문제다. 현재 정신건강 관리에 사용되는 로봇은 그 형태가 매우 다양하며, 동물형, 기계형, 만화형, 휴머노이드형을 포함한다. 이러한 로봇은 치매, 자폐증, 인지 장애를 가진 사람들의 치료와 재활을 돕는 데 사용되어 왔다(Luxton & Riek, 2019). 로봇은 생동감 있는 사물을 의인화하려는 인간의 타고난 성향으로 인해 매우 매력적이다(Waytz et al., 2010). 많은 현대 로봇 시스템에는 조정 가능한 자율성이 있어 사람이 실시간으로 로봇과 상호작용하는 방식을 변경할 수 있다. 이는 전문가가 특정 로봇 동작을 직접 제어하고 다른 동작은 자율적으로 제어하려는 정신건강 관리 시나리오에 특히 유용하다. 로봇공학 기술은 사회적 관계와 집단 참여를 평가하기 위한 상호작용을 기반으로, 조현병 환자를 연구하는 새로운 방법으로도 사용되었다(Lavelle et al., 2014).

(6) 신기술(예: 로봇공학)과 관련된 윤리적 문제

평가해야 할 문제가 많고, 로봇공학의 예는 좋은 사례다.

하나는 인간 존중의 기본 지침 또는 원칙으로서, 인간의 자율성, 인간 신체 및 정신적 완전성에 대한 존중, 인간과 인간의 상호작용에서 일반적으로 가정되는 모든 권리와 보호에 대한 존중을 포함한다. 개인정보 보호에 대한 인간의 권리는 항상 합리적인 설계 목적에 부합하는 범위 내에서 최대한 존중되어야 한다. 마찬가지로 데이터 개인정보 보호, 보안, 기밀성 및 무결성도 중요하다. 법적 고려 사항에는 개인의 권리 및 보호에 관한 관련 법률 및 규정(예: 식품의약청, 연방무역위원회, 유럽연합)과 개인의 사전 동의가 포함된다. 튜링 속임수(즉, 사람이 기계와 상호작용하고 있는지를 판단할 수 없음)를 피하는 것이 현명하며, 인간이 로봇에 애착을 갖고 의인화하는 경향은 설계 시 신중하게 고려해야 한다. 마지막으로 로봇 설계 시 인종 차별, 성차별, 장애인 차별적 형태(즉, 장애가 있는 사람들 및/또는 장애가 있다고 인식되는 사람들에 대한 차별과 사회적 편견)와 행동을 피하는 것이 중요하다.

3. 2040년까지 사용자 치료 경험과 임상 워크플로우가 어떻게 변화할지 살펴보기

1) 개요

코로나19에 대응하여, 많은 의료 시스템이 대면 서비스와 비디오 서비스를 통합하는 방향으로 나아가고 있는데(Torous et al., 2020), 이는 환자의 요청과 더 많은 서비스 지점을 제공하려는 시도, 그리고 면허를 가진 의료진을 더 효율적으로 활용하려는 노력의 일환이다(Hilty et al., 2015c). 일반적으로 기술을 통한 변화에는 시간이 걸리고 다른 요구사항과 경쟁하며 투자가 필요하지만, 모든 의료 서비스 참여자의 동의를 얻으면서 기술 지원이 우선순위 목록에서 빠르게 상승했다. 잠재적인 2040년 치료 모델의 특징은 무엇인가? 최소한 다음과 같은 특징을 포함할 것이다: 내담자 기반 건강, 웰니스 및 예방, 치료의 공동 소유권; 매일 24시간 데이터 수집, 모니터링 및 흐름; 사용자를 위한 다방향 의사 결정 지원. 환자 주도적 반영, 요구사항/선호도 파악, 이용 가능한 기술 참여 등이 포함된 새로운 치료의 이정표가 많이 등장할 것이다. 임상가들은 입원 진료보다는 외래 서비스를 많이 제공하며, 대면 진료만 하던 많은 임상가가 비디오와 전화 서비스만 수행하고 있다. 모바일 헬스, 웨어러블 센서, 환자 포털, 생활 활동을 위한 핸드폰 사용의 등장은 의료 서비스에 광범위한 변화를 가져올 수 있다. 일반적으로 새로운 기술을 사용하기 위해서는 교육이 필요하다. 하지만 태도가 바뀌고 워크플로우가 단순화되거나 직관적일 경우, 임상가들은 전자 건강 기록 구현보다 원활하게 진행되면 기술을 채택하고 이점을 확인할 가능성이 더 크다(Cowan et al., 2019; Hilty et al., 2021d).

또한 치료를 받는 사람은 간병인이 있는 노인 환자이거나 가족이 있는 청소년일 수 있으며, 누구나 노숙, 자살, 약물 사용, 기분 및 불안 장애에 직면할 수 있다(Hilty et al., 2021e; Hu et al., 2015). 청소년과 그들의 부모/보호자는 비 근거 기반 앱과 비교해서 근거 기반 행동 개입과 관련된 앱을 검증하는 방법에 대한 지침이 없거나 매우 적은 경우가 많다(Grist et al., 2017). 비동시적 기술을 검토한 결과, 자살 예방 앱은 앱 품질, 사용/개발된 콘텐츠, 연구 방법론에서 차이가 발견되었으며, 노숙자용 앱을 사용하는 참가자는 일상적인 동기 부여 팁(예: 어려움 극복, 삶의 진전, 안녕감), 일일 설문 조사, 최신 자원 및 자동화 자조 시스템에서 가장 큰 혜택을 받는다고 답했다(Hilty et al., 2021e). 실제로 여성 건강 접근법은 애착 기반의 가족 중심 치료를 사용해 왔으며, 개인, 부부, 가족, 집단, 병원에서부터 클리닉, 커뮤니티 센터, 가정에 이르기까지 다양한 장소에서 제공되는 기술 기반 치료를 포함하고 있다(Dossett & Shoemaker, 2015).

일부 현재 시스템(예: 미국 재향군인 보건국, 민간 부문)에서는 치료 시작 시 화상 원격 의료, 앱 등 기술 사용에 대한 환자의 관심도를 평가한다. 이는 이전에도 있었지만, 코로나19로 인해 확실히 강화/발전되었다. 간단한 예로는 비디오 대 직접 방문, 방문 간 자발적인 약속을 위한 전화 진료 대신 주문형 비디오 사용이 있다. 임상가는 행동 건강 문제가 있는 환자의 평가 및 치료를 위해 환자를 더 잘 '보기' 위해 후자를 선택하는 경우가 많다. 그러나 미래에는 환자가 인터넷, 채팅방, 교육 프로그램 및/또는 상담 간호사 외에 추가 옵션을 선택할 수 있다. 진단받은 일부 재향군인은 트라우마나 공포증에 대한 가상현실 또는 증강현실과 같은 특정 기술로 분류될 것이다. 또 다른 재향군인은 임상 인터뷰를 위해 자율 가상 인간 에이전트에 배정되거나, 기분 장애가 있을 가능성이 있는 경우 가상 정서 에이전트와 더욱 구체적으로 연결될 수 있다. 발병률이 높을수록 임상 워크플로우에 이러한 기능이 내장될 수 있다.

2) 건강 관리팀의 진전

기술을 정신건강 관리에 통합하려면, 개별 치료에서 팀워크로의 변화, 구성원의 역할 조정, 팀원의 실질적인 변화가 필요하다(Hilty et al., 2019a; Hilty et al., 2018c). 일차 진료와 관련하여 통상적인 팀원은 환자/가족, 동료 제공자, 사회사업가, 일차 진료, 심리학자, 간호사, 정신과 의사이다. 기술 자체는 다른 팀원이 치료를 통합하기 위해 했던 업무 중 일부를 수행함으로써 팀원(Hilty et al., 2018c) 또는 '실무 확장자'로 간주될 수 있다(Raney et al., 2017). 비교적 새로운 디지털 내비게이터 팀원도 시스템 유연성을 제공하기 위한 초기 의료 역할로 제안되었다. 이 역할은 기존 임상가, 간호사 사례 관리자, 동료 전문가 또는 디지털 헬스에 대한 특정 전문 지식을 습득하고 임상 워크플로우에 통합을 지원하는 임상 옹호자의 역할을 수행하는 사람이 채울 수 있다(Wisniewski et al., 2020).

내비게이터의 배경 경험과 기술에 관계없이, 세 가지 핵심 책임은 모바일 헬스에 중점을 둔다: (1) 앱 선택, (2) 기술 문제 해결, (3) 치료를 용이하게 하기 위한 디지털 데이터 검토 및 품질 확인. 방사선학 또는 병리학 기술자가 새로운 영상 및 실험실 테스트/워크플로우를 개발하여 각 분야에서 필수적인 역할이 된 것처럼, 행동 건강도 이제 디지털 내비게이터가 있어야 한다. 그러나 정신건강 관리의 특성 및 치료 동맹에 대한 초점은 접근 방식에서 추가적인 단계를 요구한다(예: 환자 및 팀과의 의사소통, 합리적인 시간과 경계 내에서 참여). 디지털 내비게이터의 역할과 교육은 의학적 사고나 의사 결정을 개발하도록 고안된 것은 아니지만, 잠재적인 10시간의 교육, 인증 및 재인증을 통해 전문가 간 팀에 귀중한 기술을 제공할 수 있다(Wisniewski et al., 2020).

3) 전문가 간 팀워크

특히 동시적 및 비동시적 기술은 환자 중심 접근을 촉진하고 전문가 간 팀워크를 강조할 수 있다. 효율적인 임상 운영은 임상가의 전문성(즉, '최상위 자격')과 팀워크가 조화를 이루어 서비스 시점에서 환자의 요구사항을 충족한다. 예를 들어, 치료 코디네이터/매니저는 보안 메일을 관리하고, 임상 간호사/의사 보조원은 온라인 상담을 시작하며, 중급 행동 건강 전문가는 덜 복잡한 사례를 평가할 수 있다. 각각의 이러한 옵션은 데이터 분석, 복잡한 사례, 슈퍼비전을 위한 의사의 시간을 절약한다. 기술을 활용한 팀 기반 치료는 이상적으로 다양한 옵션을 제공한다. 환자와 임상가의 학습(예: 커리큘럼), 경험이 적은 팀원과 많은 팀원을 위한 수준별 교육, 지식 결과 외에 태도와 기술의 개발, 팀이 의사소통할 수 있는 명시적 활동(예: 회의, 채팅방, 그룹 문자), 그리고 가장 중요한 것은 피드백, 반성, 좋은 습관(예: 도움 요청할 때 늦지 않게 슈퍼바이저에게 문자 보내기)을 위한 슈퍼비전이다.

팀워크는 기대, 역할, 결과에 대한 공유된 정신 모델에 의해 촉진된다(Ross & Allen, 2012). 물리적(예: 일정, 회의), 가상(즉, 현장 및 원거리 구성원), 기타 교육 개입은 팀 기반 치료-조정, 의사소통, 팀워크–를 크게 개선하며, 입원 일수 감소, 응급실 방문/재입원 감소, 품질 및 안전 향상으로 이어질 수 있다(Agency for Healthcare Research and Quality, 2019; Will et al., 2019). 특히 데이터 모니터링 기능이 있는 모바일 헬스 아키텍처는 참여자들에게 조처하도록 경고할 수 있으므로 기술은 워크플로우를 조직화할 수 있다(Silva et al., 2015). 또한 이전에 다른 사람이 했던 작업을 수행하여 가상 팀원 역할을 할 수도 있다(Hilty et al., 2019a; Hilty et al., 2018c). 이는 조직이 서비스 품질을 낮추거나 오류 발생 빈도를 높이지 않으면서 유연한 근무 일정을 제공하는 데 도움이 될 수 있다(Stimpfel et al., 2012; Will et al., 2019).

비동시적 기술 데이터를 검토하는데 더 많은 시간을 할애하는 임상가는 환자와 더 많이 소통할 것이다. 이를 위해서는 컴퓨터 매개 커뮤니케이션 분야(즉, 텍스트, 이미지, 오디오, 비디오의 교환)에서 연구하는 신뢰와 치료 관계에 관련된 몇 가지 복잡성에 대한 인식이 필요하다. 이러한 의사소통은 '신뢰'를 형성하는 즉시성과 상호작용의 감각을 지니고 있지만, 물리적 물질성(또는 근접성), 시간, 공간을 초월한다. 행동의 직접적인 결과는 한 발짝 떨어져 있는 것처럼 보일 수 있고 비대칭적 의사소통은 의미에 대한 사회적 협상을 제한하지만, 어떤 메시지를 언제 받을지에 대한 통제감을 제공한다(Hilty et al., 2020c). 1892년 이후 사용된 키보드 문자(예: 기호, 이모티콘)가 의사소통과 이해력을 풍부하게 하기 때문에 텍스트 기반 커뮤니케이션은 몇 가지 추가적인 난제를 제기한다(Aldunate & Gonzalez-Ibanez, 2016). 이모티콘의 감정 처리에 관여하는 뇌 영역에 관한 연구에 따르면, 사용자가 이모티콘을 사용하는 이유와 의미가 다양하므로 부자연스럽고 상징적이며 정적인 인간의 표정은 감정을 정확하게 반영하지 못할 수 있고, 단어를 대체하기에 적절하지 않다고 한다. 영어를 제2언어로 사용할 때 잘못된 의사소통이 더 자주 발생하므로 텍스트에 이모티콘을 사용하면 문화와 언어에 걸쳐 혼동을 일으킬 수도 있다(Hilty et al., 2020c).

4) 기술 및 능동적 학습

전문가 간 팀을 위한 '데이터 라운드'는 분류, 스크리닝, 진단, 치료에 초점을 맞출 것이다. 알고리즘은 인공 지능, 머신 러닝, 예측 모델링을 기반으로 치료에 대한 반응 또는 혜택 실패를 나타낸다. 치료 저항성, 만성 환자 및 기타 고위험군을 위한 경로는 근거에 기반할 것이다. 문제 및 팀 기반 학습 원칙과 전통적인 임상 라운드를 본떠 만들어진 학습 촉진자는 워크플로우에 프로그래밍되고 장벽을 관리할 수 있다(Lane et al., 2013). 최근 몇 년 동안 능동적 학습 커리큘럼과 방법에 웹 기반 및 비디오 기술이 점점 더 많이 통합되고 있는데, 이는 부분적으로 유튜브(Youtube) 튜토리얼(Kamei et al., 2012)과 같은 디지털 소스를 통해 습관적으로 스스로 가르치는 학습자 세대의 관심을 끌기 위한 것이다.

기술은 전통적으로 교육 방법 그 자체로 간주되지 않았다(Hilty et al., 2019c). 오히려 교육 방법을 전달하기 위한 대안적인 수단으로 여겨져 왔다. 그러나 디지털 기술의 고유한 능력을 활용하는 보다 혁신적인 접근법을 모색하는 데 기술을 활용할 수 있다. 더 넓은 관점에서는 미국 교육부(US Department of Education, 2017a, 2017b)와 기업(예: IBM)(Levy & Murnane, 2004)의 통합적 관행을 학습 이론과 함께 고려할 수 있다(Matzen & Edmunds, 2007). 이는 기술이, 사람들이 새로운 방식으로 아이디어를 탐색하고 실험할 수 있는 스펙트럼에 훨씬 더 많은 영향을 미친다는 것을 시사한다. 기존 관행을 확인/참여시키고, 강조하고, 보강하고, 보완하며, 새로운 아이디어와 관행을 발전시키고, 제작하고, 혁신하고, 창조하기 위한 목적이다(Hilty et al., 2019c).

5) 증가하는 워크플로우 관행

캐나다와 미국의 많은 의료 시스템에서 e-상담(즉, e-consult 또는 eConsult)이 흔히 사용되고 있다(Agency for Healthcare Research and Quality, 2017; Liddy et al., 2016). e-상담은 일반적으로 일차 진료자가 자신의 전문 분야를 벗어난 환자 치료와 관련된 질문에 대한 상담을 의뢰하는 것이다. 정신건강의학과 e-상담의 목표는 의뢰인이 행동 건강 또는 의학적 상태를 더 빨리 진단하고 치료할 수 있도록 돕는 것이다. 일반적으로 e-상담은 전자 건강 기록 내에서 의뢰인과 전문가 간의 텍스트 메모로 이루어져 있으며, 환자 정보, 데이터(예: 검사 결과, 이미지) 및 기타 시스템 정보를 중요하게 검토한다. 결과 측정은 치료 접근성(예: 첫 진료 시간), 상담의 적시성(예: 대기 시간), 영향(예: 우울증 점수)에 중점을 둔다(Agency for Healthcare Research and Quality, 2017; Archibald et al., 2018; Liddy et al., 2016). 전문가 텍스트 e-상담은 더 매력적이고, 기억에 남고, 종합적이고, 효율적이며, 사용자 친화적이기 때문에 비디오로 대체될 수 있다(Hilty et al., 2020c).

사람, 환자, 임상가가 사용하는 센서, 웨어러블 기기, 원격 환자 모니터링 기술에 대한 연구가 증가하고 있다. 처음에는 이러한 기술이 대면 치료와 동시적 비디오에 추가되었지만, 특정 경우에는 이러한 모드가 일차적인 평가 및/또는 치료 방식으로 대체되고 있다(Hilty et al., 2018b; Hilty et al., 2021d). 이러한 기술은 모바일 헬스 의료, 커넥티드 의료, 기술 기반 치료의 핵심 요소이다. 이는 건강, 생활 방식, 임상 치료를 통합할 수 있는 역량을 갖추고 있으며, 더 많은 '적시' 참여, 경험의 연속성, 의사 결정을 위한 동적 데이터를 통해 치료 및 교육 문화를 맥락적으로 변화시킨다. 행동 데이터 수집, 경보, 커뮤니케이션/피드백 제공, 변화 감지, 증상 모니터링, 정보 접근, 예방 및 치료 개입을 위한 많은 장치, 소프트웨어, 플랫폼이 있다(Luxton et al., 2011; Silva et al., 2015). 이러한 옵션은 환자를 임상팀과 연결하여 의사소통, 지원 및 개입을 가능하게 한다(Kumari et al., 2017; Torous & Roberts, 2017).

센서, 웨어러블 기기, 원격 환자 모니터링 기술은 진료 예약 시 데이터의 단면적 수동 전송이나 수기 일일 일지 또는 시간, 신호, 사건에 따른 보고에서부터, 인공 지능(예: 머신 러닝, 통합 컴퓨터 감지 기술) 방법과 나노기술을 활용한 매일 24시간 종단적 통합 접근 방식으로 전환함으로써 치료를 혁신한다(Arean et al., 2016; Ariga et al., 2019; Kirchner & Shiffman, 2016; Luxton, 2016). 이 과정은 최소한의 침입이고, 데이터 상호 공유를 허용하며, 실시간 피드백을 제공하여 궤적을 모니터링, 개입 및 추적할 수 있다. 이 접근 방식은 개인이나 환자의 자연스러운 환경(건강, 생활 방식, 사회성)에서의 생태를 기반으로 하므로, 단순히 대면, 비디오 및/또는 가정 방문을 하는 것보다 장점이 있다. 연구자들은 우울증에 대한 객관적으로 측정된 행동 특성(예: 전화 사용, 기분 평가, 단문 메시지 서비스 문자 메시지), 위치, 사회적 상호작용 데이터 간의 연관성을 연구하고 있다(Faurholt-Jepsen et al., 2018; Saeb et al., 2015). 더 광범위하게는 다중 모드 센서 데이터, 인지 및 우울 기분 증상을 연관시키기 위해 임상 및 비임상 집단 모두를 위한 디지털 표현형 또는 행동 표지가 개발되고 있다.

이러한 기술은 환자, 임상가(예: 유지, 교육/훈련, 기술) 및 의료 기관(예: 워크플로우에 기술 통합, 개인정보 보호)에 대한 기회와 과제를 제공한다. 연구는 일반적으로 어떤 임상 기술이 필요하고 어떻게 개발되거나 습득되는지보다는, 방법, 개입, 사용된 기술, 치료 결과를 설명한다. 교육/훈련은 개입을 위한 특정 기술의 사용으로 좁게 제한되거나 환자 승인, 유용성, 참여의 중요성에 관한 것이다. 학술 보건 센터 및 의료 시스템은 임상가와 시스템이 기술에 적응하고 있고 코로나19 시대에 비디오를 사용하고 있다고 가정할 수 있다. 그러나 임상, 기술, 행정 워크플로우는 여전히 진행 중이며, 많은 임상가가 새로운 기술을 사용하는 데 어려움을 겪고 있고 이 기술을 치료 일부로 보지 않을 수 있다(Hilty et al., 2021d).

4. 치료 통합을 위한 기술 활용

정신건강 치료를 서비스에 추가할 수 있지만, 단계적, 협력적 또는 통합 치료 모델을 사용하여 일차 진료에 통합하는 것이 더 좋다(Hilty et al., 2018c). 통합 치료와 병치되거나 중첩되는 많은 다른 전달 환경 및 모델이 있으며, 비디오를 사용할 수도 있고 아닐 수도 있지만, 기술은 유연성과 효율성을 제공한다. 여기에는 환자 중심 의료 가정 모델이 포함되며, 이는 팀, 조정, 안전 관행을 통해 치료의 접근성, 지속성 및 품질을 높이기 위해 설립되었다. 환자가 병원에 방문하지 않아서 가정 기반 원격 개입이 증가하고 있으며, 이로 인해 치료 지연과 의료 시스템 비용이 발생하고 있다. 자동화 리마인더가 있더라도, 불편함과 이동 시간은 미준수로 연결된다. 원격 정신건강의학과 상담을 가정에 도입하여 우울증과 장애를 줄이고, 약물 사용을 늘리고, 자기 효능감을 증진하려는 노력은 데이터를 통해 고무적으로 나타나고 있다. 단계별 대면 치료 모델은 원격 의료를 포함한 일차 진료에서의 우울증과 일반적인 정신 장애에 효율적이다(Hilty et al., 2018c).

통합 치료는 예외가 아닌 기대가 될 것이며, 많은 참여자를 필요로 한다. 통합 치료의 다섯 가지 핵심 요건은 다음과 같다: (1) 전문가 간 팀의 환자 치료에 대한 책임, 의사 결정 및 감독, (2) 문자 그대로 및/또는 가상으로 서비스의 공동 배치, (3) 통합 자금 조달, (4) 평가, (5) 결과 측정(Substance Abuse and Mental Health Services Administration, 2018). 두 가지 추가 제안은 (6) 전자 플랫폼, (7) 환급 조정이다(Hilty et al., 2018c). 통합 연구에는 포함되지 않았지만, 모바일 헬스는 여러 환경에 걸쳐 치료를 통합하고, 환자의 요구를 충족하기 위한 연결을 제공하며, 임상 의사 결정(즉, 임상 의사 결정 지원(clinical decision support, CDS))을 촉진하는 놀라운 옵션이 있다(Hilty et al., 2018c).

모바일 헬스는 환자-임상가, 환자-시스템, 임상가-임상가, 시스템-사용자 워크플로우를 사용하여 낮은 심각도와 높은 심각도의 치료를 수행한다. 지능적으로 필터링된 데이터를 매일, 24시간 수집하는 것은 임상가의 '적시' 임상 의사 결정을 지원한다(Greenes et al., 2018). 이는 환자 결과를 개선하고 불필요한 실수와 비용을 줄이며 효율성을 높인다. 환자의 일상생활에서의 이러한 데이터 수집을 생태학적 순간 평가(ecological momentary assessment, EMA)라고 하며, 자연스러운 행동과 경험의 반복적인 샘플링이 포함된다(Carlson et al., 2016). 종이와 연필로 일기를 쓰는 방법(예: 복약 달력)에서 신호 및 사건에 따른 보고(일부 참여자의 역량을 초과할 수 있는 수준의 참여와 동기를 가진 환자의 기대 또는 끌어당기기 요구)로의 이동이 최신 스마트폰과 웨어러블 센서를 통해 가능해졌다. 미국 국립과학공학의학원은 추가적인 자동 모니터링 시스템을 제안하였다(National Academies of Sciences Engineering & Medicine, 2019; Rohani et al., 2018).

1) 기술 교육 (역량) 및 평가

동시적 치료를 위한 임상 기술(즉, 역량)은 대면 치료와 병행하지만, 비동시적 기술은 앱, e-상담, 센서, 저장 후 전송, 문자, 웨어러블 기기, 소셜 미디어 등 다양한 옵션을 사용한다(Hilty et al., 2019a; Hilty et al., 2020a; Hilty et al., 2021d). 이전 연구에 따르면 환자와 임상가(예: 군인과 군 의료인, 군인이 군 의료인보다 스마트폰 소유 및 사용률이 더 높음) 사이에 기술 격차가 존재한다(Armstrong, 2019; Armstrong et al., 2010). 역량 기반의 의료 교육 운동은 지식 습득과 더불어 기술과 태도 개발에 중점을 두고 있다. 체계적인 커리큘럼 계획과 평가(Kirkpatrick J. & Kirkpatrick W., 2009), 그리고 학습자, 교사, 환자, 원하는 결과(즉, 기술, 태도, 및/또는 지식)를 연결함으로써 최적의 결과를 얻는다.

원격 정신의학 비디오(2015, 2018)(Crawford et al., 2016; Hilty et al., 2015b), 원격 행동 건강(2017)(Maheu et al., 2018), 소셜 미디어(2018)(Luxton et al., 2015; Zalpuri et al., 2018), 모바일 헬스(2019, 2020)(Hilty et al., 2019a; Hilty et al., 2020a) 역량 세트가 있다. 여기에는 대면 치료에서 동시적 및 비동시적 치료로 전환하기 위한 교육, 교수진 개발, 제도적 변화에 대한 제안이 포함되어 있다(Hilty et al., 2015b). 동시적 비디오는 세미나, 슈퍼비전, 그랜드 라운드 및 로테이션을 통해 임상 치료 및 커리큘럼에 서서히 통합되고 있다(Hilty et al., 2019d). 디지털 생활과 의료가 발전함에 따라 문화적 요소의 역할은 아무리 강조해도 지나치지 않다. 환자 중심 치료, 가족 및 지역사회 포함 및 교육을 개선하기 위한 영상 문화 역량에 대한 개념적 체계가 제안되었다(Hilty et al., 2018a; Hilty et al., 2013; Hilty et al., 2020b)(〈표 17.2〉).

다행히도 앞에서 설명한 역량 외에도 모바일 헬스(Hilty et al., 2019a; Hilty et al., 2020a)와 더 광범위한 비동시적(Hilty et al., 2021d) 역량이 개발되었다. 모바일 헬스, 소셜 미디어, 정보과학 관행은 더욱 실질적인 계획과 조직적 변화가 필요하다. 예를 들어, 임상가와 환자는 여러 앱을 자연스럽게 사용하는 대신 습관(예: 흡연), 기분 변화(즉, 우울), 활동 수준 및 생체 신호(예: 혈압)를 모니터링하기 위해 의도적으로 하나의 앱을 사용하기로 할 수 있다. 데이터는 전자 건강 기록으로 흐르고 행동 변화를 위해 환자에게 제공되거나, 동일하거나 다른 경로를 위해 임상가에게 제공될 수 있다. 특히 모바일 헬스 역량은 임상 의사 결정 지원, 기술의 신중한 선택, 전자 건강 기록 플랫폼 전반의 정보 흐름 관리를 포함해야 한다(Hilty et al., 2019a; Hilty et al., 2020a)(〈표 17.3〉). 교육(예: 검색을 위한 리소스 사용, 출판) 및 행정/실무 관리 기술(예: 면허, 관할권, 책임, 처방 요구)도 제안되었다.

성인(Hilty et al., 2021d)과 아동, 청소년, 가족(Hilty et al., 2021e)을 위한 비동시적 기술 역량에는 특정 비동시적 역량을 다루는 프로그램에 대한 교육 및 평가 방법과 서술적 임상 적용 사례가 포함되어 있다. 교육 하위 영역에는 교훈적 교육; 사례 기반 학습; 환자 대상 임상 치료; 전문성, 슈퍼비전, 실습 기반 개선 및 학습; 시스템 기반 실습, 품질 향상(quality improvement, QI), 평가 및 연구; 교육자의 역할이 있다.

<표 17.2> 문화, 비디오, 모바일 헬스, 웨어러블 센서 역량 간의 교차점에 대한 개요

영역/주제	초보자/상급 입문자 (예: 임상 및 기술 기반 스킬 습득)	유능한/숙련된 (예: 맥락에 대한 이해와 함께 기술 기반 치료에 '좋은' 대면 스킬 적용	전문가(또는 권위자) (예: 비디오 치료, 연구, 행정 및/또는 정책에 대한 고급 지식, 기술 및 경험 보유)
일반적인			
캐나다 왕립 의사 및 외과 의사 대학, 2015	모든 의사가 수행하는 의료 및 기술 역할: 의학 전문가, 커뮤니케이터, 협력자, 관리자, 건강 옹호자, 학자, 전문가		
환자 치료			
병력 청취–참여 및 대인 관계 기술–평가 및 신체검사–관리 및 치료 계획–문서 작성–청구			
Maheu et al. (2018) *JTIBS* (임상 평가 및 치료) • 치료에 영향을 미치는 문화적 요인 평가	• 명백한 문화적 요인 식별; 치료에 딜레마가 발생할 경우 이 주제를 고려하고 평가 및 치료 전략 조정하기 • 문화적 겸손과 학습에 관한 관심의 태도로 탐구하기 • 문화적 고려 사항/문제를 해결하기 위해 적절한 자문 구하기	• 일반 문화적 요인과 기술 특정 문화적 요인을 체계적으로 선별하고 구분하기(예: 영상보다 전화 선호) • 통역사와 문화 커뮤니티 구성원과 같은 '문화 촉진자'를 적절히 참여시켜 평가 및 치료 지원하기 • 문화적 공식화 인터뷰와 같은 평가 도구처럼 문화적으로 민감하고 근거 기반의 접근 방식 사용	• 비디오 및 문화와 관련된 문제 해결 장애물에 대한 동료 검토, 가능한 경우 근거 기반 방법 연구, 훈련 및 교육. 예를 들어, 암묵적 편견 파악, 효과가 없는 경우 선호하는 기술 선택 해제, 문화 컨설턴트 확보, 기술 전반(및 혼합을 통해) 추세 조사, 내담자/환자의 다중 사이트 치료

(계속)

Maheu et al. (2018) *JTIBS* (임상 평가 및 치료) • 지속적인 방식으로 문화적 이슈에 대한 성찰과 토론을 장려하는 분위기 조성	• 내담자/환자와 전문가 간의 공통점과 차이점뿐만 아니라 암묵적인 편견을 파악하여 겸손과 배움의 분위기를 조성하는 데 기여	• 암묵적인 편견을 파악하고 내담자/환자와 전문가의 공통점과 차이점, 그리고 이것이 치료 관계에 어떤 영향을 미치는지 평가함으로써 겸손과 배움의 분위기 조성하기 • 성찰을 촉진하고 복잡성을 관리하며, 비디오를 사용하여 문화적 정체성, 신념 체계, 도움을 구하는 행동, 치료에 대한 선호도에 따라 내담자/환자와 전문가 간의 '적합성' 최적화하기	• 이러한 요소가 대면 및/또는 비디오와 관련된 결과에 미치는 영향에 관한 공공 및 인구 건강 데이터와 관련된 근거 기반 교육을 연구, 보급, 제공. 예를 들어, 이러한 요소를 지리적 매핑/추세, 기술 패턴 및 모바일 기술의 자원 가용성과 관련된 기술 채택에 관한 데이터와 통합
Hilty et al. (2021) *JTIBS* • 웨어러블 센서 • 평가	• 환자에게 기술에 대해 교육하고 사용 선호도에 관해 묻기 • 휴대폰, 앱 화면 사용 및 용도(예: 운동, 음악, 건강 관리)	• 디지털 문해력과 앱, 문자(즉, 범용, 동기 부여 또는 맞춤형) 또는 웨어러블 기기에 대한 관심 평가하기 • 앱, 블루투스, 웨어러블 기기(예: 활동 추적기, 홀터 모니터 센서가 내장된 텍스타일)의 화면 사용 및 용도(예: 당뇨병용 혈당 측정기)	• 임상, 기술 및 행정 업무를 위한 근거 기반 전략 사용/교육/개발 ○ 동의, 정책 및 절차 ○ 인구 및 환경 ○ 의료-법적 고려 사항 • 평가 및 유연성을 최적화하기 위한 교육/슈퍼비전/컨설팅
Hilty et al. (2021) *JTIBS* • 문화와 모바일 헬스 • 평가 • 문화, 다양성, 언어/통역사 사용 및 건강의 사회적 결정 요인	• 문화, 언어 및 기타 요인이 생활, 가족 및 지역사회에 어떤 영향을 미치는지 묻기(예: 관습) • 환자의 문화, 가치관, 행동, 선호도 고려하기 • 문화가 앱, 문자, 이메일, 웨어러블 기기 사용에 영향을 미치는지 논의하기 • 사회적 결정 요인이 건강과 의료에 어떻게 영향을 미치는지 학습하기	• 환자 문화와 선호도를 고려하여 옵션을 확인/조정하기 • 사용되는 용어(예: 질병/건강, 의학적/영적)의 문화적 의미 파악하기 • 비동시적 기술의 사용 및 이 기술이 어떻게 작동하는지 또는 어떻게 작동하지 않는지에 관해 교육하기(예: 비주요 언어와 이모티콘 혼동) • 사회적 결정 요인이 어떻게 건강 및 기술 사용에 영향을 미치는지 평가	• 문화적 공식화 체계를 따르고, 문화가 질병을 설명하고 기술 사용에 영향을 미치는지 질문하기 • 문화, 가치, 행동, 선호도의 맥락에서 환자-의사 관계 고려하기 • 고정 관념이 아닌 일반화 촉진 • 사회적 결정 요인이 건강 관리와 기술에 대한 접근성에 영향을 미치는지 평가

(계속)

Hilty et al. (2021) *JTIBS* • 문화와 모바일 헬스 • 관리 및 치료 계획	• 모바일 기술을 생물심리사회적 접근 방식에 통합 • 의사 결정 지원 도구 또는 앱의 장단점 고려 • 지속적인 모바일 기술 사용을 모니터링하고, 기억에 남거나 문제가 되는 사건이 발생하면 문서화하기 • 간략한 의사소통을 명확히 하거나 자세히 설명하기 • 1~2개의 모바일 기술을 시험 사용해 커뮤니케이션 옵션 학습하기	• 환자 선호도, 기술 및 필요(즉, 목적)에 따라 생물심리사회 문화적 접근 내에서 한 가지 치료 목표에 대한 모바일 기술 선택 ○ 기분 모니터링 앱 ○ 환자의 감정, 기능 및 활동에 대한 매일의 정확한 설명 기록(즉, 생태적 순간 평가) • 모바일 기술을 정기적인 임상 토론과 결합하고, 성찰을 촉진하며, 관계에 미치는 영향을 평가하기. 정보 제공에 대한 동의를 위해 모바일 헬스와 다른 기술의 장단점 따져보기	• 기술에 대한 조정과 함께 우선순위를 정한 생물심리사회적 개요 사용하기 • 근거 기반 앱과 같은 모범 사례를 근거 기반 접근 방식으로 가르치기 • 주어진 작업에 대해 '최상의' 모드를 선택하기: 모바일 기술, 이메일/문자, 전화 및/또는 대면 • 약물에 대한 법적, 청구 및 관할권 문제 인지하기 • 문제를 예방하고 임상 및 행정 문제를 관리하기 위한 절차를 연구 및 보급(예: 하드웨어/소프트웨어, 액세서리, 문제 해결)
Hilty et al. (2021) *JTIBS* • 웨어러블 센서 • 관리 및 치료 계획	• 명확한 의사소통(예: 문자, 알림, 기호) • 특정 목적을 위한 기술의 시범 운영/모니터링/평가	• 일상생활에서 웨어러블 기기의 편안함 평가(예: 편이성, 접촉/수상 스포츠에 적합함) • 환자 선호도, 실현 가능성 및 목적에 따라 옵션 선택	• 권장 사항을 자원, 문화 및 환자 선호도에 따라 맞춤화 • 문제를 예방하고 임상 및 행정 문제를 관리하기 위한 절차 연구/보급
대인관계 및 의사소통 기술			
Hilty et al. (2021) *JTIBS* • 문화와 모바일 헬스 • 의사소통	• 다른 사람들이 정보와 관점을 공유하도록 편견 없는 안전한 환경 조성하기 • 관계 증진 및 문제 해결을 위한 조언/자문 구하기 • 환자의 의사소통에 대한 장점과 응답 방법(있다면)에 대한 조언 구하기	• 모바일 기술을 통한 의사소통 범위를 논의하고, 기대치를 명확히 하고, 문제를 예상하기 • 갈등을 관리하는 능력을 포함하여 신뢰, 존중, 이해를 촉진하는 방식으로 관계 구축 • 의사소통 및 기술 사용에 대한 물리적, 문화적, 심리적, 사회적 장벽을 파악하고, 고정 관념(예: 한 그룹이 다른 그룹보다 기술에 더 능숙함) 피하기	• 기술 및 기타 관련 의사소통 문제 파악 및 해결 • 비동시적 기술 사용에 대해 동료에게 교육 및 상담 제공 • 두문자어, 약어, 그러한 의사소통의 기대치와 잠재적인 모호한(즉, 다중) 의미를 명확히 하기 • 안녕감을 최적화하는 효과적이고, 지속적이며, 개인적이고, 전문적인 관계의 롤모델

(계속)

Hilty et al. (2015) *IRP* • 문화, 다양성, 건강의 사회적 결정 요인	• 언어 유창성 및 관습과 관련된 환자, 가족, 지역사회의 다양성 고려 • 문화, 가치, 행동, 선호도 고려 • 사회적 결정 요인이 대면 치료에 어떻게 영향을 미치는지 학습하기	• 환자의 문화와 선호도를 고려하여 조정하기 • 확실하게 하기 위해 언어 유창성 확인하기 • 질병/건강에 대한 문화적 의미 파악하기 • 사회적 결정 요인이 원격 의료에 대한 관심, 사용 및 경험에 영향을 미칠 수 있음을 인식하기	• 문화적 공식화 체계 따르기 • 비디오(일반 탐색) 또는 질병 설명을 사용할 때 문화가 영향을 미치는지 묻기 • 문화, 가치, 행동, 선호도의 맥락에서 환자-의사 관계 고려하기 • 사회적 결정 요인에 따라 인터뷰, 평가, 치료를 조정하고, 긴급한 경우 대면 치료 고려
Hilty et al. (2021) *JTIBS* • 문화와 모바일 헬스 • 문화, 다양성, 건강의 사회적 결정 요인; 언어 문제 해결	• 기술과 관련된 문화적 문제 고려 ○ 사회적 결정 요인이 동시적 및 비동시적 헬스케어에 어떻게 영향을 미치는지 ○ 모바일 기술에 대한 접근성 ○ 예기치 않은 사건 • 환자 인구에의 긍정적 및 부정적 추세 파악(예: Y세대, 자폐 스펙트럼)	• 문화가 모바일 기술 및 기타 기술에 대한 사용과 선호도에 영향을 미치는지와 그 영향에 대해 환자에게 질문하기 • 사회적 결정 요인과 모바일 기술이 어떻게 교차하는지에 대한 성찰과 인식 촉진하기 • 언어 및 의사소통 문제(예: 이모티콘 사용)를 관찰, 조정 및 관리하기 • 모바일 기술 사용 선호도 고려(예: 청소년, 외상 후 스트레스 장애가 있는 재향군인)	• 해당되는 경우, 문화적 공식화 인터뷰에 모바일 기술 사용을 포함하기 • 문화가 모바일 기술 사용에 어떤 영향을 미치고, 치료/환자 치료에 어떤 영향을 미치는지에 대한 일반화(및 고정관념을 피하는 방법)에 대해 가르치기 • 문화적 차이에 따라 평가 및 관리 접근법을 조정하는 방법에 대해 교육
Hilty et al. (2015) *IRP* • 언어/통역 능력	• 통역사 사용	• 시간 관리 및 옵션(예: 의료진과 가족보다 전문가 선호)	• 언어적 및 비언어적 차원
Hilty et al. (2018) *AP* • 문화, 다양성 및 사회적 결정 요인 2018 AP	• 참가자의 필요와 선호도 고려	• 치료적 관계를 위해 환자 문화/선호도에 적응하기 • 언어 유창성과 선호도 보장	• 문화적 공식화, 실천을 위한 일반화, 겸손한 접근 방식에 대해 가르치기

(계속)

Maheu et al. (2018) *JTIBS* (임상 평가 및 치료) • 합리적인 언어 옵션으로 의사소통 보장	• 필요한 경우, 통역사 또는 공인 언어 지원 서비스 사용에 대한 주 언어/모국어 및 내담자/환자의 선호도 평가	• 주 언어 및/또는 선호 언어가 작동하도록 함. 언어가 이야기/서사와 친밀감 수준에 어떤 영향을 미치는지 알아보기. 통역사가 사용된다면, 민족성, 대인 관계 의사소통 스타일과 기술을 알아보기. 즉, 이야기/서사를 분석, 형성하지 않음. 두 사이트의 복잡성 관리(내담자/환자 사이트 'a'와 전문가 및/또는 통역사 사이트 'b')	• 치료 관계의 문화적 문제에 대해 가르치고 상담하며, 대면 및 비디오 기반 의사소통의 유사점과 차이점 비교. 영상에서 문화적 가치, 관행, 선호도 및 언어와 관련된 의사소통 추세에 대한 근거 기반 정보 전파
Hilty et al. (2018) *AP* • 비디오 • 언어/통역 능력	• 감독하에 통역사 최대한 활용하기	• 시간을 관리하고, 최상의 옵션을 선택하고(예: 전문가 > 직원 및 가족), 어느 사이트나 전화로든 통역사 활용하기	• 언어적 및 비언어적 차원 • 통역사를 활용할 때 관계의 차이점과 그 특성 가르치기(예: 간호사 대 공인 전문가)
Hilty et al. (2018) *JTIBS* • 소셜 미디어 • 문화, 다양성, 건강의 사회적 결정 요인	• 이것이 비동시적 방법에 어떤 영향을 미치는지? 다음의 영향은 무엇인가? ○ 기술 유창성? ○ 관용어, '약칭' 표현, 두문자어? • 세대 차이?	• 다양성 및 기술 문제에 대해 논의할 때 관심과 유연성 보여 주기 • 사회적 결정 요인이 대면 치료에 어떤 영향을 미치는지 인지하고 이 정보를 소셜 미디어/네트워크 사용에 적용하기	• 문화와 다양성이 소셜 미디어/네트워크 및 다른 기술 사용과 관련된 선호도에 미치는 영향에 관해 질문하기 • 사회적 결정 요인이 기술에 관한 관심, 사용 및 경험에 어떤 영향을 미치는지에 대한 성찰, 토론, 인식 촉진하기 • 가족에 영향을 미치는 이민자/동화(assimilation), 세대 및 기타 문화적 요인에 관해 묻기

(계속)

Zalpuri et al. (2018) *AP* • 소셜 미디어 • 문화, 다양성, 건강의 사회적 결정 요인; 언어 접근	• 관심과 유연성 보여 주기 • 사회적 결정 요인이 대면 치료와 소셜 미디어에 어떤 영향을 미치는지 인식하기 • 대면 치료와 소셜 미디어에 영향을 미칠 수 있는 의사소통 문제 파악하기	• 문화 및 사용/선호도에 대해 묻기 • 사회적 결정 요인이 기술 사용에 미치는 영향에 대한 성찰과 인식 촉진하기 • 문제 예측, 조정 및 언어 유연성 확보	• 문화적 공식화 인터뷰에 포함하고, 문화가 소셜 미디어 사용에 어떤 영향을 미치고 치료/환자 치료에 어떤 영향을 미치는지 확인하기 • 상담 제공하기
Hilty et al. (2019) *JTIBS* • 모바일 헬스 • 문화, 다양성, 건강의 사회적 결정 요인; 언어 문제 해결	• 서비스 팩(Service Pack, SP)/기기 및/또는 앱, 다른 기술과 관련된 문화 및 다양성 문제 고려 ○ 사회적 결정 요인이 동시적 및 비동시적 헬스케어에 미치는 영향 ○ 서비스 팩/기기 및/또는 앱에 대한 접근 ○ 예기치 않은 사건	• 환자에게 문화가 서비스 팩/기기 및/또는 앱, 다른 기술의 사용과 선호도에 영향을 미치는지와 어떻게 영향을 미치는지 묻기 • 사회적 결정 요인과 서비스 팩/기기 및/또는 앱이 어떻게 교차하는지에 대한 성찰과 인식 촉진하기 • 언어 및 의사소통 문제를 관찰, 조정, 관리하기(예: 이모티콘 사용)	• 해당되는 경우, 문화적 공식화 인터뷰에 서비스 팩/기기 및/또는 앱 사용을 포함하기 • 문화가 서비스 팩/기기 및/또는 앱 사용에 어떻게 영향을 미치고, 치료/환자 치료에 어떻게 영향을 미치는지에 대한 일반화(및 고정 관념 피하는 방법)에 관해 가르치기 • 상담 고려하기
Hilty et al. (2019) *Psych* • 클리닉 모바일 헬스 • 문화, 다양성 및 특수 인구 집단	• 문화 영향의 사용 및 인구의 기타 추세 인식하기(예: Y세대, 자폐 스펙트럼)	• 선호도 및 사용과 선호도의 기타 의미 고려하기(예: 청소년, 외상 후 스트레스 장애가 있는 재향군인)	• 문화적 차이와 차이에 따라 평가 및 관리 접근 방식을 조정하는 방법에 대해 가르치기
Hilty et al. (2020) *JMIR* • 문화, 다양성, 건강의 사회적 결정 요인; 언어 문제 해결	• 모바일 기술 및 기타 기술과 관련된 문화 및 다양성 문제 고려하기 ○ 사회적 결정 요인이 동시적 및 비동시적 헬스케어에 미치는 영향 ○ 모바일 기술에 대한 접근 ○ 예기치 않은 사건	• 환자에게 문화가 모바일 기술 및 기타 기술 사용과 선호도에 영향을 미치는지와 어떻게 영향을 미치는지 묻기 • 사회적 결정 요인과 모바일이 어떻게 교차하는지에 대한 성찰과 인식 촉진 • 언어 및 의사소통 문제를 관찰, 조정, 관리하기(예: 이모티콘 사용)	• 해당되는 경우, 문화적 공식화 인터뷰에 모바일 기술 사용 포함하기 • 문화가 모바일 기술 사용에 어떻게 영향을 미치고, 치료/환자 치료에 어떻게 영향을 미치는지에 대한 일반화(및 고정 관념 피하는 방법)에 관해 가르치기 • 상담 고려하기

(계속)

Hilty et al. (2021) *JTIBS* • 웨어러블 센서 • 문화, 다양성, 건강의 사회적 결정 요인; 언어 문제 해결	• 인구통계학적 변수(연령, 민족, 인종, 출신 국가, 문해력 수준, 장애)에 따른 기술 활용 패턴을 파악하고, 데이터로 뒷받침되지 않는 부정확한 편견을 확인하기 • 문화적, 다양성 문제 및 건강의 사회적 결정 요인이 건강 기술 채택 준비, 가용성 및 접근성에 어떤 영향을 미칠 수 있는지에 대한 성찰과 인식 촉진하기	• 문화적 역량 체계를 활용하여 기술에 대한 경험이 치료 통합에 어떤 영향을 미칠 수 있는지 이해하기 • 기술 문화적 역량을 높이고 편견 및/또는 고정 관념을 줄이기 위한 전략 활용하기 • 환자의 사용 준비 상태 및 문화가 사용에 영향을 미치는지와 어떻게 영향을 미치는지 파악하기 • 환자의 필요/관심에 기반하여 선호도에 맞추기 • 언어 및 의사소통 문제를 관찰, 조정, 관리하기(예: 이모티콘 사용)	• 해당되는 경우, 문화적 공식화 인터뷰의 구성요소 지시/사용 • 건강 기술 사용을 위해 민족 중심주의에서 민족 상대적 인식으로 전환하기 위한 역량 체계 활용에 대해 가르치기. 차이에 따라 평가 및 관리 접근 방식을 조정하는 방법에 대해 교육하기
시스템 기반 실천			
지역사회에 대한 아웃리치–전문가 간 교육 문제–치료 모델–비디오와 사용된 모델의 면허 규정			
Hilty et al. (2018) AP • 농촌 건강	• 치료와 관련된 농촌 건강 기본 사항 배우기	• 농촌 지역 접근성, 역학 및 장벽에 대해 배우기	• 교육, 실습 및 롤모델
Hilty et al. (2015) IRP • 농촌 건강	• 농촌 지역 접근성, 역학, 자금 및 기타에 대해 배우기	• 농촌 건강의 기본 사항 배우기	• 연습 및 롤모델
Hilty et al. (2018) AP • 특수 인구 집단	• 차이에 맞추기(예: 아동/청소년 대 성인)	• 차이를 인식하고 평가 및 관리 조정하기(예: 재향군인, 아동/청소년/부모, 문화, 노인) 2018 AP	• 교육, 연습 및 롤모델

(계속)

전문성			
태도–무결성 및 윤리적 행동–업무 범위			
실천 기반 학습			
행정–안전 및 품질 향상–교육과 학습			
지식			
Hilty et al. (2019) JTIBS • 모바일 헬스 • 환자 치료	• 동의, 개인정보 보호, 데이터 보호/무결성 및 보안 안전, 문서화를 포함하여 대면 치료와 비교하여 모바일 헬스, 서비스 팩/기기 및/또는 앱에 대한 질문에 답하고, 논의하고, 조정할 수 있는 능력 • 서비스 팩/기기 보안 조치에 대한 인식(즉, 비밀번호 보호)	• 업무 범위, 의사소통, 문화 및 다양성, 윤리, 치료 모델의 추가 영역에서 대면 치료와 비교하여 모바일 헬스, 서비스 팩/기기 및/또는 앱에 관한 질문에 답하고, 가르치고, 논의하고, 명확히 하고, 옵션을 조정 및 개발하기 • 서비스 팩/기기 보안 조치에 대한 인식(즉, 수신 전화가 보안 조치를 '우회'하는 경우 비밀번호 보호 무시)	• 모바일 헬스, 서비스 팩/기기 및/또는 앱에 관한 광범위한 지식을 입증하여 동료들에게 이를 완화하는 방법에 대한 실질적인 지식을 알려주기
• 환자 치료	• 동의, 개인정보 보호, 데이터 보호/무결성 및 보안 안전, 문서화를 포함하여 대면 치료와 비교하여 모바일 기술에 대한 질문에 답하고, 논의하고, 조정할 수 있는 능력 • 모바일 기술의 보안 조치에 대한 인식(즉, 비밀번호 보호)	• 업무 범위, 의사소통, 문화 및 다양성, 윤리, 치료 모델의 추가 영역에서 대면 치료와 비교하여 모바일 기술에 관한 질문에 답하고, 가르치고, 논의하고, 명확히 하고, 옵션을 조정 및 개발하기 • 모바일 기술 보안 조치에 대한 인식(즉, 수신 전화가 보안 조치를 '우회'하는 경우 비밀번호 보호 무시	• 모바일 기술에 관한 광범위한 지식을 입증하여 동료들에게 이를 완화하는 방법에 대한 실질적인 지식을 알려주기

(계속)

기술 (대학원 의학 교육 인증 위원회(Accreditation Council of Graduate medical education, ACGME)에 포함되지 않음)			
기술에 적응-원격 사이트 설계-기술 운영			
원격 프레즌스 및 가상 환경 (대학원 의학 교육 인증 위원회에 포함되지 않음)			
Maheu et al. (2018) JTIBS • 명백한 문화적 요인을 파악하고, 치료 시 딜레마가 발생하면 이 주제를 고려하여 평가 및 치료 전략을 조정 • 문화적 겸손과 배움에 대한 태도로 탐구하기. 문화적 고려 사항/문제를 해결하기 위해 적절한 자문 구하기	• 문화/언어를 포함한 내담자/환자 의사소통 스타일/습관 및 기술이 이를 어떻게 변화시키는지 파악하기 • 비디오를 통해 내담자/환자, 가족, 기타 의료 전문가와 소통할 수 있도록 대면 기술을 조정하기 • 사용된 기술에 따라 의사소통이 달라지는 방식 확인하기; 약어, 명사, 이모티콘, 단상의 사용에 대한 조사 • 기술이 내담자/환자와 전문 간의 복잡성을 더하는 세 가지 방법 언급하기	• 기술과 관련된 내담자/환자의 스타일/습관의 차이를 예상하고, 성찰 장려하기 • 내담자/환자, 가족, 기타 의료 전문가와 소통하기 위해 대면 기술 시연 및 적용 • 이모티콘, '말줄이기' 및 약어 사용 등 대면 의사소통과 기술 기반 의사소통의 유사점/차이점 파악하기 • 대화의 흐름과 매체의 영향은 물론 언어 및 문화와 관련된 사항(예: 미국 동부 해안 대 서부 해안) 고려하기 • 양상에 맞게 의사소통 조정하기. 예를 들어, 내담자/환자가 비디오에서 눈에 띄게 불안해할 때 다른 방식으로 참여할 수 있음	

<표 17.3> 대학원 의학 교육 인증 위원회의 모바일 기술 역량 개요(즉, 마일스톤)

영역/주제	초보자/상급 입문자 (대학원 의학 교육 인증 위원회 마일스톤 레벨 1-2)	유능한/숙련된 (대학원 의학 교육 인증 위원회 마일스톤 레벨 3-4)	고급/전문가 (대학원 의학 교육 인증 위원회 마일스톤 레벨 5)
환자 치료			
병력 청취	• 기술에 대한 경험 및 노출 여부에 대해 질문하기. 다음과 같은 질문으로 확인하기 ○ 어떤 종류의 모바일 기술을 사용하고 있나요? –운동 –엔터테인먼트 –건강 관리 –사회적 활동	• 환자의 디지털 문해력을 평가 및 학습할 정보/자원 추천. 체계적으로 확인/성찰 격려 ○ 서비스 팩/기기 및/또는 앱 대 이메일, 인터넷, 소셜 미디어 등 ○ 의사, 간호사 또는 다른 사람과의 치료 ○ 친구, 임상가 또는 다른 사람과의 정신건강 문제 ○ 위험 요소(예: 사생활, 자기 노출)	• 정보에 입각한 동의 포함. 개인 및 의료용 모바일 기술 사용에 대한 세부 정보 통합 ○ 개인적 사용과 전문적 사용 유형 평가 ○ 환자가 모바일 기술에 대한 개인정보 보호 설정을 사용하는지 확인하고, 기술을 보여 주고 가르쳐주기
참여 및 대인 관계 기술	• 기술 사용과 편안함/개방성 및 신뢰에 대해 질문하기. 다음에 대한 영향력 논의하기 ○ 다른 사람들과의 관계 ○ 직업 생활 ○ 건강 관리 • 일반적으로 유머, 자기 비하 발언, 농담 피하기	• 선호도를 묻고 관계에 미치는 영향 평가하기(즉, 가족, 동료, 직업) ○ 친밀감 및 감정에 미치는 영향 • 치료적 관계에 미치는 영향 평가하기 ○ 의사소통 ○ 친밀감 ○ 경계 • 다른 기술 및 대면 치료와 비교하기(예: 공감 표현 방법)	• 효과적인 의사소통 안내. 모바일 헬스를 사용하는 가장 좋은 방법에 대해 가르치기 ○ 목적에 맞게 단순화 ○ 사용 목적/의도와 일치시키기 • 관계에 대한 비동시적 영향과 동시적 영향에 대해 교육하기. 참가자의 기대치에 대해 논의하기. 동맹 구축 관행, 대응 및 장벽을 결정/교육하기

(계속)

문화, 다양성, 언어/통역가 사용 및 건강의 사회적 결정 요인	• 문화, 언어, 관습이 선택에 어떤 영향을 미치는지 질문하기 • 자신의 문화, 가치관, 행동, 선호도 고려하기 • 문화가 앱, 문자, 이메일, 웨어러블 기기 사용에 영향을 미치는지 논의하기 • 사회적 결정 요인 고려하기	• 환자 문화, 선호도 및 사회적 결정 요인을 고려하여 옵션 조정 • 사용된 용어의 문화적 의미 도출(예: 질병/건강, 의학/영적) • 비동시적 기술의 사용 및 이 기술이 어떻게 작동하는지 또는 어떻게 작동하지 않는지에 관해 교육하기(예: 비주요 언어와 이모티콘 혼동)	• 문화적 공식화 체계 따르기 • 문화, 가치, 행동, 선호도의 맥락에서 환자–의사 관계 고려하기 • 고정 관념이 아닌 일반화 촉진 • 사회적 결정 요인이 건강 관리와 기술에 대한 접근성에 영향을 미치는지 평가
평가	• 모바일 헬스 사용 여부를 평가하고 문서화하기 • 감독하에 도구(예: 간이정신상태검사(Mini-Mental State Examination, MMSE)) 관리하는 방법 배우기 • 질문/문제가 발생하면 조언/상담 요청하기	• 대면 치료 또는 다른 사람의 부수적인 정보 필요성 고려하기 • 모바일 기술 구성요소를 전반적인 대면 평가와 통합 • 환자의 요구 사항과 선호도를 충족하기 위해 유연성을 입증하고 의사 결정을 공유하기	• 대면 원격 정신의학, 모바일 헬스 및 기타 출처에서 정보 종합 • 평가 최적화 및 유연성 입증(즉, 공유된 결정) • 모바일 기술 사용의 장단점과 목적 확인하기
관리 및 치료 계획	• 생물심리사회적 접근 방식에 모바일 기술 통합(지식의 의사결정 지원 참조) • 의사 결정 지원 도구 또는 앱의 장단점 고려(지식의 의사결정 지원 참조) • 진행 중인 모바일 기술 사용 모니터링 및 문서화 • 필요한 경우, 방문의 일부를 모바일 기술 및 기타 기술 사용에 집중하여 심도있는 대화 나누기 • 1~2개의 모바일 기술을 시범 운영하여 의사소통 옵션 학습하기	• 환자 선호도, 기술 및 필요(즉, 목적)에 따라 모바일 기술 옵션 선택; 한 가지 치료 목표에 집중 ○ 감정 모니터링 앱 ○ 환자의 감정 및 활동에 대한 데이터(즉, 생태학적 순간 평가) • 모바일 기술을 정기적인 생물심리사회적 임상 토론과 결합하고, 성찰을 촉진하며, 관계에 미치는 영향 평가하기. 모바일 기술의 안전/위험 요소 확인 및 복잡하고 긴급한 문제 분류	• 기술에 대한 조정과 함께 우선순위를 정한 생물심리사회적 개요 사용하기. 모범 사례 교육 ○ 근거 기반 앱 ○ 근거 기반 접근 방식 • 주어진 작업에 대한 '최상의' 모드 선택: 모바일 기술, 이메일/문자, 전화, 및/또는 대면. 치료에 대한 법률, 청구, 워크플로우, 관할권 및 행정 문제에 대해 인식하기. 인구 영향 및 상대적/절대적 금기사항 평가하기

(계속)

임상 의사 결정 지원	• 의사결정 및 치료를 위해 모바일 기술 사용 • 학습자/감독자와 함께 사례 검토	• 의사 결정을 위해 매개 변수 내에서 모바일 기술 조정 • 근거에 따라 환자, 학습자, 직원이 의사 결정 지원 도구를 사용하도록 돕기 • 전자 건강 기록에 통합되는 모바일 기술 옵션, 이메일 및 도구 우선순위 설정	• 사전 및 플랫폼 내 데이터 피드(예: 설문지 업로드)를 전자 건강 기록에 사용하여 치료 품질을 개선하고 효율성을 높이는 방법에 대해 가르치기 • 사용자 및 시스템에 대한 워크플로우 평가 및 조정
행정 및 문서 작성	• 모바일 및 기타 기술에 대한 클리닉, 의료 시스템, 전문가 요구 사항 준수 • 사전 동의 및 주요 사건에 대한 문서화 및 감독 요청	• 동의서, 치료 계획, 예기치 않은 사건에 대한 표준 언어 개발 • 현재 관행을 조정하고 모바일 기술 및 기타 기술을 위한 새로운 정책/절차 개발	• 문서 작성, 개인정보 보호 및 청구와 관련된 대면, 원격 정신과, 모바일 기술에 대한 가르침 • 비즈니스 및 재정 문제 고려/해결(예: 사용 시간의 장단점)
의료-법적 문제; 개인정보 보호, 기밀 유지, 안전, 데이터 보호/무결성 및 보안	• 실무 관할권과 환자 관할권에서 규정을 확인하고 준수하기 • 비공개로 의사소통하고 데이터를 보내도록 환자에게 조언하기(예: 지메일(Gmail)이 아닌 전자 건강 기록 내의 보안 이메일)	• 모든 관할권에서 모바일 기술에 대한 직접 관련 규정을 적용하고, 임상 치료 조정하기 • 환자/팀에게 모바일 기술에 대한 교육을 제공하고, 기존 법률 적용하기 • 임상 및/또는 법적 자문 획득	• 모바일 기술에 대한 대면 법률과 규정에 대해 교육/상담 • 대면에서 모바일 헬스로 법률 및 규정 원칙 조정하기 • 관할 당국, 전문 기관 및 규제 위원회와 협력
의학 지식			
모바일 기술 정의	• 모바일 헬스, 스마트폰, 앱 및 기타 모바일 기술 정의	• 용도/목적, 위험/이익 및 플랫폼에 따른 모바일 기술 비교	• 환자와 임상가를 위한 옵션 및 자원 교육
근거 기반	• 기본 근거 기반 및 비동시적 치료 평가 방법 숙지	• 결과 데이터, 개념 및 원칙 숙지(예: 표준, 지침, 앱이 증거 기반인지 여부 및 증거 기반 접근 방식에서 이를 사용하는 방법)	• 의료진 동료에게 교육/자문 • 모범 사례 지침 개발 • 근거 기반, 임상 지침 및 역량 세트 교육

(계속)

기술적 운영	• 평가 및 치료를 위한 기술 지원 제공 • 모바일 기술 제품 사용법을 배우는 방법 설명하기 • 문제/오류 보고 시스템 인식 및 숙지	• 현재 옵션의 성능을 평가하고 새로운 제품과 제품의 장단점 평가 • 사용자 요구 사항을 평가하고 환자/참가자에게 가장 적합한 옵션 결정 • 자원 역할, 기술 지원 요청 및 품질 향상 프로세스 지원	• 모바일 기술 플랫폼에 대한 정보 연구 및 배포(예: 전자 건강 기록으로의 반영, 커뮤니티 시스템 전반의 데이터 통합) • 문제와 해결책을 포함한 품질 향상 및 프로세스 개선 교육
임상 치료 및 행정	• 질문에 답하고, 논의하고, 모바일 기술을 치료에 적용하기 • 기본 개인정보 보호, 데이터 보호/무결성/보안, 안전 조치/단계 이해하기	• 의사소통, 문화적 요인, 팀, 치료 모델, 전자 건강 기록 및 어려운 사례/장애에 맞게 조정/맞춤화하기 • 시스템의 개인정보 보호, 문서 작성 및 보상 규정 알아보기	• 하드웨어, 소프트웨어 및 액세서리 최적화, 방해물 최소화 • 예방, 완화 및 관리 정책 개발(예: 데이터 보안, 워크플로우, 보상)
의사 결정 지원	• 감독하에 의사 결정 지원 역할 학습 • 감독자 및/또는 교사와 함께 사례 시험 운영/검토 • 수동 및 의사 결정 옵션 비교	• 의사 결정의 시작, 개선 및 모니터링에 있어서 역할 찾기/평가 • 다양한 급성/만성 상태에 대한 수동 작업과 비교(예: 오류 식별, 중복 과정) • 환자, 학습자, 직원이 장단점을 기반으로 의사 결정 지원 도구를 사용하도록 돕기	• 의사 결정 지원 도구 개발/연구/평가 • 의사 결정을 돕기 위해 다른 사람들이 매개 변수를 조정하도록 안내하기(예: 조정의 기본 사항) • 현재 및 대상 실천에 대한 집계 데이터 검토/연구
시스템 기반, 문제 기반 및 전문성	• 환자와 시스템에 대한 접근, 물류, 안전 및 결과 알아보기 • 잠재적 위험 식별(예: 개인정보 침해) • 책임감을 느끼고, 우려 사항을 공유하고, 피드백 얻기	• 잠재적인 사용자 위험 식별 및 예방, 위험 완화(예: 개인정보 보호 설정 사용) • 행정팀과 함께 규정 적용, 정책 및 절차 조정 • 윤리적이고 책임감 있는 치료 확립, 유지, 촉진하는 접근 방식 개발	• 위험을 파악하고 동료들에게 조언 • 예방, 완화 및 관리 정책 개발(예: 데이터 보안, 전문성 상실) • 시스템 전반에 효율적인 아웃리치 및 치료를 위한 실천법 교육
시스템 기반 실천			
전문가 간 교육 및 팀워크	• 기술에 대해 학습하고 다른 사람들과 정보 공유하기	• 전문가 간 팀과 협력하여 모바일 기술을 활용하여 치료 개선 • 의사소통, 개인정보 보호 및 임상 생산성과 관련된 장단점 따져보기	• 시스템 계획에 전문가 간 교육 팀의 관점을 통합하고, 전략 가르치기 • 효과와 효율성을 기반으로 과제/역할 조정

(계속)

안전 (환자 치료 및 전문성 참조)	• 환자에게 비상시에 대비해 전화하거나 추가 예약을 잡도록 교육하기	• 모바일 기술의 과거 이력을 기반으로 잠재적 문제를 예방, 식별, 위험 계층화	• 치료 모델의 위험 조정/관리 • 의료 서비스에서 모바일 기술 사용의 함정에 대해 다른 사람에게 교육하기
안전 및 품질 향상	• 감독하에 체계적인 평가를 학습하고, 긴급 문제를 대면 치료로 분류하기 • 문제/오류에 대한 보고 시스템 사용 정책 준수 • 슈퍼바이저와 품질 격차 및 조치의 장단점 논의	• 팀과 시스템 프로세스의 품질 격차에 기여하는 요인/인과 관계 설명 • 시스템 오류를 인식하고, 회의에 참여하며, 품질 향상 도구 활용을 통한 부작용 예방 • 참가자에게 기술 특정 원칙 교육(예: 응급 상황)	• 문제 관리, 품질 향상 솔루션 참여, 다른 사람에게 함정과 오류 예방에 대해 교육하기 • 집계 데이터 분석, 근본 원인 분석 및 변경 관리 주도 • 임상, 행정 및 법적 문제를 관리하기 위해 위험 평가/조정
모델, 실천 및 치료 시스템	• 상담, 평가, 분류 및 관리 임상가 역할에 대해 알아보기 • 전자 건강 기록에 워크플로우 통합	• 의사 결정을 위해 워크플로우/전자 건강 기록에 데이터를 통합할 수 있는 (내부) 효율성과 기회에 대한 의견 제시(예: 센서, 원격 모니터 장치 적용)	• '치료 시간'의 어느 부분이 모바일 헬스에 사용되는지 고려하기 • 시기적절하고, 이용 가능하며, 저렴하고, 양질의 치료를 위한 모바일 헬스 옵션 분석
실천 기반 학습			
평가 접근 방식	• 환자, 전문가 간 팀, 클리닉/병원에서의 전체적인 평가에 대한 학습/참여	• 일관성, 품질/특수성 및 평가의 안정성에 대한 태도 및 기술 개발/촉진	• 주/도/국가별로 평가에 대한 실무 규준을 가르치고, 전문직 군 간 조정하기
품질 향상	• 대면 치료와 기술 기반 치료와 관련된 차트 검토, 사례/질병률 및 사망률(morbidity and mortality, M&M) 회의 및 기타 활동에 참여	• 평가 및/또는 치료를 조정하기 위해 대면 품질 향상 원칙을 모바일 기술에 적용하고 적용/조정 • 참가자에게 기술 특정 원칙과 조치에 대해 교육	• 법적, 규제 및 윤리적 표준을 준수하고 맞추기 위한 품질 향상 전략 개발 • 어떻게 품질 향상을 분석, 선택 및 평가할지에 대한 교육/상담

(계속)

전문성			
태도	• 모바일 기술 사용에 관해 관심을 보이고, 숙고함	• 기술 논의 시 관심을 표현하고, 비판적이지 않으며, 자발적으로 참여하기	• 리더십, 기관 정책, 커리큘럼 및 워크플로우
무결성 및 윤리적 행동	• 전문가 및 정부 지침을 준수하여 무결성 유지 • 모바일 기술에서 경계, 개인정보 보호 및 기밀성 문제 인식	• 개인적 맥락과 전문적 맥락, 잠재적인 미시적 및 거시적 경계 위반에 대해 숙고하기(예: 진료 시간 이후 환자에게 '편리하다'는 이유로 문자 보내기) • 개인정보(예: 건강 정보)가 접근 가능하며 모니터링될 수 있다는 사실 인식하기	• 롤모델, 다른 사람들에게 복잡한 윤리적 문제를 관리하고 전문가 정체성을 유지하도록 교육/상담 • 치료 관계와 치료를 위한 의사소통의 질을 유지하기 위해 접근 방식 연구/개발
범위 및 치료 목적	• 환자와 범위 내에서 실습하고 기대 사항에 대해 논의 • 공유된 주요 치료 목표에 집중하기	• 범위 문제에 주의를 기울이고 평가하기 • 모바일 기술이 허가를 받았고 평판이 좋은지 평가하고, 부정한 행위 피하기	• 환자 집단에 맞게 조정하기 위해 사용법 교육/상담(예: 연령, 질병/장애) • 복잡한 사례 평가 및 조언(예: 위험 집단, 법적 문제)
대인 관계 및 의사소통 기술			
의사소통	• 문제 논의 및 대안 옵션 정리 • 환자 의사소통의 장점과 대응 방법(있다면)에 대한 조언 구하기	• 기대치를 명확히 하고 문제 예상하기(예: 다른 사이트, 클리닉에서 모바일 기술 확인의 실행 가능성) • 간결하고 명확한 모바일 기술 의사소통	• 비동시적 기술 사용에 대한 정책 개발 • 두문자어 및 약어에 대한 기대치와 잠재적으로 모호한(즉, 다중의) 의미를 명확히 하기
특수 인구 집단	• 환자 집단의 긍정적 및 부정적 추세 인지(예: Y세대 또는 Z세대, 자폐 스펙트럼)	• 모바일 기술 사용 선호도 고려(예: 청소년, 외상 후 스트레스 장애가 있는 재향군인) • 비동시적 기술을 통한 추세 파악(예: 이메일/문자, 앱)	• 차이에 따라 평가 및 관리 접근 방식을 조정하는 방법에 대해 가르치기

2) 디지털 및 문화적 문해력

디지털 문해력은 우리 사회에서 점차 중요한 역할을 차지하고 있으며, 기관과 정책 입안자들의 중요한 관심사가 되고 있다(European Commission, 2018; US Department of Education, 2017a; Vial, 2019). e-스킬, 디지털 문해력, 정보통신기술 문해력, 디지털 스킬, 디지털 역량 등의 용어가 사용되기 때문에 통일된 정의가 없는 게 한 가지 과제이다(Spante et al., 2018). 대부분의 정의는 디지털 문해력의 원래 정의인 '컴퓨터를 통해 제시될 때 여러 형식의 정보를 이해하고 사용하는 능력'으로 거슬러 올라간다(Gilster, 1998). 시간이 지남에 따라 기술 스킬, 인지 스킬(예: 비판적 사고), 온라인 행동과 적절하게 행동하는 데 필요한 민감성을 통합하는 사회-정서적 차원이 필요하다. 디지털 역량은 '디지털 사회에서 좋은 성과를 달성하기 위한 다양한 스킬의 집합'으로 광범위하게 정의되며, 이는 성과 개념을 강조하고 지식 생산을 추론할 수 있다(Picatoste et al., 2018). 마지막으로, 디지털 스킬은 '사용자가 컴퓨터와 네트워크를 작동하고, 정보를 검색하고 선택하는 데 필요한 스킬 세트이며, 자신의 목표를 달성하기 위해 이를 사용할 수 있는 능력'이다(van Dijk, 2006). 여기에는 기술, 정보 탐색, 전략 스킬(즉, 무언가를 달성하기 위해 기술 및 정보 스킬을 사용하는 것)이 포함된다. 의사소통과 미디어 차원 또한 중요하다.

모바일 헬스와 같은 기술 기반 플랫폼으로의 전환은 소수 민족(예: 울혈성 심부전이 있는 아프리카계 미국인, 인체면역결핍바이러스(Human Immunodeficiency Virus, HIV) 감염 여성)이 기술에 대한 접근성과 이를 사용할 수 있는 접근 방식(즉, 태도, 기술, 지식)을 가지고 있다면 그들에게 더 도움이 될 수 있다. 트위터와 페이스북은 디지털 네이티브(Z세대, 1988년-현재), 밀레니얼(Y세대, 1981-1997년), X세대(1865-1980년) 사이에서 흔히 볼 수 있다. 사용자는 특정 질병(예: 제2형 당뇨병 관리를 위한 앱 또는 인터넷 기반 개입)에 대한 충분한 기술 접근과 사용자 경험이 필요하다. 일부 환자는 여전히 대면 치료를 선호하며 기술 활용 능력과 언어 능력에 따라 모바일 개입에 대한 반응이 결정될 수 있다. 일부 환자(예: 스페인어 문자 메시지를 사용하는 히스패닉/라티노 참여자)는 기술을 수용하지만(Arora et al., 2014), 상호작용의 참여 수준에 영향을 미치는 요인은 많다(Jang et al., 2018). 성공적인 e-헬스 프로그램에는 빈번한 의사소통, 양방향 정보 흐름, 피드백, 다중 구성요소 개입, 다중 모드 제공이 포함된다(Hilty et al., 2021c). 기술적 유창성은 행동과 일차 진료 환경 모두에서 건강 문해력뿐만 아니라 언어, 사회, 경제, 기타 문화적 문제와도 연결된다(Hilty et al., 2021c; Hilty et al., 2018c).

소외되고 불우한 사람들을 위해, 임상가는 지식 외에도 태도, 인식, 기술을 배울 수 있는 문화적으로 유능한 치료를 위한 교육이 필요하다(Benuto et al., 2018). 경험, 회복, 트라우마와 기타 요인의 역할을 포함하여 임상 치료를 위한 문화적 역량, 문화적 겸손, 문화적 안전에 관한 수많은 의료 전문가 기관의 간행물이 있다. 기존의 문화적 역량은 합의에 기반하지만, 측정 가능한 기술 측면에서 운영되지 않는다(Indigenous Physicians Association of Canada, 2009; Kirmayer et al., 2012). 다행히도 문화에 기반한 적응을 통한 비디오 역량이 발표되었고 (Hilty et al., 2020b), 문화적 역량과 모바일 헬스의 교차점은 종합적이고 다차원적인 문화적 역량으로 배치되었다(Hilty et al., 2021c). 그리고 의대생, 레지던트, 교수진, 기타 전문가 간 팀원을 위해 의학 체계에서 독립된 문화적 역량도 구성되었다.

5. 2030-2040년을 위한 시스템 및 제도 변화

1) 개요

미국 헬스케어 시스템은 팩데믹 이후의 새로운 규범에 적응하는 데 어려움을 겪을 것이며, 각 의료 시스템은 기술의 역할을 결정해야 할 것이다. 임상, 기술, 행정 운영이 환자의 건강, 제공자의 복지, 지역사회의 건강을 보장할 수 있도록 기술적 개입을 지원하는 기관 리더의 역할이 필요하다. 임상가, 학습자, 교사, 관리자가 진료의 질과 임상 실무에 대해 '함께 생각'하는 게 중요하다(Armstrong et al., 2010; Chan et al., 2017; Hilty et al., 2021d; Schueller et al., in press). 의료 시스템은 제공자의 기술을 평가하고 역량을 갖춘 교육을 시행함으로써 이점을 얻을 수 있고, 이는 화상 원격 의료(Maheu et al., 2018), 웨어러블 센서, 원격 환자 모니터링(Hilty et al., 2021a), 소셜 미디어(Zalpuri et al., 2018), 모바일 헬스(Hilty et al., 2019a; Hilty et al., 2020a) 및 비동시적 헬스케어(Hilty et al., 2021d)가 있다. 또한 원격 의료는 새로운 인구에 접근하고, 소외된 사람들을 돕고, 지역사회 파트너와 관계를 구축할 수 있는 기회를 제공한다(Hilty et al., 2021d). 학습을 위한 긍정적인 e-문화를 구축하기 위해서는 환자, 임상가, 기타 팀원이 기술을 배우고 팀워크를 증진하며 새로운 기술 시대에 적응할 수 있도록 도와야 한다([그림 17.1] 참조).

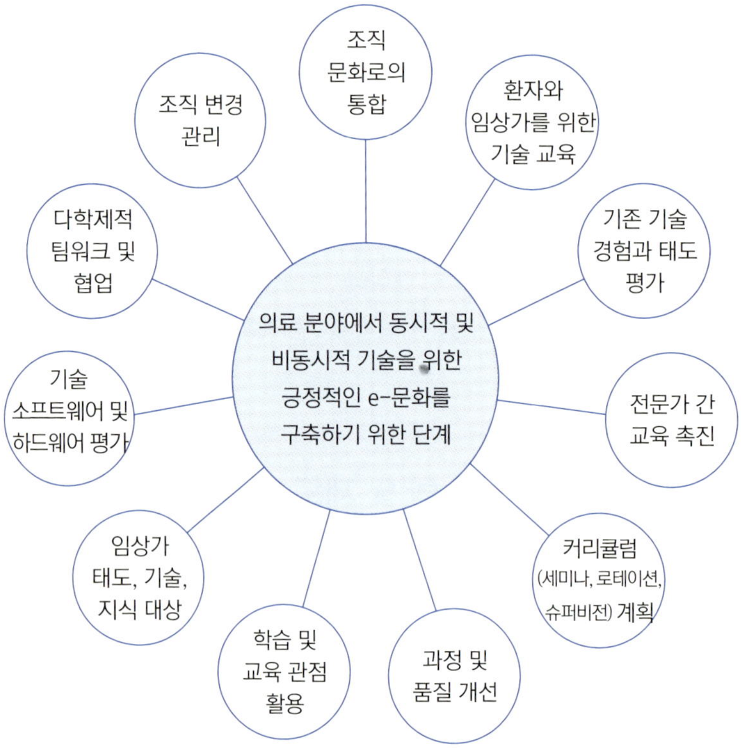

[그림 17.1] 의료 분야에서 동시적 및 비동시적 기술을 위한
긍정적인 온라인 문화를 구축하기 위한 단계

2) 인적 요인

최근 연구에 따르면 치료에 기술을 성공적으로 구현하는 데 가장 흔한 장애물은 기술 자체가 아니라 교육과 관련된 워크플로우 문제이며, 이는 비디오, 모바일 헬스, 소셜 미디어 및 기타 비동시적 기술의 경우에도 해당한다(Hilty et al., 2021d). 임상, 기술 및 행정 워크플로우 문제가 있다. 비디오 통합의 경우 '임상 옹호자와 교육 교수진에 교육 및 교수진 개발을 지휘하기 위해 임상 역량을 학습하고 구현하도록 위임하는 것'은 타당하다(Hilty et al., 2019d). 그러나 고유한 도입 과제와 결합한 빠른 속도의 기술 변화를 해결하는 게 그 어느 때보다 더 필요하다. 치료받는 환자의 경우 일반적으로 통합 치료 모델과 더 유사할 수 있으며, 방문/접촉이 기존 전문 정신건강 상담보다 더 간결하고 문제 중심적이다. 그리고 접근성, 품질, 사용자 만족도, 효율성에 초점이 맞춰질 것이다.

전통적으로 기술이 치료에 추가됨에 따라 비디오와 모바일 헬스에 대한 의사/임상가 및 워크플로우 장벽이 상당하다. 비디오의 경우, 장벽은 참여, 기술 워크플로우, 법적(예: 면허,

자격 증명), 조직 적합성, 프로그램/시스템 평가, 품질 향상, 재정/환급과 관련이 있다(Cowan et al., 2019; Institute for Healthcare Improvement, 2018). 임상가의 *비디오* 구현과 관련된 장벽은 다음과 같은 세 가지 범주로 나뉠 수 있다: (1) 개인적 장벽, (2) 임상 워크플로우 및 기술 장벽, (3) 면허, 자격 증명 및 환급. 개인적인 장벽에는 라포 형성, 좋은 임상 관계 구축, 정신과 질환의 비언어적 징후(예: 첫인사, 위생 불량, 술 냄새) 평가에 어려움을 겪을 수 있다는 우려가 포함된다. 이는 기술 교육, 다른 사람의 화상 클리닉 참관 및 경험, 클리닉 관리자와 직원과 함께 다른 사람의 클리닉 방문을 통해 가장 잘 처리할 수 있다.

임상 워크플로우 및 기술 장벽에는 대면 치료에는 필요하지 않은 화상 방문을 위한 작업을 계획하고 조직하는 데 필요한 추가 시간(예: 치료실 준비, 다른 장소, 장비)이 포함된다. 중요한 단계는 대면 및 화상 치료가 워크플로우 일부가 되는 문화를 조성하는 것이다. 이는 정기적인 환자 예약 일정(예: 15분, 30분, 또는 60분 방문), 치료 '시간'의 비정상적인 적시성, 개인/클리닉/학술 보건 센터 치료 전반에 걸쳐 일반화 가능한 치료로 인해 화상 진료에서 잘 작동할 수 있다. 비디오 워크플로우 장벽에는 환자를 이에 적응시키는 것, 직원의 유연성 및 신뢰성, 치료 제공자와 원격 장소 간의 조정이 포함된다. 비디오 치료는 대면 치료보다 더 많은 요구사항이 있다. 다른 환자를 위한 대면 치료 및/또는 추가 기술과 비디오를 결합하는 경우, 전환에는 조정이 필요하다. 전자 건강 기록은 치료 구성요소를 통합하고 조정하는 데 도움이 될 수 있다. 환자 설문지와 기타 데이터(예: 모바일 헬스 앱)의 사용은 면담 및 의사 결정 시간과 문서 작업을 줄일 수 있다.

화상 원격 의료 연구의 평가는 일반적인 만족도와 실행 가능성을 넘어 타당성, 신뢰성, 비용/경제성, 임상 결과에 대한 영향에 관한 문제로 나아간다(Hilty et al., 2023). 경제적 비용 분석을 위한 표준체계에는 다음이 포함되어야 한다. 계획, 실행 및 평가를 위한 경제학자; 도구 또는 지침; 점증적 비용-효과 비율을 사용한 종합 분석(예: 비용 대비 효과성 또는 비용 편익); 인구의 건강, 삶의 질, 효용 결과에 대한 측정, 결과를 경제적 이익으로 전환하는 방법(예: 금전적, 삶의 질 보정 생존 연수); 폭넓은 시각(예: 사회적 시각); 모델링의 불확실성에 대한 민감도 분석; 차등 시기 조정(예: 할인 및 미래 비용). 프로그램을 시작, 유지, 개선할 때 환자, 제공자, 직원으로부터 반복적인 피드백을 받는 과정 기반 평가는 매우 중요하다. 학습자의 경우, 평가에는 (1) 반응, (2) 학습, (3) 행동, (4) 결과의 네 가지 다른 수준을 포함해야 한다고 제안한다(Kirkpatrick J. & Kirkpatrick W., 2009).

모바일 헬스의 경우 체계적인 검토를 통해 워크플로우 관련, 환자 관련, 정책 및 규정, 문화 또는 태도 또는 사회적 영향, 금전적 요인, 근거 기반, 인지, 사용자 참여와 관련된 여덟 가지 사회적 및 조직적 요인이 채택에 영향을 미치는 것으로 나타났다(Jacob et al., 2020). 예를 들어, 기술적 요인의 경우 유용성, 사용 용이성, 디자인, 호환성, 기술적 문제, 내용, 개인화, 편의성 등이 포함되어 있다. 정성적 평가에서는 임상가가 인지하는 도입 장벽을 (1) 개인(임상가), (2) 환자, (3) 조직(즉, 시간, 통일성, 정책/방향)의 세 가지 주제로 단순화했다 (Weichelt et al., 2019).

3) 자금 조달, 환급 및 라이선싱

건강보험개혁법(Affordable Care Act, ACA)과 기타 의료 분야의 추세가 서비스를 크게 재편하고 있다. 막대한 비용이 국민총생산(Gross National Product, GNP)에서 의료 분야에 지출되고 있고, 예상 균형의 문제와 경기 침체가 변화를 알리고 있다. 미래에 비용이 증가할 수 있지만(Keehan et al., 2016), 2008년 이후 국민총생산 성장률은 둔화되었으며 대공황 이전보다 낮은 수준이다(Aaron, 2015). 소비자와 의료비 지불자는 임상가, 클리닉, 의료 시스템에 더 많은 책임을 기대한다. 접근성, 안전, 양질의 치료에 초점이 맞춰져 있다. 기본 원칙은 낭비 제거, 효율성, 통합이다. 미국인들은 건강보험개혁법에 가입되어 있고 이는 접근성을 높였지만, 완전히 효율적이지는 않다(예: 행정, 거래)(Aaron, 2015). 많은 의료 기관과 제공자는 행위별 수가제, 묶음 지불, 상대 가치 단위, 관리형 치료, 원가 추가 환급, 예상 환급에서 옮겨간 지불 문제에 중점을 두고 있다. 입법과 자금 조달은 가치와 품질/성과 향상에 중점을 두고 있다.

화상의 경우, 미국 전역에서 장기적인 비용이 주요 문제이며 환급 장벽이 여전히 존재한다. 스타트업 보조금은 일반적으로 기술에 대해서는 지원하지만, 계속된 직원 조정 및 임상가 서비스에는 지원되지 않는다. 보험사나 제3자 지불인은 종종 사전 교육 및 행정적 개입이 필요하지만 이에 동참하고 있다. 환자 치료는 의료 부문에서 보장되거나 보장되지 않을 수 있다: (1) 행동 건강 서비스가 비급여이거나 환급이 제대로 이루어지지 않는 경우, (2) 주에서 도 정신건강 시스템으로 책임을 전가하는 경우. 환자들은 때때로 낙인이 적고 일차 진료자와의 지속적인 관계로 인해 이 옵션을 선호한다. 연방 프로그램은 연방 자격을 갖춘 진료소와 농촌 진료소에서 농촌 환자를 대상으로 높은 전문가 비용을 환급하는 방식으로 수립되었지만, 원격 진료 서비스는 설명할 수 없다고 보기 때문에 '외부'에서 제공되는 것으로 간주되어 때때로 자격을 갖추지 못하는 경우가 있다. 일부 주 전역의 원격 의료 프로그램은 접근성이 향상되었으나(예: 사우스캐롤라이나) 빈곤층과 농촌 지역 환자는 여전히 소외되어 있으므로, 이들을 위한 서비스 제공 장벽을 극복하는 것이 여전히 최우선 과제이다.

원격 의료 및 문화와 관련된 미국 헬스케어 모델에서 가장 중요하고 필요한 패러다임의 전환은 보상과 관련이 있을 것이다. 원격 진료에 대한 보상이 증가하고, 전화 진료(예: 혈액학 및 혈전색전성 질환)에 대한 보상이 제한되는 추세이다. 모바일 헬스, 원격 의료, 원격 모니터링, 데이터 인프라는 효율성을 높이고 비용을 증가시키지 않을 수 있다(Frakt & Pizer, 2016). 미국 재향군인 보건부, 기타 정액제 또는 관리형 의료 기관은 저사양 기술의 유용성과 효율성을 알고 있다. 그러나 기술은 메디케어 및 메디케이드 서비스센터(Centers for Medicare and Medicaid Services, CMS)와 건강보험개혁법이 주도하는 가치 기반 치료 및 책임 있는 치료 기관의 주요 관심사가 있다(Hilty et al., 2018d).

면허와 자격 증명은 중요할 수 있지만, 계획을 세우면 부분적으로 극복할 수 있다. 코로나19의 변화가 장기적으로 계속되지 않는 한, 주 간의 합의가 없는 한, 환자가 위치한 모든 주에서 면허가 필요하다. 다만, 환자가 상담이나 일회성 평가를 하는 경우는 예외이다. 이 과정은 많은 소규모 주에서 환자를 유치하는 사람들에게는 복잡하고 비용이 많이 들며, 주/연방 법률에 대한 추가 탐색이 필요할 수 있다. 제공자가 원격 치료 교육이나 경험이 있고, 기존 비디오 감독자(동시에 교육/훈련을 할 수 있음)가 있고, 의료 시스템 간에 상호성이 있는 경우(예: 농촌 병원이 책임감 있는 건강 커뮤니티(Accountable Health Communities, AHC) 자격 증명을 수락함) 자격 증명이 더 쉽다. 모바일 헬스의 경우 보상 및 주간 의료 면허 규칙은 여전히 문제가 있다(Weinstein & Stason, 1977).

4) 기관 역량

많은 의료 시스템이 여전히 기본적인 임상, 기술, 행정 워크플로우에 대한 작업을 진행 중이며, 새로운 기술을 구현할 준비를 하기 위해 기관 수준의 역량으로부터 이익을 얻을 수 있다(Hilty et al., 2021d; Hilty et al., 2019d)(〈표 17.4〉). 임상 치료를 위한 역량은 품질을 보장하는 데 도움이 될 수 있으며, 교수진은 환자의 요구를 우선시하고 의료 개혁을 위한 기술을 수용하는 롤모델을 보여야 한다. 새로운 기술 실천을 지원하기 위해 추가 학생 및 연수생 학습 기회를 개발해야 한다. 디지털 전문성과 같은 역량은 인턴십, 레지던트, 박사 후 펠로우십, 사무직과 같은 교육 기회에 포함되어야 한다(Hilty et al., 2021d).

의대생, 대학원 교육 및 의학전문대학원 교육 위원회, 전문 기관/이사회는 기술 사용에 대한 지침을 제공하고 있지만, 아직 양질의 치료를 보장하기 위한 역량을 제시하지 못하고 있다(Hilty et al., 2021d; Maheu et al., 2018). 대학원 교육에 보건 기술 역량에 대한 교육을 통합하면 실행, 교육, 평가가 용이해질 것이다. 기술 혁신이 빠르게 진행되므로 기술의 품질 관리와 커리큘럼에 대한 관련 기술 발전에 적응하기 위해 매년 재인증이 필요할 수 있다. 재인증 과정에는 일반적으로 서비스 제공(예: 전문가 간 팀, 단계적 및/또는 통합 치료 모델)과 관련하여 디지털 내비게이터의 역할에 대해서도 살펴볼 수 있다. 디지털 내비게이터의 대상과 사용되는 기술의 유형이 명확해지면서, 디지털 내비게이터의 하위 유형이 추가/조정된 교육 요구사항과 함께 고려될 수 있다. 재인증 과정은 일반적으로 짧으며, 온라인으로 관리되는 1~2개의 모듈로 구성된다.

<표 17.4> 동시적 및 비동시적 원격 치료를 위한 기관/학술 건강 센터의 역량

역량 중점	일반 기술 접근 방식	동시적 원격 치료 포함으로 전환	비동시적 치료 팁 포함으로 전환
환자 중심 치료	• 다양한 진입점 제공 • 전문가 간 팀 및 치료 조정 활용 • 데이터 웨어하우스, 분석 및 건강 정보 교환 • 기술 사용 스크리닝	• 대면 및 동시적 유사성 교육 • 다양한 치료 모델/치료 옵션 중 하나로 사용 • 템플릿 사용 및 정책과 절차 조정	• 옵션 제공(예: 앱, 센서/웨어러블 기기) • 임상 기술 워크플로우 설계 • 사회과학, 건강 행동 및 비즈니스 아이디어 도입
평가 및 결과	• 변화에 대한 준비 상태 평가 • 환자 또는 프로그램의 결과와 행동을 연결하기 • 근거 기반 측정 사용 • 인증 원칙 사용: 목표, 측정, 기준, 대상 및 데이터	• 질병 상태 측정을 사용하고, 해당되는 경우 대면 인증에 맞춰서 조정하기 • 360도 평가 사용 • 품질 측정 활용	• 기술 플랫폼에 치료 조직하기(예: 전자 건강 기록, 사전 및 사후 작업) • 기술별 측정, 가능한 경우 증거 기반 측정 사용하기 • 360도 평가 사용
교육생/학생 필요/역할	• 환자 및 학습자 중심 결과 • 자원 관리자로 준비 • 개인 및 전문적 기술 명확히 하기 • 기술을 평생 학습자/교사로 사용	• 기술 개발, 치료, 교육 및 감독 통합하기 • 안녕감 및 전문성 모니터링 • 교육과정 조정(예: 파트타임 로테이션, 감독)	• 양적 및 질적 접근 방식 사용 • 관찰, 비디오 및 시뮬레이션 사용 • 건강한 행동을 롤모델로 삼음 • 개인의 전문성 활용
교수진의 임상, 교육, 리더십 역할	• 의사소통, 안녕감, 전문성 강조 • 자원 매니저 기술 리더십 역할 강조 • 사회과학, 의료 서비스 및 비즈니스 구조를 활용하여 태도 전환하기	• 치료, 안녕감/피로에 대한 기술의 영향 모니터링 • 파트타임 사용을 옹호자의 교육과 통합하기	• 지속 가능하고 장기적인 접근법 사용 • '적은 것이 더 많다.'는 원칙과 근거 기반이 중요하다는 점을 기억하기 • 포트폴리오, 커리큘럼, 보급, 네트워킹 등에 기술 사용하기

기관 내 팀, 직업 및 시스템	• 커뮤니티 행동을 지배하는 사회 집단의 구조/기능 평가 • 교수진 개발을 통한 기술 구축 및 문화 변화	• 인구 기반의 성공 정의 • 시스템 간에 일치를 유도 • 성공을 위한 목표 및 결과 조직 • 팀 기반 치료 및 가상 팀 활용	• 공유된 결과를 조정: 환자/임상가, 학습자/교사, 클리닉/시스템, 기관/지역사회 • 단계별 치료 및 전문가 간 원칙 사용
책임감 있는 건강 커뮤니티 조직 구조, 프로세스 및 재무	• 지배 구조 및 변화 평가/관리 • 인적 자원, 기술 및 비용 문제 고려 • 경쟁력 있는 의료 기술 제공을 시장에 내놓기 • 책임감 있는 건강 커뮤니티-커뮤니티 파트너십을 구축하여 자원 공유 및 치료 통합 • 임상, 교육 및 연구 임무와 가치를 맞추기 • 정보 기술을 조직 구조에 통합(추가 또는 부가하지 않음)	• 기존/신규 리더를 위한 교수진 개발 프로젝트를 다른 리더(예: 모바일 헬스)를 위한 관문으로 활용 • 성과 평가에 기술을 측정하고 피드백 제공 • 시범 운영 및 정규 규모 프로젝트 • 파일럿 및 본격적인 프로젝트를 위한 연구 및 자금 지원 인프라를 추가하여, 건강 서비스 제공과 교육 프로그램에 영향을 미침	• 변화의 맥락, 속도, 범위 및 추진력 평가 • 사설, 연방, 주, 기타 부문의 모범 사례, 파트너 기관, 보조금 지원 모니터링 • 점진적이고 지속 가능한 솔루션을 위한 노력 • 다른 사람의 근거 기반 시스템 접근 방식 사용/적응 • 임상 정보 시스템의 채택/최적화를 촉진하기 위한 전략 개발

6. 논의

디지털 의료에서 디지털 헬스로의 전환이 진행 중이며, 후자는 생활방식, 웰니스, 건강 관련 목적으로 소비자를 참여시키기 위한 광범위한 기술, 플랫폼, 시스템으로 구성된다. 참여자를 위한 디지털, 건강 및 문화적 문해력은 임상 치료 및 관리의 핵심 기반이 될 것이다. 많은 조직은 여전히 일반적으로 변화를 꺼리고 있으며, 원격 의료의 영향에도 불구하고 특히 기술과 관련된 변화를 꺼린다(Hilty et al., 2021d). 진보적인 기업은 핵심 사업 부문인 연구 및 개발, 운영, 마케팅, 재무를 정보 기술 부문과 통합하여 지식과 자본을 활용한다(Ray et al., 2007). 이 패러다임은 기존 시스템에 기술을 추가하는 대신 의료를 조직화/통합하기 위한 하나의 방식으로 원격 정신의학에 적용되었다(Hilty et al., 2019c). 이는 기술로 의료를 조직화하는 것이 의료에 기술을 추가하는 것보다 더 나은 결과를 가져올 수 있음을 시사한다.

기존 시스템에 환자와 임상가를 위한 단계를 추가하는 대신, 사용자 친화성과 워크플로우를 '내장'하는 시스템을 예로 들 수 있다. 의료 기술의 유용성을 높이기 위해 기존 모델을 활용하는 것은 우리가 채택 증가를 원하므로 중요하다. 예를 들어, 〈모바일 애플리케이션 개발의 중심에 있는 사람들(People at the Center of Mobile Application Development, PACMAD)〉 사용성 모델에서는 효율성, 효능, 만족도, 학습 가능성, 기억력, 오류, 인지 부하 등 일곱 가지 요소를 강조한다(Harrison et al., 2013).

비동시적 기술은 여러 서비스 지점에서의 치료, 실무 확장, 가상 팀 치료를 통해 임상 운영 효율성을 높여서, 시스템이 접근성을 개선하고, 비용을 절감하며, 다른 치료 옵션을 보완하는 데 도움이 된다(Hilty et al., 2021d; O'Keefe et al., 2021). 임상, 교육, 교수진 개발, 행정 임무는 근거에 기반하지만, 시스템 정책과 절차에 의해 통합되고 지원될 수도 있다(Hilty et al., 2019b; Hilty et al., 2021d). 이는 효율성, 실행 과학, 기술 패러다임의 평가 모델(Curran et al., 2012; Gargon et al., 2019; Kidholm et al., 2018; Marcolino et al., 2020; Proctor et al., 2011)에 기반한 환자 및 학습자 중심 접근 방식으로의 전환을 시사한다. 이는 문화 전반에 걸쳐 지속 가능하고 실행 가능한 방식이 될 수 있다(Hilty et al., 2020b). 환자-임상가 상호작용과 치료 효과와 관련된 공감, 긍정적 고려 및 진실성 측정이 중요할 것이다(Grekin et al., 2019; Hilty et al., 2021d).

각국이 직면한 가장 시급한 과제 중 하나는 헬스케어 비용의 증가다. 조직들은 접근성, 효과성, 안전성을 저해하지 않으면서 의료비 지출의 증가를 늦추기 위한 전략을 모색하고 있다. 정책 입안자, 의료 시스템 관리자, 기타 이해관계자의 의사 결정을 위한 신뢰할 수 있는 비교 경제 데이터에는 연구 격차가 존재하며, 이는 원격 의료 프로그램의 광범위한 채택, 확산, 자금 조달의 주요 장애물이다. 기술이 받아들여지려면 의사 결정권자는 기술이 문제를 일으키지 않고 도움이 되는지 확신할 필요가 있다(Hilty et al., 2021d). 어떤 기술이든 채택되려면, 의학적으로 타당하고 효과적일 뿐만 아니라 경제적으로도 시행 가능해야 한다. 즉, 적응성=건강+경제적 타당성. 원격 의료와 헬스케어의 가장 중요한 목표는 합리적인 비용으로 인구 수준의 효과를 극대화하는 것이다. 이는 얼마나 많은 환자에게 도달(즉, 치료)하는가, 치료의 임상적 효과 및 투자수익률로 정의할 수 있다. 환자, 가족과 친구, 임상가, 제3자 지불인 등 의료 결정의 당사자 간에 불가피하게 긴장이 발생할 수 있으므로, 사회적 관점을 가진 경제적 접근 방식이 모든 당사자에게 공정하다고 제안된다(Drummond et al., 2015). 원격 의료 프로그램, 더 넓게는 의료 기술에 대한 엄격한 경제적 비용 평가(즉, 비용-편익 또는 비용-효과)와 인구 수준 분석은 여전히 드물며, 기술 비용은 계속해서 빠르게 변화하고 있다.

센서, 웨어러블 기기, 원격 환자 모니터링에 관한 연구 기회와 과제는 크게 네 가지 범

주로 나눌 수 있다: (1) 임상 건강 결과, (2) 의료-법적, 전문가 및 개인정보 보호 정책 문제, (3) 결과, 평가 및 기타 모델, (4) 인간-컴퓨터 상호작용. 전반적으로 남아 있는 과제는 종단적, 삶의 질, 경제적 비용 분석 및 기타 차원에서 더 많은 표본과 더 나은 표준화된 방법, 개입 및 평가 측정(기존의 무작위/효능 *그리고* 실행/효과 설계 둘 다)의 필요성을 포함한다(Cornet & Holden, 2018). 자동 생성된 객관적인 센서와 웨어러블 데이터 중 어떤 것이 환자의 결과(예: 우울증 또는 조증 증상의 수준 또는 새로운 정서 상태의 진단 분류)와 상관관계가 있거나, 예측하며, 바이오마크/디지털 표현형이 될지 알기에는 아직 너무 이르다(Insel, 2017; Onnela & Rauch, 2016). 그러나 최소한, 진단받은 환자를 모니터링하고 스트레스(예: 전투)를 받는 환자를 평가하는 것은 도움이 된다(Bourla et al., 2018).

코로나19 팬데믹 동안 기술 기반 헬스케어 솔루션의 발전이 가속화되었지만, 미래의 헬스케어 요구를 충족하기 위해서는 연구개발에 계속 집중해야 한다. 기술이 건강 결과에 미치는 영향을 조사하고, 생물학적 데이터와 기타 임상 데이터를 기반으로 다양한 인구의 위험, 진단, 상태, 단계, 치료 반응 및 예후의 지표를 확인하기 위해 기술을 가장 잘 맞춤화하는 방법을 조사하도록 설계된 연구는, 환자 및 사람 중심 치료를 제공하는 데 필요한 발전을 제공한다. 대량의 데이터를 분석하려면 연구원, 임상가, 통계학자, 소프트웨어 개발자, 엔지니어 등 다양한 전문분야의 파트너 간의 긴밀한 협력이 필요하다. 또한 통계 분석(예: 교란요인 설명), 다중 비교, 비조정/조정 분석에 대한 사전 고려, 계획 및 문서화가 우선시되어야 한다(Faurholt-Jepsen et al., 2018). 유효성 및 비교 효과에 대한 통제된 임상 시험이 필요하며, 측정값을 적절히 검증하고 전자 건강 기록에 통합해야 한다(Burnham et al., 2018). 동적 정보를 활용하는 시간적 모델링은 여러 의사 결정 시점(즉, 순차적 의사 결정)에 걸쳐 방법을 확장한다. 그것이 실제 임상 과정에 어떻게 들어맞는지 파악하는 게 한 가지 과제이다. 시간에 따른 상대적 차이는 만성 질환에서 특히 중요한데, 신체적 및 행동적 증상(예: 혈당 수치, 우울증 척도와 관련) 또는 환자의 정상적인 일상 활동 능력에 대한 기능적 측정(예: 삶의 질) 모두에서 그렇다. 마찬가지로 각 환자에 대한 치료 권장 사항은 개인의 특성에 따라 개별화된 것처럼 보이지만, 임상가의 특성과 선호도에 영향을 받을 수 있으며, 이러한 사항도 파악할 수 있다.

7. 결론

코로나19 팬데믹 중에 원격 의료, 모바일 헬스, 원격 환자 모니터링이 광범위하게 사용되면서 사용자에게 향후 전 세계 헬스케어 제공을 재편할 가능성에 대한 비전을 제시했다. 디지털 의료에서 디지털 헬스로의 전환이 진행 중이며, 후자는 라이프스타일, 웰니스, 건강 관련 목적으로 소비자를 참여시키기 위해 기술, 플랫폼, 시스템을 활용하고 있다. 참여자를 위한 디지털, 건강 및 문화적 문해력은 임상 치료 및 관리의 핵심 기반이 될 것이다. 국가와 조직에 따라 임상 치료, 연구, 행정에 기술을 통합하는 수준은 다양하며, 어떤 조직은 업무를 조직화하는 데 기술을 활용하고 어떤 조직은 기술을 추가하고 있다. 인공 지능과 예측 모델링은 적시에 지속적인 데이터 수집과 분석을 활용하여 환자와 임상가의 의사 결정을 지원한다. 임상 서비스, 전문가 개발, 행정 리더십에 기술을 적용하려면 기관 역량이 필요하다. 국가, 주/도, 조직은 또한 새로운 의료 비전에 필요한 자금 조달, 보상, 규정, 교육 및 인프라를 재설계해야 할 수도 있다. 사용자 중심 설계, 구현 및 효과성 접근 방식, 치료 모델, 인간-컴퓨터 상호작용, 윤리적 및 법적 문제, 경제적 비용 분석 분야에서 연구가 필요하다.

감사의 말

미국 원격 의료 협회 및 원격 정신건강 이익 그룹; 캘리포니아 대학교 데이비스 의과대학 정신의학 및 행동과학과; 재향군인회 북부 캘리포니아 의료 시스템 및 정신건강 서비스.

이해관계 충돌

없음.

참고문헌

Aaron, J. (2015). *Five Years Old, Going on Ten: The Future of the Affordable Care Act.* Brookings. https://www.brookings.edu/blog/usc-brookings-schaeffer-on-health-policy/2015/03/27/five-years-old-going-on-ten-the-future-of-the-affordable-care-act/. (Accessed date: August 2, 2022).

Agency for Healthcare Research and Quality. (2017). *2017 National healthcare quality and disparities report.* https://www.ahrq.gov/research/findings/nhqrdr/nhqdr17/index.html. (Accessed date:

August 2, 2022).

Agency for Healthcare Research and Quality. (2019). *Agency for healthcare research and quality team STEPPS.* https://www.ahrq.gov/teamstepps/index.html. (Accessed date: August 2, 2022).

Aldunate, N., Gonzalez-Ibanez, R. (2016). An integrated review of emoticons in computer-mediated communication. *Front Psychol*, *7*, 2061. https://doi.org/10.3389/fpsyg.2016.02061.

Antze, P. (2010). On the pragmatics of empathy in the neurodiversity movement, In: M. Lambek (Eds.), *Ordinary Ethics*(pp. 310−327). New York, NY: Fordham University Press.

Archibald, D., Stratton, J., Liddy, C., Grant, R.E., Green, D. & Keely, E.J. (2018). Evaluation of an electronic consultation service in psychiatry for primary care providers. *BMC Psychiatry*, *18*(1), 119. https://doi.org/10.1186/s12888-018-1701-3.

Arean, P.A., Hoa Ly, K., Andersson, G (2016). Mobile technology for mental health assessment. *Dialogues Clin Neurosci*, *18*(2), 163−169. https://www.ncbi.nlm.nih.gov/pubmed/27489456.

Ariga, K., Makita, T., Ito, M., Mori, T., Watanabe, S. & Takeya, J. (2019). Review of advanced sensor devices employing nanoarchitectonics concepts. *Beilstein J Nanotechnol, 10*, 2014−2030. https://doi.org/10.3762/bjnano.10.198.

Armstrong, C.M. (2019). Mobile health provider training: Results and lessons learned from year four of training on core competencies for mobile health in clinical care. *Journal of Technology in Behavioral Science*, *4*(2), 86−92. https://doi.org/10.1007/s41347-019-00089-8.

Armstrong, C.M., McGee-Vincent, P., Juhasz, K., Owen, J., Avery, T., Jaworski, B., Jamison, A.L., Cone, W., Gould, C., Ramsey, K., Mackintosh, M.A. & Hilty, D.M. (2010). *VA Mobile Health Practice Guide (1st ed.).* U.S. Department of Veterans Affairs, Washington, DC.

Arora, S., Peters, A.L., Burner, E., Lam, C.N. & Menchine, M. (2014). Trial to examine text message-based mHealth in emergency department patients with diabetes (TExT−MED): a randomized controlled trial. *Ann Emerg Med*, *63*(6), 745−754e746. https://doi.org/10.1016/j.annemergmed.2013.10.012.

Benuto, L.T., Casas, J.B., O'donohue, W.T. (2018). Training culturally competent psychologists: a systematic review of the training outcome literature. *Training and Education in Professional Psychology, 12*(12U), 134.

Berger, M., Wagner, T.H. & Baker, L.C. (2005). Internet use and stigmatized illness. *Soc Sci Med, 61*(8), 1821−1827. https://doi.org/10.1016/j.socscimed.2005.03.025.

Bombari, D., Schmid Mast, M., Canadas, E. & Bachmann, M. (2015). Studying social interactions through immersive virtual environment technology: virtues, pitfalls, and future challenges. *Front Psychol,6*, 869. https://doi.org/10.3389/fpsyg.2015.00869.

Bourla, A., Mouchabac, S., El Hage, W. & Ferreri, F. (2018). e−PTSD: An overview on how new technologies can improve prediction and assessment of Posttraumatic Stress Disorder (PTSD). *Eur J Psychotraumatol*, *9*(sup1), 1424448. https://doi.org/10.1080/20008198.2018.1424448.

Burnham, J.P., Lu, C., Yaeger, L.H., Bailey, T.C. & Kollef, M.H. (2018). Using wearable technology to predict health outcomes: a literature review. *J Am Med Inform Assoc*, *25*(9), 1221–1227. https://doi.org/10.1093/jamia/ocy082.

Carlson, E.B., Field, N.P., Ruzek, J.I., Bryant, R.A., Dalenberg, C.J., Keane, T.M. & Spain, D.A. (2016). Advantages and psychometric validation of proximal intensive assessments of patient-reported outcomes collected in daily life. *Qual Life Res, 25*(3), 507–516. https://doi.org/10.1007/s11136-015-1170-9.

Chan, S., Godwin, H., Gonzalez, A., Yellowlees, P.M. & Hilty, D.M. (2017). Review of use and integration of mobile apps into psychiatric treatments. *Curr Psychiatry Rep, 19*(12), 96. https://doi.org/10.1007/s11920-017-0848-9.

Chan, S., Torous, J., Hinton, L. & Yellowlees, P. (2014). Mobile tele-mental health: increasing applications and a move to hybrid models of care. *Healthcare (Basel), 2*(2), 220–233. https://doi.org/10.3390/healthcare2020220.

Cho, G., Yim, J., Choi, Y., Ko, J. & Lee, S.H. (2019). Review of machine learning algorithms for diagnosing mental illness. *Psychiatry Investig, 16*(4), 262–269. https://doi.org/10.30773/pi.2018.12.21.2.

Christensen, C.M. (2007). Disruptive innovation: can health care learn from other industries? A conversation with Clayton M. Christensen. Interview by Mark D. Smith. *Health Aff (Millwood)*, *26*(3), w288–w295. https://doi.org/10.1377/hlthaff.26.3.w288.

Cornet, V.P. & Holden, R.J. (2018). Systematic review of smartphone-based passive sensing for health and wellbeing. *J Biomed Inform*, *77*, 120–132. https://doi.org/10.1016/j.jbi.2017.12.008.

Cowan, K.E., McKean, A.J., Gentry, M.T. & Hilty, D.M. (2019). Barriers to use of telepsychiatry: clinicians as gatekeepers. *Mayo Clin Proc*, *94*(12), 2510–2523. https://doi.org/10.1016/j.mayocp.2019.04.018.

Crawford, A., Sunderji, N., Lopez, J. & Soklaridis, S. (2016). Defining competencies for the practice of telepsychiatry through an assessment of resident learning needs. *BMC Med Educ, 16*, 28. https://doi.org/10.1186/s12909-016-0529-0.

Curran, G.M., Bauer, M., Mittman, B., Pyne, J.M. & Stetler, C. (2012). Effectiveness-implementation hybrid designs: combining elements of clinical effectiveness and implementation research to enhance public health impact. *Med Care, 50*(3), 217–226. https://doi.org/10.1097/MLR.0b013e3182408812.

de Filippis, R., Carbone, E.A., Gaetano, R., Bruni, A., Pugliese, V., Segura-Garcia, C., De Fazio,

P. (2019). Machine learning techniques in a structural and functional MRI diagnostic approach in schizophrenia: a systematic review. *Neuropsychiatr Dis Treat, 15*, 1605–1627. https://doi.org/10.2147/NDT.S202418.

deBronkart, D. (2015). From patient centred to people powered: Autonomy on the rise. *BMJ*, 350 h148. https://doi.org/10.1136/bmj.h148.

Dossett, E. & Shoemaker, E. (2015). Integrated care for women, mothers, children and newborns: Approaches and models for mental health, pediatric and prenatal care settings. *Journal of Womens Health Care,04*. doi:10.4172/2167-0420.1000223.

Drummond, M., Sculpher, M.J., Claxton, K., Stoddart, G.L. & Torrance, G.W. (2015). *Methods for the Economic Evaluation of Health Care Programmes, 4th ed*. Oxford University Press., Oxford. https://books.google.com/books?id=lvWACgAAQBAJ.

Edgcomb, J.B. & Zima, B. (2019). Machine learning, natural language processing, and the electronic health record: innovations in mental health services research. *Psychiatr Serv*, 70(4), 346–349. https://doi.org/10.1176/appi.ps.201800401.

European Commission. (2018). *The European digital strategy. shaping Europe's digital future*. https://digital-strategy.ec.europa.eu/en. (Accessed date: August 2, 2022).

Faurholt-Jepsen, M., Bauer, M. & Kessing, L.V. (2018). Smartphone-based objective monitoring in bipolar disorder: Status and considerations. *Int J Bipolar Disord,6*(1), 6. https://doi.org/10.1186/s40345-017-0110-8.

Fishbein, M. & Ajzen, I. (1977). Belief, attitude, intention, and behavior: an introduction to theory and research. *Philosophy and Rhetoric*, *10*(2), 21–52.

Fraccaro, P., Beukenhorst, A., Sperrin, M., Harper, S., Palmier-Claus, J., Lewis, S., Van der Veer, S.N. & Peek, N. (2019). Digital biomarkers from geolocation data in bipolar disorder and schizophrenia: a systematic review. *J Am Med Inform Assoc, 26*(11), 1412–1420. https://doi.org/10.1093/jamia/ocz043.

Frakt, A.B. & Pizer, S.D. (2016). The promise and perils of big data in healthcare. *Am J Manag Care, 22*(2), 98–99. https://www.ncbi.nlm.nih.gov/pubmed/26885669.

Gargon, E., Gorst, S.L. & Williamson, P.R. (2019). Choosing important health outcomes for comparative effectiveness research: 5th annual update to a systematic review of core outcome sets for research.*PLoS One, 14*(12), e0225980. https://doi.org/10.1371/journal.pone.0225980.

Gilster, P. (1998). Digital Literacy. Wiley. https://books.google.com/books?id=ppVx7pHr07kC.

Greenes, R.A., Bates, D.W., Kawamoto, K., Middleton, B., Osheroff, J. & Shahar, Y. (2018). Clinical decision support models and frameworks: Seeking to address research issues underlying implementation successes and failures. *J Biomed Inform, 78*, 134–143. https://doi.org/10.1016/

j.jbi.2017.12.005.

Grekin, E.R., Beatty, J.R. & Ondersma, S.J. (2019). Mobile health interventions: exploring the use of common relationship factors. *JMIR mHealth and uHealth, 7*.

Griffiths, K.M., Calear, A.L. & Banfield, M. (2009). Systematic review on Internet Support Groups (ISGs) and depression (1): Do ISGs reduce depressive symptoms?. *J Med Internet Res, 11*(3), e40. https://doi.org/10.2196/jmir.1270.

Grist, R., Porter, J. & Stallard, P. (2017). Mental health mobile apps for preadolescents and adolescents: a systematic review. *J Med Internet Res, 19*(5), e176. https://doi.org/10.2196/jmir.7332.

Gustafson, J.L. (2011). Moore's law, In: Padua, D. (Eds.) *Encyclopedia of Parallel Computing*, (pp. 1177−1184). Springer US. https://doi.org/10.1007/978-0-387-09766-4_81.

Harrison, R., Flood, D. & Duce, D. (2013). Usability of mobile applications: literature review and rationale for a new usability model. *Journal of Interaction Science, 1*(1), 1. https://doi.org/10.1186/2194-0827-1-1.

Hilty, D.M., Crawford, A., Teshima, J., Nasatir-Hilty, S.E., Luo, J., Chisler, L.S.M., Gutierrez Hilty, Y.S.M., Servis, M.E., Godbout, R., Lim, R.F. & Lu, F.G. (2021). Mobile health and cultural competencies as a foundation for telehealth care: scoping review. *J Tech Behav Sci, 6*, 197−230.

Hilty, D.M., Armstrong, C.M., Edwards-Stewart, A., Gentry, M.T., Luxton, D.D. & Krupinski, E.A. (2021). Sensor, wearable, and remote patient monitoring competencies for clinical care and training: Scoping review. *J Technol Behav Sci*, 1−26. doi:10.1007/s41347-020-00190-3.

Hilty, D.M., Armstrong, C.M., Luxton, D.D., Gentry, M.T. & Krupinski, E.A. (2021). A scoping review of sensors, wearables, and remote monitoring for behavioral health: Uses, outcomes, clinical competencies, and research directions. *Journal of Technology in Behavioral Science, 6*(2), 278−313. https://doi.org/10.1007/s41347-021-00199-2.

Hilty, D.M., Maheu, M., Drude, K. & Hertlein, K. (2018). The need to implement and evaluate telehealth competency frameworks to ensure quality care across behavioral health professions. *Acad Psychiatry, 42*(6), 818−824.

Hilty, D.M., Chan, S., Torous, J., Luo, J. & Boland, R.J. (2019). A competency-based framework for psych/behavioral health apps for trainees, faculty, programs and health systems. *Psych Clin N Amer, 42*, 513−534.

Hilty, D.M., Chan, S., Torous, J., Luo, J. & Boland, R. (2019). A telehealth framework for mobile health, smartphones, and apps: competencies, training, and faculty development. *Journal of Technology in Behavioral Science, 4*(2), 106−123. https://doi.org/10.1007/s41347-019-00091-0.

Hilty, D.M., Chan, S., Torous, J., Luo, J. & Boland, R.J. (2020). A framework for competencies for the use of mobile technologies in psychiatry and medicine. *JMIR Uhealth Mobile Health, 8*(2). http://

mhealth.jmir.org/2020/2/e12229/.

Hilty, D.M., Chan, S., Torous, J., Luo, J. & Boland, R. (2020). A framework for competencies for the use of mobile technologies in psychiatry and medicine: Scoping review. *JMIR Mhealth Uhealth, 8*(2), e12229. https://doi.org/10.2196/12229.

Hilty, D.M., Crawford, A., Teshima, J., Chan, S., Sunderji, N., Yellowlees, P.M. & Li, S.T. (2015). A framework for telepsychiatric training and e-health: Competency-based education, evaluation and implications. *Int Rev Psychiatry, 27*(6), 569–592.

Hilty, D.M., Chan, S., Torous, J.B., Matmahur, J. & Mucic, D. (2015). New frontiers in healthcare and technology: Internet-and web-based mental options emerge to complement in-person and telepsychiatric care options. *Journal of Health and Medical Informatics, 6*, 1–14.

Hilty, D.M., Crawford, A., Teshima, J., Chan, S., Sunderji, N., Yellowlees, P.M., Kramer, G., O'Neill, P., Fore, C., Luo, J. & Li, S.T. (2015). A framework for telepsychiatric training and e-health: competency-based education, evaluation and implications. *Int Rev Psychiatry, 27*(6), 569–592. https://doi.org/10.3109/09540261.2015.1091292.

Hilty, D.M., Crawford, A., Teshima, J., Nasatir-Hilty, S.E., Luo, J., Chisler, L.S.M., Gutierrez Hilty, Y.S.M., Servis, M.E., Godbout, R., Lim, R.F. & Lu, F.G. (2021). Mobile health and cultural competencies as a foundation for telehealth care: scoping review. *Journal of Technology in Behavioral Science, 6*(2), 197–230. https://doi.org/10.1007/s41347-020-00180-5.

Hilty, D.M., Evangelatos, G., Valasquez, G.A., Le, C. & Sosa, J. (2018). Telehealth for rural diverse populations: cultural and telebehavioral competencies and practical approaches for clinical services. *Journal of Technology in Behavioral Science, 3*(3), 206–220. https://doi.org/10.1007/s41347-018-0054-6.

Hilty, D.M., Ferrer, D.C., Parish, M.B., Johnston, B., Callahan, E.J. & Yellowlees, P.M. (2013). The effectiveness of telemental health: A 2013 review. *Telemed J E Health, 19*(6), 444–454. https://doi.org/10.1089/tmj.2013.0075.

Hilty, D.M., Gentry, M.T., McKean, A.J., Cowan, K.E., Lim, R.F. & Lu, F.G. (2020). Telehealth for rural diverse populations: Telebehavioral and cultural competencies, clinical outcomes and administrative approaches. *Mhealth, 6*, 20. https://doi.org/10.21037/mhealth.2019.10.04.

Hilty, D.M., Liu, H.Y., Stubbe, D. & Teshima, J. (2019). Defining professional development in medicine, psychiatry, and allied fields. *Psychiatr Clin North Am, 42*(3), 337–356. https://doi.org/10.1016/j.psc.2019.04.001.

Hilty, D.M., Rabinowitz, T., McCarron, R.M., Katzelnick, D.J., Chang, T., Bauer, A.M. & Fortney, J. (2018). An update on telepsychiatry and how it can leverage collaborative, stepped, and integrated services to primary care. *Psychosomatics, 59*(3), 227–250. https://doi.org/10.1016/

j.psym.2017.12.005.

Hilty, D.M., Randhawa, K., Maheu, M.M., McKean, A.J.S., Pantera, R., Mishkind, M.C. & Rizzo, A.S. (2020). A review of telepresence, virtual reality, and augmented reality applied to clinical care. *Journal of Technology in Behavioral Science, 5*(2), 178–205. https://doi.org/10.1007/s41347-020-00126-x.

Hilty, D. M., Serhal, E., & Crawford, A. (2023). A telehealth and telepsychiatry economic cost analysis framework: scoping review. *Telemedicine and e-Health, 29*(1), 23–27.

Hilty, D.M., Sunderji, N., Suo, S., Chan, S. & McCarron, R.M. (2018). Telepsychiatry and other technologies for integrated care: evidence base, best practice models and competencies. *Int Rev Psychiatry, 30*(6), 292–309. https://doi.org/10.1080/09540261.2019.1571483.

Hilty, D.M., Torous, J., Parish, M.B., Chan, S.R., Xiong, G., Scher, L. & Yellowlees, P.M. (2021). A literature review comparing clinicians' approaches and skills to in-person, synchronous, and asynchronous care: Moving toward competencies to ensure quality care. *Telemed J E Health, 27*(4), 356–373. https://doi.org/10.1089/tmj.2020.0054.

Hilty, D.M., Turvey, C. & Hwang, T. (2018). Lifelong learning for clinical practice: How to leverage technology for telebehavioral health care and digital continuing medical education. *Curr Psychiatry Rep, 20*(3), 15. https://doi.org/10.1007/s11920-018-0878-y.

Hilty, D.M., Uno, J., Chan, S., Torous, J. & Boland, R.J. (2019). Role of technology in faculty development in psychiatry. *Psychiatr Clin North Am, 42*(3), 493–512. https://doi.org/10.1016/j.psc.2019.05.013.

Hilty, D.M., Unutzer, J., Ko, D.G., Luo, J., Worley, L.L.M. & Yager, J. (2019). Approaches for departments, schools, and health systems to better implement technologies used for clinical care and education. *Acad Psychiatry, 43*(6), 611–616. https://doi.org/10.1007/s40596-019-01074-2.

Hilty, D.M., Yellowlees, P.M., Parrish, M.B. & Chan, S. (2015). Telepsychiatry: effective, evidence-based, and at a tipping point in health care delivery?. *Psychiatr Clin North Am, 38*(3), 559–592. https://doi.org/10.1016/j.psc.2015.05.006.

Hilty, D.M., Zalpuri, I., Torous, J. & Nelson, E.L. (2021). Child and adolescent asynchronous technology competencies for clinical care and training: scoping review. *Fam Syst Health, 39*(1), 121–152. https://doi.org/10.1037/fsh0000536.

Hobson, G.R., Caffery, L.J., Neuhaus, M. & Langbecker, D.H. (2019). Mobile health for first nations populations: systematic review. *JMIR Mhealth Uhealth, 7*(10), e14877. https://doi.org/10.2196/14877.

Hu, C., Kung, S., Rummans, T.A., Clark, M.M. & Lapid, M.I. (2015). Reducing caregiver stress with internet-based interventions: a systematic review of open-label and randomized controlled trials. *J*

Am Med Inform Assoc, 22(e1), e194–e209. https://doi.org/10.1136/amiajnl-2014-002817.

Indigenous Physicians Association of Canada. (2009). *First nations, inuit, metis health core competencies.* http://www.afmc.ca/sites/default/files/pdf/IPAC-AFMC_Core_Competencies_EN.pdf. (Accessed date: August 2, 2022).

Insel, T.R. (2017). Digital phenotyping: technology for a new science of behavior. *JAMA*, 318(13), 1215–1216. https://doi.org/10.1001/jama.2017.11295.

Institute for Healthcare Improvement. (2018). *Quality improvement essentials toolkit*. http://www.ihi.org/resources/Pages/Tools/Quality-Improvement-Essentials-Toolkit.aspx. (Accessed date: August 2, 2022).

Jacob, C., Sanchez-Vazquez, A. & Ivory, C. (2020). Social, organizational, and technological factors impacting clinicians' adoption of mobile health tools: Systematic literature review. *JMIR Mhealth Uhealth, 8*(2), e15935. https://doi.org/10.2196/15935.

Jang, M., Johnson, C.M., D'Eramo-Melkus, G. & Vorderstrasse, A.A. (2018). Participation of racial and ethnic minorities in technology-based interventions to self-manage type 2 diabetes: a scoping review. *J Transcult Nurs, 29*(3), 292–307. https://doi.org/10.1177/1043659617723074.

Jauk, S., Kramer, D., Grossauer, B., Rienmuller, S., Avian, A., Berghold, A., Leodolter, W. & Schulz, S. (2020). Risk prediction of delirium in hospitalized patients using machine learning: an implementation and prospective evaluation study. *J Am Med Inform Assoc, 27*(9), 1383–1392. https://doi.org/10.1093/jamia/ocaa113.

Kalmady, S.V., Greiner, R., Agrawal, R., Shivakumar, V., Narayanaswamy, J.C., Brown, M.R.G., Greenshaw, A.J., Dursun, S.M. & Venkatasubramanian, G. (2019). Towards artificial intelligence in mental health by improving schizophrenia prediction with multiple brain parcellation ensemble-learning. *NPJ Schizophr, 5*(1), 2. https://doi.org/10.1038/s41537-018-0070-8.

Kamei, R.K., Cook, S., Puthucheary, J. & Starmer, C.F. (2012). 21st century learning in medicine: traditional teaching versus team-based learning. *Medical Science Educator, 22*(2), 57–64. https://doi.org/10.1007/BF03341758.

Keehan, S.P., Poisal, J.A., Cuckler, G.A., Sisko, A.M., Smith, S.D., Madison, A.J., Stone, D.A., Wolfe, C.J. & Lizonitz, J.M. (2016). National health expenditure projections, 2015–25: economy, prices, and aging expected to shape spending and enrollment. *Health Affairs, 35*(8), 1522–1531. https://doi.org/10.1377/hlthaff.2016.0459.

Kidholm, K., Jensen, L.K., Kjolhede, T., Nielsen, E. & Horup, M.B. (2018). Validity of the model for assessment of telemedicine: a Delphi study. *J Telemed Telecare, 24*(2), 118–125. https://doi.org/10.1177/1357633 × 16686553.

Kirchner, T.R. & Shiffman, S. (2016). Spatio-temporal determinants of mental health and well-being:

advances in geographically-explicit ecological momentary assessment (GEMA). *Soc Psychiatry Psychiatr Epidemiol, 51*(9), 1211−1223. https://doi.org/10.1007/s00127-016-1277-5.

Kirkpatrick, J. & Kirkpatrick, W. (2009). The Kirkpatrick four levels: a fresh look after 50 years, 1959-2009. *Training Magazine*. (Accessed date: August 2, 2022).

Kirmayer, L., Fung, K., Rousseau, C., Lo, H.−T., Menzies, P., Guzder, J., Ganesan, S., Andermann, L. & McKenzie, K. (2012). Guidelines for training in cultural psychiatry-position paper. *Canadian Journal of Psychiatry, 57.* Insert 1−16 https://doi.org/10.1177/0706743720907505.

Kotter, J. P. (1996). Leading Change. McGraw-Hill Companies. https://books.google.com/books?id=wNSmPwAACAAJ.

Kumari, P., Mathew, L. & Syal, P. (2017). Increasing trend of wearables and multimodal interface for human activity monitoring: a review. *Biosens Bioelectron, 90*, 298−307. https://doi.org/10.1016/j.bios.2016.12.001.

Lane, D., Ferri, M., Lemaire, J., McLaughlin, K. & Stelfox, H.T. (2013). A systematic review of evidence-informed practices for patient care rounds in the ICU. *Crit Care Med, 41*(8), 2015−2029. https://doi.org/10.1097/CCM.0b013e31828a435f.

Lavelle, M., Healey, P.G. & McCabe, R. (2014). Participation during first social encounters in schizophrenia. *PLoS One, 9*(1), e77506. https://doi.org/10.1371/journal.pone.0077506.

Levy, F. & Murnane, R. (2004). A role for technology in professional development? lessons from IBM. *Phi Delta Kappan, 85*, 728−734. https://doi.org/10.1177/003172170408501005.

Liddy, C., Drosinis, P. & Keely, E. (2016). Electronic consultation systems: Worldwide prevalence and their impact on patient care-a systematic review. *Fam Pract, 33*(3), 274−285. https://doi.org/10.1093/fampra/cmw024.

Luxton, D.D. (2016). *Artificial Intelligence in Behavioral and Mental Health Care*. Boston, MA: Elsevier Science. https://books.google.com/books?id=INvUBQAAQBAJ.

Luxton, D.D., June, J.D. & Chalker, S.A. (2015). Mobile health technologies for suicide prevention: feature review and recommendations for use in clinical care. *Current Treatment Options in Psychiatry, 2*(4), 349−362. https://doi.org/10.1007/s40501-015-0057-2.

Luxton, D.D., June, J.D. & Fairall, J.M. (2012). Social media and suicide: a public health perspective. *Am J Public Health, 102(Suppl 2)*, S195−S200. https://doi.org/10.2105/AJPH.2011.300608.

Luxton, D.D., McCann, R.A., Bush, N.E., Mishkind, M.C. & Reger, G.M. (2011). mHealth for mental health: Integrating smartphone technology in behavioral healthcare. *Professional Psychology: Research and Practice, 42*(6), 505−512. https://doi.org/10.1037/a0024485.

Luxton, D.D. & Riek, L.D. (2019). Artificial intelligence and robotics in rehabilitation. *Handbook of rehabilitation psychology (3rd ed.*, pp. 507−520). Washington DC: American Psychological

Association. https://doi.org/10.1037/0000129-031.

Maheu, M.M., Drude, K.P., Hertlein, K.M. & Hilty, D.M. (2018). A framework of interprofessional telebehavioral health competencies: implementation and challenges moving forward. *Acad Psychiatry, 42*(6), 825–833. https://doi.org/10.1007/s40596-018-0988-1.

Marcolino, M.S., Alkmim, M.B., Pessoa, C.G., Maia, J.X. & Cardoso, C.S. (2020). Development and implementation of a methodology for quality assessment of asynchronous teleconsultations. *Telemed J E Health, 26*(5), 651–658. https://doi.org/10.1089/tmj.2019.0049.

Matzen, N. & Edmunds, J. (2007). Technology as a catalyst for change. *Journal of Research on Technology in Education, 39*, 417–430. https://doi.org/10.1080/15391523.2007.10782490.

McIntyre, R.S., Cha, D.S., Jerrell, J.M., Swardfager, W., Kim, R.D., Costa, L.G., Baskaran, A., Soczynska, J.K., Woldeyohannes, H.O., Mansur, R.B., Brietzke, E., Powell, A.M., Gallaugher, A., Kudlow, P., Kaidanovich-Beilin, O. & Alsuwaidan, M. (2014). Advancing biomarker research: utilizing 'Big Data' approaches for the characterization and prevention of bipolar disorder. *Bipolar Disord, 16*(5), 531–547. https://doi.org/10.1111/bdi.12162.

Mermelstein, H., Guzman, E., Rabinowitz, T., Krupinski, E. & Hilty, D.M. (2017). The application of technology to health: The evolution of telephone to telemedicine and telepsychiatry: a historical review and look at human factors. *Journal of Technology in Behavioral Science, 2*(1), 5–20. https://doi.org/10.1007/s41347-017-0010-x.

Mikolas, P., Hlinka, J., Skoch, A., Pitra, Z., Frodl, T., Spaniel, F. & Hajek, T. (2018). Machine learning classification of first-episode schizophrenia spectrum disorders and controls using whole brain white matter fractional anisotropy. *BMC Psychiatry, 18*(1), 97. https://doi.org/10.1186/s12888-018-1678-y.

Naslund, J.A., Aschbrenner, K.A., McHugo, G.J., Unutzer, J., Marsch, L.A. & Bartels, S.J. (2019). Exploring opportunities to support mental health care using social media: A survey of social media users with mental illness. *Early Interv Psychiatry, 13*(3), 405–413. https://doi.org/10.1111/eip.12496.

National Academies of Sciences Engineering & Medicine (2019). Taking action against clinician burnout: A systems approach to professional well-being. Washington, DC: NationalAcademies Press. https://nam.edu/systems-approaches-to-improve-patient-care-by-supporting-clinician-well-being/?gclid=CjwKCAjw2P-KBhByEiwADBYWChB818zZC1PzDVuR9MKjU8ThnChfUeuctyVtenux0W84tBeCBY4WQBoCPpcQAvD_BwE.

Nemesure, M.D., Heinz, M.V., Huang, R. & Jacobson, N.C. (2021). Predictive modeling of depression and anxiety using electronic health records and a novel machine learning approach with artificial intelligence. *Sci Rep, 11*(1), 1980. https://doi.org/10.1038/s41598-021-81368-4.

O'Keefe, M., White, K. & Jennings, J.C. (2021). Asynchronous telepsychiatry: a systematic review. *J Telemed Telecare, 27*(3), 137–145. https://doi.org/10.1177/1357633 × 19867189.

Onnela, J.P. & Rauch, S.L. (2016). Harnessing smartphone-based digital phenotyping to enhance behavioral and mental health. *Neuropsychopharmacology, 41*(7), 1691–1696. https://doi.org/10.1038/npp.2016.7.

Parsons, T.D., Gaggioli, A. & Riva, G. (2017). Virtual reality for research in social neuroscience. *Brain Sci, 7*(4). https://doi.org/10.3390/brainsci7040042.

Pew Research Center. (2019). *Pew Research internet project: mobile technology fact sheet*(Pew Research Center Internet and Technology. http://www.pewinternet.org/fact-heets/mobiletechnology-fact-sheet/. (Accessed date: August 2, 2022).

Picatoste, J., Pérez-Ortiz, L., Ruesga-Benito, S.M. (2018). A new educational pattern in response to new technologies and sustainable development. Enlightening ICT skills for youth employability in the European Union. *Telematics and Informatics, 35*(4), 1031–1038. https://doi.org/10.1016/j.tele.2017.09.014.

Pigoni, A., Delvecchio, G., Madonna, D., Bressi, C., Soares, J. & Brambilla, P. (2019). Can machine learning help us in dealing with treatment resistant depression? A review. *J Affect Disord, 259*, 21–26. https://doi.org/10.1016/j.jad.2019.08.009.

Proctor, E., Silmere, H., Raghavan, R., Hovmand, P., Aarons, G., Bunger, A., Griffey, R. & Hensley, M. (2011). Outcomes for implementation research: Conceptual distinctions, measurement challenges, and research agenda. *Adm Policy Ment Health, 38*(2), 65–76. https://doi.org/10.1007/s10488-010-0319-7.

Raney, L., Bergman, D., Torous, J. & Hasselberg, M. (2017). Digitally driven integrated primary care and behavioral health: How technology can expand access to effective treatment. *Curr Psychiatry Rep, 19*(11), 86. https://doi.org/10.1007/s11920-017-0838-y.

Ray, G., Muhanna, W.A. & Barney, J.B. (2007). Competing with IT: The role of shared IT-business understanding. *Communications of the ACM, 20*(12), 87–91. https://doi.org/10.1145/1323688.1323700.

Rogers, E. (2010). *Diffusion of Innovations*(4th ed.). New York, NY: Simon & Schuster [Original work published 1962].

Rohani, D.A., Faurholt-Jepsen, M., Kessing, L.V. & Bardram, J.E. (2018). Correlations between objective behavioral features collected from mobile and wearable devices and depressive mood symptoms in patients with affective disorders: systematic review. *JMIR Mhealth Uhealth, 6*(8), e165. https://doi.org/10.2196/mhealth.9691.

Ross, S. & Allen, N. (2012). Examining the convergent validity of shared mental model measures.

Behav Res Methods, 44(4), 1052–1062. https://doi.org/10.3758/s13428-012-0201-5.

Saeb, S., Zhang, M., Kwasny, M.M., Karr, C.J., Kording, K. & Mohr, D.C. (2015). The relationship between clinical, momentary, and sensor-based assessment of depression. *Int Conf Pervasive Comput Technol Healthc, 2015*. doi:10.4108/icst.pervasivehealth.2015.259034.

Schueller, S. M., Armstrong, C. M., & Neary, M. e. a. (in press). Identifying and using mobile apps in clinical practice article type: Special series ABCT digital intervention.

Siemer, C.P., Fogel, J., Van Voorhees, B.W. (2011). Telemental health and web-based applications in children and adolescents. *Child Adolesc Psychiatr Clin N Am, 20*(1), 135–153. https://doi.org/10.1016/j.chc.2010.08.012.

Silva, B.M., Rodrigues, J.J., de la Torre Diez, I., Lopez-Coronado, M. & Saleem, K. (2015). Mobile-health: a review of current state in 2015. *J Biomed Inform, 56*, 265–272. https://doi.org/10.1016/j.jbi.2015.06.003.

Silverman, B.G., Hanrahan, N., Bharathy, G., Gordon, K. & Johnson, D. (2015). A systems approach to healthcare: agent-based modeling, community mental health, and population well-being. *Artif Intell Med, 63*(2), 61–71. https://doi.org/10.1016/j.artmed.2014.08.006.

Smith, J.W. (2015). Immersive virtual environment technology to supplement environmental perception, preference and behavior research: a review with applications. *Int J Environ Res Public Health, 12*(9), 11486–11505. https://doi.org/10.3390/ijerph120911486.

Spante, M., Hashemi, S.S., Lundin, M. & Algers, A. (2018). Digital competence and digital literacy in higher education research: systematic review of concept use. *Cogent Education, 5*(1), 1519143. https://doi.org/10.1080/2331186X.2018.1519143.

Stimpfel, A.W., Sloane, D.M. & Aiken, L.H. (2012). The longer the shifts for hospital nurses, the higher the levels of burnout and patient dissatisfaction. *Health Aff (Millwood), 31*(11), 2501–2509. https://doi.org/10.1377/hlthaff.2011.1377.

Substance Abuse and Mental Health Services Administration. (2018). *Health resources and services integrated health solutions*. https://www.integration.samhsa.gov/integrated-care-models/A_Standard_Framework_for_Levels_of_Integrated_Healthcare.pdf. (Accessed date: August 2, 2022).

Torous, J., Jan Myrick, K., Rauseo-Ricupero, N., Firth, J (2020). Digital mental health and COVID-19: using technology today to accelerate the curve on access and quality tomorrow. *JMIR Ment Health, 7*(3), e18848. https://doi.org/10.2196/18848.

Torous, J. & Roberts, L.W. (2017). The ethical use of mobile health technology in clinical psychiatry. *J Nerv Ment Dis, 205*(1), 4–8. https://doi.org/10.1097/NMD.0000000000000596.

US Department of Education. (2017a). *Reimagining the role of technology in education: 2017 national education technology plan update*. https://tech.ed.gov/files/2017/01/NETP17.pdf. (Accessed date:

August 2, 2022).

US Department of Education. (2017b). *Reimagining the role of technology in higher education: a supplement to the 2017 national education technology plan*. https://tech.ed.gov/files/2017/01/Higher-Ed-NETP.pdf. (Accessed date: August 2, 2022).

van Baren J., Ijsselsteijn W. (2004). OmniPres project IST-2001-39237 deliverable 5 measuring presence: a guide to current measurement approaches. IST FET OMNIPRES project. https://www8.informatik.umu.se/~jwworth/PresenceMeasurement.pdf.

van Dijk, J. (2006). *The Network Society: Social Aspects of New Media, 2nd ed*. New York: SAGE Publications. https://books.google.com/books?id=b7ktTPViIYMC.

Vial, G. (2019). Understanding digital transformation: a review and a research agenda. *The Journal of Strategic Information Systems, 28*(2), 118-144. https://doi.org/10.1016/j.jsis.2019.01.003.

Wang, Q., Myers, M.D. & Sundaram, D. (2013). Digital natives and digital immigrants. *Business & Information Systems Engineering, 5*(6), 409-419. https://doi.org/10.1007/s12599-013-0296-y.

Watson, J., Hutyra, C.A., Clancy, S.M., Chandiramani, A., Bedoya, A., Ilangovan, K., Nderitu, N. & Poon, E.G. (2020). Overcoming barriers to the adoption and implementation of predictive modeling and machine learning in clinical care: What can we learn from US academic medical centers?. *JAMIA Open, 3*(2), 167-172. https://doi.org/10.1093/jamiaopen/ooz046.

Waytz, A., Cacioppo, J. & Epley, N. (2010). Who sees human? The stability and importance of individual differences in anthropomorphism. *Perspect Psychol Sci, 5*(3), 219-232. https://doi.org/10.1177/1745691610369336.

Weichelt, B., Bendixsen, C. & Patrick, T. (2019). A model for assessing necessary conditions for rural health care's mobile health readiness: qualitative assessment of clinician-perceived barriers. *JMIR Mhealth Uhealth, 7*(11), e11915. https://doi.org/10.2196/11915.

Weinstein, M.C. & Stason, W.B. (1977). Foundations of cost-effectiveness analysis for health and medical practices. *N Engl J Med, 296*(13), 716-721. https://doi.org/10.1056/NEJM197703312961304.

Will, K.K., Johnson, M.L. & Lamb, G. (2019). Team-based care and patient satisfaction in the hospital setting: a systematic review. *J Patient Cent Res Rev, 6*(2), 158-171. https://doi.org/10.17294/2330-0698.1695.

Wisniewski, H., Gorrindo, T., Rauseo-Ricupero, N., Hilty, D.M. & Torous, J. (2020). The role of digital navigators in promoting clinical care and technology integration into practice. *Digit Biomark, 4*(Suppl 1), 119-135. https://doi.org/10.1159/000510144.

Witmer, B.G. & Singer, M.J. (1998). Measuring presence in virtual environments: a presence questionnaire. *Presence: Teleoperators and Virtual Environments, 7*(3), 225-240. https://doi.

org/10.1162/105474698565686.

Wongkoblap, A., Vadillo, M.A. & Curcin, V. (2017). Researching mental health disorders in the era of social media: systematic review. *J Med Internet Res, 19*(6), e228. https://doi.org/10.2196/jmir.7215.

Yellowlees, P., Burke Parish, M., Gonzalez, A., Chan, S., Hilty, D.M., Iosif, A.M., McCarron, R., Odor, A., Scher, L., Sciolla, A., Shore, J. & Xiong, G. (2018). Asynchronous telepsychiatry: a component of stepped integrated care. *Telemed J E Health, 24*(5), 375–378. https://doi.org/10.1089/tmj.2017.0103.

Zalpuri, I., Liu, H.Y., Stubbe, D., Wrzosek, M., Sadhu, J. & Hilty, D.M. (2018). Social media and networking competencies for psychiatric education: skills, teaching methods, and implications. *Acad Psychiatry, 42*(6), 808–817. https://doi.org/10.1007/s40596-018-0983-6.

찾아보기

인명

내용

편저자 소개

Nicholas C. Jacobson

다트머스대학교 가이젤 의과대학 기술 및 행동 건강 센터의 생의학 데이터 과학과 및 정신건강의학과에서 종신직 조교수로 재직 중이다. AI와 정신건강: 기술 가이드 헬스케어 혁신(AI and Mental Health: Innovation in Technology Guided Healthcare, AIM HIGH) 연구소를 이끌고 있다.

Tobias Kowatsch

취리히대학교, 생갈렌대학교, 취리히연방공과대학교가 공동으로 설립한 디지털 헬스 중재 센터의 과학 부문 책임자이다. 또한 취리히대학교 의과대학 의료구현 과학 연구소의 디지털 헬스 중재 부문 교수이자 생갈렌대학교 의과대학 학장이기도 하다.

Lisa A. Marsch

국립보건원 산하 국립 약물남용연구소가 지원하는 '우수 센터'로 지정된 다트머스 기술 및 행동 건강 센터의 책임자이다. 또한 다트머스대학교 가이젤 의과대학 정신의학 및 생의학 데이터 과학과 석좌 교수이기도 하다.

기고자 소개

Ryan Allred, 워싱턴대학교 정신의학 및 행동과학과, 크리에이티브 연구소(CREATIV Lab), 미국 워싱턴주 시애틀

Patricia A. Areán, 워싱턴대학교 정신의학 및 행동과학과, 크리에이티브 연구소(CREATIV Lab), 미국 워싱턴주 시애틀

Christina M. Armstrong, 커넥티드 케어 사무소, 미국 재향군인부, 워싱턴 D.C.

Timothy Bickmore, 쿠어리컴퓨터과학대학, 노스이스턴대학교, 미국 매사추세츠주 보스턴

Christina A. Brezing, 컬럼비아대학교 어빙 메디컬 센터, 정신건강의학과 및 뉴욕주 정신과 연구소, 물질 사용 장애 부서, 미국 뉴욕주 뉴욕

Alan Jeffrey Budney, 다트머스 가이젤 의과대학, 기술 및 행동건강 센터, 다트머스대학교, 미국 뉴햄프셔주 하노버

Caterina Bérubé, 디지털 헬스 개입 센터, 경영, 기술 및 경제학과, 취리히 연방 공과대학교, 스위스 취리히

Aimee N. C. Campbell, 컬럼비아대학교 어빙 메디컬 센터, 정신건강의학과 및 뉴욕주 정신과 연구소, 물질 사용 장애 부서, 미국 뉴욕주 뉴욕

Megan Coder, 약학 박사, MBA, 디지털 치료제 연맹, 미국 버지니아주 알링턴

Gavin Doherty, 컴퓨터과학 및 통계학부, 트리니티 칼리지 더블린, 아일랜드

Amanda Edwards-Stewart, AES 심리 서비스, LLC, 투퀼라, 워싱턴

Elgar Fleisch, 디지털 헬스 개입 센터, 경영, 기술 및 경제학과, 취리히 연방 공과대학교, 스위스 취리히

Milena Heinsch, 의학 및 공중보건학부, 건강, 의학 및 웰빙 대학, 뉴캐슬대학교, 호주 뉴사우스웨일스주 캘러핸

Donald M. Hilty, 북부 캘리포니아 재향군인청 헬스케어 시스템 교수, 정신의학 및 행동과학과, UC 데이비스, 캘리포니아 매더

Marcello Ienca, 보건 과학 및 기술학과, 취리히 연방 공과대학교

Nicholas C. Jacobson, 기술 및 행동건강 센터, 다트머스 가이젤 의과대학, 미국 뉴햄프셔주 레바논

Benjamin Kaveladze, 심리학과, 캘리포니아 주립대학교 어바인, 미국 캘리포니아주 어바인

Frances Kay-Lambkin, 헌터 의학 연구소, 호주 뉴사우스웨일스주 뉴캐슬

Olivia Clare Keller, 디지털 헬스 개입 센터, 경영, 기술 및 경제학, 취리히 연방 공과대학교, 스위스 취리히

Roman Keller, 미래 의료 기술 프로그램, 연구 우수성 및 기술 기업 캠퍼스, 싱가포르-ETH 센터, 싱가포르, 싱가포르

Predrag Klasnja, 미시간대학교 정보학부, 미국 미시간주 앤아버

Tobias Kowatsch, 미래 의료 기술 프로그램, 연구 우수 및 기술 기업 캠퍼스, 싱가포르-ETH 센터, 싱가포르, 싱가포르

Constantin Landers, 보건 과학 및 기술학과, 취리히 연방 공과대학교

Camilla M. Lee, 기술 및 행동건강 센터, 다트머스 가이젤 의과대학, 미국 뉴햄프셔주 레바논

David D. Luxton, 정신의학 및 행동과학과, 워싱턴대학교 의과 대학, 워싱턴주 시애틀

Jacqueline Mair, 미래 의료 기술 프로그램, 연구 우수성 및 기술 기업 캠퍼스, 싱가포르-ETH 센터, 싱가포르; 싱가포르 국립대학교 쏘 스위 호크 공중보건대학, 싱가포르

Lisa A. Marsch, 다트머스대학교 의과대학 기술 및 행동건강 센터, 미국 뉴햄프셔주 레바논; 다트머스대학교 의과대학 생물의학 데이터 과학과, 미국 뉴햄프셔주 레바논; 다트머스대학교 의과대학 정신의학과, 미국 뉴햄프셔주 레바논

Susan A. Murphy, 하버드대학교 통계 및 컴퓨터과학과, 미국 매사추세츠주 보스턴

Inbal Nahum-Shani, 데이터 과학 기반 동적 의사결정 연구 센터, 미시간대학교 사회 연구소, 미국 미시간주 앤아버

John A. Naslund, 하버드 의과대학 글로벌 건강 및 사회 건강학과, 미국 매사추세츠주 보스턴

Leysan Nurgalieva, 알토대학교 컴퓨터과학과, 핀란드 에스포

Teresa O'Leary, 노스이스턴대학교 쿠어리컴퓨터과학대학, 미국 매사추세츠주 보스턴

Rachel E. Quist, 다트머스대학교 의과대학 기술 및 행동 건강 센터, 미국 뉴햄프셔주 레바논

Dara Sampson, 뉴캐슬대학교 건강, 의학 및 웰빙 대학 의학

및 공중 보건 학부, 호주 뉴사우스웨일스주 칼라한

Stephen M. Schueller, 캘리포니아대학교 어바인 캠퍼스 심리과학과 및 정보학과, 미국 캘리포니아주 어바인

Nicholas J. Seewald, 존스 홉킨스 블룸버그 공중보건대학 보건정책 및 경영학과, 미국 메릴랜드주 볼티모어

Matiyashu Shulman, 컬럼비아대학교 의과대학 정신의학과 및 뉴욕 주립 정신의학 연구소 약물 사용 장애 연구부, 미국 뉴욕주 뉴욕

Shawna N. Smith, 미시간대학교 공중보건대학 보건관리 및 정책학과, 미국 미시간주 앤아버; 미시간대학교 정신의학과, 미국 미시간주 앤아버

Jessica Spagnolo, 셰르브룩대학교 지역사회 건강 과학과, 캐나다 퀘벡주 셰르브룩; 찰스 르 모인 연구 센터(CR-CLM), 캐나다 퀘벡주 롱게일

Cara Ann Struble, 다트머스대학교 가이젤 의과대학, 기술 및 행동 건강 센터, 미국 뉴햄프셔주 하노버

Gisbert Wilhelm Teepe, 취리히 연방 공과대학교 디지털 건강 개입 센터 및 경영, 기술 및 경제학과, 스위스 취리히

Florian v. Wangenheim, 미래 건강 기술 프로그램, 싱가포르-ETH 센터, 싱가포르; 취리히 연방 공과대학교 디지털 건강 개입 센터 및 경영, 기술 및 경제학과, 스위스 취리히

David W. Wetter, 유타대학교 헌츠먼 암 연구소 인구 건강 과학과 건강 결과 및 인구 형평성 센터(HOPE), 미국 유타주 솔트레이크시티

Blanche Wies, 취리히 연방 공과대학교 보건 과학 및 기술학과, 스위스 취리히

역자 소개

이슬아 (Lee Seul-Ah)

서울대학교 심리학과 박사 졸업(임상 및 상담심리학 전공)
국립창원대학교 사림아너스학부 조교수
국립창원대학교 학생상담센터 센터장
임상심리전문가(한국임상심리학회 공인)
정신건강임상심리사 1급(보건복지부 공인)
인지행동치료전문가(한국인지행동치료학회 공인)

주요 역서

『온라인 상담의 기술』(공역, 학지사, 2023)
『불안을 다루는 인지행동치료 및 마음챙김 워크북』(공역, 학지사, 2025)

허효선 (Huh Hyosun)

서울대학교 심리학과 박사 졸업(임상 및 상담심리학 전공)
심리상담연구소 사람과 사람 위례점 소장
정신건강임상심리사 1급(보건복지부 공인)
임상심리전문가(한국임상심리학회 공인)

양진원 (Yang Jinwon)

서울대학교 심리학과 박사 졸업(임상 및 상담심리학 전공)
심리상담연구소 사람과 사람 위례점 소장
정신건강임상심리사 1급(보건복지부 공인)
임상심리전문가(한국임상심리학회 공인)
건강심리전문가(한국건강심리학회 공인)

허심양 (Heo Simyang)

서울대학교 심리학과 석사 졸업(임상 및 상담심리학 전공)
사이와너머 심리상담센터 센터장
임상심리전문가(한국임상심리학회 공인)
정신건강임상심리사 1급(보건복지부 공인)

주요 저서 및 역서

『우리는 모두 생존자입니다』(한겨레출판, 2022)
『변증법행동치료』(공역, 학지사, 2023)

디지털 치료제

- 정신건강 및 심리치료의 새 흐름 -

Digital Therapeutics for Mental Health and Addiction

2025년 4월 10일 1판 1쇄 인쇄
2025년 4월 15일 1판 1쇄 발행

지은이 • Nicholas C. Jacobson · Tobias Kowatsch · Lisa A. Marsch
옮긴이 • 이슬아 · 허효선 · 양진원 · 허심양
펴낸이 • 김진환
펴낸곳 • ㈜ 학지사
04031 서울특별시 마포구 양화로 15길 20 마인드월드빌딩
대 표 전 화 • 02)330-5114 팩스 • 02)324-2345
등 록 번 호 • 제313-2006-000265호

홈 페 이 지 • http://www.hakjisa.co.kr
인스타그램 • https://www.instagram.com/hakjisabook

ISBN 978-89-997-3387-1 93180

정가 29,000원